THE EARTH

Peter Cozzens

大地之泣
印第安战争始末

〔美〕彼得·科曾斯 —— 著
朱元庆 —— 译

IS

THE EPIC STORY
OF THE INDIAN WARS
FOR THE AMERICAN WEST

WEEPING

北京大学出版社
PEKING UNIVERSITY PRESS

THE EARTH IS WEEPING
Copyright © 2016 by Peter Cozzens
Simplified Chinese translation copyright © 2021 PEKING UNIVERSITY PRESS
This translation published by arrangement with Alfred A. Knopf,
an imprint of The Knopf Doubleday Group, a division of Penguin Random House, LLC.
through Bardon-Chinese Media Agency
All rights reserved

献 给

安东尼娅

如果白人的土地被占,"文明"赋予他合理的理由抵抗入侵者。"文明"能做的还不止于此:如果他向错误低头,他就会被贴上懦夫和奴隶的标签。而如果蛮族拿起武器抵抗,"文明"一手拿着《十诫》,一手拿着刀剑,要求立即将其灭绝。

——1868年《印第安和平专员报告》[1]

我记得白人就是来跟我们打仗,抢占我们土地的,而且我认为他们这么做是不对的。我们也是人,神把我们跟他们创造得一样,我会竭尽全力捍卫我的家园。因此我16岁就拿起武器,开始跟他们战斗。

——夏延族战士"火雷"(Fire Thunder)[2]

我们对印第安人的阴险狡诈早有耳闻。但与"高贵的白人"相比,若论阴险狡诈,比如位高权重者背信弃义、谎话连篇、偷窃、残杀手无寸铁的女人和孩子,以及干出违背人性、罄竹难书的罪恶勾当,印第安人就纯属"业余"了。

——美国陆军上尉布里顿·戴维斯(Britton Davis)[3]

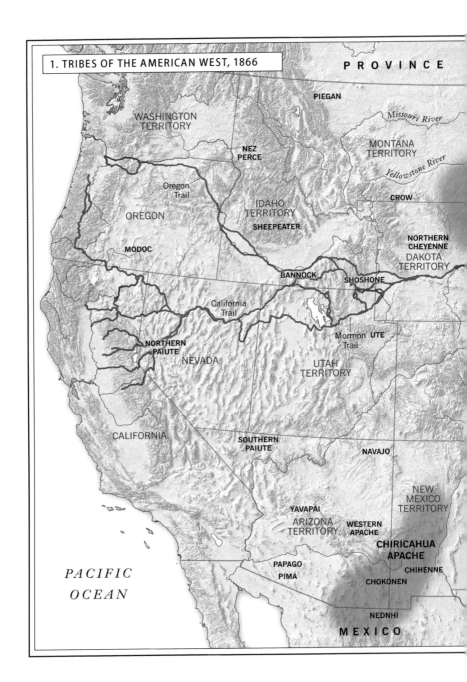

美国西部的印第安部落(1866年)

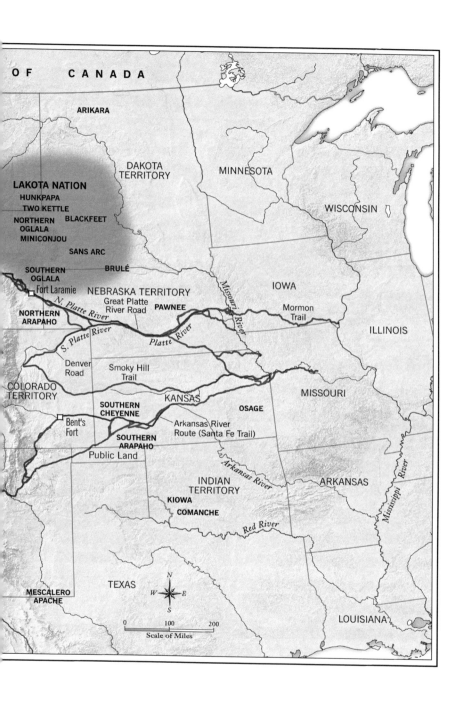

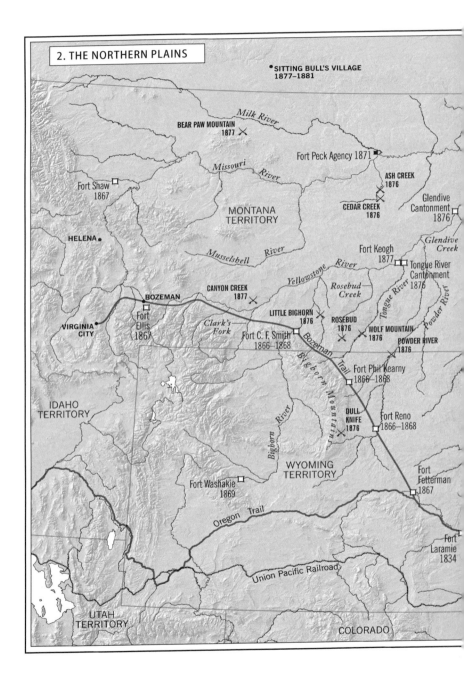

北部平原战场

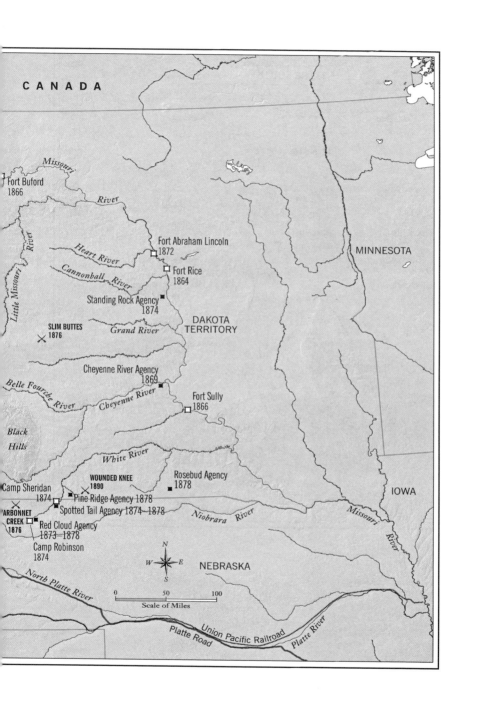

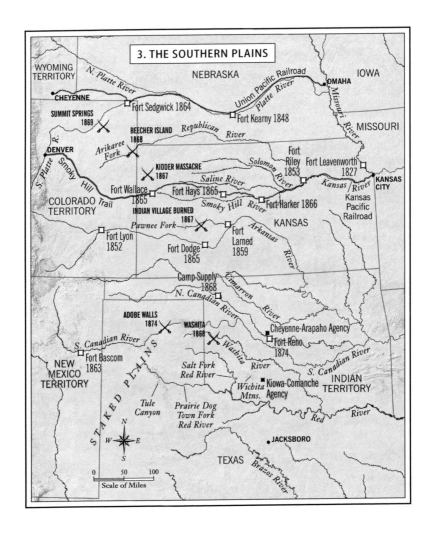

南部平原战场

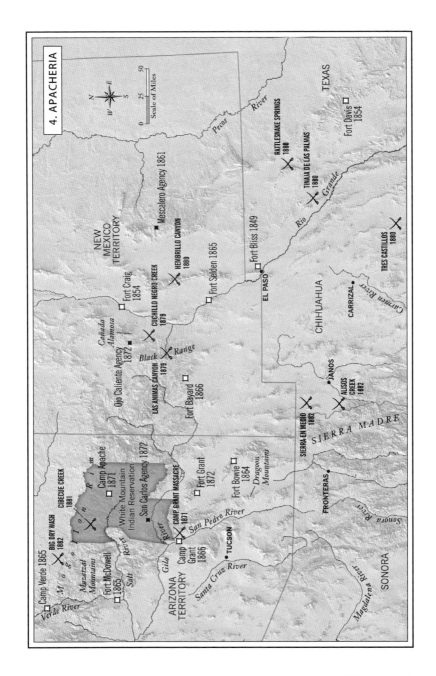

阿帕奇里亚战场

目　录

时间表 　　　　　　　　　　　　　　　　　　　　001

序　如果我们的孩子们不那么循规蹈矩 　　　　　　001

第一部分

第一章　燃烧的荒原 　　　　　　　　　　　　　　011

第二章　"红云"之战 　　　　　　　　　　　　　　031

第三章　印第安战士与白人士兵 　　　　　　　　　048

第四章　汉考克之战 　　　　　　　　　　　　　　066

第五章　最后的条约 　　　　　　　　　　　　　　079

第六章　《加里温》军歌荣耀 　　　　　　　　　　098

第七章　血腥的和平政策 　　　　　　　　　　　　119

第二部分

第八章　火山岩床悲剧 　　　　　　　　　　　　　145

第九章　野牛之战 　　　　　　　　　　　　　　　166

第十章　不休战，无和平 　　　　　　　　　　　　187

第十一章　"坐牛"和"疯马" 　　　　　　　　　　206

第十二章　窃贼之路 　　　　　　　　　　　　　　225

第十三章　护佑我们免遭一切不幸 　　　　　　　　238

第十四章 最后一搏	267
第十五章 总统之怒	290
第十六章 曾为战士	322

第三部分

第十七章 永不再战	339
第十八章 犹特人必须滚!	368
第十九章 重回阿帕奇里亚	386
第二十章 如秃鹫般嗜血	410
第二十一章 我曾如风	432

第四部分

| 第二十二章 冲突的愿景 | 451 |
| 第二十三章 滥杀之地 | 476 |

致　谢	505
注　释	507
参考文献	539
索　引	561

时间表

1862 年	8月—12月	明尼苏达州达科他人(苏族)暴动
1864 年	11月29日	科罗拉多领地沙溪大屠杀
1865 年	6月27日	谢尔曼将军获得密苏里军区军事指挥权
	10月	与南部各平原部族议定《小阿肯色河条约》
1866 年	7月	蒙大拿领地博兹曼小径"红云"之战开始
	12月21日	蒙大拿领地费特曼之战
1867 年	4月19日	汉考克将军烧毁堪萨斯州波尼福克村,引发汉考克之战
	7月1日	堪萨斯"基德大屠杀"
	8月1日	蒙大拿领地干草场之战
	8月2日	蒙大拿领地货箱之战
1868 年	2月29日	谢里丹将军获得密苏里军分区军事指挥权
	9月17日—19日	科罗拉多领地比彻岛战役
	11月4日	"红云"签署《拉雷米堡条约》,"红云"之战结束
	11月27日	印第安领地瓦希塔战役
1869 年	7月11日	堪萨斯州峰泉战役
	夏天	"坐牛"当选为非保留地拉科塔人首领
1870 年	1月23日	蒙大拿领地玛丽亚斯河皮根村大屠杀
1871 年	4月30日	亚利桑那领地格兰特营地大屠杀
	10月	麦肯齐上校在得克萨斯州桩基平原首次参战
1872 年	9月28日	得克萨斯州红河北岔口战役
	11月29日	俄勒冈州迷河冲突,莫多克战争开始
	12月28日	亚利桑那领地盐河峡谷战役

1873年	4月11日	莫多克人刺杀坎比将军
	8月4日和11日	卡斯特与"坐牛"的拉科塔联盟发生小规模冲突
	10月3日	莫多克人"杰克上尉"被绞死
1874年	6月8日	阿帕奇酋长科奇斯死亡
	6月27日	印第安领地土墙战役
	7月—8月	卡斯特在黑山发现黄金
	9月28日	得克萨斯州帕洛杜罗峡谷战役
	11月8日	得克萨斯州麦克莱伦溪战役
1875年	4月23日	在堪萨斯州萨帕溪发生对南部夏延人的屠杀
	11月3日	格兰特总统在白宫召集秘密会议,谋划挑起与拉科塔人的战争的策略
1876年	3月17日	蒙大拿领地粉河战役
	6月初	拉科塔人和北夏延人在蒙大拿领地的鹿药岩联合举行太阳舞仪式
	6月17日	蒙大拿领地玫瑰蕾溪战役
	6月25日	蒙大拿领地小大角河战役
	9月9日	达科他领地瘦臀战役
	9月	保留地拉科塔酋长放弃未许可的印第安领地
	10月21日	蒙大拿领地雪松溪战役
	11月25日	在怀俄明领地粉河红岔口的北夏延人村落歼灭"钝刀"
1877年	1月8日	蒙大拿领地狼山战役
	5月6日	"疯马"在内布拉斯加罗宾逊堡投降
	5月7日	"坐牛"进入加拿大
	6月17日	爱达荷领地白鸟峡谷战役,内兹佩尔塞战争的首次冲突
	7月11日—12日	爱达荷领地清水战役
	8月9日—10日	蒙大拿领地大洞战役

	9月5日	"疯马"在罗宾逊堡被杀
	9月30日—10月5日	蒙大拿领地熊掌山战役,内兹佩尔塞酋长"约瑟夫"投降
1878年	9月9日	北夏延人开始出逃
1879年	1月9日	北夏延人从罗宾逊堡出逃
	3月25日	"小狼"酋长投降,北夏延人停止逃亡
	9月29日—10月5日	科罗拉多州奶溪战役
1880年	8月6日	得克萨斯州响尾蛇泉战役
	10月15日	阿帕奇酋长维多里奥在墨西哥奇瓦瓦的特斯卡蒂略被杀
1881年	7月20日	"坐牛"在达科他领地的布福德堡投降
	8月30日	亚利桑那领地西贝奎溪战役
1882年	7月17日	亚利桑那领地大干洗战役
1883年	5月—6月	克鲁克打响墨西哥马德雷山之战
	5月10日	"坐牛"在大苏族保留地成为"机构印第安人"
1885年	5月17日	杰罗尼莫离开亚利桑那领地的白山保留地
1886年	3月25日—27日	克鲁克和杰罗尼莫在墨西哥索诺拉会面
	9月3日	杰罗尼莫在亚利桑那领地的骷髅峡谷向迈尔斯将军投降
	9月8日	奇里卡瓦人被赶出亚利桑那领地
1889年	6月	苏族土地委员会分拆大苏族保留地
1890年	12月15日	"坐牛"在北达科他州立石保留地被杀
	12月29日	南达科他州松岭保留地发生伤膝溪惨案
1891年	1月15日	布鲁莱人和奥格拉拉人在南达科他州松岭机构投降

序
如果我们的孩子们不那么循规蹈矩

1863年4月,前往P. T. 巴纳姆(P. T. Barnum)的美国博物馆参观的人们看到了新的展品。只需25美分,他们就可以看到刚刚拜见了"伟大的父亲"亚伯拉罕·林肯总统后来到纽约的11位平原印第安酋长。《纽约时报》向读者保证,这些人绝不是巴纳姆通常向公众展示的"来自东部保留地那些随处可见的乞丐或大醉酩酊的印第安土著"。他们是夏延人(Cheyenne)、阿拉帕霍人(Arapaho)、基奥瓦人(Kiowa)和科曼奇人(Comanche)——"落基山脉最偏远山谷的巡游者"。巴纳姆承诺他们每天演出三场,但严格限制他们与其他人接触。"机不可失,失不再来,"这位长于抓住观众的剧院老板大声吆喝,"他们渴望回到草原、山野和森林中的家园,现在不来看,就再也看不到了。"[1]

巴纳姆以奢华的预演勾起纽约人的胃口。他和印第安人一起乘一辆超大马车穿过曼哈顿的街道,一支行进乐队在前方开路。这位伟大的演艺家和酋长们会在学校停下来,孩子们则表演健美操并为他们唱歌。虽然报纸对此事报以嘲讽,但这些印第安人吸引了公众的目光。人们涌向巴纳姆位于百老汇大街的四层剧院,观看印第安人的"战俘之舞"。印第安人少言寡语,但他们脸上的彩绘、长长的辫子、鹿头皮衬衫和装饰着头皮的紧身裤取悦了观众。在4月18日最后一场表演的谢幕仪式上,南部夏延人酋长"瘦熊"(Lean Bear)代表所有"演员"向纽约观众道别。[2]

※

4 　　"瘦熊"酋长是夏延人的管理机构"四十四人委员会"的成员。委员会首领是和平的缔造者,部落习俗要求他们永远不让激情取代理智,永远代表部落的最大利益——1863年,大多数夏延长老将之理解为与科罗拉多领地内迅速增长的白人保持友好关系,尽管这些白人挤占了他们日益减少的狩猎土地。但华盛顿官方的工作却遇到了麻烦。据传南方的中间人在平原印第安人中四处活动,试图煽动他们发动战争。为了对抗这种威胁(事实上毫无根据)并消除与部落之间的分歧,印第安事务局(Indian Bureau)安排"瘦熊"和其他十位酋长拜会总统。中间人塞缪尔·科利(Samuel G. Colley)和他们的白人翻译陪同前往。

　　1863年3月26日上午,印第安人纽约"大秀"开幕前两周,印第安人、他们的中间人和翻译穿过一群窃窃低语的内阁秘书、外国外交官和显而易见的大惊小怪者,进入白宫东厅。一位华盛顿记者描述道:"他们保持着森林禁欲主义者特有的尊严或无欲无求,静静地坐在地毯上,围成一个半圆形,带着一种命中注定遭人围观的神情,似乎对自己身上华丽的装饰和色彩相当满意。"[3]

　　经过15分钟的等待,林肯总统大步走进房间,问酋长们有什么要说的。"瘦熊"站了起来。当一大群政要挤得更近时,"瘦熊"一时失去了镇定,结结巴巴地说他有很多话要说,但他太紧张了,需要一把椅子。工作人员拿来两把椅子,林肯坐在酋长对面。"瘦熊"怀里抱着长长的烟管,一开始,话中略带犹豫,但越说越流畅。他告诉林肯,这份邀请跨越千山万水到达他们那里,酋长们远道而来,听取他的建议。他没有口袋,无处安放"伟大的父亲"的话,但他会把这些话珍藏于心,并不折不扣地传达给他的族人。

"瘦熊"与林肯平等地对话。他说,总统住在华丽的宫殿,而他自己,在家乡也像总统一样,是一位大首领。"伟大的父亲"必须劝说他的白人子民们避免暴力行为,这样印第安人和白人都可以安全地穿越平原。"瘦熊"对当时在东部肆虐的白人战争表示痛惜,并祈祷战争结束。最后,他提醒林肯,作为族人的首领,他和其他印第安首领必须返回家园,"瘦熊"要求总统尽快让他们离开。[4]

随后,林肯发言。他以幽默但明显高高在上的语调开始,告诉那些从未想象置身此种奇观的部落首领们,房间里这些"脸色苍白的人"来自遥远的国家,地球是一个"到处都是白人的大圆球"。他叫人拿来一个地球仪,让一位教授给他们看海洋和大陆,看许多居住着白人的国家,最后地球仪上代表美国大平原的广阔米色地带。

"地理课"结束后,林肯严肃起来。"你征求我的意见……我只能说,我看不出你的种族会像白人那样繁荣昌盛,除非像白人一样通过耕种土地生活,"林肯继续说道,"与你和我们所有的红色同胞和平相处是本届政府的目标。如果我们的孩子们不那么循规蹈矩而违反条约,那违背了我们的愿望。你知道,"他补充道,"任何父亲都不可能让他的孩子完全按照他的意愿去做。"林肯表示,一位名为印第安事务专员的官员会确保他们早日返回西部。随后,总统给了酋长们铜色的和平勋章,以及他本人签署的证明他们与政府友好关系的文件,"瘦熊"则感谢了总统,会面结束。[5]

然而,白宫会面并没有结束酋长们在华盛顿的逗留。似乎酋长们的东部之旅还不足以证明白人的力量,印第安事务专员一连十天坚持带着代表团参观一座又一座政府大楼和一个又一个军营。随后,中间人科利接受了巴纳姆前往纽约的邀请。1863年4月30日,当印第安人登上开往丹佛的火车时,他们已经在白人的城市待了将近一个月。[6]

※

　　林肯总统的和平承诺在科罗拉多领地纯属空谈,州长约翰·埃文斯(John Evans)与异族友好相处的想法就是把夏延人限制在一块狭小且干旱的保留地。尽管夏延人三年前签署了一项条约,同意接受在保留地生活,但"瘦熊"和其他主张和平的酋长们无力迫使他们的族人放弃自由。夏延人的狩猎队像往常一样在科罗拉多领地东部和堪萨斯州西部的平原上四处游猎。他们没有伤害白人;事实上,夏延人认为自己与白人邻居和平共处,相安无事,但科罗拉多人仍然觉得他们的存在无法容忍。埃文斯州长和军区指挥官约翰·奇文顿(John Chivington)上校在科罗拉多有着自己的政治野心,他们把饥饿的夏延人盗牛的可疑报道作为向该部落宣战的借口。1864年4月初,奇文顿命令骑兵向堪萨斯州西部进发,下令"无论何时何地",发现夏延人,格杀勿论。

　　"瘦熊"和他主张和平的酋长"黑壶"(Black Kettle)在堪萨斯州拉内德堡附近静静地度过了冬天和早春,他们在那里交易野牛皮。如今,部落信使带来了迫在眉睫的危险消息。在召回他们的狩猎队后,"瘦熊"和"黑壶"开始让族人向北转移,与聚集在烟山河的其他夏延人汇合,以寻求保护。但白人的军队先找到了他们。

　　1864年5月15日晚,"瘦熊"和"黑壶"在距烟山三英里的一条泥泞的、长满白杨的小溪边安营扎寨。黎明时分,狩猎队前往开阔的平原上寻找野牛。不久,他们回来了,骑着马叫醒了营地里还在熟睡的传令员。他们在远处发现了四列骑兵,还有大炮。当传令员叫醒整个村子时,"瘦熊"带着一队护卫与逼近的士兵会面。他胸前挂着林肯总统亲手颁发的勋章,清晰可见,手里还拿着从华盛顿带回的和平文件。

从一座矮丘顶上,"瘦熊"看到了全副武装的士兵,士兵们也同时看到了他。指挥官命令84名士兵和两门山炮排成作战队形。"瘦熊"身后,集合着全村400名紧张的战士。[7]

"瘦熊"纵马向前,对面一个中士也朝他跑来。酋长觉得一切都好。毕竟,他和"伟大的父亲"已经确保彼此和平相处。来自世界各地的政要在白宫见了他。华盛顿附近军营的军官们举止优雅,对他也彬彬有礼。纽约市民对他表示了敬意。他胸前的勋章及和平文件证明他是白人的朋友。然而,大平原属于另一个"世界"。

当士兵开火时,"瘦熊"离他们只有30英尺远。他还没从马上跌落地面就死了。烟雾散去后,几名士兵冲出队列,向他的尸体补射了更多的子弹。林肯曾警告过"瘦熊",他的孩子们有时会不那么循规蹈矩。[8]

※

曾有记者问乔治·克鲁克(George Crook)这位美国西部最杰出的将军之一,他对自己的工作有何感想。他回答说,被迫与经常处于正确一方的印第安人作战不是件容易的事情。"我不想知道,想必你也不想知道,当印第安人看到他们的妻子和孩子挨饿,他们最后的生活来源被切断时,他们只能去战斗。然后我们被派去杀他们。这是一种暴行。所有部族的情形都一样。他们被围得无处可去,被屠杀或驱赶,他们忍饥挨饿,别无选择,只能做一件事,即全力以赴去战斗。我们对待印第安人的做法简直就是一种暴行。"[9]

一位将军能如此坦率而有力地为印第安人进行公开辩护,这听起来似乎不大可信,因为这与一个持久的说法矛盾:白人正规军是印第安人不可和解的宿敌。

事实上,美国历史上,没有哪个时代比美国西部的印第安战争时代更深陷这一说法。125年来,无论民间史还是学术史、电影和小说,都将这一时期描绘成一场善恶之间的绝对斗争,在需要的时候扭转英雄和恶棍的角色,以适应不断变化的国民良知。

在标志着印第安抵抗运动结束的"伤膝溪惨案"发生后的头80年里,这个国家把白人定居者和消灭印第安战士的行为浪漫化,对反抗白人的印第安人进行丑化或轻视。军队被描绘为一个开明政府的闪光骑士,致力于征服荒野,并"教化"西部及其土著居民。

1970年,故事发生了逆转,局势彻底倒了过来。美国人为对印第安人犯下的无数罪过产生了一种强烈的感觉。迪·布朗(Dee Brown)文笔优美、激情澎湃的作品《葬我心于伤膝》(Bury My Heart at Wounded Knee),以及同年晚些时候上映的电影《小巨人》(Little Big Man)掀起了一股新浪潮,表达这个国家应有的负疚感。在公众心目中,19世纪晚期几十年的政府和军队被视为是对西部土著人民肆意杀戮的"真凶"。(事实上,政府对通常称之为"印第安问题"的反应前后不一致,尽管发生了大屠杀,违反了条约,但联邦政府从未考虑过种族灭绝。然而,如果印第安人要生存下去,就必须根除他们的生活方式,这被视为理所当然。)

《葬我心于伤膝》仍然深深影响着美国人看待印第安战争的方式,并一直被视为那个时代的标准流行作品。具有讽刺意味和独特性的是,我们历史上如此关键的一个时期在很大程度上仍然由一部并未试图寻求历史平衡的著作所界定。迪·布朗在他的书中明确提出写作目的是"美国征服西部过程中的受害者体验",因此书的副标题为《美国西部的印第安史》(An Indian History of the American West)。布朗对受害者的定义加以了严格的限制。有几个部落,主要是肖肖尼人、克罗人和波尼人,把自身命运交给了白人。《葬我心于伤膝》一书将这些部落斥为"雇佣兵",没有试图了解他们或解释他们这么做的动机。这些印第安人,与军队和政府一样,变成了固定的样板,只不过是故事中浮于表面的"受害者"。

此种片面的历史研究方法最终不会有好结果。如果没有对白人和印第安人观点的透彻和精微理解,就不可能诚实地判断印第安人所遭受的真正不公,或军队在那些悲惨时代的真正作用。因此,我在本书中所要做的,就是为印第安战争带来历史的平衡。在谈到平衡时,我不太愿意用"恢复"一词,因为自 1891 年军事边界关闭以来,正是舆论对这一问题摇摆不定的态度定义了社会对这个问题的理解。

给我的此项工作带来不可估量的好处,自从《葬我心于伤膝》一书出版以来日益丰富的印第安原始资料。它们使我能够通过印第安人和白人参与者的话语平等地讲述这个故事,并通过对冲突各方的深入了解,更好地讲述围绕印第安战争的众多说法、误解和谎言。

有一个说法是印第安人各部族联合起来抵抗白人入侵,这与存在一支天生就与印第安人对立的军队一样深入人心。从未有过一个因与政府作战而闻名的部族曾为战争或和平而联合起来。激烈的派系主义主宰着每一个部族,每个部族都有自己的主战派和主和派,他们为争夺统治地位而斗争,并相互冲突,有时甚至是暴力冲突。一个最坚定地主张与白人和平相处的人为他的信念付出了生命的代价,死于一个对其不满的主战派部族成员的毒杀。

只有在接受白人入侵的部族之间才能达成一致。一些有影响力的酋长,如肖肖尼人(Shoshone)瓦沙基(Washakie),把政府看成是其部族人民生存的保障,以对抗更强大的部族敌人。肖肖尼人、克罗人(Crow)和波尼人(Pawnee)在战争中都被证明是无价的同盟军,他们的格言是:敌人的敌人就是我的朋友。

印第安人不仅没有团结起来反对"文明"的西进扩张,而且还继续相互开战。等到有了"印第安"意识的时候,大势已去。然后,此种朦胧而来的跨越世纪的信念,只给他们带来更多的流血、恐怖和破碎的希望。

种族间的冲突在一定程度上是一个从未被重视的事实结果,但随着本书的展开,这一事实将变得清晰可见:印第安人和政府之间为北部平原而进行的战争,是最血腥和最漫长的斗争,代表着一个移民被另一个移民所取代,而不是毁掉某种根深蒂固的生活方式。在"瘦熊"被杀十年后,一名军官问一位夏延酋长,为什么他的部族要与他们的克罗人邻居为敌。他回答说:"我们窃取了克罗人的猎场,因为它们是最好的。我们想要更多的空间。"[10] 此种心态,与下定决心从"他们的"土地上将夏延人赶尽杀绝的科罗拉多白人的想法如出一辙。

第 一 部 分

第一章
燃烧的荒原

林肯总统对"瘦熊"说,他的白人孩子们有时会不那么循规蹈矩,这么说与实情相去甚远。从詹姆斯敦成为弗吉尼亚首个白人定居点到林肯对夏延酋长发出告诫的两个半世纪里,无情扩张的白人把印第安人不断向西部驱赶,完全不考虑任何条约义务,有时甚至连最简单的人性也毫不顾及。年轻的美利坚合众国政府并不打算消灭印第安人。开国元勋们也不仅仅止步于觊觎印第安人的土地。他们还想"启蒙和教化"印第安人,引导其从"野蛮"走向笃信基督教,并给予其农业生产的技能和家庭生活的艺术,换句话说,通过"教化"(文明化)而非赶尽杀绝印第安人来摧毁一种与白人文化完全不相融合的印第安人生活方式。

"文明化"的印第安人不会在自己的家园生活,联邦政府打算以尽可能高的价格,通过在合法的前提下谈判,将有足够"主权"的部落拥有的土地所有权,转让给有真正主权的一方,也就是说,美国。联邦政府还承诺,未经印第安人同意,决不剥夺他们的土地,也绝不会未经国会授权,对印第安人开战。为了防止白人定居者或各州侵犯印第安人的权利,1790年,国会颁布了六项法令中的第一项,统称为《不干涉法》(Nonintercourse Act),禁止未经联邦政府批准购买印第安人土地,并严厉惩罚对印第安人的犯罪行为。

不足为奇,法律上的惩罚条款很快被证明毫无用处。乔治·华盛顿总统试图为印第安人获得他坚持认为印第安人必须得到的充分的法律保护,但他的训诫对政府能力所及范围之外,对土地极为渴求的白人来说毫无意义。为了防止相互残杀,华盛顿派遣军队前往边境。一旦卷入冲突,规模较小的美国军队通过一系列未正式宣战的战争,花费20年和几乎所有有限的资源,才从强大的印第安各部落手中夺回西北部的广袤土地。这开创了一个惨淡的先例;从此以后,条约将仅仅是一个法律幌子,用来掩盖国会用现金和商品进行大规模土地掠夺的意图。

乔治·华盛顿之后,没有一位总统因为印第安人的权利而茶饭不思。事实上,行政分支牵头剥夺了印第安人的家园。1817年,詹姆斯·门罗(James Monroe)总统告诉安德鲁·杰克逊(Andrew Jackson)将军:"野蛮人想要比进步的文明生活和正当的要求所需更大的领土以维持其生活方式,最终必须向文明生活低头。"作为19世纪30年代的总统,杰克逊将门罗的禁令推向了严酷但合乎逻辑的极端。根据1830年《移徙法》(Removal Act)授予的权力,杰克逊以不同程度的胁迫,将西北部的游荡部族驱赶过密西西比河。当南方人迫使杰克逊在阿拉巴马和佐治亚开垦印第安土地时,他还将所谓的五个文明部族连根拔起,即乔克托(Choctaw)、奇卡索(Chickasaw)、克里克(Creek)、切诺基(Cherokee)和塞米诺尔(Seminole),并将他们重新安置在密西西比河以西的印第安领地上,这是一块不可持久居住的大片土地,包括未来的几个州,这块土地后来逐渐减少到只包括今天的俄克拉何马州。大多数"文明的"印第安人和平地搬离,但是军队历经两次漫长且血腥的冲突才把塞米诺尔人赶出他们在佛罗里达的据点,只有少数人最终获准留下。[1]

杰克逊从不怀疑自己行为的公正性,他坚信一旦越过密西西比河,印第安人将永远不会被白人侵扰。皮草捕猎者、商人和传教士可以通过印第安人的新家园,冒险进入大平原,或更远的山区,但肯定不会发生进一步冲突,因为军队的先驱部队曾报告,大平原不适合白人定居，公众对此深信不疑。

但周边地区已经面临压力。密苏里河上蓬勃发展的毛皮贸易扩大了白人与西部各部族的接触。此外，迁移条约规定联邦政府不仅要保护被迁移的部族不受白人侵扰，还要保护他们不受敌对平原印第安人的侵扰，这些印第安人不想与新移民分享他们的领地，不管他们是印第安人还是白人。与此同时，密苏里和阿肯色的白人要求获得保护，不受被搬迁的印第安人威胁，以防他们发现他们的新土地比承诺的要少（他们确实也发现了这一点）。政府的回应是在1817年至1842年间，从明尼苏达向南到路易斯安那西北部建造一个由九个要塞组成的防线，创造一个被称为"印第安永久边境"的诱人地带。

※

对于275000名家园位于印第安领地之外和新建立的军事屏障之外的印第安人，政府漠不关心，甚至一无所知。[2] 白人对于美国西部印第安人的观念过于简单化，趋于极端；印第安人要么高贵、英勇，要么野蛮、可憎。但是，当"印第安永久边境"在创建后不到十年就坍塌时，一连串的灾难性事件突然在密西西比西部导致了白人和印第安人的直接对立。

永久边界的第一道裂缝出现在1841年。在加利福尼亚和俄勒冈肥沃土地的诱惑下，几辆白顶大篷车试探性地驶向平原。涓涓细流很快就变成了涌动的激流，沿着沉闷的普内特河流沙而形成的车辙之路，在这个国家的心灵深处留下了被称为"俄勒冈小径"（Oregon Trail）的印记。

1845年，得克萨斯并入美国，一年后，美国和英国解决了俄勒冈边界的争议。1848年岁初，美国与墨西哥的战争以《瓜达卢佩-伊达尔戈条约》(Treaty of Guadalupe Hidalgo)的签署而结束。根据该条约,墨西哥放弃了加利福尼亚、大盆地和西南部的大片领土,并承认格兰德河为国际边界,将其主权归属于得克萨斯。仅仅三年时间,美国领土面积就增加了近100万平方英里,成为一个大陆国家。扩张主义者劝诫美国人通过移民到得克萨斯、加利福尼亚或太平洋西北部来实现国家的天定宿命。(至此没人认为大平原是一块巨大而单调的障碍物。)1848年8月,加利福尼亚的亚美利加河中发现了黄金。第二年,这个年轻国家出现了历史上无与伦比的大规模移民。十年之内,加利福尼亚的白人比整个西部的印第安人还多。淘金者以种族灭绝的方式灭掉了加利福尼亚和平的印第安小部落,而在俄勒冈新组建的领地上,白人定居点的增长也让强大的西北印第安部族感到震惊。

印第安事务专员警告说,到目前为止,白人与西部印第安人还没有公开的冲突,但和平不堪一击。他说,印第安人之所以放弃攻击移民车队,并非出于恐惧,因为他们还没有感受到"我们的力量,对我们的强大和资源一无所知",而是出于对政府奖赏的期待。[3]

他们在未来一段时间内也不会感觉到这种力量;政府缺乏任何类似于连贯一致的针对印第安人的政策,小型正规部队也需要时间在西部建立堡垒。任何情况下,印第安事务专员都不必担心会有针对大量涌入的白人的任何大型且行动一致的抵抗。一方面,印第安人还未意识到白人对他们生活方式带来的"世界末日"式的威胁。但即便他们意识到,美国西部的印第安人也缺乏共同的身份,没有统一的"印第安"意识,过于忙于部族间的争斗,无法全神贯注于新的威胁。

而这正是他们的致命弱点。只有在太平洋西北部,印第安人才能团结起来抵抗突然且猛烈的白人扩张。事实证明,西部少有部族能够维持反对白人所必需的内部团结。几乎每个部族都分成两个派系,一个主张与白人和平相处,接纳白人的方式;另一个坚持传统的方式,抵制政府和平进入保留地的诱惑。政府越来越善于利用这些派系之争，给军队一个强有力的"第五纵队"，在战斗中让"敌对"印第安人俯首称臣。军队也会从部族战争中获益，而这正是西部印第安人文化的根基。依靠印第安盟友，已成为军队取得胜利的不二法门。

在部族之间的关系中，没有什么微妙的东西；外来者要么是盟友，要么是敌人。最激烈的种族间冲突发生在北部平原，那里的战争由于部族努力扩大或保护猎场而常年持续不断。西部各地的部族通过结成联盟得以生存和繁荣；那些单独行动的部族遭到重创。公开的战争比较罕见；战争通常采取无休止的小规模突袭和反击的形式，这些突袭和反击都会蚕食失败一方的领地。

大平原上，印第安生活方式的根基就是美洲野牛（bison），通常被称为野牛（buffalo）。牛肉是他们的主食。印第安人时兴用牛皮做成保暖的长袍进行售卖，或制成运输和储存的容器，还会用独特的圆锥形牛皮搭建小屋。动物的任何部分都不会被浪费。野牛不仅巩固了经济，还塑造了平原印第安人的宗教和文化。

早在第一个美国人冒险越过密西西比河之前，欧洲人带来的马、火枪和疾病就已经从根本上改变了平原和落基山脉印第安人的文化。16世纪，西班牙人把马引进了这块新大陆。当西班牙人的领地边境推进到今天的美国西南部时，马落入了印第安人之手。后来，通过盗窃和易货贸易，马文化迅速从一个部族传播到另一个部族。1630年，没有哪个部族骑马；到1750年，所有平原部族和大部分落基山脉的印第安人都骑上了马。马并没有像野牛那样成为文化符号，但它使狩猎变得极为容易。马匹也增加了部族间冲突的频率和程度，因为战士们能够跨越过去通过徒步难以想象的距离。法国捕猎者和商人把火枪介绍给了印第安人，使部族间的敌对交火更加致命。白人带来的疾病与火枪相比有过之而无不及，就像它们肆虐密西西比东部一样，灭绝了许多西部部族。没人确切知道有多少人死亡,但仅在 1849 年,霍乱就夺走了南部平原一半印第安人的性命。[4]

大平原的一大讽刺是,与军队发生冲突的部族都不是他们声称拥有的土地上的原住民。所有人都陷入了一场大规模的迁徙之中,始作俑者就是东部出现的白人定居点。这场印第安人大逃亡始于 17 世纪末,到 1843 年俄勒冈小径成形时还远未结束。当离开原住地的印第安人涌入平原时,他们与当地的土著部族争夺最优质的猎场。那么,从一个非常真实的意义上讲,这一点怎么强调也不为过,印第安人和政府之间为大平原而进行的战争——最漫长、最血腥的争斗——代表的是移民种族之间的冲突。某种生活方式难以为继,但此种生活方式存在的时间却并不长。

白人涌入平原之前,最强大的新移民是苏族(Sioux),苏族人以前是现今中西部北边的林地居民。随着族群西迁,苏族分裂成三个部族:达科他族(Dakota),一个半定居部族,主要生活在明尼苏达河沿岸地区;纳科塔族(Nakota),定居在密苏里河东部;拉科塔族(Lakota),迁居至北部平原。拉科塔人最符合人们对依靠马和野牛的苏族人的想象,人口数量接近一半苏族人。拉科塔人又分为七个部落:奥格拉拉部落(Oglala)、布鲁莱部落(Brulé)、米尼孔朱部落(Miniconjou)、"双壶"部落(Two Kettle)、洪克帕帕部落(Hunkpapa)、"黑脚"部落(Blackfeet)和桑萨雷部落(Sans Arc),其中奥格拉拉部落和布鲁莱部落最大。事实上,仅这两个部落的人口就超过了北部平原上所有非拉科塔印第安人的总和。

19 世纪初,拉科塔人向西进军,横穿今天的内布拉斯加州和达科他州,逐渐与夏延人和阿拉帕霍人结盟,后者被拉科塔人赶到了北部平原,并已经建立了持久的联系,尽管是一种奇怪的结合。他们的语言互不相通,用一种复杂的手语克服交流障碍,而且他们的性格大相径庭。阿拉帕霍人通常和蔼可亲、乐于助人,而夏延人是令人生畏的战士。拉科塔人和夏延-阿拉帕霍联盟的第一次接触就势不两立,因为他们争夺的是猎物丰富的黑山地区。"和平会实现的,"一位夏延酋长回忆道,"他们会拿着烟斗对我们说,'让我们成为好朋友',但他们一次又一次背信弃义。"直到19世纪40年代,拉科塔人才信守诺言。到那时,许多夏延人和阿拉帕霍人,受够了拉科塔人的两面三刀,在白人商人的引诱下,向南迁移,形成了南夏延人和南阿拉帕霍部落,使拉科塔人成为北部平原无可争议的霸主。

拉科塔人和留在北部平原的夏延人和阿拉帕霍人拥有共同的部落敌人——生活在今天蒙大拿中部和怀俄明北部人多势众且难以战胜的克罗人,以及盘踞在今天内布拉斯加普内特河沿岸过着半农耕生活的波尼人。造成对立的原因有二:一是拉科塔人-北部夏延人-北部阿拉帕霍人联盟不断扩张其猎场范围,二是平原部落普遍具有的斗士文化。由于地理上各处一方,克罗人和波尼人一直未形成联盟,但二者都急需盟友,或者说敌人的敌人就是朋友,结果二者最后都将自己的命运交到了白人手上。[5]

南部平原也发生过类似的碰撞。基奥瓦人被拉科塔人驱逐出黑山,向南退至一个叫科曼奇里亚的地方,在那里他们先是与科曼奇人打仗,后又结成联盟。作为南部平原上无可争议的霸主,西部最厉害的骑手,科曼奇人是一个凶狠残忍的部族,在阿肯色河与得克萨斯之间的广袤土地上随意游荡,四处袭击。他们也与墨西哥进行过零星的战斗,但与美国人相处得很好,直到定居者威胁到他们的猎场。得克萨斯共和国对待科曼奇人的态度甚至比墨西哥政府还要恶劣,奉行背叛和残暴的政策,最终导致科曼奇和平代表团被全部屠杀。科曼奇人后来把得克萨斯人视为他们最大的敌人,他们认为对得克萨斯定居者的掠夺,既是对杀害他们的和平首领的报复,也是一项良好的运动。

南部阿拉帕霍人和南部夏延人利用靠近科曼奇里亚的优势,不断袭扰科曼奇人和基奥瓦人的马群,直到 1840 年,四个部落达成永久和平协议,形成了一个潜在的强大联盟,以对抗不断扩张的白人。[6]

※

除了头脑最迟钝的联邦官员,其他人都明白,1849 年迁徙之路上的平安无事,曾令印第安事务专员大为惊讶,但这纯属昙花一现。随着移民以惊人的速度耗尽木材、牧草和猎物,沿途的印第安人已濒临饿死的边缘。政府认识到印第安人最终要么坚持战斗,要么与白人结盟,要么灭亡,于是,便宣布了三大目标:为移民道路和新兴白人定居点提供军事保护;消灭印第安人的土地所有权;并制定一项人道政策,为失去家园的印第安人提供帮助。政府是否能履行其职责似乎值得怀疑。小股边防军几乎没有足够的兵力来保卫其构筑的小型堡垒,更不用说保护移民了。谈判似乎是唯一可行的短期战略,为了与印第安人打交道,印第安事务局召见了汤姆·菲茨帕特里克(Tom Fitzpatrick)。菲茨帕特里克得到了平原部落的信任,事实证明,他比任何其他中间人都更有能力履行当时定义的职责。作为联邦政府在一个或多个部族的代表,一名印第安事务中间人必须努力防止定居者和印第安人之间的冲突,根据需要与军方合作维持和平,并诚实和迅速地分发政府补助。

1851 年,菲茨帕特里克在拉雷米堡召集了一万名北方平原印第安人,成立了一个规模空前的委员会。酋长们签署了一份名为《拉雷米堡条约》(Fort Laramie Treaty)的协议,就像几乎都会发生的情况一样,印第安人对协议只是模模糊糊地理解(如果做得到的话),然后高兴地接受了"伟大的父亲"给他们族人的礼物。两年后,菲茨帕特里克在阿特金森堡与南部平原部族达成了类似协议。这两项协议都是简洁的典范,条款似乎毫不含糊。印第安人应避免彼此交战或与美国人交战;接受正式的部族边界;允许政府在他们的领地上修建道路和堡垒(政府早已坐拥);不骚扰过境的拓荒者。作为交换,政府承诺保护印第安人不受白人掠夺他们土地的侵害(政府既没有能力也没有意愿这样做),并支付部落50年的年金(参议院随后将其削减至10年)。

菲茨帕特里克完成了他的工作,但他谴责这些协议只能缓一时之急。"这项政策要么是派军队要么是发年金,"他以不同寻常的先见之明辩称。"要么给他们一个比掠夺所得更大的诱因,要么就必须有一股力量来约束他们,制止他们的掠夺。两种制度之间的任何妥协都只会招致失败的痛苦。"菲茨帕特里克也不赞成出于简单的理由就取消印第安人所有权的做法,他说,平原印第安人除"流浪权利"之外,没有任何所有权,仅相当于通过征服来占有的特权。很少有印第安人会和他争论,也没人认真考虑仅仅因为政府的意愿就停止对部族敌人的袭击。他们也不会接受部族界限。"你把我的土地分割了,我不喜欢,"一位拉科塔酋长说道,"这些土地曾经属于基奥瓦人和克罗人,但我们把这些部族赶走了,白人想要印第安人土地的时候也是这么做的。"[7]

尽管有这些协议,但军队和印第安人之间仍经常发生冲突,虽然很少出于故意。有时是热血的年轻战士或鲁莽的低级军官的一次轻率或愚蠢行为所致。1854年8月,约翰·格拉坦(John L. Grattan)这位来自西点军校的狂妄中尉,吹嘘他只需用几个步兵和一门山炮就能将拉科塔人斩尽杀绝,北部平原上就发生了这样的事情。他选择与和平的布鲁莱酋长"猛熊"(Conquering Bear)就一头被某个印第安战士屠宰的属于移民走失的牛开战。"猛熊"提出进行赔偿,但格拉坦却向他的村庄开枪。当硝烟散去,"猛熊"倒地,身中致命伤,格拉坦和29名士兵死亡。

格拉坦的鲁莽行为构成了赤裸裸的侵略。当然,此种挑衅足以让布鲁莱人向白人公开宣战。尽管如此,布鲁莱人仍表现出了非凡的克制。一小股布鲁莱战士袭击了一辆驿站马车,杀死了三名乘客;然而,移民的车队仍能继续畅通无阻地通过布鲁莱领地。但这并不能让陆军部满意,因为他们拒绝承认是格拉坦的愚蠢行为导致了冲突。为了报复所谓的"格拉坦大屠杀"(Grattan Massacre),陆军部命令威廉·哈尼(William S. Harney)上校对印第安人进行一次声势浩大的"打击"。两年后,他这样做了,于1856年9月在内布拉斯加境内的蓝水溪附近消灭了一个布鲁莱人营地,杀死了一半战士,俘虏大部分女人和孩子。卑微的布鲁莱酋长交出了袭击驿站马车的凶手,其中有一位勇猛的战争领袖,名叫"斑尾"(Spotted Tail)。在利文沃思堡被关了一年后,"斑尾"发现白人的力量如此令人印象深刻,以至于他成为了一个终身的和平倡导者,或者正如一些拉科塔人所说,他被释放时,"又胖又软,懒散懈惰"。虽然他可能长了些肉,但"斑尾"绝非懒散懈惰,他会迅速升至部落首领,拥有无上权力掌控整个布鲁莱部族。

十年来,"屠夫"哈尼像幽灵一样困扰着整个拉科塔部族。部族议事屋里争吵不断,但没有任何行动,只是渴望复仇。哈尼同情印第安人。战胜布鲁莱人并未给他带来愉悦,他提醒华盛顿:"印第安人只是在捍卫自己的权利。"[8]

本着"格拉坦大屠杀"所带来的不公正态度,政府还决定夏延人也应受到惩罚,可他们并未给移民造成真正麻烦,而且也无意这样做。1857年夏天,一支军队袭击了堪萨斯所罗门河上一个毫无戒备的夏延村庄,杀死了几个战士,但却赢得了心理上的胜利,夏延人的印第安中间人说,这次行动教会他们,反对白人是徒劳之举。

对夏延人而言,承认失败是个糟糕的时刻。所罗门河战役后的次年,白人探矿者在今天的科罗拉多东部发现了黄金。丹佛市几乎在一夜之间崛起。矿工和农民纷纷涌进夏延人和阿拉帕霍人的猎场,占领了汤姆·菲茨帕特里克十年前谈判达成的《拉雷米堡条约》中对印第安人承诺的大部分土地。1861年2月,十位夏延酋长和阿拉帕霍酋长——其中包括"黑壶"和"瘦熊"——签署了《怀斯堡条约》(Fort Wise Treaty),承诺他们的部族将退至科罗拉多东南部干旱平原上一块可怜的狭小保留地。尽管大多数夏延人和阿拉帕霍人并不认可酋长们的承诺,继续居住在他们的传统猎场,但他们并未有任何暴力行为。没有一个印第安人能预见到他们的消极抵抗将很快产生的可怕后果。

与此同时,在更遥远的南方,征服基奥瓦人和科曼奇人的努力被证明远非徒劳。两个部族都不曾骚扰移民,但他们持续袭击得克萨斯的定居点。得克萨斯现在已成为美国的一部分,但这对他们没有任何影响。当常规军队提供的保护被证明不够时,得克萨斯游骑兵在三次交战中带头教训了科曼奇人,这激怒了印第安人,他们不仅对得克萨斯和墨西哥边境进行前所未有的破坏,还攻击西行的旅行者。

军方基本上无力阻止他们。战前边防军有限的资源大部分被用于镇压太平洋西北部持续了三年的印第安人暴乱。1858年最后一次战争结束时,被征服的印第安人签署了确定他们保留地边界的条约。太平洋西北部部族在精心划定的土地上放牧和三年后签署的《怀斯堡条约》是后来被称为"集中政策"的第一步。印第安人将被从白人想要或已占领的土地上迁移,并尽可能远离"入侵者"的污染影响。然后开始尝试将印第安人转变为信奉基督教的农民。当然,由于大多数印第安人对白人希望给予的"福音"不感兴趣,政府"集中政策"的企图通常意味着战争。[9]

现在白人来了,人数多到印第安人无法理解。他们从四面八方侵袭印第安人的土地。定居者从东部涌入,而矿工们则在印第安领地西部、北部和南部的周边地区四处钻孔,只要发现新的矿产,矿工们就直接越过边界。用西部人的话说,只有将抵抗的印第安人"围捕",并使其在保留地范围内自生自灭,才能对白人不造成任何伤害。此种做法将印第安人包围起来和缓缓扼杀,这一过程将需要30年才能彻底消磨印第安人不屈不挠的顽强生命力。

※

在动荡的19世纪50年代,只有西南部保持平静。这片广袤的地区,不仅包括现在的亚利桑那州和新墨西哥州,还包括墨西哥北部,被称为阿帕奇里亚(Apacheria),因为它的主要居住者是印第安土著阿帕奇人(Apache)。阿帕奇并非一个清晰明确的部族,而是一个松散的群体,由两大分支组成:东部和西部。[10] 西部分支中的两大群体——西阿帕奇人和奇里卡瓦人(Chiricahua),双方鲜少来往——将给政府带来极大的困难。

当第一批美国人在19世纪20年代进入阿帕奇里亚时,西阿帕奇人和奇里卡瓦人已经打了近两百年的仗,先是与西班牙人,然后与墨西哥人及其印第安人盟友。混乱的军队,荒废的庄园,向城镇横征暴敛,阿帕奇人认为墨西哥人在阿帕奇里亚的存在根本站不住脚。阿帕奇人起先对美国人的到来热情欢迎,认为他们是墨西哥人的敌人,但在美国根据1853年的《加兹登收购条约》(Gadsden Purchase Treaty)获得了阿帕奇里亚大部分地区之后,紧张局势迅速升级。该条约要求华盛顿阻止阿帕奇人侵扰墨西哥。这让阿帕奇人无法理解。墨西哥人仍然是他们的敌人,并且是美国人的敌人;那么,只要在边界以北循规蹈矩,为什么他们就应该停止对边界以南的袭击呢?

随后,探矿者1860年在新墨西哥领地西部山区发现了黄金,而这一地区是奇亨尼人(Chihenne,即东部奇里卡瓦人)家园的中心。当奇亨尼酋长曼加斯·科洛拉达斯(Mangas Coloradas)试图调停,以确保族人有一个和平的居住地时,探矿者竟然用马鞭对其抽打,于是他向美国人宣战。更令人震惊的是,乔科恩人(Chokonen,即中部奇里卡瓦人)首领科奇斯(Cochise)也受到了不公对待,他们生活在今天亚利桑那州东南部的沙漠家园,且与白人定居者友好相处。另一个来自西点军校与格拉坦同样鲁莽的中尉乔治·巴斯康(George H. Bascom)于1861年2月辜负了印第安人的善意。当时他逮捕了科奇斯和他的几个战士,错误地认为科奇斯从一个遥远的牧场绑架了一个男孩。科奇斯成功逃脱,并带走了几个人质。经过几天毫无结果的谈判,科奇斯杀死了人质,巴斯康绞死了包括科奇斯兄弟在内的几个奇里卡瓦人。至此,亚利桑那陷入一场血腥暴力之中。

不久后,1861年春天,正规军突然从边境消失了。印第安人对军队的突然离去感到困惑不解。奇里卡瓦人则断定他们打败了军队,趁机加紧掠夺。但平原印第安人犹豫不决,因此错过了一个短暂的、独特的机会来减缓白人的到来。

平原印第安人发动进攻的绝佳时刻已过,很快新的"军队"——认为射杀印第安人不过就是射杀一头鹿的西部拓荒者——就来到了眼前。这是一群比正规军更强悍的男人,而且数量远超正规军。联邦政府从近300万人中最终抽调15000名志愿兵,以打击南部叛乱,他们在内战期间在西部服役,是战前边防正规军的两倍。多数人来自加利福尼亚,这点纯属意料之中,因为加利福尼亚的人口已接近50万,而且还在不断攀升。事实上,内战并没有导致前往西部的移民人数下降。相反,尽管巨大的动荡耗尽了南北双方的能源和资源,但整个西部的矿产仍吸引了越来越多的白人进入之前未受干扰的印第安人土地。

事实上,尽管似乎无休止地需要更多的军队来打败南方联军,林肯政府还是鼓励人们向西部迁徙。1862年,国会通过了《宅地法》(Homestead Act)。从1863年1月1日开始,任何美国公民或有意愿的公民,包括自由奴隶和家庭里的女眷,都可获得密西西比河以西160英亩联邦土地的所有权,只要申请人改善了拥有的土地,连续五年居住在该土地上,并且从未拿起武器对抗美国。期望在大草原上重新开始耕种的家庭挤满了前往西部的道路,而这条路已因怀揣发财梦的人而拥挤不堪,印第安人的土地遭遇着前所未有的压力。

1861年至1864年间,人口激增导致了六个新领地的建立:内华达、爱达荷、亚利桑那、蒙大拿、达科他和科罗拉多,而科罗拉多发展最快。一条直达丹佛的道路得以铺设。这条被称为"烟山路"的小径穿过了印第安人的主要猎场。很快,马车和电报线在印第安人领地上纵横交错,而内布拉斯加和堪萨斯则将边界进一步深入平原。尽管对白人入侵者的愤怒与日俱增,但南部平原的印第安各部族仍保持和平,即便活动范围变得越来越小。

尽管南部平原相对平静,但其他地方的暴力事件足以让两位志愿兵将领詹姆斯·卡尔顿(James H. Carleton)和帕特里克·康纳(Patrick E. Connor)在内战时期的西部声名鹊起。1862年7月,卡尔顿的"加州纵队"的一部分从阿帕奇山口驱赶了几百名科奇斯和曼加斯·科洛拉达斯麾下的奇里卡瓦战士,阿帕奇山口是乔科恩部落中心地带的一个战略要塞。曼加斯·科洛拉达斯在这次遭遇战中受伤;六个月后,卡尔顿的一名下属在停战的旗帜下引诱酋长进入营地,然后杀了他。尽管遭受了两次打击,奇里卡瓦人并未被打败;相反,卡尔顿离开后,科奇斯变本加厉,使亚利桑那东南部人口大为减少。

卡尔顿继续东进,征服了新墨西哥领地上的小梅斯卡莱罗阿帕奇部落。接下来,在老朋友,传奇拓荒者基特·卡森(Kit Carson)领导的焦土战役中,他一举粉碎了强大的纳瓦霍部族,这个部族曾与新墨西哥人进行一场漫长的突袭和报复战。当卡尔顿在西南部发动战争时,康纳将军清除了加利福尼亚和犹他之间沿途的障碍,然后摧毁了一支肖肖尼人叛军,这伙人曾与落基山开采金矿的人们开战。[11]

※

当西南部血流成河,落基山脉颤抖不止的时候,北部平原却相对平静,直到1863年战争爆发,规模空前。原因是间接的——达科他苏族人的暴动,他们曾经丰饶的明尼苏达保留地已经缩小至明尼苏达河沿岸的一小块土地,而该地区的白人人口却一直猛增。掠夺成性的商人将酒卖给达科他人,榨干他们从政府获得的年金,传教士还不断骚扰他们。附近的农民日渐繁荣,而饥饿和绝望却笼罩着保留地。1862年8月17日,年轻的印第安战士从猎场空手而归,杀害了六名白人定居者。此举没有预谋,但也未能遏制十年的积怨。面对政府采取的报复行动,酋长们选择战斗,达科他战士先下手为强,在联邦军队将他们驱赶到平原上投入到他们的纳科塔族人的怀抱之前,杀了数百名定居者。1863年和1864年的激战中,军队击垮了达科他人和纳科塔人,他们中只有少数人逃到加拿大或后来加入拉科塔部族,在保留地度过余生。

明尼苏达的暴乱也波及了相对平静的南部平原。已经对与南部夏延人和阿拉帕霍人分享领地感到不安的科罗拉多人感到了恐惧。他们认为印第安人最轻微的进攻,也预示着会在他们的土地上发生类似的屠杀,其实所谓的进攻,不过是不会造成流血事件的袭扰白人的马和牛。对部族进行先发制人的打击对许多科罗拉多人来说起了作用,包括军区指挥官约翰·奇文顿上校。事实上,正是奇文顿的先发制人战略导致了"瘦熊"丧命。"瘦熊"被杀后,"黑壶"酋长阻止战士们消灭对这一暴行负有责任的小分队。但无论是他还是其他酋长,都无法阻止愤怒的战士对内布拉斯加南部和堪萨斯西部的陆路和孤立牧场进行报复。他们的突袭不再仅仅是偷窃家畜的举动,而是变得残酷和血腥,充满了强奸和屠杀。尽管 1864 年夏天的大多数袭击都是"狗兵"所为,一群不屈不挠、好战的夏延人战士,但是隶属"黑壶"的年轻人也犯下了一些更加臭名昭著的暴行。

是年 8 月,埃文斯州长和奇文顿上校招募了一个短期军团,即科罗拉多第三骑兵团,由急于杀害印第安人的流氓、恶棍和地痞组成。他们还没来得及行动,"黑壶"就主动求和了。埃文斯曾对友好的印第安人发出邀请,以区分对白人持敌对态度的印第安人,现在"黑壶"的做法如出一辙,但公众却叫嚣着复仇。埃文斯把这个问题交给了奇文顿,奇文顿最关心的是确保他的科罗拉多骑兵在服役期满前参与行动。11 月 29 日拂晓,奇文顿横扫了"黑壶"在沙溪镇毫无戒备的村庄。当奇文顿准备进攻时,"黑壶"先升起美国国旗,然后在他的小屋顶上升起白旗。但奇文顿对展示爱国主义或休战并不感兴趣。他不想俘虏,也没人被俘。两百个夏延人,其中三分之二是女人和孩子,以一种令人想起明尼苏达暴乱的方式惨遭屠杀。一名军队翻译后来作证说,他们"被割了头皮,脑浆四溢"。"那些[士兵]用刀剖开女人的肚子,用棍棒殴打孩子,用枪托猛击他们的头,直至脑浆四溅,并用各种方式肢解他们的尸体。"然而,"黑壶"和他的妻子一起逃走,妻子身负重伤,伤口多达九处,但活了下来。为了避免冤冤相报,他把幸存者带到了阿肯色河以南。与此同时,奇文顿上校和"血腥三团"(Bloody Third)纵马进入丹佛,受到英雄般的欢迎。[12]

当印第安人对"沙溪大屠杀"(Sand Creek Massacre)的愤怒让白雪覆盖的南部平原成为一片焦土时,南部的夏延、阿拉帕霍和拉科塔酋长们同意"举起战斧,直到阵亡"。正如这句不祥之语所暗示的那样,这并不意味着战至最后一人,而是一次大规模袭击,就像捕猎野牛和与敌方部落交战的惯常做法一样,速战速退,反复攻击。1865年1月和2月,印第安战士们毁掉了普内特河沿河道路,使丹佛陷入恐慌。随后,盟军部落北上黑山,以逃避报复,并向他们的北方族友讲述他们的"战法",而这些人又发动了一场属于他们自己的"战争"。多达3000名战士组成了大平原有史以来最大的作战队伍,袭击了普内特桥兵站(这是一个战略要塞,但驻防薄弱),捣毁了一个骑兵分队,并伏击了一个车队。干完这一切,印第安人认为白人士兵受到了足够的惩罚,于是四处散去,准备即将到来的秋天野牛猎杀季。

然而,在军方看来,冲突才刚刚开始。2月,陆军部成立了一个新的地方指挥机构,称为密苏里军分区,涵盖大平原、得克萨斯和落基山脉地区。总部设在密苏里的圣路易斯,指挥官是夸夸其谈但能干的约翰·波普(John Pope)少将。在1865年初春印第安马队从严酷的平原冬季恢复过来并重新开始对移民路线突袭之前,他已制定了协同一致的进攻计划。三次行动将同时打击顽抗的平原部落。波普的战略基于两个前提:一是大量内战退伍军人可以在西部服役,二是他有权在他认为合适的情况下对付敌对部族。

波普的计划很好,但现实并非如此。随着1865年4月内战的结束,北方联军中的志愿兵们期望尽快回家,他们一到西部就散了。波普计划的第二个支柱——平民支持——甚至在行动开始之前就土崩瓦解了。简单说,沙溪之战后,政府不想和印第安人开战。相反,国会授权达科他领地的行政首长牛顿·埃德蒙兹(Newton Edmunds)与拉科塔部族谈判一项新条约,并任命了一个委员会就南部平原的持久和平进行谈判。陆军部也动摇了。最后,波普计划的三个支柱只有一个仍存在。在康纳将军的指挥下,先头部队于1865年8月向黑山挺进。康纳的行动以惨败收场。人们成群结队地四处逃窜,在与拉科塔人和夏延人的两次交锋中,康纳的两支纵队几乎全军覆没。这至少在当时结束了以武力争取和平的努力。[13]

※

政府对平原印第安人的政策很难达成一致,甚至连前后一致都做不到。1865年秋天,行政首长埃德蒙兹邀请当时与康纳作战的印第安人参加他的和平会议。但印第安人一个也没来,埃德蒙兹对此并不关心。因为他寻求达成某项协议的唯一原因是为了使达科他对未来的定居者显得安全。所以当年10月,他收集了一些"在堡垒边四处游荡"的印第安小部落首领的签名,并宣布了北部平原上的和平。出于只有他自己知道的原因,印第安事务专员居然对埃德蒙兹的"创举"大加赞赏。

1865年10月,在小阿肯色河与南方部族举行的和平会议上,达成了一项更接近于真正条约的协议。在猛批奇文顿的"大错特错"后,专员们说服印第安人,他们的利益最好是通过接受一个保留地来实现,这个保留地包括堪萨斯西南部的大部分地区,几乎所有的得克萨斯大草原,以及很大一部分印第安领地。这是走向集中的又一步,也是"印第安包围圈"的再次缩紧。

这项条约在字面上很慷慨,但实际被证明只是一个空洞的姿态。得克萨斯拒绝放弃大草原的任何部分,堪萨斯拒绝批准在其边界内的保留地。而拟议保留地中唯一受控于联邦政府的本就属于印第安领地。因此,《小阿肯色河条约》被波普将军讥为一纸空文。[14]

但这已不再是波普关心的问题。1865年6月下旬,他将密苏里军分区的指挥权交给了威廉·谢尔曼(William T. Sherman)少将。谢尔曼在北方战争英雄谱中仅位列于尤利西斯·格兰特(Ulysses S.

Grant)之后。谢尔曼带着对西部的热爱接受了这份工作。就任后,他给一位朋友写了封信,信中写道,他对西部"早已心向往之"。考虑到他在西部差点丢掉性命,这确是一种奇怪的情绪。内战前,作为旧金山的一名银行经理,谢尔曼曾饱受该市激烈的商业环境带来的焦虑和急性哮喘的折磨。但当地人很欣赏他西点军校的背景,在1856年担任义务警员时期,人们曾选他短暂担任加利福尼亚民兵少将一职。九年后,当谢尔曼在45岁就任密苏里军分区指挥官时,他那满脸皱纹、灰白斑纹的胡须和蓬乱的短发,使他看上去更像是一个年迈的淘金者,而不是一个正当壮年的悍将。

谢尔曼对印第安人的看法自相矛盾。一方面,他对"生来就要反抗厄运的可怜虫"感到同情,同时,他也对"寻找黄金的白人杀死印第安人就像杀死一头熊一样,而且完全不恪守条约"感到愤怒不已。然而,他对印第安人的"懒惰"深恶痛绝,认为他们必须被视为需要"纪律"约束的顽固不化分子。当纪律无效时,就有必要发动全面战争,其结果一定令人不快。谢尔曼对一群即将毕业的西点军校学生发表讲话时,只能建议他们尽可能人道地实现这一"不可避免的结果"。[15]

也许确实不可避免。但战争是谢尔曼在1866年无法承受的。联军志愿兵集结的速度远远快于正规军在边境重新集结的速度。国会决心维持尽可能少的常备军,谢尔曼发现自己只有不到12000人的军队,几乎不足以在移民道路上巡逻。离任之前,波普将军颁布了严格的规定,迫使平民只能在划定的主要路线上行走,并集结足够大规模的车队,联合起来以图自保。尽管这些命令很难执行,但西部人民对命令的意图表示赞赏,谢尔曼对这些命令进行了更新。

1866年,边防军发现自己在一个突然从内战中解放出来、充满活力的国家中,担负着看门人和西进民众守护人的双重角色。在六周的时间里,超过6000辆马车经过内布拉斯加向西行驶。移民们像蝗虫一样经过沿线的土地,直到连一根生火的木棍都找不到;甚至连干牛粪都属"稀缺之物"。沿着普内特河,电线杆比树还多。前不着村,后不着店的牧场成了印第安掠夺者诱人的目标,或者,正如一名军官所观察到的,成了伪装成印第安人的白人掠夺者的诱人目标。堪萨斯州州长不顾风险,组织了由州政府资助的移民协会,吸引移民前往堪萨斯西部定居。由于《宅地法》的颁布,没有哪里缺乏移民;内战后的十年里,堪萨斯和内布拉斯加的人口增长了三倍。

  谢尔曼把实现永久和平的希望寄托在当时正在建设的横贯大陆的铁路上,而不是军队。联合太平洋公司的铁路向西推进的速度使他震惊不已;到1866年年底,铁轨已铺到卡尼堡对面的普内特河北岸(同时,在他的管辖范围之外,中部太平洋铁路线正缓慢向东推进至内华达山脉)。谢尔曼提议,在其职权范围内,给予联合太平洋公司"所有的保护和鼓励"。然而,这需要谢尔曼还没有的军队。正如他在8月份告诉格兰特的那样,"今年我们没有条件惩罚印第安人,因为我们的军队几乎无法控制每天马车和小股移民走过的长长道路……我只求今年比较平静,因为到明年,我们可以征募新的骑兵、购置装备,并准备好前往印第安人居住的地方一探究竟"[16]。

  但是,一个忽左忽右的印第安政策和一个名叫"红云"(Red Cloud)的决不妥协的奥格拉拉人战争领袖,即将打破谢尔曼所急需的平静。

第二章
"红云"之战

"红云"痛恨烈酒,认为烈酒是"让人发疯的魔水。"30年前,"红云"的布鲁莱人父亲死于酗酒,之后格拉坦中尉不经大脑草率射出的子弹引发了和拉科塔人的战争。丧父时,"红云"才四岁,他的姓氏让他抬不起头。1825年,"红云"随母亲迁往普内特河领地与母亲的北方奥格拉拉部族住在一起,酋长是她母亲的哥哥,和蔼可亲的"老烟"。"红云"起初遭人排斥,后来以高超的战争技能弥补了他可疑的血统带给他的负面影响。

二十几岁的"红云"骁勇善战,魅力无穷,很快就有了相当多的追随者,但他脾气不好,且性格残暴,这让他失去了许多拉科塔人的尊重。一些人还认为他在一次斗殴中射杀了一名竞争对手。1850年左右,"老烟"去世,他的儿子正式接替他担任酋长,但那时,"红云"善于指挥战争的地位已大为巩固,当部族遭遇麻烦时,他已成为事实上的酋长。[1]

1861年至1862年间,北方奥格拉拉部族和米尼孔朱拉科塔部族以及他们的夏延和阿拉帕霍盟友为控制粉河领地与克罗人展开了全面决战。根据《拉雷米堡条约》的规定,这片土地属于克罗人,但大角山和黑山之间150英里宽的区域是主要的猎场,他们的敌人也打算将其占为己有。他们之所以能打赢,主要是因为"红云"。年满43岁,"红云"已进入了一个伟大战士一生中的中年阶段——成为一名战略家。"红云"制定了总体作战目标,组织了庞大的作战队伍,但将战场的具体行动指挥交给一些出类拔萃的年轻战士,其中就包括一个名叫

"疯马"(Crazy Horse)的性格怪异且沉默寡言的22岁奥格拉拉战士。

随着克罗人被打败,同盟部落认为他们找到了一个远离白人的家园,但1862年在蒙大拿西南部发现了黄金。一年后,拓荒生意人约翰·博兹曼(John Bozeman)沿大角山脉东部基地开辟了一条通往矿区的小径,直达刚刚"易主"的猎场中心。蜂拥而至的白人淘金者将野牛和羚羊一扫而光,以至于北方奥格拉拉人在1865年至1866年的冬天几乎饿死。

1866年春天来临之际,政府面临的关键问题是印第安人是否会对"博兹曼小径"(Bozeman Trail)下手。包括谢尔曼将军在内的大多数高级军官都认为,冬天的饥饿会使他们变得柔顺,但为了确保印第安人不闹事,谢尔曼下令在博兹曼小径上修建两个哨所,分别命名为菲尔·卡尼堡和C. F. 史密斯堡。两个堡垒隶属普内特部,由菲利普·圣乔治·库克(Philip St. George Cooke)准将这位在内战期间被搁置的老朽军官指挥。[2]

谢尔曼部署占领博兹曼小径时,1866年6月初,印第安事务署在拉雷米堡召集了一次和平会议,通过谈判让印第安人允许白人在博兹曼小径畅行无阻。北方的奥格拉拉和米尼孔朱酋长都在场,但主要发声的是"红云"。他的谈判对手是爱德华·泰勒(Edward B. Taylor)。作为一名印第安事务署的代表,泰勒认为"使诈"是一个完全可以接受的谈判手段。他向"红云"保证,政府将禁止移民在博兹曼地区掠夺。一个下属将之称为不可能实现的承诺,只是为了"精心算计以蒙骗印第安人"。泰勒还向酋长们保证,总统并不希望在博兹曼驻军。

这个谎言一直持续到6月13日,当时由亨利·卡林顿(Henry B. Carrington)上校指挥的美国第十八步兵团第二营行军进入拉雷米堡,前往博兹曼小径,建造这两个计划中的堡垒并留下驻扎。当"红云"看到这些士兵时,他气炸了,高声斥责和平委员会"把聚在一起的酋长当孩子要弄"，并假装为一个他们本想征服的地方谈判争取权利。他指责政府居心叵测，发誓要驱逐政府派来的军队。"'伟大的父亲'给我们送来礼物，要我们把这条路卖给他，""红云"愤怒地宣称，"但是白人首领却在印第安人并未表示同意之前，就带着士兵们来偷路了。"他和他的追随者们赶紧返回北方，阻止白人士兵从他们那里偷取他们最近才从克罗人手中夺来的土地。与此同时，泰勒与几个"在堡垒边四处游荡"的部族首领达成一致，不要求占领他们的领地，随后他电告华盛顿，双方已经实现了友好和平。1866年剩下的时间里，他会不断地向内政部灌输错误信息和谎言，使政府对博兹曼小径上的危险视而不见。[3]

※

亨利·卡林顿上校擅长纸上谈兵。他靠政治关系爬上高位，在内战中只担任过参谋一职。他浑身上下都找不出作为军事领袖激发下属信心的气质。卡林顿身高不足六英尺，是一个精英分子，曾因为某位下属上的是公立学校而称其为文盲。然而，尽管卡林顿耶鲁大学法学院的学位和书呆子气在华盛顿的圈子里也许还能派上用场，但对指挥他手下的老兵"油子"们却无济于事。然而，谢尔曼对此却并不担心，反而鼓励军官的女眷们参加"卡林顿的陆上马戏团"。7月初，这支由700名士兵、300名妇女、儿童和平民补给人员，以及226辆骡车组成的队伍，开往大角山地区，骡车上装得满满当当，就是没有能确保持续作战的充足弹药。[4]

7月15日，卡林顿选定博兹曼小径和大松溪交界处以南的一片山谷草场作为未来卡尼堡的位置。从营地工地向西远眺，地平线上蓝色的大角雪山似乎触手可及。从战略上讲，这是个不错的位置。它位于北奥格拉拉人猎场的中心。但从战术角度来看,还有很多欠考虑的地方。谷底三面环山,往北两英里,博兹曼小径穿过一个叫作洛奇小径岭的长长高地。向西,卡林顿上校为了纪念妻子的娘家姓而命名的沙利文山挡住了五英里外一个低矮山脊上的一片松林,这片松林为卡林顿建造木栅栏提供所需的木材。单凭这一点,他就应该重新考虑这一选址。然而,他认为一大群怀揣敌意的印第安人可能潜伏在森林和山丘的想法简直不可思议,"幼稚可爱,无法言表,一眼就能发现"。但他们确实就在那里,主张和平的夏延人首领派出代表于 7 月 16 日对卡林顿发出了警告,"红云"麾下有数千名印第安战士。不知是因为他不相信他们的警告,怀疑他们的动机,还是因为他过于自信,卡林顿拒绝了他们善意提出派遣 100 名战士协助的建议;他安慰这些前来警告并主动提出援助的首领们,他人手足够。

次日晨,"红云"对博兹曼发起总攻。乱箭齐发中,这条小道变成了一条没有白人敢接近的"鬼道"。然后,印第安人把注意力转向了尚未完工的堡垒本身,如画美景瞬间呈现为一种威胁面貌。白天,印第安战士们在洛奇小径岭对士兵们进行观察。夜幕降临后,印第安人的篝火就在附近燃烧,令人不安。印第安战士就像从地下冒出来的一样,从沙利文山上呼啸着冲向运送木料的车队,让白人士兵时刻都处于警戒状态。只要与同伴分离后落单或独自外出,就会被印第安人干掉。在初夏万物勃发的气氛中,卡林顿的缺乏实战经验似乎也不算什么大事,但现在却指挥不灵了,就像往常一样;卡林顿没有骑兵,而且大多数招募的士兵都是新兵,装备是过时的斯普林菲尔德步枪。因为卡林顿根本没有安排这些新兵接受任何射击训练,很少有人能射中目标;他认为在冬季前完成卡尼堡的建设比军事训练更重要。而且,卡林顿还有建造史密斯堡的额外责任,因此,8 月 9 日,他派遣纳撒尼尔·金尼(Nathaniel C. Kinney)上尉手下的两个连,沿博兹曼小径 90 英里松散的印第安警戒线,建造哨所。当士兵劳作时,金尼上尉则长醉不醒,任由门外被杀的士兵尸体被群狼啃食。

卡林顿最大的障碍不是未经训练的士兵或醉酒的下属,而是持否定态度的上级。泰勒的虚假条约和一再对上级传导的印第安人对白人保持善意的错误信息,导致库克将军无视卡林顿要求增加兵力和弹药的请求。库克并未将卡林顿的担忧向上级报告,8月下旬,当印第安战士们聚在"红云"的战旗下时,毫不知情的谢尔曼向格兰特将军保证,博兹曼小径平安无事,一切顺利。同时,"红云"在印第安人中的地位不断上升;北方夏延人和阿拉帕霍人中的主战派也站到了他一边,而米尼孔朱人、桑萨雷人和洪克帕帕人都为战争贡献了大量的人力物力。就连一些克罗人也改变了立场。到1866年9月1日,至少1500名印第安各部族战士聚集在"红云"位于舌河河谷的营地。卡林顿已时日无多。[5]

※

10月31日,卡林顿为卡尼堡举行了落成仪式。作为一名战斗军官,这位上校可能不为人知,但他确实是一名优秀工程师。他建造了一座占地17英亩的边防军工程奇迹,围墙长3900英尺,由8英尺高的松木围成。有射击平台和步枪射击孔,还有两个碉堡。一位来访的陆军督察认为这些防御措施似乎过于坚固,他指责卡林顿"只想着修他的堡垒"。

库克将军还希望卡林顿表现出一些战斗的主动性,敦促他在冬天来临时对"红云"主动出击。卡林顿抗命。在一封又一封的信中,他明确表达了所面临的障碍。他的308名官兵被分散得稀稀拉拉,守卫着哨所的柴草车队,还要护卫在博兹曼小径行进的军车车队。官兵士气低落,部队装备简陋。主动出击纯属无稽之谈。对其不满,且急于采取行动的下属军官加剧了卡林顿的痛苦,特别是威廉·贾德·费特曼(William Judd Fetterman)上尉,他抱怨自己"被一个无能的指挥官折磨"。费特曼还吹嘘,只要指挥得当,他的意思是由他指挥,"一个连的人马就可以干掉1000名印第安人,一个团就足以消灭所有敌对部落"[6]。

  12月初,受够了暴躁的上级指挥官和狂妄的下属,卡林顿发誓下次印第安人袭击每日运送木材的车队时,他会予以还击。他终于等来了50名骑兵新兵的增援,但这些新兵几乎连马都上不去,他决定试试这些新兵和他们的指挥官霍雷肖·宾厄姆(Horatio S. Bingham)中尉。在卡林顿不知情的情况下,印第安人正计划搞一次突袭。利用诱饵,他们想引诱士兵从堡垒进入洛奇小径岭后面设下的埋伏圈。这是印第安人屡试不爽的战术,但卡林顿和他的军官们却一无所知。12月6日拂晓,松林路上聚集了100名印第安战士,可能由年轻的"疯马"率领(他在场的证据尚不确定)。"红云"则坐镇山脊上,用旗帜和镜子进行指挥。

  木材车队如期离开卡尼堡。当驶出三英里后,作为诱饵的印第安战士发动了袭击。卡林顿以"钳形"队形进行运动反击,但由于宾厄姆中尉违抗命令,率部追击印第安诱饵,进入了印第安人设下的埋伏圈。他的骑兵部下大部分四散逃走,但惊慌失措的宾厄姆干脆扔掉手枪,坐以待毙。搜救队后来发现他赤身裸体地躺在一截树桩上,身中50箭。后来,费特曼上尉抱怨道:"这场战斗失败了,卡林顿不适合指挥。"卡林顿可能也表示同意;无论如何,他不再主动攻击。相反,他开始疯狂地训练手下。[7]

※

  卡尼堡两周后遭受的重创由米尼孔朱人代表一位刚刚去世的部

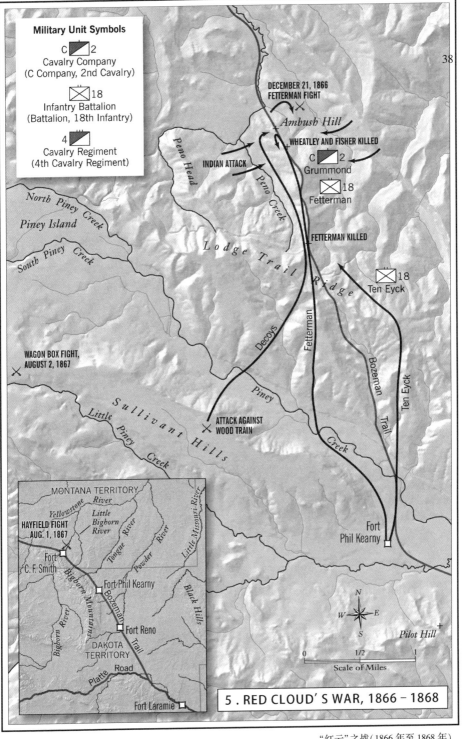

"红云"之战(1866年至1868年)

族酋长指挥,而不是"红云",这是因为一笔账要算。许多年前,喝醉的士兵将这个酋长的小屋劫掠一空,还留下了排泄物。临死前,酋长告诉他的朋友们,一定要攻击白人,雪此奇耻大辱。

由于"诱伏"战术在12月6日几近成功,米尼孔朱人决定再试一次。一小股印第安战士又一次攻击了木材车队,然后佯装溃败,向后撤退,引诱骑兵追击。诱饵会在洛奇小径岭逗留,将追兵引至一个较低的毗邻山脊上,沿着这条山脊,博兹曼小径向北延伸至佩诺溪。在那里,印第安主力会歼灭追兵。[8]

※

12月21日黎明,天灰蒙蒙,寒冷刺骨。地上光秃秃的,但空气中弥漫着浓浓的即将到来的暴雪气味。夏延人、阿拉帕霍人和奥格拉拉人,都在"红云"的统帅下,躲在博兹曼小径岭以西的一个林木稀少的山沟里。米尼孔朱人则守在东边一个光秃秃的山谷中。上午10点,木材车队驶出卡尼堡。一小时后,遭到伏击。[9]

上午11点,费特曼上尉率49名步兵离开堡垒。就在这时,印第安诱兵再次出现。所有人血脉偾张。一个印第安战士用英语喊道:"你们这些狗娘养的出来和我们打呀!"两个全副武装的平民与士兵一起骑马冲了出来,大骂拉科塔人。一名即将调离的上尉也加入了行动,以便"再次有机会手刃'红云'"。与此同时,卡林顿下令,让乔治·格鲁蒙德(George W. Grummond)中尉这个嗜酒成性、脾气冲动的反卡林顿团伙成员,率27名骑兵,"向费特曼上尉报告,绝对服从命令,寸步不离他左右"。

印第安诱兵不紧不慢地骑马越过洛奇小径岭,还嘲弄追兵跟不上他们。卡林顿命令费特曼不要越过山脊,追兵在山脊上停了一会儿,从堡垒上远眺,就像远处地平线上的苍蝇一样。然后他们消失在洛奇小径岭的另一边,在那里,距卡尼堡以北四英里处,1500名至2000名印第安战士,大多数只佩戴弓箭、长矛和棍棒,满怀期待地静候白人的到来。接下来发生的纯属推测。费特曼显然试图阻止格鲁蒙德,但冲动的中尉奋力追赶诱兵,追了一英里半,直到不见山脊,博兹曼小径已跨过了佩诺河。在那里,数百名印第安骑兵突然从峡谷中呼啸而出,几分钟内就包围了格鲁蒙德和费特曼的队伍。格鲁蒙德带领他的骑兵回到山脊上,奋力与费特曼部汇合。两名平民志愿者知道跑不过印第安人,于是在一块岩石后下马,用步枪交替向印第安人开火。最终,他们的尸体周围遍布几十个空弹壳和大片血迹。与此同时,费特曼的步兵用老式前膛枪与包围他们的印第安人周旋。弓箭如雨般射入挤做一团的白人士兵,以至于印第安人遭受弓箭误伤的概率大大高于中枪。一位夏延战士看到一支箭飞过山脊,刺穿了一个拉科塔人的头,他高喊道,四处都是箭,根本不需要自己的箭,只需捡起地上的用就可以了。

步兵的抵抗越来越弱;年轻的奥格拉拉酋长"美国马"(American Horse)说,许多士兵似乎由于恐惧而四肢瘫软。战场很快就变成了拉科塔人所谓的近身"肉搏"。当步兵带着箭伤倒下时,印第安战士立即下马扑将过来,先是一顿猛击,然后用战棍砸碎头骨。"美国马"给了费特曼致命一击,然后割断了他的喉咙,而那个吹嘘要手刃"红云"的军官举枪自尽。

步兵和骑兵分头战斗,但都毙命于印第安人手下。格鲁蒙德很早下马,用佩剑砍掉了一个印第安战士的头,然后中尉遭到一记战棍的猛击。印第安人说,他的骑兵们重新聚在一起,带着马向山脊溃退,直至退无可退。首次参战的16岁夏延战士"火雷",之前只抓过猎物,"但后来我认为这是一个光荣战死的好日子,所以我只想着继续战斗。

我不追马了,我要干掉白人"。随着气温下降,山坡上开始结冰,"我们被告知匍匐接近白人士兵,""火雷"说,"接近时,有人喊道:'冲啊!今天是战死的好日子。家里的女人们在挨饿。'然后我们都跳起来,冲向白人。"[10]

印第安人在 40 分钟的战斗中彻底完成了任务,白人士兵无一幸存。一个来自堡垒的救援队后来清点到 81 具残缺不全的赤裸尸身。一名参与救援的人员说:"一些人的头盖骨被敲开,脑髓被取出,另一些人的手臂被齐齐切掉。"事实上,费特曼的手下是印第安人暴怒的牺牲品。一具尸体上取出了 165 支箭。另一个人说道:"我们走在茂密草地上,踩在他们的内脏上,却不知道脚底的东西。""(我们)弯腰从草丛中捡起来,才发现是他们的内脏,也不知道是谁的。骑兵和步兵的内脏都混在一起,不分彼此了。"

12月21日是冬至,傍晚4点,天就黑了。暮色渐浓,救援队把他们能找到的所有尸体都装上车,然后运回堡垒,用军医的话说,就和把"猪运到市场上"一样。还有 31 具尸体已被冻在地上。卡林顿不想让印第安人认为他没有胆量找回所有阵亡士兵的尸体,不顾军官们反对,在次日晚上率领一支小分队,将救援队守护的尸体带回了堡垒。然而,没有印第安人留下来看到这一幕。对在"手刃百人"之战中取得的巨大胜利感到满意,印第安战士们回到了舌河河谷,准备过冬。[11]

※

费特曼"大屠杀"的消息震惊了全国,令军方极为尴尬。库克将卡林顿革职,格兰特则撤了库克的职,谢尔曼怒气冲冲地告诉格兰特:"我们必须认真对苏族人采取报复性行动,将他们斩尽杀绝,男人、女人和孩子。"他命令普内特军分区新指挥官克里斯托弗·奥古尔

（Christopher C. Augur）上校准备发动夏季攻势。

但谢尔曼的计划与一场可怕的和平攻势冲突，这次攻势的想法来自国会在沙溪事件后成立的一个调查机构的调查结果。该委员会以其主席、参议员詹姆斯·杜利特（James R. Doolittle）命名，于1867年1月发布了报告。经过近两年的调查，杜利特委员会得出结论，疾病、酗酒、部族战争、"无法无天的白人入侵"和"稳定和难以抵制的白人向印第安人猎场移民"正在危及平原部落的生存。在猛批那些靠友好的印第安人获取暴利的酒商，两面三刀的中间人，以及那些"当面一套，背后一套"，迷惑和激怒敌对或中间派印第安人的使者后，委员会接着建议印第安各部族远离白人西进路线和定居点，然后合并四散的印第安保留地，把印第安战士转变为自给自足的信奉基督教的农民。尽管这不是一个新奇想法，但杜利特计划将主宰未来15年联邦政府的印第安政策。

西部媒体纷纷强烈批评"政府所奉行的一厢情愿、优柔寡断的政策路线"，但国会和内政部支持杜利特。1867年2月，安德鲁·约翰逊总统签署了一项法案，设立一个委员会，决定如何在不诉诸武力的情况下结束与"红云"的战争。谢尔曼不情愿地搁置了他的计划。

和谢尔曼将军一样，"红云"也在重重的限制下艰难前行。组成联盟的部落无法决定夏季的目标，当"红云"未能让各方达成共识时，印第安人分裂成了两派。1867年7月，500至800名夏延人出发攻击了史密斯堡，而"红云"率领1000名拉科塔人再次与卡尼堡作战。

印第安人毫不知情的是，他们面对的敌人明显比1866年的强大。奥古尔上校派出了卡尼堡和史密斯堡增援部队，装备了全新的后膛装弹步枪，提高了士兵的射速和信心，并选派了新的指挥官。然而，在史密斯堡，军队的士气并不高昂；随军军医在表达了相同的观点后说，新指挥官路德·布拉德利（Luther P. Bradley）中校是一个"独断专行、自

42 以为是的老单身汉,没人喜欢;对与印第安人作战一无所知"。卡尼堡表现得更好。新指挥官是约翰·史密斯中校,不苟言笑,有着极好的内战战绩,受到士兵们的尊敬。终于,卡尼堡有了一个会打仗的指挥官。[12]

※

夏延人那年夏天首先遭到重创。随着驻军人数增加了两倍(印第安侦察兵很容易就察觉到了这一点),进攻史密斯堡已不可能。然而,在堡垒东北两英里半的地方,有一个暴露在干草地里的哨所,那里的工人临时搭建了一个小工事,如果受到攻击,可以在里面集合。7月31日晚上,一名友善的克罗人警告割干草的人,次日早上"整个地面都会是印第安人"。工人们不理他,照常工作。在他们剪短干草,进行捆绑时,22名士兵正通过打牌和投掷马蹄铁打发时间。中午,瞭望台上的枪声发出了危险到来的信号。当成百上千的夏延骑兵冲进干草场时,士兵和割草工们撤进了原木围成的工事中。除了中尉,每个人都在找地方隐蔽,中尉大声咒骂这些胆小鬼,直到一名印第安弓箭手射中他的太阳穴。内战时当过北方联军军官的割草工工头阿尔·科尔文(Al Colvin)充当了临时指挥官。他的命令简洁生动。"弯下身,躲起来。节约弹药。留颗子弹给自己。"士兵们的新式后膛步枪火力和平民们的交替射击震住了进攻的印第安人。两次进攻失败后,印第安人点燃了干草,然后在火焰后面前进,距工事不到20英尺。守方只有在烟雾中盲射,期望子弹能减弱攻势。印第安人下马从南边作了最后一次推进。在识破印第安人的意图后,科尔文下令集中兵力,待印第安人抵近后再近距离射击。科尔文亲手干掉了一个离工事太近的拉科塔酋长,印第安战士无法抢回他的尸体。从小溪那边的高崖上,印第安战士们为阵亡的首领高声哀号。

战斗持续了四个小时。枪声大作时,布拉德利上校下令立即关上堡垒大门,禁止任何人外出。直到下午,他才改变主意,派出了增援部队。增援部队带了两门大炮。印第安人害怕这些"魔枪",炮声一响,他们就撤离了战场。

至少20个印第安人死于这场干草场之战。白人3人阵亡,3人受伤。为了让印第安人"三思而后行",布拉德利下令,将科尔文干掉的拉科塔酋长的头颅挂在史密斯堡大门外的一根柱子上。[13]

博兹曼小径90英里处,"红云"骑马奔向卡尼堡,他是夏季太阳舞仪式上组建的一支松散队伍的名义领袖。他们的目标是卡尼堡暴露在外的前哨——老松林。那里,有一个由14个防御性价值可疑的小而不堪一击的货箱(标准军用货箱,轮子已卸下)堆砌的长方形工事,也是伐木工和保护他们的步兵连的集结点。8月2日晴朗而炎热的早晨,一小股诱兵故技重施,再次使用引诱费特曼的诡计,驱散了伐木营地的居民。然而,士兵们没有上当,跟随诱饵进入野外。2名军官,26名士兵和4名平民一起,躲在货箱搭建的简易工事后面,从粗糙的钻孔中,或蹲在空桶、成堆的衣服或任何可能阻止子弹的东西后面射击。詹姆斯·鲍威尔(James Powell)上尉只下了一个命令:"伙计们,他们来了。各就各位,一枪一个。"无需更多。这些人明白他们所处的困境。老兵们将鞋带取下,一头拴在一只脚上,另一头拴在步枪扳机上。一旦印第安人攻陷他们的防御工事,只需动动脚,就能"解决"掉自己。

一英里外的山顶上,"红云"和一众高级指挥以及年长的酋长们目睹了这场愈发对印第安人不利的战斗。事实证明,军队的骡群太诱人了,难以抵抗,200名印第安战士过早地飞奔到山上意图围捕。当印第安主力——也许在"疯马"的带领下——从西南部横扫畜栏时,他们发现遭遇到了比预想更猛烈的抵抗。一名白人士兵回忆道:"我们开始开火后,很多印第安人都在150码开外,骑在马上,坐等我们拉上支杆重新装弹,因为他们以为我们还在用老式前膛装弹步枪。然而我们没有拔出弹棒,浪费宝贵的时间,只是打开新式后膛来福枪的枪栓,退出空弹壳,推上枪栓就能再次装弹。这让那些退至射程外的印第安人困惑不已。""红云"后来称士兵的新式后膛枪为"多嘴枪"。

面对能不断射击的新式步枪,印第安人不愿退缩,这出于他们不想遭受惨重的伤亡,但这却使他们付出了战败的代价。每一个留下记录的白人参战者都同意,如果印第安人继续冲锋,战斗将在十分钟内结束。相反,印第安战士们在安全的距离外包围着工事,一边躲伏在马上,一边发出威胁性的喊叫,一边从马脖子下放箭。这个场面看起来令人可怕,但实际上是虚张声势,因为大多数箭都射空了。但白人士兵们的准星也好不到哪儿去。快速移动的印第安人很难瞄准,而且也没人能透过烟雾看到几码以外的地方。此外,把头伸出货箱射击也很冒险。最致命的射击来自印第安狙击手,其中一个射杀了袭击中站起来的一名中尉。当一名士兵哀求他蹲下时,中尉大叫,"我知道怎么和印第安人作战",话音未落,即头部中弹倒地。

印第安人徒步发起了第二次冲锋,奔向马车,把身体伏在地上,匍匐前进。这次还是未能抵近。在第三次进攻中,"红云"的侄子在第一轮齐射中倒下。马厩以南的印第安骑兵们谨慎地保持着距离,直到进攻结束。他们做了最后的,并未用尽全力的冲锋,然后撤离。鲍威尔上尉手下阵亡7人,4人负伤。印第安人大约死了十几个人,30人受伤。一些印第安战士声称获胜,因为他们搞到了200头骡子;更诚实的人对那天只字不提。

尽管"干草场之战"和"货厢之战"鼓舞了军队士气,但从战略上讲,毫无意义。军队仍然缺乏进攻的手段,印第安人继续肆无忌惮地突袭博兹曼小径。"红云"和他的一众酋长们只是经历了战术上的挫折,尽管代价高昂,但他们仍然坚持认为,白人要么放弃博兹曼要塞,要么放弃和平。[14]

※

史密斯堡的司令官很愿意与"红云"讲和。1867年9月5日,布拉德利上校给他的未婚妻写信说:"与印第安人和平的唯一途径就是放弃占领他们的领地。这是他们拥有的最好猎场,而且,我看我们至少在未来十几二十年都不会需要它。因此,如果不是出于人性,即便是出于经济,撤军都属上策,即使以我们的尊严为代价。"由于缺乏必要的力量占领南部、守卫联合太平洋铁路,同时保卫博兹曼小径,政府也愿意有条件退让。在经历了令人震惊的内战后,决心紧缩开支的国会更是无法提供任何帮助。倡导和平者的观点是,比起与印第安人作战,养活印第安人花费更少,更易于获得民心,也更有效,他们赢得了参众两院的广泛支持。联合太平洋铁路的迅速发展也使接受"红云"的条件变得令人满意。到1868年春天,铁轨已经铺设到犹他的奥格登,人们可以安全到达蒙大拿的金矿。格兰特命令谢尔曼将军放弃博兹曼小径上的堡垒。[15]

4月,和平专员邀请"红云"到拉雷米堡签署一项条约。(六个月前,专员们与南部平原部落在药房溪签订了一项条约,确保白人能安全向西前往科罗拉多。)令人叹为观止的是,在拉雷米堡签署的第二部条约(不要与1851年的《拉雷米堡条约》混淆)构成了政府为拉科塔人的未来勾画的蓝图。条约充斥着技术术语,甚至连白人官员都感到困惑,但它满足了"红云"的要求。政府不仅会关闭博兹曼小径,还会给拉科塔人一大片广阔的土地。今天密苏里河以西的南达科他州将成为大苏族保留地,拉科塔人可以对其"绝对和不受干扰地使用和占有"。政府还将在那里修建学校,并提供30年的物资供应和年金;作为交换,印第安人需成为土地耕种者,换句话说,"接受文明"。条约草案还给予拉科塔人在北普内特河(大约内布拉斯加州的北半部)和堪萨斯州西北部共和河沿岸的狩猎权,"只要野牛的数量多到可以追逐"。最后,1868年的《拉雷米堡条约》还包含一个语焉不详的条款,将保留地西部边界到大角山脉的北普内特河以北的土地划为未经认可的印第安领地(Unceded Indian Territory)。尽管没有明确界定,但至少在政府看来,该地区的北部边界被认为是黄石河。总体而言,这块领地大致包括今天的怀俄明州东北部和蒙大拿州东南部。该条款含糊不清的内容还包括,未经印第安人允许,任何白人都不得在该领地上定居。那些希望靠狩猎为生而不是靠政府救济金生活的拉科塔人是否会住在那里也不清不楚。无论如何,拉科塔人的土地不可侵犯;永久和平得以实现。

在烧毁卡尼堡和史密斯堡,并获得冬季肉类补给后,"红云"于11月4日抵达拉雷米堡。他率领125名拉科塔酋长和首领的队伍,以充分证明他享有的崇高地位。根据政府的任命,他现在是拉科塔人的首领。和平委员会的杰出委员们都不在了,现在由边防指挥官来与拉科塔人达成协议。他完全不是"红云"的对手,"红云"主导了整个过程。"红云"强调他的人民无意成为农民,他说他来到拉雷米堡并不是因为总统的代表召见了他,而是因为他想要武器弹药来对付克罗人。无论如何,他还是会与白人和解。隆重的仪式上,"红云"以手蘸土,在条约上画押,与众人握手,然后发表了长篇演说。他可能难以管住手下的年轻战士,但他承诺,只要白人不撕毁条约,他就会遵守。

然而,"红云"连条约都没了解透彻就率队离开了。他相信,奥格拉拉人可以永久定居在这块未经认可的印第安领地上,并像过去20年一样继续在拉雷米堡做生意。他也不知道条约播下了未来剥夺印第安所有权的种子。通过接受固定边界,"红云"实际上同意,只要政府认为恰当,他就要放弃自由。[16]

"红云"在战场上赢得了战争。但他能否在和平中获胜,唯有时间才能证明。

第三章
印第安战士与白人士兵

"红云"战争后,任何头脑清醒的军官都不会像费特曼上尉那样夸下正规军一个连就能干掉1000名印第安人的海口。印第安战士从被蔑视的对象变成了值得最高尊敬的敌手。那些曾将印第安战士比为自己二流士兵的军官们,对印第安战士的战斗力惊讶不已,黯然离职。理查德·道奇(Richard I. Dodge)上校在和印第安人停战后,花了30年时间研究印第安人,得出了他们是"世界上最优秀士兵"的结论。

当白人出现在西部时,印第安人并没有一夜之间成为优秀的战士;部族之间长期为猎场或争夺马匹而相互残杀。的确,战争是一种文化要求,人们在群体中的地位取决于他们是不是英勇的战士。尽管每个部族都有其独特的习俗或特点,例如,冲动的科曼奇人认为他们的基奥瓦盟友在行动前瞻前顾后,夏延人认为他们的阿拉帕霍盟友太好商量。落基山脉部族和平原部族的管理方式和打仗的手法惊人地相似。父亲们都希望把儿子们培养成骁勇善战的战士,而且很早就着手训练。为了锻炼身体,男孩们五六岁时就要长跑和游泳,并且经常被剥夺食物和水,不被允许睡觉,这样做就是为了强健他们的体魄。7岁到10岁时,男孩们会得到他们人生的第一把弓箭,并被教导先射远,再射准。到了青春期,他的骑术已无人能比;再次引用道奇上校的话,他已不仅是最好的战士,而且是"世界上最好的光马(不用马鞍)骑手和天生的马术大师"。[1]

男孩们在十四五岁的时候会参加了他们人生中的第一次突袭行动,通常扮演吉祥物或卑微的角色。18岁时,他已参加了多次突击行动,偷过一匹马,还亲手割下过至少一个敌人的头皮。20岁的时候,他也许已经表现出足够的能力领导一场小规模的战斗或突袭。到25岁时,他可能已成长为酋长的左膀右臂。如果他成功了,他可能会"战功"无数,偷了许多马,甚至可能拥有两个小屋(tipis),每个小屋都有妻子和孩子。(每间小屋通常有六到八人居住。)在大多数部族,印第安战士的战斗生涯在35岁到40岁之间结束,或者在他有一个足够大的儿子接替他的位置之后结束。(如果有人年过中年,仍膝下无子,他就会从有两个以上达到战斗年龄儿子的其他战友处领养一个儿子。)这种被迫提前"退休"的制度确保了一支年轻而精力充沛的战斗力量。"退休"的印第安战士将成为年轻战士的顾问、男孩的教练,或者如果他战功显赫,身怀"魔力"(medicine),也可能成为联席酋长或高级战争领袖(如"红云"一样),负责制定战略和指挥大型战斗。尽管印第安战士们常常吹嘘渴望战死疆场,但长寿也不会给他们带来不适。相反,部族长老会将自己的智慧心口相传,必要时还会约束年轻战士。他们对部族极为重要,除非村庄受到攻击,人们都对他们的护佑能力寄予厚望。[2]

  战士们获得的荣誉等级在不同部族之间差别不大。突击是排名第一的战争荣誉,意味着触碰敌人,通常使用一根长且装饰过的称为"战棍"的木棒。在手边没有"战棍"的情况下,使用任何其他手持物体都可以;使用的东西杀伤力越小,荣誉就越大。触碰一个有武器且活着的敌人却并不杀死他,比用"战棍"触碰死人获得的荣誉高得多。一具尸体上"战棍"触碰的数量各不相同,但第一次触碰的分量最大。印第安战士还会用"战棍"触碰妇女、儿童、囚犯和偷来的马。次级战争荣誉包括俘获盾牌或枪和取头皮,目的各有不同。最重要的是,一块新割下的头皮为战士杀敌提供了确凿的证据。如果没有友军伤亡,敌人的头皮就会成为一场名为"头皮舞"的热闹仪式上的重要"道具"。印第安战士会在参战前用敌人的头皮装饰他们的战袍和绑腿，或者把它们绑在坐骑的缰绳上。

虽然头皮通常是从死者身上取下来的，但割头皮本身并不是为了杀人。除非伤势严重，被割者往往都能活下来，如果被割者也是印第安人，尤其如此。印第安男人通常留着长发，这使得割敌人头皮相对迅速而简单。一只手抓着一簇或一根辫子，另一只手拿着一把小号弯刀，在敌人头盖骨底部留下一个两三英寸宽的切口。一个娴熟的快刀手割下头皮和头发就"像爆米花"响了一声，又快又准。被割者如果是白人，有时会多花点工夫。印第安战士有时不得不将整个头皮割开，以获得足够多的头发来进行证明。印第安人的头皮比白人的更有分量，大多数印第安人认为白人不是对手。在费特曼之战，印第安战士轻蔑地把割下的白人士兵的头皮扔在他们边上。

肢解敌人的尸体是平原地区印第安部族的普遍做法，不管男女都乐此不疲。西部美国人认为这是印第安人是不可救药的野蛮人的确凿证据；就他们而言，印第安人认为，肢解敌人的尸体可以护佑杀人者来世不受死者灵魂的伤害。

战争荣誉是年轻战士向往的进入印第安人战队的必要条件，年轻人之间的竞争往往"火药味"十足。每个人都想在每年的突袭季中掷出第一枪。克罗人的"碳狐"战队把竞争扩大到家族内部，偶尔会相互偷取对方的妻子，就像偷马一样。（令人惊讶的是，也没人因为这种做法闹得你死我活。）战队并不一定作为整体作战，但一旦集团作战，后果可能是灾难性的。一连串剧烈的战场变化或一次粉碎性的失败都可能会摧毁整个团队。战斗中，战队指挥常常无视危险，有时甚至会明知山有虎，偏向虎山行，这样做通常意味着获得晋升的机会很高。[3]

战争荣誉与性也密不可分，是赢得女孩芳心最可靠的方法，成为年轻男性奋勇作战的最佳动力。例如，一个克罗族男子只有在年满25

岁或完成对敌棍击后才能结婚,而一个没有棍击战绩的已婚克罗族男子则会被剥夺"给他的女人画脸"的重要特权。夏延族年轻人只有在战斗或突袭中有了勇猛的表现,才能追求女孩。母亲们则对求婚者的战绩反复盘问,认为任何一个缺少战绩的男人都是懦夫。夏延女人有一首歌献给在战斗中优柔寡断的男人。"如果你冲锋时害怕,"那首歌唱道,"回头吧。沙漠女巫会吃了你。"也就是说,女人们会无情地把你骂死。"打仗很难,我们也会常常感到害怕,"夏延族战士"立在木头上的约翰"坦承道,"但回头面对女人们的辱骂更糟。"尽管害怕遭到嘲讽,但如果没有神力(通常被译为"魔力")的保护,没有哪个战士会冒险参战,因为他们坚信这种力量会赋予他勇气、能力,保佑他生还。

对"魔力"的探求始于年幼时的某种超感修行,也被称为"魔梦"。培养超感能力的人会去一个偏僻且危险的地方,通常待上四天四夜,不吃不喝,祈求天地护佑或某种飞禽走兽附体。鬼神会以神谕的形式向他传话,然后付费给某个灵师(通常已有"魔力"),由他进行解释,或通过终身冥想来领悟。在超感中显现出的某种生物或自然元素就是此人的"魔力"。打仗时,战士会模仿附体于他的某种动物,如鹰的敏捷,狐狸的狡猾,并用一个小袋装着反映超感的小物件。他会在盾牌、衣服、坐骑和小屋上画出超感的象征,并通过独特且神圣的方式收集一大包带有"魔力"的物件,借此驾驭它赋予的力量。在修行中无法获得"魔力"的战士有时会通过自残来寻求"神力"。万不得已,战士也可以从拥有"魔力"的人那里购买,或者分享朋友或家人的"魔力"。然而,印第安人普遍认为从第三方获得的"魔力"相对较弱。出征的战士们成群结队地涌向那些被证实有"魔力"的人,希望获得赋能,或者从拥有"神赋之能"者那里获益。[4]

印第安战士将枪视为他们最珍贵的财产,不遗余力地获得可连发的新式步枪,传奇的杠杆连动式温彻斯特步枪最受青睐。然而,很少有人能用得起。大多数人不得不使用不那么顺手的枪口装弹的老式前膛步枪或使用缴获的单发军用步枪。此外,不管用什么步枪,弹药都很难获得。草率的白人士兵偶尔也会向印第安人出售弹药,但一旦交恶,就会被自己出售的子弹击中。除了少数例外,印第安战士普遍缺乏必要的枪械知识或工具来修复破损的武器,也很难找到靠得住的白人枪械师。

因此,许多人不得不依靠弓箭。印第安人的传统武器并非他们的累赘;白人军官们对弓箭的威力感到惊讶,即使是新手使用,也不容小视。一个年轻的白人中尉从他的印第安探子处学会了如何对野牛搭弓射箭,箭尖还要穿过野牛的身体。他解释说:"我可以告诉你,火力最强的柯尔特左轮手枪子弹也不会把野牛射穿,你可以想象弓箭的威力有多大。"如果射手是从小就练习射箭的印第安人,效果更令人吃惊。"我见过一把弓能把箭射出500码开外,"中尉补充道,"我曾见过一个人头被一支箭刺穿后射中一棵树,箭头穿过头骨,深深地扎在树干上,头还不会掉下来。"道奇上校潜心研究印第安人的武器和战术,他发现弓箭的射速惊人。上校说道,一个印第安战士"左手握着5到10支箭,射速之快,最后一支箭射出时,第一支箭还未落地。"印第安战士的箭袋通常装着20支箭,用完就在战场上捡。战棍和色彩鲜艳的长矛也是印第安战士的进攻武器。

为了自卫,印第安战士随身带着野牛皮做成的小型盾牌,道奇上校认为这些盾牌"像铁一样难以穿透……能近乎完美地抵挡步枪子弹"。印第安战士相信附着了"魔力"的盾牌能给其带来最大的保护,他们会在盾牌上画上神圣的图案、粘上飞禽的羽毛和敌人的头皮,并对着盾牌祈祷,直到"魔力"俱现。一个被证明有价值的盾牌会受到高度的尊重、严密的保护,代代相传。[5]

只要有可能,印第安战士都会全身心虔诚地参加战斗。一个夏延人解释说,有些人穿着他们最好的战袍上阵,不是因为他们相信这些战袍会提高他们的战斗技能,而是为了在战场上以最好的形态与"伟大的神灵"相遇。然而,只要天气允许,印第安战士通常只穿马裤作战;他们相信,这样使他们能够快速移动,还可以最好地发挥他们的"魔力"。印第安战士会用神圣的色彩在身上和马上画出图案,以求得护佑,或宣示过去的赫赫战功。全身上下画上图案的印第安战士和战马不仅会让白人士兵害怕,也会吓坏其他部族的战士。只要身上有了精心绘制的图案,加上神圣仪式的护佑,印第安战士就会认为自己刀枪不入。另外,如果哪个印第安战士在精神上对战斗毫无准备,就会感到脆弱不堪,往往会一有机会就逃之夭夭。看来"魔力"也是把双刃剑。[6]

美国西部印第安人可能是世界上最优秀的单兵作战战士,经过几十年的部族间战争,但他们的战术不适合公开对抗纪律严明的白人正规军。从士兵的角度来看,印第安人的作战队形往往显得不可战胜。成群结队的印第安人围着他们的指挥官,队形貌似参差不齐但令人生畏,冲锋时也没有明显的指令,冲锋的信号就像风暴来临前四散的落叶一样,按照道奇上校的描述,"战场上到处都是马背上飞奔、盘旋的骑兵,每个人都平躺在马背上,或者悬在一边以躲避追兵的子弹,或者边冲边发出令人生畏的啸叫",只有在接近敌军侧翼时才重新集结并冲向敌军阵营。

然而,这种冲刺几乎总是呼啸而过。印第安人不愿在没有一定胜算的情况下发动进攻,他们宁愿设伏,用诱兵诱骗敌军,这是一种几乎不起作用的战术(费特曼战役是一个罕见的例外)。这一策略不仅对所有人都显而易见,只有战场上的"菜鸟"敌人才会上当,而且急于抢头功的印第安战士通常也会为了获得击出"首棍"的荣誉而提前冲锋,从而让这一战术的效果大打折扣。

印第安人对胜利有着独特的概念。如果许多人都赢得了战争荣誉,他们就认为这次交战获胜,而对方可能会认为这只是战术上的平局。不管战斗结果如何,如果某个战争领袖或出类拔萃的印第安战士阵亡,他们都会认为是一场灾难,特别是如果阵亡者拥有强大"魔力"的话。只要这样的人倒下,就足以瓦解印第安人的进攻或结束一场战斗。印第安人也害怕大炮。几声炮响他们就会作鸟兽散。

尽管受到尊重,但战争首领的影响力有限。他们希望在战斗中取得的成就大体上都差不多。战前,每一个战队首领都会将他的手下聚在一起,勾勒出大致计划,一切就这么开始。一旦枪声大作,战争首领会用几种方式向手下发出信号,有时举着旗帜、长矛、枪或将战袍挥向某个方向,从高地上用镜子的反光,或用鹰骨战哨吹出尖锐的音调。一般来说,战士们都会注意到这些信号,但是否服从就不一定了,除了把死伤者带走,这是参战者的义务,导致白人军队最多只能粗略估计印第安人的损失。印第安战士反复长时间训练在飞驰的马背上抢救伤兵。"由于有这样的训练,"道奇上校说,"导致几乎每一份与印第安人战斗的官方报告都会有这么一句话:'印第安人伤亡不详;有几人从马背上摔下来。'"[7]

白人军队显然没有意识到有些印第安战士参战就是为了死,或为了不惜以任何代价获得荣耀,也可能为了终结罹患绝症或个人悲剧带来的痛苦。印第安人称他们为"自杀战士",这些战士更喜欢的终结方式是反复赤手空拳向敌人冲锋,直到被敌人击毙。尽管他们对战斗没有任何积极的贡献,但自杀战士的死仍然被认为无比光荣,没有人会阻止一个一心要战死的人。好在自杀战士相对较少,对部落的战斗力影响不大。

自杀战士是印第安人所崇尚原则的极端体现,即在战争和袭击中,印第安战士仍然是一个独立的个人。某种意义上说,他可以自行其是。他只遵循其超自然"附体"者的召唤,并按其"指示"行事。他对自己所属的战队有着强烈的忠诚,并按照战队的规则和义务作战,在某些社会中,这包括无论多么困难都要战斗至死。比一切更重要的是,他对保护自己的族人有着强烈的责任感,无论针对其他部落敌人还是白人军队。当1860年接近尾声时,对大多数印第安人来说,白人军队似乎是两种威胁中较小的一种。[8]

※

"红云"战争将一支正规军对印第安人作战毫无准备的状况暴露无遗。然而,军队的问题就在于对西部人来说并不重要,他们希望谢尔曼将军在印第安人制造麻烦时,予以严惩,无论何时何地。西部媒体认为,如果谢尔曼不能胜任这项工作,那么西部的志愿者们就应该被召回,为联邦机构服务,为他完成这项"工作"。编辑们推测,也许谢尔曼从心底里只是另一个意志薄弱的绥靖者。

谢尔曼最终没能忍住。1868年年底,他因失去了博兹曼小径要塞而痛心不已,对攻击他的人提出了公开质疑:

> 过去的两年里,我做了任何一个理智的人所希望的一切,如果有人不信,就让他参军吧,当他得不到军饷时,很快就会明白。国会认为,对于一支小型军队来说,保卫暴露在印第安人视线内的白人定居点,实际上是不可能的,正如我们抓不到城市里所有的扒手一样。就这个问题上对我大肆挞伐简直就是愚蠢。我们能干多少,取决于我们有什么。

他们手里有的不仅极为有限,而且还在快速萎缩。即便在印第安战争愈演愈烈之时,国会还在一再减少正规军的兵力,打算偿还内战期间所产生的巨额国债。从1869年批准保有的54000人兵力,到1874年,军队骤降至25000人。战后重建任务抽走了三分之一的军队,将军队卷入党派政治。随着南部各州重新加入联邦,他们的代表与国会达成了共同的目标,以便削弱之前压迫他们的北方各州,而边防军成为首当其冲遭削减的力量。

裁员并不是军方面临的唯一问题。脱下军装的都是清醒且目的明确地为恢复联邦而战的志愿军人。取而代之的却是一群良莠不齐的士兵。并不是所有人都像《纽约太阳报》(*New York Sun*)所说的那样是"游手好闲的懒汉",城市贫民、罪犯、酒鬼和变态者也不在少数。很少有士兵受过良好的教育,许多士兵是文盲。缺乏技能又想找稳定工作的人们蜂拥而至征兵站,通常只要找到更高薪水的工作,就会走人。边防军有三分之一是新移民,大部分是德国人和爱尔兰人,他们中的一些人曾在欧洲军队服役,是军队的财富,而在美国不受欢迎的人中,也有一些是在困难时期落魄的好人。尽管如此,正如一位将军所言,尽管军队的步枪有了很大的改进,"而我认为我们却找不到一个聪明的士兵来使用它"[9]。

参军获得的奖励更少。到19世纪70年代,正规士兵每月只有10美元军饷,比10年前的内战志愿者少了3美元。晋升到士官后,薪水略有增加,30年后,养老金也会小幅增加,但只有1%的军人会干满30年。令人惊讶的是,考虑到军队对高素质新兵的需求,内战后,新兵的最低年龄从18岁提高到了21岁,这一要求得到了严格执行。

一名新兵的入伍生涯从四个大型征兵站中的一个开始,在那里他会接受一次初步的体检,领到一套不合身的制服、糟糕的食物,完全没有任何训练。新兵在被分配到某个团之前,都在干体力劳动中打发时间。新兵离开征兵站去西部服役时可能感到的任何宽慰,通常都在他第一眼看到自己的哨所那一刻烟消云散。哨所往往是一栋与世隔绝、几乎无法下脚的破屋,例如科罗拉多的加兰堡,一名来访记者发现,那里只有几块平顶红砖垒砌的土坯建筑,"丑陋不堪,令人彻底沮丧"。得克萨斯的情况也好不了多少。内战后,当一个正规骑兵团重新占领邓肯堡时,兵营里到处都是蝙蝠。士兵们用军刀将其赶走,但蝙蝠粪便留下的"令人作呕的气味"持续了几个月。[10]

谢尔曼将军知道他的大多数士兵生活环境脏乱不堪。他在1866年对密苏里军分区的检查报告读起来像是房东账本上的备注一样。将军发现怀俄明的拉雷米堡"五花八门的房子形形色色,杂乱无章地散落在各处,两座主要建筑破烂不堪,摇摇欲坠,遇上刮大风的夜晚,士兵们就只能睡在练兵场上"。对科罗拉多的塞奇威克堡,一个最初由草皮建成的哨所,谢尔曼认为,"如果南方的种植园主把他们的黑奴放在这样的棚屋里,完全就是主人残忍和不人道的绝佳范例"。然而,谢尔曼几乎没办法改善边防士兵生活环境的恶劣状况。军队的预算太少,哨所又太多,只能修修补补,根本无法彻底改变。[11]

一旦住进营房,士兵的生活就变成了一种令人麻木的例行公事。军号规范了一天的活动,其中多数与军人无关。他们修建电报线路和道路,清理土地,修缮哨所房屋,砍树,烧荒。一名军官抱怨道,他们什么都干,"只是不干应征入伍该干的事"。由于资金紧张,只有少数幸运者每年能接受几轮训练。直到19世纪80年代早期,军队才进行射击瞄准训练,而替补士兵通常都是在没开过枪或骑过马的情况下上战场的。战斗中的后果可能会非常尴尬。一个新上任的中尉在第一次参加的和印第安人的战斗中,看到手下在不到100码的距离外向一匹严重受伤的马发射了几百发子弹,却一发未中,对他们糟糕的枪法感到后怕。

士兵不仅没怎么训练,而且连军装也很差。士兵们穿着海军蓝羊毛上衣和天蓝色裤子,夏天就像在被烘烤,而由于大衣太薄,冬天直接冻僵。鞋子做工粗糙,连左右脚都很难区分。军帽很快就"四分五裂",许多士兵不得不用微薄的军饷购买平民帽子。衬衫是蓝色、灰色,或格子图案的。骑兵们脖子下系着宽松的手帕。大多数人为了舒服点,要么用帆布填充,或穿帆布或灯芯绒裤子,还有一些人穿着印第安人的平底软皮鞋,而不是军靴。一位来访的英国战地记者认为,这些衣着随便的边防士兵会让人们认为他们"疑似土匪"。[12]

直到1874年,军队都在使用各式各样的武器。内战时期使用的枪口装弹式斯普林菲尔德步枪仍然是步兵的标配武器,只是枪管要够长,以确保按照费特曼上尉的指挥能够快速射杀。到1867年年底,大多数步兵携带的斯普林菲尔德步枪已改装为后膛装弹,并发射金属子弹;就是这些武器在"货厢"战役和"干草场"战役中让拉科塔人大吃一惊。1873年,陆军将0.45口径的斯普林菲尔德步枪定为步兵标配武器,并用0.45口径的单动左轮手枪(著名的"和事佬")取代了内战期间流行的"帽球"柯尔特和雷明顿左轮手枪。骑兵团装备有左轮手枪和单发利器卡宾枪或七发斯宾塞枪。他们还配发军刀,但作战时很少佩戴,因为军官们意识到,在士兵与印第安人近到能使用军刀之前,已满身中箭。士兵们总是抱怨装备不好,但少有足够好的射手,能够配得上手里的武器,使其"物尽其用"。

遥遥无期的与世隔绝和令人麻木的体力劳动使入伍的士兵陷入了"一种沉闷乏味的生活状态"。可口的食物可能有助于提振士气,但军粮就像士兵每天的日子一样单调,军营主要的伙食通常是杂烩、烤豆、一种叫"贫民烩"的水煮肉、粗面包和来自牧场的难以嚼烂的牛肉。士兵们用在哨所和连队菜地里种植的农产品改善他们的伙食。战场上,士兵主要依靠培根和剩余的"内战硬糖"(饼干)生存。

除了最正直的士兵,其他士兵迟早都会屈服于驻扎边境的三大道德祸害:酗酒、嫖娼和赌博。直到1877年,当卢瑟福·海耶斯总统屈从于鼓吹禁欲者,下令禁止在军事要地出售酒类饮品之前,士兵们都可从驻地商贩处买酒,这些商贩获准经营的场所既是杂货店,又是酒吧和社交俱乐部,男人在这种地方受到的约束很少。但禁令一在哨所生效,士兵们就转向光顾"养猪场",即那些哨所外提供劣质威士忌和廉价妓女的肮脏场所。需要性生活的士兵也经常光顾放荡的印第安妇女的住处,或光顾军营洗衣店,洗衣女工们有时以卖淫来弥补合法收入的不足。后果可想而知。一位后来成为将军的人说,性病在边防哨所泛滥,"人们常说,驻地军医的工作就是'看管'洗衣女工和治淋病"[13]。

士官的职责是让士兵们保持队形,而非为他们寻欢作恶提供便利。一个骑兵中士在一个"养猪场"为战友搞了一场狂欢。为了让战友享受更好的服务,中士让妓女们脱光衣服,在男人们喝酒的圆桌上搔首弄姿。在亚利桑那的格兰特营地,驻地中士们经营了一个地下赌场,自当庄家,在发薪日用扑克赌钱,大赚特赚。然而,尽管劣迹不断,士官却是边防军的骨干。连长们常常给他们的上士宽松的自由度。优秀的士官是军官们的天赐之物,而强硬但家长式作风浓厚的爱尔兰或德国上士给人以一种刻板的印象。另外,如果没有监督,一个坏的士官会对连队造成严重破坏。残暴的中士却实施了法规所禁止的惩罚。在边防哨所,常常看到有士兵们在烈日下被"老鹰展翅"式绑在马车轮子上,或者捆住拇指吊在树上。一位指挥官对猖獗的虐待狂行为厌恶不已,他告诫军官们要约束暴虐的士官,他们"给连队带来的不满和麻烦,即使最能干的连长也无法处置"。

对于一个将军来说,有必要向中尉和上尉们讲授他们的基本职责,这在今天的军队中简直不可想象,或者说在美国军队的大部分历史中不可想象。但是边防军军官是个特殊兵种。他们有天赋;20世纪初许多优秀的将军都是在西部开始他们的初级军官生涯。但即便是最敬业的军官也发现,在一群争吵不休的流氓、背后非议他人的平庸者、酗酒成性的酒鬼和爱好马提尼酒的高级军官中,很难保持斗志。最好的情况下,军官群体也属一个暴躁的群体,将军和上校互相怀恨在心,因为他们在内战期间受到自己认为的或真正的轻视,而下级军官则根据年龄和资历相互倾轧。[14]

对于曾经历内战的各级军官而言,向战后的小型化军队过渡不那么容易。正规军军官在战争期间根据他们的志愿军衔或荣誉军衔(即因杰出表现授予的名义荣誉军衔)发号施令,而不是他们实质上的下级正规军级别。内战结束后,他们的军衔一落千丈。例如,乔治·阿姆斯特朗·卡斯特(George Armstrong Custer)从一名志愿军少将降为一名正规军上尉,担任参谋职务,直到他的导师菲利普·谢里丹(Philip H. Sheridan)少将安排他晋升为新组建的第七骑兵团中校。在战争行将结束的几个月里,乔治·克鲁克曾是一名志愿军少将,指挥着一支8000人的军队。战后,他降级为边防团中校,手下只有500人。为了抚慰受伤的自尊心,军官们佩戴着最高级别的荣誉军衔,在官方信函中互称他们的志愿军军衔,直到1870年国会禁止这两种做法。

那些被降职的人要想官复原职,道阻且长。军官的官阶需要不断晋升,而军队的规模却在不断缩小,因此,一个新任少尉在成为少校之前,需服役25年,如果他还能坚持的话,服役37年后,可晋升为上校。1877年,《陆军和海军杂志》(*Army and Navy Journal*)预测,10年内,"陆军中将不会有四分之一的现役军官身体上能够承受一场战役的艰苦。他们都将是垂垂老者。"[15]

而且耽于玩乐。一位后来成为将军的军官看着驻军长时间在军营无所事事,给他的军官同僚们带来了损失,他写道:"有很多警卫任务要做,但训练时间又少,也没有形成研究如何打仗的风气。自然而然,纸牌、台球和烈酒会吸引更多人;最后一个更重要的原因是时断时续的战争带来的艰难。"当一名中尉的扑克牌牌友发现他玩牌作弊时,他们就会对他提出不符合军官行为的指控。由于无法说服并不比他更诚实的赌友撤销指控,这位遭到排斥的中尉最终自杀。

赌博和酗酒在军官中和在士兵中一样普遍。看到醉醺醺的军官在军营驻地跌跌撞撞地来回走动,毫无疑问会打击部队的士气。然而,很少有醉酒的官员因玩忽职守或行为不当而受到惩罚,有些人尽管酗酒成性,但还是得到了提拔。1866年10月,在"红云"战争开始的日子里,蒙大拿的一队淘金者在史密斯堡停留,他们震惊地发现指挥官纳撒尼尔·金尼上尉"烂醉如泥"。他们并不是赶巧在一个糟糕的时刻看到他的这副模样。"当地居民告诉我们,他已经这样好几个星期了。有一件事是肯定的,那就是在我们留在那里的那几天里,他每天都满嘴酒气。"[16]

一个士兵如果整天生活在烂醉如泥的军官手下,没日没夜干着脏活累活,无聊透顶,拿着微薄军饷,还要面对残暴的上级指派的任务,他能做什么?当逃兵,事实上成千上万的人都当了逃兵。第一骑兵团的动荡就属典型。该团在三年期间接收的1288名新兵中,有928人当了逃兵,一些是个人行为,一些是集体逃跑。1867年冬天,第七骑兵因逃兵而损失了数百人。不能指望士官们来阻止这种情况;相反,他们有时就是煽动者,该团的一名军官后来召回了一名连长,他在晚间点名后,告诉30名士兵给他们的马套上马鞍,准备行动。当他们把哨所远远地抛在身后时,中士叫停了大家,告诉大家,他们已是逃兵,向他们道别,然后出发前往矿区。两三个人返回驻地报告,但其余的人跟着上士去了金矿。

人们之所以经常"翻山越岭",其实与军队生活几乎无关。有些人只是为了搭便车去金矿。其他人则是以化名从一个团跳到另一个团的"恶毒流浪汉"。在西部,很多人为了赚更多的钱而离开,那里的劳动力很少,工资普遍比东部高得多。春天是逃出去的首选季节,最好是在发薪日之后,因为当地面解冻后铁路建设恢复,前往矿区或新城镇也变得更容易。逃兵几乎没有被抓获的危险,即便被抓,也会面临相对较轻的惩罚。内战期间,逃兵可被处以死刑,但在战后的西部,军队更关心的是逃兵通常携带的武器和丢失的装备,而不是逃兵本身。[17]

※

有一类士兵很少逃跑、过度酗酒,或者发生违反纪律的情况,他们就是正规军的四个黑人军团:第九、第十骑兵团和第二十四、第二十五步兵团。一般来说,黑人入伍比白人有更崇高的追求。对大多数白人新兵来说,军队只是个暂时避难所,只要出现更好的机会,就另谋高就。而对于黑人新兵来说,他们之前几乎都是不识字的黑奴,军队不仅提供了一个职业,还给了他们一个展示潜力的机会。"成为一名合格士兵的雄心壮志,并不仅限于这些不幸种族的几个男儿。"一个黑人军团的白人牧师说:"他们认为,全国的有色人种或多或少地都会受到他们在军队中行为的影响。这是他们忍受艰难困苦的最根本秘密。"

黑人军团由白人军官领导。尽管当时存在种族歧视,但官兵之间普遍产生了深深的相互尊重。率领白人部队与黑人部队并肩作战的白人军官们对他们的战斗能力和团队精神钦佩不已,但不允许种族平等。在观察第十骑兵团的行动时,一位白人团长承认"有色人种是宝贵的军事财富"。但是,他以反唇相讥的方式补充道,他们"必须由白人来管理,否则他们就无足轻重"。当然,黑人军团更经常成为歧视,而非赞扬的目标。白人士兵讨厌接受黑人中士的命令,而高级军官有时也会做出不好的榜样,例如上校拒绝让第十骑兵团的"黑鬼部队"与白人军团并排列队行进。

整个系统都被设计为对付黑人士兵。军需团在物资、装备和马匹的数量和质量上都歧视黑人军团。陆军部安排黑人军团到边境特别不友好的地区服役，尤其是得克萨斯，那里的平民骚扰、侮辱、威胁，有时甚至还杀害黑人士兵。而凶手总是逍遥法外。

科曼奇人和南部夏延人将黑人士兵称为第十骑兵团"野牛兵"，要么是出于对该团战斗能力的尊重，要么是因为印第安人认为这些士兵的深色卷发像野牛的毛皮。黑人骑兵自豪地接受了这个名字，并最终成为所有黑人士兵的通用名词。一位知情的记者说，印第安人不愿意与"野牛兵"作战，这是"因为黑人有抢走他们头发的嗜好"，简而言之，就是对他们进行报复。

印第安人了解黑人在白人世界中的低下地位。在与"野牛兵"的战斗中，犹特战士用即兴的"号子"嘲弄对手：

> 黑脸兵，黑脸兵，
> 打仗时跟着白脸兵；
> 但你的黑脱不下，
> 白脸兵总让你跟在他们后面。[18]

但是，无论是单独战斗，与白人并肩作战，还是跟在白人军队后面，黑人士兵始终以勇气和能力与印第安人作战，而做到这一点的白人却不多。

※

一支规模不大且乏善可陈的军队是谢尔曼将军及其部下的主要障碍，但绝不是唯一障碍。他们还受到一个笨拙的指挥结构，以及自己未能研究出一套对付非传统敌人的理论掣肘。1866年，美国陆军部将西部划分为两个军区,大致由大陆分界线隔开,即太平洋军分区和谢尔曼所在地密苏里的庞大军分区,包括了当今的阿肯色州、艾奥瓦州、得克萨斯州、堪萨斯州、科罗拉多州、俄克拉何马州、内布拉斯加州、怀俄明州、犹他州、蒙大拿州,北达科他州和南达科他州,以及爱达荷州的东半部。不用说,大部分战斗都将发生在谢尔曼所在的军区。军区又分为包括两个或两个以上州或领地的军分区。这种清晰明确的安排完全出于行政目的,但随着印第安人走到哪儿,打到哪儿,很难将冲突局限于某个地区。面对一个难以捉摸、不断移动的敌人,各军区指挥官发现很难协调各方的行动,从军区到各军分区的命令在到达预定接受者之前,常常被"(行政)事务所取代"。

一位印第安专员向"红云"解释,军队的基本战略是为了让"总统(伟大的父亲)把'战屋'遍布印第安领地",鉴于边防军规模较小,这种方法的效力有限。很少有"战屋"的指挥官有足够的兵力驻守,更不用说追击敌对印第安人了。包括谢尔曼在内,几乎每一位高级军官都认为,在几个战略位置重要的哨所增派部队是更为稳妥的政策。然而,白人定居者和地方政府希望各地都能得到保护,并希望士兵近在咫尺,在华盛顿,他们的声音淹没了将军们的抗议。其结果是防御时分散和进攻时临时集中的军事政策,这种做法不仅受到现有部队数量少的影响,而且还受到机动性相对缺乏的影响。印第安人的马在草原上野蛮生长,可以靠白杨树皮生存。印第安战士从小就养成忍饥挨饿的习惯;只需少许野牛肉干就能活好几天。但是白人的军马需要粮食,士兵也需要定量的口粮。"太多情况下,"一位退伍军官哀叹道,"和印第安人打仗时,白人就像拴在链子上的狗,在链子的长度内战无不胜,一旦超过链子的长度,则无能为力。链子就是装备和补给车队。"[19]

高级军官们在哪个军种更适合与印第安人作战的问题上分歧很大。骑兵指挥官自然而然地认为骑兵最有能力追击擅长骑射的印第安战士。

问题是,由于缺乏持续供应的饲料,骑兵的坐骑很快就无法使用了。此外,批评者声称,边防骑兵实际上只不过是骑在马上的步兵;他们骑马上战场,然后下马作战,未开一枪,已耗费四分之一的力量,因为每四个人中就要有一个必须留在射击线后面抓住马匹。纳尔逊·迈尔斯(Nelson A. Miles)上校向国会汇报了步兵的情况。"我相信一支步兵部队可以在四个月内击溃任何一支印第安人战队。头三十天,骑兵骑行的路程较长,但之后,马匹就开始变得又累又弱,精疲力竭,此时步兵就会变强。他们走得越久,就越强壮。"

骑兵和步兵都没机会在没有印第安人侦察兵的情况下找到印第安人。卡林顿上校对此心知肚明。在出发前往博兹曼小径之前,他曾试图招募温尼巴戈人和克罗人,以便"有几个知道印第安人作战风格的士兵,熟知他们的把戏"。热情的克罗酋长曾向他提供了250名战士,但军队拒绝给卡林顿拨付必要的资金。克罗人知道拉科塔人打仗的方式,他们在菲尔·卡尼堡的存在很可能避免了费特曼的溃败(夏延和平首领也曾向卡林顿提供过战士)。

"红云"战争后,军队把友好的印第安人编入野战作战分队。已有一个正规营的波尼人,穿着制服,装备精良,挫败了夏延人和拉科塔人对联合太平洋铁路的袭击。一位印第安事务专员建议军队组织一支由来自友好部族的3000名年轻战士组成的准军事部队,以"处理实际或有威胁性的麻烦"。但陆军部从未接受这一想法;华盛顿政府里各部门的官员中不信任印第安人的可不在少数,波尼人参军的做法也再未出现过。相反,军队开始依靠印第安人侦察兵来帮助白人士兵寻找和打击在战争文化中成长起来的敌人。老到的边防军军官都明白,没有他们,白人不可能获胜。[20]

第四章
汉考克之战

温菲尔德·斯科特·汉考克(Winfield Scott Hancock)少将于1866年秋天来到西部,被誉为美国内战中最重要的北方联军将领之一。格兰特将军认为他是其手下最杰出的军团指挥官,但他不是指挥密苏里军区的合适人选。汉考克对印第安人一无所知,也无心学习。作为一名所辖军区涵盖烟山和阿肯色河沿线道路,横跨平原的三条移民路线中的两条的将军,这可是一个严重缺陷。

一年前,波普将军曾争辩《小阿肯色河条约》就是一纸空文。根据该条约,南部平原部族同意接受远离移民路线的大型保留地。"黑壶"和其他南部夏延部族和南部阿拉帕霍部族的和平首领遵守了该条约的条款,证明了波普预言的错误。但是,不断涌入的白人定居者削弱了酋长们对印第安战士的有限影响力。南部夏延人强大的"狗兵"(Dog Soldier)战队特别暴躁,而且理由充分。1865年烟山路重新开放后,他们在堪萨斯西部的猎场陷入白人包围。无休无止的马车车队不仅再次将他们的土地碾压得四分五裂,而且一条称为联合太平洋铁路东线的新铁路线,也正在沿烟山小径蜿蜒向西;铁轨已悄悄进入堪萨斯中部。对于"狗兵"的生活方式来说,比铁路线更危险的是沿途如雨后春笋般涌现的草皮棚屋、隔板棚屋和围墙帐篷。很快,这些初具雏形的市镇就遍布野牛猎场了。由于未签署《小阿肯色条约》,"狗兵"首领们认为没有义务迁移至阿肯色河以南地区;甚至签署该条约的首领们也认为,这给了他们的人民沿烟山狩猎的权利。此外,和平专员向印第安人承诺的堪萨斯西部保留地也没有兑现。1866年至1867年的那个冬天，北奥格拉拉人和夏延人来到南方，吹嘘他们在博兹曼小径上取得的胜利。好战的北方人问他们的南方"亲戚"，他们为什么不也起来抗击白人入侵者呢？

由于存在如此多的不稳定因素威胁着和平，汉考克的职位要求耐心和宽容，而他在这个位置上都没能做到。依据1866年少数几次小规模突袭，其中一些还有可能是白人亡命之徒所为，将军接受了一些西部人士和易于轻信的下属的说法，即印第安人计划在1867年春天发动一场全面战争。持有此种观点的主要人物之一是堪萨斯州州长塞缪尔·克劳福德（Samuel J. Crawford），他搞了一家移民公司，专门安排西迁的白人在人烟稀少的堪萨斯州西部居住，并极力吸引潜在的白人定居者，他需要由强大军事力量提供的安全保障；"妖魔化"印第安人是获得一支庞大部队的最可靠途径。

1867年3月，汉考克提议对堪萨斯西部进行一次大规模探险。公开场合，他坚持认为，只有受到挑衅，战争才会爆发；但私下，汉考克告诉谢尔曼，他希望夏延人拒绝他的要求，促成战争，"因为似乎有必要对他们进行惩罚"。谢尔曼将军心中有数。他1866年秋天的巡视表明，印第安人掠夺白人的指控纯属捏造。然而谢尔曼急于为费特曼遭遇的不幸报仇，以显示他更能干，因此表态全力支持汉考克。1867年春，当"红云"重新发动北方战争时，谢尔曼从国会搞到了一笔特别拨款，资助汉考克的探险。如果他不能打败"红云"，他至少可以让某个地方的印第安人吃点苦头。

※

在这种不真实的情况下，汉考克于4月初抵达堪萨斯拉内德堡，表面上是为了与南部夏延酋长们进行磋商。他率领了一支1400人的

66 队伍,这是迄今为止在平原上集结的人数最多的军队,包括整个第七骑兵团。汉考克的第一个作战命令就掩盖了他对酋长们所作的和平示意。他向军官们宣布:"我们为打仗而来,如果适当的时机出现,我们立马参战。我们可能遭遇的任何印第安人不会容忍任何无礼行为。我们希望向他们表明,如果他们怀有敌意,政府已经准备好并能够惩罚他们。"毫无疑问,汉考克从未想过要探究印第安人不满的原因。[1]

汉考克首先会见了"狗兵"首领和他们的南部奥格拉拉盟友,他们的村庄坐落在阿肯色河的波尼岔口上,在拉内德堡以西 35 英里处。首领们冒着 4 月初的暴雪如约而至,4 月 12 日日落时分骑着饿得半死的小马蹒跚地进入将军的营地。汉考克不顾夏延族中间人爱德华·温科普(Edward W. Wynkoop)少校的反对(此人曾试图使他明白夏延人相信只有太阳的神圣力量才能保证会面的诚意和智慧,从不举行夜间会谈)下令立即召开会议。会上,他发表了一通支离破碎的长篇大论,把翻译和酋长们都弄糊涂了。只有五个酋长应召赴会,这激怒了将军;他"有很多话要对印第安人说",而且只想说一次。"明天我要去你的营地,"汉考克告诉他们,"我听说很多印第安人都想和我们打仗。很好,我们来了,随时准备开战。""狗兵""高牛"代表首领们发言:"你们派人来找我们,我们来了。我们从不伤害白人,也不想。你说你明天要去村子。你若要去,我也就什么可说的了。"言外之意就是,离村子远点。汉考克以一个糟糕的不合逻辑的推论结束了会面:只要任何一个印第安战队踏进联合太平洋铁路东线半步,他将消灭整个夏延部落。第七骑兵团的军医认为汉考克的行为应受谴责。他断言道,"无礼"的是将军,而不是印第安人;汉考克"同那些印第安战士和发言者的讲话,口气就像一个天主教教会学校校长对他那些顽固的学者那样"。离开前,酋长们恳求温科普少校劝阻汉考克不要向他们的村庄进军,但是一心想着用他如雷贯耳的命令威吓夏延人的汉考克,完全

没理睬温科普的话。²

4月13日拂晓,汉考克出发前往波尼福克村。"狗兵"侦察兵远远跟在纵队侧翼,向酋长们报告汉考克的进展,而其他战士则在草原上放火以拖延将军,没人向士兵们开一枪。下午晚些时候,南部奥格拉拉人的酋长"波尼杀手"从烟雾中现身,承诺酋长们第二天早上与将军谈判。汉考克听信了他的话,停下过夜。4月14日整个上午都不见酋长们的踪影。温科普提醒汉考克,印第安人没有手表,不像白人那样守时,但汉考克并未留意这一点,带着满腔怒火下令部队继续向前推进。这个时候,夏延女人和孩子们早已收拾好行囊,逃之夭夭了。酋长们也提高了警惕,担心会发生另一场"沙溪惨案"。夏延战士"罗马鼻"(Roman Nose)主动请缨,准备单枪匹马干掉汉考克。

"罗马鼻"可并非等闲之辈。他性情暴躁,身强体壮,是南部平原上最受印第安人敬仰的战士,以勇气和胆识著称,甚至温科普少校都认为他是一个酋长。但"罗马鼻"知道他易变的脾性可能危及他的族人,因此一直拒绝担任酋长。唯一能在愤怒时喝止他的人是"狗兵"中的酋长"牛熊"(Bull Bear)。"牛熊"身高六英尺六英寸,但内心渴求和平,当前的形势需要做好两手准备,所以他和其他夏延酋长和奥格拉拉酋长决定骑马去见汉考克,300名印第安战士随行。

汉考克被一场"不在预料范围内"的武力展示吓了一跳,急忙部署1400人摆开战斗队形。骑兵们纷纷拔出他们的卡宾枪,炮兵们则装好炮弹,随时准备发射。每个人都在想,双方的武力对峙是否会以流血告终,温科普骑马上前安抚酋长们,带领他们和"罗马鼻"在双方对阵的中间与汉考克进行了一场即席谈判。

"当时刮着大风",汉考克说,每个人都得大声喊叫才能让对方听到。将军对着"罗马鼻"说,他要求知道印第安人的意图。虽然是一位伟大的战士,但"罗马鼻"无权代表酋长发言,但他还是回答了。"我们不想打仗。"他说。"如果我们想打仗,就不会离你的大炮这么近了。"当"罗马鼻"说话的时候,女人和孩子们向草原四散逃去。汉考克让酋长们下令他们停止逃跑,这时"罗马鼻"建议酋长们返回村庄,而他却留在后面伺机杀死汉考克。"罗马鼻"接着用他的"战棍"轻轻碰了碰将军,这是用"战棍"袭击他的"序曲"。当时,如果"牛熊"没有快速反应,抓住他的马缰把他带走的话,他的"战棍"就落下去了。汉考克对此毫不知情,下令终止会面。酋长们走了,印第安战士们也退出了视线。"牛熊"的快速反应避免了一场很可能发展为第二场"沙溪之战"的血战。当晚,印第安人们采取了最明智的举动:带着剩下的女人和孩子们逃走,分头向北行进,以避免白人追击。印第安人跑得太匆忙,连他们的小屋都没来得及拆。

黎明时分,村子一片狼藉,空无一人,快要发疯的汉考克下令纵火烧掉小屋和里面的东西,并派遣第七骑兵团追击。温科普和汉考克的副官一起说服将军,在骑兵传回消息前,不要进村。他们说,"沙溪大屠杀"发生后,军方已遭谴责,印第安人的逃跑完全可以理解。温科普警告道,摧毁这些村庄将引发"印第安人疯狂的报复"。[3]

※

汉考克把追击印第安人的任务交给了同样缺乏平原作战经验的第七骑兵团代理指挥官乔治·阿姆斯特朗·卡斯特中校。卡斯特当年27岁,是个有勇无谋的年轻军官,但命运似乎对他一直眷顾有加。卡斯特英俊潇洒,身材高挑,肌肉发达,金发碧眼,满脸雀斑,留着浓密的八字胡和一头齐肩卷发,打仗时还会特意修剪一番。卡斯特有着极端化的情绪。通常他是最快乐的伙伴,但有时会陷入他妻子所谓的"漫长沉默"之中,这是一段内省沉思的独处时期,其间他会拒绝所有人的陪伴。卡斯特是俄亥俄一位农民和铁匠的儿子,他的朋友和家人都叫他奥蒂,有人叫他教名,他也答应。童年的大部分时间他都和同父异母的姐姐和姐夫在密歇根州的门罗度过。作为西点军校的一名学员,他从不会让学习妨碍他寻欢作乐,1861年以全班最后一名毕业。能顺利毕业,他已经很幸运了。就在他即将脱下军校生的灰色制服,穿上蓝色军装之前,卡斯特因为为两个打架的军校生当"裁判"而非劝架,遭到军事法庭审判。此种行为的正常处罚是开除,但由于国家正处于内战状态,卡斯特只受到了训斥。从那天起,他就成了一个"平步青云"的年轻人。几个月后,他成为波托马克军队指挥官乔治·麦克莱伦(George B. McClellan)的一名上尉和副官。麦克莱伦非常喜欢这个"勇猛有加,不知疲倦,无所畏惧,身处险境却头脑清醒的小子"。一年后,卡斯特已在葛底斯堡指挥一个骑兵旅,然后遇到了谢里丹少将,并与他建立了终生效忠且相互尊重的关系。在谢里丹手下,卡斯特率骑兵师在1864年的"雪兰多山谷战役"(Shenandoah Valley Campaign)上接二连三大获全胜。他靠直觉就知道什么时候该冲锋,什么时候该坚守,什么时候该撤退。在阿波马托克斯战役后,谢里丹写信给卡斯特的妻子莉比,"几乎没人比你勇敢的丈夫为实现这个理想的结果作出更大的贡献"。

美丽而聪明的伊丽莎白·"莉比"·培根(Elizabeth "Libbie" Bacon)是密歇根州门罗一位著名法官的女儿,本身就是一个精力充沛的人。她父亲起初不赞成她和卡斯特交往;他认为这个热情似火的追求者没什么名气,德行也不好(卡斯特显然在把注意力转向莉比之前,已经和镇上四个最讨人喜欢的姑娘上过床了),他禁止莉比与卡斯特见面,除非他能获得一枚"将军之星"。卡斯特得到了他的"将军之星",这对有情人于1864年2月完婚,除非发生战争紧急状况,两人形影不离,即便分开,两人的通信也充满了"性趣"。虽然两人关系时好时坏,但莉比对奥蒂无比忠诚。"我从来就看不起百依百顺的妻子,"她对一个朋友说,"但我希望我的丈夫在判断力和经验上都比我优秀,在所有事情上都能得到他的引导。"⁴

然而,内战结束后,需要引导的人是卡斯特。像其他拥有比正规军军衔或荣誉军衔更高的志愿军军官一样,卡斯特也被降级,从少将降至上尉。他曾认真考虑过辞去军衔,直到谢里丹在新成立的第七骑兵团为他谋得一个中校军衔。尽管卡斯特更喜欢行伍生涯而不是平民事业,但边防军却使他感到困惑和愤怒。他的麾下不再是热情高涨的志愿军了。第七骑兵团的士兵和其他正规军一样平庸无奇,纪律涣散,随时准备一逃了之,军官们也好不到哪儿去。

卡斯特在第七骑兵团执行的第一次任务几乎让他的军事生涯止步于此。在追捕波尼福克逃犯第二天的早上,他离开大部队去猎捕羚羊。遭遇到第一头野牛,他"兴奋而高兴地大叫"——直到野牛顶翻他的坐骑。他拔出左轮手枪射杀野牛,却误杀了自己的马。卡斯特也不知道自己在哪里;在追逐的刺激中,他"完全失去了估算能力"。在盲目地走了五英里后,他发现地平线上有一片尘埃云。"仓促查看后,我很快确信灰尘是由三种原因之一产生的:白人、印第安人或野牛。"卡斯特坐下来等尘埃散去,他突然看见了随风飘扬的骑兵军旗。卡斯特的幸运之神显然跟着他来到了平原。⁵

卡斯特带着第七骑兵团继续向烟山挺进,发现沿途一片狼藉,每四个驿站中就有三个不是遭遗弃就是被烧毁。两名仍坚守岗位的男子惊恐地告诉他,印第安人突袭了附近的一个驿站,杀死了三名守卫。卡斯特没有费心证实他们的说法,就给汉考克发了一封信,责怪波尼福克人。这正是汉考克所期盼的消息。4月19日上午,不顾温科普和他手下一些军官的强烈反对,他烧毁了整个村子。与此同时,卡斯特对这件事作了更多的思考。报告突袭事件的人是从一个路过的驿站马车夫处间接得到的消息,他说不清楚印第安人该负什么责任,也说不出是不是印第安人干的。卡斯特后来下令进行侦察,发现波尼福克村民的踪迹穿过了最西边被毁驿站以西40英里处的烟山河,向正北延伸,接着,他又写了第二份报告,免除了波尼福克人的责任,但汉考克对此无动于衷。将军坚持认为,冒烟的村庄至少藏有"一窝阴谋家"。

温科普伤心欲绝。"我不知道夏延人有任何公开的行为,使他们遭受这样的惩罚。"他写信给印第安人管理部门。"整件事极端可怕,我代表的这些印第安人实际上是被迫拿起武器,卷入战争。"[6]

※

汉考克从波尼福克村烧焦的废墟中向东行进,在道奇堡与基奥瓦部族的酋长们会面,试图阻止他们对得克萨斯边境的不断袭击。汉考克对印第安人的无知再一次被充分展示了出来。由于谈判失败,他无意中卷入了基奥瓦部族权力斗争之中。由于首席酋长那年冬天去世,部族内出现了两个竞争者:"踢鸟"(Kicking Bird)和"撒坦塔"(Satanta)。"踢鸟"当时才32岁,当酋长太年轻,说话温和,体格不大。他主张与白人和平共处,但不包括得州白人。"撒坦塔"年近50岁,狂妄自大,控制了基奥瓦部族内的主战派,是得克萨斯边境臭名昭著的杀手和绑匪。当与白人军官交谈时,他会用甜言蜜语和虚假承诺来掩饰自己的仇恨。出于极端的炫耀,"撒坦塔"经常将他的小屋、整个身体,以及战马画上神圣的红色。

汉考克首先与"踢鸟"会面。道奇堡的指挥官向汉考克保证了"踢鸟"的"可靠性",因此汉考克采取了一个和解路线。他告诉酋长,只要基奥瓦人不越过阿肯色河移民路线以南,且不进行任何掠夺,和平就会到来。4月29日,在"踢鸟"到访六天后,"撒坦塔"大摇大摆地走进汉考克的办公室,巧舌如簧,一会儿拍着胸脯保证,一会儿又是"朋友"间的建议,并有力地断言他在基奥瓦酋长中的卓越地位。"撒坦塔"提醒汉考克不要相信"踢鸟",因为他"人微言轻"。"撒坦塔"说,夏延人、阿拉帕霍人、科曼奇人、基奥瓦人、阿帕奇人和一些拉科塔人,"都清楚我的为人,并给我带话,他们只想要和平"。

轻信的汉考克给了"撒坦塔"一个特别的荣誉:一件蓝色少将大衣,配上金色肩带和军衔徽章。印第安人了解军队的等级制度,知道平原上少将很少。因此,"撒坦塔"接受了这件大衣,并将其视为白人认可他为基奥瓦部族首席酋长的确凿证据。汉考克的制服礼物大大提升了充满敌意的"撒坦塔"在部族中的影响力,却削弱了主张和平的"踢鸟"的影响力。[7]

与基奥瓦人达成"协议"后,5月2日,汉考克向海斯堡进军。在那里他意外地发现了由于缺乏饲料而无法行进的第七骑兵团。汉考克命令卡斯特在补给到达后立即出发,然后前往他在利文沃斯堡的总部,他确信已与基奥瓦人达成了"一致"。另一方面,"撒坦塔"很高兴骗过了将军。6月初基奥瓦太阳舞节之后,"撒坦塔"决定让白人军队"出点血",找点乐子。他穿上新制服,带着一小队人马去了道奇堡,射杀了一个骑兵(骑兵中了满满一身的箭),然后带着一群军马溜之大吉。在带着这些军马渡过阿肯色河之后,"撒坦塔"在远处的河岸上停了下来,反戴着帽子,调转马头,逃得无影无踪。[8]

※

正如温科普少校所担心的那样,汉考克对波尼福克村的破坏不仅激怒了"狗兵"和他们的南方奥格拉拉朋友,而且也激怒了几乎整个南部夏延部落。汉考克一解散指挥部,印第安人战队就在烟山路和普内特河路卷土重来,袭击马车队,烧毁驿站,还杀了至少 100 个白人定居者。白人的尸体漂浮在普内特河沿岸,而且印第安人战队还伏击了联合太平洋东线分部的工作人员,极大地阻碍了施工进度。"狗兵"甚至逼近烟山最西端的军营华莱士堡的大门。[9]

在海斯堡,卡斯特变得闷闷不乐,脾气暴躁。他为没能在 4 月找到印第安人大为光火,偏偏老天爷也用猛烈的风暴"教训"他。雨下个不停,一周又一周,第七骑兵团无所事事地等着补给车队的到来。逃兵的数量猛增。莉比从莱利堡写来的信满纸哀伤,让卡斯特愈加烦乱,对部下的轻微违纪行为也给予严厉的惩罚。当团里有六个人短暂溜出军营买水果和蔬菜被发现时,卡斯特下令剃光他们的头发,在军营游行示众。一名上尉认为这是"残忍的"惩罚,因为坏血病当时正在该团肆虐。

6 月 1 日雨停了,补给也到了,卡斯特开始三心二意地在堪萨斯西部搜寻,显然他更感兴趣的是见到莉比,而不是找到印第安人。卡斯特建议她去华莱士堡,希望任务结束后能在那里安顿下来。"我会派一个中队去那里接你。"他写道。"我在执行一个四处流动的任务,漫无目的,但可以去我想去的地方。"执行军事任务期间,为了护送他的妻子去一个对家庭生活来说太过危险的地方而抽调一个中队,似乎并未让他感到有何不妥。

卡斯特一心只想着莉比的安危,很快就酿成了一场不必要的悲剧。6 月 17 日,卡斯特遇见了正在该地区进行视察的谢尔曼将军。谢尔曼明确下令卡斯特率部前往共和河("狗兵"领地的核心地带)岔口搜索,然后与该团一起前往普内特河路上的塞奇威克堡,等候进一步指示和补给。相反,卡斯特派乔尔·埃利奥特(Joel Elliott)少校去塞奇威克堡查看新的部署,并派团部马车队前往华莱士堡补充给养,顺便把他认为已到那里的莉比接上。埃利奥特少校回到卡斯特营地的第二天,谢尔曼给塞奇威克堡发了电报,命令卡斯特把华莱士堡作为他下一步行动的大本营。塞奇威克堡的哨所指挥官把送电报的任务交给了莱曼·基德(Lyman Kidder)中尉和一个由拉科塔侦察兵带领的十人护卫队。[10]

基德根本没见着卡斯特。7月1日,十几个奥格拉拉猎人在海狸溪一个"狗兵"和奥格拉拉营地以北一英里处发现了这些士兵。那是一个闷热的日子,当奥格拉拉人飞奔进村,大喊着让"狗兵"们上马时,大多数"狗兵"正懒洋洋地躺在他们的小屋里乘凉。当印第安人抵近时,基德示意部下进入一个浅浅的谷地。士兵们在那里下了马,这一举动决定了他们的命运。骑着马的"狗兵"们将他们团团围住,奥格拉拉人则悄悄地穿过高高的草丛靠近谷地。战斗持续了不到十分钟。印第安战士们剥去白人尸体的皮和头皮,用石头和"战棍"敲碎他们的头,挖掉他们的鼻子,还挑断他们的手筋和脚筋,让他们来世残废。奥格拉拉人还剥了基德的拉科塔向导的头皮,他曾向他的族人求饶。为了表示轻蔑,他们把他的头皮放在了他的身体旁边。

11天之后,空中盘旋的秃鹰和一股可怕的尸臭"指引"卡斯特找到了基德小分队。卡斯特的报告中写道:"我们甚至无法分清谁是军官,谁是他的部下。每具尸体都被20到50支箭刺穿,每支箭都像附着了凶残的恶魔,带着怒火射向他们。"军方将这次交战称为"基德大屠杀"。[11]

7月13日,第七骑兵团才终于跌跌撞撞地进入华莱士堡,重新踏上战场,需要休整好几个星期。

第七骑兵团休整时,卡斯特却开始了一段军事法院之旅,而且充满耻辱。表面上是为了确保补给,他于7月15日晚出发前往位于华莱士堡以东141英里处的哈克堡,随行的只有一小队护卫。他打算从哈克堡出发,到莱利堡与莉比会合。卡斯特突然外出的原因来自一封匿名信,信中暗示他"要把他妻子看紧点"。莉比不仅没有按照他安排的抵达华莱士堡,而且还与一位英俊迷人的年轻酒鬼托马斯·威尔(Thomas B. Weir)中尉打得火热。两人可能已经上床,至少,两人已公开调情。[12]

卡斯特不顾人累马疲,催促手下穿过堪萨斯平原。印第安人伏击了卡斯特派去找回一匹迷途母马的六名士兵;当发现他们未能及时返回时,卡斯特拒绝派出搜救队。六人中一人被杀,另一人受伤。后来,马也四散跑开,没马的士兵被直接送上流动马车救护车。卡斯特则不眠不休,星夜兼程,55小时后到达哈克堡。他在夜深人静的时候叫醒了驻地指挥官,告诉昏头昏脑的上校他要乘火车去莱利堡。第二天早晨,得知卡斯特未经批准,私自横穿堪萨斯草原,这位现已清醒的军官下令逮捕他,并在汉考克的支持下,倾向于对他提出指控。

莉比并不为她丈夫的困境而苦恼。恰恰相反,她正为卡斯特对她的痴迷陶醉不已。她对一位朋友说:"当他冒着被送上军事法庭的风险离开(华莱士堡)时,他对这么做的后果心知肚明。我们下定决心不再分开,即使他为此离开军队,我们也会很开心。"他确实离开了军队,但不是出于个人选择。10月11日,军事法庭裁定卡斯特犯有"擅离职守"和"妨害良好秩序和军事纪律的行为",判处他无薪停职一年。卡斯特的第一次印第安战役就此结束。[13]

※

卡斯特在堪萨斯州西部的漫无目的游荡比一无所获还要糟糕。印第安人轻松地避开第七骑兵团,这不仅鼓励他们变本加厉地发动对烟山路和联合太平洋东线铁路的侵袭,而且还破坏了其他移民路线。

西部舆论要求解决问题的压力越来越大,谢尔曼将军不情愿地接受了堪萨斯州州长的要求,将堪萨斯的一个志愿军团并入联邦军队。

唯一被证明能打败奥格拉拉人和夏延人的是弗兰克·诺思(Frank North)少校的波尼营。诺斯的"窍门"是尝试招募友好的印第安人作为士兵,并支付可观的军饷。200个身穿蓝色制服、装备精良的波尼营战士,比白人军队更有效地保护了联合太平洋公司的施工人员。他们以骑兵的阵势行进和训练,但打起仗来就变成来队形松散的印第安战士。8月初,一个波尼人连队痛击了一个大型夏延人战队,当时该战队正在抢劫一列脱轨的货运列车,诺斯估计干掉了17个印第安战士。夏延人不认可这一数字,但这一打击使他们的战队从此远离了铁路。

随后,印第安人的突袭在8月底突然终止。压力并非来自带来平静的波尼人士兵,而是夏延人信奉的宗教。一个信使在夏延人营地散布"魔力神箭"(Sacred Medicine Arrows)守护神"石额"(Stone Forehead)发出的召唤。酋长们将带着他们的战队到锡马龙河。现在到了更新"魔力神箭"的时候了,夏延人认为这是他们作为一个部族得以存活必需的仪式。夏延人盟友离开后,南部奥格拉拉战队也四处散去,准备迎接秋天野牛猎捕季的到来。北方夏延人无法越过普内特河沿线的白人堡垒警戒线,但南方夏延人都参加了"魔力神箭"的更新仪式。仪式开始前有一件事需要应对,即如何处理政府提出的一项全新的、完全出乎意料的和平提议。[14]

夏延人在会上很可能会对这个提议感到好笑。当然,这会被他们认为是白人服软的表现。汉考克将军在早春勇猛地继续向前推进,对他将自己的意志强加于各印第安部族的能力信心满满。他摧毁了"狗兵"的村庄和他们的好友南部奥格拉拉人的村庄,自那之后,印第安人以最轻松的方式围着白人士兵绕圈,不敢近身。由于未能赢得和平,总统(伟大的父亲)现在想请印第安人坐下来谈谈了。

第五章
最后的条约

自从汤姆·菲茨帕特里克与北方部族的大会制定了1851年《拉雷米堡条约》以来,政府最近向平原部族抛出的橄榄枝已是16年来的第5次了。这项协议和1853年与南部平原印第安人签订的《阿特金森堡条约》(Fort Atkinson Treaty)都是为了促使印第安人承认部落边界和远离移民道路,都是为了将印第安人集中在保留地的必要前提。这些条约的第一个目的均未达到,但第二个基本上获得了成功。条约还开启了把印第安部族分裂为主战派和主和派的阴险过程。在《阿特金森堡条约》签署后的8年间,政府已经诱使10位夏延酋长和阿拉帕霍酋长签署了《怀斯堡条约》(Fort Wise Treaty),将他们的部族领地划定在科罗拉多东南部一个可怜、荒凉的小保留地内,这是将印第安人进行极端集中的早期尝试。大多数南部夏延人和阿拉帕霍人拒绝承认该条约,扩大了部族内主战派与主和派之间的冲突。1865年,牛顿·埃德蒙兹与拉科塔非实权人物谈了一项滑稽可笑的条约,但没有取得任何成果。同年,《小阿肯色河条约》签署,旨在纠正沙溪的错误,并试图再次劝说印第安人远离移民路线,逐渐聚集在大的保留地上。该条约并没有使印第安人老实待在保留地,但至少在汉考克将军挑起南部平原印第安人战斗之前,该条约促成了和平。

政府的第五次和平努力是参议院印第安事务委员会主席约翰·亨德森(John B. Henderson)的构想。亨德森的提案授权总统任命一个和平委员会,与"正与美国交战"的平原印第安部族谈判一项"永久性"条约,包含将印第安人改造成红皮肤白人的惯常美言好语,但它的直接目的与《小阿肯色河条约》背后的目的并无二致：将印第安人限制在远离移民路线和白人定居点的保留地上。

亨德森提案并未引起多大争论。内战早在两年多前就结束了，但在为大量涌入西部的白人清理平原方面进展甚微。政府最不希望的是挑起另一场与印第安人的冲突，或是"奇文顿进程"的重演。于是，1867年7月20日，安德鲁·约翰逊总统签署了《亨德森法案》，使其成为法律。[1]

谢尔曼对这项立法嗤之以鼻。他对格兰特将军说："当然，我不相信这一套，因为没有哪个委员会能与正在打仗的印第安人接触，而与老印第安人谈判也是一种没头脑的老把戏。"尽管如此，谢尔曼承认，他已"部分接受了各种延迟"。军方的合约混乱不堪，未来的远征费用可能比汉考克的还要高。"可能我们今年最好磨蹭过去，"他总结道，"加快铁路建设，争取为明年做更好的准备。"

与爱多管闲事的平民合作是一回事，但谢尔曼发现自己居然被任命为和平委员会主席，他为此感到羞愧，很快就将主事权交给了印第安事务专员纳撒尼尔·泰勒（Nathaniel G. Taylor）。委员会的其他成员包括：曾领导对"沙溪大屠杀"进行军事调查的塞缪尔·塔潘（Samuel F. Tappan）；前准将约翰·桑伯恩（John B. Sanborn），此人还算是一位印第安事务专家；阿尔弗雷德·H. 特里（Alfred H. Terry）准将，一位对印第安事务毫无经验但公正的人士；以及仍精力充沛但"被退休"的少将威廉·哈尼。

和平委员会一开始就举步维艰。9月初，委员们带着指示沿密苏里河溯流而上，按指示召集所有北部平原部族开会。低水位迫使他们调头回去，只见到了友好的北夏延人代表团和布鲁莱拉科塔人代表团的"斑尾"酋长。委员们警告他们不要再骚扰联合太平洋铁路，然后向西穿过内布拉斯加。谢尔曼本可以让出委员会主席一职，但他做了大部分发言,而且直言不讳。他告诉参会的印第安人,不得再阻止火车头,就像不能阻止日出日落那样。他向他们保证,委员们将在11月返回,届时,酋长们要么达成协议,要么发现自己被军队"扫地出门",这是一个相当愚蠢的威胁,因为与委员会会晤的印第安人都没有造成任何麻烦。谢尔曼并未告诉聚集在一起的酋长们为何休会,原因是他们最想会晤的"红云"拒绝与他们会面,除非关闭博兹曼小径堡垒。谢尔曼的和平委员会"生涯"就此结束。安德鲁·约翰逊总统把他召回华盛顿,让他出任陆军部部长。觉得自己对政治和国家派不上用场,谢尔曼拒绝了总统的任命。他是一名士兵,只在格兰特将军手下服役。[2]

缺了谢尔曼的委员们,继续前往南部平原,前景似乎喜忧参半。他们知道,谈判时他们会在法律上处于不利地位。1865年《小阿肯色河条约》第二条是印第安人能理解的为数不多的条款之一,赋予他们在阿肯色河和普内特河(内布拉斯加南部和堪萨斯西部)之间的"无白人定居的土地"上生活的权利。问题的症结在于,印第安人希望无白人定居的土地始终保持这种状态;内布拉斯加和堪萨斯的白人则不这么想。另外,基奥瓦人、基奥瓦-阿帕奇人(一个长期隶属于基奥瓦人的小部落)、南部阿拉帕霍人和很大一部分科曼奇人10月份同意在药房溪(Medicine Lodge Creek)举行一次会议,地点靠近拉内德堡以南60英里处最受欢迎的基奥瓦太阳舞场地。然而,南部夏延人并不明确是否参会。所有人中,"罗马鼻"敦促对各部族保持耐心:委员们必须"保持一颗坚强的心",等待"石额"酋长和南部夏延人考虑接受邀请。

而基奥瓦的"撒坦塔"酋长则期待着这一和平会议,并将其视为一个展示自己部族领袖身份的绝佳平台。他为自己赢得了一些事先的宣传机会。10月初,身着少将军装,"撒坦塔"进入拉尼堡,漫不经心地提出保护委员们不受夏延人袭击,随后他和记者团都喝得酩酊大醉。参加欢乐聚会的人包括后来的开拓者和冒险家亨利·莫顿·斯坦利(Henry Morton Stanley),当时他是圣路易斯一家名不见经传的报纸的特约记者。尽管有免费酒水和好听的奉承话,"撒坦塔"还是渴望离开拉尼堡,因为正如他端着酒杯,用蹩脚的英语说的那样,这个地方"到处都是白人的臭味"。

10月14日,当第七骑兵团(不包括卡斯特部)的四个连抵达药房溪时,至少2500名印第安人迎接和平委员会及其护卫的到来。"黑壶"和他的60间小屋代表夏延人。"石额"命令他充当部族的中间人,威胁说,如果这个被围困的酋长拒绝,他就要杀死他的马。[3]

10月19日,当药房溪会议终于要召开时,参议员亨德森以和解的口吻,承诺为印第安人在沙溪的损失进行补偿,并给予他们"我们最肥沃的农地上舒适的家园"。"撒坦塔"对此不以为然。他说:"给我们修房子,建家园都是胡说八道。我们可不要你为我们建造什么房子。我们都会死的。我的领地已经够小了。如果你再给我们盖房子,土地会变得更小。你为什么要坚持这么做?""'撒坦塔'的话让和平委员会的委员们脸上一片茫然,"亨利·莫顿·斯坦利说,他补充道,"'撒坦塔'有一种本事,不管别人怎么想,他都能大胆地直抒胸臆。""撒坦塔"学得很快。对公众而言,他俨然已成为平原演说家。

"踢鸟"冷眼看着备受关注的"撒坦塔",闷闷不乐地盯着泰勒委员的礼帽,一言不发。休会时,泰勒把礼帽作为礼物送给了他。那天晚上,基奥瓦酋长戴着这顶帽子在会议帐篷前来回走动,告诉族人他是在"照白人的样子走路"。当他厌倦了滑稽表演后,"踢鸟"把帽子踩得变了形。当"踢鸟"在外面踱步时,头上没了帽子的泰勒起草了一份条约,准备第二天早上提交给基奥瓦、科曼奇和阿拉帕霍酋长。条约的前提很简单:野牛终有一天会灭绝,印第安人别无选择,只能定居下来,耕种为生。[4]

10月20日,会议进行到第二天,几乎陷入混乱。"文明的"奥色治(Osage)印第安人在夜间溜进营地,向年轻的基奥瓦和科曼奇战士出售威士忌,他们现在正摇摇晃晃地坐在马背上怒目而视,而他们的酋长们正一致拒绝和平条款。科曼奇酋长"十熊"(Ten Bears)完全不想在保留地生活。"我出生在大草原上,风自由吹,阳光普照大地。我过着和父辈们一样的生活,和他们一样,我的生活也快乐无比。"在亨德森参议员回答之前,"撒坦塔"和"十熊"吵了起来。"十熊"斥责基奥瓦人像女人一样婆婆妈妈;"撒坦塔"则反驳说科曼奇人是冲动的动物,总是搞一些毫无意义的袭击。他们各自的战士们扭打一团,在几个人受伤后,翻译才勉强恢复秩序。

亨德森恳求印第安人重新考虑他们的立场。野牛会在白人定居者蜂拥而至之前消亡,总统(伟大的父亲)想在印第安人还可以得到的时候给他们一块好土地。万般无奈之下,亨德森向印第安人承诺,他们有权在阿肯色河以南,拟议中的保留地边界外狩猎,这是一项未经授权的让步。傍晚时分,泰勒宣布休会,并告知各位酋长做好准备,早上签署条约。

亨德森10月21日交给酋长们的文件,是印第安人和白人之间永恒和谐的一个堂而皇之的保证,为印第安人提供房屋、农具和学校,这些正是他们在议会中拒绝的东西。然后把他们"圈"起来。科曼奇人和基奥瓦人共享290万英亩的印第安领地,包括今天俄克拉何马州西南的一半土地。这是科曼奇人传统领地上的一块好地,但它只代表了科曼奇人最鼎盛时期领地的一小部分。作为交换,而且是他们痛惜不已的交换,印第安人将在他们的领地上"撤回所有反对"修建堡垒和铁路的举动,并不得骚扰过往移民。最后,让印第安人动摇的不是亨德森的话,而是会场外视线范围内,马车上堆得高高的礼物。已经谈得太多了,"踢鸟"说,现在是委员们发礼物的时候了;而白人们也可以拿到他们想要的条约了。他、"撒坦塔""十熊",以及其他16个科曼奇和基奥瓦酋长在条约上划了一个"X"。

很难说印第安人对条约能理解多少。亨利·莫顿·斯坦利认为他们根本不知道他们签了什么。条约以"从今天起"开头,斯坦利认为这句话的真正意思是,"直到白人想要更多的土地之时"。当然,任何一个了解平原印第安人的人都不指望他们会如此轻易地放弃自己的生活方式。⁵

傍晚时分,在会议举行地的上空乌云密布。一股劲风掠过平原,冰冷的雨点打在帐篷和小屋上。风暴中走来"黑壶"和三个夏延酋长。爱好和平的酋长"小袍"(Little Robe)代表大家说,他的族人需要再过四五个晚上才能完成"魔力神箭"仪式。泰勒同意再等四天,一天不多,一天不少。

最后期限过去后,委员会仍未离开。一些科曼奇人和基奥瓦人离开了。然而,印第安战士留了下来,帮助第七骑兵团保护委员会免受夏延人侵扰,如果他们来的话。阿拉帕霍酋长"小乌鸦"(Little Raven)对夏延人的不露面感到恼怒,他对部族的背信弃义吹毛求疵,令委员们厌烦不止。他希望在里昂堡附近有一块保留地,能让他的族人和夏延人保持距离,他说,夏延人总是把阿拉帕霍人拖入战争。泰勒委员称赞"小乌鸦"是"上帝的杰作——一个诚实的人",但在其他方面却忽视了他。包围圈正在缩小,印第安人的联盟正在瓦解。

10月27日上午,印第安传令兵发现夏延人已经接近。"黑壶"告诉委员们印第安战士们会开枪,但他们不必担心,那是夏延人传统的友好问候方式。不过,没有人愿意冒险。士兵们站在帐篷前,准备好武器。一群手持长矛的科曼奇战士站在举行会议的帐篷旁看守。"小乌鸦"和"撒坦塔"也召集了他们的战士来帮助士兵们保卫专员。"黑壶"并不完全相信自己的保证,他跑出营地去见他的部族成员。哈尼将军穿着他的制服走到附近的药房溪,等待着。其他委员紧随其后。

中午,夏延人出现了,他们四人一排,连成优美的一列,与小溪平行。在和平委员会营地正对面,战士们排成四列。军号响了,第一列纵马踏过小溪,水花四溅,朝委员们飞奔而来。马上的战士高声尖叫,同时向空中开枪。距哈尼将军几英尺时,战士们紧勒马缰,马儿前蹄弯下,骑手一跃下马。他们围在委员们身边,大笑着和大家握手。其余队伍也紧随其后,纵马过河。[6]

1867年10月28日举行的和平会议持续时间不长。参议员亨德森为军队摧毁波尼福克村的"严重错误"道歉。他提议夏延人与基奥瓦人和科曼奇人分享狩猎权,并重复他告诉科曼奇人和基奥瓦人的话:白人多,印第安人少;野牛正在消失,白人定居者正在侵占平原。亨德森说,夏延人必须尽快选择一块保留地,耕田种地是他们唯一的希望。这位密苏里参议员从夏延人那里得到的回答和他最初从科曼奇人和基奥瓦人那里得到的回答一样:他们不想要白人的慷慨"馈赠"。

高大英俊的参会酋长"牛粪"(Buffalo Chip)代表夏延人发言。在重申了他们对堪萨斯西部的要求后,他说:"你以为把这些礼物送给我们就是对我们做了很多,但即便把能给我们的所有东西都给我们,我们还是会更喜欢自己的生活。你给我们礼物,然后夺走我们的土地,这会引发战争。该说的我都说了。"[7]

亨德森发现自己正面对失败。同事们建议休会,以考虑"牛粪"的话,但参议员想继续推进。他把"牛粪"和一个翻译叫到一边单独谈了会儿,没让新闻记者和其他委员听到。当他们回到会场时,亨德森宣布他和"牛粪"达成了谅解。按照《小阿肯色河条约》的规定,夏延人可以在阿肯色河和普内特河之间的地区狩猎,只要他们与铁路和定居点保持至少10英里的距离。作为交换,一旦野牛消失,夏延人和阿拉帕霍人将接受永久家园的计划。亨德森重申,这一天不会太久到来。夏延-阿拉帕霍保留地将是印第安领地上一块430万英亩的土地("小乌鸦"要求为阿拉帕霍人划出单独家园的请求被忽略)。其他条款与基奥瓦和科曼奇的条款相同。

亨德森的妥协没有解决任何问题。堪萨斯西部定居点的快速增加使得夏延人几乎不可能与白人保持10英里的距离,而且还能有足够的狩猎空间。夏延酋长无法想象没有野牛的未来,因而接受了条约,正如"小乌鸦"为了避免冲突也接受了条约一样。

亨德森拒绝接受夏延人、阿拉帕霍人和新闻界的最终文本。他没有对条约作出修改承诺,这意味着他对保留地以外狩猎权的保证不会出现在提交给参议院审批的文件中。然而,亨德森不是唯一一个有欺骗行为的人。夏延人一方也不透明。"罗马鼻",唯一能控制住年轻战士的人,以小病为借口请求不参会。更重要的是,"石额"也拒绝了邀请。他不想听白人的空话。缺乏"魔力神箭"守护者的护佑,条约在夏延人中没有地位。

和平委员们无视夏延人的行事方式,对他们为持久和平奠定了基础持谨慎乐观的态度。但一个机敏的骑兵队长更清楚。"夏延人不知道他们放弃的是什么。条约毫无意义,我们迟早会与夏延人,甚至可能与其他印第安人,因为条约条款的误解而再次开战。"一位混血翻译看得更远,他看到了他母亲的族人将面临的一个坏兆头。"某种程度上,这是夏延人签署的最重要条约,"他后来写道,"它标志着夏延人作为一个自由独立的战士和猎人生涯行将终结的开始。"[8]

无论怎么想,药房溪和谈对印第安人来说都是一场灾难。和平会议将他们暴躁的本性和无法理解白人对他们生活方式日益增长的威胁暴露无遗。科曼奇人和基奥瓦人交恶,夏延人也与他们闹翻,而且他们与阿拉帕霍人的重要联盟濒临破裂。参议员亨德森将这种不和谐看在眼里,他把自己的善意升华为对印第安人的老练操控。该条约是否会推进政府将印第安人集中在保留地而无需军队胁迫的目标,还有待观察。

※

获悉药房溪发生的一切,谢尔曼将军只能对用一纸条约买来的和平感到绝望。只要条约允许夏延人和阿拉帕霍人在阿肯色河以北游荡,他就认为战争不可避免。在他脑海中,谢尔曼清楚地看到套在印第安人的脖子上的绞索越来越紧。土地勘察和定居点、铁路和邮路的西进已经蚕食了印第安人堪萨斯西部传统猎场的大片区域,只留下些小而分散的地区,而且猎物数量也迅速减少。采矿业不断向落基山脉以东推进。当然,野牛终会消失,印第安人要么适应白人的方式,要么灭亡。但与此同时,谢尔曼也认识到,以现有驻军的规模,军队完全无法防止印第安人和定居者之间的冲突,或一旦开战,军队也无法追击和惩罚行动迅速的印第安战队。只要印第安人遵守《药房条约》(Medicine Lodge Treaty),谢尔曼就打算采取以静制动的策略。保卫铁路线仍然是他的首要任务。

随着新任命的密苏里指挥官谢里丹少将抵达堪萨斯的利文沃斯堡,这项任务将变得更加容易。约翰逊总统打算将戍守边境作为对谢里丹的惩罚,谢里丹作为得克萨斯和路易斯安那的军事首长,曾大力执行国会的《重建法》,与奉行宽大政策的总统格格不入。白人在南方所得就是印第安人所失。在格兰特的全面指挥下,谢尔曼和谢里丹在西部共同作战,平原部落现在面临着打赢了内战的三巨头。

谢里丹解决印第安问题的方法,成形于19世纪50年代在太平洋西北部与印第安人作战的经历,当时他还是一名年轻军官。他的方法简单不变:印第安人最好通过"实际的监督加上强力管控和温和的纪律"来摆脱"野蛮"。但是谢里丹对什么是温和的纪律有独到的见解。在俄勒冈州的一次印第安人暴动中,为了对其他部族成员形成"杀鸡儆猴"的效果,他随便选了几个人,把他们送上了绞架。包养一个印第安情妇,并不会阻止谢里丹对她的族人不留情面地发动战争。像谢尔曼一样,他也是个全面开战的支持者,他还经常因为被人看不起而对手下的军官们"火力全开"。[9]

  1868年春天,谢尔曼将军把谢里丹看得很紧。药房溪签订的条约所承诺的年金、武器和弹药常常无法兑现,南部平原的各部族本来有充分的理由抱怨,但他们仍保持着和平。但麻烦却在酝酿之中。野牛皮换来的威士忌让年轻的印第安战士怒火中烧。夏延和阿拉帕霍一些村庄的成年男人经常喝得酩酊大醉。不管是醉是醒,年轻人都必须按照部族文化的要求去战斗。春天来了,他们又对内布拉斯加的波尼人和堪萨斯东部的卡瓦人开始了惯常的偷袭。"狗兵"们也摩拳擦掌,准备战斗,但不是为了荣誉或马匹。他们打算尽可能和平地守住烟山河和堪萨斯最西部的共和河畔的猎场。但如果白人入侵,他们将不惜一战。而且5月他们迎来了增援力量,南部夏延人和阿拉帕霍战队从南面的阿肯色河冒险北上加入"狗兵",一起进行夏季狩猎。亨德森参议员告诉他们,只要他们保持在堪萨斯定居点以西活动,就有权这么做。对谢里丹来说,他可能并不知道亨德森两面三刀的做派,但这么多印第安人聚在一起就预示着战争的来临。在谢里丹的南翼,战争已成为现实。基奥瓦人和科曼奇人又回来杀害得克萨斯人了,药房溪和谈仿佛只是两季杀戮行动之间的一支愉快插曲。

  谢里丹没有做任何事来赢得印第安人的信任。恰恰相反,他专门与他们作对。当夏延和阿拉帕霍的和平酋长们向他抱怨众多《药房条约》中未兑现的承诺时,比如武器和年金未能发放,那些愿意"走白人道路"的少数人也不知去向何方,由于国会尚未开放这些保留地,这位善战的将军将这些合理的抱怨视为"无礼"。当会面不欢而散时,印第安中间人要求谢里丹允许给印第安人发放枪支。"可以,"谢里丹说,"给他们武器,如果他们打仗,白人士兵们就会像个男人一样杀了他们。"一位夏延酋长对此驳斥道:"让白人士兵留长发,这样我们杀他们时,也可以感到光荣。"[10]

那次会面后不久,谢里丹就找了三个和印第安女人鬼混的白人作为间谍,戍边的男人有印第安女人也不足为奇。这些间谍听命于一名受过良好教育且英勇的年轻军官——弗雷德里克·比彻(Frederick H. Beecher)中尉,可他却嗜酒如命。

比彻的探子在印第安人中没有发现骚乱的迹象,这位中尉给谢里丹的第一份报告充满希望。他免除了印第安人小打小闹的责任,而将这些事情的发生归咎于白人亡命之徒。谢里丹对"在印第安人最喜欢的战争季节结束之前避免麻烦"的前景感到高兴。换句话说,谢里丹相信会与南部夏延人和阿拉帕霍人打仗,比彻和谢里丹只是希望在他们选择的时间和地点打。[11]

然而,一场夏延人与卡瓦人在堪萨斯东部的混战打乱了他们的算盘。堪萨斯州州长愿意大事化小,小事化了,但紧张的选民们毫无根据地渲染印第安人即将对边境白人定居点发动袭击的声音淹没了华盛顿。这促使印第安事务局暂停向印第安人运送武器弹药。南方夏延人和"狗兵"们都不需要枪;比彻中尉的探子发现他们已经全副武装了。但这一原则性问题的延迟使他们怨愤不已。发生暴力冲突的时机已经成熟。

导火索出现在8月初。一支"狗兵"战队在与波尼人的小规模冲突中被打败,正狂饮着从所罗门河牧场主那里买来的威士忌,遭遇了一队白人。白人向他们开了火,但没人受伤。大醉酩酊的印第安人立即爆发了压抑已久的愤怒,突然发动攻击,杀死14名白人男子,强奸了几名白人女性,还绑架了两个孩子。随着这一暴行传遍夏延村落,部族约束土崩瓦解。"狗兵"首领也失去了对战士的控制。印第安战队开始袭击偏远的农庄和牧场,伏击过往的马车队和驿站马车,从堪萨斯中部到科罗拉多东部到处偷白人的牛。将近200名印第安战士在丹佛郊区游荡,伺机劫掠。在堪萨斯,惊慌失措的白人定居者从边远的定居点涌向东边,一些人只随身带了几件衣服。

印第安人的破坏行为促使谢尔曼和谢里丹采取行动。谢尔曼命令他好斗的部下把夏延人从堪萨斯赶走,这一决定令谢里丹兴奋不已,他就想绞死犯下累累罪行的印第安战队,杀死他们的马匹,摧毁他们的村庄。[12]

举国上下以惯常的方式应对这一突发状况。西部的媒体要求消灭所有印第安人,不管是否对白人有敌意,一概格杀勿论。而东部的人道主义者们则敦促克制,保护无辜者免受伤害。《陆军和海军杂志》只是将印第安人最近的袭击称为"老账新篇",一会儿怀柔,一会儿打仗的必然结果。"我们以两面示人。一只手拿着枪,另一只手拿着和平烟斗(北美印第安人用于和解仪式场合的长烟斗),我们往往又是开枪,又是点火。结果就是一股浓烟,然后所有努力烟消云散。"[13]

※

在谢里丹的指挥下不会见到和平烟斗。印第安人可能在夏天和秋天不易战胜,这个季节他们兵强马壮,但至少可以驱赶他们四处逃窜,如果选对了人,还会使他们受点伤。考虑到谢里丹的军力需要保护铁路,而这些人在追踪印第安人方面又表现不佳,谢里丹指示他的监军乔治·"桑迪"·福赛思（George A. "Sandy" Forsyth）少校，招募一支50人组成的"一级边防军"突击队，以追捕敌对印第安人。福赛思愉快地接受了这项任务。内战期间，他基本上都是与谢里丹一起出任参谋职务。现在他渴望看到真刀真枪。

合格兵源不难找到。成千上万的内战老兵涌向边境地区，希望重新开始新的生活。对于那些已过旺盛期的人来说，扛把步枪赚取稳定工资的机会也很诱人。有亲人死于印第安人之手的堪萨斯人更是急切要求应征入伍，他们自称"所罗门复仇者"。福赛思任命比彻中尉为他的副官，条件是他需保持清醒。

1868年8月29日，福赛思带着他的"野战指挥和巡逻任务"，士气满满地出发前往所罗门河。装备着斯宾塞速射步枪和柯尔特左轮手枪，别无他物，小分队轻装上路，但装备精良。9月11日，福赛思的手下在平原上转了几天后，终于发现了一条印第安战队留下的新鲜路痕，通往科罗拉多领地的共和河上的阿里卡里岔口。上尉对这一发现激动不已，一门心思想着对印第安人穷追猛打，下令士兵高强度行军，每天行进30到40英里。起初是一条若隐若现的小径，后来逐渐变宽，变成了一条宽阔且遭过重压的道路，明显有一个正在迁移的印第安村落走过。9月16日下午，福赛思在干枯的阿里卡里岔口旁扎营。连马都累得不行，士兵们也只剩下最后的口粮。那天晚上，福赛思的向导，一个平原经验丰富的人，提醒少校不要中了印第安人的埋伏。福赛思装出一副虚张声势的样子，不但不理睬向导的劝告，还选了一个糟糕的地方扎营。唯一可以防御的地方是一个小沙洲，距营地只有几十码，仅冒出那汪浑浊死水区区几英尺。能进行隐蔽的仅有岛上的一片灌木林，矮小的柳树和杨树点缀其间。

夜晚充满了奇怪的不祥预感。印第安人射出的信号箭从远处的地平线射向天空，营地的篝火在远处的山丘上若隐若现。土狼，或者装成土狼的印第安人,在黑暗中发出嚎叫,只闻其声,不见其人。福赛思已信心全失。他感到"焦躁不安、焦虑不已、神志不清",连连起身查看哨兵,或是与部下商量。到这个时候,少校才准备听取别人的意见。[14]

※

整个夏天,"魔力神箭"都在"狗兵"的领地散布着福音。共和河的源头挤满了成群的野牛。为了方便夏季狩猎,本来分散的"狗兵"营地现在聚集在一个村落里,由"高牛"(Tall Bull)和"牛熊"领导。"罗马鼻"来了,"波尼杀手"和他的南部奥格拉拉人也来了。距村子东北12英里的地方,福赛思少校正焦躁地来回踱步。

9月17日拂晓,印第安人从福赛思营地以北的一个山脊发起了攻击,但并没有按照战争首领的计划进行。为了确保出其不意地打击,"高牛"告诫战士们务必整体作战,并给"狗兵"的阿基西塔斯(村警)下令,严惩任何不服从命令者。像往常一样,急于抢功的年轻战士打乱了阵形。黎明前,八名战士冲向侦察兵的马匹,惊醒了整个营地。当"高牛"率印第安主力出现时,侦察兵们已全副武装,严阵以待。可他们的指挥官却不是这样。目睹几百个印第安战士冲向营地,福赛思少校瘫坐在地,直到有人建议他撤到岛上才回过神来。然而,没人等他下令,士兵们就像受惊的鹌鹑一样四散逃到了岛上。[15]

士兵们把马拴在灌木丛中,连忙用刀、杯子或直接徒手挖工事。他们举起斯宾塞卡宾枪快速疯狂地射击,有人趴着,有人没开一枪就赶紧蹲下。尘土和烟雾挡住了他们的视线,他们的子弹没有击中一个印第安人,但是密集的射击压制了印第安人的攻势,印第安人撤退了。夏延射手们悄悄潜行至距小岛不到几码的地方。他们藏在高高的野牛草丛中,射中了十几个人,包括福赛思少校。一颗子弹击中他的右腿,从下往上一直射入肉里。第二颗正中他的左腿膝盖下方。随队军医也中弹倒地。但对福赛思来说最沉重的打击是比彻中尉的死。"他半是踉跄,半是拖着受伤的身体走到我躺下的地方,"福赛思说,"然后平静地躺下,小声说:'我受了致命伤,侧面中枪,活不了了。'"边上的一个沙坑里,军医人事不省,流出的脑浆在上衣留下一条可怕的痕迹。伤兵已指望不到什么帮助了。除了重创随队军医,印第安人还将连队所有的马全部射杀,并抓住了驮着医疗物资的骡子。

下午 2 点,印第安人再次进攻。冲锋人群中的一位中年夏延寡妇格外引人注目。仍在哀悼亡夫的她,以自杀战士的方式在战斗中只求一死。她四次冲向小岛,高唱哀歌。最后,她失去了信心,退至山脊,数百个女人和孩子正聚在那里观战。在她第四次冲向敌阵时,一个恼怒的战争首领用她的行为向战士们喊话:"你们这些男人在干什么?让一个女人抢了你们所有人的风头。"遭羞耻的印第安战士们又向岛上发起了两次冲锋。但白人士兵的斯宾塞步枪击溃了他们的每一次进攻。

"罗马鼻"一直未出现在战斗中,直到中午才冒险离开村庄。这位伟大的战士伤心欲绝,他赖以在战斗中取得成功的"魔力"被一个严格禁止的行为破了。"前几天在拉科塔营地,我做了件别人告诉我不能做的事。"他对"高牛"说。"我吃的面包是用铁做的煎锅里拿出来的。这就是无法冲锋在前的原因。如果我参加战斗,必死无疑。""罗马鼻"正讲着他的"魔力"被破时,一位战争首领愤怒地纵马到他身边。"哦!这就是'罗马鼻',我们的'魔力'赖以生效的人,躲在山后。你没看见你的族人正倒在战场吗?所有在那里拼杀的人都觉得他们归属于你,而你却躲在山后。""罗马鼻"不情愿地准备参战。他打开他的战包,在脸上涂抹作战的颜料,把头饰献给神灵和大地母亲。然后,他纵马上前,率领印第安阵营,不顾一切地冲向敌阵。他深知自己的命运早已注定,无所牵挂,无所畏惧。他在河岸横冲直撞,差点踏翻两三个白人士兵,然后一颗子弹射中了他的后背。回到断崖边,"罗马鼻"下马,平躺在地上,奄奄一息。他中弹后,印第安人也停止了冲锋。

夜里下了一场冷雨。两名白人侦察兵悄悄穿过印第安人的防线,狂奔45英里前往华莱士堡求救。岛上的形势日益严峻。52个坚守防线的官兵中有21人不是死就是伤。所有人都忍饥挨饿,驮着他们口粮的骡子跑了。幸存者们从死马身上切肉充饥,加固掩体。四天来,印第安人以小股力量进行骚扰,但并未发动大规模冲锋。他们于9月22日离开。饱受饥饿和酷热的折磨,伤员太多,又缺乏马匹驮运,福赛思的手下们苦苦支撑,靠腐烂的马肉活着,希望有一支救援部队能找到他们。"老天哪,"一个士兵在日记里写道,"你不管我们了吗?"[16]

看来确实如此。9月25日上午,一个士兵在草原上找蛇、草原狗或任何可以吃的东西,突然僵住,然后高喊:"印第安人!"匆忙跑回掩体,士兵们抓起步枪准备拼死一搏。不明骑兵越来越近。然后,出现在他们眼前的是深色的脸和蓝色的制服。这是美军第十骑兵团的H连,路易·卡彭特(Louis H. Carpenter)上尉麾下"野牛兵"的一支队伍。

"哦!简直是无以言表的喜悦!"一个士兵回忆道。"兴奋的呼喊和高兴的眼泪齐飞。"士兵们"面容憔悴、如饿狼般的样子"让卡彭特深感不安,但他最关心的是他的朋友福赛思少校。他虽然意识清醒,但很快就不行了。血液中毒的迹象已开始显现,卡彭特的军医说,如果得不到及时救护,少校撑不了一天。军医还不得不限制"野牛兵"们,他们出于好意把口粮给了这些饥饿的人。"如果医生无法及时赶到,"一个黑人士兵说,"给他们吃太多,反而会让他们死的。"事实上,福赛思的连队已经阵亡6人,15人受伤。印第安人说他们失去了9名战士,又恢复了对小岛的进攻。他们称这次行动为"'罗马鼻'阵亡之地",白人军队称之为"比彻岛之战"(Battle of Beecher Island)。[17]

※

虽然比彻岛之战在军事上微不足道,但这场战斗的结局至少对福赛思来说不错。而军方即将严重受挫。福赛思的手下有能力对抗一支庞大的印第安人力量,这使谢里丹将军重燃希望,即军队可能能够为平定堪萨斯西部局势作出有意义的贡献。对已知的南部夏延人和锡马龙河上的阿拉帕霍村庄搞一场精心策划的打击,可能会迫使战队后撤,以保护他们的家人。然而,谢里丹是在一个错误的前提下进行的谋划。锡马龙河村庄属于"黑壶""小乌鸦"和其他和平首领。他们的一些年轻人加入了主要由"狗兵"组成的战队,但在很大程度上,和平首领们已设法限制了他们的战士。

谢里丹把任务交给上阿肯色地区指挥官阿尔弗雷德·萨利(Alfred Sully)中校。虽然萨利缺乏谢里丹期望下属具备的血性,但他在内战期间曾在达科他领地与印第安人作战,创造了备受称赞的战绩。但萨利在战场上变得异常被动。9月7日,他从道奇堡向南出发,率领第七骑兵团的九个连,由乔尔·埃利奥特少校指挥,以及三个步兵连,总共500多人兵力。这次行动近乎滑稽。萨利乘坐一辆两轮野战救护车,毫不掩饰他的恐惧。9月10日,队伍抵达锡马龙河,却发现夏延村和阿拉帕霍村已人去村空。第二天早上,一个印第安战队从萨利的后防部队掠走两名士兵。当后防指挥官追捕时,萨利将其扣押。他不想在他的履历中重现费特曼的那次灾难。

毫无意义的行动又持续了五天。军车陷入流沙,口粮也越来越少。印第安人猛击萨利的侧翼。受够了"无休止的沙丘",沮丧的上校准备班师回营。印第安战士们跟着队伍,保持着安全距离,对着白人们作出轻蔑的动作。埃利奥特少校对一位朋友总结了这段经历。"我有幸在那次行动中指挥骑兵,如果那也算打仗,那与印第安人作战就是个大笑话。"[18]

谢尔曼将军和谢里丹将军笑不起来。对烟山的袭击断断续续一直持续到10月。已造成79名平民死亡,13名白人女性遭强奸,超过1000头牲畜被偷,无数农场、建筑和各式车辆被毁,旅行陷入停顿。是时候进行空前规模的军事报复了——正如谢尔曼所说,这将是一场"掠夺式战争",迫使夏延人和阿拉帕霍人要么投降,要么挨饿。夏天发生的血淋淋事实让他经历了一次残酷的蜕变。他不再同情那些因国会推诿不决而濒临饥饿的印第安人。他对他的兄弟参议员约翰·谢尔曼说:"我越是看到这些印第安人,我就越确信要么把他们都杀光,要么就让他们这样穷苦地活下去。他们对文明的攻击简直荒谬不堪。"[19]

但谢尔曼将军的官方身份仍然是和平专员。因此,他有责任保护非交战的印第安人。谢尔曼的解决办法得到了印第安事务局的同意,即把夏延-阿拉帕霍中间人机构移至科布堡,一个在印第安领地内瓦希塔河边被遗弃的军事哨所,并指派一个他最喜欢的下属威廉·哈森(William B. Hazen)上校——碰巧也是谢尔丹的死敌——负责将和平的印第安人从"敌对分子"中分离出来。谢尔曼默许为基奥瓦人和科曼奇人在得克萨斯造成的流血行为开脱,出于只有他自己明白的理由,指示哈森根据《药房条约》给他们发放应得的年金,并使这两个部族不受即将爆发的战争影响。至于夏延人和阿拉帕霍人,谢尔曼对哈森说,他"提议跟他们打个够,让他们心满意足"。[20]

谢里丹将挥舞"大棒",在隆冬时节猛击印第安人村庄。这个时候,印第安人的战马消瘦,战士们毫无戒心。"黑壶"不必知道谢尔曼的计划内幕,也明白冬天将会给他们带来什么危险。据说,当他得知印第安人夏天突袭萨林河白人定居点的消息时,撕烂了衣服还拔下一束头发。过往的经历告诉这位长期忍辱负重的和平酋长,白人的报复行动往往既盲目又毫不留情。[21]

第六章
《加里温》军歌荣耀

对乔治·阿姆斯特朗·卡斯特来说,1868年发生在南部平原上的不幸事件,只不过是报纸的头条新闻而已。事件导致《药房条约》破产,并证明了军队的无能。1867年10月的停职对这位不受压制的年轻中校来说没造成任何影响。当第七骑兵团在萨利上校不明就里的指挥下四处奔波时,卡斯特和莉比在密歇根门罗度过了一个"最惬意"的秋天。从轻发落的机会看似渺茫。6月,格兰特拒绝了谢里丹让他复职的请求。因此,卡斯特9月下旬接到谢里丹的电报,命令他回到自己的岗位时,感到非常惊讶。军事形势已变得相当严峻,格兰特的态度渐趋缓和。当卡斯特带着"无限满足"乘火车前往堪萨斯时,谢里丹平静地点上一支上好雪茄,告诉他的手下,"卡斯特从未辜负过他"。而且,看起来谢尔曼也不会,他承诺无条件支持谢里丹在冬季对南部夏延人和阿拉帕霍人的战争中可能采取的任何行动,"即使战争以(他们的)彻底毁灭告终"。

谢里丹并不担心找不到印第安人,他担心的是冬季天寒地冻的天气。南部夏延和阿拉帕霍人传统上将他们的冬季营地建在得克萨斯大草原的东边,那里有丰富的猎物和可提供庇护的河流,谢里丹将这个地方称为"印第安人的天堂"。所以印第安人认为,而且他们也确信,同样残酷的天气,不仅使他们整个冬天待在他们的小屋里,也会使士兵们待在他们的堡垒,足不出户。但他们完全不了解谢尔曼将军称之为"坚持不懈的小猎犬"的人,也不知道此人将不惜一切与天寒地冻抗争,与印第安人搏杀的决心。

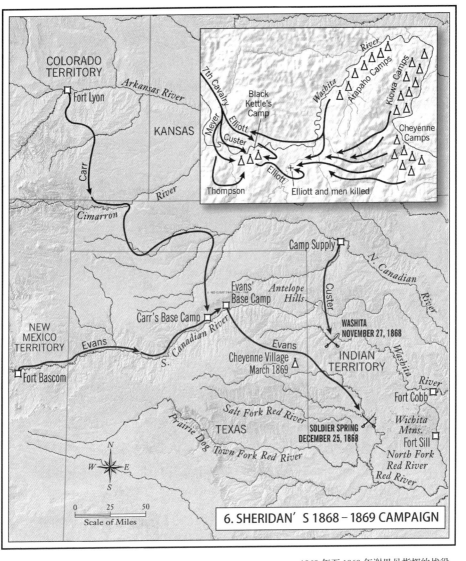

1868 年至 1869 年谢里丹指挥的战役

谢里丹的计划没什么精妙之处。从11月中旬开始,三个纵队将向印第安人所在地集结。尤金·卡尔少校将从科罗拉多向东南进军,安德鲁·埃文斯少校将从新墨西哥向东行进,两人各率几百兵力。他们将扮演"驱赶者"的角色,将所有"零散印第安战队"赶向萨利率领的主力部队,萨利将从堪萨斯道奇堡向南行进,前往印第安人主要村落所在地。谢里丹给了萨利卡斯特手下第七骑兵团的十一个连,五个步兵连,以及大量补给,总兵力达到1700人。谢里丹还希望新招募且并入联邦军队的堪萨斯第十九骑兵团在3月加入萨利,使其可调遣的兵力扩大到近2700百人。夏延人的死敌,一小队奥色治战士,被招募为向导。作为高级军官,萨利将指挥这次行动,但谢里丹指望卡斯特能获得头功。当卡斯特大力整顿第七骑兵团时,萨利建造了一个临时据点,他称之为补给营地,谢里丹承认这是道奇堡和印第安村庄可能的位置之间"最合适的地方"。[1]

这是谢里丹对萨利的最后一句表扬。由于谢里丹不情愿地任命了萨利指挥这次行动,现在他亲自前往补给营地督战。他幸好去了,因为萨利和卡斯特几乎连话都不说。六天前,当第七骑兵团偶然发现了一个前往堪萨斯定居点的大型夏安战队留下的痕迹时,萨利否决了卡斯特顺着痕迹找到印第安人村落的提议,认为太过冒险。这让卡斯特大为光火。谢里丹站在了卡斯特一边,派萨利回堪萨斯整理文件。

萨利走后,谢里丹给一个朋友写信说:"这里的每个人都像早春的鸟儿一样高兴。"没人听说过堪萨斯第十九骑兵团,谢里丹不知道的是,他们在暴风雪中迷了路,但是将军对堪萨斯人的缺席并不在意。11月22日,他派出卡斯特率第七骑兵团,搜寻并摧毁"敌对"的印第安村庄,他们认为这些村庄位于瓦希塔河边。这正中卡斯特下怀。即使那晚的暴风雪让补给营地积雪厚达一英尺,也没能抑制卡斯特追击印第安人的热情。当他向谢里丹——他最好的盟友——告别时,他考虑到了当时还在下着的大雪。他认为,他的手下可以在这样的天气行动,而整个村子拖家带口的印第安人却不行。考虑到风雪还会持续一周,他承诺会带着"令人满意的证据回来,证明我的队伍遭遇到了印第安人"。[2]

南部夏延人和阿拉帕霍人乐意让暴雪成为阻挡白人军队进攻的障碍,而且他们的人数让他们感到放心。几乎整个南部阿拉帕霍和夏延部族(不包括盘踞在堪萨斯西部的"狗兵")都在此汇合。几个基奥瓦人、基奥瓦-阿帕奇人和科曼奇人的村落也在河下游不远的地方。加在一起,约有6000印第安人在瓦希塔过冬。

在距部族多数成员上游两英里的地方,"黑壶"的村落孤零零地散布着53个小屋。不管是出于主动选择还是由于部族酋长们可能已将"黑壶"驱逐,沙溪之后,他和他的300个追随者一直都独立过冬。他们现在的营地虽然较偏远,坐落在瓦希塔河半英里环形河道的后面,但却是一个不错的营地选址。沿着陡峭的河岸有一片浓密的森林,起到了防风的作用,为建造木屋提供了充足的木料和取暖所需的木材。马儿吃的草也很多。村落北边有一条与河流平行的红色页岩山脊和断崖,长达一英里。

然而,"黑壶"并不在家。他和一个阿拉帕霍朋友冒着暴风雪,跋涉了80英里来到科布堡,请求哈森上校保护他们。"黑壶"带着十分诚意而来。他承认无法管住所有战士,但他相信,如果哈森允许他的人在科布堡扎营,他可以让年轻人放下武器。但是上校什么也没给夏延人和阿拉帕霍人。总统(伟大的父亲)只是让哈森担任与科曼奇人和基奥瓦人达成和平的使者。他无法对"伟大的战争首领"谢里丹将军发号施令。"黑壶"和他的朋友只有与他才能达成协议。而且,他们还必须远离科布堡。哈森的冷言冷语凉了他们的心,"黑壶"和朋友只有打道回府。[3]

第六章 《加里温》军歌荣耀

当"黑壶"为和平奔走时,第七骑兵团的844名官兵向瓦希塔猛扑过来。11月25日,他们抵达南加拿大河。这正是两周前萨利禁止卡斯特计划寻找的地方。第二天早上,他派乔尔·埃利奥特少校(他曾嘲笑萨利的秋季战役)和三个连沿着河的北岸向东行进,同时他准备率主力沿南岸搜寻。埃利奥特刚离开,卡斯特就接到消息说少校发现了一个向东南方向行进的大型印第安战队的踪迹,而且他正在追击。大战就此开始。

卡斯特轻快地穿过厚厚的积雪。士兵们只带着武器,100发弹药,少量咖啡和硬面包,还有一点饲料。四辆救护马车和两辆装有弹药和口粮补给的轻型马车在纵队后面艰难前行。晚上9点,卡斯特与埃利奥特汇合。第七骑兵团的两股队伍一起进入了瓦希塔河谷。夜晚寒凉,空气清朗。马蹄铁踏上碎雪的嘎吱嘎吱声传得很远。午夜刚过,卡斯特爬上一座山脊顶部,俯瞰瓦希塔河,一英里外都隐约可见。黑夜吞没了远处的河岸。但是隐约传来的狗吠和婴儿的啼哭声证明卡斯特的"猎物"就在不远处。一瞬间,他的良知使他感到一阵刺痛。"虽然他们是野蛮人,并不享有合法权利,但我也为我们卷入这场可能并不会阻止歧视的战争而感到遗憾。"[4]

尽管如此,卡斯特还是匆匆勾勒出了一个作战计划。他对军官们说,已没有时间进行侦察。为了出其不意,他们必须在黎明时出击。卡斯特打算用四个相距甚远的纵队包围整个村落。埃利奥特少校将从北面进攻。威廉·汤普森(William Thompson)上尉跨过瓦希塔河,直插营地南边的一个小山丘。爱德华·迈尔斯(Eduard Myers)上尉从东边进攻。卡斯特率最大的那支纵队,从西北方向进攻,直接攻入村落。四支纵队听到军乐队演奏第七骑兵团行进曲《加里温》("Garryowen")时,一起行动。速度是关键。卡斯特强调,各纵队要"快速杀入"。汤普森上尉大胆地问了个问题:"假如我们进去后发现印第安人

比我们能对付的多,怎么办?"卡斯特回答道:"我只担心我们找不到那么多。能打败第七骑兵团的印第安人还不多。"⁵

※

11月26日日落时分,"黑壶"骑着马缓缓进入他的村落,从科布堡出发的六天行程已让马儿筋疲力尽。深夜时分,"黑壶"手下的战士们离开了埃利奥特少校正在追击的战队,溜进了他们的小屋,留下一条明显的痕迹。

一场怪异的麻痹感笼罩着"黑壶"的村落。一个夏延战士,由于坐骑的一条腿跛了,落在了战队后面,觉得自己看到了远处有白人士兵活动。一个朋友告诉他看到的东西肯定是野牛,暗示他,也许是他的良心作祟,因为他没听"黑壶"的话上战场。这个淳朴的战士没有告诉别人他的发现。后来,一些路过的基奥瓦人提醒夏延人,他们看到一条宽阔路痕朝着瓦希塔的方向。夏延人对此嗤之以鼻。入夜后,"黑壶"把村里的老人叫到一起喝咖啡,请他们出谋划策,并告诉他们谢里丹已经派人来了,哈森帮不了夏延人。"黑壶"的妻子恳求他们马上放弃营地逃走,但他们决定等到天亮再行动。莫名其妙的是,"黑壶"忘了派出探子监视可能到来的白人士兵。会议结束后,"黑壶"的妻子向她的一位女性朋友道出了她的不祥感觉。"我不喜欢这样耽搁。我们早就该搬家了。我们好像疯了,聋了,啥也听不见了。"

还有四个小时天才亮。温度已降至零度以下,士兵们严寒中骑在马上,瑟瑟发抖,情绪也降至冰点。拂晓时分,卡斯特的军官们看到东边地平线上发出一道亮光,昏昏欲睡的状态中,他们将其误认为是一道烽火。亮光在"黑壶"的村落上空盘旋。其实亮光来自晨星,但平原印第安人的宗教将其视为火与光之神。⁶

11月27日,"黑壶"起得很早,村子还在沉睡之中。一个女人独自从她的野牛皮小屋探出身子。她费力地走过结冰的瓦希塔河面,牵回她丈夫的马。这时,她看见了冲锋的骑兵正扑向马群。她连忙蹚水过河,穿过营地,高声尖叫。"黑壶"开了一枪,发出警报。他告诉女人和孩子们赶紧逃命,然后把妻子抱上马背,自己也上马坐在妻子身后,然后朝着瓦希塔陡峭河岸上的树林狂奔而去。白人士兵们挡住了他的去路并开火。一颗子弹击中了坐在后面的"黑壶",他从马背上滑下,脸朝下掉进冰冷的河水中。他的身旁躺着他的妻子,也中枪死了。

按照计划,卡斯特先从村子下手。和他并排纵马的是他可靠的侦察兵首领,26岁的本·克拉克(Ben Clark),此人娶了一个夏延女子,还有上尉路易斯·汉密尔顿(Louis H. Hamilton)这位开国元勋亚历山大·汉密尔顿广受欢迎又能力出众的孙子。汉密尔顿胸部中了一枪,当场身亡。卡斯特飞奔而上,近距离射杀了一个印第安人。然后他和克拉克离开纵队,爬上村子南边300码处的一个孤零零的小山丘,察看正在展开的行动。[7]

村子已陷入一片混乱。枪声、女人和孩子的哭喊声、狗的狂吠声和急促的马蹄声,撕碎了这个寒冷清晨的宁静。夏延人纷纷从他们的小屋涌出,有些只裹着毯子。一个夏延女孩在瓦希塔陡峭的河岸后面帮助母亲们照看光脚的孩子。锋利的冰块划破了他们的脚,河水被鲜血染红。但这条河并没有为他们提供避难之所。北岸灌木丛中的狙击手和从村子里出来的士兵对印第安人形成了凶残的交叉火力。嘈杂喧闹声中不时夹杂着夏延女人们的死亡哀歌。

本·克拉克从小山丘骑马来到河边,发现20名印第安战士、女人和孩子挤在北岸一处塌陷的河岸里面。枪手的弹雨很快就把他们全部射杀。然后克拉克目睹了"一个夏延母亲绝望至极的场面"。最后一个幸存的女人走到开阔处,一手抱着一个婴儿,一手挥舞着一把长刀。一个枪手把这个浅肤色的婴儿误认为是个白人,高喊道:"杀了那个女人。她在杀一个白人孩子。"克拉克后来说,枪手还没来得及开枪,"这个母亲一刀把孩子的肠子挖了出来,并将刀把插进了自己的胸口。一个步兵举枪射击,子弹射穿了她的头,但这种残忍的举动完全没有必要"[8]。

残忍就是卡斯特当天下达的命令。奥色治向导们(克拉克称之为"嗜血的家伙")干下了大部分暴行。他们冲锋时躲在后面,怕白人士兵们误以为他们是夏延人。但村子被占领后(仅用了 10 分钟),他们扑向死者,男人砍头,女人割胸。奥色治酋长在前一年的夏延人袭击中失去了妻子。他见到的第一具尸体已被割了头皮,于是他砍掉了尸体的头,猛砸向冰冻的地面。白人士兵们也犯下了累累暴行。两个夏延女人亲眼目睹一个步兵射杀一名孕妇,然后剖腹,取出胎儿。至少有一个士兵割了印第安人的头皮。迈尔斯上尉的手下向逃跑的女人和孩子开枪,直到本·克拉克向卡斯特报告士兵们违反命令的情况,卡斯特才出面制止。

迈尔斯上尉和汤普森上尉把他们的任务搞砸了。他们没能封闭"黑壶"村东面的包围圈,许多非战斗人员从他们留下的间隙逃走。印第安战士们蹲伏在峡谷或树后掩护女人、孩子和老人逃跑。就在那时,埃利奥特少校看到另一群徒步向东行进的印第安人。他大声叫着,有谁愿意去抓他们。包括沃尔特·肯尼迪(Walter Kennedy)军士长在内的 17 名个人应召而来。当他们出发时,埃利奥特向一名军官挥手说:"要么升大官,要么进棺材。"

埃利奥特得了具棺材。他杀死了两名试图掩护逃跑的印第安战士后,跑到了队伍前面。埃利奥特告诉肯尼迪把俘虏带回村子,然后又开始追下一群人。没走出多远,当他停下来让一个夏延女人为她孩子流血的脚包扎时,四个阿拉帕霍人杀死了他。与此同时,在"黑壶"

村以东一英里处,埃利奥特瞎打误撞地遭遇了一大群印第安战士,他们正从下游向村子疾驰而来。士兵们将马放走,然后围成一个小圈,双脚朝向中间。过了一个小时,也许更长,埃利奥特没让印第安人靠近。印第安战士发现骑在马上不起作用,于是下马向他们爬去。当印第安人慢慢靠近时,士兵们把卡宾枪举过冒出雪地的高草,胡乱射击一气。一个骑马的阿拉帕霍战士冲进白人士兵的圈子,用战棍击打敌人,直到一颗子弹将他打翻在地。他的这一举动激发了许多战士效法,他们很快就压倒了埃利奥特派出的小分队。印第安战士离开后,急于复仇的夏延女人们冲上前对着白人的尸体一顿乱砍。

在瓦希塔河北岸带领一个排追击夏延人的爱德华·戈弗雷(Edward S. Godfrey)中尉,几乎遭遇了与埃利奥特同样的命运。一大块凸起的岩石使戈弗雷停住了脚步,他爬到山顶,发现自己现在成了被追击的目标。不仅远处的山谷遍布野牛皮小屋,而且数百个印第安战士正向他纵马驶来。戈弗雷赶紧向卡斯特报告他的发现。"大村落?"卡斯特结结巴巴地说。"什么意思?"戈弗雷也听到了南岸传来的密集枪声。会是埃利奥特他们吗?卡斯特驳斥了他的想法,说道,迈尔斯上尉"整个早上都在那里战斗,可能会报告的"[9]。

似乎有比埃利奥特的下落更紧急的事情需要引起卡斯特的关注。俘虏们证实了戈弗雷关于下游印第安人庞大营地的报告。随着下午时间的流逝,越来越多装备精良的夏延人、阿拉帕霍人,甚至来自更远处村庄的基奥瓦人,聚集在谷底附近的高地上。"沉睡的群山似乎因为他们醒了过来。"本·克拉克惊叹道。

此时印第安人与卡斯特的局势已出现反转。他后来承认:"我们从实施包围的一方,到现在发现自己已被包围,成了村里防守的一方。"尽管卡斯特仍然占据数量上的优势,但他的弹药量已非常低,而且印第安人现在就在弹药补给和"黑壶"村之间。

突然,一名军官说,有马车从瓦希塔河以北的山丘上冲了下来,后面紧跟着印第安战士,"分分钟"就会进入营地。为保证弹匣装满,第七骑兵团执行了卡斯特下达的严酷命令:烧毁村庄,杀掉800匹被俘的印第安战马。混乱不堪的杀马任务花了两个小时。受伤未死的马儿挣脱束缚,四处乱跑,血流不止,直至倒下。河水都被染红,夏延人把那悲惨的一天称为"红月亮之战"(Battle of the Red Moon)。

"黑壶"村所在的谷底冒出了浓烟。日落时分,第七骑兵团高唱着"离开荒野我还不高兴吗"("Ain't I Glad to Get out of the Wilderness")的战歌,以紧凑的行军队列爬上了瓦希塔河以北积雪的起伏地带。然后他们开始顺流而下,佯装要进攻其他村庄。其实纯属诡计,而且奏了效。印第安战士们纷纷撤退,以保护他们的家人,而家人们已开始忙着打包逃命了。卡斯特沿着山谷慢慢行进了几英里后,迅速转向,朝补给营地跑去。

瓦希塔战役中印第安人的伤亡人数仍不确定。卡斯特带走了53个夏延女人和孩子,其中8人受伤。他声称杀死了103个印第安战士,或者比"黑壶"村可能容纳的印第安战士略多的交战人员,但从未提供这一夸大数字的来源。被俘的印第安人后来说,有18个战士,16个女人和9个孩子在瓦希塔被杀。卡斯特辩护道,一些印第安女人显然也拿起了武器战斗。夏延人受伤的人数可能是死亡人数的两倍多,总共约有125名印第安人死亡。不管真实数字多少,卡斯特都很满意。在给谢里丹的一封私人信件中,他炫耀道:"我们已彻底清除了'黑壶'和他的战队,他们已无法打仗、穿衣、睡觉、吃饭,如果不求助于人的话,甚至连马都上不去。"[10]

考虑到卡斯特占有出其不意,以及至少数字上与"黑壶"的战士有8比1的压倒性优势,他的队伍有22人死亡(包括埃利奥特和他的17人,卡斯特全然不知他们遭遇了什么)和13人受伤的事实很难成为庆功的理由。卡斯特精心设计的凯旋回营"仪式"——军乐队演奏《加里温》军歌和奥色治人长矛上悬着的"黑壶"头皮——都无法平息众多第七骑兵团军官对卡斯特下令不搜寻埃利奥特少校的愤怒。卡斯特抛出了一个充满希望的想法:埃利奥特只是迷路了,他会找到返回补给营地的路。谢里丹认为这是"对这件事很不令人满意的观点",但他在卡斯特的蹩脚猜想与他手下"爱将"对洋洋得意的夏延人进行的冬季打击之间进行了权衡。

卡斯特不找埃利奥特和他手下的决定,为第七骑兵团军官内部激烈持久的派系斗争打下了基础。弗雷德里克·本廷(Frederick W. Benteen)上尉是一个能干但脾气暴躁的军官,他非常讨厌卡斯特,利用埃利奥特的死煽动情绪。战斗结束后,本廷让本·克拉克作证,卡斯特"故意让埃利奥特陷入绝境,却没有试图施以援手"。克拉克拒绝后,本廷给一位朋友写了封辞藻花俏的信,指责卡斯特抛弃了埃利奥特。此信匿名刊载在《纽约时报》上,卡斯特威胁要鞭打作者。但当本廷承认自己是作者时,他却不了了之。[11]

尽管第七骑兵团的军官们在卡斯特处理埃利奥特失踪一事上分歧很大,但他们在一件事上达成了一致:夏延女俘虏引起了他们的性欲。当奥色治人在战斗结束的那晚,当着惊恐万分的女俘虏们举行一场闹哄哄的头皮舞时,活下来的夏延人说,卡斯特正和他的军官们走到她们中间挑选玩伴。俘虏们说,卡斯特挑了漂亮的19岁女孩莫纳西塔(Monahsetah),"小石"(Little Rock)酋长的女儿,酋长和他的朋友"黑壶"一起被杀。随着其他夏延人陆续投降,第七骑兵团的军官们可挑选的玩伴更多了。夏延人俘虏的描述没错。卡斯特肆无忌惮的性欲得到了极大满足。一个他手下的连长在写给他兄弟的信中夸口说,军官们有90个夏延女子可供挑选;他还说:"有些人非常漂亮,"至于他自己,"我找了个很聪明的。通常,军官们会挑两三个人。"[12]

※

当第七骑兵团的官兵们在相对隔离的补给营地争吵不休,大肆淫乐时,许多美国公众对他们在瓦希塔的行为感到愤怒不已。高层传来了"立即和无条件地结束战争政策"的要求。大肆谴责踏平"黑壶"村的不只有东部的人道主义者。强硬的老将军哈尼将覆灭的"黑壶"称为"和我一样是美国的好朋友",并指责军队挑起了与印第安人的战争。瓦希塔事件发生时正在休假的爱德华·温科普辞去了夏延族与阿拉帕霍族中间人的职务,以抗议卡斯特"错误和不光彩"的袭击,并将其等同于沙溪事件。

瓦希塔战役开始前,谢尔曼将军曾承诺保护谢里丹不受公众和政治批评,他现在通过激烈的口头反击兑现了这一承诺。但不幸的是,反击建立在谎言之上。事件发生后不久,卡斯特报告说从"黑壶"村找到了两个白人孩子。谢尔曼向格兰特将军保证,这证明"黑壶"村里有敌对分子。但所谓的白人孩子只存在于卡斯特的想象之中。虽然谢里丹知道真相,但他还是在自己的报告中向谢尔曼重复了这一谎言,谢尔曼因此无意中当了"帮凶"。[13]

卡斯特对"黑壶"村的袭击是否合法值得进行坦诚讨论,但指控卡斯特实施了屠杀确属不公。他的突然袭击策略符合谢尔曼和谢里丹的全面战争战略。毫无疑问,"黑壶"是一个和平人士,即便谢尔曼也承认这一点,但他的阵营里确实有袭击了堪萨斯的印第安战士。与鼓励士兵杀害女人和孩子的沙溪事件不同,卡斯特尽力保护了非战斗人员。确实有无辜的人丧命,也发生了残酷的行为,但屠杀的定义是不分青红皂白杀害大量无助和无法抵抗的人,这既不是卡斯特的意图,也不是一边倒的瓦希塔战役的结果。

※

毫不令人惊奇，瓦希塔战役让南部平原的各部族一片哗然。几乎所有南部夏延和阿拉帕霍部族都往西边逃去。卡斯特的袭击也吓坏了基奥瓦人，其中一半人，主要是"撒坦塔"的追随者，离开了科布堡，在得克萨斯大草原的甜水溪附近加入了夏延人和阿拉帕霍人的行列。很多人都在谈论战争，但是被俘夏延女人们的亲属说服酋长们不要报复。目前，夏延人和阿拉帕霍人将继续留在他们的甜水溪营地。"撒坦塔"和他的基奥瓦人重新考虑了逃亡的决定后，选择返回科布堡，请求哈森的保护。[14]

"撒坦塔"的返回恰巧碰上谢里丹将军率领的一次新的行动。这位凶残如斗牛犬的将军把瓦希塔战役仅仅视为其冬季战役的第一阶段。1868年12月7日，他从补给营地向南出发，从第七骑兵团和不情愿参战的第十九堪萨斯骑兵团抽调了1500名士兵。尽管卡斯特保留名义上的指挥权，但实际上是谢里丹指挥作战。这次行动打算先找到埃利奥特少校，然后再与任何可能出现的敌对印第安人作战。"黑壶"的妹妹不同寻常地表示合作，作为向导和他们一起出征。[15]

谢里丹在暴风雪和天寒地冻中奋力行进至瓦希塔战场。在那里，侦察兵发现了埃利奥特和他手下冻成石头的粉白色尸体。在下游一个废弃的夏延村庄，谢里丹和卡斯特看到令人胆寒的一幕。残留的篝火旁，躺着一具年轻白人女性的尸体，割了头皮的头上有两个弹孔，还被人敲碎。在她身旁蜷缩着一个死去的孩子，显然曾被人摔向了一棵树。愤怒的夏延人把他们都杀了。堪萨斯的一名志愿兵认出两人是21岁的克莱拉·布林（Clara Blinn）和她两岁的儿子，他们在那年夏天被阿拉帕霍战队抓走。谢里丹早在11月初就知道克莱拉·布林被印第安人囚禁,但不知道该责怪谁,克莱拉的父亲曾呼吁将军救他的女儿和外孙。"黑壶"的妹妹道出了"真凶"。为了保护她的族人,她把罪行归咎于"撒坦塔"。谢里丹不仅信了这个说法,甚至还添油加醋,他写信给谢尔曼说,"这个可怜的女人被留下来,是为了满足'撒坦塔'酋长的残忍欲望。"这是谢里丹与基奥瓦人和解的一个明显依据。[16]

整整六天,谢里丹在雨夹雪中循着一条宽阔的印第安人留下的路痕从瓦希塔河向科布堡行进。当"撒坦塔"得知谢里丹的到来,他说服了哈森上校介入。12月17日,一个基奥瓦代表团举着白旗给谢里丹传递了一条来自哈森的信息,要求他停止攻击。哈森坚称,科布堡周围的所有印第安人都很友好,而且"不会在这个季节开战"。哈森建议谢里丹询问"撒坦塔",以掌握敌对的夏延人和阿拉帕霍人的具体位置。

多疑的谢里丹认为哈森的信简直就是"一个大大的笑话"。谢里丹相信,基奥瓦酋长用"诡计和两面三刀的手段"欺骗哈森写了这封信。然而,尽管他很想和基奥瓦人打仗,谢里丹还是觉得有必要尊重谢尔曼"爱将"的保证。他与"撒坦塔"和"孤狼"(Lone Wolf),也是一个有影响力的基奥瓦酋长,举行了会面,并坚持让"撒坦塔"的人和白人军队一起前往科布堡,以证明他们和平的意愿。酋长们同意了,派传令兵把他们带进来。两天过去了,谢里丹仍没见到"撒坦塔"的村庄,谢里丹"下手了",他逮捕了"撒坦塔"和"孤狼",并承诺如果基奥瓦人48小时内不投降,就把他们绞死。

哈森一跃而起,为酋长们辩护。他向谢尔曼保证,"撒坦塔"和"孤狼"不可能出现在瓦希塔,因为他们开战前一天晚上在科布堡他的帐篷里过夜。哈森坚持说,卡斯特的袭击吓得他们落荒而逃。当谢里丹的大队人马逼近,认为基奥瓦人"像一群受惊了的野牛一样无法控制"时,他们正在返回科布堡的路上。[17]

谢里丹和哈森的名声在这次对峙中岌岌可危。而另一方面,"孤狼"和"撒坦塔"的生命却悬而未决。"撒坦塔"被关在一个戒备森严的帐篷里,绝望至极。一名骑兵团的军官看到他"把毯子裹在身上,来回摇晃,嘴里吟唱着最忧郁、最单调的哀歌。他弯下腰,抓一把沙子和泥土,塞到嘴里。然后四处转悠。以手遮眼,望向远方,期望能发现走近的族人"。

"撒坦塔"活了下来。12月20日下午,一大群印第安战士骑马进入科布堡;21日黎明前,几乎整个部落都已进驻。谢里丹不情愿地释放了"撒坦塔"和"孤狼"。他总是后悔"这两个戴着手铐的家伙就这样活了下来",更后悔的是"几年后,他们将邪恶的本性带到得克萨斯,在那里干下了骇人听闻的屠杀"。[18]

基奥瓦酋长们刚侥幸逃命,谢里丹就得知卡尔少校的冬季行动无疾而终——在与暴风雪搏斗了一个月后,没见着一个印第安人,便返回了里昂堡。然而,埃文斯少校带来了好消息。圣诞节那天,他在威奇塔山附近的兵泉(Soldier Spring)摧毁了一个科曼奇村庄,共60间小屋。尽管这群不幸的科曼奇人中,几乎没人参与过袭击,即使在得克萨斯。谢里丹向谢尔曼炫耀,埃文斯的"胜利"给了印第安人叛乱的中坚力量最后一击。这是典型的谢里丹式夸张,而且是错误夸张,但他的冬季行动仍然取得了相当大的成功。夏延人也许躲过了他,但约三分之一的基奥瓦人和科曼奇人都在他的控制之下。事实上,谢里丹突然发现在科布堡的印第安人超出了他能承受的范围。为了防止饥饿的印第安人引发踩踏事件,谢里丹开始着手成立一个基奥瓦族与科曼奇族中间人机构,并在气候更好、更南边的地方建造一个名为"希尔堡"的新哨所。[19]

接着,谢里丹把注意力转向夏延人和阿拉帕霍人。首先,他尝试了某种外交手段,要求酋长们无条件投降,否则将面临无情的战争。

谢里丹认为瓦希塔俘虏是他手里的王牌,但他的最后通牒基本上无人回应。夏延酋长和阿拉帕霍酋长最后一次以接近一致的方式发话,他们恳求道,他们的马匹太弱,而科布堡又太远,冬天无法前往。谢里丹给了印第安人时间重新考虑他们的决定,阿拉帕霍和平酋长"小乌鸦"利用这段空隙时间投降,但夏延人仍然顽固坚守。谢里丹已没什么耐心了。春天即将到来。印第安人的战马吃上新草就会长得膘肥体壮,对堪萨斯定居点的袭击也会卷土重来。1869年3月2日,他派卡斯特率第七骑兵团和第十九堪萨斯骑兵团"按照以往的做法和当前的情况"对付敌人。[20]

卡斯特回来时,谢里丹已离开。3月4日,尤利西斯·格兰特成为美国第十八任总统。谢尔曼接替他成为陆军总司令,而谢里丹则获得了第三颗将星,出任密苏里军分区指挥官,司令部设在芝加哥。然而,他的晋升对那些为过冬而挣扎的士兵没什么意义。卡斯特的队伍出发时,补给不足,军需部未能送来卡斯特打算一并带上的肉牛。部队在两周内就耗尽了口粮。寻找猎物纯属徒劳,因为通往桩基平原的小径需穿过一片没有猎物出没的沙地。士兵们只有靠吃数量快速减少的马匹,才能勉强挺过饥饿。

与堪萨斯志愿军不同的是,第七骑兵团的士兵们已习惯了卡斯特的艰苦行军,卡斯特对他们的严苛要求并不会使他们感到意外。3月15日下午,卡斯特与他的勤务兵和奥色治向导纵马至大部队前方几英里处,发现了位于甜水溪"石额"酋长的村落。为了应对任何可能出现的突发状况,这位印第安人酋长在重兵护卫下与杀掉"黑壶"的人会面,他的手上和脸上都涂成了红色,象征着战争与和平。"石额"邀请卡斯特前往"神箭屋",并告诉上校他这样做是为了让他的族人放心,白人军队不会伤害他们。"石额"与卡斯特进行会面不可言说的原因,是为了唤起"魔力神箭"的力量,探知这位长着浅黄色头发上校的真正目的。

卡斯特只在副官的陪同下,相信自己能通过手语交流,跟着"石额"进入了夏延人的村子。卡斯特下定了决心要和印第安人一战。当他和"石额"会面时,酋长的一个卫士透露,附近有很多夏延人的营地,卡斯特将这些营地误认为属于"不怀好意、嗜血成性"的"狗兵"。"这正是我们一直在寻找的机会,"卡斯特心中想道,"给予最坏的印第安人应有的惩罚。"卡斯特打算一直与酋长谈话,直到大部队上来,然后就可以攻击所有夏延村庄。但当他走近神箭屋时,卡斯特得知村子里有两个年轻的白人女性,他们都是那年秋天从堪萨斯抓来的。"当然,在那时候不可能采取敌对态度,(因为)袭击一开始,她们就会被杀。"[21]

随后的会面仪式让卡斯特迷惑不已,他完全没注意到座位下面的"魔力神箭"。卡斯特也没搞清楚一个夏延"魔师""向天神请愿或祈祷"的意思,其实是祈求神助杀死卡斯特,如果他没说实话的话。为了达到这个目的,卡斯特吸食了神力烟斗后,"石额"将烟灰倒进上校的靴子。这个举动其实是一个诅咒,如果卡斯特再次对夏延人发动战争,那将加速卡斯特的灭亡。卡斯特只知道他得到了"石额"释放白人女人的承诺。

从小屋出来,卡斯特看到平原上数百个呐喊的印第安战士,他们全副武装,身上涂满了战斗油彩。在他们身后,第七骑兵团和第十九堪萨斯志愿骑兵团下马列阵,准备战斗。堪萨斯人投下参差不齐的阴影。他们的脸被篝火熏黑,眼窝深陷。为被印第安人杀害的朋友和家人报仇的强烈愿望驱使着他们。当卡斯特的副官下令他们返回营地时,士兵惊呆了。堪萨斯人对村子里有两个白人女性俘虏一无所知,他们以为夏延人已经干掉了卡斯特,纷纷散去。[22]

两天后,卡斯特挽回了自己的名声。酋长们还未兑现交出白人的承诺。一群年轻的印第安战士来到卡斯特的营地,表面上是为了给士兵表演马技,但实际上是在"石额"的命令下分散卡斯特的注意力,而同时整个村子的人正悄悄溜走。当一名军官报告了这一阴谋后,卡斯特迅速采取行动,指挥部下解除印第安人武装,并进行抓捕。大多数人都逃了,但卡斯特抓住了其中四个,然后向夏延酋长发出最后通牒:要么交出白人,要么看着你们的人被绞死。

经过三天的纠结,夏延人投降了,两个女人进入了卡斯特的营地,极度惊吓,骨瘦如柴,几乎赤身裸体。堪萨斯人对她们的故事已耳熟能详。两人被印第安战士们轮奸,被夏延女人们无缘无故地殴打,并通过交易或赌博的方式在印第安人手中转来转去。作为报复,卡斯特谎称拒绝释放俘虏,直到夏延人投降。他的不诚实使酋长们吃惊,其中一位后来证实:"有时(卡斯特)会对他们说好话,有时会对他们说坏话;他们搞不懂他。他告诉他们,想让他们跟着他去补给营地;但他跟他们说得太奇怪了,他们不会相信他。"

1869年3月下旬,卡斯特满意地班师回营。在给谢里丹的一份热情洋溢的报告中,他列举了自己的成就:"我们深入了之前敌对的五个部族经常出没的每个地方。我们现在知道他们惯常的路线和藏身之处。我们告诉印第安人,他们不管在什么地方,也不管什么季节都不安全,白人比印第安人更能忍受严冬。"[23]

然而,春天的到来,使得卡斯特的吹嘘变得毫无意义。随着天气转好,战术优势转到了印第安人一边。一些阿拉帕霍抵抗者投降了,但大部分南部夏延人仍逍遥法外,尽力远离白人。

※

在写自希尔堡的一封私人信件中,指挥官本杰明·格里尔森(Benjamin H. Grierson)上校,谢里丹的一个朋友,对冬季战役的评估是沮丧的,他将其称为"大失败",死于这场战争的白人士兵比印第安人(撇开无辜的女人和孩子)要多,只是为了让谢里丹获得他的第三颗将星。尽管格里尔森言辞尖刻,但也包含了一些事实,但谢里丹的军事行动永远撕裂了夏延部族团结的脆弱纽带。

1869年5月初,在"石额"的命令下,南部夏延人和"狗兵"聚在一起决定他们的未来。与往常的寻求共识不同,这次会议的焦点是"小袍"酋长(当时他从希尔堡印第安中间人机构处专程而来)和"狗兵"首领"高牛"。作为主和派发言人,"小袍"本人曾是一名备受尊敬的"狗兵"战士,他向"高牛"发出了一个令人震惊的最后通牒,没有一个首领有权首肯:"高牛"要么接受在印第安领地上的保留地生活,要么回家。"狗兵"们于是作出了一个令人想不到的决定:他们不仅要离开印第安领地,还要抛弃他们深爱的共和河谷。

"狗兵"为何选择不经过斗争就离开他们的领地不得而知。可能他们认为,越来越多的白人定居者涌向他们领地的边境、快速发展的铁路和一支突然强大到抵抗即遭受和"黑壶"同样命运的军队就是原因。不管什么原因,都不可能在保留地苟活。"高牛"宣称,"狗兵"一直崇尚自由,他们要么继续自由,要么战死。他们的目的地是黑山,在那里他们将与奥格拉拉人联手。就这样,具有重要意义的部族会议不欢而散。200名"狗兵"战士和他们的家人前往共和河准备春天野牛猎捕季的到来。据一位消息灵通的军官说,他们在放弃家园之前"进行了最后一击"。"小袍"回到了保留地。"石额"选择了中间地带,他会和他的两百间小屋留在得克萨斯大草原,观望"高牛"和"小袍"的结局。[24]

等待的时间不会很长。"狗兵"一到共和河就与卡尔少校的第五骑兵团遭遇。卡尔急于扭转他在冬季的惨淡表现,已在普内特军部重新开始,受命于一个新的指挥官,不声不响但能力不错的克里斯托弗·奥古尔上校。5月13日,顺着海狸溪河岸,卡尔袭击了"狗兵"的村庄,杀死25名战士,白人3死4伤。他短暂地追击印第安人至内布拉斯加,然后印第安人四散逃窜,路痕也消失不见了。[25]

"狗兵"们进行了一个月的血腥袭击作为报复。奥古尔再次派遣卡尔出征,并指示他在共和河地区对任何拒绝无条件投降的"狗兵"格杀勿论。与卡尔共同出征的是第五骑兵团,弗兰克·诺思少校的波尼营,以及担任向导的相貌英俊、口齿伶俐的23岁野牛猎人、陆军侦察兵威廉·"野牛比尔"·科迪(William F. "Buffalo Bill" Cody)。一个月来,"狗兵"们躲避卡尔的锋芒,不断转移营地,化整为零行动。7月10日,他们到达科罗拉多东部南普内特河附近的峰泉。大多数人想立刻穿过南普内特进入拉科塔领地。然而,"高牛"觉得水位太高,决定等两天,待水退去再过河。

"高牛"犯下了致命错误。第二天,"野牛比尔"和波尼人发现了位于一个树木稀少的山谷里的"狗兵"村落。那是一个炎热且烟雾缭绕的下午。战士们早上出去烧草以抹去他们的踪迹。现在他们在小屋外闲逛。三英里外,卡尔集中兵力准备冲锋。波尼人光荣地打头阵,率先冲向他们的死敌。不到20分钟,他们就占据了整个村子。波尼人在四处逃跑的夏延人后面追击,一边射击一边喊叫,而骑兵则在被遗弃的小屋四周散开。已不可能进行有组织的抵抗了。"狗兵"们或单打独斗或三五成群地战斗,为他们的女人和孩子们争取逃跑的时间。喧闹中传来"高牛"的声音:"所有步行的人跟我走。""高牛"带着三个妻子中的两个,小女儿,还有几位上了年纪的追随者,朝一处峡谷跑去,之前还不忘射杀两个被俘的白人女人。在峡谷边缘,"高牛"杀了他的马,把狗绳拴在地上,他决定死守这个地方。一颗子弹击中他的头部,结束了他的苦苦支撑。唯一活着离开峡谷的夏延人是"高牛"最年长的妻子和他们的女儿,两人很幸运,在诺思少校的波尼兵抓到他们之前,就向诺思投降了。

峰泉的大多数人都死于波尼人之手,他们下手毫不留情。夏延人对此并不感到意外。一名"狗兵"幸存者说:"我并不因为波尼人杀女人和孩子就小看他们,因为在我们所有人的记忆中,夏延人和苏族人只要遇到波尼人,不管男女老幼,一律格杀勿论。每个部族都怀着致命的激情和野蛮的心态憎恨对方,不惜发动全面战争消灭对方而后快。"谢尔曼和谢里丹关于全面战争的概念与平原印第安人相比简直黯然失色。

卡尔在峰泉完胜对手。他报告道,52个夏延人被杀(性别和年龄不详),伤者无数,抓获17个女人和孩子。白人士兵无人阵亡,只有一人被箭轻微划伤。卡尔烧毁了86个小屋,俘获450匹马。"高牛"村的残余势力逃到了黑山的拉科塔营地,但作为一支战队的"狗兵"已不复存在。峰泉令人生畏的20分钟彻底终结了他们的存在。尽管"狗兵"好斗,但他们并不寻求与白人开战。1867年,当"高牛"对汉考克将军说,"狗兵"只想在共和河畔的家园过无忧无虑的生活时,他说的是实话。当联合太平洋铁路无情地延伸到他们的领地,带来数以千计的白人定居者并赶走野牛,"狗兵"只有通过战斗拯救他们的家园和生活方式。他们别无他法,只知道通过精心策划的袭击恐吓白人远离。很少有白人了解"狗兵"的行为,能原谅这些暴行的白人则更少。"狗兵"同样无法理解促使白人占据他们领地的社会和经济力量。然而,"狗兵"放弃斗争后仍遭灭绝,命运确实残酷。

卡尔少校似乎也从来没想过"狗兵"的所作所为可能出于绝望和恐惧。在"狗兵"村的废墟中,他发现了一些政府官员的来信,他开玩笑地告诉一位同僚,这些信"证明某些印第安人具备高尚的品格,但可能收到信后就开始大大地堕落了"。其中一封信是他们的前印第安中间人,秉持公心的爱德华·温科普所写,强调"高牛"的和平倾向,不愿打仗,"除非由于白人的鲁莽行为,才会不得已这样做"。[26]

然而,温科普的警告早已随风飘散。

第七章
血腥的和平政策

随着卡斯特令人怀疑的胜利和卡尔在共和河毫不含糊的胜利,谢里丹1868—1869年的行动计划达到了它的目标:堪萨斯西部和内布拉斯加南部的敌对印第安人已被清除,旅行路线得以安全,1868年袭击堪萨斯的凶犯受到了惩罚(也包括"黑壶"族人中的无辜者)。南部平原部落已经认识到冬天不再是他们的"天时",当白人士兵们和他们的波尼族和奥色治族"朋友"联袂时,他们是值得敬畏的敌人,更明确的是印第安人的守护之盾已土崩瓦解。阿拉帕霍人已放弃与毫无希望且派系化严重的南部夏延人联盟。"狗兵"已被消灭。基奥瓦人和科曼奇人已自行离开,在他们的保留地领取定量供应的粮食,并在得克萨斯实施劫掠。

※

具有讽刺意味的是,谢里丹的胜利发生在联邦政府还没准备好应对战败部族的时候。忙于应付内战后重建时期的严酷政治环境,即将离任的总统安德鲁·约翰逊和国会都未能制定出一项印第安政策,正如谢尔曼将军所说,"使一切事务的处理任性而随意"。

军方、华盛顿的政府部门和国会都笨拙地步入了一个政策"真空期"。军方领导人主张将印第安事务局划归陆军部(内政部成立前即归其管辖)。他们认为,这将结束印第安人利用各部门间的推诿争吵。一位机敏的上校作出了一个恰当的比喻:军队是"严厉但怕老婆的父亲",印第安事务局是"溺爱孩子的母亲",印第安人则是从争吵的父母处得到好处的"冥顽不化的孩子"。西部的舆论、国会以及除印第安事务局局长纳撒尼尔·泰勒之外的所有和平专员都支持将印第安事务局划归陆军部。1868年12月,众议院通过了移交法案。[1]

印第安事务局高声抗议。局长泰勒称众议院此举"等同于永久开战",并警告说,军队管理会给印第安人带来"道德沦丧和疾病缠身"。然而,泰勒声称在道德上优于军方的立场站不稳。印第安事务局本身就弥漫着腐败的恶臭。一个广为流传的故事讲述了一位酋长向谢尔曼将军这样描述他的中间人:"我们的中间人是个大好人。他来的时候,他所有的东西都装在一个小袋子里,走的时候,他的东西需要两艘汽船才装得下。"中间人经常与承包商和与印第安人交易的商人勾结,骗取印第安人的年金和发放的配给物品,转卖给他人,并提交虚假凭证来掩盖物品的去向。印第安事务局没人出来辩解也不足为奇。公众和媒体称这个由平民骗子、奸诈政客和渎职官员组成的阴暗团伙为"印第安帮",并鄙视他们大肆进行的非法交易。

同样涉足印第安事务的还有东部的人道主义者,他们高瞻远瞩地设想着和印第安人的和解政策。他们谴责政府忽视条约义务,并要求国会任命能够控制边境掠夺行为的诚实中间人。"朋友宗教协会"(贵格会)向国会请愿的方式更温和,但目的相同。[2]

1868年11月尤利西斯·格兰特当选总统,对军方来说似乎是个好兆头。毕竟,作为指挥官,他曾为谢尔曼和谢里丹在印第安问题上的强硬态度辩护,并谴责平民干涉。但当选总统格兰特不是将军格兰特,令将军们惊讶的是,他对改革者的观点持欢迎态度,特别是贵格会的想法。格兰特接受了他们的建议,宗教人士取代了掠夺者出任中间人,并让贵格会控制两个最关键,也是最困难的印第安事务局外派职位:北部印第安事务督察,管理包括内布拉斯加的六个中间人机构,以及中部印第安事务督察,管理包括堪萨斯和"未教化"的部分印第安领地(即南部夏延和南部阿拉帕霍,以及基奥瓦和科曼奇的中间人机构)。任命贵格会的人出任这些督察职务,就是格兰特的"贵格会政策"。对于西部剩下的督察职位,格兰特选派诚实可靠的军官出任。

格兰特还希望在印第安事务局建立独立的监督机制。为了实现这一目标,他说服国会成立印第安事务专员委员会。该委员会由富有的慈善家组成,拥有广泛的权力,可以审查华盛顿印第安事务局和外派机构的运作。后来格兰特做了一件更了不起的事:他任命了一位印第安人担任印第安事务局局长。

新任局长伊利·S. 帕克(Ely S. Parker)是纽约州北部塞内卡-易洛魁部族的酋长,土木工程师,内战期间在格兰特手下晋升为荣誉准将。帕克秉性正直。尽管他赞同普遍的观点,即印第安人的未来在于文化适应,但他仍然希望这个过程尽可能不要带来痛苦。1869年6月,帕克指示他的工作人员按照格兰特政府的要求履行职责:印第安中间人和他们的上司需将他们管辖范围的印第安人聚集到永久保留地,让他们开始适应文明,最重要的是以仁慈和耐心对待他们。然而,拒绝前往保留地定居的印第安人将交由军方处理,并"视情况划分为友好或敌对分子,区别对待"。

格兰特认为,除了他的"胡萝卜加大棒"原则,不存在更人道的选择(媒体称之为"和平政策")。加上随之而来的其他政策,如将印第安人集中在远离白人的保留地,将小块保留地合并成由两个或两个以上部族居住的较大保留地,这意味着不管条约如何保证,曾获许诺拥有专属家园的部族都会"无家可归"。

虽然将军们并不希望仅使用军事手段,但"和平政策"至少让军方在印第安事务中发挥作用有了一个能施加影响且明确界定的角色。谢里丹将帕克的指示解读为符合他的目的,并告诉他的指挥官,所有离开保留地的印第安人,应被推定为敌对分子。[3]

至少从政府的角度来看,"和平政策"一开始大有希望。没有人,包括帕克在内,关心西部部族对政府将他们集中并摧毁他们文化的看法。印第安中间人和军官们能相对和谐地共事。1869年秋天虽然发生了一些零星冲突,但没有一次达到公开战争的程度,和平似乎指日可待。也就是说,局面一直持续到蒙大拿领地一个醉酒的少校严重打乱格兰特政府的计划。

※

"和平政策"对蒙大拿北部的荒野没什么意义,那里是"黑脚邦联"的一个小部落,皮根人(Piegan)的家园。当地没有界线齐整的保留地边界,友好和不友好的印第安人之间也不易区分,军方和印第安中间人也没有什么合作。一切都模糊不清。白人们也四分五裂。挤满皮根领地的白人定居者和淘金者夸大了印第安人的威胁,希望消灭皮根人。贩卖威士忌和枪支的商人则希望他们的印第安主顾得到保护。皮根人也不团结。酋长"重跑者"(Heavy Runner)的队伍倾向和平,而"山王"(Mountain Chief)的队伍则大谈打仗,但只限于偷马和为被白人匪徒杀害的部族成员复仇。

军方不知道该如何处理这种情况。地区指挥官菲利普·雷吉斯·特罗布里安(Philippe Régis de Trobriand)上校对皮根人的威胁持夸张的看法,他非常想惩罚"山王"。特罗布里安的报告让谢尔曼和谢里丹也无法明确回应。两人都担心对局势的误判可能会在瓦希塔事件之后引发另一场类似的舆论风暴。谢里丹告诉特罗布里安,如果存在骚扰友好印第安人的情况,就放弃对"山王"采取先发制人的军事行动。风险确实存在,"重跑者"和"山王"的队伍紧挨着在玛丽亚斯河边安营扎寨(位于现在的冰川国家公园东南100英里),但特罗布里安确定,派出精干力量,他就可以包围"山王"的营地并将其摧毁。谢里丹听信了特罗布里安的话,允许他实施打击,并建议尤金·贝克(Eugene M. Baker)少校直接指挥打击行动。贝克在内战中在特罗布里安麾下表现突出,并因"对打击印第安人充满激情"而被授予荣誉军衔。不幸的是,贝克对酒也充满激情。

1870年1月19日,明显喝醉了的贝克少校带着六个骑兵连和不管"重跑者"的明确命令出发。两名士兵一左一右,确保他打击正确的目标:乔·基普(Joe Kipp),"重跑者"的密友,以及乔·科贝尔(Joe Cobell),"山王"的妹夫。然而,科贝尔更热衷于保护他老婆的哥哥,而不是执行分派给他的任务。

1月23日拂晓,贝克在玛丽亚斯河谷的树林里发现了一个有37间小屋的皮根村落。贝克下令他的士兵下马,沿断崖围成半圆形,俯瞰村庄。天气阴冷,一片死寂。天花刚袭击了整个村子,疾病缠身、无精打采的皮根人连守卫都没安排。唯一一个活动的皮根人是一个17岁战士,名叫"熊头"(Bear Head),他早早起来去断崖找回他在那儿放的马。"熊头"艰难地往上爬,突然看到了面前的士兵。贝克少校一把抓住"熊头",示意他别出声。就在此时,乔·基普跌跌撞撞地穿过雪地朝贝克走来,大喊大叫说这是"重跑者"的村子,不是"山王"的村子。贝克对基普的叫喊引起全村的警觉感到愤怒,下令将其拘押。贝克对基普说,是谁的村子无关紧要;反正都是皮根人,他打算进攻。听到基普叫喊的"重跑者"匆忙跑向挥舞着印第安事务局"良民证"的战士们。乔·科贝尔一枪打杀了他,同时贝克大声下令:"开火!有人反抗,就别停。"

根本没有任何抵抗,但士兵们还是开火了,贝克也没有阻止他们。30分钟的疯狂射击中,女人和孩子们要么被射杀,要么在小屋里被活活烧死。"熊头"说,贝克大笑着走过还冒着烟的小屋,盯着烧焦的尸体。日落时分,一场可怕的风暴从断崖上吹进山谷。气温徘徊在零下30度。森林里的火劈啪作响,天黑后一段时间,马群蜂拥而至。随着夜深,人们的神经也紧张起来。两个皮根年轻人想逃跑,被抓获后,带到了一个恶毒的中尉面前,中尉下令处死他们。当士兵们准备举枪射击时,军官吼道:"不,别用枪。拿斧子,一个一个砍死。"士兵们遵命,把两人拖到一边,乱斧砍死。

贝克向上级报告,以一人死亡的代价,杀死173个皮根人,俘获140人。他声称打死的印第安人几乎都是战士,而事实上他杀害了90个女人和50个孩子。谢里丹当面接受了贝克的报告,并在谢尔曼面前盛赞他对印第安人处以了"应得的惩罚"。谢尔曼对贝克的统计持怀疑态度,他告诉谢里丹要做好准备,接受"认为印第安人不会对白人造成伤害的人们提出的质疑"。

质疑声来得又快又响。皮根幸存者告诉印第安事务局的一名调查员,除了15名被杀者外的死者都是女人、孩子和老人。调查员谨慎地将这些信息认定为印第安人一边的说法,但印第安专员委员会秘书文森特·科尔耶(Vincent Colyer)将其发布为既成事实。国会两院和东部媒体对军方的谴责不绝于耳,他们要求军事法庭对所有参与"这场令人震惊的屠杀"的人进行审判。[4]

潮水般的批评让谢里丹心烦意乱。他喋喋不休地讲述印第安人过去曾犯下的暴行,白人妇女遭强奸、男人被割去下体和婴儿被敲碎头颅。可皮根人从未对白人犯下这样的罪行,但谢里丹对此视而不见。他的逻辑很怪异。他宣称,因为科尔耶为皮根人说话,而且皮根人是印第安人,因此科尔耶显然希望针对白人定居者的犯罪行为继续发生。至于被杀的女人,谢里丹说,她们可能罪有应得,因为人们都知道,印第安女人打起仗来比男人还厉害。谢里丹毫无理性的言词和他对道德上应受谴责的行为所进行的极力辩护,使这位将军在边境成了英雄。然而,在密苏里河以东地区,他的所作所为严重玷污了他的名誉。"玛丽亚斯大屠杀"同时也扼杀了军方插手印第安事务的希望。和以往一样,只不过比起沙溪,在玛丽亚斯河被残酷枪杀的无辜印第安人更多而已。1870年的《陆军拨款法案》结束了向印第安事务机构派驻军官的做法,任何担任文职职务的军官一律撤销任命。"玛丽亚斯大屠杀"提供了这么做的理由,但投赞成票的国会议员更关心的是能重新推荐他人任职,而不是阻止滥杀印第安人。

格兰特总统在举荐他人方面更胜一筹。"先生们,"他对提案附议者们说,"你们挫败了我的印第安人管理计划,但你们不会得逞,因为我将把这些任命分配给你们不敢提出异议的教会。"总统将了国会一军,他的"和平政策",尽管鲜血淋淋,基本上毫发无损地得以保留。[5]

但一个更深刻的变化正在酝酿之中。"玛丽亚斯大屠杀"撼动全国人民良知前不久,帕克局长就把目光转向了他认为政府的印第安政策中最要害的方面之一——条约体系,合众国诞生以来印第安人和政府关系的基石。他竭尽全力努力保护塞内卡人的权利,很清楚该说什么。帕克的理由如下:条约涉及主权国家之间的契约,缔约各方都有权强制遵守,而印第安部族非主权国家,因为他们的领导人缺乏这种权力。相反,帕克认为政府是印第安人的监护人,他们对声称拥有的土地"仅仅拥有占有权"。他认为,条约赋予印第安部族一个错误的独立概念。帕克总结道:"现在是时候打消这个想法了,政府也应停止以如此残酷的闹剧方式对待这群无助又无知的被监护者。"格兰特总统和印第安事务专员委员会对此表示一致同意。[6]

终结条约体系的实际效果是行政部门在与印第安人的谈判中拥有了更多自由。与政府监管的人达成协议无须参议院批准,缔结条约也是如此。从今以后,和平专员们只对总统、内阁和公众舆论负责。

第七章 血腥的和平政策

※

"红云"酋长很难认为自己"无助又无知"。毕竟是他把白人军队驱逐出了大角山领地,而"他的"战争是印第安人在平原上最接近胜利的一次。1869年春天,当他和他的战士们来到利文沃斯堡,像往常一样在那里进行贸易时才得知,"红云"签署的条约规定,他的族人需连人带生意迁至密苏里河地区为他们指定的保留地。可以想象"红云"当时的惊讶和愤怒。"红云"也曾期望军方会放弃费特曼堡,这座建于1867年位于北普内特河地区的堡垒是为了在博兹曼小径沿线作战而建,但这座堡垒仍然屹立。

这是一个充满危险的时刻,也是"红云"与白人关系的分水岭。显然,1868年的《拉雷米堡条约》的条款被曲解了。他有充分的理由重新发动战争,1000名愤怒的印第安战士就在他身边,随时愿意为他而战。但"红云"心中的怒火已经平息。事实证明,在未明确的印第安领地上生活艰难。猎物很少,冬天难熬。他不想发动战争,而是想去华盛顿向总统(伟大的父亲)表达他的不满。尽管他现在只为奥格拉拉人(而且也只是部族中的一部分人)说话,"红云"的这个命运攸关的决定,代表印第安人在北部平原迈出了投降的第一步。由于没有与其他拉科塔部落协商,他强调他们缺乏团结。"红云"面对政府诡计的忍让态度,促使白人开动了征服北方平原的战车。尽管他们有时会放慢速度,或暂时改变他们的血腥战略,但已无人能无法阻止他们。谢尔曼将军敦促格兰特总统拒绝"红云",但格兰特拒绝了这位老友的建议,宁愿通过精心策划的华盛顿之行来战胜"红云",而不是冒险与他再次开战。

6月1日,"红云"和15名奥格拉拉首领抵达华盛顿。他们在这个热闹似外星球的国家首都遇到了"红云"的对手"斑尾"和他的头目。布鲁莱人对总统感到愤怒。他们自愿在密苏里河地区重新定居,政府很快就承认"斑尾"是"友好的"拉科塔人首领。然而,"斑尾"不喜欢新地方。领地上的猎物也不多,他想重回内布拉斯加的老猎场。巧合的是,格兰特政府把"斑尾"召到华盛顿,劝说他不要退出密苏里河地区的领地,同时却打算诱使"红云"接受一个指定的领地。帕克局长本以为两位酋长之间会有麻烦,但为了在总统面前建立一个统一战线,他们搁置了过去的分歧。

事实证明,"红云"在华盛顿官员的办公室里和他在战场上一样,都是白人的强大对手。他首先见了内政部长雅各布·考克斯(Jacob D. Cox),考克斯含糊地承诺,只要拉科塔人保持和平,他将"尽力做一切正确的事情"。"总统也许心地善良,但我没看见。""红云"对考克斯说。"[他]只给了我一个岛。我们的国度正在消融,就像山上向阳一面的积雪,而你们的人民则像春夏之交时的草叶一样疯长。""红云"的要求很坚定,其中包括拆除费特曼堡,禁止白人进入黑山和大角山,在拉雷米堡给予奥格拉拉人交易的特权,密苏里河地区不得有保留地。东部媒体因为"红云""直白、大胆的言论"而兴奋不已,称之为政府"背信弃义和坑蒙拐骗"的雄辩表达,正是政府的所作所为导致了印第安战争的爆发。[7]

由于格兰特断然拒绝拆除费特曼堡,人们期待已久的"红云"与总统的会面告吹。从那以后谈判之路急转直下。然后"红云"拿出了他的王牌。当考克斯向"红云"逐条读条约条款,酋长说他从未签署过这样的文件,也无意遵守。考克斯懊恼地向"红云"保证,和平专员们都是诚实之人。"我不认为他们撒了谎,"酋长反驳道,"但翻译搞错了。白人的目标是把印第安人彻底消灭。我不会带条约回去,全是假话。"会面结束。深信"伟大的父亲"再次欺骗了他们,当晚在他们的酒店

第七章 血腥的和平政策

里,几个奥格拉拉人和布鲁莱人打算自杀。"红云"极不情愿地同意再开一次会。

当拉科塔人谈论结束他们的生命时,考克斯、帕克和格兰特凑在了一起。为了和平,他们同意让步。第二天早上,考克斯告诉"红云",他的人可以住在拉雷米堡附近。虽然这只是一次战术退让,但政府在两年内第二次对"红云"让步。华盛顿还允许"斑尾"在内布拉斯加西北部重新安置布鲁莱人。

这对"红云"来说是一个很大的诱惑,但他最终在新的"红云"中间人机构聚集了大部分奥格拉拉人和相当数量的北部夏延人和北部阿拉帕霍人。但在"红云"所能及的范围之外,还有五个拉科塔部落:洪克帕帕人、桑萨雷人、"黑脚"人、"双壶"人和米尼孔朱人。未在保留地的拉科塔人有一位受人尊敬的洪克帕帕战争首领和圣人,名叫"坐牛"(Sitting Bull),是他们的精神领袖。他的追随者中还有心怀不满的奥格拉拉人,他们深受一位名为"疯马"的温和、神秘、技艺超群、名气越来越大的战士影响。这些拉科塔人对"和平政策"或任何其他政府提议都不感兴趣;他们打算捍卫传统的游牧生活方式,不惜为此战死。

※

伊利·帕克不必担心这些自由散漫的拉科塔人。1871年1月,印第安事务专员委员会前主席诬告他在采购发放给印第安人的物资时欺骗政府。这纯属个人恩怨,一个国会委员会澄清了对帕克不当行为的指控。然而,1871年8月,他愤而辞职。

帕克至少在任期内满意地看到了条约体系的废除。虽然令人唏嘘,但这个体系被《印第安人占有法》一个语义模糊条款中的一段单独声明埋葬:"此后,美国境内的任何印第安部族或部落均不得被承认或认可为可与合众国缔约的独立国家、部落或权力主体。"印第安人现在在法律上是政府的被监护人。

举国上下对此事很少关注。然而,"和平政策"本身仍存在激烈争议。格兰特毫不怀疑自己的立场。1871年6月,他宣称:"当我说'让我们拥有和平'时,我是认真的。我不喜欢骑上马去射杀这些可怜的野蛮人。我想安抚他们,让他们成为和平的公民。你不能打了他们,还希望他们会爱你。即使他们是印第安人,你也可以通过友善化敌为友。"[8]

东部媒体极力推崇"和平政策"。缅因州一家日报报道:"格兰特将军在就职演说中说'让我们拥有和平'——我们已拥有和平。"《费城邮报》(The Philadelphia Post)盛赞道,"和平政策"创造了"奇迹"。"不会再有全副武装的印第安战士,他们已因杀戮行为备受谴责,也被无法无天的政客充当的中间人所实施的劫掠行为所激怒。游牧部落正在保留地安顿下来,以刀换犁,贵格会的教友们帮助他们不再野蛮。"《纽约论坛报》(New-York Tribune)预言"我们的印第安战争即将结束,从俄勒冈到得克萨斯刀枪入库"。西部似乎即将迎来光明的未来。[9]

除非你碰巧是得克萨斯的拓荒者。科曼奇人和基奥瓦人深入孤星之州(得克萨斯别称),让位于边境的白人定居点界线退回近150英里。他们偷走数万匹马和牛,掳走白人妇女和孩子以索要赎金,拿到钱后将其折磨至死。东部的报纸可能会信心满满地空谈印第安人将战斧埋入土里,但得克萨斯人却切身感受到了战斧的寒光,印第安人正在埋葬的是白人定居者的头骨,且越来越多,次数愈发频繁,足以惊醒迷梦中的世人。

第七章 血腥的和平政策

※

1868年春天,基奥瓦人和科曼奇人来到印第安领地上的科布堡,根据《药房条约》指定的中间人机构,接受承诺的配给品和礼物时,曾有一丝和平的希望。基奥瓦人和科曼奇人虽然对于科布堡在威奇塔印第安领地,而非他们家乡,感到不悦,但他们愿意给总统(伟大的父亲)一个机会,也就是说,直到他们发现,迎接他们的是机构里一个职员和一个空空如也的储藏室,以及中间人已辞职的消息。怒火中烧,饥肠辘辘的他们将机构洗劫一空,然后以更频繁和更凶猛的方式开始重新袭击得克萨斯的白人定居点。

得克萨斯人理所当然地指责格兰特的"和平政策"导致了掠夺的激增。"和平政策"禁止军队未经中间人请求进入基奥瓦-科曼奇保留地,这意味着印第安人只需在追兵之前溜回保留地即可,这对他们来说就是唾手可得的"牙祭"。达拉斯的一位编辑目睹他们肆无忌惮地劫掠,愤怒地说道,只有在得克萨斯,联邦政府才如此轻贱美国人的生命和财产,却如此珍视"狂野蛮族的特权"。

一旦安抵保留地,印第安人就不会再担心他们的新中间人劳里·塔图姆(Lawrie Tatum)找他们的麻烦了。塔图姆是一位来自艾奥瓦秃顶健壮的贵格会中年农场主。印第安人根本不把他放在眼里。"撒坦塔"对塔图姆说,唯一让他感兴趣的是后膛装弹式步枪和弹药。另一位首领列出了基奥瓦人的惯常手法:带上武器,杀几个人,偷更多马,让士兵追上一段时间,然后等着政府的人用年金物资贿赂他们,让他们停止突袭。塔图姆总结道,基奥瓦人似乎"对没人能管得住他们感到非常乐观"。[10]

但塔图姆会奋力一试。他在希尔堡的指挥官本杰明·格里尔森上校身上看到了同样的想法。格里尔森承诺本着"慈善家和善良人民所思所想"的精神帮助塔图姆,并向他保证,只要他在位,就不会为了满足叫嚣"灭绝印第安人"的得克萨斯人而杀害印第安人。可他在位的时间已屈指可数。格里尔森一反军方常规做法的同情态度使他受到谢里丹的反感。这位仁慈的上校之所以还未遭革职,唯一的原因是他与谢尔曼和格兰特的友谊,二者都因他内战中卓越的战绩,对他倍加尊敬。

谢里丹并非凭空怀疑格里尔森是否胜任。科曼奇人和基奥瓦人把格里尔森的克制理解为软弱,因此更加胆大妄为。保留地的科曼奇人在塔图姆办公室目力可及的范围内偷走了 20 匹马,并割掉一名男子的头皮,以此开始了 1870 年的劫掠。一个基奥瓦战队偷走了一个骡群,杀死三名士兵,扬长而去。年轻的战队领袖"大树"(Big Tree)试图抢走第十骑兵团的战马。如果不是一个印第安战士提前开枪惊醒"野牛兵",他就成功了。就连"踢鸟"也走上了征途。"撒坦塔"曾因他选择白人之路嘲笑他软弱和懦弱。为了恢复荣誉,"踢鸟"做了"撒坦塔"绝不敢做的事。他率领一支基奥瓦战队与一个骑兵队正面作战,打死 3 名士兵,打伤 12 名士兵,未损失一人。他甚至亲手用长矛刺穿了一名白人士兵。不过,这将是他的最后一战。通过这种大胆的举动,"踢鸟"向他的族人表明,他对和平的希望出于信念,而非害怕与白人士兵战斗。谢尔曼显然明白"踢鸟"的策略;无论如何,他并未惩罚他。

然而,谢尔曼不能容忍的是得克萨斯人,他指责塔图姆和格里尔森向印第安战队提供专为和平印第安人准备的武器和弹药——可以肯定的是,这是一个模糊不清的界线。谢尔曼认为这是得克萨斯的伎俩,通过夸大印第安人的威胁转移该州军队本该承担的内战后重建任务。于是他准备亲自查明真相,与一队武装护卫从圣安东尼奥前往理查森堡。谢尔曼没有遇到敌对的印第安人,他得出结论,得克萨斯人至少在1871年5月18日他到达理查森堡之前,应该考虑自己的防御措施。一个奄奄一息的车夫蹒跚着走进哨所,讲述了一个惨痛的故事:一个大型印第安战队在杰克斯伯罗附近拦下亨利·沃伦(Henry Warren)的马车队,并杀害了他的七个同伴。谢尔曼惊呆了。就在几个小时前,他也走过了这个地方。在下令理查森堡的指挥官兰纳德·麦肯齐(Ranald S. Mackenzie)上校追查罪魁祸首后,谢尔曼赶往希尔堡,向塔图姆和格里尔森了解这些战士是否来自印第安保留地。[11]

※

兰纳德·麦肯齐是个好奇心重的人,出生在一个富裕家庭。1858年,18岁的他进入西点军校,比乔治·阿姆斯特朗·卡斯特晚了一年。两人的相似之处和不同之处同样引人注目。和卡斯特一样,麦肯齐也很合群,喜欢热闹。与卡斯特不同的是,他态度谦和,绅士范十足,是一个优秀得多的好学生。卡斯特1861年以全班最后一名毕业;麦肯齐一年后以第一名毕业。两位都是勇猛有加且极具天赋的年轻战地指挥官,但卡斯特的运气更好。内战中他毫发无损。而麦肯齐则身负六伤,包括失去右手的两个手指。第四骑兵团的士兵给他取了个"三指杰克"的诨名。印第安人则叫他"坏手"。发火时,麦肯齐会狠咬断指。麦肯齐对下属刻薄严厉,出了名的纪律严明,但他对女性却异乎寻常地缺乏自信。卡斯特常有美艳娇妻莉比随侍左右;而麦肯齐却形单影只。

麦肯齐和卡斯特在内战期间都晋升为地区军事指挥官。风度翩翩的卡斯特可能已是公众的宠儿,曾登上《哈珀周刊》(*Harper's Weekly*)封面的年轻将军,但麦肯齐在军中享有更高的声望。战争结束时,格兰特将军认为他是"军队中最有前途的年轻军官"。战后重建期间,他出任一个黑人军团上校,任职三年,于1870年成为第四骑兵团指挥官。全团对这位司令官没有太多感情,但都折服于他的意志,最终在纪律和战斗力方面成为一支比卡斯特的第七骑兵团更强的精锐部队。[12]

※

第四骑兵团的副官随巡逻队一起追击,发现了沃伦马车的残迹。惨烈的场面在他脑海中挥之不去,他报告了每一个可怕的细节。四处散落着全身赤裸、头皮被割、插满箭头的斩首尸体。脑浆都被挖出,阳具被割下来塞进死者嘴里。惨遭折磨的证据确凿无疑。死者还活着时,就被开膛破肚,放上火炭焚烧。一具烧焦的尸体被绑在两辆马车之间,倒在一团还在阴燃的火上。

谢尔曼能躲过这场厄运,得益于基奥瓦人做的一个梦。在沃伦车队遇袭的前一天晚上,一位死去多年的祖先托梦给战队首领"马曼蒂"(Maman-ti),他不得在埋伏地点攻击先经过的那队人马。"马曼蒂"的"魔力"强大,没有人会质疑他的说法。但知道"马曼蒂"的白人很少,他躲在暗处,几乎策划了19世纪70年代早期基奥瓦人的每一次重大行动。[13]

"撒坦塔"作为下属也参与了行动,免去了谢尔曼调查此事的麻烦。5月28日,基奥瓦的首领们——没有"马曼蒂",他要么杀白人,要么与白人保持距离——来到中间人机构领取每周的配给品。这时,"撒坦塔"向塔图姆吹嘘,他领导了这次袭击。他还把他的堂兄"大树"和年老的"撒坦克"(Satank)酋长也牵扯进来。然后,为了稳妥起见,他要求得到武器弹药来杀死更多的得克萨斯人。即便中间人是贵

第七章 血腥的和平政策

格会教徒,也无法忍受了。塔图姆想摆脱"撒坦塔",建议他先和军队首领谈谈,然后再去希尔堡。"撒坦塔"满意地离开后,塔图姆急忙给格里尔森去信,请求上校以和谢尔曼将军会面为借口,召集基奥瓦酋长,然后趁机抓捕"撒坦塔""撒坦克"和"大树"。

"撒坦塔"抵达时,看到谢尔曼正在格里尔森的前廊踱步。不久,其他酋长都到了。好奇的基奥瓦人围在他们周围。当着众人的面,"撒坦塔"鼓起勇气,又一次讲述了他参加这次袭击的过程。好吧,谢尔曼回答道。立即拘捕"撒坦塔""撒坦克"和"大树",并将三人押往杰克斯伯罗接受谋杀罪的审判。"撒坦塔"愣一下,还没有一个白人这样威胁过他。然后,"撒坦塔"掀开披在身上的毯子,伸手拿出左轮手枪,大喊道,宁愿死也不去得克萨斯法庭接受审判。谢尔曼发出一个预先安排好的信号,百叶窗砰的一声打开,"撒坦塔"发现第十骑兵团"野牛兵"的几十支枪管正齐整地对着他。基奥瓦人中的"大忽悠"立即蔫了。他以温顺的语调告诉谢尔曼,他只是不情愿地参加了战队。

紧张的局面缓和了。很快,第十骑兵团的另一个小分队押着衣衫褴褛的"大树"出现了,他正试图偷偷溜走。由于"大树"不光彩地出现,印第安人的脾气一下暴躁起来。当"踢鸟"正和谢尔曼说话时,另一个首领举起弓箭瞄准了将军。一个平头基奥瓦战士推了他一把,箭没有射中。在"踢鸟"的坚持下参会的"孤狼"举起了步枪。格里尔森冲向"孤狼",却无意中把"踢鸟"掀翻,三个人滚下门廊。谢尔曼神经紧绷,但他下令士兵们不要开火。上校和酋长们松了手,基奥瓦人安静了下来。谢尔曼在得克萨斯第二次与死神擦肩而过。骚乱中,"撒坦克"平静地坐着抽他的烟斗。"如果你想通过讲一段讨人怜悯的故事来缓和眼下的局面,"他对"撒坦塔"说,"这就是你的下场。我就坐在这里什么也没说。"[14]

"撒坦克"曾是"马曼蒂"战队的一员,但他之所以加入仅仅是为了给他最爱的儿子报仇,他的爱子在前一年夏天的一次突袭中被杀。老酋长当时悲痛欲绝。自从在得克萨斯大草原上发现他儿子被秃鹰啃得残缺不全的遗骸,想着一死了之的"撒坦克"哀伤地在基奥瓦村里漫步,牵着一匹驮着他儿子遗骸的马。

谢尔曼下令给"撒坦塔"、"撒坦克"和"大树"戴上手铐,扔进警卫室。6月8日,士兵们把他们推上前往杰克斯伯罗的马车。这并非"撒坦克"打算走完的旅程。他属于一个由十个最勇敢的基奥瓦人组成的团体,宁死不屈。当马车嘎吱嘎吱地驶向大草原时,"撒坦克"用毯子裹住自己,吟唱着"十人团"的哀歌。他一边吟唱,一边从手铐里挣脱出来,手上的肉都被划破。他拔出藏在身上的小刀,掀开毯子,刺伤一名警卫,抢走另一名警卫的枪。"撒坦克"还没来得开枪,另一辆马车上的一名下士向他胸口连开两枪。麦肯齐上校把他的尸体扔在了路边。[15]

对"撒坦塔"和"大树"来说,杰克斯伯罗的"牛仔式"执法过程很快,结果可想而知。他们被判谋杀罪并被处以绞刑。但是,主审法官和塔图姆都认为,长期监禁比推上绞架更为严厉,因此说服得克萨斯州州长将刑罚改为在得克萨斯州监狱终身监禁。州长的决定不仅激怒了得克萨斯人,也激怒了谢尔曼将军。谢尔曼将军告诉格里尔森,如果他再听到那些印第安人吹嘘他们的杀戮,"我不会麻烦法庭,会立刻送他们上西天"。[16]

但他首先得找到基奥瓦人,他们在酋长们被捕的那一刻就跑了。格里尔森和塔图姆以为他们会在希尔堡和桩基平原(Staked Plain)之间的某个地方。可谁也猜不到他们具体在哪儿。麦肯齐提出了一个解决方案:找到科曼奇人和基奥瓦人,让他们下马,解除他们的武装,然后强迫他们成为农民。

谢尔曼让麦肯齐试试。五周来,第四骑兵团在烈日炙烤下的得克萨斯大草原上搜寻科曼奇人和基奥瓦人。这是麦肯齐在基奥瓦-科曼奇领地开始行动的前奏,整个经历痛苦不堪。水源缺乏,天气炎热,找到的水还有石膏的臭味。野牛粪便漂浮在尿液上。士兵和战马都病倒了。不仅没找到基奥瓦人,连草都难找,主要是出于"撒坦塔"对绞索的恐惧。在离开希尔堡之前,"撒坦塔"告诉他的族人要守规矩。大多数人听从了他的劝告,回到了保留地。

尽管三名基奥瓦酋长的被捕将部族的权力平衡转移到了"孤狼"和主战派一边,但"踢鸟"仍努力争取和平。他将41头被偷的骡子交给塔图姆,期望按照谢尔曼的和平条件赔偿亨利·沃伦。但将军仍继续履行他的职责并召见麦肯齐,后者表现出了极大失望,用副官的话说"似乎让他失魂落魄,心绪不宁"。[17]

幸运的是,这位疾病缠身的年轻上校还有另一个敌人——神秘而可怕的奎哈迪(Quahadi)科曼奇人。

※

"和平政策"禁止麦肯齐进入科曼奇-基奥瓦保留地,但可在得克萨斯自由行动,他打算充分利用这一点。1871 年 10 月 3 日,麦肯齐率 600 名官兵和 24 名通卡瓦族(Tonkawa)侦察兵出征奎哈迪科曼奇人——桩基平原无可争议的霸主。奎哈迪人是一个极度独立、充满敌意的部族,从未尝过失败的滋味。他们的领地是一块比新英格兰还要大的平原,半干旱的广袤土地上实际上遍布野生动物和优质水源,只是需要知道找到它们的窍门。然而,他们的可怕名不虚传。从东面看去,桩基平原就像一座坚不可摧的堡垒。在大草原的中央,地势较高的桩基平原以惊人的高度插向得克萨斯低矮的平原,被称为盖层陡崖,遍布一系列锯齿状的孤峰、山脊、沟壑和裂谷,其中还有北美洲第二大峡谷——帕洛杜洛峡谷,也是奎哈迪人最喜欢的营地。奎哈迪人也经常出没于宽阔但水流平缓的布兰科峡谷和麦克莱伦溪源头,麦克莱伦溪是得克萨斯发源于盖层的众多河流之一。

其他的科曼奇人也认为奎哈迪人是部族中最有技巧,也是最邪恶的战士。甚至连一些科曼奇人都惧他们三分。所有南部平原的印第安人都羡慕他们以马匹多少衡量的财富。据说他们拥有15000匹马(而奎哈迪人的总数不超过1200人)。奎哈迪人与白人的唯一接触就是杀害、绑架或抢劫他们。他们用大量从得克萨斯偷来的牛,连同被俘的女人和孩子,与被称为科曼奇罗人(Comancheros)的新墨西哥商人交换枪支、弹药和威士忌。

麦肯齐的行进路线指向年轻的科曼奇战争首领奎纳(Quanah)的村庄。年仅23岁的奎纳是科曼奇一位著名的战争首领和辛西娅·帕克(Cynthia Parker)的儿子,辛西娅·帕克是得克萨斯早期定居者的女儿。她9岁时被科曼奇人抢走,成长为科曼奇人。12岁时,奎纳失去了双亲。父亲被得克萨斯游骑兵杀害,母亲被他们"解放",与她的意愿背道而驰。不用说,奎纳对白人怀有强烈的仇恨。在族人眼中,奎纳是一个合群的乐观主义者,深色皮肤,高大英俊,四肢修长。鹰钩鼻和灰色的眼睛显露出他的白人血统。战争中的勇猛表现为奎纳赢得了近一半奎哈迪人的效忠。[18]

麦肯齐到达了桩基平原脚下,一个离奎纳村不到十几英里的地方,在一个罕见的毫无准备的时刻遭遇了这位年轻的战争首领。对奎纳来说幸运的是,麦肯齐对近在咫尺的敌人浑然不知。10月9日晚,他在布兰科峡谷口附近扎营,只采取了基本的防范措施。

奎纳半夜打了过来。奎哈迪人大声尖叫,铃铛摇得叮当作响,挥舞着野牛毯,在麦肯齐的外围警卫面前疾驰而过,驱散马群,吓坏了士兵们。子弹飞出枪口发出令人目眩的火光,照亮了黑夜。呼噜作响的马一跃而起,乱踢一气,固定马匹的铁尖桩像炮弹碎片一样呼啸而过。抓住马匹套索的士兵被拖在地上,或者当绳子从手中滑落时,手被烧伤和划伤。奎哈迪人掠走63匹马,其中包括麦肯齐的坐骑。

奎纳曾希望步行把士兵们送回家。但麦肯齐的人不断追来,迫使奎纳在10月10日在队伍后面与其战斗,以掩护逃跑的部族女人和孩子。奎纳近距离射中了一名惊恐的士兵头部,这是唯一一名在军队称之为"布兰科峡谷战役"(Battle of Blanco Canyon)丧生的白人士兵。之后,他尝试了多种手段来躲避麦肯齐的通卡瓦印第安人追踪队(通卡瓦人是科曼奇人的死敌)。他把村子化整为零,在盖层上一会上,一会下,小路上留下的脚印也纵横交错,还绕到追踪者身后。然而,这些屡试不爽的伎俩让他失败了,10月12日,通卡瓦人追踪重新聚在一起的奎哈迪村,来到桩基平原上。在他们身后,麦肯齐和他的士兵们在暗黑的天空下爬上了盖层断崖。桩基平原上的气温骤降。一阵寒风吹过他的队伍。科曼奇战士"像愤怒的蜜蜂一样"猛击麦肯齐侧翼,试图引诱士兵远离女人和孩子。当一英里外的村庄终于映入眼帘时,天空开始下起雨夹雪。士兵们满怀期待地等待着冲锋的命令,大多数人认为踏平这个村庄易如反掌。但是麦肯齐叫停了,印第安人消失在风雪之中。

麦肯齐从未解释过他为何停止进攻,但这是个谨慎的决定。他的战马消瘦憔悴,摇摇晃晃,而士兵们全靠激动的情绪支撑。补给也跟不上,麦肯齐无法承担俘虏这些女人和孩子的负担,特别是因为奎纳的战士们可以在他们行进的每一个地方与他们缠斗。然而,这次行动并非一无所获。麦肯齐在与印第安人的战争中吸取了宝贵的教训。更重要的是,他已经证明可以在奎哈迪人的"老巢"围捕他们。[19]

※

基奥瓦人呢?出于对被俘酋长们的担心,他们已销声匿迹了10

个月,但1872年4月,部族里的年轻战士们已耐不住寂寞无聊,战队又开始横扫得克萨斯。6月,塔图姆授权军队只要遭遇敌对的基奥瓦人,不管在哪里,包括保留地,即予以打击。这对军队来说是个好消息,但是塔图姆和他的贵格会上级——堪萨斯和印第安领地督察严重不合拍,他受到训斥,而且对他关于印第安人暴行的报告也不屑一顾。督察深信道德劝诫会成功,因为上帝也会这样做。于是,一个印第安领地各部族参加的大会举行了,结果大会成了基奥瓦人夸耀他们最近劫掠"成就"的场合,并提出了拆除希尔堡的要求。

内政部长接着上场,一试身手。他带着一个由基奥瓦和科曼奇酋长组成的代表团来到华盛顿,跟以往一样,想用白人拥有的巨大力量恐吓印第安人。他成功地使酋长们叹服,他们灰心丧气地回家,基本上已无心战斗。然而,族人们嘲笑他们所说的巨大石头房子,足以容纳所有的基奥瓦人和街上比野牛还多的白人,纯粹是白人的"魔法"让他们产生的幻觉。酋长们确实带回了一点喜讯:印第安事务专员承诺,如果基奥瓦人循规蹈矩,将释放"撒坦塔"和"大树"。

专员的话已严重越界。囚犯属于得克萨斯,只有州长才能赦免他们。塔图姆的贵格会上级为专员开出的"空头支票"感到欣鼓舞。塔图姆却没有。他已厌倦与理想主义的宗教同僚们为不同的目标工作,递交了辞呈。如果其他人认为可以凭仁慈驯服基奥瓦人,塔图姆的结论是:"他应该有机会。"[20]

※

麦肯齐的1872年比塔图姆好点。作风大胆的新上司克里斯托弗·奥古尔走马上任。他清除了西部堪萨斯的"狗兵",现转任得克萨斯军分区总指挥。谢尔曼将军现在痛苦地意识到得克萨斯边境的现实,谋划将得克萨斯军分区移交给谢里丹的密苏里军区管辖,将军方在得克萨斯的任务从改造前邦联分子转变为镇压敌对的印第安人。

除了来了位咄咄逼人的老板,麦肯齐还赢了一场情报战。一个巡逻骑兵抓获了一个科曼奇罗人,愿意在桩基平原带路换他的命。他说,有一条很好的马车路,水源充足,科曼奇罗人通过此路将换来的牛赶到新墨西哥的平原上,在更远的北边,还有一条同样好的返回路线。带着线人,麦肯齐花了大半个夏天在桩基平原上游荡,执行奥古尔下达的打击科曼奇罗人贸易的命令。尽管科曼奇罗人和科曼奇人躲了起来,但他已学会了如何在他们的地界上行动和活下来。[21]

经过休整,麦肯齐九月重返桩基平原。八天之后,他的通卡瓦侦察兵发现了一条新路痕,通往科索特卡科曼奇酋长莫韦(Mow-way)的营地,莫韦是一个臭名昭著的劫掠者,也是奎纳的亲密盟友。他曾告诉政府谈判人员:"当这里(保留地)的印第安人受到比我们在外面更好的待遇时,就到了进来的时候了。"也许莫韦感觉快到这个时候了,因为他在麦肯齐出击前,为了和白人"和平人士"交谈而离开了村子。

第四骑兵团消灭了莫韦的村子,杀死52名印第安人,俘虏130人,多数是女人和孩子,还有整个科索特卡部落的马群。发现这个村子的通卡瓦人,比起当马群看守,更善于追踪。当晚,科索特卡战士不仅找回了自己的马,还让通卡瓦人丢了马群看守的活儿。第二天早上,通卡瓦人"垂头丧气,无地自容地"牵着一头驮着他们马鞍的小驴走进营地。麦肯齐大发雷霆。一个中士说:"从那以后,再也没人去管从印第安人手中缴获的马群了。全部射杀。"[22]

尽管损失了俘获的马群,但红河北岔口战役对军队来说是一次非凡的胜利。科曼奇人从来没有这么多战士被杀或人员被俘,也从来没有过如此无力报仇的情形。成百上千未进入保留地的科曼奇人带着震惊和悔意涌入中间人机构。甚至一些奎哈迪人也来了,交出他们掠走的白人人质,发誓要送他们的孩子上学,并开始从事农业。然而,这一切只是一个诱使政府归还科索特卡女人和孩子的诡计,而且奏效了。毫无戒心的贵格会督察(塔图姆的前上司)于1873年6月释放了这些俘虏。几天之后,科曼奇战士又在得克萨斯拿起武器,走上了战斗之路。

麦肯齐已经没法再阻止他们了。谢里丹命令他前往格兰德河制止来自墨西哥的基卡波印第安人的袭击。最终粉碎科曼奇人的计划将不得不等待他的回归。[23]

※

"和平政策"虽然在南部平原上饱受血腥和蹂躏,但仍持续投下了长期和普遍仁慈的影子。1873年10月,基奥瓦人首先获益。他们在那一年保证结束战争,并获得了回报。得克萨斯州州长宣布"撒坦塔"和"大树"可以假释,条件是基奥瓦人保持和平。不过,只有"踢鸟"的人遵守了承诺。酋长们刚被释放,基奥瓦人就一路向南劫掠,直至墨西哥。谢尔曼将军严斥了州长释放酋长的决定。"我带着小队人马,冒着生命危险,而且……我现在对你说,我再也不会为了你的边疆自愿承担这种风险,我相信'撒坦塔'和'大树'定会报仇……如果他们要割头皮,你的头皮是第一个应该被割的。"[24]

谢尔曼错看了"撒坦塔"。酋长很清楚他的假释条件。也许是第一次,也是唯一的一次,参与劫掠的基奥瓦人没有得到这位邪恶酋长的支持。在为他获释进行的谈判中,"撒坦塔"答应"将我得克萨斯的父亲抱在怀里,紧紧拥抱",他是认真的。而"孤狼"却怒不可遏。他的儿子是最早重拾武器的人之一,白人士兵在格兰德河附近将他击毙。当战队把年轻人的尸体带回家时,"孤狼"剃发杀马,还烧了他的小屋,发誓报仇。

在白人与印第安人之间看不到尽头的冤冤相报中,"踢鸟"似乎看到了这一切的终结。他对一位贵格会朋友说:"我害怕血流满地,我的心很难过。白人很强大,但不可能在一年内消灭我们所有人。他们可能需要两三年,也许四年。然后天下就会平静如水或似火燃烧。这是我们共同的母亲,印第安人都死了,天下也不会太平。"[25]

对南部平原各部族的包围圈越来越紧。自1869年以来,南部夏延人和阿拉帕霍人一直都待在他们的保留地。科曼奇已被彻底打败。只有奎哈迪人仍可自由行动。科曼奇和基奥瓦劫掠者发现他们对得克萨斯的突袭成本越来越高,"孤狼"也对此承认。这就是"踢鸟"所预见的事态发展。他没看到的是,拉科塔人和北夏延人继续盘踞在北部平原。白人还没有对未认可的印第安领地下手,但对拉科塔领地东部边界施加的压力越来越大,自从"红云"战争以来,拉科塔人和军队之间的零星冲突不断。然而,半数以上的拉科塔人和北夏延人,以及几乎所有的阿拉帕霍人,自愿前往了大苏族人保留地的中间人机构。然而,很少有人会全年生活在那里。他们坚持狩猎的生活,天气好时猎捕野牛,只在严酷的冬季才回到保留地。尽管让印第安人成为笃信基督的农民远未实现,但至少可以说,除了得克萨斯,平原已相对平静。至少在这个意义上,"和平政策"似乎正在取得成功。

这时,在遥远的俄勒冈与加利福尼亚交界处,一个小部落突然起来反抗进入保留地的进程,震惊了全国,使军方难堪,动摇了"和平政策"的根基,使其几近崩溃。

第 二 部 分

第八章
火山岩床悲剧

1873年4月10日晚,"杰克上尉"(Captain Jack)和他的56名莫多克族(Modoc)战士组成的战队权衡了谋杀的是非。他们和家人挤在加利福尼亚北边火山岩床的洞穴里,总共大约150人,几乎被500名白人士兵团团包围,胁迫他们和平返回他们的保留地。为达成和平解决方案做最后的努力,莫多克首席酋长第二天上午与爱德华·坎比(Edward R. S. Canby)准将和一个小型和平委员会进行了会面。印第安战士们发生了争论,"杰克上尉"是应该真诚地与委员们谈判,还是应该伏击并杀死他们,以此向政府发出警告,阻止白人掠夺部族土地和破坏印第安人生活方式?

在灌木点燃的篝火旁,"杰克上尉"倾听着部族内对手的激烈言辞。他们表露出的情感真挚淳朴。战队的"萨满巫师"——"弯头医生"(Curly-Headed Doctor)——主张杀死白人委员们。他预言,只要干掉他们,那些威胁战队的白人士兵就会撤走。最近发生的事件提高了"弯头医生"的地位。四个月前,当麻烦开始时,他发出的咒语显然保护了莫多克人。印第安战士还未损失一兵一卒,在与白人的小规模战斗中,他们几乎射杀了与他们人数相当的白人士兵。大多数部族成员都愿意接受"萨满巫师"的最新断言。

酋长"肖钦约翰"(Schonchin John)也赞同"弯头医生"的想法。已经谈得够多了。每天都有更多的白人士兵加入包围。他认为,四个月前,当酋长"胡克吉姆"(Hooker Jim)和他的战队为了报复对部落的无端攻击而杀死14名白人定居者时,就注定会受到美国政府的报复,可能是通过绞刑。和平现在已无可能。

最后,"杰克上尉"站了起来。他说,他将设法说服和平专员坎比赦免"胡克吉姆"的手下,让莫多克人能生活在自己的家乡。人们回之以质问和诅咒。其中一个喊道:"杰克,你永远救不了你的族人。你不能这么做。"他说,军队有大炮,而且离得这么近,完全可以使用。和平专员们的打算就是,轰掉"杰克上尉"的头,以求和解。

"你像个老太婆,还没打过仗呢。你不适合当酋长,""胡克吉姆"附和道,"要么你把坎比杀了,要么我们把你杀了。"

"杰克上尉"说,杀死坎比是"懦夫的行为"。话音刚落,战士们上前一把抓住他,把一条披肩和一顶女帽盖到他头上,将"杰克上尉"按倒在地。他们称他为白脸妇人,心已被白人偷走。

"杰克上尉"像被蜇了一下,滚了出来,向大多数人作出了让步。"我也是莫多克人。我是你的头儿。我会干掉坎比。尽管我知道这是懦夫之举,但我仍会做的。我会杀了坎比,尽管我知道这会让我和我的族人付出生命的代价。"[1]

※

"杰克上尉"的族人属于一个小而独立的部落。300年来,莫多克人占据了现在加利福尼亚-俄勒冈州边界上5000平方英里的土地。他们在其他印第安人中有着无情掠夺者的名声,他们用人换马,把从弱小部落俘虏来的女性交给强大的部族。当19世纪40年代莫多克人第一次与美国白人接触时,这个部族只有800人。白人定居者称他们为"掘土印第安人",这是对食根者的一种贬称(莫多克人的主食是睡莲根),白人认为这表明他们是印第安人中一种特别低级的群落。莫多克人用暴力回敬了白人的"恭维"。

麻烦始于1846年,当时一对白人定居者,林赛·阿普盖特(Lindsay Applegate)和杰西·阿普盖特(Jesse Applegate),沿着一条捷径,穿过克拉玛斯湖和鹅湖之间的莫多克人村落,来到威拉米特山谷。两年来,移民的车队沿着阿普盖特开辟的小道安全通行。但白人定居者带来了天花,肆虐莫多克村庄,只有400个莫多克人活了下来。作为报复,莫多克战士猛烈攻击了阿普盖特小道,直到1852年秋天,一支来自加利福尼亚耶里卡的民团袭击了一个莫多克村庄,杀死了在场的46名莫多克人中的41人,并砍了他们的头。屠杀使莫多克人震惊,期望通过谈判获得对其有利的和平。莫多克人在耶里卡或大农场打零工,男孩们则当起了家佣。他们剪短了头发,穿上了白人的男装,接受了加利福尼亚人给他们起的有时不讨人喜欢的名字。很多人学会了英语。而那些不想工作的莫多克男人则把自己的女人介绍给金矿矿工卖淫。金普阿什(Kintpuash)是一个特别善于当皮条客的人,他出生于1837年,是"迷河"(Lost River)地区已故的莫多克人首领的儿子。金普阿什身高5英尺6英寸,在莫多克人中属中等身材。他身材苗条,但体格魁梧,方下巴,长着一张英俊的脸,留着乌黑的齐耳分头。

金普阿什会说的英语不多,但他自称"了解白人的心",认为多数白人的心都不坏。他最亲密的白人朋友是耶里卡律师伊莱贾·斯蒂尔(Elijah Steele),他专门给金普阿什起了"杰克上尉"的名字,因为他长得像一个伊莱卡矿工,而且喜欢军队饰物。"杰克上尉"的妹妹和她哥哥一样长得漂亮,并很善于利用自己的美貌谋利。作为五个矿工的情妇,她为"杰克上尉"和她自己赚了一大笔钱,把每个矿工情人都洗劫一空。[2]

※

并非所有矿工和莫多克女人之间的关系都很随便或完全属于金

钱交易。在加利福尼亚的黄金之乡,和西部其他地区一样,能上手的白人女性并不多,一些恋爱关系也发展成了真爱。克服语言、文化和种族偏见的障碍,这些跨种族的结合有助于缓解印第安人和边疆白人之间的猜疑。

弗兰克·里德尔(Frank Riddle)和托比·里德尔(Toby Riddle)就是持久关系的范例。1832年,弗兰克·里德尔出生在肯塔基州,18岁时,他加入一群衣衫褴褛、不安分的年轻人行列,向西前往加利福尼亚的金矿。尽管在矿工同伴中赢得了和蔼温和的名声,但里德尔不是一个成功的矿工。但他是个好猎手,没人质疑他曾杀死132只熊的说法。

托比·里德尔是"杰克上尉"的表妹。据说族人称她为"怪小孩"(Nan-ook-to-wa),因为她独来独往,对白人文化也有着不同寻常的好奇。1862年,父亲带着年满12岁,相貌俊俏且已明显发育良好的"怪小孩"来到当时30岁的弗兰克的小屋,打着手势问他是否"想买一个老婆"。因为她是印第安人,年龄上的差异不会让任何人感到困扰,但弗兰克拒绝了。不久后,父亲和女儿第二次来找弗兰克。这一次,女孩打着手势告诉他,她想成为他的"财产"。弗兰克再次表示反对。10天后,她带着行李独自到来,搬进了小屋。弗兰克软了下来。他给了她父亲两匹马,交易达成。不到一年,两人就有了一个儿子。[3]

"怪小孩"取名为托比,很快就适应了白人的生活方式。里德尔夫妇赢得了白人和莫多克人的喜爱和信任。两人都真正关心对方人民的福祉。他们接受了为俄勒冈州印第安事务总监阿尔弗雷德·米查姆(Alfred B. Meacham)担任政府口译员的工作。米查姆是一位州政界的显赫人物,真心同情印第安人。但当时的形势对米查姆总监来说是一个挑战。直到1860年移民逐渐减少,莫多克人对白人车队的零星袭击一直不断。然后内战掀起了一股白人家庭利用《宅地法》或

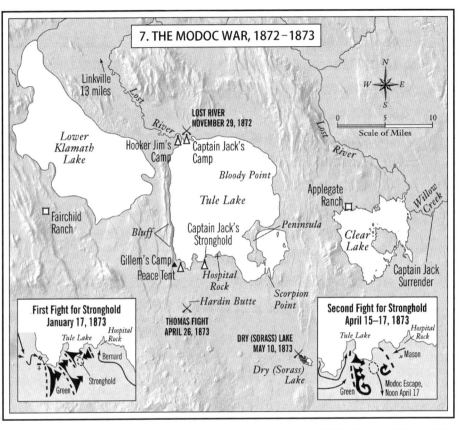

莫多克战争(1872年至1873年)

只是为了远离战火而涌入西部的热潮。为了防止白人定居者和印第安人之间发生流血冲突，政府与莫多克人和他们的邻居克拉玛斯人（Klamaths）谈判达成了一项条约。根据该条约，两个部族都放弃了除迷河河谷以北76.8万英亩的所有土地，这片土地将成为克拉玛斯印第安人保留地。

这是一片好地，应该足以满足克拉玛斯人和莫多克人的需要，二者说同样的语言，曾经是亲密的盟友。但保留地在克拉玛斯人领地内，因此克拉玛斯觉得有权享有莫多克人的进贡。到1870年4月，"杰克上尉"和他的追随者们忍无可忍，离开保留地返回了迷河地区，但那里的白人定居者已越来越多。莫多克战士们对自己的土地受到白人蚕食感到愤怒不已，开始骚扰他们，不请自来地进入白人的家园，吃饱喝足之后才离开，还吓唬（但从未伤害）女人和孩子，而且通常也给他们自己造成麻烦。尽管印第安人的行为举止不算严重，但紧张的白人定居者把他们妖魔化为"一群亡命之徒，肮脏的流氓野蛮人"，把这一地区置于"毁掉一切的印第安战争边缘"。[4]

迷河地区的紧张局势不断加剧。1872年2月初，沮丧的白人定居者呼吁坎比将军强迫"杰克上尉"的莫多克人返回克拉玛斯保留地。坎比在波特兰总部整理证据时建议，在内政部解决他们永久居住地问题之前，不采取任何行动。

坎比在处理印第安人问题上比他的大多数同行都有更多经验。内战前，他曾在佛罗里达与塞米诺尔人作战，在新墨西哥领地与纳瓦霍人作战，并通过谈判让24名敌对的纳瓦霍酋长无条件投降。在33年的从军生涯中，坎比积累了一个如果不算壮观，但绝对坚实的纪录。"谨慎"是大多数军官对他的描述。由于野心不大，天性温和，坎比是正规军中唯一没有宿敌的将军。上级说干什么，就干什么，让他去哪里，就去哪里。

这种状况一直持续到1870年。在内战中服役四年,战后又在充满敌意的南方执行了五年重建任务,这位52岁的将军身心俱疲。在职业生涯中为数不多的自私行为中,有一次,他请求执掌哥伦比亚军区,以便能稍事休息。谢尔曼将军对他表示感激,亲自送坎比将军和他妻子前往俄勒冈,并"祝旅途愉快"。[5]

坎比对和平之旅的希望随着白人对莫多克人的不安情绪不断增加而迅速消失。1872年4月初,内政部用一位对印第安人缺乏耐心和了解的俄勒冈州法官托马斯·奥德尼尔(Thomas B. Odeneal)取代了米查姆,并指示他"在可行的情况下"重新安置莫多克人。

1872年的夏天在安静中过去。"杰克上尉"答应管住他的族人,作为回报,他要求白人定居者远离莫多克人过冬的迷河河口地区。然而,奥德尼尔不愿谈判。相反,他向莫多克人发出了最后通牒:要么搬走,要么被搬走。不出所料,"杰克上尉"对这一命令置之不理。一旦天气变坏,奥德尼尔就迅速而鲁莽地采取了行动。11月26日,他派翻译伊万·阿普盖特(Ivan Applegate,来自拓荒家庭)去见"杰克上尉",请他去林克维尔参加一个会议。"杰克上尉"拒绝参会。他和奥德尼尔一样"厌倦听人训话,也不想再谈"。奥德尼尔绕过坎比和地区指挥官弗兰克·惠顿(Frank Wheaton)上校,派遣阿普盖特前往克拉玛斯堡的指挥官约翰·格林(John Green)少校处,命令少校赶走莫多克人。[6]

11月28日拂晓,阿普盖特向克拉玛斯堡当天的值守军官弗雷泽·鲍泰尔(Frazier A. Boutelle)中尉下达了指令。从阿普盖特处得知奥德尼尔的私下阴谋后,鲍泰尔怀疑实力不足的克拉玛斯堡驻军是否有能力驱赶莫多克人。鲍泰尔"惊讶"地接到了连长詹姆斯·杰克逊(James Jackson)上尉的命令,让他中午率35名士兵,前往迷河。

杰克逊派出的小队人马在泥泞的小路上挣扎,在彻骨猛烈的雨夹雪中穿过浓密的灌木丛。11月29日白天,他们在"杰克上尉"营地以

第八章 火山岩床悲剧

西一英里处停下。由于疲惫不堪,这些人下马休息,跟着鲍泰尔,他们把冻硬的上衣绑在马鞍上。"如果我要打仗,"鲍泰尔对杰克逊说,"我希望能轻装上阵。"

士兵们冲进"杰克上尉"迷河西侧的营地,下马排成一列。不是所有莫多克人都站在"杰克上尉"一边;"胡克吉姆"和14个手下及他们的家人的营地在迷河东岸。白人士兵到达时,"疤脸查理"(Scarfaced Charley)——迷河战队中最受尊敬的印第安战士,性子平和——刚从"胡克吉姆"的营地通宵赌博回来。也许是喝醉了,他在河岸上滑了一跤,他的枪走了火。没有人因为枪响而惊慌失措,但莫多克人一下子紧张起来。女人和孩子们四散逃窜,身上涂满战争油彩的男人们从小屋里冲出来。"疤脸查理"向他们分发步枪,并大声叫白人士兵们离开。

雨夹雪下得更大了。"鲍泰尔先生,你觉得现在的情况如何?"杰克逊问道。"马上就要开打了,"中尉警告说,"你越早打越好。"杰克逊告诉鲍泰尔逮捕"疤脸查理"。鲍泰尔举起手枪,吼道:"你个狗娘养的。""疤脸查理"回答:"我不是狗。我不怕你。"两人对射,都没打中对方。然后大家开始相互射击。八名白人士兵倒下,其余的人跑了。莫多克战士一个不少,四散跳进独木舟划走了。其中就有"杰克上尉",枪击开始时他正在他的小屋里穿衣服。

"胡克吉姆"和他的战队进行了一次短暂的交火。听到杰克逊计划的风声,十几个白人定居者黎明时分悄悄溜进"胡克吉姆"的营地,要求他投降。"胡克吉姆"的手下们一出手就将他们赶走,但还是有个俄勒冈人开枪打死一个婴儿,并打伤了孩子的母亲。[7]

那天下午,"杰克上尉"的战队和"胡克吉姆"的战队带着女人和孩子们划船穿过图勒湖,来到火山岩床。这个地方毗邻莫多克领地南部边缘的图勒湖,东西宽6英里,南北绵延10英里,有700个洞穴,30

个熔岩形成的溪流和无数的熔渣和锥柱。距湖岸300码的地方,有一大堆巨石和洞穴,其间遍布迷宫般的小路。莫多克人将这个地方称为他们的"石屋",是个遇到麻烦时躲藏的好地方。军方则将其称为"杰克上尉"的据点。

安全地待在这个据点中,"杰克上尉"不想再和白人有任何麻烦。但"胡克吉姆"却满腔斗志和怒火。在一次为期两天的火山岩床之行中,他、"弯头医生"和其他12个人把图勒湖沿岸的白人定居点搞得乱七八糟。起因是白人定居者无端攻击他们,觉得杀死任何他们遇到的印第安人都属正当。奥德尼尔没有警告白人定居者逮捕莫多克人的计划,14名毫无戒心的白人男子被杀。"胡克吉姆"的战队放过了女人和孩子。"我们是莫多克人;我们不杀害女人和孩子。""胡克吉姆"对一位新近丧夫的寡妇安慰道。

由"烂衣吉姆"(hacknasty Jim)率领的来自"热溪"(Hot Creek)的战队想避开这场麻烦,于是"烂衣吉姆"去找牧场主约翰·费尔柴尔德(John Fairchild)征求意见。后者是个头脑冷静的人,也是莫多克人的朋友。费尔柴尔德说服"烂衣吉姆"和45名手下前往克拉玛斯保留地,并同意陪同他们前往。印第安人到来的消息走漏了风声,一些醉汉大呼小叫地组了个"吊死莫多克人"的团伙。费尔柴尔德说服这群准备行使私刑的暴徒,让他们回头,12月清新的空气中也让他们清醒过来。但他们摆弄套索的举动确实把莫多克人吓坏了,他们逃到火山岩床和"杰克上尉"会合,"杰克上尉"也欢迎他们的到来。但是当"胡克吉姆"的手下骑着马回来吹嘘他们的屠杀时,"杰克上尉"吓坏了。他知道他们的到来会使"烂衣吉姆"或他的投降成为不可能,但由于支持者太少,无法驱逐"胡克吉姆",他只有带着家人躲进最大的山洞,三支莫多克战队不安地在据点安顿下来,等待白人士兵的到来。[8]

莫多克人等了很久。指挥混乱和冬季风暴阻碍了白人军队的行动。12月2日,当坎比接到俄勒冈州州长要求军队保护白人定居点的呼吁时,他才得知迷河冲突。坎比决心防止灾难再次发生,他有条不紊地调兵遣将。12月21日接替格林少校担任野战指挥官的惠顿上校也很谨慎。当他无所事事的手下睡在雪地里,靠饼干和熏肉生存时,惠顿等了两个星期,终于等到从温哥华堡来的山炮。直到1月15日他才准备好进攻。他有214名正规兵(三个骑兵连和两个步兵连);60名由约翰·罗斯(John E. Ross)准将指挥的俄勒冈民兵;24名由不情愿的约翰·费尔柴尔德带领的加利福尼亚人;30名不那么忠诚的克拉玛斯侦察兵和15名蛇族侦察兵,总兵力343人。与他们对阵的是至少150名莫多克战士,而这是惠顿错误的想象。9

惠顿的计划很简单。1月17日拂晓,鲁本·伯纳德(Reuben F. Bernard)上尉手下的两个骑兵连将从"杰克上尉"大本营以东两英里的湖岸高地发起进攻。同时,包括俄勒冈民兵的格林部主力将从据点以西两英里处的高地推进,此处后来称为"吉勒姆断崖"。大本营两边的地面地势平坦,长满草丛和山艾灌木,几乎看不见脚下的熔岩。所有的部队都将徒步作战。惠顿打算让格林的右翼加入伯纳德的左翼,以防莫多克人逃到"杰克上尉"据点以南的熔岩溪流中。炮火将掩护从西面的推进。惠顿认为不太可能遭遇强烈的抵抗,但发誓说,如果莫多克人试图"实现他们夸下的海口,干掉1000名白人士兵,那就正中下怀"。白人士兵们则更是不可一世。其中一个说,他计划在战斗结束后"享用莫多克肉排";另一个则打算抓一个莫多克女子"为他洗碗"。

据点里,莫多克人正举棋不定。"杰克上尉"主张投降。"弯头医生"主张迎战,发誓他的"魔力"将保护莫多克人。大家决定将此事付诸表决。14人赞成投降,但其他人同意给"弯头医生"一个机会,"杰克上尉"服从了大多数人的选择。

"萨满巫师"上场了。在大本营周围,他用一根几百英尺长的绳子围了一圈,他说,没有白人士兵能越过。当晚,他竖起了一根"狗皮魔力棒",要求人们围着篝火跳舞。一边跳舞,莫多克人一边把肉和他们的根茎食物作为祭品扔到火里。"弯头医生"吸入烟雾,瘫倒在地,抽搐扭动不止。这是个好兆头。[10]

※

1873年1月17日,火山岩床上开始潮湿多雾。早上6点30分,惠顿的山炮发射了三发信号弹,格林少校的部队分散开来,准备小规模交火。在开始向前推进之前,枪口的寒光穿透了晨间雾霭,一个俄勒冈人倒下了。士兵们的靴子被锋利的熔岩撕破,一边跌跌撞撞地一点点向前推进,一边大声咒骂。什么也看不到。子弹从岩石上呼啸而下,偶尔击中某人。士兵们刚接近一块突出的熔岩,伪装成山艾灌木的莫多克人就不见了。与一个用英语嘲弄他们的幽灵般的敌人打仗激怒了白人士兵。当一名上尉的胳膊肘被击中时,莫多克人嘲笑他的喊声"哦,我中枪了"。一个女人的声音从雾气中传来,"你们来这里和印第安人作战,还这样大呼小叫,简直不是男人,你们这群娘们"。[11]

格林花了四个小时才走完两英里,但比伯纳德走得远。在损失一名中尉和四名士兵后,伯纳德在据点东面滑溜的岩石后蜷缩着指挥。克拉玛斯侦察兵不停地前后移动,不是为了打莫多克人,而是为了给他们传递弹药。由于没有机会与据点南部的侧翼会合,格林在北边的大部分指令等同虚设,只有与右翼的伯纳德会合。战斗结束。8名白人士兵丧生,18人受伤。民兵死了4人,伤了8人。那天晚上,格林和伯纳德一瘸一拐地回到大本营以东13英里的一个牧场。第二天,惠顿退守迷河堡,也远离了莫多克人。

胜利加强了莫多克人对强硬派"肖钦约翰"和狂热的"弯头医生"的支持。战斗的结果正如"萨满巫师"所预言的那样；莫多克人未丢一兵一卒，白人士兵也没有越过"弯头医生"用绳子围成的"魔圈"。"杰克上尉"的支持者减少到十几人。[12]

政府没有意识到"杰克上尉"的弱势地位，仍试图与他谈判。米查姆说服内政部长，和平委员会可能会比军队更容易说服"杰克上尉"离开据点。由于莫多克人的反抗造成和平政策的破坏，格兰特总统欣然批准并任命米查姆为和平委员会首席专员。坎比被命令暂停进攻性军事行动，并与米查姆合作。在火山岩床，新的主张和解的将军发现指挥官阿尔文·吉勒姆（Alvan Gillem）上校麾下的官兵士气低落。惠顿在内战期间因屡次在炮火下表现英勇而获颁将星；而吉勒姆，一个只会虚张声势的无能家伙，几乎没什么可圈可点的作为，之所以也获颁将星，纯粹归功于前总统安德鲁·约翰逊的支持。

访问军营的莫多克女人们对委员们说，和平不会轻易降临。她们说，"杰克上尉"想达成和平协议，但支持者被主战派超越，这些好战分子宁愿为自己的杀戮行为战死，也不愿坐以待毙。就连"杰克上尉"的老朋友伊莱贾·斯蒂尔也无法取得任何进展，他以自己的无私和他是耶里卡为数不多从未与莫多克妓女上过床的男人之一而自豪。斯蒂尔冒险造访据点且差点没逃出来，他警告坎比说，莫多克人根本没兴趣和谈。无论如何，坎比与米查姆以及其他两位和平专员——克拉玛斯中间人勒罗伊·迪亚尔（Leroy S. Dyar），以及牧师埃利埃泽·托马斯（Eleazer Thomas）——通力合作，仍为继续和谈进行着准备。这两位专员刚获任命以安抚东部的那些人道主义者。

与此同时，又有六个正规军连队抵达，坎比现在手下已有500多人，吉勒姆和梅森少校各领一半人马，梅森少校刚获得指挥伯纳德上尉手下部队的权力。坎比希望，重兵集结能吓唬莫多克人进行和谈。

4月1日,他将自己的指挥部和吉勒姆的部队转移到吉勒姆断崖东侧,距离据点以西3英里的地方。六天后,梅森少校从东部挺进至不到大本营两英里的地方。一个骑兵连公然违反停火协议,抢了34匹莫多克人的马。[13]

坎比第一次见到"杰克上尉"是在吉勒姆断崖上居高临下观察据点的时候,此时"杰克上尉"也正在外面侦察白人的动向。在随后仓促安排的会议上,坎比基本上以听为主,他称"杰克上尉"是"所有印第安人中最无趣的人"。他唯一表达的意思是,军队如此抵近是为了便于沟通。"杰克上尉",带着在身边不祥地晃来晃去的"弯头医生",要求白人归还抢走的莫多克人的马匹,并要求白人撤军。坎比给妻子写信说,"杰克上尉"扮演了一个遭胁迫男人的角色,"闷闷不乐,沉默寡言"。

坎比和其他委员不畏辛劳,于4月2日与"杰克上尉"进行了四个小时的会谈,4月7日坎比又派托比·里德尔进入据点,告诉莫多克酋长,白人军队将保护任何投降的人。每次会议都以"胡克吉姆"和"烂衣吉姆"的人不仅拒绝离开据点,而且还威胁要杀死任何试图投降者而告终。

虽然米查姆和迪尔认为再与莫多克人进行会面不会有任何进展,但坎比决定最后再试一次。他接受了"杰克上尉"的请求,于4月11日在双方对峙中间点的帐篷里会见了他和五名未带武器的莫多克人。与此同时,"杰克上尉"也对那些更凶残的族人作出了让步。他告诉他们,他会杀了坎比,但前提是将军拒绝给莫多克人安排一个家园。"我会问他很多次的。""杰克上尉"说。"如果他答应我的条件,我就不会杀他。"坎比将军、和平专员,以及最终每一个莫多克印第安人的生死都取决于"杰克上尉"的口才。[14]

※

1873年4月11日,耶稣受难日,晴朗而凉爽。每个和平委员会委员都在以自己的方式为会议做着准备。埃利埃泽·托马斯牧师带着他的莫多克"宠儿"——"冒牌查理"(Bogus Charley)和"波士顿查理"(Boston Charley)——去了随军小卖部,给他们买了新衣服。两人在军营里过夜。虽然两人都带着枪,但看起来都不会对他人造成伤害("波士顿查理"只有五英尺高),托马斯似乎倾向于接受他们的说法,一切都会好起来的。而米查姆却听天由命。迪尔也反对会议,但和米查姆一样,他出于荣誉感同意参加。出发前,他跑到帐篷里,把德林格手枪悄悄装进了口袋。

坎比将军穿上他最好的制服,拿着一盒雪茄,在吉勒姆的帐篷前停了很长时间,听到弗兰克·里德尔告诉吉勒姆,他不会为任何麻烦承担责任。托比的一个堂兄警告她说,莫多克人中的主战派占了上风,并向"杰克上尉"施压,要他在下次会议上杀掉委员们。托比从未对他撒过谎,弗兰克说,现在他也没有理由怀疑她。当坎比走出帐篷时,托比抓住将军的胳膊,最后一次求他不要去,但托马斯插嘴,向她保证,"托比妹妹,莫多克人不会伤害我们的。上帝也不会允许的。"

托比被坎比和托马斯回绝了,但她牢牢抓住米查姆坐骑的缰绳,泪流满面地倒在地上。米查姆温柔地劝她走开,然后开始跟上坎比和"波士顿查理",两人在队伍前面步行带路。托比跨上马背,弗兰克走在她旁边。他们的后面跟着"冒牌查理"、迪尔和托马斯。在会议帐篷里,委员们看到有六个莫多克人,而不是承诺参会的五人。他们都带着左轮手枪。"冒牌查理"和"波士顿查理"在外面玩耍,手里拿着步枪。"杰克上尉"随便戴了顶帽子,穿着肮脏的灰色外套,坐在一小堆篝火旁,看上去又沮丧又紧张。坎比坐在"杰克上尉"对面。他平静地给莫多克人发雪茄,并谈到他对印第安人的友好感情。米查姆不知道坎比是否怀疑可能会有麻烦。坎比说话时,"胡克吉姆"大摇大摆地走到米查姆的马跟前,从缰绳上取下米查姆的大衣,高声说:"我现在是米查姆老头啦。'冒牌查理',你觉得我看起来是不是很像米查姆老头。"米查姆试图将他这一暗含威胁的举动当作一个笑话,说道,"'胡克吉姆',你最好也带上我的帽子。""胡克吉姆"回话道:"我会的,再见。别急,老头子。"

迪尔和弗兰克·里德尔脸色发白,米查姆也感到被死亡的寒意所笼罩。现在轮到"杰克上尉"说话了。他靠近坎比,恳求将军撤走士兵,别管莫多克人。只有士兵们都离开后,莫多克人才会谈论离开据点的事。米查姆满怀希望地瞥了坎比一眼。"所有人似乎都觉得,如果他同意撤军,就不会有麻烦了。"然而,坎比不能靠撒谎来救他的命。他说,军队会留下来,莫多克人必须无条件投降。"杰克上尉"后退了几步,说他要方便一下。"肖钦约翰"开始向委员们大吼大叫起来。没过一会儿,两个年轻莫多克人从30英尺外一排低矮的熔岩岩石后跳了出来,朝会场跑过来,怀里抱着一大堆步枪。坎比和米查姆突然站了起来。"杰克上尉,这是什么意思?"米查姆问道。"杰克上尉"转过身,抽出左轮手枪,喊道:"一切就绪。"时间是中午12点12分。

"杰克上尉"举起左轮手枪对着坎比的脸,但那顶帽子却毫发无损地弹了起来。坎比一时僵住了,"杰克上尉"扣动扳机,子弹射穿了他的左眼。令大家惊讶不已的是,这位身受重伤的将军站起来跑了四五十码,直到"杰克上尉"和一个名叫"埃伦之人"(Ellen's Man)的莫多克战士追上他。"埃伦之人"用步枪顶着坎比的头开了枪,"杰克上尉"则狠狠地用刀直插坎比的咽喉。他们一起脱下他的制服,带着制服跑回了据点。

第八章 火山岩床悲剧

听到第一声枪响,迪尔和弗兰克·里德尔冲向营地。弗兰克和托比都没有真正的危险。"疤脸查理"曾威胁要杀死任何伤害他们的莫多克人,他现在躺在几十码外的岩石后面,准备在必要时伏击可能出现的埋伏。"波士顿查理"开了第二枪,一颗子弹射穿了托马斯牧师的心脏。"肖钦约翰"和"烂衣吉姆"瞄准了米查姆。托比试图阻止他们,但两人射出的子弹打昏了米查姆。"波士顿查理"把托比一巴掌打在地上,拔出刀来,对着米查姆的前额,试图削掉米查姆光秃秃的头皮,直到托比聪明地尖叫道:"白人士兵来了。"其实没人来,但"波士顿查理"没有等着发现真相就跑了。当白人士兵们最终从吉勒姆断崖冲下时,他们已来不及抓住任何一个凶手了。相反,他们只发现了坎比和托马斯被扒光的尸体,还有紧抱着米查姆的托比。值得一提的是,米查姆最终痊愈。[15]

※

坎比的遇害震惊了全国。新闻界将其称为对格兰特和平政策的痛击,这句话也成为现实。报复的呼声几乎一边倒。甚至强烈支持和平政策的报纸也要求绞死犯下"如此惨绝人寰、如此蓄意图谋、如此肆无忌惮和卑鄙罪行"的莫多克人。[16]

自从六年前的费特曼惨案发生以来,陆军部在为人民对印第安人的困境怀有的良知而进行的斗争中从未获得如此广泛的支持。谢尔曼将军推断公众的反感意味着他拥有全权采取"针对野蛮人的任何严厉措施"。他任命了一个很适合这项工作的人——杰斐逊·戴维斯(Jefferson C. Davis,与前邦联总统没有关系)上校——取代了坎比。内战中,戴维斯不屈不挠,残暴无情,杀死了一名侮辱他的将军,没有遭到任何惩罚。

戴维斯至少需要两周才能到达火山岩床。这一时期,战争属于吉勒姆。4月15日,他命令格林和梅森进攻莫多克人的据点,但即使在晴朗的春日阳光下,士兵们也没有比1月份的时候靠得更近。然而,他们确实杀死了一名莫多克战士,坚守了阵地,建造了石头工事,在工事后安全度过了夜晚。莫多克人没有料到士兵们会留下来;他们也没有准备好面对小型迫击炮把炮弹射进他们的避难所,杀死另一个莫多克人。第二天早上,吉勒姆再次发动攻击。由于无法与南边的侧翼会合,格林和梅森天黑前将莫多克人据点的北面连接起来,慢慢地进入其外围防线。军队又一次挖了工事,躲进去过夜。

那一天标志着莫多克人命运的转折点。士兵们已越过了"弯头医生"设置的"魔法"圈,打死了两个莫多克战士。巫师的魔力失效了,沮丧的莫多克人要求"杰克上尉"出面领头。

"杰克上尉"采取了唯一理智的行动。他把那些年迈病重走不动的人留下,带领其余的莫多克人沿一条密道离开了据点。到4月17日天亮时,他们已逃到火山岩床地区的南部边缘。吉勒姆没有追击,而是让他的人加强据点的防御,以防莫多克人反攻,就像会有55名印第安战士对500名士兵发动袭击一样。此刻,莫多克人是安全的。一位军官说:"吉勒姆上校已经心灰意冷,好像噩梦附体一样。"他顶住了格林少校和梅森少校的压力,不敢发动进攻,只是在4月26日派出由埃文·托马斯(Evan Thomas)上尉带领的一支64人巡逻队,他们连最基本的预防措施都没采取。

莫多克人未损失一人就打败了这支队伍。两个小时后,"疤脸查理"结束了战斗,喊道:"你们这些没死的家伙最好回家,我们可不想一天之内就把你们都杀光。"一支搜援队白天被大雪阻碍,晚上被恐惧吓坏,费了36个小时才把伤兵救出。军官们没有把这场灾难归咎于托马斯,而是归咎于下令巡逻的吉勒姆。[17]

戴维斯上校一周后抵达。目之所及使他厌恶不已。他在给总部的信中写道："这里的许多士兵,完全不适合与印第安人打仗,他们只是胆小鬼。"最高司令部派了更多的"胆小鬼",把力量存疑的军队人数增加到近千人。戴维斯充分利用了自己的优势,据一位钦佩他的中尉说,"给一个因管理不善而士气低落的司令部注入了新的活力"。

对戴维斯来说,70名"温泉"(Warm Springs)地区印第安人的到来特别有价值,他们在5月的第一周作为侦察兵向他报到。与克拉玛斯人不同的是,这些印第安人对杀害莫多克人没有任何内疚。戴维斯从他们那里得知,莫多克人正向东南方向移动。他立即派"温泉"印第安人和亨利·哈斯布鲁克(Henry C. Hasbrouck)上尉手下的3个骑兵连进行追击。5月9日晚,哈斯布鲁克在部队称之为索拉斯湖的淤泥沼泽旁扎营。在400码外的一个断崖范围内,士兵们在他们喜欢的地方安顿下来。这个地方似乎为另一场托马斯灾难做好了准备。

5月10日拂晓,"疤脸查理"和32名战士从断崖上开火。8个士兵倒下了,马群也四散乱跑。但是哈斯布鲁克保持头脑清醒。他派侦察兵飞驰向莫多克人的两翼。一名骑兵中士喊道:"该死的,冲锋吧。"然后带着一队士兵冲向莫多克人。从正前方和两翼的进攻让莫多克人逃入熔岩流地带。这次失败使莫多克人感到不安,经过激烈的争论,他们发生了分裂。副酋长"黑吉姆"(Black Jim)、"弯头医生""胡克吉姆"和"烂衣吉姆"率13个战士及他们的家人向西逃去。"杰克上尉"和"肖钦约翰"突然结盟,向东而去。[18]

骑兵巡逻队对整个地区进行了搜查,使莫多克人没有喘息的机会。在费尔柴尔德农场附近,哈斯布鲁克追上了"黑吉姆"一伙,杀了5人。5月22日,费尔柴尔德上山,来到农场附近,带回63个饥饿的莫多克人,他们穿着破烂的衣服,骑着骨瘦如柴的小马,连这些马匹都"几乎驮不动那些堆在它们身上的女人和孩子"。眼看着绞索在眼前晃来晃去,"胡克吉姆"主动提出要帮忙抓住"杰克上尉"。戴维斯上校认为"胡克吉姆"够得上"一个够格套上绞索且决不能姑息的恶人"。然而,考虑到一个莫多克头目被另一个头目背叛会对其他可能考虑与白人开战的部族产生示范效应,他接受了"胡克吉姆"的提议。"冒牌查理"和"烂衣吉姆"也变成了叛徒。

5月28日,"胡克吉姆"和其他莫多克暴徒在克利尔湖以东的柳树溪将"杰克上尉"逼入绝境。"杰克上尉"轻蔑地让"胡克吉姆"退下。第二天,骑兵和"温泉"印第安人组成的搜捕队突袭了"杰克上尉"的营地,驱散了里面的人。四天来,骑兵队一直在追赶"杰克上尉",戴维斯称之为"对困兽的追逐胜过打仗"。最后,6月1日,"胡克吉姆"和他的手下帮助骑兵搜捕队包围了"杰克上尉"和他的家人藏身的一个山洞。"杰克上尉"手无寸铁地出来,走近指挥官,握了握手,说他已经不会再跑了,因为他的"腿已经断了"。[19]

戴维斯上校想尽快搭起绞架处决杀害坎比和托马斯的凶手。他对一位新闻记者说,立即"严惩"这些有罪的莫多克人,"会让那些被莫多克人所获得的威望鼓舞的躁动不安的部族安静下来"。然而,华盛顿介入阻止了私刑。总检察官裁定,莫多克人抵抗运动"在技术上构成战争,开战后因违反战争法犯下的罪行可由军事委员会进行审判和惩罚"。

7月1日,一个警官小组进行了取证。"杰克上尉""肖钦约翰""波士顿查理""黑吉姆"(他只向弗兰克·里德尔开了几枪)和两个为他们提供步枪的男孩被控"违反战争法的谋杀罪",以及进行"违反战争法的蓄意杀人的袭击"。他们没有律师。

莫多克人可能不懂军事法,但他们确实承认不公正。回忆起莫多克女人和她的孩子在迷河被俄勒冈人杀害时,"杰克上尉"说:

如果杀害我们的女人和孩子的白人受到审判和惩罚,我不会为自己和同伴现在的处境想太多。我们印第安人和白人在法庭上对峙,用你们白人的法律审判,我们会获得公正对待吗?我说不会。我很清楚。你们无论是在战争中还是在和平中,都可以随时随地射杀任何印第安人。我指控白人大规模谋杀。[20]

一些白人表示赞同。埃利埃泽·托马斯牧师的儿子宣称是"白人的邪恶导致了我父亲的死亡"。一位加利福尼亚国会议员要求对战争进行全面调查,他说:"自从我们的政府成立以来,从来没有像今天这样在西海岸就印第安人保留地发生如此多的腐败和欺诈。"但随后唯一的调查是战争让财政部花了多少钱。

花费相当可观,超过 50 万美元。莫多克人主张的迷河地区 2000 英亩土地的价值还不到 10000 美元。

没人是莫多克战争的赢家。莫多克人及其温泉印第安盟军付出了高昂的人力成本,68 人死亡,75 人受伤,占冲突期间实际参与战争人数的近四分之一。没有英雄出现。相反,在公众眼中,军队表现得无能,这在很大程度上要归功于吉勒姆的笨拙表现。

在持续 5 个月的战争中,莫多克人 5 人死亡,3 人受伤。内政部下令将 155 名幸存者流放到一个方圆 2.5 平方英里的印第安领地上,头几年就有数十人病死。

康复后,米查姆成立了一个演讲公司,并和一个小团体从萨克拉门托到纽约市巡回演出了近两年,其中包括弗兰克·里德尔、托比·里德尔、"疤脸查理"和"烂衣吉姆"。几个月过去了,观看米查姆演讲的人数减少了。很少有人愿意再听到火山岩床发生的事情。4 个月后,思乡心切又心情沮丧的托比试图自杀,弗兰克一凑够钱,就带着她回到了俄勒冈。当巡演最后无法进行下去时,"疤脸查理"返回了印第安领地,担任莫多克中间人机构的负责人。

1873年10月3日上午9点45分,"杰克上尉""波士顿查理"和"黑吉姆"上了绞架。当套索就位后,俄勒冈的一个移民喊道:"杰克,我替你死,你能给我什么?""500匹马和我的两个妻子。""杰克上尉"回答道。开完这个可怕的玩笑后,"杰克上尉"的生命就此结束。

军队不仅仅满足于处死"杰克上尉"。"杰克上尉"被从绞刑架上放下来后被斩首。他的头颅被寄到陆军医学博物馆,成了那里的另一个印第安头颅藏品。[21]

和平政策几乎因莫多克危机而夭折。然而,"杰克上尉"的背信弃义,确保了政府不会太倾向于放纵顽固不化的印第安人。下一次骚乱,不管是被挑起抑或其他原因引起,都有可能首先遭到武力打击。当白色的套索紧系在印第安人的头上时,一些"可怜的恶魔",用谢尔曼将军的话来说,肯定会拼尽全力"抗拒他们面临的灭顶之灾"。

第九章
野牛之战

约西亚·赖特·穆尔(Josiah Wright Mooar)1870年来到南部平原,没有想过要杀害印第安人;当然,这位19岁的新英格兰人做梦也没想到他会威胁他们的生活方式。穆尔和成千上万不安分的年轻人一样深受内战后到西部去的"宏伟且艰险"的模糊梦想所吸引,和大多数人一样,他只感到失望。身无分文的穆尔在堪萨斯的海斯堡找到一份为军队砍柴和搬运木材的工作。他很快就明白,有人能更容易地挣到更多钱——那些为海斯堡的随军小卖部供应牛肉的野牛猎手。

穆尔也想加入猎手的行列。他找到了一个从布法罗赚大钱的法子。猎手们只拿走最好部位的肉,并将剩余部分丢弃。穆尔看到了将野牛皮变成商业皮革的潜在商机。一家有着同样想法的英国公司与一个名叫查理·拉思(Charlie Rath)的海斯堡猎手签订了500张野牛皮的合同,在市场试水,拉思请好友穆尔帮忙完成订单。拉思选对了人,穆尔出色地完成了任务,他和拉思搞到了比订单量还多的野牛皮。穆尔把剩余的野牛皮运到东部交给他的兄弟约翰·穆尔(John Mooar),后者再把它们提供给纽约的制革厂。约翰·穆尔找到了一个买主,带着一份2000张野牛皮(每张50美分)的合同到堪萨斯找到约西亚。其他公司也从穆尔兄弟的成功分到一杯羹,野牛皮市场火了起来。随着猎手的需求猛增,几乎所有能使用点50口径带瞄准镜步枪精准射杀野牛的人都被穆尔兄弟雇用,当然,几十个并不适合这个行当的恶棍、亡命之徒和逃犯,也像苍蝇叮腐烂的野牛尸体一样被吸引到庞大的堪萨斯野牛猎手群中。

位于堪萨斯西南部的道奇堡成了贸易中心。短短三年内,铁路将4373730张野牛皮运往东部市场。南部平原的印第安部族痛恨这种肆意屠杀,但只要猎手们在阿肯色河以北活动,印第安人就没办法,没有发动战争的理由。由于《药房条约》授予印第安人从阿肯色河到印第安领地南部边界的独家狩猎权,南岸的情况有所不同。

然而,条约对捕猎者来说毫无意义。1872年,在杀光堪萨斯牛群之后,猎手们越过阿肯色河的"死亡线",继续在夏延人和阿拉帕霍人的土地上大肆猎杀野牛。到1873年岁末,这个位于阿肯色和锡马龙河之间的地区已经沦为一个巨大的屠宰场。印第安各部族在白人巨大的毁坏力面前飘摇不定,努力寻找立足点,而猎手们已在制订1874年穿越加拿大河进入基奥瓦人和科曼奇人猎场的计划了。

印第安人恳求政府将野牛猎手们逐出他们的领地。基奥瓦的和平酋长"踢鸟"试图用白人能理解的话来解释野牛对印第安人意味着什么。"野牛就是我们的钱。"他解释说。"这是我们唯一的资源,用来购买我们从政府那里得不到的东西。就像白人会觉得自己的钱被别人拿走了一样,看到别人杀害和偷走我们的野牛,我们也会有这种感觉。""踢鸟"能理解印第安人感到灭顶之灾即将降临的恐惧。对于平原印第安人来说,野牛的灭绝就意味着他们的死亡,肉体和精神俱亡。

除了印第安人,没人在乎野牛。内政部长对国会说,他"不会为野牛完全消失而感到遗憾,因为这是加快印第安人依靠土地作物的一种手段"。菲尔·谢里丹对屠杀野牛也感到欣喜。他告诉正在考虑一项野牛保护法案的得克萨斯立法者,野牛猎手们"两年内解决的印第安人问题比30年来军队解决的还要多。为了持久和平,让他们杀牛剥皮直到野牛灭绝"。

谢里丹的想法在军队中蔓延开来。1873年冬天,堪萨斯的野牛猎手们初步计划在夏天横渡加拿大河。一个猎手代表团访问了负责阻止猎手进入印第安领地的理查德·道奇（Richard I. Dodge）中校，以确定可能产生的法律后果。"上校，"约西亚·赖特·穆尔问道，"如果我们进入得克萨斯，政府会对我们采取什么态度呢？"

"孩子们，"道奇回答，"如果我是一个野牛猎手，哪里有野牛，我就去哪里。"

问题得以解决。1874年春天，当时已发大财的查理·拉思和他的主要竞争对手A. C."查理"·迈尔斯（A. C. "Charlie" Myers），将他们的牛皮生意从道奇市搬到了加拿大河南岸。一个酒馆老板和一个铁匠也随他们搬迁。这些边疆企业家们在一个废弃的名为土墙的贸易站废墟附近搭起了四个用木材加固的草皮棚屋，安顿下来坐等夏天狩猎季带来的丰厚利润。即便深入印第安人的领地可能最终引发一场与南方部族的战争，这些猎手和牛皮商人们也甘愿铤而走险。[1]

※

菲尔·谢里丹在1868—1869年的战役中对南部夏延人的重击使这个部族沉寂了四年。但和平政策的美好承诺并没有在夏延-阿拉帕霍保留地上绽放。取而代之的是，和平带来了一种令部族长者们感到恐惧的缓慢死亡。道德沦丧和印第安领地上保留地生活的单调和绝望侵蚀了夏延文化。至于阿拉帕霍人，易于通融的特性只是加速了他们的衰落。

酒是毁灭的诱因。夏延人和阿拉帕霍人很容易成为堪萨斯私酒贩子的"猎物"，他们用野牛袍和马匹换取劣质威士忌。盗马贼则将那些威士忌贩子遗漏的东西洗劫一空，从印第安人保留地偷走了数千匹马。即使是忠实的和平酋长"小袍"也失去了他的马群。阿拉帕霍人已经变得太过依赖白人的商品，太过平和，无法扭转局面。然而，夏延

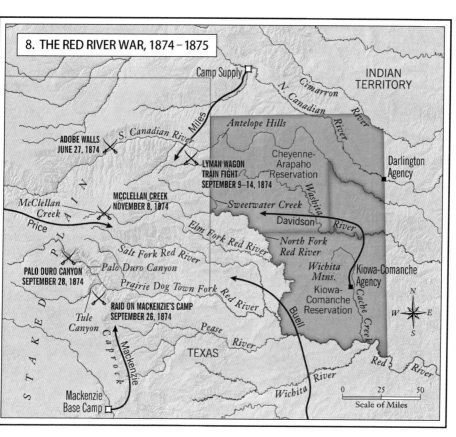

红河战争(1874年至1875年)

人仍保留了足够的战斗精神,仍很危险,他们务实的贵格会中间人对此心知肚明。

再往南一点,在希尔堡保留地,紧张局势加剧。基奥瓦人和科曼奇人不怎么酗酒,但白人盗马贼盯上了他们的马群,就像他们掠夺夏延人和阿拉帕霍人的马匹一样。政府测量员的出现也困扰着基奥瓦人。"这个地区是华盛顿给他的红皮肤孩子们的,""踢鸟"告诉一位白人朋友,"这是一个和平地区。现在你看,来的白人到处划界,到处立着写了标记的石头和木桩。我们不知道这是什么意思,但恐怕不是为我们好。"[2]

尽管难以忍受,但这些日积月累的误行并未引发印第安人的反抗。真正将印第安人逼到绝境的是1873—1874年漫长艰苦冬天里的饥饿幽灵。暴风雪阻断了政府向保留地的配给品供应。印第安人依靠他们中间人的承诺来获得食物。当食物断供,野牛肉供应又不足时,他们就屠宰马匹作为食物。4月下旬,雪化了,但仍未见到政府的食物供应。货运商与政府就一些技术性细节问题争执不断,在政府付钱之前拒绝运送食品。与此同时,夏延-阿拉帕霍的中间人恳求印第安事务局采取行动:"现在让这些人得到食物非常重要。"无人对此回应。

战争只差一个能统领一切的人了。[3]

※

这个人出现在1874年年初,名字叫伊萨泰(Isa-tai),是一位年轻的奎哈迪"魔力师",也是奎纳的密友。他的名字意义不详;"伊萨泰"翻译过来的意思是"土狼的阴部"或"狼的阴部"。但伊萨泰拥有很强的"魔力"。他声称能起死回生,并吹嘘白人的子弹对他不起作用,还有坚信亲眼见过这些奇迹的"证人"。有人说,曾看见他吐出一车子弹,然后又吞了回去。还有人发誓见过他升天,直到目不能及的地方。伊萨泰自己则说,天神赋予了他消灭白人和恢复科曼奇人昔日荣耀的力量。伊萨泰的两个预言显然已经实现了。1873年,伊萨泰预言了一颗明亮的彗星从夏季天空消失的日子。他还预言了接下来难熬的冬季。每一次极寒降临,他的"魔力"都会变得更强,而对他嗤之以鼻者也越来越少。

1874年5月,伊萨泰主持了科曼奇历史上第一个太阳舞仪式。这是一个披着他的"魔力"外衣的战争动员。几乎所有科曼奇人都来了,但只有一半同意追随他,但也算是科曼奇人历史上最接近统一行动的事情了。有了奎纳的支持,伊萨泰也向其他部族传道,承诺与所有信徒分享他的神力。四处传道的结果喜忧参半。基奥瓦酋长会议拒绝在他们自己的7月太阳舞仪式举行前考虑战争。当时只有六个基奥瓦人同意战斗,包括"撒坦塔"和"大树"。响应伊萨泰号召的阿拉帕霍战士也不到20个,而且他们带着观望的态度到来。然而,众多夏延人则纷纷响应。即便没有基奥瓦人和阿拉帕霍人参与,伊萨泰和奎纳也组建了南部平原有史以来规模最大的战队。

1874年6月25日,救赎之战打响。坚强的战争领袖奎纳,神秘的煽动家伊萨泰,违背不再与白人为敌誓言的"撒坦塔"和"大树",以及500名战士骑着他们不断呼气的马匹穿过数以万计剥皮后的野牛留下的腐烂骨骸,冲向滥杀滥捕的野牛猎手聚集地——土墙(Adobe Walls)——那里只有29个白人。战士们脱光衣服骑在马背上,身上撒满了有"神力"的赭石粉,伊萨泰说可以保护他们不受白人子弹攻击。印第安战士们士气高涨。奎纳回忆说:"伊萨泰当时夸夸其谈,他说:'天神告诉我,我们要杀死很多白人——我让枪里的子弹无法射出。我们杀光他们,就像杀老太婆一样。'"但伊萨泰没有想到会有夏普斯点50口径野牛猎枪这样威力巨大的武器,能在1000码外放倒野牛。如果在经验丰富的猎人之手,并使用望远镜瞄准,此枪更是准得惊人。[4]

1874年6月27日灰蒙蒙的黎明中,印第安战队在土墙以东半英里处的一个陡峭的红色山脊上集结。一个逃兵等着用号角发出攻击的信号。但是,在奎纳下令冲锋之前,等不及的年轻战士们已从山脊上冲了下来。"年轻人冲得太快了。很快(我)喊道,'好吧,冲啊',我们朝着(那些)房子冲去,身后尘土高扬。"

四间草皮棚屋的门砰地关上了,印第安人开始以平原战争的经典手法周旋。战士们紧紧地抓住他们小马的右侧,全速奔跑,从动物的喉咙下面射击,每一次冲锋都让他们靠得更近。奎纳从圈里跑出来,冲进一个棚屋"杀了几个白人,让我的心情好了起来"。他用长矛刺穿一个在户外逗留了太久的颤抖的男孩,然后调转马头,猛撞向棚门。它坚持住了。里面,步枪和印第安人的叫声震耳欲聋。滚滚浓烟使他们失明。恐惧缩短了猎人们的注意力,他们带着肾上腺素引起的愤怒搏斗。战士们不断撤退,重新集结,然后又重新出现。然而,伊萨泰承诺的都没出现。白人猎手的子弹在战士们无法理解的射程内大开杀戒。"有时我们会远远地站着,休息着,几乎不想开打,"一个震惊的科曼奇人惊奇地说,"他们会射杀我们的马。"[5]

一颗夏普斯步枪射出的子弹击中了奎纳的马,他重重地摔倒在地。当他爬到一具野牛尸体后面刚回过神时,一颗跳弹擦伤了他的脖子,使他的左臂暂时无法动弹。随着奎纳受伤,群龙无首的战队开始解体。半英里外的一处断崖上,伊萨泰和一群战队首领目睹了急转直下的战况。伊萨泰一丝不挂,全身涂满战时油彩。酋长们对伊萨泰"魔力"剩下的最后一丝信念,都在一颗子弹射中他坐骑前额后荡然无存。一个愤怒的夏延人弯下腰来,抽了他一马鞭。"你这臭没用的'魔力'。"伊萨泰对此有解释的理由:有人杀了只臭鼬,破了他的"魔力"。[6]

接下来的三天里,印第安人在安全的距离外辱骂白人。6月30日晚,一个猎手偷偷穿过印第安人的包围圈,骑马前往堪萨斯道奇堡求助。道奇堡没人有权派遣军队,因此州长与该地区高级军官、密苏里军分区司令约翰·波普(John Pope)准将进行了斡旋。

州长找错了人。波普了解当时的情况。他说:"印第安人和白人一样,绝不会甘于和平地围困。"波普拒绝了州长的请求。"野牛猎人们自作自受。如果[我]派军队到这些非法聚集地,那将不会是保护他们,而是驱散他们。"

事实证明,猎人们不需要军队的帮助。他们打死打伤了将近100个印第安人,自己只损失了两个人。土墙之战后,印第安战队四分五裂。愤怒的印第安战士们从得克萨斯到科罗拉多东部一带大开杀戒,为保住他们的生活方式进行最后一击,疯狂杀死至少100名白人。然而,基奥瓦人并未加入他们的行动。土墙之战强化了"踢鸟"的权力,太阳舞仪式后,四分之三的部族成员都跟着他回到了保留地。"撒坦塔"绝望地让出了他的酋长席位,"大树"变得日益阴沉。只有"孤狼"和"马曼蒂"仍不屈不挠。7月中旬,他们深入得克萨斯,杀死7人,包括一名招人憎恨的得克萨斯游骑兵。"孤狼"把游骑兵的头砍成碎片,并挖出他的肠子。然后他大声祈祷。"谢谢你,哦,谢谢你今天所做的一切。我可怜的儿子之仇已报。他的在天之灵满足了。"[7]

※

土墙之战终结了南部平原的和平政策。当谢尔曼要求发动不受保留地边界限制的全面进攻时,已无人反对。甚至连贵格会教友都受够了。最重要的是,格兰特总统相信,他已给了印第安人充分的机会,

162 让他们将手中的剥皮刀换成犁耙。只要谢尔曼注意不要打击"无辜友好"的印第安人,就可以自行发动战争。7月20日,谢尔曼放开了谢里丹遭"束缚的手脚"。

这将是1868—1869年全面战争的再现。不过,这一次不会等到冬天了。谢里丹下令密苏里和得克萨斯的多支部队组成纵队,尽快集结到敌对印第安人战队盘踞的得克萨斯大草原地区。为了便于追捕,他取消了部门界限。印第安人疲于逃亡,毫无喘息之机进行狩猎。这将是政府安排下的保留地生活方式,不接受的话,要么吃枪子,要么饿死。谢里丹打算将此作为南部平原上一劳永逸的最后一次战役。[8]

谢里丹将具体安排交给奥古尔将军和波普将军,他们各自独立地采用了相似的计划。奥古尔组织了三次远征;第一次由约翰·戴维森(John W. Davidson)上校率领,从西尔堡向西行进,由第十骑兵团的六个连和三个步兵连组成。乔治·布埃尔(George P. Buell)上校将率一支力量相当的部队从南面向上推进。奥古尔最期待的是麦肯齐上校,他率领第四骑兵团和五个步兵连从康丘堡向东北扫荡。波普将军组织了两次远征。他指示威廉·普莱斯(William R. Price)少校从新墨西哥领地的巴斯康堡出发,率第八骑兵团向东进攻,直至桩基平原东缘,并命令第五步兵团指挥官纳尔逊·迈尔斯(Nelson A. Miles)上校前往道奇堡,指挥八个连的骑兵和四个连的步兵。波普命令军需官和补给部门"立即满足迈尔斯可能提出的所有补给要求",并赋予上校广泛的自由裁量权,让他按照自己的最佳判断开展行动。

迈尔斯可不是能忍的人。事实上,他希望波普也能给他指挥普莱斯的权力。他对妻子说,波普认为他可以在距最近的电报线10天、总部500英里的地方指挥部队行动,纯属荒谬。迈尔斯的意见在军事上很有道理,但这不是他抱怨的原因。他想摆脱波普的管辖。事实上,他不想受制于任何他认为可能阻碍他迅速晋升的人。迈尔斯的雄心壮志使他成为边疆地区最不受欢迎的高级军官,但没人否认他的能力。

迈尔斯走上了一条艰难的道路。出生在一个穷得不能送他上中学的农场家庭,迈尔斯16岁时移居波士顿。他在一家陶器店当店员,上夜校,对一切涉及军事的事物都有浓厚的兴趣,在一位法国老兵的带领下学习军事操练和战术。他学得很好,在内战期间从中尉升为志愿军荣誉少将。与卡斯特降级为正规军上尉军衔不同,迈尔斯从战争中脱颖而出,获颁正规军上校军衔,肩章多一根大杠。尽管级别已经很高,但他相信最好的岗位都给了西点军校毕业生。批评者指责他1868年与谢尔曼将军的侄女结婚纯属为了进一步发展自己的事业,但他们错了。迈尔斯爱他的妻子。他做得很好,因为她叔叔讨厌偏袒亲友。只要谢尔曼指挥军队,战场上的表现是火线晋升的唯一途径。[9]

对迈尔斯来说,这意味着在麦肯齐之前找到并击败印第安人。8月中旬,迈尔斯从道奇堡出发,在酷热和夏延人称之为"大旱期"的长期干旱中主动出击。气温飙升至43度以上。溪流蒸发,江河干涸,泉眼干枯。迈尔斯率部每天行进25英里,8月27日,侦察兵在卡普洛克基地发现了夏延人村庄的踪迹后,他下令加快行进速度。三天后,迈尔斯追上了夏延人,在上校称之为"我在那之前从未见过的最崎岖的山路上"追了500名印第安战士12英里。在图勒峡谷附近红河的草原狗镇岔口沙滩上,迈尔斯结束了追捕。一位上尉在这场无关紧要的追击战中加入了一丝冷酷的幽默,他鼓励翻过一个又一个断崖、筋疲力尽的士兵们坚持下去,并承诺"如果有人被杀,我会让他成为下士"。[10]

然而,士兵死于脱水的概率远高于死于印第安人枪下。随军食堂空空荡荡,草原狗镇岔口只是一条名义上的水道。神志不清的士兵割开手臂,用自己的鲜血滋润嘴唇。尽管如此,迈尔斯还是让他们继续前进。在草原狗镇岔口逗留后的第二天早晨，他命令部队从图勒峡谷爬上桩基平原。战术上讲，这是白费工夫，因为夏延人已在前往帕洛杜罗峡谷的路上一路狂奔了。但士兵们确实找到了一条小溪。由于口粮不够，很难再遇到另一个水源，迈尔斯下令就地驻扎，同时命令车队返回营地补给粮草。[11]

战场留给了麦肯齐。

※

在匆忙赶超麦肯齐的过程中，迈尔斯无意中让"魔水"（Medicine Water）酋长麾下的一个夏延战队溜到他身后，在堪萨斯西部制造了严重破坏。首当其冲的受害者是一个政府土地测量队，第二个受害者是一个从佐治亚农村到科罗拉多的贫穷家庭。

他们是约翰·杰曼（John German）夫妇还有他们的七个孩子。在"魔水"的战队向他们进攻，为土墙之战进行报复时，他们离华莱士堡只有一天的路程。印第安战士射杀了约翰·杰曼和他的儿子，"魔水"的妻子砍开了杰曼怀孕妻子的头。大女儿瑞贝卡（Rebecca）拿起斧头自卫，受伤后遭轮奸，然后被人用毯子包着，扔进火里。夏延人带着瑞贝卡的五个妹妹骑马走了：17岁身材娇小蓝眼睛的凯瑟琳·杰曼（Catherine German）；15岁一头金色长发的乔安娜（Joanna）；看上去比她12岁的年龄大，一头漂亮黑发的索菲亚（Sophia）；7岁的茱莉娅（Julia）和5岁的阿德莱德（Adelaide）。逃出九英里后，他们停下来，开始对女孩们评头论足。

乔安娜的长发注定了她悲惨的遭遇。她被强奸，杀害，带着金发的头皮被做成了五份战利品，每个象征着一个遭杀害的家人。当战队回到驻地时，"魔水"把女孩们交给村里的女人。她们剥光凯瑟琳的衣服,把她绑在一匹马上,马儿驮着她在大草原上供印第安战士追赶,谁抓到,她就归谁。

几天后,华莱士堡的一支巡逻队偶然发现了杰曼一家惨遭屠杀的现场。烧焦的马车旁躺着四具尸体;散落的遗物中有一本家庭圣经,扉页上写着九个名字。找到五个失踪女孩成了与印第安人战斗的白人军队史上无可比拟的头号任务。[12]

※

与此同时,回到印第安领地上的保留地,把友好的和潜在敌对的印第安人分开被证明没那么容易。在达灵顿的印第安中间人机构,任务很简单:大部分阿拉帕霍人都未参战;而几乎所有夏延人都没在保留地,都去打仗了。但在希尔堡,界线模糊了。"踢鸟"的战队和平地前往堡垒附近的一个禁闭营地,但基奥瓦人和一些科曼奇人与军队发生了冲突,然后逃到了桩基平原上。到8月底,已有1800个夏延人、2000个科曼奇人和1000个基奥瓦人重获自由,包括"孤狼""马曼蒂""撒坦塔"和"大树",都被打上了有罪的参战烙印。

9月9日,重新披上战袍的印第安人袭击了迈尔斯上校满载补给从补给营地返回驻地的车队。"孤狼"和"马曼蒂"策划了这次袭击,结果证明是一次惨败。车队指挥官威利斯·莱曼(Wyllys Lyman)上尉在瓦希塔河以北两英里处的一处低地把车队围聚起来。他手下的56名士兵和马车夫击退了印第安人的几次进攻。天黑时,双方都开始挖工事。接下来的五天里,士兵们和印第安人互相射击,都未对对方造成伤害。[13]

与惯常一样,总有一些无法自控想要获取战争荣誉的冲动年轻战士。一个17岁的基奥瓦混血战士博塔利(Botalye)在战斗最后一天一

第九章 野牛之战

举成名。这是博塔利第一次遭遇白人士兵,他急于证明自己的实力。孩提时代与"撒坦塔"的两个儿子比赛摔跤时,博塔利不小心把滚烫的煤球踢到酋长神圣的红色小屋一侧,将其点燃。"撒坦塔"保证,如果他在战斗中表现出怯懦的话,就揍他一顿。"撒坦塔"的威胁时常出现在他脑海中,博塔利告诉一名有"魔力"的印第安人,他打算突破围聚在一起的车队去白人士兵们唯一的水源地——野牛坑,看看还剩多少水。试一次,而且只试一次,有"魔力"的印第安人告诉他。博塔利去了。"我冲进白人的工事和马车队。士兵们不敢向我开枪,害怕误伤自己人。我跑上远处的山脊。我想大声叫喊。我想学大雁的叫声,但只发出一声惊恐的尖叫。"博塔利重复了两次他的"壮举",然后"马曼蒂"命令他停下来。"但是我感觉很好。我说我还会去第四次。"他做到了。当博塔利回来时,"撒坦塔"笑着对他说:"如果你不这样做,我才会抽你。"然后他拥抱了男孩。"我可不会打像你这样勇敢的人。我自己都没法去四次。没人能做到。"

"大家听着!"一个首领叫道。"我要给博塔利取个新名字。我给他起名'不听话'!"[14]

这也许是"撒坦塔"生命中最后一次开怀大笑。突然,普莱斯少校的纵队出现在附近,印第安战士们四散撤退。中午刚过,天空乌云密布。一股冷风从北方刮来。草原上雷声滚滚,大雨滂沱。印第安战士们裹着毯子逃往西边。大旱期结束了,基奥瓦领导层陷入了混乱。戴维森上校的追击纵队阻止了印第安战士猎杀野牛,女人和孩子们在潮湿中饥寒交迫。"孤狼"和"马曼蒂"带领大部分基奥瓦人在大雨、雨夹雪和冰雹中绝望地行军至帕洛杜罗峡谷。期望政府大发慈悲,"撒坦塔""大树"以及他们的追随者在达灵顿印第安中间人机构投降。"撒坦塔"说,他再也不会与白人打仗,并坚称,离开希尔堡后绝没愤怒地开过一枪,心中只想种田。没人信他,他被押回得克萨斯监狱。"撒坦塔"从未指望谢尔曼宽恕,但谢里丹相信"大树"值得善待。谢里丹把"大树"关在希尔堡,警卫松懈,打算基奥瓦人一投降就将其释放。

印第安中间人劳里·塔图姆的预言是正确的。他曾预言失去自由对"撒坦塔"来说比死亡更可怕。1878年10月9日,在得克萨斯政府拒绝了他又一次无休止的赦免请求后,绝望的"撒坦塔"从监狱医院的二楼窗户头朝下跳下,摔在一堵砖墙上。他死于两天后。另一方面,"大树"选择接受同化。正如谢里丹将军所希望的那样,基奥瓦酋长成了白人方式的倡导者。1897年,他被任命为浸礼会教堂执事。1929年,"大树"在阿纳达尔科的家中安详离世。

※

"撒坦塔"四年后才会自杀。当这位曾经不可一世的酋长对政府的宽大处理孤注一掷时,1874年初秋,"孤狼"和"马曼蒂"在倾盆大雨中艰难地向帕洛杜罗峡谷行进。坏天气是他们唯一的敌人。迈尔斯和普莱斯正在营地补给,整理装备。在对卡普洛克进行了徒劳无功的侦察之后,戴维森回到了希尔堡。直到9月底才开始行动的布埃尔上校,在仅仅五天之后就停下来建了一个大本营。但麦肯齐仍在行动,这意味着令迈尔斯最可怕的事情即将成为现实。[15]

※

麦肯齐上校没什么机会了。迈尔斯在图勒峡谷为拖拖拉拉的车队而烦恼时,麦肯齐在布兰科峡谷囤积补给,与奥古尔将军密切协商,精心策划着他的行动。迈尔斯撤退一周后,麦肯齐在一场冰冷的大雨中冲上了桩基平原,占据了迈尔斯放弃的那块阵地。三年前,猛烈的风暴和补给不足迫使麦肯齐离开了桩基平原,但他很好地吸取了与奎纳作战半途而废的教训。麦肯齐耐心地穿过风暴,他知道第四骑兵团携带了足够的口粮,只需一天的行军就可以获得补给。当天空放晴时,麦肯齐派侦察队到桩基平原寻找敌对印第安人的村庄。

印第安人试图用奎纳的策略阻止麦肯齐。9月26日晚,科曼奇的一个大型战队扑向第四骑兵团,试图驱散他们的坐骑,但麦肯齐早已做好了准备。每只马匹都被缚住双腿,军队则围着马群,营地周围每15英尺就有一名士兵站岗。印第安人放了一阵空枪后退去。正当他们还在考虑下一步如何行动时,麦肯齐在黎明时发动了反击。

印第安人撤退,重新集结,然后悠闲地向东行进,麦肯齐一眼就看出了其中的诡计。麦肯齐断定,印第安人的东进路线意味着他们的村庄位于北边,他来了个将计就计。他跟着印第安战队一直行进到日落,然后在印第安人眼皮底下扎营。黄昏时分,他突然下令,向北奔袭至帕洛杜罗峡谷边缘,于9月28日清晨抵达。麦肯齐的策略成功了。他发现了沿着峡谷地面绵延两英里的近400个小屋,里面有3000名印第安人,"孤狼"和"马曼蒂"的基奥瓦村和两个大型夏延人和科曼奇人的营地各占一半。

黎明前逐渐退去的晨雾向士兵们展示了一幅奇异壮观的景象。一大片红赭石顺着崖壁延伸而下,峡谷边缘下500码处长满了茂密的雪松。印第安人的小屋看起来就像一枚枚硬币,吃草的马匹就像一群嘎嘎乱叫的鹅。没有哨兵。聚集在一起的印第安战队对"马曼蒂"的"魔力"深信不疑。而且"马曼蒂"已向他们保证了安全——一个还算合理的假设,考虑到参差不齐的峡谷崖壁,不管是人还是野兽,似乎都无法通过。但麦肯齐找到了一条他喜欢的小径——"狭窄,七弯八拐,[和]蜿蜒曲折,连山羊几乎都无法立足",一位军官这样描述道。士兵们纷纷下马,牵着马,排成单列,艰难前行。一瞬间,士兵们似乎都没心思品味找到这条小路的惊喜了。一个早起的基奥瓦头领发现了白人,他的营地就在小径的尽头。然而,他并没有对村子发出警示,而是胡乱开了两枪,然后潜入他的小屋,赶紧在身上涂上作战油彩。被枪声惊醒的印第安人以为是狩猎队开的枪,继续睡觉。安全到达峡谷地面后,麦肯齐将他的部队部署成一条长长的战线,然后发动了冲锋。

村庄毫无抵抗地沦陷了。小屋和印第安人储存的过冬食物被付之一炬。一些女人和孩子徒手爬出了峡谷,用绳子将细软绑到身后。其他人四处乱跑。一个基奥瓦战士注意到他昏头昏脑的妹妹跑向白人士兵,而不是远离。"她背着一个小男孩。我叫她把孩子给我。她说不,我们把他扔了吧。我说我宁愿带上孩子也不会带上她。"战士把两人拽上马,疾驰而去。

与此同时,一个返回的印第安战队聚集在麦肯齐身后小路的边缘。村里的战士们也在峡谷斜坡上的岩石和树丛后面重新集结,开始向士兵们射击。局势骤变,结果难料,一名受到惊吓的骑兵问麦肯齐,打算如何全身而退。"我能把你带进来,"上校怒斥道,"就会把你带出去。"他确实说到做到。不仅率部穿过峡口,只有一人受伤,而且还把整个印第安马群都带了出来。印第安战士在帕洛杜罗峡谷战役中死了五人,还有那个没发出警示的头目。然而,如果以马群的损失来衡量,人员伤亡简直微不足道。这次印第安人再没机会夺回这些马了。在通卡瓦侦察兵挑选了最好的马匹后,麦肯齐下令将剩下的1046匹马全部射杀。[16]

※

帕洛杜罗峡谷一战捣毁了印第安人抵抗力量的后盾。没了马,印第安人既不能发动战争,也不能猎捕野牛,各个部族散居在桩基平原,听天由命。迈尔斯和普莱斯从北边逼近。在桩基平原东边,布埃尔上校烧毁了两个被遗弃村庄的550间小屋。印第安人把接下来几周的降雨和不断的逃命称为"老手追命"。[17]

帕洛杜罗峡谷战役也让麦肯齐离获得一颗将星更近了一步,但幸运的降临也让迈尔斯仍和他保持着竞争。11月8日,迈尔斯最信任的下属、好斗的弗兰克·鲍德温(Frank D. Baldwin)中尉在麦克莱伦河口附近率一个空车队返回时,偶然发现了夏延战队首领"灰胡子"(Gray Beard)的村落。鲍德温只有一个步兵连、两个骑兵连和一门山炮,总共大概80人。人手太少,无法对敌人发动常规攻击,而且他正确地估算出印第安人有200名战士,中尉只有见机行事。鲍德温把23辆马车分成两列,每列车上各安排一两名步兵,两翼各部署一个骑兵连。他向这个毫无戒心的村庄发射了六发炮弹,然后指挥马车沿着一个低矮狭窄的台地前进。印第安战士几乎没有抵抗;大多数人没有弹药。鲍德温捕获了他们的马群,烧了他们的小屋。在这个被遗弃的村庄里,鲍德温发现了一个比马匹珍贵得多的"奖品"。夏延人留下了年纪较小的女孩——阿德莱德·杰曼和茱莉亚·杰曼——两人骨瘦如柴,几乎衣不蔽体。从两人饥饿的状态,鲍德温推定,也可能不对,印第安人虐待了他们。事实上,夏延人自己的日子过得并不比女孩们好。

迈尔斯上校把两个孤儿送到利文沃斯堡交给他的妻子。姐姐们的命运沉重地压在他的心上,他向她保证,只要他有能力,就会继续寻找。但是总部将他所辖的部队裁减为只剩三个连,使得迈尔斯几乎没有足够的人手进行有限的侦察。

谢里丹召回军队的决定中没有掺杂任何个人因素。补给不足,天气恶劣,无法想象能够再次实施1868年的冬季战役。雪暴持续了好几天。气温降到零度以下。在一场风暴中,戴维森上校的90匹马冻死,26人冻伤致残。

由于开阔平原上的条件难以忍受,穷途末路的印第安人纷纷涌入印第安中间人机构投降。1875年2月,"小鸟"诱使"孤狼"和"马曼蒂"放下武器。3月6日,和平酋长"石牛"(Stone Calf)带来了剩下的大部分夏延人。和他一起来的还有杰曼姐妹。"石牛"从俘虏他们的人手中买下了这些女孩,但这位穷困潦倒的酋长除了好心,没能给予她们其他东西。[18]

一些南部夏延人没有投降,而是向北逃窜。"石额"——"魔力神箭"的守护者——带着圣物和几个战士到达了北部夏延人的领地。由"小牛"率领的70个夏延人在逃亡路上被杀。1875年4月23日下雪的早晨,奥斯汀·亨利(Austin Henely)中尉袭击了他们在堪萨斯西北部萨帕溪的营地。一半印第安人骑马逃跑;其余人在河岸后或前一天晚上挖的洞里寻找掩护作为防御阵地。这样的保护形同虚设。亨利用40名士兵包围了这个地点,向挤在下面的印第安人开火,打死19个战士,以及7个女人和儿童。中尉没留下一个俘虏。一名中士后来指控亨利下令冷血杀死一个夏延女人和她的孩子,他说,夏延女人和孩子的尸体被扔进燃烧的小屋以销毁证据。[19]

萨帕溪之战是军队后来统称为"红河战争"(Red River War)的最后一次冲突。然而,更多的苦难等待着被征服的部族。谢里丹将军想在一个战地军事法庭审判"头目"。印第安事务局向总检察长提出抗议,总检察长裁定军队无权审判政府囚犯,不管其是否具有敌意。格兰特总统进行了干预,指示将煽动叛乱者和"罪犯"直接从他们的家中带走,无需审判即可囚禁于佛罗里达的马里恩堡。根据从印第安线人处收集到的信息,政府圈定了75名头目。

执行格兰特的指示是一场残酷的闹剧。在达灵顿印第安中间人机构,夏延战士们排成一队,让凯瑟琳·杰曼和索菲亚·杰曼辨认谁是强奸犯和杀人犯。当女孩们只能确定地指认三人时,哨所指挥官走了进来。他已喝得酩酊大醉,根本分不清印第安人之间的区别,他随意选了33人来填补剩下的夏延人"指标"。

"踢鸟"抗议道,基奥瓦人的"指标"有27人,严重不公。他还指出发动了战争的科曼奇人竟被要求只供出7名战士。谢尔曼对基奥瓦人的长期怨恨可能是造成这种差别对待的原因。让"踢鸟"懊恼的是,军队强迫他选出应被监禁的基奥瓦人。他选了"孤狼""马曼蒂"以及三个小酋长,然后为了减轻部族的负担,胡乱选了几个墨西哥人俘虏和部族罪犯充数。

"踢鸟"不情愿的同谋使他失去了朋友,也使他的敌人变得更坚强。当"踢鸟"用深情的话语送别这些囚犯,并承诺他们不会被关太久时,"马曼蒂"把他痛批了一顿。"你认为你做得很好。你以为你自由了,白人眼中的'英雄'。但是你活不了多久,我不会放过你。"第二天,"踢鸟"喝了一杯咖啡后死了。军医说他被人下药毒杀。"我选择跟白人走,不后悔,"垂死的"踢鸟"低声对军医说,"告诉我的族人走正道。"[20]

到1875年岁初,奎纳也在倡导白人之路。那年冬天出现了一个异象,一只狼从迷雾中走近他,嚎叫了几声,然后转头向希尔堡走去。从那之后,奎纳提议,只有投降才是永久逃亡的唯一替代方案。麦肯齐已是希尔堡的指挥官,并全权处理印第安领地和中间人事务,他发出的最后通牒也坚定了奎纳的念头。这位对印第安人下狠手的指挥官承诺,如果他们自愿投降,就不会对奎哈迪人造成伤害,但如果必须要他追击,他的军队会像在帕洛杜罗峡谷对"马曼蒂"所做的那样对他们"下狠手"。奎哈迪人知道麦肯齐说到做到。6月6日,奎纳和伊萨泰带领最后一批科曼奇人进入了希尔堡。

麦肯齐言出必行,对谢里丹说:"我觉得这支战队比保留地的任何一支战队都好。要让他们失望,轻而易举。"他确实没让任何一个印第安战士被囚禁或流放,并保护他们的马群免受白人盗马贼的偷窃,还下令军队可以射杀任何试图偷窃印第安人物品的白人。他在相互尊重的基础上与奎纳建立了友谊。两人在麦肯齐的住处促膝长谈,年轻的上校耐心地教导年轻的酋长如何应对白人的世界。

"红河战争"的余波也许给麦肯齐带来了最好的结果,但却给了迈尔斯最坏的结果。迈尔斯曾密谋夺取麦肯齐第四骑兵团一半的兵力,以及对印第安领地的指挥权。麦肯齐对迈尔斯的伎俩一笑置之。他对谢尔曼说:"我对迈尔斯上校毫无怨言。恰恰相反,我认为他是一个非常优秀的军官。但我一点也不嫉妒他。我认为他在任何方面都不是我的上司,在某些方面,我确信他也不是我的对手。"麦肯齐占了上风。至少在那一刻,迈尔斯遇到了对手。[21]

※

"红河战争"的结果甚至超出了菲尔·谢里丹的高度期望。他的胜利无法用多少印第安人被杀来衡量,除了萨帕溪事件,这不值一提。"红河战争"具有决定性意义,因为它剥夺了印第安人发动战争的手段。政府没收了他们的武器并公开拍卖了他们的战马。一位首领坚持要俘虏他的人收下他儿子的玩具弓箭。他说,这个男孩以后跟着白人学,完全用不上这些东西。曾经令人可怕的科曼奇村庄所在地变成了一望无际的牧场。曾经遍布野牛的地方被严密地围了起来。从格兰德河到科罗拉多东部,白人定居者们终于可以安静地进入梦乡,不再担心头皮被割。

包围圈成形了。一种生活方式已然终结。南部平原的狂野部族已被征服,他们自己对此也心知肚明。在出发前往佛罗里达之前,夏延酋长"灰胡子"和"小个子"(Minimic)让指挥护卫部队的军官给他们的中间人写一封信。信中向他们的族人传达了这样的信息:

> 你们的"灰胡子"和"小个子"要我写信,请你告诉他们的族人在他们所在的中间人机构安顿下来,按政府要求的做。他们说,让他们种玉米,送孩子上学,小心别惹麻烦;我们要他们跟着白人走。白人和树上的叶子一样多,而我们人少。[22]

※

十年的变化太大。1865年,《小阿肯色河条约》承诺政府与南部平原印第安人之间永远和平,并假定启动了保留地进程。和平专员和酋长们平等地签署了条约,如果事实并非如此的话,至少法律上如此。到1875年,印第安各部族已被政府彻底征服,对他们的未来几乎没有发言权。

在南部平原决定性的十年里,西南部的荒漠地区也经历了剧变。激烈的战斗和残酷的征服轮番上演。和平政策也在那里进行了尝试,结果尚不确定。随着南部平原的局势渐趋平稳,北部平原日渐平静,公众的注意力越来越被阿帕奇里亚的边远地区所吸引。

第十章
不休战,无和平

1871年4月,阿拉瓦帕溪是亚利桑那南部地区充斥着杀戮的荒漠中的一片和平绿洲。500个阿帕奇人在阿拉瓦帕溪遍布杨树的河岸上安营扎寨,心存感谢地生活在格兰特营地指挥官罗约·惠特曼(Royal E. Whitman)中尉的保护之下。酋长爱斯基明津(Eskiminzin)和150个缺衣少食的追随者是第一批到此的阿帕奇人,之前他们一直生活在军队和当地志愿者袭击的恐惧之中。对于爱斯基明津的请求,即允许他的族人和平生活,"饲养牲畜,种植玉米,与你们的人民一样生活",惠特曼只能提供口粮和临时避难所,直至收到军区总部的指示。阿拉瓦帕人对这些条件感到满意,交出了武器。惠特曼雇用印第安人为哨所收割干草和砍柴,邻近的牧场主则雇用他们收割大麦。惠特曼仁慈对待印第安人的消息不胫而走,另外350名阿帕奇人找上门来,也住进了这个非正式保留地。[1]

格兰特营地西南70英里处,图森的居民们沸腾了。自从惠特曼进行和平实验以来,阿帕奇人在该地区的袭击已经夺去六条生命。没有证据表明惠特曼的印第安人是罪魁祸首,但他们是亚利桑那人方便下手的目标,他们要求知道军队是否会继续护着这些"杀人凶犯"。图森市自行任命的公共安全委员会的一个代表团将民众的诉求提交给了军区指挥官乔治·斯通曼(George Stoneman)上校。上校让他们自行处理。

他们出手了。被军方拒绝后,一群墨西哥裔美国人、白人和帕帕戈印第安人联手,准备找格兰特营地的"朋友"们伸张正义。4月30

日拂晓,义警们悄悄包围了爱斯基明津的营地。根据事先安排好的行动信号,帕帕戈人用棍棒、砍刀和石头暴击熟睡的村民,而白人和墨西哥人则用步枪扫射那些逃脱了帕帕戈棍棒和刀子的人。超过144名阿帕奇人死亡,几乎都是女人和孩子。爱斯基明津躲过一劫幸存下来,但失去了四个妻子和五个孩子。袭击者没有一人倒下,主要是因为未遭到抵抗。

格兰特营地的屠杀让大多数亚利桑那人感到高兴,当地媒体称之为"有机会都值得效仿的正义报复"。东部的人道主义者谴责了这场屠杀,格兰特总统威胁说,如果罪犯不被绳之以法,将对该地区实行戒严。

爱斯基明津几乎对正义不抱希望。他告诉惠特曼,没有哪家亚利桑那法院会对一个杀害了阿帕奇人的白人进行惩罚。他是对的。图森人焚烧了检察官的画像,陪审团以自卫为由宣布凶手无罪。[2]

※

与其他印第安人相比,阿帕奇人几乎没从边疆居民那里获得多少同情。他们不断的袭击使亚利桑那人处于一种长期混乱的状态。他们给被俘人员带来的痛苦,以极其残忍的手段折磨他们,令当地人作呕,并向他们灌输了对所有阿帕奇人复仇的强烈渴望,格兰特营地的大屠杀有力地给予了证明。亚利桑那人对阿帕奇人的反感将继续白热化,直至军队证明有能力逮捕实施暴行的阿帕奇人。

让阿帕奇人和亚瓦帕人(Yavapai)中的好战分子臣服不是件容易的事。亚瓦帕人是亚利桑那中部的土著人,往往被误认为是阿帕奇人。阿帕奇人擅长游击,亚瓦帕人稍逊一筹。平原印第安战士常用的虚张声势对阿帕奇人几乎没用。一位曾与他们作战的上尉说:"阿帕奇人可以像土狼一样隐蔽数小时,然后杀死敌人,而不会一不小心暴露自己,受伤或毙命。为了安全所采取的预防措施证明他是一个技能非凡的士兵。"

到19世纪70年代初,阿帕奇人的装备比西部所有印第安人都好得多。几乎每个战士都配备有一支可连射的步枪。即便配备弓箭,也主要用来打猎。阿帕奇人相信超自然力量对突袭或战争的成功至关重要,他们和平原印第安人一样严格遵守其要求和禁忌。阿帕奇战士马术一般,但他们用非凡的徒步耐力弥补了这一缺点。与平原印第安人通过精心制作的小屋(tipis)相互炫耀不同,阿帕奇人居住在造型简单的圆屋(wickiups)里,这种圆身圆顶的屋子通常由弯曲的树枝组成,上面覆以帆布或毯子,或者盖上茅草。圆屋建造简单,使奇里卡瓦人——某种程度上也可称为西阿帕奇人——拥有比平原印第安人更高的常年流动性。[3]

※

斯通曼上校对阿帕奇人和亚瓦帕人的袭击所持的轻慢态度,集中体现了亚利桑那领地令人遗憾的军事状况,那里有2000名士兵分散在十几个哨所中。士兵们士气低落,逃兵现象司空见惯。只要有地方可去,会出现更多的逃兵。但白人定居点不多且相隔甚远,居住者往往是"处境不佳的流浪汉和逃犯",他们更可能抢劫和杀害逃兵,而不是施以援手。

亚利桑那驻军的生活条件也非常糟糕,以至于一位年轻军医担心他会在巡防结束前就举枪爆头。在位于亚利桑那波特金村的麦克道尔堡,砾石铺就的阅兵场在白天闪耀着刺眼的白光,吸收的热量足以让夜间仍保持接近白天的热度。一位军官说,即便阴凉处温度通常也超过46度,"如果能找到阴凉处,温度也不会低"。官兵们住在简陋的土坯房里,到处都是有毒的红蚁,用来填充屋顶大梁的马粪受潮时发出恶臭。没有蔬菜和水果,痢疾肆虐。入夜,敌对印第安人在周边游荡,搜寻弹头、玻璃瓶和锡罐制造箭头,再重复利用,对付白人士兵。

由于种种原因,驻军经常缺乏反击的手段。物资运输运力有限且不可靠。沙漠的酷热把军车晒裂,军马不足常常使骑兵瘫痪。弹药储备量长期较低。1866年7月,军队进行了全面重组,导致阿帕切里亚的指挥体系出现了令人无法容忍的崩溃状况。新墨西哥成为密苏里军区的一个区,亚利桑那则被划分为加利福尼亚军区的四个独立区。由于亚利桑那没有驿站线路,消息需要历时数周才能到达位于旧金山的军区总部。以常规作战为重点的军事理论,对于在荒漠中进行反游击战争的官兵来说,派不上用场。尽管存在种种不利因素,1866年至1870年间,军队在亚利桑那杀死的印第安人还是比损失的士兵多。然而,印第安人的袭击仍在继续。领地上的白人居民用印第安人袭击的规模来衡量军队的表现,发现袭击有所减少。印第安人更清楚:他们可承受不起损失如此多的战士。

没有哪个阿帕奇首领比科奇斯更了解兵员消耗的残酷逻辑。到1870年,科奇斯与美国白人已打了十年的仗。他在亚利桑那东南部龙骑山的据点坐镇指挥,直到8月,他作出了出人意料之举。他提议与阿帕奇营地的指挥官约翰·格林少校进行和谈。"他累了,想睡觉。"格林报告说。"军队几乎消灭了他所有的战队,让他担心得要死。"考虑到"我们差不多扯平了",科奇斯请求休战,但格林没有权力与他交涉。科奇斯坚持和谈,他去了阿拉莫萨(白杨林峡谷)保留地,那里是奇里卡瓦人的奇亨尼战队所在地。他在那里遇到了一位之前与印第安人做过生意的商人,名叫托马斯·杰福兹(Thomas Jeffords),并与他建立了密切的友谊。在阿拉莫萨,科奇斯还与印第安事务局的一名特别中间人进行了交谈,重申了对和平的渴望,并要求获得与奇亨尼人定居在一起的许可。然后,他返回他的山中据点,等待政府的决定。虽然科奇斯试图控制他的战士,但与平民巡防队和军队巡逻队的冲突仍不可避免。科奇斯发现,正如他所说,"不休战,无和平"。

科奇斯之所以需要和平,不仅是为了他的族人——常年打仗已减少到不足400人——而且也为了自己的生存。这位与美国军队作战十年且战绩不俗的勇士首领,正在慢慢输掉一场与胃癌进行的战斗。[4]

※

科奇斯的和平提议恰逢亚利桑那军事管理机构的改组。1870年初,州长安森·萨福德(Anson P. K. Safford)曾劝说陆军部将该地区软弱无能的军分区合并为亚利桑那军区。对亚利桑那人来说不幸的是,斯通曼上校收到了指令。无动于衷且漠不关心的斯通曼拒绝将他的总部从旧金山迁至"炎热讨厌的图森",而且他对阿帕奇人和亚瓦帕人持续不断的袭击也从不上心。这些袭击使旅行瘫痪,迫使牧场主和农场主们白天都不敢出门。1870年12月,斯通曼试图通过一项命令来安抚亚利桑那人,承诺将搞"一场无情的冬季战役",旨在公共关系上给市民点甜头。斯通曼的心根本没在他的工作上。他告诉谢尔曼将军,他希望和平专员们通过"施加道德和宗教影响"来为他解决阿帕奇/亚瓦帕人的问题。斯通曼对他所辖地区不断恶化的状况如此漠不关心,以至于就在格兰特营大屠杀前两周,还建议关闭五个哨所,将部队被派往其他地区。萨福德州长对斯通曼已毫无信心,强烈要求解除其职务。[5]

州长只有一个人选来接替斯通曼——乔治·克鲁克中校。当时,他正在旧金山的一个"淘汰委员会"负责清除表现欠佳的军官。然而,克鲁克压根儿就不想和亚利桑那有任何关系。一年前他就接到了这个命令,他予以拒绝,理由是"和印第安人打仗又苦又累,还没有任何好处"。此外,他还说,亚利桑那酷热的天气对他的身体不好。由于克鲁克本人拒绝赴任,州长向华盛顿施压,要求直接给他下达指令。尽管陆军部长和谢尔曼将军都反对任命克鲁克中校,理由是其职位太低,格兰特总统还是同意了萨福德的请求。1871年5月17日,克鲁克被派往亚利桑那军区履职,直至找到合适的将军接替他。克鲁克彻底绝望。他不仅觉得"临时接任"的概念令其厌恶,特别是在亚利桑那任职,而且还担心他被晋升为高级上校会引起其他军官的愤怒。事实确实如此。[6]

没有人能依据克鲁克与印第安人的战绩来反对他的任命。在来到亚利桑那之前,他在内战后对印第安人的战争中参战时间之长、承担任务之艰巨,都超过了正规军中任何其他野战军官。1866年12月,克鲁克接管了博伊西地区的指挥权,这是整个西部最差的军队职位。两年来,北方派尤特人(Paiute)一直在与俄勒冈东部和爱达荷的定居者进行游击恶战。事实证明,军队不仅没用,而且更糟。军官们酗酒成风、冷漠无情。克鲁克改变了这一切。到达后不久,派乌特战队就袭击了他总部附近的白人定居点。克鲁克亲率一个骑兵连,随身带着一把牙刷和换洗内衣,出发追击。他本打算只去一个星期。"但是,"克鲁克回忆道,"我对追击印第安人产生了兴趣,直到两年后才回来。"克鲁克给那个地区带来了安宁,而且对战败的印第安人处理得很好。他招募最勇猛的印第安战士作为侦察兵,对之前敌对的战队"承诺不多,但一旦作出,绝对信守",他的一名助手说道,"达成的和平持续了十年。和平如果不再,我敢肯定是白人的错"。[7]

尽管他们对军区指挥官的变动赞许有加,但亚利桑那人发现40岁的克鲁克就像个谜。特立独行,倔强不屈,有时还故步自封,克鲁克似乎乐于和高级军官斗嘴。他喜好边远地区的生活,一名军官曾说他"比印第安人更像印第安人"。他从外表根本看不出是个军人。他蓄着浓密的金色小胡子,下巴上还有着凌乱的胡须。外出行动时,克鲁克把胡子编成小辫子塞进上衣里。在野外时,他很少穿军装。

在西点军校,克鲁克几乎没有表现出有什么前途,毕业时几乎是全班垫底的学生,但内战期间他成长起来,从上尉晋升为志愿军少将。在1864年的雪兰多战役中,他在他的朋友和西点军校室友菲尔·谢里丹手下指挥一支军队。比起友谊,谢里丹更看重抱负。他将本应归功于克鲁克的一场北方军队的大胜功劳据为己有。克鲁克永远都不会原谅谢里丹。[8]

克鲁克于1871年6月抵达亚利桑那,将指挥部设在普雷斯科特的惠普尔兵营,并选择第三骑兵团的约翰·伯克(John G. Bourke)中尉作为副官。从形象来看,克鲁克选不出比他更好的人了。这位年轻中尉能干、勇敢、口齿伶俐,而且求知欲极强,成了指挥官的非正式公关人员。在接下来的15年里,两人的命运将密不可分。[9]

克鲁克的第一个目标是科奇斯。尽管表露出和平的意愿,他仍把科奇斯称为"对一切文明均不妥协的敌人",而且认为求和纯属虚情意。当年7月,克鲁克派出五个骑兵连出发前往科奇斯的龙骑山据点。科奇斯到处都安插了眼线,因此克鲁克能成功奇袭的机会微乎其微。当一个无能的上尉带领连队穿过一个山谷,数英里内的每一个阿帕奇人都清楚地看在眼里时,机会彻底丧失。克鲁克的愤怒完全可以理解,他取消了行动。然而,最终的结果还不赖。除非彻底将科奇斯摧毁,任何其他事情都有可能把这位病怏怏的酋长从他试探性的和平之路上推回到全面战争。此外,克鲁克对阿帕奇的突袭,也使他对作战地区掌握了第一手知识,并说服了与奇里卡瓦人格格不入的白山阿帕奇人成为他的侦察兵,克鲁克将这一成就认定为"解决阿帕奇人问题的切入点"。[10]

然而,切入点不会立即被武力拓宽。在筹划第二次打击科奇斯的战役时,克鲁克意外地接到了卸任的命令。正如克鲁克所说,一位特别专员正从华盛顿前来,"带着上帝的恩典与阿帕奇人议和"。

尽管克鲁克对这种干涉行为很生气,但他也要为此负部分责任。一接到命令,他就发誓要把让阿帕奇人屈服,就像他对北方派尤特人所作的一样。印第安事务专员委员会好心的慈善家们大声疾呼,声称好斗的克鲁克与新发布的"和平政策"宗旨背道而驰,该政策设想只要有可能,就将印第安人和平地驱赶至保留地,让他们"文明起来"。问题是科奇斯的意图还不确定,而且亚利桑那也没有任何科奇斯和他的族人可去的保留地。特别专员委员会秘书文森特·科尔耶的任务就是进行和平谈判并选择适当的保留地。确信科尔耶是亚利桑那州一个被称为印第安团伙的傀儡,该团伙是一伙骗子和一些无良官员组成的联盟,克鲁克对他的动机和能力进行了无情攻击。伯克更是对其大加挞伐,称科尔耶是"地狱的孽子"。当地报纸的报道就像套在专员脖子上的套索。[11]

在亚利桑那期间,科尔耶创建了一个巨大的白山印第安人保留地,以容纳成千上万他认为会屈从于他的善愿的印第安人。[12]然而,他一事无成。科尔耶一走,印第安人就恢复了袭击。1871年11月5日,一个亚瓦帕人战队在威肯堡附近伏击了一辆驿站马车,杀死八名乘客中的七人。被称为"威肯堡大屠杀"的事件激怒了全国,使科尔耶声名扫地。得知"好人文森特"被"炒"后,克鲁克很高兴。在其他愚蠢的"和平使者"到来之前,他让手下准备重上战场。12月,克鲁克宣布他会将任何不在保留地的印第安人视为敌对分子。他向他的上级约翰·斯科菲尔德(John M. Schofield)少将保证,将在次年春天前实现和平。他所要求的只是"再多给几匹马,其他别管"。[13]

东部的和平分子们再一次打乱了他的筹划。在克鲁克发动进攻前几天,斯科菲尔德命令他推迟行动,以便给另一位特别专员机会,继续完成科尔耶的工作。最重要的是,找到科奇斯并与他和好。新的专员是奥利弗·霍华德(Oliver O. Howard)准将。

格兰特选了一名军人通过不流血的方式缔造和平,并不具有讽刺意味。这位41岁的新英格兰人被他的同僚们戏称为"基督将军",有时还略带嘲笑,其实他是一个充满爱心和人道的人,有着真诚的信仰。霍华德在战斗中失去了一只胳膊,内战后,他是少数有幸在正规军中获得准将职位的人之一。1865年5月,安德鲁·约翰逊总统任命霍华德为新成立的被解放黑奴事务管理局(Bureau of Refugees, Freedmen, and Abandoned Leunds)局长,帮助解放了的奴隶在自由社会中找到出路。尽管该局与党派政治和腐败纠缠不清,但胸怀坦荡的霍华德却出污泥而不染。

霍华德和克鲁克之前从未谋面,但两人在军区总部进行了礼节性的问候,并给对方留下深刻印象。霍华德发现克鲁克"古怪且捉摸不透",他的眼睛"并非他心灵的一扇透明窗户"。而克鲁克认为霍华德痴心妄想。"他告诉我,他认为造物主把他带到世上,就是让他成为黑人的摩西。完成这个使命后,他对自己的下一个使命是印第安人感到满意。我弄不清是他的虚荣心,还是他的脸面,让他能以此种崇高的姿态昂首挺胸。"[14]

霍华德的宗教热情几乎毁掉了他的使命。1872年4月30日,就在格兰特营大屠杀一年后,他邀请西部阿帕奇酋长及其宿敌皮马人(Pima)和帕帕戈人(Papago)参加在格兰特营举行的和平会议。当走近印第安人中时,霍华德突然跪下并开始大声祈祷,酋长们像受惊的鹌鹑一样四处散开。在惠特曼中尉向他们保证,这位独臂将军的怪异举动并非出于某种恶毒"魔法"之后,他们才肯回来。经过多次演讲,他们都同意永久和平,并都将遵守作出的承诺。令克鲁克松了一口气的是,霍华德很快就走了,因而无法与科奇斯取得联系。而且霍华德在格兰特营地的工作也没给他留下什么印象。

不过,克鲁克没有听到霍华德留下的一句话。四个月后,这位"基督将军"回到了阿帕切里亚,决心去见科奇斯,甚至不惜牺牲自己的生命。他直奔图拉罗萨堡,那里有一个新的奇亨尼-阿帕奇人保留地。据悉,科奇斯的丘孔恩战队成员经常光顾这里。科奇斯的密友托马斯·杰福兹也在那里,建立了一个贸易站。霍华德让杰福兹找到科奇斯,带他来谈谈。杰福兹不清楚霍华德的真实想法,但他确定没时间也没有意愿充当他的信使,特别是他相信霍华德可能根本不具备应付脾气火爆的丘孔恩人的能力,"由于他众所周知的人道主义思想,以及在我看来,他就是一个基督士兵"。

杰福兹认为他有个简单的应付方法。"霍华德将军,"他说,"科奇斯不会来的。想和他谈,就要去他的地方。我会告诉你我会做什么。我会带你去找科奇斯。你能不能不带一兵一卒和我去?"令杰福兹惊讶的是,将军不仅同意,而且还任命杰福兹为"科奇斯保留地"的中间人。如果科奇斯同意他的条件,他打算在阿拉莫萨建立科奇斯保留地。

霍华德让杰福兹信了。1872年9月19日,他们在霍华德的副官和科奇斯的两个亲戚的陪同下,踏上300英里的路程,前往科奇斯在龙骑山的据点。这个奇怪的队伍每天在荒漠烈日下行进30到40英里,对一个少了只胳膊的人来说,这是对耐力的无情考验。10月1日,霍华德见到了科奇斯。双方进行了坦诚的讨论。霍华德说,他是应总统(伟大的父亲)的要求来实现和平的,他提议在阿拉莫萨把丘孔恩人和奇亨尼人联合起来。科奇斯很高兴。"没人比我更想要和平",他告诉霍华德,但担心此举会使他的战队解散。他建议在丘孔恩人的家乡划出一块保留地,这是他的下属们都同意的提议,可以"消除所有旧怨"。为了和平,霍华德接受了。没人承诺将协议付诸书面,但霍华德报告了如下条款:丘孔恩人将被授予龙骑山和奇里卡瓦山脉之间50英里宽的保留地,禁止军队进入;杰福兹将是他们的中间人;政府将为丘孔恩人提供食物和衣服。作为回报,科奇斯同意停止与亚利桑那人交战。

杰福兹承认他错看了霍华德。他说:"我怀疑是否还有其他人能被派到这里(并)执行这一任务。"一个月后,萨福德州长见到了科奇斯,回来时对这片土地曾遭受的灾祸唏嘘不已,满怀热情地感谢霍华德将军"高尚地履行了他的职责"。而克鲁克则刻意与一片赞誉之声保持距离,声称只知道霍华德靠"上帝的恩典和祈祷",已与阿帕奇人达成了某种协议。[15]

克鲁克的小气使他毫无功劳。其实,他真该感谢霍华德。尽管霍华德坚持与科奇斯斡旋,但他也认为只有武力才能使敌对的亚瓦帕人和西部阿帕奇人就范。华盛顿官方也对此表示赞同。科奇斯已属"禁区",但克鲁克终于可以放手对其他惹麻烦的部族发动进攻了。

※

至少可以说,克鲁克的力量并非正统。他利用阿帕奇人好斗的天性,向那些愿意倒戈的战士提供全额军饷(拿的人还真不少)。克鲁克违反军队规定,雇佣经验丰富的平民骡夫,为军队提供能穿越亚利桑那最崎岖地形的驮畜服务。他自己则骑着骡子行进,显示他对这些驮畜的信任。

他的行动计划也很简单。他派遣先头纵队进攻威尔德河以西的亚瓦帕人,与坚守领地的战队战斗,并号令其余人马越过马扎尔山脉,进入通托盆地,这是一片半干旱地带,长着低矮灌木和黄松的荒野,

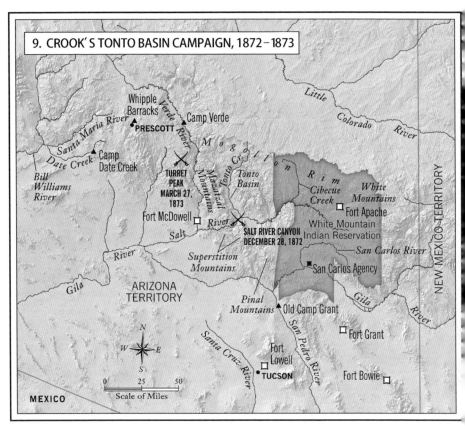

克鲁克指挥的通托盆地战役(1872年到1873年)

不仅是亚瓦帕人的家乡,也是几个敌对的西部阿帕奇战队的大本营。克鲁克随后下令由印第安侦察兵和白人士兵组成的各路力量缩小包围圈,让敌人要么挨饿,要么挨冻,要么投降。纵队指挥官将尽一切努力保护女人和孩子,人道地对待男女俘虏,并鼓励男性俘虏入伍当侦察兵。任何人都不容许以任何借口离开战场。即便马匹无法行进,士兵们也要继续徒步前进。克鲁克预计整个行动将会"短促、利落和果断"。[16]

各路纵队于1872年11月15日占领了这块土地。克鲁克的新副官伯克中尉决定陪同威廉·布朗(William H. Brown)少校的220人部队,两个徒步骑兵连以及皮马人和阿帕奇侦察兵组成的支队。这对于一个急于参加行动的初级军官来说,是一个好的选择。在野外待了五个星期后,布朗的侦察兵在崎岖的马扎扎尔山上发现了一条新路痕,通向一个狭窄的台地,终点是亚瓦帕人的一个据点。到达那里的困难在于,小径狭窄且多岩石,有一边是一个布满仙人掌的陡峭斜坡,一直延伸到下面激流的盐河。一阵狂风在山间盘旋,似乎有意要把不小心的人吹倒。布朗让士兵们休息一天,然后,在12月28日阴冷多云的午后,出发寻找据点。为了不发出动静,士兵们都穿着软底皮靴行进。夜晚寒冷,黑云遮月,但漆黑的天色并未妨碍他们找到亚瓦帕人。一场熊熊的篝火把布朗带到了他们的据点——一个嵌入岩石的椭圆形小洞穴,洞口被一个10英尺高的砂岩墙遮挡。洞口附近,战士们围着篝火跳舞,庆祝最近的袭击,孩子们在一边观看,女人们正在做饭。亚瓦帕人没有安排人放哨。从未有外人能穿越山区的自然屏障,他们有理由相信这个晚上也没什么不同。

布朗的人悄悄地走到离亚瓦帕人不到35码的地方,突然开火,密集的枪声在黑暗中响彻山谷。惊慌失措的女人和孩子跌跌撞撞地跑进山洞。惊诧不已的战士们躲在石墙后盲目地向篝火那头射击。布朗少校号召他们投降,亚瓦帕人则以嘲弄的喊叫回应,直到爬到洞穴上方断崖的士兵们将岩石雨点般抛落在他们身上之前。洞穴里传来悲伤单调的哀歌。布朗少校下定决心速战速决,下令部下向洞顶看不见的一群印第安人射击。三分钟后,洞里静了下来。伯克中尉走了进去。"一幅可怕的景象出现在眼前。角落里,11具尸体挤在一起,另一处还有4具尸体。洞里不同的缝隙处,都堆满了尸体。"57名印第安战士和19个女人和孩子在盐河峡谷战役(也称头骨洞战役或骷髅洞战役)中丧生。布朗消灭的这个亚瓦帕战队,隶属于一年前文森特·科尔耶赠以厚礼的酋长,他曾向科尔耶吹嘘"从未有白人军队找到过他的藏身之处,也永远不会找到"。[17]

1872年到1873年的那个冬天,克鲁克的各路纵队在通托盆地与亚瓦帕人和西部阿帕奇人发生了19次冲突,估计有150名印第安人丧生。但活下来的人们溜过军队的警戒线,公然大肆袭击单家独户的定居者家园,伏击防范意识薄弱的过路者。克鲁克以更频繁的惩罚性行动加以报复。1873年3月27日晚,他的一路纵队在威尔德河西岸的炮塔峰打击了一个亚瓦帕小村。这场杀戮超出了克鲁克的预期,他报告道:"在这个几乎坚不可摧的地方,(印第安人)感到非常安全,以至于他们完全没有在意。有人从悬崖上跳下,摔得不成人形。所有的男人都被杀,大部分的女人和孩子被俘。"

炮塔峰一战击溃了亚瓦帕人的抵抗。被俘的印第安人在军营游荡,瘦骨嶙峋,衣衫褴褛。"我们向你们投降,不是因为我们爱你们,而是因为你们策反了我们中的一些人反对我们。"一位亚瓦帕酋长在带着2300名追随者向克鲁克投降时说。"你们分裂了我们的部族。所以我们要与你们和好,照你们吩咐的办。"勇猛的克鲁克胜利了。现在,人道的克鲁克登场了。他对酋长说,"如果你答应过和平生活,不再杀人,你将是我最好的朋友"。克鲁克信守诺言,帮助亚瓦帕人在威尔德河保留地建立农场。他告诫手下,不要因为印第安人违反白人法律的小罪行而对其严厉审判,要小心对待他们,把他们当成"无知的孩子,而不是无辜的孩子"。[18]

格兰特政府对克鲁克的成功给予了充分奖赏,将他从中校调任为准将,并任命他为永久军区指挥官。正如克鲁克所担心的那样,他的晋升激怒了同僚。没人比纳尔逊·迈尔斯上校更痛苦。从那天起,他就恨透了克鲁克。另外,战败的亚瓦帕人对他们的征服者也没有恶意。他们尊重一个言出必践的白人,即使这些行为以牺牲他们的利益为代价。克鲁克能击穿他们最偏僻的躲避处也让他们唏嘘不已。他们确信一个拥有神力的掠食者一定赋予了他潜行能力,于是给他取名为"南丹鲁潘"(Nantan Lupan),意为"灰狼首领"。

"灰狼首领"和他的手下禁不住有点志得意满起来。克鲁克宣称通托盆地战役是"印第安战争史上首屈一指的战役",他轻率地吹嘘自己"结束了一场自科尔特斯①时代就开始的印第安战争"。

六周后,保留地就爆发了暴力冲突。

※

麻烦始于白山保留地,那里的一个实为恶棍的印第安中间人鼓动西部阿帕奇人之间的不和,召集一伙暴徒恐吓那些对他的不法勾当提出质疑的诚实雇员。1873年5月发放物资的一天,当他手下的印第安暴徒在一次混乱中杀死了一名年轻中尉时,长期的恐吓和放纵一下点燃了人们的众怒。人们签下生死状后,开始掠夺白人定居点。暴跳如

---

① 埃尔南·科尔特斯(西班牙语:Hernán Cortés;英语:Hernando Cortes, 1485—1547),西班牙贵族,大航海时代西班牙航海家,阿兹特克帝国的征服者。1534年到1535年科尔特斯从墨西哥北上到北美洲西海岸,探索了现在的南加州一带,并将该地命名为加利福尼亚(California)。——译者注

雷的克鲁克发出通告,挑头者被抓获之前,无论是死是活,最好是死,一概不接受投降。白山保留地刚一炸锅,一个月前还含泪乞怜投降的亚瓦帕首领德尔沙伊(Delshay)就立即离开了威尔德河保留地,上了战场。[19]

克鲁克在派出军队和阿帕奇侦察兵之前,给了投诚者一条出路:只要把通缉的挑头者头颅带来,他们的罪行将得到宽恕。当无人献上头颅时,克鲁克开始了行动,无情打击了敌对战队。杀死数十名战士,但挑头者总是设法逃脱。克鲁克开出的悬赏条件开始对他们日渐减少的追随者更有吸引力,他们现在与阿帕奇侦察兵争夺斩首酋长的机会。不到一年,除了德尔沙伊,所有挑头者的人头都交了过来,整齐地排列在阿帕奇营地的阅兵场上展示。当德尔沙伊的头颅终于交上来时,同时还吸引来了好几拨自称斩首的人。来自威尔德营地的三个通托-阿帕奇人发誓是他们杀了他,并带来了一张头皮和一只耳朵来证明。一位来自白山保留地的印第安战士也来邀功,并交上了一个砍下来的断头。可怕的争功让克鲁克感到开心。"我很满意各方都对自己的说法当真,多带一个头颅也没什么不好,所以我给他们都付了钱。"[20]

※

有一个阿帕奇人的头颅,以比喻的方式来说,仍然未到克鲁克之手,那就是科奇斯。克鲁克蔑视霍华德的工作,到处找借口发动战争。就在霍华德离开几周后,科奇斯的战士们又开始了他们在墨西哥历史悠久的袭击行动,克鲁克认为他完全有正当的理由发动攻击。然而,考虑到华盛顿促使和平的力量,他需要有十足的把握。因此在1873年1月下旬,他派遣刚在盐河峡谷大获全胜的布朗少校去问科奇斯,他和霍华德就墨西哥问题究竟达成了什么协议。"在这件事上墨西哥人是一边,美国人是另一边。"科奇斯对布朗说。"很多年轻人的父母和亲戚都被墨西哥人杀害,现在这些年轻人有可能会时不时地南下,给墨西哥人造成点伤害。我不想在这件事上撒谎,他们自己要去,但不是我派去的。"这可不是克鲁克想听的话。不过,很明显,科奇斯认为自己并未违反与霍华德的约定。克鲁克不情愿地取消了与丘孔恩人作战的计划。[21]

这其实并不重要。科奇斯不会再烦克鲁克多久了。他的胃癌正缓慢地夺去他的生命力。为了减轻持续的疼痛,科奇斯大量喝酒。他变得瘦弱不堪,常从噩梦中惊醒。他确信他杀死的白人的灵魂已经回来折磨他了。在篝火的熊熊火焰中他看到了征兆。他告诉他的战士们,一位来访的奇亨尼女巫给他施了妖术。在冷静下来之前,他们差点把那个女人烧死。尽管痛苦难忍,但科奇斯仍然清醒地记得他对霍华德将军作出的承诺。他最后的指示是"永远与白人和平共处",并按照他们的中间人托马斯·杰福兹的话做。科奇斯给他的长子取名塔扎(Taza),一个天性和蔼可亲的年轻人,接替他担任酋长。

1874年6月7日晚,杰福兹和科奇斯进行了最后一次谈话。科奇斯问杰福兹,他是否认为他们以后还会见面。杰福兹不知怎么回答。"我生病的时候,想了很多,我相信我们会再见面的,"科奇斯手指天空说道,"好朋友会再见面的,在天上。"第二天早上,科奇斯死在他龙骑山据点的山寨里。九个月后,克鲁克将军离任,前往遥远的普内特军分区担任指挥官。他的继任者是奥古斯特·V."荷兰人"·考兹(August V. "Dutch" Kautz)上校,一个平庸的军官,与印第安人的战绩为零。在告别宴会上,克鲁克向亚利桑那人保证,也许并非出于真心,他们可以相信考兹是"一个言出必行的人"。[22]

他一定会是这样的人。在亚利桑那实现的普遍和平中,印第安事务局制造了一枚"定时炸弹"。1874年年底,华盛顿的官僚们决定在亚利桑那实行集中政策。根据此项政策,已在小块保留地定居的印第安人将被转移到大块保留地,必要时采取强制手段。至少理论上,他们可以不受边境流氓人士的骚扰。似乎没人想到,那些在小块保留地掠夺的流氓们也会到更大、更有利可图的地方去。无论如何,亚瓦帕人、西部阿帕奇人和奇里卡瓦人将被集中安置在亚利桑那东部250万英亩的白山印第安保留地,这是科尔耶和霍华德将军完成的和平使命,前者开创,后者加以了扩大。位于保留地南界沙漠荒地上的吉拉河和圣卡洛斯河交汇处的圣卡洛斯中间人机构,将负责处理这一大型保留地出现的问题。阿帕奇军营则是居住在风景如画、猎物丰富的保留地北部山区的印第安人的非正式管理机构。

在支持集中政策的同时,印第安专员委员会敦促政府将互为宿敌的印第安人分开。但在亚利桑那领地,印第安事务局并未照此处理。当相互敌对的部族和战队都被集中到白山保留地时,麻烦"炸弹"的计时器开始滴答滴答地响了起来。

白山保留地首任印第安中间人约翰·克鲁姆(John P. Clum)是一个傲慢且野心勃勃的22岁年轻人。"乳臭未干",正如一个阿帕奇人轻蔑地描述,克鲁姆加速了事态恶化。他生性好斗,处处与军方对抗。他特别不满阿帕奇营地领导层对保留地北部施加的影响。克鲁姆唯一能反击的方法就是在圣卡洛斯无尽的荒漠中聚集尽可能多的印第安人。他也是这么做的。

在克鲁姆的"仁慈"管理下,他先是把已在威尔德河保留地精耕细作的亚瓦帕人赶走。然后,他烧毁了白山保留地的阿帕奇营地中间人机构,并将其补给物资运至圣卡洛斯,迫使白山阿帕奇人搬迁。700人跟着他走了,但有1100人拒绝搬迁,其中包括在阿帕奇营地担任侦察兵的印第安人及其家人。克鲁姆知道不该强推此事。

1876年6月,轮到奇里卡瓦人了。此时,托马斯·杰福兹极具亲和力的管理方式吸引来的阿帕奇人几乎与奇里卡瓦保留地上的丘孔恩人一样多。与此同时,科奇斯的儿子塔扎确实证明了自己是一个软弱的领导人。他只赢得了三分之一印第安人的支持,大概总共325人。将他已故父亲禁止对白人采取暴力行为的教诲谨记在心,塔扎和他的追随者们乖乖地去了圣卡洛斯。

"圣卡洛斯!那是从阿帕奇人手里偷来的最差的地方,"一个奇里卡瓦战士回忆道,"天气酷热,蚊虫肆虐,水源奇缺。有时天气可以热到温度远超50度,我敢肯定。"总而言之,另一个战士说:"阿帕奇人认为这是个好去处,其实是他们死的好去处。"奇里卡瓦人前脚刚走,白人定居者和牧场主们就涌向了他们先前的保留地,丘孔恩人的家园就这样突然消失了。

然而,并非所有奇里卡瓦人都接受"流放"。近400名拒不服从塔扎管束的人逃到了索诺拉,在那里,他们消失在马德雷山区的老地方,并继续着他们最喜欢的"消遣"——劫掠墨西哥人。他们的领袖中有一位名叫杰罗尼莫(Geronimo),此人拥有"魔力"且灵敏机智。[23]

第十一章
"坐牛"和"疯马"

191 "我看得见。我猜得透。还没有出生时,我就能看穿一切。还未在母亲怀里,而是在母亲肚子里时,我就开始研究我的族人了。""坐牛"酋长曾这样告诉一位记者。"天神赋予了我透过母亲肚子看清世间万物的力量。我在母亲肚子里,就想了很多东西。我捉摸了杀死我的族人的天花,还有让很多女人和孩子丧命的大病。我兴趣如此浓厚,会换位思考。"[1]

身为洪克帕帕-拉科塔人的"坐牛"从未停止过对其族人的研究,为了族人们的福祉殚精竭虑。无论面对何种威胁、多少贿赂、年金或礼物,抑或何种和平提议,都无法动摇他为其族人、脚下的土地和传统生活方式而战的坚定决心。只要他一开口,人们就会洗耳恭听。

"坐牛"于1831年出生于黄石河口之下。他妈妈给他取名"跳獾"(Jumping Badger)。14岁时,"跳獾"完成了第一次战棍棒击,之后,按照惯例,他的父亲"公野牛坐下"(Buffalo Bull Sits Down)把名字给了儿子,这个名字被白人误译成"坐牛"。接下来的十年里,年轻的"坐牛"完成了至少二十几次棒击,在与克罗人和波尼人的战斗中受伤三次,包括脚上的一处枪伤,使他永久跛行。"坐牛"在四个团体中都有任职,这是一个了不起的成就,因为大多数幸运的印第安战士仅会获得了一个团体的成员资格。到19世纪60年代中期,只有"坐牛"的叔叔"四角"比他在洪克帕帕战队中的地位更高。"坐牛"作为一位拥有预

192 言能力的"圣人"(Wichasha Wakan)声誉日隆,此能力来自他的梦境、远见以及与"神灵"(Wakan Tanka)直接交流所得。"神灵"能看透一

切,无所不知。

身为战争领袖兼圣人的"坐牛"具备拉科塔人的四个基本美德——勇敢、坚毅、慷慨和智慧。但他仍很谦虚,甚至有些人说他胆小。他衣着朴素,不穿战袍,只喜欢一根白鹰羽毛(表示他的第一次棒击)或偶尔加一根涂成红色的鹰羽(表示他的第一次受伤)。他善于倾听,从不打断别人。当人们拒绝他的建议或无视他的远见时,他并不以地位压服,也不会生气。他幽默感极强,擅长打手势和模仿。他还饱受严重抑郁症的折磨。他性格中有两点始终如一:对白人的不信任以及他的信念,即他是天神选定之人"作为所有其他印第安人的判官",他从不将此信念强加给他人。很快,"坐牛"的名声就传遍了整个拉科塔部族。一位传教士说:"但他似乎是以一种木讷的方式接受这一切。需要一个场合、一个危机,才能把他从内向、沉思的满足中唤醒,外化为他的行动。"[2]

※

1866年,黄石河和密苏里河交汇处开始修建布福德堡,这一举动成为使"坐牛"上升为反白人领袖的首个危机。正如同样建于1866年的史密斯堡和卡尼堡威胁到了"红云"的奥格拉拉人猎场一样,布福德堡也预示着白人将令人无法容忍地侵入洪克帕帕人领地。然而,"坐牛"无法与"红云"的功绩相提并论。在两年半断断续续的战争中,他无法战胜一个通常只有不到50人的白人军队。但布福德堡的坚韧并未削弱"坐牛"抵抗的决心。"坐牛"向一群落魄的保留地阿西尼伯因人阐明了他的信条。与其依靠白人的赐予生存,不如深入野牛出没的地方自谋生路。"看看我,"他向这群人煽动道,"看看我是不是穷人,我的族人穷不穷。你们会说,白人也许最终会抓到我,但在那之前我会过得很愉快。你们居然会为了一块培根、一些硬面包、一点糖和咖啡就甘愿为奴,真是蠢到家了。"[3]

据"坐牛"估计,"红云"和他的首领们1868年签署《拉雷米堡条约》时,大多数拉科塔人都是傻瓜。四年后,这些"傻瓜"占了约15000名拉科塔人的近90%。2000个洪克帕帕人中,只有一半的人支持"坐牛"。4000名奥格拉拉人中,只有不到四分之一的人拒绝该条约。其余人,加上大约1500名夏延人和1000名北阿拉帕霍人,都接受了"红云"机构的管理。几乎所有布鲁莱人,据估计有4050人,生活在"斑尾"的机构。"坐牛"和其他不接受1868年《拉雷米堡条约》的人成为众所周知的非条约派,或为达到政府目的,被当作为敌对派。[4]

将拉科塔人分为保留地派或非条约派很成问题。非条约派拉科塔人经常拜访他们在保留地的亲属,甚至加入一些机构领取配给品,特别是在冬季。相反,未认可的印第安领地则为不满政府管理规定或偶尔想尝尝旧日自由滋味的保留地印第安人提供避难所。每年春天,拉科塔人就离开保留地,加入他们四处游荡的亲戚,在秋季野牛猎捕结束后,回到机构。因此,未认可的印第安领地上每年夏天都会出现拉科塔人涌来的高峰,然后冬天离开。

"坐牛"只对老的生活方式保存执念,不顾其余。而"红云"和奥格拉拉人则随心所欲。至于他自己,他不会出卖他族人的一寸土地。他也不会谴责拉科塔人长久以来强行驱赶其他部族以扩张其领地的做法。近20年来,拉科塔人一直在努力从克罗人手中夺回野牛丰富的粉河地区,这是他们19世纪60年代初实现的目标。然而,近10年来,最大的野牛群已经深入到克罗人剩下的领地。接下来的六年里,"坐牛"将致力于把克罗人从平原赶到山区。到目前为止还只在他的领地东缘活动的白人,他认为是一个较小的威胁。[5]

"坐牛"的一举一动现在有了更大的分量。他不再仅仅是一个洪克帕帕战争首领。1869年夏天,在一个非条约派拉科塔人的大会上,他的叔叔"四角"(Four Horns)策划将侄子晋升为拉科塔人的最高首领,或者更确切地说,那些拒绝在保留地生活的拉科塔人的最高首领。这是一个大胆的举动,许多人拒绝接受"坐牛"升到一个与拉科塔人的政治文化格格不入的位置。但是数以百计的洪克帕帕人、黑脚人、桑萨雷人、奥格拉拉人、米尼孔朱人甚至是北方夏延人,"坐牛"也不清楚到底有多少,都支持"四角"的提议。会议结束时,"四角"转向他的侄子说:"由于你在战场上的勇猛表现,作为我们战队中最伟大的战士,我们选举你为我们的战争首领,整个苏族的领袖。你叫我们打仗,我们就打仗;你叫我们和平,我们就和平。"[6]

"坐牛"并不是拉科塔人中唯一一个支持老做法的显赫人物。有一个奇怪的年轻奥格拉拉战争领袖,两人还不认识,热衷于同样的事情。他的名字叫"疯马"。

※

人们认为"疯马"很奇怪,一个为战争而生的独行者。他经常独自在大草原上游荡,探寻未知,猎捕或盗取敌人部落的马。在营地时,他少言寡语,显得心烦意乱、疏离众人,好像无法忍受与他人接触。他从不参加任何会议和和谈,回避一切带有政治、阴谋或诡计的活动,不仅不与白人接触,与其他拉科塔人也刻意保持距离。他对一年一度的太阳舞仪式没有兴趣,而这是拉科塔人最看重的宗教仪式,他也不会费心参加其他神圣仪式。他从不摆姿势照相,怕相机会夺走他的灵魂。他衣着朴素,生活贫困,却把最好的马和狩猎所得给予穷人。"疯马"从未有过战帽,打仗时,他总是赤膊上阵,只穿一条马裤。他的长相让印第安人和白人都迷惑不解。据一位对他了如指掌的战士说,他"不高不矮,不胖不瘦。发色很淡,肤色也很浅,比其他印第安人白得多。他的脸型不宽,鼻子又高又尖"。虽然刻意与他人保持距离,但"疯马""知道很多事情,一直如此"。他一直年轻的外表、浅白的皮肤,和齐臀的细发赋予了他一种雌雄同体的气质。一名印第安中间人这样形容这个36岁的男子:一个"长着害羞女孩模样的男孩"。

有一点大家都同意:"疯马"是一个杰出的战士,也许是北方平原上同辈人中最能干的一个。奥格拉拉人理解并接受了他。"在印第安人中,'疯马'并不是什么好东西,只会打仗。"他的个人"魔力"师如此断言。然而,战争荣誉和战利品对"疯马"来说并不重要。他从不取头皮,经常把自己棒击的机会让给想抢功的战士。"疯马"谨遵军事格言:以最小的代价造成最大的伤亡。一位朋友钦佩他,"除非脑子里完全计划好,并知道自己一定会赢,否则不会轻举妄动。而且他总是运筹帷幄,稳操胜券",否则他根本不愿打仗。

但情场上却不是这样。到30岁时,他还单身一人,还爱上了一个有夫之妇"黑牛妇"(Black Buffalo Woman)。她不仅结了婚,而且还是"红云"的侄女。除此之外,她的丈夫还是"疯马"战争领袖的竞争对手。然而,疯马已被对"黑牛妇"的欲望吞噬,当她丈夫外出与克罗人打仗时,两人私奔了。丈夫回来时,这个被戴绿帽的人追踪到这对男女,用左轮手枪近距离给了"疯马"头部一枪。经过长时间的修养,"疯马"奇迹般地康复了,但这一事件对整个奥格拉拉部族造成了创伤。"疯马"在当"着衫人"("shirt wearer")期间犯下了通奸罪。每个拉科塔部落都有四个"着衫人",由部落长老会选举产生,执行法令和树立正直的道德标准。不用说,疯马在后一点上惨败,他被剥夺了职务。没人取代他,不久后,"着衫人"就失去了意义。尽管他曾行为不轨,但"疯马"的军事天赋和对年轻人的影响力太大,无法将他弃之不用。他的个人生活也许已毁,但作为一名战争领袖,"疯马"大展宏图的日子还在后面。[7]

※

"坐牛"在担任了非条约派拉科塔人的首席酋长后,他叔叔"四角"建议他"略微反对一下打仗。但如有人开枪,就要准备好与他战斗"。

然而,"四角"的建议只适用于白人。克罗人仍然是公平的对手。19世纪70年代早期,"坐牛"和"疯马"领头将克罗人赶出了他们仅存的狩猎场,但许多已签条约的人也与克罗人打仗,包括北夏延人,以及他们的北阿拉帕霍盟友较小程度地与克罗人展开了战斗。1868年《拉雷米堡条约》的框架将克罗人的土地纳入了未经许可的印第安领地,这使得拉科塔人的激进行动完全合法。但它威胁到了蒙大拿西南部的居民,他们把克罗人当成自己和拉科塔人之间的缓冲,州长呼吁联邦政府出面干预。谢尔曼将军和谢里丹将军把向克罗人提供武器作为一项非官方政策。各方都可从中受益:定居者感到更安全,军方对克罗人对拉科塔人的报复性袭击视而不见。[8]

克罗人吃了苦头,但没有谁比波尼人由于忠诚于总统(伟大的父亲)而遭受更多痛苦。已迁至保留地的奥格拉拉人和布鲁莱人战士在"红云"和"斑尾"的暗中支持下袭击了内布拉斯加中部的波尼村庄,他们认为年轻战士们打击部族敌人,满足他们对战争荣誉的渴望,没有任何不妥之处。当然,这比和白人打赢不了的仗要好。1873年8月,在内布拉斯加西南部,至少有800名拉科塔战士,可能由"斑尾"本人率领,遭遇一个波尼狩猎队,杀死了100人,其中近半是女人和孩子。只有当白人骑兵及时出现后,才阻止了更大规模的屠杀。

大屠杀击垮了波尼人。内布拉斯加人想起波尼人曾为联合太平洋公司工作人员提供的保护,非常愤怒,要求政府给波尼人最好的武器,以便让他们能和拉科塔人平等地作战。相反,印第安事务局将波尼人驱逐到印第安领地。东部的人道主义者们一心一意要把敌对部落改造成白人,没有作出任何举动阻止这种不可原谅的恶意行为。[9]

※

当非条约派北夏延人和拉科塔人将克罗人向西驱赶时,在金融家杰伊·库克(Jay Cooke)的帮助下,一个威胁正在这两个联盟的部族后方形成。上帝把库克带到世上是为了让他完成他的工作,至少库克本人对此深信不疑。内战期间,库克通过为政府出售国库券成为百万富翁。1869年,他找到了一项值得上帝保佑的新事业:资助濒临绝境的北太平洋铁路。四年前,国会通过了一项立法,为修建苏必利尔湖至普吉特海峡的铁路提供土地补助。也许是因为一条穿过未开发的、不稳定的、未知领地的偏北路线,短期内实现经济增长的前景渺茫,国会并未像资助联合太平洋和中部太平洋铁路那样,提供里程贷款来资助该项工程。

1869年,少有人质疑横贯北美大陆的铁路在解决"印第安问题"中的重要性,内政部长雅各布·考克斯对新建成的联合太平洋铁路惊叹不已。它"完全改变了该地区文明人口与荒野部族进行接触的条件。不仅缓慢地推进了移民潮,使其逐渐进入内陆荒野的周围,而且直插荒漠地带的中心"。[10]

几乎每一个火车站,不管是小而简陋,还是大而宏伟,在土地充足的情况下,都已成为农业定居点的核心和探矿者的基地。跨越式增长的人口也消除了为保护缓慢推进的白人边境而布置大量军队的必要性。对于经费不足、实力有限的内战后正规军而言,其效益不可估量。

谢尔曼将军在内战后的头几年里把保护联合太平洋铁路施工队作为军队在边境的首要任务。现在他准备向北太平洋铁路建设者提供同样的保护。谢尔曼认为,如果这项工作有助于缩小对北部平原上顽固不化的印第安战队形成的包围圈,那就值得一搏。

在美国最大的银行——库克公司介入,并对该项业务融资之前,北太平洋铁路仅存在于蓝图和腐败的董事会的想象之中。从明尼苏达的杜卢斯,向西到密苏里河,从华盛顿州的塔科马,向东至蒙大拿的博兹曼,都已完成了地勘。然而,被非条约派拉科塔人割去头皮的担心,使测量人员不敢踏进黄石河谷半步。

1871年秋,在库克的资助下,北太平洋公司派出了两个地勘队,在强大的军队保护下进入了这块未知的区域。拉科塔人并未干涉。"坐牛"谨记着"四角"的忠告,即对白人保持严格的防御姿态,他派遣使者询问他们是否打算"让铁马奔跑在黄石地区"。

"疯马"也喜欢防御姿态。那年夏天,他和"坐牛"在粉河地区一年一度的年中非条约派拉科塔人聚会中才相互认识。两人对对方有着天然的亲和力。从那时起,四处流浪的奥格拉拉人和洪克帕帕人将被共同的命运牢牢捆在一起。[11]

"坐牛"的使者回来了,没有得到明确的答复。然而,政府的意图在第二年春天变得更明显,派出了第二支地勘队,以及更强大的军事护卫力量,从两个方向挤压拉科塔人的领地。他们的目标是完成最后225英里北太平洋铁路的地勘,从格伦迪夫溪穿越黄石河谷到今天的比林斯。护卫队的指挥官是皮根大屠杀的肇事者尤金·贝克少校,还有戴维·斯坦利(David S. Stanley)上校。贝克将从博兹曼向东行进,斯坦利从赖斯堡向西行进,赖斯堡靠近后来的北达科他俾斯麦。两位指挥官都信心不足。贝克还是个无可救药的酒鬼。斯坦利上校在内战期间编撰了一份可贵的记录,但这个43岁的俄亥俄人内战后过得艰难,他也开始借酒浇愁,直到出征之日,他的酒都没醒。特别是长时间的压力使他酗酒成性。假设这些指挥官保持清醒,一切按计划进行,两队人马将在黄石河和粉河交汇处会合。[12]

1872年4月,桑萨雷人战队首领"斑鹰"(Spotted Eagle)在苏利堡向斯坦利传话,警告他"只要他活着,就要和修铁路的人战斗,把铁路拆毁,杀光铁路建设者"。斯坦利对他可能面临的挑战有了初步认识。斯坦利对此种徒劳的反抗表示反对,认为这样的举动不仅没用,还会置他的族人于死地。"斑鹰"说,铁路赶走了野牛,这意味着任何情况下都会有人要死。

斯坦利开始行动之前,内政部助理部长前往蒙大拿领地上的派克堡,与非条约派酋长们举行了一次会议。"坐牛"的姐夫代替他出席会议时说,酋长不想和白人有任何麻烦。他打算与克罗人打仗,并会在"下雪的时候"与白人和谈。

但是贝克的出征打乱了他的计划。"坐牛"和"疯马"带着1000名战士向西出发去杀克罗人,这时探子传来消息说贝克的营地就在很容易攻击的距离之内。酋长们很愤怒,难道"斑鹰"没有明确表示反对在黄石公园进行地勘吗?8月13日晚,战队在贝克营地对面的粉河南岸停了下来,未被发现。贝克的营地就坐落在靠近粉河和一条狭窄蜿蜒的小溪——箭河交汇处北岸的一个杨树林里。

酋长们聚集在一起讨论行动方案。整个夜晚,年轻战士们迫不及待,蠢蠢欲动。先是三三两两,然后是一大群年轻人,包括"坐牛"的侄子"白牛"(White Bull),以"撒尿"为借口,虚张声势地越过村警的警戒线,穿过黄石河,一点一点地接近熟睡的白人士兵。营地的大部分人都已躺下,包括贝克,酩酊大醉地在帐篷里熟睡。一个急于行动的印第安战士惊醒了一名熟睡的平民,随后双方盲目交火,战斗就此开始。一个高级上尉冲进贝克的帐篷要求他下令,但少校早已"酩酊大醉"到完全意识不到危险了。上尉指挥士兵们击退了印第安人。[13]

天亮后,当"坐牛"到达现场时,发现印第安战士们在贝克营地以北的一条低矮的长断崖上排成一列。猛烈的开火把白人士兵们压制在树林里。双方似乎都不想打破僵局,直到四名白人士兵将一具洪克帕帕人的尸体扔到篝火上焚烧。这激怒了一个名为"长圣"(Long Holy)的自大且冒进的战士。他冲了出来,鲁莽炫技。他曾有过一个幻觉,属于典型的"我的力量会让你刀枪不入"之类的梦。"长圣"说服"白牛"和其他六个人跟着他下了断崖。没过几分钟,七名追随者中就有四人中弹受伤。"坐牛"飞奔上前,制止这种毫无意义的"表演";"白牛"倒是愿意停下来,但"长圣"不干。他怪罪于断崖的地势,把遇挫归咎于一个身上涂了油彩的追随者破坏了他的"魔力",并抱怨"坐牛"横加干涉。"伟大的勇士'坐牛'也许已经忘记怎么勇猛作战了。""长圣"挑战道。"据说随着年岁增长,胆子越来越小!"实际上,这个挑头的年轻人在对最高酋长的懦弱进行指责。

"坐牛"掏出烟袋和烟草,一瘸一拐地走下断崖。到了队伍中间的一个地方后,他坐下来,平静地开始抽烟。"坐牛"回头看了一眼,喊道:"想和我一起抽烟的印第安人,来吧!""长圣"逃了。但"白牛"和其他三个战士——其中两个是夏延人——接受了挑战。他们把马留在后面,走近"坐牛",蹲在他对面。悠闲地吸了口烟后,"坐牛"把烟斗递给了战士们。"我们没有浪费时间。"白牛说。"我们的心跳得很快,我们尽可能快地抽烟。我们周围的子弹扬起尘土。但'坐牛'并不害怕。他只是静静地坐在那里,像坐在家里的帐篷里一样,四处张望,安静地抽烟。""白牛"闭上双眼,低头跪下,准备死去。烟斗里的烟叶抽完后,"坐牛"清理了一下烟碗,收起工具,蹒跚着回到断崖边。"白牛"和其他人则从他身边疾驰而过,一个战士吓得把弓箭都落在了身后。"坐牛"表现出的勇气让批评者哑口无言。当他说"够了,我们得走了"时,每个人都言听计从。

印第安人撤退了。他们对北太平洋铁路的第一次挑战未实现"斑鹰"杀死所有建筑工人的威胁,但是在箭溪的战斗使贝克少校感到不安,他拒绝护送地勘队前往更远的地方。可以理解的是,没人愿意单独前进,所以在8月20日,距离与斯坦利的计划会面还差很远,队伍就掉头返回了。

斯坦利也未能通过在战场戒酒的"考验"。至少三次,他喝得酩酊大醉,清醒的时候也仅仅可以让地勘队安全抵达目标。斯坦利没有按计划找到贝克,而是遇到了洪克帕帕酋长盖尔(Gall)这位"坐牛"的至交和能干的盟友,他威胁说要"把所有战队召到一起,跟我们大干一场"。

盖尔的威胁没有下文。尽管如此,拉科塔人的挑衅已经使人们对建设穿越黄石河地区的北太平洋铁路的可行性产生了严重怀疑。军队的克罗盟友认为白人士兵们被打败了。"你说铁路就要来了,"一个克罗酋长说,"它就像股旋风,不能回头。我觉得它不会来。苏族人挡了道,你们怕他们,他们会让这股旋风调头回去。"[14]

谢尔曼将军和谢里丹将军并没有那么容易被吓倒。"北太平洋铁路会给你带来很多麻烦,"谢尔曼在1872年底给谢里丹的密信里写道,"然而,我认为我们的利益在于赞成修建这条公路,因为这将有助于最终解决印第安人问题。"他和谢里丹提醒小家子气的国会,"铁路建设是一项国家事业,需要军队保护",请求增派更多骑兵守卫地勘队和建设工人。适合的人选不仅能胜任这项工作,而且渴望着回到边防部队。这个人就是乔治·阿姆斯特朗·卡斯特。[15]

※

卡斯特从1869年初对南部夏延人的战役中胜利归来,标志着他长达四年起伏动荡人生的开始,交织着个人痛苦和得意、难以捉摸的财富和闪耀的名人光环、无聊和兴奋。无论他与夏延女孩莫纳西塔(Monahsetah)可能存在的眉来眼去有何结果,还是传言中的四处拈花惹草,卡斯特充满故事的婚姻生活都不成功。他的个人生活刚刚回到正轨,第七骑兵团就被重新分配到参加内战后的重建任务中。卡斯特停下来考虑了下他的未来。在日益萎缩的正规军中,晋升的希望似乎渺茫。他请了七个月的假,去纽约市寻找商机,莉比则回到门罗。脱下军装的卡斯特向富有的金融家推广科罗拉多的采矿计划,教训对格兰特政府怀有敌意的保守派民主党人和报纸编辑,与上流社会人士觥筹交错,在萨拉托加赛马,经常光顾赌场。即便如此,他的平民事业也未取得任何进展。至少在可预见的将来,他仍然心属军营。

1873年2月,33岁的卡斯特回到平原。谢里丹将军已将第七骑兵团重新分配至一个正在建设中的军事哨所——亚伯拉罕·林肯堡,位于密苏里河西岸达科他领地的俾斯麦对面。那年夏天,北太平洋铁路修到了俾斯麦。

林肯堡成了正规军中能找到的所有不得志军官的家。卡斯特在瓦希塔抛弃了埃利奥特少校的传闻所引发的愤怒,加上常常围绕他本人的一个极端忠诚的"小圈子"——圈外人所称的"皇室家族"——重新激起人们的积怨,并加深了派系主义。然而,接下来的几周里,第七骑兵团的军官们将专注于比相互怨恨和大搞阴谋更紧迫的事情。谢里丹将军下令达科他军分区新任指挥官阿尔弗雷德·特里(Alfred H. Terry)准将组建一支军事力量,足以阻止拉科塔人对北太平洋第三地勘队的侵袭,该地勘队将于1873年6月从赖斯堡出发前往黄石河。这将是自1867年汉考克将军的行动失败后,大平原上出现的最强大军事力量。斯坦利上校指挥了一支1500人的远征队,包括第七骑兵团的十个连。特里建议斯坦利对卡斯特严加管束,因为卡斯特特立独行

第十一章 "坐牛"和"疯马"

的风格早已"声名远播"。

远征队一开始就不顺利。持续一周的暴雨和冰雹使大草原彻底湿透。人马俱疲,怨声四起。斯坦利和卡斯特很快就大吵起来。斯坦利酒不离手,卡斯特不愿受一个醉汉管束。当斯坦利一次醉酒后,因为卡斯特使用了一个不规范的炉子而将其逮捕,并令其殿后时,两人的关系跌入谷底。酒醒后,悔恨的斯坦利恢复了卡斯特的指挥权。此后,斯坦利大多数时候都允许卡斯特自行其是。[16]

"坐牛"呢?简单说,斯坦利和卡斯特这个不和谐"二人组"正要在他放松警惕的情况下抓住他。在他位于黄石河边,有400个洪克帕帕和米尼孔朱小屋的村庄里,任何人都不会想到大队白人士兵就在附近。"坐牛"的探子们让他失望了,他只是从一个路过的奥格拉拉猎队处才得知了危险。"坐牛"当即下令向白人营地出击,派了几十个人,由盖尔和"面雨"(Rain-in-the-Face)率领袭扰白人士兵,为全村逃跑争取时间。[17]

※

1873年8月4日是黄石地区酷热无比的一天。下午2点,温度计指向了43度,斯坦利下令停止行进。步兵们匍匐在马车下。骑兵们在无精打采的马的阴影下休息。甚至卡斯特也已到了忍耐的极限。那天早上,斯坦利派他和两个连前去勘察一处不错的露营地,他在黄石河岸附近的一片杨树林里发现了个地方。他派了个信使向斯坦利报告,任务完成了。卡斯特和他的兄弟汤姆·卡斯特(Tom Custer)把人们带到树林里,下令卸掉马鞍,让马吃草,派出6个警卫,然后很快就在高高的草地上熟睡过去,根本没有意识到一个印第安战队正潜伏在河下游两英里外的另一片杨树林里。营地渐渐安静下来,盖尔和

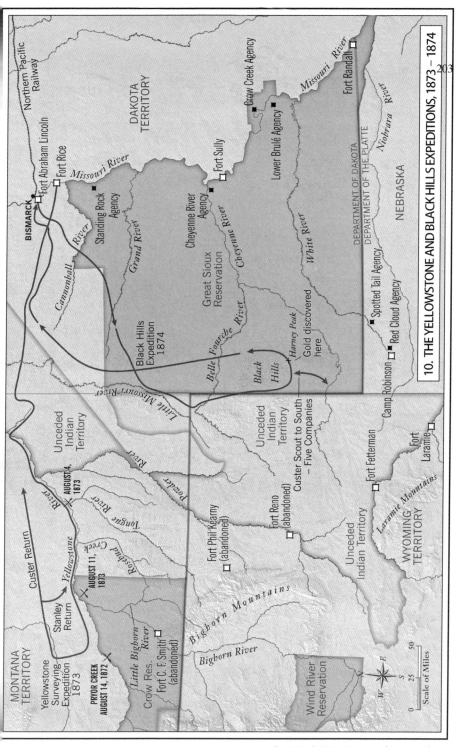

黄石远征与黑山远征(1873年至1874年)

204　"面雨"开始行动,6个战士直奔骑兵的马而去。卡斯特兄弟被哨兵的枪声惊醒,带着20个人去追赶印第安人。其余的小股人马也跟着前去支援。

印第安人撤退的速度很快,和追兵之间保持着不变的距离。卡斯特识破了这个诱饵策略,但决定将计就计。他和勤务兵两人纵马上前,直到第二个杨树林边上。他停了下来,让勤务兵返回,命令汤姆·卡斯特组织一个小分队,下马形成小规模作战阵形。然后,在树林边上警戒观察,骑马绕圈,发出想谈判的信号。

埋伏在陷阱的印第安人中有几个是瓦希塔战役的夏延幸存者,他们认出卡斯特就是毁掉他们村庄的长发白人士兵首领。他们怒火中烧,冲出树林,破坏了伏击。盖尔和"面雨"示意战队前进,加上村里的增援,有近250人。卡斯特调转马头,快步穿过他兄弟布下的阵形。20名士兵从地上站起来,迅速进行了两轮排射,把印第安人吓得停了下来。剩下的70名士兵也赶到了,印第安人向后退了退。在这样的一片开阔地带,而且印第安人与他的人数为三比一的情况下,卡斯特似乎面临着与费特曼同样的危险。但他保持冷静,慢慢退至第一片杨树林,把士兵部署成一个250码的半圆,侧翼则牢牢守住黄石河。[18]

印第安人散开了。树林里的白人士兵开火了。冲在前面的3个夏延人应声从马上摔落。整整3个小时,印第安人在如此酷热的天气里坚持进攻,连卡斯特都从未见过。某一刻,50个印第安战士离开主力消失不见。几分钟后,他们突然出现在卡斯特队伍后面,沿着河岸向马群爬去,但不知什么东西吓住了他们,让他们四散逃跑。这个策略失败后,印第安人试图在开阔的平原上放火,但刚长出的草茎无法燃烧。

下午3点,卡斯特注意到对面发生了"一阵异常的骚动"。"往右边看去,"他回忆道,"我们可以看到一个巨大的沙尘柱正迅速逼近。"

那是斯坦利下令前来增援的力量,第七骑兵团的8个连。卡斯特从不坐等他人帮助,他带着筋疲力尽的士兵冲向印第安人,直到他们远去。"我们唯一的满足感,"卡斯特说,"就是全速追赶了好几英里。"卡斯特曾对灾祸采取无所谓的态度,但"卡斯特的运气"又一次将他从自己的鲁莽中救了出来。

在斯坦利的允许下,他奋力向前,试图突袭"坐牛"的村落。经过6天不懈追击,他抵达了湍急的黄石河北岸,靠近与大角河的交汇处,与他第一次追击时相比,离"坐牛"更近了。两天前,拉科塔人轻松地越过了黄石河,这是他们每到狩猎季追踪野牛时都会做的事。但对卡斯特来说,这几乎是一场灾难。他造了临时木筏,结果全部沉没。士兵们把战马赶进河里,但急流几乎将它们拖下水,好在人马无恙,简直算是一个小奇迹。当天晚上,卡斯特在北岸的一个长长沙洲上扎营,打算第二天早上在拉科塔人跑远之前再试一次。

卡斯特不知道的是,"坐牛"已不会再跑了。他把一天行程内的拉科塔和夏延村庄的战士都召集了过来,并在8月11日凌晨带着至少500人返回了河边。当战士们进入卡斯特宿营地对面的树林时,"坐牛"和印第安人的家眷们已爬上了一条长长的花岗石断崖,俯瞰整个黄石河地区,静观行动的展开。

印第安战士们没能隐蔽他们的抵近动作。负责夜班警卫的查尔斯·布莱登(Charles Braden)中尉确信他听到了马儿在黑暗中疾驰的声音。布莱登以为是骑兵的马被吓跑了,但一个克罗人侦察兵告诉他,这是印第安人的马发出的声音,而且他们将在黎明时发起进攻。布莱登向卡斯特发出了警告,但卡斯特却置之不理。"他的态度表明他因被吵醒感到恼火,"布拉登回忆道,"我也对一大早就被他这样对待感到不快,于是回到了哨位。"

天一亮就证明了布莱登的正确。"当河面上的薄雾被冉冉升起的太阳驱散时,一团热火扑向我们。正在准备咖啡的厨师们是唯一早起活动的人,除了侦察兵和我,大家都大吃一惊。"然而,卡斯特反应很快,他立即派了两个连到河下游和两个连到河的上游,以防止印第安人越过其侧翼。与此同时,布莱登和20个人一起爬上断崖,观察印第安人的一举一动。沙滩上,一位报社记者记录了一连串河对岸的拉科塔人发出的辱骂,克罗侦察兵将这些辱骂翻译成了英语。"我们是来送你们下地狱的。你们将看到的印第安人数见所未见。"典型的拉科塔式咒骂,对此,一个克罗兵回应道:"开枪吧,你这个狗娘养的。"

拉科塔人确实来了,他们让马匹游过黄石河,试图从两侧夹击卡斯特。同时,布莱登在他到达崖顶的那一刻就陷入了麻烦,因为出现在这位震惊的中尉面前的似乎是全部拉科塔战士,他们正向他带的一个排发起进攻。他的士兵们在印第安战士们越过警戒线前的那一刻就开枪射击了。印第安人退让了,但另一波战士又冲了上来。一颗近距离射出的子弹射穿了布莱登的左腿,打碎了骨头,给他留下终身残疾。卡斯特派出一个中队去驱散那些冲过河的印第安人。

沙洲上,第七骑兵团击退了来自南边的进攻,这时隆隆的大炮声在山谷回荡,宣示斯坦利援兵的接近。卡斯特下令随军乐队演奏《加里温》军歌,带头向印第安战队冲去。一发流弹将盖尔的坐骑打翻在地,印第安人向后撤退。第七骑兵团猛追8英里,越过开阔的草原,穿过沟壑,绕过峡谷,直到卡斯特报告道,印第安人"完全被驱散了"。与此同时,斯坦利的大炮把"坐牛"和聚在一起的印第安人家眷从黄石河远处河岸上的断崖赶走。

卡斯特大获全胜。他以四死三伤的代价击退了两次印第安人的进攻,造成40人死伤。一位观战的平民对卡斯特的勇猛和他传奇般的运气感到惊讶。"卡斯特骑着一匹白马,穿着一件红色上衣,他带着队伍走向我们,前面一位旗手高举着国旗。他完全是显眼的目标,但印第安人还未成功将他拿下,尽管他总是冲锋在前。"[19]

后来,一个小规模印第安战队向一群在黄石河喧闹着洗澡的骑兵开了几枪。除了让士兵们赤条条地出水四散逃跑,没有造成任何伤害。这是最后一次见到敌对的印第安人。在证明了他们反对斯坦利的入侵之后,拉科塔人和夏延人没有玩命把他们赶出黄石地区,而是重回他们的主战场:与克罗人打仗。

黄石地勘队剩下的工作如期推进。地勘人员抵达了他们的目的地,完成了贝克少校未完成的工作。官方对这次行动的评价好坏参半。印第安事务专员确信,大多数印第安参战人员都是机构的临时叛逃者,担心军队无法取得胜利会给他们壮胆。谢尔曼也对印第安人没有受到决定性打击而感到遗憾,但目前确实也没有什么可做的。达科他军分区的军队太少,连冬季战役都无法组织。"我想,"他对谢里丹说,"我们最好顺其自然,直到大批印第安人采取某种行动,这样我们就可以给其致命一击。"[20] 卡斯特于 1873 年 9 月 22 日回到林肯堡。媒体对他在黄石亲历两次冲突的大量报道,使他在美国人民面前拥有了瓦希塔战役以来最有利的形象。与瓦希塔战役中大量死去的女人和孩子不同,卡斯特在黄石河上的小规模冲突干净、明确,纯粹发生在白人士兵和印第安战士之间。一家报纸说道,卡斯特再次成为美国的"光荣男孩",而斯坦利上校则黯然退位。他写了一份简短的报告,赞扬卡斯特,称颂他手下士兵的"漂亮"行为,然后返回了苏利堡,终日沉溺于杯盏之中。[21]

※

讽刺的是,黄石远征不仅没有完成任何具有持久重要性的任务,而且加速了北太平洋铁路的消亡,以及杰伊·库克财富的消失。简单地说,拉科塔人的抵抗吓得投资者纷纷抛售北太平洋铁路债券。《纽约时报》的社论回应了他们的恐惧:"如果几千名我们最好的士兵都只能在密苏里河上游以西150或200英里的狭窄路线上仅能站稳脚跟,手无寸铁的铁路工人或移民们在这样一个危险的地区能做什么呢?"[22]

目前而言,他们似乎什么都做不了。库克公司破产,关闭了投资的大门,并引发了1873年的市场恐慌和长达6年的萧条。至少在可预见的未来,北太平洋铁路不会向密苏里河以西延伸。"坐牛"和他的族人对经济学一无所知。他们只知道"白人潮"退去了。

第十二章
窃贼之路

正如黄石远征恢复了卡斯特光彩的公众形象一样，它也提升了"坐牛"在非条约派拉科塔人及其夏延盟友中的地位。他不妥协的方式也给奥格拉拉人留下了深刻的印象，这也给"红云"带来了麻烦。后者1870年对华盛顿特区的访问，可能加强了政府对其权威的认识，但也让他的许多族人怀疑他是否向白人出卖了利益。"红云"的行为变得不可捉摸。他认识到，如果他屈服于总统（伟大的父亲）的所有要求，他将失去战士们的尊重，因此他背弃了一项协议，即将中间人机构迁往离白人商人更远的白河地区。只有在多数保留地里的奥格拉拉人赞同了这个主意之后，他才同意了这一举动。然而，"红云"个人对和平的承诺是真诚的，没有任何东西能诱使他重返战场。非条约派拉科塔人认为，这表明这位曾经伟大的战争领袖已经变得软弱。1873年年底，数百名来自未认可印第安领地的战士不顾他的反对，来到"红云"的中间人机构要求获得物资配给。一些人穿梭于"红云"和"斑尾"的中间人机构之间，在两地都领取物资。他们这样的行为搅乱了通常听话的布鲁莱人，以至于"斑尾"的人牢牢抓住中间人机构的牛群，不让他们染指。[1]

谢尔曼将军对游荡的拉科塔人越来越没耐心。"迟早，"他告诉菲尔·谢里丹，"这些苏族人必须被消灭或留在原地。"两位将军都不会反对立即摊牌，但拉科塔人的挑衅行为还未足以使格兰特政府确信战争的时刻已经到来。事实上，正如谢里丹在他的年度报告中被迫承认的那样，除了这些中间人机构面临的麻烦，局势"非常稳定"。

如果不能杀光拉科塔人,谢里丹至少可以让他们留在原地。为了检查保留地印第安人的情况,他在"红云"的中间人机构附近设置了罗宾逊营地,在"斑尾"的中间人机构附近设置了谢里丹营地。保护内布拉斯加人不受非条约派印第安人的攻击是个更大的问题。为此,他需要在未许可的印第安领地上的某处建一座堡垒。谢里丹建议的地点,以及陆军部和内政部批准的地点是黑山,一个裂崖和暗峡组成的天然要塞,延伸至大苏族保留地的西边。虽然此地富含黄金的谣言比比皆是,但很少有白人敢进入山里。

那是因为帕哈萨帕(Paha Sapa),即"黑色的山",在条约上和占有权上都属于拉科塔人,他们无意与其分割。然而,他们也不会住在帕哈萨帕,只是偶尔且短暂逗留。强烈的雷暴伴随着巨大舞动的闪电长期笼罩这一地区,让所有平原印第安人都敬而远之。一种说不清道不明的神秘力量也笼罩着这片群山。拉科塔人常谈到群山深处的一个"灵洞"——洞里住着一位留着飘逸白胡子的老人,"不知人间烟火,不识世间岁月"——然而,拉科塔人最看重的还是帕哈萨帕的物质赏赐,而非一些人所认为的神秘光环。用"坐牛"的话来说,群山就是他们的"肉库",饥饿的时候可以随时获取的猎物储备地。山上有大片草地可以作为舒适的营地,密集的松树则是搭建小屋时柱子的理想选择。每年春天,拉科塔人都会冒险进入帕哈萨帕补充给养。[2]

谢里丹最初打算组织一支从拉雷米堡出发的黑山远征队。但是,由于从拉雷米堡到黑山的路线必须经过"红云"的中间人机构,那里不稳定的局势和印第安人的坏脾气让他不得不三思而后行。在谢里丹看来,北边的另一条路线,虽然有可能与非条约派印第安战队发生冲突,但却是两害相权取其轻的选择。于是他转向了卡斯特和林肯堡的第七骑兵团。尽管卡斯特不期望印第安人会"在我们的路上撒花",他也没有过分担心。他对一位新闻记者吹嘘道,他的第七骑兵团能"干掉西北部的所有印第安人"。尽管如此,卡斯特还是下令部下不要挑衅印第安人。列兵西奥多·埃沃特(Theodore Ewert)是一位敏锐的前北方志愿兵队长,将此解释为掩饰一个巨大失误的诡计。"美国政府,"埃沃特认为,"将荣誉、神圣的条约、正直的秉性统统抛在脑后,下令出兵远征黑山。"

如果拉科塔人选择战斗,远征队看起来人数众多,足以应对。工程分队和平民科学家到达时,卡斯特已集结951名士兵和车夫,增选了61名阿里卡拉人(Arikara)——拉科塔人的死敌——担任侦察兵;2名由卡斯特出钱请的"探矿工";以及3名记者。卡斯特还邀请了刚从西点军校毕业的格兰特总统之子弗雷德(Fred Grant)同行。

东部的人道主义者细想了卡斯特的任务后,大喊违规。他们说,此次远征违反了1868年《拉雷米堡条约》的规定,该条约禁止白人未经拉科塔许可进入大苏族保留地。谢尔曼将军和特里将军回答道,情况并非如此,他们认为军人在履行职责时不受禁令约束。如果这次行动仅仅是为了探勘一个新堡垒的可能地点,他们对条约的解释将完全合法。但其中附带的寻找金矿的目的显然违反了条约条款。[3]

1874年7月2日,卡斯特的队伍离开了林肯堡,前往极度干旱的达科他荒原。灼热的白色碱粉使人们看不清路,骑兵坐骑的马蹄被仙人掌撕裂,留下一路血痕,成为一路上唯一的流血"事件"。偶尔会有成群的保留地印第安战士远远地注视着这队步履蹒跚的白人,然而,没人试图阻止卡斯特的前进。伐木造屋的季节已过,这意味着黑山空无一人,或者几乎空无一人。保留地印第安人想要相信士兵们出现在大苏族保留地并无恶意,而"红云"正忙着与他的中间人就缺斤少两的口粮和其他各种问题吵个不停,根本没有好好考虑这件事。

非条约派拉科塔人毫无动静。"坐牛"和他的追随者们在卡斯特的路线以北很远的地方,猎捕野牛或与克罗人打仗,而"疯马"的战队

211　则远在西部未认可的印第安领地上进行着同样的活动。"疯马"本人也已沉浸在哀伤之中。他对"黑牛妇"的狂热终于平息了下来,他从痛苦的面部创伤中恢复过来不久,就娶了一个年轻女子,并生了一个女儿。孩子在卡斯特动身前往黑山时死于霍乱。当卡斯特艰难地向帕哈萨帕行进时,"疯马"正在他女儿的棺木下哭成泪人。朋友们说他再也不是同一个人了。[4]

当这群穿着蓝色制服灰头土脸的人进入黑山时,天凉气清,就像一队带着武器的人在野餐。队伍穿过了美丽的草地。卡斯特从未见过如此绚烂绽放的各色野花,"回头一看身后行进的骑兵纵队,发现人们手里拿着漂亮的花束,马儿的头上也装饰着各色花儿,就像五月皇后头上的花环",顿感奇怪。

7月27日,卡斯特的两名探矿工开始了工作。五天后,他们就"中了彩"。他们对卡斯特说,产金量不算高,有组织的矿每天可能只能产出值50到70美元的黄金,对个人淘金者而言,根本不值。尽管如此,对黄金的狂热仍笼罩着整个营地。一个迷惑不解的印第安侦察兵看着士兵们狂笑,大哭,大喊,将帽子抛向空中,绕圈跑。他告诉埃沃特,也许山神让他们都疯了。不是,埃沃特回答道,让他们这样的不是什么神圣的东西,只是发财的幻象。两天来,士兵们四处淘金,直到卡斯特出面叫停。几粒金光闪闪的狗头金,价值不超过两三美分,就算每一淘金盘最丰盛的收获了。[5]

一直以来,美国人民满怀希望地等待着来自黑山的消息。由于深陷1873年恐慌带来的大萧条,整个国家都渴望获得一笔黄金财富。8月7日,卡斯特的一名白人侦察兵向谢里丹将军递交了一份实地报告,报告中卡斯特大加赞许黑山的伐木业和畜牧业潜力。关于黄金,卡斯特出言谨慎,但侦察兵传递的不仅仅是卡斯特对山上黄金财富的谨慎评估,因为随军记者们发出的报道大大超过了侦察兵传递的信息。他们的报道起了很大的作用。但芝加哥一名记者花俏无比,煽动狂热的胡乱文章,吹嘘"十美元掘金"和"全民下手",引发了一场狂热。很快,各式勘探队就在边境各地出现了。想象力多于经验的勤奋写手们纷纷炮制前往"新埃尔多拉多"(New Eldorado)①的攻略,机会主义边疆商人们则开始囤积勘探设备。

卡斯特8月31日返回林肯堡,行军1025英里。离开黑山之前,他为建造谢里丹堡随意敷衍地进行了一下选址,一无所获。也没人在乎。

拉科塔人对卡斯特穿越黑山的小径有一个名字。他们称之为"窃贼之路"。他们给卡斯特也起了个名字——"培恩·汉斯卡"(Pehin Hanska)——意为"长发"。而他的克罗人侦察兵则叫他"晨星之子"(Son of the Morning Star)。[6]

※

一回到林肯堡,卡斯特就得了"金热病"。现在,他不仅宣称黑山上富含金矿,而且前景"甚至比实际情况更好"。正当卡斯特大肆煽动失业者的狂热梦想时,谢里丹将军试图平息这股歇斯底里的情绪。"有黄金颜色的东西几乎可以在西部地区的任何地方找到,"他向全国乐观轻率的人们提醒道,"但其数量往往只限于一些使其具有这个颜色的微小颗粒。"谢里丹仍然专注于在黑山或其附近建造一座堡垒,越快越好。

不是所有人都相信卡斯特的新说法。远征队的地质学家,一位著名教授,根本没看见金子。他公开表达他的猜测,卡斯特精心挑选的

---

① 埃尔多拉多(Eldorado)是大航海时代西班牙探险者想象中的南美黄金国。——译者注

矿工编造了这个谎言。一个大学教授可能会被认为是个糊涂虫,因此他的观点也值得怀疑。但总统的儿子弗雷德·格兰特却不这么认为,他完全同意教授的观点。东部的报纸大肆嘲讽黄金热,认为这是投机者为挽救北太平洋铁路而设的骗局。然而,这场争论仅限于学术圈,因为希望满满的淘金者们已涌入黑山。谢里丹将军出于好心试图驱逐他们,但他没有阻止他们前往的权力。骑兵巡逻队刚把淘金者从山上护送出来,他们转身就又溜了进去。

到1875年春天,军队已经厌倦了这项任务。谢尔曼将军沉思道:"这就是那个古老的故事,亚当夏娃和禁果的故事。"但是,禁果真的存在吗?政府需要一个权威的答案,不仅是为了解决这场争论,而且,如果黑山确实能带来了一笔财富,也需要开始"废除印第安人对帕哈萨帕的所有权"的进程,换言之,就是从拉科塔人手中夺回承诺他们可以永久保留的一部分土地。于是,地质学家沃尔特·詹尼(Walter P. Jenney)进入黑山进行调查,此举激怒了谢里丹。这些动作都大大削弱了他把淘金者拒之山外的努力。

谢里丹的担心大可不必。据詹尼估计,黑山上已经挤满了将近1000名淘金者。还有成百上千的人跟随他前往调查,想着为"探寻该地区宝藏提供巨大的帮助"。政府与白人入侵者共谋以决定拉科塔地区命运的闹剧持续了五个月。1875年11月8日,詹尼向印第安事务局局长提交了他的调查结果。他基本上重申了卡斯特的矿工一年前说的话:淘金者可从溪床淘取的黄金量不足,但如果有洗矿槽和适量的资本投入,回报可能会不错。即使詹尼认为这片山区贫瘠无物,也不会改变什么。在收到詹尼报告前五天,格兰特政府秘密地决定了帕哈萨帕的命运。[7]

事实上,甚至在詹尼教授进入黑山之前,政府就已经采取了从拉科塔人手中夺走黑山的第一步。几个月来,"红云"一直为与伟大的父亲(总统)会面鼓与呼,要求委派一位新的中间人,声称现任中间人在给奥格拉拉人发放口粮和年金物资时短斤少两。1875年5月,印第安事务局批准了"红云"的请求,但并未达到奥格拉拉酋长的目的。当拉科塔代表团前往华盛顿的途中与正准备进入黑山的詹尼一行相遇时,一切都明朗了。

华盛顿之行没有一件事让"红云"遂意。伟大的父亲(总统)没工夫听拉科塔人的抱怨。相反,格兰特总统直截了当地建议酋长们思考一些令其不快的事实。首先,政府发放口粮的条约义务已经尽完,可以单方面取消;口粮之所以继续发放只是因为华盛顿对拉科塔人心存好感。其次,他本人,伟大的父亲(总统),无权阻止淘金者们涌入黑山;拉科塔人必须要么放弃黑山,要么冒失去口粮的风险。格兰特甚至建议他们放弃保留地,迁往印第安领地。

"红云"和其他拉科塔酋长们离开白宫时,"茫然不知所措"。三个星期来,他们不是与出言威吓的官僚们不愉快地接触,就是在酒店进行内部磋商,而且前途黯淡。最后,酋长们结束谈判,带着"厌恶和不和解"的心情返回了保留地。[8]

同时,谢里丹将军也没闲着。他重新考虑了在黑山上建一座堡垒的问题,认为如果发生战争,一座堡垒不够用。他想让堡垒更靠近水路,于是派助手乘汽船沿黄石河溯流而上,勘察合适的选址。

整个夏天,淘金者们不断涌向黑山。吃力不讨好的驱逐任务落到了克鲁克将军手上,他最近从亚利桑那调任普内特军分区。克鲁克对拉科塔人和夏延人以及他们的抱怨知之甚少。他也不急于了解,因为他明显更同情淘金者。是年7月,他发布法令驱逐他们,但在他们停下来之前,克鲁克建议他们记录下诉求,以便在该地区开放之前确保实现。在众人的哄笑中,淘金者们照克鲁克的建议行事,四处散去,等待取消拉科塔人对黑山地区的所有权。

第十二章 窃贼之路

拉科塔人并未给予政府任何理由对他们采取高压手段。"那些从平原上的中间人机构溜走的印第安人现在表现如何?"8月初,有记者向克鲁克问道。

"嗯,"他承认,"他们没什么动静。"

"你认为有发生印第安战争的直接危险吗?"记者继续问道。

"现在没有。"克鲁克回答道。"毫无疑问,将会有一场大战。政府必须干掉苏族人。越早越好。"9

※

"坐牛"决心不再与白人单打独斗。当谢里丹的助手在黄石地区四处探巡时,詹尼教授已在黑山上四处敲敲打打,克鲁克将军向淘金者们发出了一份"准最后通牒",洪克帕帕酋长正努力建立一个统一战线。在他的要求下,拉科塔和北夏延人战队于6月举行了前所未有的部族太阳舞仪式,这是一个为期12天宗教仪式的狂野高潮,对拉科塔人和大多数其他平原印第安人的信仰极为重要。玫瑰蕾溪沿岸形成了五个部族圈。有"坐牛"自己的洪克帕帕人;"疯马"的奥格拉拉人;好斗者"斑鹰"的桑萨雷人,他曾在两年前威胁消灭斯坦利;一个松散的米尼孔朱战队;以及温和妥协派酋长"小狼"率领的北部夏延人,他恰恰代表了大多数部族的心情。

自七年前"红云"战争结束以来,北方夏延人一直与白人和平相处。许多人在"红云"的中间人机构定居下来,其他人则在粉河地区安家。他们仍然是令人生畏的战士,克罗人和波尼人可以证明这一点。但到目前为止,他们已接受了白人的存在,尽管有限,他们和蔼可亲的性格使他们成了军队资源,以应付其陷入困境的南方亲属。然而,这一切即将改变。帕哈萨帕对北方夏延人而言并不仅仅是拉科塔人眼中的狩猎区(或"肉库","坐牛"对该地的定义),它有更重要的意义。对于所有夏延人来说,帕哈萨帕是真正的圣地——诺亚沃斯(Noah-vose,即"圣山")。夏延人的传统认为,在遥远的过去,在诺亚沃斯深处的一个洞穴里,造物主给了夏延人"魔力神箭"。夏延人没有对白人入侵黑山作出反应,这是部族精神丧失的结果。两年前,一个疯癫的夏延女人从神圣的"野牛帽"上扯下了一只角,其神力仅次于"魔力神箭"。这场悲剧削弱了酋长会议的力量,给北方夏延人蒙上了一层阴影。直到1874—1875年严冬,当中间人机构里饥饿的夏延人不得已开始吃他们的马匹时,整个部族才被重新唤醒。印第安事务局的补救措施是向北方夏延人施压,迫使他们迁往印第安领地。这是一个只会激起愤怒的馊主意。年轻人涌向非条约战队的营地,夏延酋长们开始接受与这些热爱自由的拉科塔人结成更强大的联盟。

北阿拉帕霍人不是这样。他们骨子里是顺从的人,完全失去了反抗的意志。(事实上,北阿拉帕霍人很快将同意政府将他们安置在遥远的风河保留地,那里是他们传统敌人肖肖尼人的家乡。)他们的离开严重打击了"坐牛"的新生联盟并敲响了夏延-阿拉帕霍联盟的丧钟。

随着阿拉帕霍人的中立,正坐镇主持太阳舞仪式的"坐牛"并未忽视拉拢夏延人的重要性。他的表演并非仅仅旨在赢得摇摆不定的夏延人,而且还想打动非条约派拉科塔战队。"坐牛"只穿着一条马裤,全身涂成黄色,戴着一顶军帽(他很少这样),骑着一匹漂亮的黑色战马走进太阳舞小屋,马是一位夏延圣人送给他的礼物。首先他和身旁的动物跳舞。然后,他停下来,要求夏延和洪克帕帕酋长,把烟管填满,像一家人一样抽烟。当他们吞云吐雾时,他又开始前后舞动,作出敌人正在逼近的动作。他用哑剧的形式表演了三次伏击,说:"我快干掉他们了。"第四次他挽起手臂说:"我们胜利了。伟大的神灵让我们的敌人屈从于我们的神力了。"整个小屋爆发出胜利的欢歌。"坐牛"

示意大家安静,告诫人们不要轻率地假设,提醒人们,与克罗人的战争还未结束,与白人的冲突还未开始。"伟大的神灵把敌人交给了我们,""坐牛"说,"我们要消灭他们。我们不知道他们是谁。他们可能是白人士兵。"[10]

或者他们也可能是伟大的父亲(总统)派来的中间人。"红云"离开首都后,格兰特总统指示内政部任命一个委员会,在拉科塔人选择的大苏族保留地与酋长们举行"大会"。目的是购买黑山的采矿权,以及"政府可能认为需要的、应该拥有的其他权利"。委员们试图和解,但他们也被指示提醒酋长们,政府不再有义务养活他们的族人,言下之意是,如果拉科塔人拒绝达成协议,将停止发放配给品。

政府派来谈判如此敏感问题的人员组成却令人遗憾。艾奥瓦参议员威廉·艾利森(William B. Allison)主持这个由9名成员组成的委员会。他唯一的资格是忠于格兰特政府。其余8名委员中有7人同样对印第安事务一无所知。只有特里将军知道拉科塔人,但他不想强迫他们放弃黑山。他建议,为什么不鼓励他们在山上耕种和饲养牲畜呢?

特里不太可能成为作战的士兵。这位47岁、眼袋很大的单身汉,说话温柔,性情温和,彬彬有礼,和蔼可亲,与母亲和妹妹住在明尼苏达圣保罗市达科他军分区总部。特里出身富裕家庭,在耶鲁大学获得法学学位。格兰特在内战期间相中了他,特里的表现使他得到了一个令人垂涎的正规军准将军衔。这决定了他必须从军。然而,他并不想和印第安人作战。他更喜欢在城市总部舒适地传送文件,而不是在边境执行野外任务。如果出现敌对行动,特里可能会将作战指挥权交给他的主要下属——卡斯特。尽管两人没什么共同点,特里和卡斯特相处得很好。

※

1875年9月4日,艾利森委员会来到"红云"的中间人机构,发现这些保留地的酋长们并不像他们在华盛顿时那样,表现得那么顺从。艾利森派信使邀请非条约派拉科塔人参加"大会",这是一个既不礼貌,也很幼稚的举动(保留地的酋长们和他们四处漫游的"同行"几乎不相往来)。"疯马"的回复是,他宁愿打仗也不签订条约。"坐牛"掬起一撮泥土,回答说:"我不想把任何土地出卖或出租给政府,即便这么一点也不行。""坐牛"部落和"疯马"部落的次级首领和战士们参加了会议,不是为了谈判,而是为了威胁任何意图投降的酋长。[11]

酋长们似乎也不大可能同意任何事情。"红云"和"斑尾"就会议举行地争论了近两周;每个人都希望会议在自己的机构或附近举行。最后,委员们选择了一个没人满意的地点。与此同时,强行闯入的白人,一些出于善意,另一些意图可疑,告诉酋长们,黑山的价值高达数千万美元,比委员会准备开出的价码高得多。

"大会"在激烈的争吵和敌意中开幕。5000名在中间人机构的拉科塔人充当了观察员。来自非条约派战队,全副武装的年轻战士们在人群中散布威胁,明显随时准备"兑现"他们发出的威胁。艾利森主席一开始就把谈判搞砸了。艾利森首先就强调不可能把白人排除在黑山之外,他还说政府只想让拉科塔人允许白人采矿,直到黄金和其他贵金属采完,之后会将该地区归还给印第安人。(这位参议员忽略了解释政府将如何驱逐白人。)他还显然忘记了拉科塔人为了关闭博兹曼小径堡垒而流下的鲜血,并极其愚蠢地要求拉科塔人出售大角山地区。

酋长们罕见地一致回应。他们说,大角山既不卖,也不租。至于黑山,他们出售的条件是政府支付足够的钱,以维持他们七代族人的生活。"斑尾"认为 6000 万美元是一个公平的价格(委员会被授权的价码还不到这个金额的十分之一)。会谈断断续续地进行,最终谈崩。委员们走了,觉得他们开出的价码"充足且开明",但却遭到"印第安人的嘲笑,认为远远不够"。只剩下一个选择。艾利森认为,印第安人"除非一开始示以温和的武力威胁",否则根本不可能接受条件。国会应该为黑山制定一个价格,并坚持让印第安人接受。如果他们拒绝,参议员总结说,那么就应该让印第安人挨饿,直至屈从。

格兰特总统心中有一个更激进的解决方案——战争。开战没有合理理由。尽管印第安人在会上威胁和咆哮,但他们对黑山的淘金者表现出了明显的克制。军队在 1875 年均未报告在北部平原发生过敌对冲突。西部媒体也没有关于印第安人劫掠的耸人报道。前往黑山的白人发现拉科塔人异常温顺。但格兰特面临着一个无法解决的困境。一方面,吞并黑山的呼声越来越高,而且不仅是在西部各州。一个深陷经济萧条的国家要求黑山开放。准备涌入黑山已达白热化程度,成百上千满怀希望的淘金者已冒着冬天的大雪踏上旅途。另一方面,条约义务和纯粹出于道义迫使政府必须捍卫拉科塔人的权利。实际上,格兰特被迫在选民和印第安人之间选择。虽然是一个"跛鸭"总统,但为了他的党派和国家的繁荣,他选择了前者。

11 月 3 日,格兰特在白宫与少数志同道合的将军和文职官员举行了一个秘密会议,制定战争计划。那一天,"和平政策"走向终点。谢里丹将军和克鲁克将军参会,谢尔曼将军不在场。他与陆军部长威廉·贝尔克纳普(William W. Belknap)闹翻,将总部从华盛顿迁到了圣路易斯。是否有人后悔谢尔曼的缺席存疑。他比谢里丹更谨慎,可能反对一个他认为不合法或不道德的计划。和平倡导者特里将军也未参会,非条约派战队在他的辖区过冬。持鹰派观点且道德沦丧的贝尔克纳普部长出席了会议。参会的还有反印第安人的内政部长扎卡利亚·钱德勒(Zachariah Chandler)。令人悲哀的是,格兰特政府陷入了道德泥潭,陆军部和印第安事务局之间真正合作的第一桩事情,竟然是政府想方设法对平原印第安人作出最恶劣的背信弃义行为。

与会者商定了一个两阶段计划。总统重申拉科塔拥有黑山的法令将继续有效,但军方将不再执行。如果拉科塔人对白人入侵实施报复,那更好。印第安人的敌对行动将有助于使秘密计划的第二阶段合法化。这就是说,非条约派拉科塔人要在一个短得不能再短的期限内向他们的中间人机构报道;印第安事务局要编造对他们的投诉;谢里丹将军将开始准备他最喜欢的作战形式:对毫无戒心的印第安村庄发起冬季战役。

与会的共谋者们认为,非条约派印第安人的恐吓阻止了机构酋长与艾利森委员会达成协议。他们的推理是,只要粉碎非条约派组织,机构酋长们就会屈服。会议结束六天后,谢里丹向特里发出密令,让他不动声色地动员。克鲁克则返回其普内特军分区,开始自己的准备工作。[12]

为了让公众为战争做好准备,政府泄露了一份煽动性的报告,内容是在白宫秘密会议九天后,一名印第安事务局的督察将对达科他和蒙大拿的中间人机构进行例行视察。这份报告是为配合政府的秘密目的而作的临时工作。督察怒吼道:"野蛮而充满敌意的苏族印第安人团伙,他们不断发动战争,杀害无数白人定居者及其家人,或无论在何处发现的手无寸铁的白人,完全应该受到严惩。"这位被人当枪使的人总结道,真正的政策就应该是鞭打他们,直至屈服,而且越快越好。

12月3日,钱德勒部长启动了计划的第一阶段。他指示印第安事务局通知"坐牛"和其他"敌对"首领,在1876年1月31日之前向机构报道,否则,军队将向他们进军。谢里丹很高兴。他在给谢尔曼的信中说:"这件事很可能会被印第安人视为一个笑话。"

为了发动一场赤裸裸的侵略战争,各色人等粉墨登场。[13]

第十三章
护佑我们免遭一切不幸

1875年12月,蒙大拿军区指挥官约翰·吉本(John Gibbon)上校几乎没什么事可干。和他的指挥官特里将军一样,这位上校也不知道白宫决定将格兰特总统希望挑起的敌对行动归咎于非条约派拉科塔人。吉本利用冬季驻军的半冬眠状态,给《陆军和海军杂志》的编辑们写了一封长信,而且明显与军事无关。他希望军方、公众和华盛顿官方准确把握他在印第安战争问题上的立场。吉本毕业于西点军校,是一位内战英雄,他所在的师在葛底斯堡挫败了皮克特进攻,他很少表现出软弱和多愁善感的情绪。但他是个诚实的人,有着强烈的正义感。因此,他要求读者考虑印第安人的观点:

> 设身处地,让白人问自己这样一个问题:如果白人像印第安人那样在过去和现在都受到威胁,我会怎么做?假设一个比我优秀的种族在这块大陆的海岸登陆,一步一步地通过交易或欺骗手段让我们离开这片土地,慢慢侵蚀我们的领地,直到我们最终被驱赶至这片大陆的一个小角落,沦为一个堕落且意志消沉的群体,生活就需要靠偷窃,或干更坏的事,我们上哪儿生活?假设本着正义的精神,这个优越的种族应该认识到,有责任给我们发放食物充饥,发放毯子御寒,那么我们在这个前提下会做什么呢?我曾见过一个像厌恶蛇一样讨厌印第安人的人。他认为印第安人要么是坏人要么是死人。当我这样向他提出这个建议时,他怒气冲冲,咬

牙切齿地喊道:"我要把我能抓住的每个人的心都剜出来。"他会这样做的;我们都会这样做的。[1]

在肖堡东南300英里处,非条约派拉科塔人在粉河和黄石河沿岸的村庄里过冬。这些顽固的传统坚守者既不像吉本说的那样堕落和意志消沉,也非盗贼(除了偷克罗人和肖肖尼人的马)。有时他们被称为"冬季漫游者",以区别于所谓的"夏季漫游者"——保留地印第安人,他们在温暖的月份里壮大队伍,一起狩猎,恢复家庭关系和友谊,要是有机会的话,呼吸一下令人兴奋的自由空气。新年伊始,非条约派拉科塔人的态度保持不变,也就是说,只要白人不进入未许可的印第安领地,他们就不会与白人交恶,他们的首领已经充分表明,他们无意投降。因此,政府要求他们在1876年1月31日之前向中间人机构报到,这使他们困惑不堪。他们的反应也不具任何威胁性,从印第安人的角度来看,相当实际:他们很感激获邀谈话,但他们已经安排好了过冬的生活。当春天来临,草长马壮之时,将是开会讨论他们未来的适当时机。在此期间,他们无意伤害任何人。

印第安事务专员对拉科塔人的答复置之不理,并坚持11月制定的官方路线。他宣称,拉科塔人一贯"挑衅和敌对",以至于他认为没必要等到1876年1月31日,即允许军队对他们采取军事行动的最后期限。钱德勒部长也赞同这个说法。"'坐牛'仍然拒绝服从委员们的指示",他告诉陆军部长,在他的授权下,军方可对非条约派拉科塔人,以及在未许可的印第安领地上越冬的夏延人,采取他们认为适当的任何行动。

谢里丹获准行动。2月8日,他命令特里率卡斯特和第七骑兵团从林肯堡向西行进,前往粉河地区,克鲁克则从怀俄明境内的费特曼堡向北行进。如果他们能协调行动,则更好。然而,特里的人马根本

第十三章　护佑我们免遭一切不幸

没动。大雪导致北太平洋铁路停运,使补给无法到达林肯堡。特里希望吉本能为卡斯特做点贡献,他告诉上校从埃利斯堡沿黄石河向东移动,切断克鲁克可能向北驱赶的印第安人退路。但吉本也被大雪困住,需要整个三月的时间来集结他的部队。[2]

克鲁克部似乎进展顺利。尽管天气恶劣,他还是成功地收集了足够的补给。1876年3月1日,他从费特曼堡出发,共有692名官兵,一个运送食物和弹药的大型骡车队,以及一个大型重载马车队。第三骑兵团54岁的指挥官约瑟夫·雷诺兹(Joseph J. Reynolds)上校正式领导此次出征,克鲁克的角色是观察员。尽管雷诺兹在内战期间是一位相对称职的陆军指挥官,但事实证明他在边境地区表现欠佳。粉河远征是克鲁克给雷诺兹的一个自我救赎机会。

然而,克鲁克的期望不高。"我大老远来这里是为了打著名的'北方坐牛'。"他向他的密友、未来的总统卢瑟福·海斯(Rutherford B. Hayes)透露。"我对成功并不乐观,因为他们比我们有优势。"他们的优势还会更多。克鲁克一离开费特曼堡,寒冬就给了远征队一阵痛击。漫天飞雪蒙蔽了猎人的眼睛,也让猎物无处可寻。出征的第一天晚上,一个小型印第安突击队袭击了雷诺兹未安排警戒哨位的牛群。四晚后,第二批印第安突击队几乎把骑兵的马都吓跑了。印第安战士们跟踪着纵队,在其侧翼活动,毫无隐蔽的意图。恼怒的克鲁克将雷诺兹搁置一边,接手指挥。3月7日晚,天气寒冷,夜空少云,他伪装下令步兵和马车队返回费特曼堡,迷惑印第安人,同时亲率骑兵朝粉河地区他们推定的"疯马"村落地点行进,没想到一脚踏入了平原历史上最严重的冬季暴风雪之中。大雪肆虐,气温骤降至零下40度。克鲁克现在的对手是残酷的大自然。一位冻得发抖的记者在日记中写道:"人们只能用斧头慢慢地把培根劈开;随身带着的几块软面包已冻得像石头一样硬。武器和刀子粘在手指上,就像刚涂了粘胶,而[舌]河

河面冰的厚度已从18英寸增至3英尺。"³

对克鲁克而言简直就是天赐良机,3月16日,两个印第安猎手差点跌跌撞撞地进入他的营地,随后消失在暴风雪中。克鲁克立即派雷诺兹和3个营的15名军官和359名士兵,在精干的侦察兵弗兰克·格鲁亚德(Frank Grouard)的带领下,夜间行军找"疯马",克鲁克认为猎手就来自"疯马"的营地。记者罗伯特·斯特拉霍恩(Robert Strahorn)和副官约翰·伯克随行。

克鲁克和骡队一起留在营地里。"他的命令非常严格。"格鲁亚德回忆道。"我们应该突击进村抓他们的马,把能弄到的干肉都拿走,烧了村子,守在村里,直到找到个信使给他送信。如果可能的话,我们还要抓捕印第安人。这就是克鲁克将军对雷诺兹的口头命令。"

雷诺兹的纵队在天黑后出发。这是史上最寒冷的夜晚。寒风猛烈地吹向士兵们。雪断断续续地落下,浓云笼罩着月亮。暗黑的沟壑和结冰的溪谷交错在昏暗的小径上。斯特拉霍恩惊奇地看着格鲁亚德,"他跪在厚厚的积雪中,仔细观察着微弱的蹄印,一会儿又失去了踪迹,来回爬行,直到再次找到"。到了早晨,云层散开了,雪也不下了,气温骤降,一些人认为已降至零下60度。他们现在就在粉河附近,凌晨2点半,骑兵们蜷缩在一个深谷里,格鲁亚德一个人继续前进。几名士兵已饿得筋疲力尽,昏昏欲睡,从马鞍上摔了下来,如果不是军官们踢醒他们,他们肯定冻死了。幸好,格鲁亚德天亮时回来了。他找到了"疯马"的村落所在地。大概这个老侦察兵是这么认为的。实际上,他找到的营地由65个夏延人的小屋组成,两名和平酋长领导,他们打算开春向"红云"的中间人机构报到。⁴

瓦希塔战役已经证明冬季的黎明是偷袭的理想时间。然而,日出后不久,雷诺兹和他的军官们到达一个高高的、断裂的山脊,可以俯瞰夏延人的营地。营地坐落在两英里远处粉河西岸的一片杨树林里。

在山脊和河底之间,地面平坦,没有积雪,是骑兵冲锋的好地方。在村子以南的天然牧场里,1000匹马成群结队地在冰冻的粉河两岸吃草。雷诺兹和他冻得发抖的部下们能清楚地看到年轻印第安战士们在小屋间行走,他们担心已无法达到突袭的效果。

事实上,他们从未有机会进行突袭。夏延人早就知道这一带有白人士兵出现,但由于倾向和平,他们认为克鲁克不会对他们动手。雷诺兹开始夜间行军时,酋长们举行了一次会议。没人建议搬家。然而,出于谨慎,首领派出十个探子,冒着暴风雪去寻找和监视白人士兵的动向。一队哨兵在村子西北部散布的山丘上站岗。碰巧的是,雷诺兹集合队伍,准备袭击的山脊上一个哨兵都没有。至于夏延探子,他们在暴风雪中迷了路,当他们找到骑兵的踪迹时,他们的马匹已筋疲力尽,无法在士兵抵达营地前赶回去报信。

雷诺兹的计划很简单。他将派亨利·诺伊斯(Henry E. Noyes)上尉的营冲下山脊,进入村庄,而亚历山大·摩尔(Alexander Moore)上尉的营则从山顶提供掩护火力。本应是直接进攻的态势,却演变成了混乱不堪的第一个战略指令。覆盖在山脊上的结冰沟壑使诺伊斯失去了方向,他的部队在营地以南一英里处的谷底发起攻击,战马几近崩溃。装备有左轮手枪的詹姆斯·伊根(James Egan)上尉的连队,率先行动。当他们穿过夏延人的马群时,伊根和他的47名骑兵只能慢步冲锋。一片茂密的野生李树减缓了他们的冲锋速度。尽管如此,这次袭击还是取得了预期效果。一位夏延战士回忆道:"女人们大声尖叫,孩子们哭喊着找妈妈。老人们摇摇晃晃地四散躲避在小屋间呼啸而过的子弹。"

村里的混乱持续时间不长。在首领们"像男人一样战斗"的高声训诫下,战士们在营地北面集结,并进行了一次无力的还击。六匹战马倒下,四名骑兵落马,或死或伤。随着印第安人抵抗的加强,伊根令士兵们在小屋间下马,等待来自山崖上的火力支援。

然而,并无人来。摩尔的手下加入战斗的速度慢得出奇。当他的营最终开火时,子弹大多都落在了伊根的士兵中间。与此同时,诺伊斯上尉在第二连的后方,带着夏延人的马群。雷诺兹帮不上任何人的忙。他甚至忽略了给他的第三营指挥官安森·米尔斯（Anson Mills）安排任务,所以上尉自作主张,出兵增援伊根。他将印第安战士们赶出村子几百码远,然后纵火烧了装满弹药的小屋。爆炸的弹匣撕破小屋的帆布,炸碎的屋杆飞向高空。马鞍应声折断。野牛袍、精致的绣花麋鹿皮箱、雅致的鹰羽帽、毛毯、铃铛、丝带、银器、锅碗瓢盆,全都被付之一炬。雷诺兹下令烧掉所有东西,包括1000磅新鲜野牛肉和鹿肉。如此肆意毁掉士兵们急需的肉类震惊了伯克中尉,他认为雷诺兹"完全不明白与印第安人作战的首要原则",其中包括找回己方的伤亡士兵。雷诺兹仓促撤退,未带走两名阵亡的士兵尸体和一名无法行走的伤兵。他确实带回了700匹马,但却未安排人看守。当晚,一支由十名印第安战士组成的突击队夺回了几乎所有的马匹。

1876年3月27日,克鲁克将军的纵队垂头丧气地进入费特曼堡。冬季战役只是提醒了非条约派部族,他们处于致命的危险之中。克鲁克很快就将这次失败的责任转向了他人,他对雷诺兹提出军事指控,按伯克所说的指控雷诺兹上校"愚蠢无能"。

两名印第安战士在五个小时的交战中牺牲,军方将此战称为粉河战役。伊根和米尔斯值得称赞的是,没有印第安女人和孩子遭枪击。印第安人清点人数后发现,只有一人失踪,是一名年老失明无力逃离的老妇。几名夏延战士回到他们营地的废墟,发现这名老妇的小屋并未被毁,老人在屋里安然无恙。"我们谈过这件事,"一个人说,"大家都同意,这一举动表明白人士兵们心地善良。"[5]

也许吧,但他们却痛击了这群夏延人。无家可归的印第安人饥寒交迫,在零下的严寒和大雪中跋涉了三天,最终找到了"疯马"。奥格拉拉人倾尽所能进行帮助,但是"疯马"的村子只有不到400人,无法满足夏延人的所有需求。"疯马"意识到自己也易受攻击,决定转移。夏延人和奥格拉拉人一起走了60英里,来到了坐落在粉河和小密苏里河交汇处"坐牛"的大洪克帕帕和米尼孔朱村,在那里他们受到了热情的欢迎,并得到了大量食物、毯子和小屋。当夏延人享用着洪克帕帕人的慷慨馈赠时,几个部族的酋长们举行了一次大会,所有人都同意抱团在一起。

"我们认为联合营地会吓跑白人士兵。"夏延战士"木腿"(Wooden Leg)说。"我们希望这样能摆脱他们的烦扰。然后我们就可以安静地继续我们的游荡和狩猎。"聚在一起的各部族都期待"坐牛"统领大家。"木腿"解释说:"现在所有印第安人都敬佩他的'魔力',也就是说,他是一个心地善良、对最好的行为方式有良好判断力的人。"根据"坐牛"和"疯马"防御为主的作战政策,会议同意印第安人只在受到威胁时才会战斗。但他们很气愤。之前,士兵们闯入他们的领地是为了保护铁路建设者或探险。现在他们就是来杀人的。[6]

※

谢里丹的冬季战役惨败。军方未获得一寸未许可的印第安领地,格兰特政府也没有离实现其秘密计划更近一步。非条约派印第安人没有受到影响。克鲁克并未给予"疯马"痛击,而是袭击了一个和平的夏延村落。所有这些都只是警醒了一个随着春天的到来而变得完全机动的敌人。更糟糕的是,军队笨拙的表现几乎没有打动"红云"和其他签署了条约的酋长们,让他们认为必须割让黑山。相反,现在开始,每年迁徙到未许可的印第安领地捕猎野牛的保留地印第安人准备加入他们的非条约派兄弟,为所有人仅存的一点自由而战。

谢里丹别无选择,只有再发起一场夏季攻势。然而,他对此也没有什么热情,将其完全交给了他的指挥官,而他们的计划也没什么特别的想象力。克鲁克打算再次从费特曼堡北上,寻找"疯马"。特里再次向吉本下达命令,让他沿黄石河向东移动,同时沿河建一个补给基地,供第七骑兵团作战使用。

当部下们忙于准备他们的行动时,谢里丹得知印第安人正以创纪录的数量从保留地涌出。虽然这是一个令人不安的消息,但他更担心的是,在他的将军们与敌人在战场上正面交锋前,敌人们已四处分散。他对谢尔曼将军说:"由于许多敌对印第安人不会在某地整体停留一周或至多十天,因此我,还有特里和克鲁克都认为,每一纵队将自行作战,一有机会,就对遭遇的印第安人进行打击。"

尽管如此,谢里丹不期望会给印第安人致命一击。尽管他希望他的将军们至少能暂时把敌人赶回保留地,但他知道,一旦军队离开战场,非条约派印第安人就会撤退,整个过程将不得不再来一次。谢里丹认为,只有将印第安中间人机构置于军队领导之下,并在黄石河建立他想要的两个哨所,才能实现持久和平。至少目前,这些只是异想天开。密西西比河以东地区的舆论排除了军方控制这些机构的可能性;国会的吝啬阻止了新哨所的建设;谢尔曼将军除了为这些不守规矩的印第安人操心,还有其他担忧,包括南部重建地区暴力事件的升级。"至于你自己,"他对谢里丹说,"我们当然都认识到,你是能对付印第安人的人,但南方可能再次成为麻烦所在,同样需要你。"他总结道,最好还是让克鲁克和特里"完成这项对付苏族人的任务,这也差不多就是最后的印第安人了"。[7]

谢尔曼和谢里丹还有一件麻烦事需要他们注意:怎么处理卡斯特。

※

卡斯特也仅仅是通过报纸才知道即将引发的印第安战争背后的政治。正当谢里丹和克鲁克正筹划冬季战役时,他和莉比在纽约度过了一个漫长的假期,当地的上流社会对这位著名的印第安人斗士和他可爱的妻子奉承有加。

如果卡斯特满足于日日莺歌燕舞的社交活动,一切对他都会好起来。但这位直言不讳的民主党人却忍不住要玩玩政治游戏,而他对这种游戏却几乎没什么天赋。他经常与好友詹姆斯·戈登·贝内特(James Gordon Bennett)会面,后者是《纽约先驱报》(*New York Herald*)这家强烈反对共和党的报纸的出版商。深陷多重丑闻的格兰特政府是贝内特可以轻易攻击的目标。1876年2月,该报发表了一份对陆军部渎职行为进行严厉控诉的文章,指控贝尔克纳普部长为谋取私利而出售边境哨所的贸易权。民主党控制的众议院特别委员会利用该报道作为抨击总统的武器,收集了西尔堡商人付给贝尔克纳普回扣的证据。在格兰特的压力下,贝尔克纳普辞职以避免遭到弹劾。

卡斯特曾怀疑密苏里河上游的哨所也有类似的渎职行为,林肯堡也包括在内。1875年夏天,在卡斯特的纵容下,贝内特派了一名记者到俾斯麦进行调查。记者发现了一个腐败窝案,涉及中间人机构和在哨所周边经商的许可执照,不仅涉及贝尔克纳普,而且还涉及格兰特总统的兄弟奥维尔(Orvil Grant)。

九个月后,众议院委员会传唤卡斯特就指控作证。特里感觉到了麻烦,建议用电报回复。然而,卡斯特不知是出于责任感,还是希望在贝尔克纳普的政治"尸体"上补刀,答应作证。

这是他一生中最严重的误判。卡斯特公开地钦佩委员会主席,两

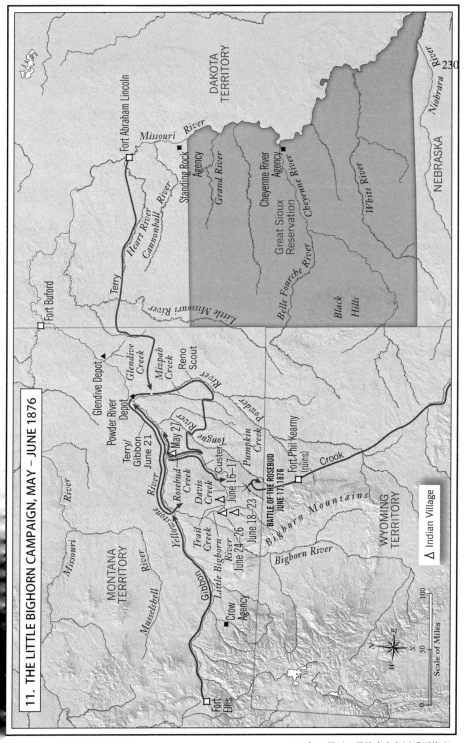

1876年5月至6月的小大角河系列战事

人在首都闲逛,一起吃喝,使他在政府中失去了朋友。卡斯特真正的证词仅包括二手信息,再加上他自己的怀疑,不足以在法庭上定罪,但足以激怒格兰特总统,总统下令卡斯特不得参加即将开始的行动。

卡斯特遭到碾压。"他眼里含着泪水,"特里将军后来向朋友们吐露,"(卡斯特)请求我帮忙。我怎么能拒绝呢?"特里口授了一份电报给卡斯特,让他交给总统,作为一名战友,请求总统不要让卡斯特"旁观我的队伍向敌人进军,不分担任何危险,而感到丢脸"。特里帮助卡斯特的动机不可告人:他害怕在没有卡斯特的情况下上战场;事实上,他根本不想上战场。格兰特在某种程度上让步了。他允许卡斯特率领第七骑兵团,但不允许他指挥远征。毕竟,特里得亲自上阵。卡斯特将此消息向特里的参谋脱口而出,并轻率地补充道,他将一有机会就"摆脱"特里,他已经"摆脱了斯坦利,能够摆脱特里"。卡斯特对他上司的感激显然会让位于他的野心。8

※

克鲁克将军的野心不亚于卡斯特。他也不会重蹈覆辙,再把行动交给下属,当然更不会交给任何需要恢复名誉的人。相反,克鲁克将亲率怀俄明纵队出征。1876 年 5 月 29 日,他率 1051 人从费特曼堡向北出发,这支部队似乎足以压倒任何可能遭遇的印第安人。克鲁克此次的远征队不仅比粉河远征规模大,而且军官的官职也更高。可靠的中校威廉·罗亚尔(William B. Royall)指挥四个骑兵营,各营均由精干军官挂帅。亚历山大·钱伯斯(Alexander Chambers)少校是克鲁克西点军校的同学,指挥步兵。

克鲁克的直接目的地是费特曼堡以北 80 英里的老里诺堡遗址,那里至少有 200 名克罗人和肖肖尼人的盟军。从那里出发,远征队将继续沿舌河或玫瑰蕾溪进入蒙大拿境内,走哪条路取决于敌人在哪里,并以压倒性优势对其发起猛烈打击。至少,这是克鲁克的计划。[9]

克鲁克一点也不清楚他要对付的是什么样的敌人。谢里丹收到的报告反映了真实情况。来自保留地的拉科塔人大规模向"坐牛"靠拢。4月1日,他的村庄已有250个小屋。到6月初,已增至461个小屋。这表明村里住有3000人,其中800人是战士。三分之一的小屋住着洪克帕帕人,但每个拉科塔部落都有代表。多亏克鲁克错误地指挥了粉河袭击,100个夏延小屋也加入了"坐牛"的阵营。春末夏初,整个村庄跟随野牛群向西穿过粉河上游地区。可用的柴草数量决定了村落在一个地方停留的时间,一旦柴草耗尽,通常三天内,整个村落就会按照观察野牛群的侦察员指示的方向移动。其他探子则四处搜寻白人士兵的踪迹。

参会的酋长们都支持"坐牛"和"疯马"的防御政策,提醒他们的战士,更多的精力应花在猎捕野牛上,而不是和白人士兵缠斗。但老人们的劝告被当成了耳边风。一如既往,冒进的战士们,为了追求荣誉和威望,按不同的节奏——战争节奏——展开行动。对酋长们来说,控制这些人一直都是一个挑战。[10]

5月下旬,这个四处游荡的印第安村落在玫瑰蕾溪河口附近扎营。身为"圣人"的"坐牛"敏感地察觉到这个地方充斥着惊人的精神力量。一股不可见、不可抗拒的力量召唤着这位洪克帕帕圣人爬上附近的一个山头,与"神灵"交流。山头上,他祈祷,冥想,然后飘然入睡。梦中狂风扑面而来。"坐牛"向东望去,远处地平线上一团巨大的尘云正向他旋转而来。同时,一朵形似印第安人村落的白云停在白雪皑皑的山峦下,从相反的方向缓缓逆风而行。当狂风向村子袭来时,"坐牛"瞥见尘云后面无数的士兵,手里的枪闪着寒光。两股气团正面相撞。一阵可怕的撞击声,"坐牛"闻所未闻,天空雷电交加,倾盆大雨抹去了尘云。随着暴风雨减弱,白云平静地向东飘去。"坐牛"醒了,被梦境深深打动。他向各位酋长们讲述了他的梦。他说,大风和尘云代表着来消灭拉科塔人的白人军队,白云代表拉科塔人和夏延人的村落。意思很清楚。印第安人将在这场大战中歼灭白人士兵。

几天后,"坐牛"召集他的侄子"白牛"和其他三人陪他来到一个山顶,听他为拉科塔人祈祷。"坐牛"衣着朴素,脸上未涂油彩,任由长发垂落至腰。在漫长的烟斗仪式后,"坐牛"站了起来,面对夕阳,恳求"神灵"赐他的族人充足的食物,并保持拉科塔各部落的团结。作为交换,"坐牛"承诺要进行为期两天两夜的太阳舞仪式,然后向"神灵"献祭一头野牛。

"坐牛"在鹿药岩的阴影下组织了太阳舞仪式,这个地方对拉科塔人和夏延人都很神圣。所有非条约派印第安人都参加了。6月6日,"坐牛"履行了他的第一个誓言。首先,他在一个充满水汽的小屋里净化自身。接下来,在舞蹈小屋里,"坐牛"表演了一个烟斗仪式。然后他坐在舞竿上,两手叉腰。从"坐牛"的胳膊上用锥子剐下了50块火柴头大小的肉。鲜血流淌时,"坐牛"开始恳求"神灵"。他围着柱子跳舞,死盯着太阳。过了会儿,他停了下来,昏了过去,但没倒地。边上看的人轻轻把他放在地上,用水轻拍他的脸。醒来后,"坐牛"谈到了一个幻象。就在太阳底下,他看到许多白人士兵和战马像蚱蜢一样从天而降,冲进一个印第安村庄,已有一些印第安人头朝下倒在地上。"这些士兵没有耳朵,"一个声音对"坐牛"说,"他们会死,但你不应拿走他们的战利品。"随后,"坐牛"履行了他剩下的誓言,将一头野牛献给了"神灵"。

"坐牛"的第二个幻象震惊了整个村子。意思很清楚:拉科塔人和夏延人很快就会赢得一场大胜。但为了获得好处,"坐牛"重申,他们不能从死去的士兵身上掠夺任何东西。[11]

※

西南200英里处,克鲁克遭遇了不顺。6月2日,当他到达里诺堡废墟时,没有任何会遭遇克罗人和肖肖尼人的迹象。克鲁克派出了他唯一的侦察兵,由不可或缺的弗兰克·格鲁亚德率领,前往大角山以外的地方寻找他们。三天后,克鲁克的纵队盲目地穿过菲尔·卡尼堡废墟,很难说是一次令人振奋的经历。一名骑兵中尉兼报社记者,用这座颓废的堡垒来比喻公众对边疆士兵的漠不关心。他写道:"费特曼上校和他手下的尸体埋在墓地的一条壕沟里,但关于我们的这个模范共和国对这些人的感激之情,或毫无感恩之心,还有一个令人悲哀的评论。我在曾经围着墓地的旧围墙的废墟里看到,未掩埋的累累白骨遭烈日暴晒,即便浅埋的尸骨,毫无疑问也已被土狼挖了出来。"

克鲁克将这一幕悲伤的景象留在了身后,跨过蒙大拿边境,很快就迷路了。6月7日晚,一个小规模印第安战队与克鲁克的哨兵发生了小冲突。双方都未有任何损失,但奇袭的效果已不可能存在,克鲁克撤至大角山。然后,伯克中尉在他的日记中草草记道,队伍"安于一边在长期营地寻找印第安人,一边忍受困倦地生活"。克鲁克自己只是假装对此无动于衷。其实他深感不安,用没完没了的二人纸牌游戏和到山上打猎来掩饰自己的情绪。

一周后,格鲁亚德带着176名克罗战士回来了。当天晚些时候,86名全副武装、衣着光鲜的肖肖尼人整齐地列队进入营地,两面美国国旗在他们的纵队头顶轻快地飘扬。率领这支色彩缤纷队伍的是78岁的边疆传奇酋长瓦沙基。他能说法语和英语,并鼓励传教士改变他的族人。为了感谢酋长的好意,军方将他的保留地附近的军事哨所命名为瓦沙基堡,这是唯一一个以印第安人命名的堡垒。尽管他们忠心耿耿,克罗人选择和白人军队站在一起,主要还是为了和拉科塔人算账。然而,肖肖尼人则是出于真挚感情而与白人士兵们一起服役。[12]

格鲁亚德不仅带来了印第安盟军,还带来了有瑕疵的情报。他算出拉科塔和夏延的兵力为2500人(正确的数字是接近1000人),来自45英里外玫瑰蕾溪边的一个村庄(这个村庄实际位于玫瑰蕾溪和小大角河之间的分水岭)。敌人所谓数量上的优势并未困扰克鲁克,他对印第安人是否有能力集中兵力,或是否愿意冒正面开战的风险表示怀疑。

6月16日拂晓,克鲁克的骑兵队满怀信心地向玫瑰蕾溪源头出发。经过35英里行进,克鲁克扎营,有意将马和骡子集合在营地中间的空地,以保护他们免遭突袭。人们确信敌人就在附近。行进途中,时不时有野牛穿过队伍。克罗人说它们就是在躲避拉科塔猎人。当天晚些时候,克罗侦察兵发现了一个还烤着野牛肉的火堆。入夜,克罗人和肖肖尼人迫不及待地准备战斗,唱歌跳舞直至天亮。无法入睡的伯克在日记中写道:"我们现在就在敌人中间,随时出手,或遭到打击。"他不会等得太久。[13]

克罗侦察兵打断了一个出来寻找迷路军马的夏延战队匆忙的晚餐。人早就不见了,他们飞奔40英里回到村庄,报告他们发现的克鲁克庞大的纵队。传令兵发出了警报。女人们急忙收拾好家里的东西,拆掉小屋。年轻人们则忙着涂上作战的油彩。首领们要求克制,但"坐牛"预见的胜利削弱了他们谨慎的言辞。战士们被一种不可战胜的感觉鼓舞,准备自行其是。"当夜幕降临时,我们溜走了。"夏延战士"木腿"说。"战士来自各个部族的营地。我们有武器、战服、油彩和'魔力'。我有把六发左轮手枪。我们走了一整夜。"酋长们无法阻止他们,也加入了队伍。1876年6月17日,当太阳从玫瑰蕾溪的大弯处升起时,"坐牛",手臂因献肉仪式而变得几乎毫无用处,"疯马"、盖尔和一大群低级战争首领骑着马朝着一群毫无戒心的敌人冲去,领头的是近千名极其自信的拉科塔和夏延战士。[14]

克鲁克对他们的逼近一无所知。自从遇到夏延突袭队后,克罗人和肖肖尼人简直变了个样。他们紧紧跟着白人士兵,连射杀野牛都不愿向前一步。只有弗兰克·格鲁亚德表现出了勇气。从与拉科塔探子的对骂中,他推断出敌人的村庄位于玫瑰蕾溪谷上游20英里处。6月17日拂晓,仅仅凭借格鲁亚德不确定的猜测,克鲁克沿河向下游三英里试探性行进了一小段路,然后停了下来,打算当晚发动突袭。营地位置非常宜人,但一旦开战就很难防守。南边有一条陡峭的断崖,北边是无尽的山脊。几个克罗侦察兵回过神来,向山脊上爬去。

早晨很热,蒙大拿的天空晶莹湛蓝。整个营地都笼罩在沉重的倦意之中。克鲁克靠打双人纸牌消磨时间,士兵们则在马鞍毯子的阴影下打瞌睡。一位随军记者在写了几行字后说:"没有任何迹象表明敌人可能就在附近。"

也就是说,直到克罗人突然从最近的山脊上狂奔而下,直奔克鲁克的牌桌之前,没有任何敌人靠近的迹象。他们宣布,拉科塔人来了。莫名其妙的是,克鲁克对他们置之不理。指望不上将军,克罗人和肖肖尼人自己开始涂上油彩,准备战斗,结成他们自己的战线。几分钟后,他们回来了,高呼拉科塔人正在向他们进攻。子弹在他们身后扬起尘土,愤怒地强调一个明显的事实:敌人乘克鲁克不备,打了过来。

只是几近筋疲力尽的敌人才救了克鲁克一命。"我们早上8点左右发现了白人士兵。""木腿"说。"我们只睡了一会儿,人困马乏,所以我们并不急着进攻。但这种情况下,总有一些急躁或愚蠢的人会过早行动。"一名震惊的骑兵中尉看着几个年轻暴躁的印第安人直奔他乱成一团的队伍中间,用皮马鞭猛抽士兵,直到他们被射翻马下。

这些激进的战士中包括18岁的杰克·"红云"(Jack Red Cloud),

伟大的奥格拉拉酋长的儿子。他戴着他父亲的军帽和装饰复杂的连发来复枪从保留地溜走,两样东西对他都没多大用处。一名士兵的子弹射翻了杰克·"红云"的战马后,"木腿"看到这个年轻的奥格拉拉人作出了不可饶恕的动作。"按照印第安人的方式,""木腿"后来解释说,"战士应该停下来,从被杀的马身上取下缰绳,以显示他的冷静。"但"红云"之子没这么做。小马刚一倒地,他就匆忙逃窜,身后紧追着三个克罗人。杰克·"红云"歇斯底里地哭求宽恕。克罗人只是为了好玩,用他们的马鞭抽打他,把他的军帽扯了下来。"木腿"享受着这个有趣的表演。"他们没有想杀他。只是取笑他,说他还是个孩子,不应该戴军帽。"[15]

与杰克·"红云"的懦弱形成鲜明对比的是,一个夏延女孩表现出的英雄气概。她的哥哥也在克鲁克营地附近失去了坐骑。同伴们退缩了,但她从夏延人的防线冲了出去。她在哥哥身边拉住马缰,扶他上马,然后和他一起飞奔到安全的地方。为了纪念她,夏延人随后将此次冲突命名为"小女孩拯救哥哥之战"。[16]

三英里长的战线上,战斗持续了三个小时,不分胜负。包括克鲁克在内的许多军官都不熟悉平原印第安人的战术,他的反应——一系列混乱的反击都是徒劳。当士兵们前进时,印第安人只是从一个山脊退到另一个山脊,直到找到良好的防御阵地,然后下马驱赶袭击者,而训练有素的战马则安静地在他们身后吃草。安森·米尔斯上尉发现印第安人的战术令人沮丧的程度无法估量。当印第安人选择进攻时,他们"不是像白人士兵一样排成一行,而是成群结队,一只胳膊搂着马脖子,一只腿放在马背上,从马脖子下开枪射击,因此,没法对印第安人瞄准"。然后,他们"可怖"的外表,米尔斯在一个段落里用了三次"可怖"这个词,会吓着军马。米尔斯可能会厌恶他们身上装饰的羽毛、兽角以及人和马身上涂满的难以辨认的图案,但他不得不承认,

"印第安人被证明是当时全世界最棒的骑兵"。

克鲁克试图表现出一种对瞬息万变且混乱不堪局面的把控能力。多年来,他追踪蛇族人、派尤特人和阿帕奇人战队所积累的经验,这一刻都帮不上忙。这些印第安人都喜欢速战速决的伏击和打了就跑的战术,而不是正面战场对决。他从未见过这么多敌对的印第安人,也从未直面过拒绝逃跑的印第安敌人。事实上,克鲁克自己就想一跑了之。一片沉寂中,一位上尉斗胆问道:"将军,许多人说,他们对这种事情已经见惯不怪,以至于毫不介意,我常想,你是否觉得我也处于这种境地?"

"你觉得呢?"克鲁克问道。

"就像,如果你不在我眼前,我早跑了。"

"嗯,我也是这么想的。"[17]

上午11点,克鲁克做了一个几乎让他输掉这场战斗的决定。为了夺回主动权,他命令米尔斯上尉自救,率两个营沿玫瑰河谷的峡谷向北骑行,攻击敌对印第安人的村庄。米尔斯的离开使克鲁克只能用钱伯斯的步兵、印第安侦察兵和一个排的骡夫来防守一条长长的山脊。

西边四分之三英里处的一个平行山脊上,有一片宽阔的山谷和一条叫作科尔马尔溪的河道,罗亚尔上校和225名士兵首当其冲受到至少两倍于己的印第安人的袭击。克鲁克从未希望罗亚尔远离主力,但在开始的混乱时刻,罗亚尔擅自采取了行动。现在他付出了巨大的代价。他的士兵们或站或跪,排成一条参差不齐的小阵,与躲在灌木丛、岩石、峡谷和矮坡后面的敌人作战。尽管胜算渺茫,但罗亚尔的人仍坚守着自己的阵地,这时克鲁克派出的一个军官飞奔而来,命令上校撤退。罗亚尔及时地把盖伊·亨利(Guy Henry)的营撤出了战线。就在此时,屠杀开始了。一颗点44口径的子弹穿过亨利的脸,打瞎左

第十三章 护佑我们免遭一切不幸

眼,打碎鼻窦,然后从右眼下面穿出。上尉从马鞍上跌下,被自己的血噎住。克罗人和肖肖尼侦察兵冲上前去,在拉科塔战士们逼近之前将他救了下来。战线瓦解时,6名士兵被包围并射杀。只有克罗人和肖肖尼人侦察兵的奋力反攻和钱伯斯步兵的几轮点射,才使罗亚尔在没有更大损失的情况下得以自救。[18]

随着克鲁克的战线摇摇欲坠,他下令召回米尔斯。时机正好,如果不是故意如此的话。米尔斯沿着狭窄的玫瑰蕾溪谷走了4英里,没有发现任何村庄。现在他的人马从峡谷里爬出来,在印第安人正准备发动再次进攻的时候,痛击了其左翼。印第安人散开了,成群结队地离开战场,簇拥着他们的战争首领。尽管对克鲁克被困的队伍来说是好事,但米尔斯上尉的及时出现并非印第安人撤军的主要原因。印第安战士们经过整夜骑行,又战斗了6个小时,又饿又累。几十匹战马不是被射杀,就是累得跑不动,无法继续前进。此外,印第安人不是来消灭白人士兵的,而是吓跑他们。确信成功后,拉科塔和夏延酋长们对战斗的结果非常满意。除了唯一那位受了致命伤的夏延人和20个阵亡的拉科塔人,其中13人死于克罗人或肖肖尼人之手,也许还有60人受伤,对单个战士来说也是个好日子,尤其是"坐牛"的侄子"白牛",他完成了五次棒击。一位夏延战争首领认为这次冲突是"一场伟大的战斗,硝烟弥漫"。[19]

但毫无疑问,对克鲁克来说却太过分了。米尔斯上尉在印第安人离开一小时后遇到了这位将军,看上去比他见过的任何人都"沮丧"。米尔斯问克鲁克为什么要召回他。"好吧,"克鲁克答道,"我发现这是一个比我想象的严重得多的一次遭遇。我们已有大约50名死伤者,除非我把步兵和一个中队留在那里,否则军医拒绝留下来照顾伤员。我知道我不能信守诺言,用剩下的兵力支持你。"

克鲁克失去的人比他想象的要少。只有9名士兵、1个克罗人和

1个肖肖尼人被杀,1名军官、19名士兵、4个克罗人和2个肖肖尼人受伤,完全是印第安人糟糕的射击技术和厌恶近距离作战所致。然而,克鲁克却失去了比生命更宝贵的东西:他失去了克罗人和肖肖尼人盟友的信任。他们现在称他为"女人首领",懦弱的缩影。米尔斯上尉对上司的谴责只是稍少一点,他认为整个行动就是一场悲剧性的失败。"我不认为克鲁克将军知道(敌人)在哪里,"他后来写道,"我也不认为我们友好的印第安人知道他们在哪里,没人相信我们花了这么大力气会找到他们。"[20]

对于与平原印第安人作战,克鲁克其实有很多需要学习。不过,他并不急于开悟。克鲁克失去了克罗人和肖肖尼人,他们丢下一个不冷不热的承诺,下一次打仗会及时回来,前往了他们的中间人机构。于是克鲁克率队返回大角山。在山脉最高处——云峰之下,他建立了营地。

克鲁克的第一件事是写信给谢里丹,诉说他自己的不幸。他用了一句令人生疑的格言:谁最后离开战场,谁就是胜者。他为自己最终的撤退开脱,理由是他的人缺乏食物,伤员需要适当的护理。补充补给一天就可完成,但克鲁克明确表示他打算延长停留时间。他在6月19日告诉谢里丹:"我一直希望在一些不易到达的地方找到这些印第安人,所以已经下令增调5个步兵连,在他们到达之前,可能不会有任何进一步的行动。"克鲁克希望用几十个增补的步兵来对付跑得飞快的印第安人,但他没有直说。

克鲁克向司令部为自己找借口的同时,他的手下们却享受着在令人叹为观止的美丽环境中度假的乐趣。从将军到最底层的士兵都跑去打猎或钓鱼。克鲁克还抽出时间收集鸟类,当然,还有没完没了的纸牌游戏。7月4日,他收到谢里丹对他关于玫瑰蕾溪战役简短报告的答复。他将要再次向敌人出击,并痛击他们。

克鲁克不理谢里丹。他唯一想发力的地方是"赛道"。克鲁克把上司的命令揉成一团,四处游荡,信誓旦旦地要在一天内抓到100条鳟鱼。与此同时,伯克中尉将无穷无尽的时间花在他的日记上,其中包括7月6日的一篇奇想文章,把玫瑰蕾溪战役说成是他景仰的指挥官的胜利。"自6月17日开战以来,没有出现对方的敌对活动,这非常清楚地说明苏族人在那一天遭到了严厉处置。"伯克写道。"如果他们得手,或者那天未决出胜负,我们的营地早就被他们的神枪手包围了。"显然,伯克没有想到印第安人可能只是为了保护他们的村庄而战。[21]

自己退出行动已经够糟糕的了。但克鲁克不仅失去了打仗的"胃口",而且也没有告诉特里玫瑰蕾溪的战况、印第安人的军力,或他现在的行踪。他不可理喻的疏忽让特里在不知情的状况下行动,其遭遇的悲惨结果超出了任何人的想象。

"坐牛"很清楚,将会发生更多战斗,而且在离家更近的地方。他所预见的没有出现。到目前为止,还未有白人士兵"从天而降"进入拉科塔人的营地。

※

自从克鲁克6月2日开始他命运多舛的行动以来,特里的部队也发生了很多事情。卡斯特似乎并没有因为官方的遗忘而更糟,他回到了林肯堡。一位仰慕他的记者滔滔不绝地说道:"他穿着一套时髦的鹿皮上衣,所到之处尽是人们的焦点,以他急促的方式四处奔走。完全准备好了与敌对的'红魔'(对印第安人的贬称)进行一场战斗,只要遭遇他和他勇敢的战友们,那些爱割头皮的野蛮人的好日子就到头了。"卡斯特回来后,达科他纵队确实也出现了,正如谢里丹将军所说,"与要对付的苏族人等量齐观"。这是第一次,第七骑兵团的12个连将一起作战。特里本人在多大程度上会参与这次战役还是个问题,但坐拥三个步兵连,一个配有加特林机关枪的排,以及40名阿里卡拉侦察兵,再加上卡斯特的指挥,他总共有925人可供调遣。

这是一支令人生畏的力量,不过只是在纸面上而已。"好战七团"三年来从未愤怒地开过一枪。自八年前的瓦希塔战役以来,该团与印第安人的唯一真正交锋是1873年在黄石发生的小规模冲突,主要是为了恢复卡斯特在公众心目中的地位,并将"坐牛"在非条约战队中的地位抬得更高。曾参加过瓦希塔战役的老兵很少仍在第七团。700名士兵中,近四分之一是新兵。该团的43名军官中只有28人在场,其中只有一半与印第安人的作战经验。说得委婉一点,指挥系统很难把控。卡斯特与他的两个侧翼指挥官弗雷德里克·本丁(Frederick Benteen)上尉和马库斯·雷诺(Marcus A. Reno)少校的关系,可以说是边疆部队的团长和其主要下属之间最糟糕的。本丁上尉讨厌卡斯特。他比卡斯特年长五岁,这位勇敢、能干、脾气暴躁的上尉不仅指责卡斯特是埃利奥特少校在瓦希塔阵亡的罪魁祸首,而且认为自己比卡斯特更有资格指挥一个团。

雷诺少校似乎不仅恨卡斯特,也恨生活本身。雷诺生性阴郁,社交能力低下,自从两年前他活泼可爱、政治人脉极广的妻子去世后,他的世界就开始崩溃。现在他只剩下军旅生活,却罔顾事业,酗酒成性。包括卡斯特在内的第七骑兵团军官都尊敬本丁,相信他在战斗中的判断力。然而,少有军官喜欢或信任雷诺。尽管卡斯特知道本丁和雷诺都恨他,但一个公正的下属发誓说,他"体谅他们,随时准备伸出援手"。[22]

卡斯特对麻烦下属们令人钦佩的宽宏大量,即将在主动出击的无情战场上接受考验。1876年5月17日凌晨,断断续续的《靴子和马鞍》("Boots and Saddles")曲的号角声穿透了林肯堡的黑色寂静。战场考验开始了。全团上马,军乐队开始演奏《加里温》,在逐渐消失的黑暗中,第七骑兵团列队通过检阅。特里将军允许已婚军官和男士短暂地停顿一下,与家人拥抱告别。乐队将演奏的曲调改成《我留在身后的女孩》("The Girl I Left Behind Me"),长长的纵队蜿蜒向西进入大草原。一道隐秘的光刺穿雾气,显露出一种奇异的海市蜃楼:行进的骑兵就像悬在天地之间。莉比·卡斯特因预感到惨烈的结局而发抖。"这支英雄队伍的未来似乎已经显露出来,随着他们的样子映照在黎明的朦胧薄雾间,冥冥之中,似乎已有一种预感。"[23]

特里降服拉科塔人的行动迟迟没有展开,目前也没什么危险。达科他纵队6月9日抵达粉河下游,没见到一个印第安人,或者,就此事而言,没听到任何克鲁克的消息,他比纵队早九天离开了费特曼堡。吉本正沿着黄石河向下游缓慢向特里靠拢,他只是5月27日给特里发了一封含糊不清的信,暗示在河边的某个地方看到了一个印第安人。这显然不行。在期待吉本提供更多的力量和更清晰的报告后,特里把他叫上了"远西"号汽船,该船为将军租下,用来顺黄石河而下运送补给。吉本将他的队伍抛在身后,赶上了汽船。

吉本的口头报告令人沮丧,充斥着倦怠和错失的良机。他于4月1日率424人离开埃利斯堡,按照特里的指示,一直在黄石河以北。结果发现,印第安人一路上都知道吉本的位置。多亏了他精力充沛的侦察队长詹姆斯·布拉德利(James H. Bradley)中尉,吉本才对印第安人的情况有所了解。5月16日,远离大部队的布拉德利瞥见了下舌河谷的拉科塔村。吉本本打算进攻,但没能越过黄石河。令人费解的是,他并未向特里汇报布拉德利的发现,该处无疑是印第安人冬季的主要村庄,也未向特里汇报他自己攻击这个村庄的未遂企图。同样令人费解的是,他后来也未能持续对这个村庄进行观察。

5月26日,布拉德利再次找到了"坐牛"部落,这次是在玫瑰蕾溪谷,距吉本的营地只有18英里。很明显,印第安人与特里背道而驰,或是沿着玫瑰蕾溪向上游移动,或是前往了大角山地区。这是重要的情报,但令布拉德利吃惊的是,吉本只是将他的报告装进口袋,然后继续悠闲地沿着黄石河向下游行进,把印第安人留在身后。布拉德利不解地说:"每个人都想知道为什么没有下令我们进攻这个村庄。虽然是一场豪赌,但我想我们的大多数军官都会毫不犹豫地跃跃欲试。"[24]

特里可能会原谅吉本不愿攻击一个可能比他多出一倍的敌人,尤其是当他和吉本都不知道克鲁克的下落时。但吉本对布拉德利再次发现印第安村庄的沉默却让人无法理解。特里和吉本6月9日在"远西"轮上会面时说了些什么不得而知。然而,结果是特里让吉本尽快回到他原来的位置,面对玫瑰蕾溪,准备与达科塔纵队联手进攻,然后在粉河河口扎营。运气好的话,他们可能会对印第安人形成"钳"形包围。

然而,在特里进一步向西移动之前,他先得确保玫瑰蕾溪以东没有流落的印第安人。为此,他下令雷诺少校与第七骑兵团的六个连搜索该地区。卡斯特坚决反对雷诺的侦察,在给《纽约先驱报》的一封匿名信中,他确保全国人民都知道这一点。尽管使用了不当的方式,但卡斯特的保留意见是正确的。雷诺的侦察兵至少要花掉一个星期的时间,而且卡斯特说:"要求远征队其余人手在两次行军的地方无事可干,因为人们普遍认为在玫瑰蕾溪会发现敌对的印第安人村庄,而危险的是,一旦打草惊蛇,印第安人就会发现白人部队的存在,并利用这次机会逃之夭夭。"[25]

雷诺出去九天了。当他6月20日回来时,他告诉特里,他已经超额完成了任务,他搜索了整个玫瑰蕾溪地区,在那里发现了四个连续的印第安营地,每个营地都比之前的营地更晚被遗弃,还有宽阔的小屋杆留下的路痕,大概朝向西南方向的小大角河。精明能干的侦察兵米奇·博耶(Mitch Boyer)对这片地区了如指掌,他估计这个敌对印第安人的村庄有400个小屋,可能会有800名战士。

第十三章 护佑我们免遭一切不幸

雷诺的自行其是激怒了特里,他在一封写给他妹妹的充满鄙视的私人信件中发泄了自己的愤怒。卡斯特则再次拿起他的匿名之笔在公众面前抚慰少校。《纽约先驱报》的读者们了解到:"雷诺对自己的力量非常不信任,以至于让所有未来成功的希望都显得难堪,即便不是严重和永久地受损的话。有强烈的信号暗示军事法庭应介入,如果一个人不听从命令,那他就应该受到应有的惩罚。"[26]

卡斯特夸张的指控站不住脚。至少,特里认识到雷诺的不服从举动使他免于攻击一个空空如也的营地会遭遇的尴尬,因此他制订了相应的计划。计划肯定是乐观多过客观。6月21日上午,特里将他的意图发电报告知了谢里丹:吉本的蒙大拿纵队(特里随行)将在当天晚些时候离开,沿黄石河北侧折返,在大角河口过河,然后行至小大角河口。与此同时,卡斯特将在6月22日上午带领第七骑兵团向玫瑰蕾溪移动。假设他在玫瑰蕾溪没有发现印第安人,卡斯特将继续向西南行进至小大角河源头,然后向北沿河而下。特里告诉谢里丹,他"只能希望两个纵队有一个能找到印第安人"。[27]

当天下午(6月21日),特里召集吉本和卡斯特上"远西"号,要求他们重新审查计划,并尽可能多地发现关于"坐牛"可能下落的模糊情报所透露的细节。就在前一天,吉本的侦察兵报告说,小大角河方向出现了大火。这似乎证实了"坐牛"的存在,要么在玫瑰蕾溪源头,要么在上小大角河以西15英里,正如雷诺的侦察所示。特里和吉本接受了米奇·博耶认为有800名印第安战士的估计。似乎只有卡斯特考虑到,夏季迁徙的印第安人可能大于这一数字,有1500人。这并不重要。没人相信印第安人会站出来和白人打仗。克鲁克没有消息也不关与会者的事。吉本回忆道,阻止印第安人逃跑,"是我们所有人心中普遍存在的想法",而这只能通过迅速进攻来实现。

所有人都同意最好让卡斯特上,希望他不仅能找到印第安人,而且能以此种方式予以打击,使他们的村庄进入吉本的"封锁圈"。与会人员还一致认为,所有行动"都必须依形势的发展控制"。特里给卡斯特的书面命令易被当作建议,命令中他希望卡斯特上校注意这些建议,除非卡斯特认为"有足够的理由不予执行"。担心印第安人可能会溜出包围圈向南逃跑,他让卡斯特"随时关注"他的左翼。

卡斯特信心满满。他拒绝接受安排给他的装备了加特林机关枪的排,因为会放慢他的行进速度,而且他认为四个额外的骑兵连也纯属多余,吹嘘说第七团"遇到什么都可予以痛击"。然而,由于不熟悉该地区,卡斯特欣然接受了米奇·博耶和布拉德利最好的克罗人侦察兵。会议结束时,吉本要求卡斯特给蒙大拿纵队一个参与战斗的机会。卡斯特笑而不语。[28]

吉本也不期望会有好的回应。布拉德利中尉当晚在日记中写道:"尽管特里将军预计我们将大约同时到达苏族人的村庄附近,并在袭击中互相帮助,但大家都知道,如果卡斯特先到,他可以在他认为考虑周详的情况下立即发动袭击。我们亲眼目睹战况的希望渺茫,因为卡斯特无疑会竭尽全力先行到达,为自己和他的团赢得所有的战功。"[29]

为什么不呢?特里的想法也一样。知道她乐于对自己的"亲爱的波"表示信任,在6月22日出发前,卡斯特给莉比写了最后一封信,信中摘录了特里的官方命令:"当然不可能就这一行动给你任何明确的指示,如果可能的话,军区指挥官极为信任你的热情、精力和才干,给你下达精确的命令,可能会在遭遇敌人时妨碍你的行动。"简言之,卡斯特得到了特里的特许,尽管甩手去干。

回到林肯堡,莉比被一个月前神秘的海市蜃楼所困扰。它预示着灾难吗?"哦,奥蒂,"她也在6月22日给丈夫写了信。"你走了这么久,渺无音讯,我寝食难安。你的安全永远在我心中。我对你日思夜想,祈祷你的平安。唯愿上帝护佑我的挚爱。你永远的莉比。"也许她

第十三章　护佑我们免遭一切不幸

也想到了处于危险之中的其他家庭成员。除了阿姆斯特朗·卡斯特和汤姆·卡斯特,他们的弟弟波士顿·卡斯特也参与了此次远征。还有他们同父异母的妹妹的独子、18岁的哈里·阿姆斯特朗·"奥蒂"·里德(Harry Armstrong "Autie" Reed)也参加了行动。

中午,卡斯特向特里和吉本道别。当卡斯特转身离开时,吉本开玩笑地喊道:"嘿!卡斯特,别太贪心,等着我们。"卡斯特挥了挥手,哈哈大笑,回答道:"不,我不会的。"³⁰

※

卡斯特与31名军官、578名士兵、45名侦察兵和向导以及一些平民一起出发,总共约660人。他穿着一件带流苏的鹿皮夹克和裤子、一件深蓝色宽领衬衫,戴着一顶浅灰色宽边帽子,围着一条红色围巾。他带着一支雷明顿猎枪、一把猎刀和两把英国造左轮手枪。在林肯堡时,卡斯特剪短了淡红色的金发。许多军官也剪了短发,还有几个也穿着鹿皮上衣。新入伍的士兵清一色的装束。大多数人穿着污迹斑斑的蓝色法兰绒衬衫,天蓝色的裤子加绑腿,配以白色帆布鞋。他们戴着各式各样的帽子,从制式黑色羊毛作战帽到轻便的草帽。大多数人都胡子拉碴,头发蓬乱。每人装备1873年产的斯普林菲尔德单发后膛卡宾枪(这种武器以出色的拦截能力著称,但容易卡壳)以及柯尔特点45左轮手枪。³¹

6月22日下午4点,卡斯特在行进了12英里后停了下来。他的心情莫名其妙地变得灰暗,军官们也很难摸清他的意图。爱德华·戈弗雷(Edward S. Godfrey)中尉发现军官们称当晚的会议令人沮丧。"每个人的情绪似乎都很严肃,在人还没未到齐之前,大家都在暗中议论。"卡斯特说话时语无伦次,一反常态,一贯的粗鲁荡然无存。他煞费苦心地让军官们相信他们的判断力、决断力和忠诚。卡斯特说,他们可能会面对多达 1500 名印第安战士,但他拒绝了特里提出的增派另外四个连的建议。他告诉他们,如果印第安人能打败第七骑兵团,他们也就能打败一支更强大的部队;这意味着增援部队无法挽救战败的第七骑兵团。卡斯特要求他的军官们,"可在当时或任何时候,提出他们认为合适的任何建议"。

会后,戈弗雷困惑地离开。下属的意见对卡斯特来说从来都不重要。他很沮丧吗?他是不是感觉到"卡斯特的运气"即将耗尽?乔治·华莱士(George Wallace)中尉给出了一个答案:"戈弗雷,我觉得卡斯特将军可能会被杀。"

"为什么,华莱士,"戈弗雷问道,"你为什么这么想?"

"因为我以前从未听过卡斯特这样说话。"32

※

拉科塔人和夏延人无心杀死更多白人士兵。克鲁克撤退后,他们认为战争结束了。年轻的夏延战士"木腿""没有想到将来还会打仗"。他对追女孩更感兴趣。另一位夏延人谈到玫瑰蕾溪战役后,当村子进入小大角河谷时,人们普遍松了口气。"每个人都想,'现在我们离开了白人的地盘。他可以住在那里,我们就可以住在这里'。"

村庄规模的迅速扩张是一个很大的安慰理由,现在已有 960 个小屋。共 7000 个印第安人在此安营,其中有 1800 个战士。战马可能超过 25000 匹。虽然来自"红云"和"斑尾"中间人机构的人不多,但每个拉科塔部落都有代表。这是自 1851 年拉雷米堡会议以来北部平原上最大规模的印第安人聚集。

6 月 24 日下午,印第安人在蜿蜒的"油草河"(拉科塔人如此称呼小大角河)西岸滩地上支起小屋。这是一个令人愉快的地方,河水清凉纯净,来自大角山的融雪。岸边遍布杨树和柳树。东岸有连绵的断崖,另一边是长满了肥皂草的草原,被夏日的阳光晒得焦黄。大地上布满沟壑,渐渐延伸至一片浩瀚无垠的远方。村庄西边,有一片缓坡上稀稀拉拉长着营养丰富的牧草,可供马群食用。大角山耸立在西南面十英里外的地平线上。

整个村落绵延一英里,分成不同的部族圈。夏延村位于村落的下(北)端。上(南)端,两条蜿蜒的河流环绕着一个巨大的洪克帕帕村。"坐牛"的小屋位于最南边,住着13个人,包括他的两个妻子。"疯马"的奥格拉拉村位于夏延村和洪克帕帕村之间。

玫瑰蕾溪战役后,拉科塔人和夏延人连续六天举行胜利之舞,大吃大喝,不停诵读战绩。6月24日,庆祝活动变得轻松,青年男女跳起舞蹈,孩子们嬉戏其间。在热情洋溢的"木腿"看来,"世界充满和平与幸福,没人打算向他的同胞下手"。

"坐牛"看得更清楚。感觉到自己的太阳舞预见即将实现,他爬上河岸东侧的一个小山丘。6月24日日落时分,他在那里举行了一个神圣的献祭仪式。山顶上,他铺下一件水牛袍、一个仪式用的烟斗和一些用鹿皮包裹的烟草,绑在一根精雕细刻的樱桃木棒上,这些都是送给"神灵"的礼物。然后他开始祈祷:

> "神灵"啊,可怜可怜我。我以部族的名义献给你这个和平烟斗。无论太阳、月亮、大地、四面的风在哪里,你都无处不在。"天父"啊,救救这个部族,我求你了。可怜可怜我吧。我们想活下去。护佑我们免遭一切不幸或灾难。可怜可怜我吧。[33]

第十四章
最后一搏

"坐牛"在玫瑰蕾溪弯道以东25英里处向"神灵"祈求护佑时,第七骑兵团进入了野营地。6月24日对卡斯特来说是艰难的一天。第七团断断续续行进了28英里,而侦察兵们则发现了废弃的营地,规模很大,每个都比上一个痕迹新鲜。天气酷热,道路干燥多尘。印第安人的马群拖着成千上万个小屋屋杆留下的痕迹深深刻在玫瑰蕾溪谷。宽阔且遭过重压的小径显示曾有大的马群经过。而且还有个不祥之兆。一块白人的头皮挂在一间废弃的太阳舞小屋架子上晃来晃去,向阿里卡拉侦察员暗示着拉科塔人强大的"魔力"。当卡斯特和他的军官们聚集一起巡查该地区时,一阵强风扫过,吹翻了军旗,旗杆顶部指向了后面。戈弗雷中尉一把拾起军旗,插到地上。可旗杆再次倒下。最后,他挖了一个洞。在山艾树的支撑下,旗杆总算立了起来。戈弗雷没有多想此事。但一位军官告诉他,他应从军旗落地预知其背后的隐藏意义:第七骑兵团将被击败。

同时,卡斯特的侦察兵们从印第安人移动小屋屋杆留下的痕迹已预见了失败,这些痕迹并不像卡斯特所设想的向四方散开,而是夏季漫游四面八方的印第安人从中间人机构处蜂拥而至"坐牛"的村庄所形成。当天傍晚,拥有一半阿里卡拉血统一半拉科塔血统的侦察兵头领"血刃"(Bloody Knife),卡斯特很看重的人,对其他印第安人发出了警告:一场大战即将开打。他坦言:"我知道我会发生什么,我不会再看到太阳。"

士兵威廉·泰勒(William O. Taylor)在总部帐篷附近休息。帐篷内,卡斯特独自一人坐着,显然陷入了沉思。"我侧躺着,面朝着他,可能是我的幻想,或是日渐浓重的暮色使他的脸蒙上一层哀伤的表情,我从未见过。难道是因为他想到了林肯堡,他将爱妻留在了那里,"泰勒想着,"还是他的内心预感到了明天将要发生的事情?"卡斯特的遐想被一群年轻中尉的颂歌歌声打断。泰勒觉得,即将上战场的军官高唱赞美诗很是诡异。[1]

晚上9点,克罗侦察兵飞奔入营,带来重大消息:他们找到了拉科塔主力的路痕,从玫瑰蕾溪谷向西延伸。他们还告诉卡斯特,玫瑰蕾溪谷和小大角河谷的分界处有个长着云杉的突起(后称"鸦巢"),从此处可以一览无余地看到13英里外的小大角河。克罗人说,如果拉科塔人在小大角河谷中,黎明时就能看到他们营地的篝火烟雾。

卡斯特面临困境。特里将军"建议"他在向西朝小大角河转向之前先对玫瑰蕾溪源头进行侦察。自玫瑰蕾溪顺流而下可能会让印第安人陷于他自己和吉本的夹击(假设吉本已到达他的指定位置),且还能阻止印第安人向南退至大角山地区。另外,这样也必会带来被拉科塔探子发现或限吉本于独自作战的风险。寻找不管多大规模的印第安村庄都极为困难,一旦发现,过而不战又违反了边境作战的基本规则。特里已赋予卡斯特在情势要求违背命令的情况下,进行自行处置的决定权。

卡斯特需要不到20分钟的时间决定要采取的行动:进攻印第安人村庄。晚上9时20分,卡斯特派出侦察兵首领,查尔斯·瓦尔纳姆中尉,带着克罗侦察兵爬上了"鸦巢"。黎明时分,克罗人看到了他们期望的东西——营地的篝火烟雾和远处马群的模糊轮廓。米奇·博耶也看到了。但瓦尔纳姆却没看见,他的眼睛因路上的尘土而发炎。他听信了侦察兵们的话,向卡斯特报告了他们的发现,而卡斯特已在前往分岔口的路上了。他打算在6月25日向全团隐瞒行动,以便有足够的时间休息和作最后的准备,然后在第二天黎明时出击。

很少有人会忘记那个午夜的行军。极其怪异,几乎不像真实发生的事。厚云遮月,一片漆黑,漫天尘土笼罩了整个队伍。每个连队最后的一个士兵把手中的杯子都敲烂了,以提醒前面的士兵不要掉队。时不时就有人和马走偏,跌入峡谷。

6月25日(星期日)上午9点,"鸦巢"顶上,卡斯特凝视着山谷,大部队还有一个小时才能抵达。他开始说:"我的眼睛很好,可我看不到任何村庄,印第安人,什么也看不见。""将军,"米奇·博耶插话,"如果您在那个山谷中找不到比你曾见过的多得多的印第安人,您可以吊死我。"卡斯特跳起来,反驳道:"真该死,看到你被吊死,那可太好了,不是吗?"然后和瓦尔纳姆下山。"我记得他的话,"瓦尔纳姆后来写道,"特别是他用了'该死'一词,因为这是我听见他最接近咒骂的话了。"

克罗人恳求卡斯特下令进攻。一群拉科塔战士在他们眼皮底下骑马朝小大角河而去,克罗人认为拉科塔人也发现了他们。卡斯特不仅拒绝了他们的建议,而且还怀疑前方是否有一个大村庄。简而言之,他相信眼见为实。然后汤姆·卡斯特得知了令人不安的消息:返回的路上有印第安人。一匹骡子驮的货掉了下来,一个小分队返回取时,发现了一群年轻的夏延战士聚在一箱压缩饼干周围。几声枪响驱散了印第安人。

有印第安人坐实了。现在,确信已失去所有重要的奇袭条件,卡斯特决定立即发起进攻。(卡斯特不知道的是,夏延人决定跟着白人士兵,而不是警告村庄。)如果克罗人对村庄的位置判断正确的话,卡斯特对其到底有多大规模并不在意。他最担心的是在他到达之前,村里的人会四散逃窜。米奇·博耶再次劝阻了卡斯特。他在北部平原待了30年,从未听说过比这更大的村庄。博耶预测,如果他们当天下午进入小大角河谷,印第安人肯定将在次日早晨惊醒。卡斯特对他的判断置之不理。[2]

第十四章 最后一搏

上午 11 时 45 分,第七骑兵团开始沿分岔口向下游行进。半英里后,卡斯特传召雷诺和本丁。显然,他得出结论认为,从多个方向进攻敌对村庄是明智之举,正如他在瓦希塔所作的那样,卡斯特现在将队伍分为四个部分。他给雷诺少校分配了三个连和阿里卡拉侦察兵(共 175 人),给本丁上尉也分配了三个连(共 115 人),并增加了托马斯·麦克道格尔(Thomas M. McDougall)上尉的连队力量(共 136 人)以保护车队。卡斯特则亲率五个连(221 名男子),分别由他的爱将——他的兄弟汤姆、乔治·耶茨(George Yates)上尉和迈尔斯·基奥(Myles Keogh)上尉、他的姐夫詹姆斯·卡洪(James Calhoun)中尉和阿尔加农·史密斯(Algernon Smith)中尉带领。卡斯特告诉本丁侦察西南一英里处的一连串断崖。如果没人,则立即与主力汇合。卡斯特和雷诺将沿流向小大角河的一条狭窄小溪(后来命名为雷诺溪)行进。麦克道格尔和重载车队跟随主力行进。

本丁离开前,一个克罗侦察兵走近卡斯特。"不要把你的人分开。"他说。"即便我们都在一起,对我们来说敌人也太多了。如果您必须战斗,请让我们都在一起。"

卡斯特已听到太多令人沮丧的话。他回答道:"你负责侦察,我来打仗。"克罗人脱掉衣服,开始在脸上涂油彩。"你这是在干什么?"卡斯特问道。

"因为,"他回答道,"今天,你和我都要回家了,但我们都不认识这条回家之路。"[3]

当时,卡斯特距前天晚上"坐牛"进行祈祷仪式的那座小山有 15 英里。

※

卡斯特和雷诺在晴朗的天空和炎热的午间阳光下快步行动。小道被滚滚尘云遮蔽。士兵们卷起了上衣,丢掉了多余的装备。走了五英里后,队伍前方出现了装饰精美的印第安人小屋。屋里是在玫瑰蕾溪战役中阵亡的一名战士的尸体。(当然,卡斯特对克鲁克的战斗一无所知,因此这一发现对他也没有特别的意义。)米奇·博耶和克罗人发现了远处的50个印第安战士。对卡斯特来说,这仅意味着一件事:村庄确实就在不远处,而早先遭遇的战士现在已回去报警。

将近下午两点半,本丁还未出现,时间很宝贵。卡斯特挥手示意阿里卡拉侦察兵前进,但他们拒绝在没有士兵一起的情况下单独行动。该团副官威廉·库克(William W. Cooke)中尉向雷诺下达了命令:"印第安人就在前方约两英里半的地方,他们正准备逃窜。全速前进,发现敌人就可出击,他将全力提供支持。"当主力部队经过时,卡斯特重申了他的支持承诺,并告诉雷诺带上侦察兵。这就是卡斯特的战斗计划。情况在随时变化,而且发展迅速。没有更多的指示给雷诺。至于本丁,他对卡斯特的意图一无所知,因为卡斯特不知道这位脾气不好的上尉或车队在哪里,其实他们远远落在了大部队后面。第七骑兵团的指挥结构正在瓦解,唯一愤怒的射击对准了偷窃压缩饼干的夏延人。

米奇·博耶最后一次建议卡斯特暂缓进攻。一个克罗人回忆道:"但'晨星之子'就像被风吹起的羽毛,停不下来了。"

※

雷诺少校需要支援。下午3点,他的士兵在小径溪和小大角河汇合处停下在浅滩中让马匹饮水时,他拿起威士忌酒瓶猛喝了一口。就在那一瞬间,一名中尉从他身旁踏水而过。"你想干什么?"雷诺大喊道,"敌人干掉我之前,你就想淹死我吗?"

几分钟后,雷诺的营和阿里卡拉侦察兵开始从小大角河西侧的山

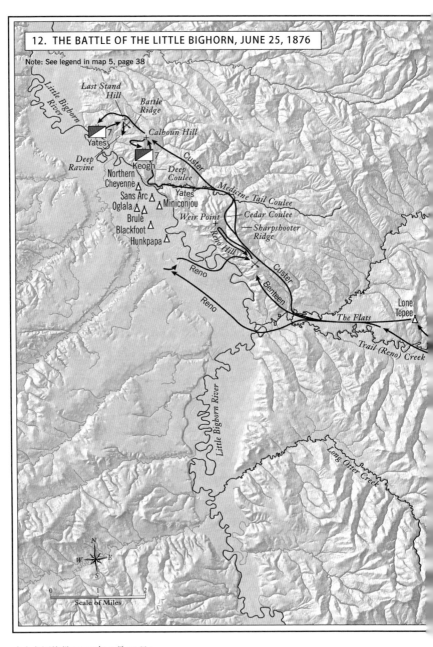

小大角河战役(1876年6月25日)

255

谷向两英里外的一股尘云冲去,他们认为这股尘云大概是"逃窜中"的印第安人造成的,而这些印第安人正是卡斯特指示他消灭的敌人。雷诺下令三个连列队全速前进,并高喊道:"冲啊!"对列兵威廉·泰勒来说,命令听起来很混乱。一回头,他看到雷诺正对着一个烧瓶喝了口酒。泰勒不知道接下来会发生什么:"我们头脑空白地穿过鼠尾草和牛霉果灌木丛,穿过刺梨树,穿过草原犬窝。对我们大多数人来说,这是我们第一次参加真正的近距离战斗。很多人,包括我,从未在马背上开过枪。"

泰勒现在也没有机会。透过尘云的缝隙,雷诺瞥见了几百个印第安小屋,仍然立在那里。被酒精迷糊的少校陷入了难题。卡斯特命令他追踪一个小村庄的殿后护卫。然而,他发现自己正面对一个极具挑衅性的敌人,以及一个大型静止不动的印第安人营地。转向左路的阿里卡拉人也遭遇了意料之外的抵抗,而他们的任务是驱赶拉科塔马群。这是雷诺少校第一次与印第安人打仗,而卡斯特也不见踪影。除了他含混地承诺支持,雷诺对卡斯特的意图一无所知。他下令骑兵在距洪克帕帕村 600 码的地方下马。每四匹马由一名"牵马者"负责,将马匹带至河岸边的一片树林。雷诺的 95 名士兵,在整个低地组成的是一条脆弱的小规模战线。这些人精神振奋,或者被肾上腺素刺激得头昏脑涨,开枪射击时还有说有笑。军官们互开玩笑,吹嘘自己的枪法。除了雷诺,似乎没人惧怕被一个只满足于在远处扬起尘土的敌人打败。[5]

※

雷诺出现之前,拉科塔村和夏延村一直在午后炙热的阳光下打盹。有谣言说,东边远处有白人骑兵,但没人想到那天会有麻烦。青春年少的奥格拉拉人"黑鹿"(Black Elk)在游泳时听到一个洪克帕帕哨兵高喊道:"他们冲过来啦,白人冲过来啦!他们冲向我们的小屋啦!"雷诺的战线成形时,一个正从自己的小屋出来的洪克帕帕女人听到一阵可怕的枪声。"密集的子弹打垮了小屋屋杆。女人和孩子们四处逃窜,躲避子弹。骚乱中,我听到老年男女们纷纷为战士们唱起了哀歌,战士们已准备好反攻了。"

洪克帕帕的战争首领盖尔说,第一轮射击就让他失去了两个妻子和三个孩子。这使他的心情"很糟",他决心"用斧子"与士兵作战,换句话说,格杀勿论。不远处,他的老朋友"坐牛"背着温彻斯特步枪和一把六连发步枪,骑着一匹黑马在小屋间来回穿行,鼓舞战士们"勇敢起来"。抵抗纯属自发,领导的作用很小。那些将马拴在小屋旁的战士们首先投入了战斗,只是花了点时间涂了点战斗油彩。[6]

印第安人无须采取什么大胆的策略来使雷诺少校感到不安,仅凭单纯的数字就够了。当一大群印第安战士将阿里卡拉人从马群赶走,并威胁要包围雷诺的左翼时,他立即撤下战线,退至树林,重新集合士兵及其坐骑。此举使一些人感到迷惑不解。雷诺的伤亡微不足道,冲突发生后坚守战线的 20 分钟,只有一名士兵受伤。少校瞥见了卡斯特,他正从一英里外东岸的一个断崖上观战。在纵马驶出视线之前,卡斯特向雷诺挥了挥帽子。雷诺将这一举动视为同意他组建的小规模战线。

印第安人与骑兵的射程保持着安全距离。随着战士队伍的壮大,他们的胆子也越来越大。洪克帕帕战争首领"铁鹰"(Iron Hawk)在雷诺右后方的河岸聚集了一支战队,准备攻破他的战线。个别战士悄悄靠拢,将树林边缘的灌木丛点燃。"箭如雨点般射向树林……随着我们的环形包围圈延伸至整个树林,我看,[士兵]们活不了多久了。"一位夏延战士回忆道。

雷诺少校也是这么看的。进入树林五分钟后，他大喊着让人们上马，准备奔向上游两英里处的浅滩，以进入河谷。雷诺推断，一旦到达小大角河东岸，他就可以与卡斯特部或本丁部汇合，不管他们在哪里。他觉得，卡斯特有可能为了减轻他的压力而对村庄侧翼进行攻击。但在他看来，已没有等待的时间了。尽管雷诺的决定意味着要在后有追兵、无处隐蔽的情况下长途骑行，但至少有一个士兵认为撤退的命令让他松了口气。"我们看不见印第安人，但他们一直在用骨哨向彼此发出信号，而且他们似乎到处都是。"[7]

虽然雷诺的计划听起来不错，但执行起来却错误频出。少校没有号手，这意味着上马的命令只有通过口传。甚至有人没听到雷诺的命令，而且雷诺也忽略对撤退的隐蔽。听到命令的人几乎同时上马。士兵们一停火，"铁鹰"的战队就冲向树林，来了一轮近距离点射。一颗子弹击中了侦察兵"血刃"，他的血、脑浆和骨头碎片瞬间溅到雷诺的脸上，并顺着上衣流了下来。惊吓和烈酒的作用让雷诺不知所措。他先是告诉人们下马，然后又命令他们上马。最后他只是大声喊道："谁想逃命，跟我来。"然后狂奔而去。

少校的慌乱感染了整个队伍。有人尖叫道："各自逃命吧！"所有能上马的都跟在雷诺之后疾驰而去。最靠近树林的印第安人没有阻拦，但夏延战士"木腿"所称的"苏族大军"挡住了骑兵们进入山谷的小路，迫使他们转向左边，沿着一条狭窄的小路逃命，这条小路在小径溪口下游一英里处通往小大角河。一位拉科塔战争首领将随后的追逐比作一次追野牛。

冲在前面的人中，"木腿"看到白人士兵们的坐骑因疲惫不堪而颤抖不已。相比之下，印第安人的马却"活泛得很"，而且印第安战士很快就追上了白人士兵。战斗现在变成了近身作战。"木腿"用左轮手枪乱开了四枪，然后他看到一个拉科塔战士神情稳定地将一根箭射入一个白人士兵的后脑勺。马鞭和石头战棍把白人士兵打得左右躲闪。印第安人发出打仗时的嘲讽声,笑他们"只是个孩子,不该出来打仗,打仗时应该带更多的克罗人或肖肖尼人"。[8]

"木腿"所称的"苏族大军"背后的推手就是"疯马",他在雷诺的士兵从树林四散逃窜之前不久赶到了战场。已在作战的印第安人没在意他的出现。然而,他最亲密的朋友却想知道他是否会参加战斗。当上游发出枪响时,"疯马"正泡在小大角河中。他没有直接骑马冲向枪响处,而是先咨询了一个有"魔力"的印第安人。他们一起发力,召唤"神灵"强化"疯马"的个人"魔力"。小屋外,他的战士们变得有点不耐烦了。最后,"疯马"出现了。他的战袍比平时更简单。他没有戴装饰用的羽毛,头发随意垂下,脸上也只画了一些斑点。"疯马"跃上他的花斑马,带领奥格拉拉人向山谷冲去。其他拉科塔人,甚至几个夏延人跟在了他身后。当到达河岸时,"疯马"让战士们在撤退的士兵侧翼散开,准备大开杀戒。一个夏延人回忆道:"印第安人站满了浅滩。他们开始让所有士兵都混在了一起——先是苏族人开枪,然后是士兵们开枪,然后是更多的苏族人开枪,所有人都在开枪。空气中充满了硝烟和灰尘。我看到士兵们像野牛一样逃跑后退,掉入河床。"

"黑鹿"与其他几个年轻人一起骑马跟在战士们后面。在河附近,一名正在战斗的士兵引起了他的注意。"孩子,下马去割头皮。"一个战士命令道。"黑鹿"下了马,用猎刀将士兵紧密修剪的头发和皮肤割了下来。"可能是由于疼,他开始咬紧牙关。割完头皮后,我掏出手枪,朝他的额头开了一枪。"[9]

列兵泰勒采取了防备措施,以免遇到类似命运,他将左轮手枪里的最后一颗子弹留给了自己。但是在从树林中匆忙逃出来时,他不小心把枪掉了。泰勒急忙冲向河岸,看到"一群苦苦挣扎的人和马匹,从他们身上流出的血染红了河水"。

第十四章　最后一搏

泰勒冲向河岸的地方,小大角河的宽度从 25 英尺到 50 英尺不等,冰冷的河水深度可及马腹。东岸有 8 英尺高,对于疲倦的坐骑和害怕的骑手来说很难一跃而过。那些跃过去的人需艰难地爬上陡峭而湿滑的断崖,上面还散布着狭窄的裂谷。地上的表土很难让马匹落脚,许多马匹变得无法控制。但人们还是奋力向上爬,或骑马或牵马。雷诺在攀爬过程中丢了帽子,第一个爬上后来以他的名字命名的山顶。少校头上缠着一条红色头巾,双眼发狂,在山顶上绕圈。在他周围,人们疲惫不堪。有人哭泣,有人咒骂。大多数人觉得他们被狠狠揍了一顿。曾多次参与印第安战争的军医亨利·波特医生对雷诺说:"少校,这些人士气相当低落,对吗?"

"先生!刚才我们在冲锋!"这就是雷诺对他惊慌失措撤退的离奇解释。

雷诺的"后退冲锋"让他付出了沉重的代价。32 名士兵、3 名军官和 3 名平民的尸体散落在低地或漂浮在河中。山顶上的幸存者们无助地看着他们被脱光,剥下头皮和砍掉四肢。两名阿里卡拉侦察兵也被打死,其余的大多数带着拉科塔人的马逃向河谷上方。20 名士兵失踪,被留在了树林里,其中大多数人最终将找到爬上雷诺山的路。13 名受伤的士兵也上了山顶。如果不是因为数百只马蹄扬起的灰尘将能见度降低到 50 英尺,还可能会有更多的人丧生。

到达山顶后,雷诺的士兵们至少此刻是安全的。没有印第安战士追赶他们。相反,印第安人迅速退出了战场,向北疾驰而去,雷诺和他的手下也不知为何。[10]

※

"坐牛"留了下来。他没有参与行动。现在,他沿着谷底骑行,看着这幕惨状。白人士兵们已经进入他的营地,正如他所预见的那样。但是,"坐牛"的人已经忘记了神秘的告诫,即不得亵渎死者。女人和孩子们正在了结伤兵,然后对尸体乱砍一气。以赛亚·多曼(Isaiah Dorman)胸口受伤,血流如注,但还没死。他是一个娶了个拉科塔女人的黑人,担任卡斯特的翻译。当一群印第安战士聚集在他周围时,他恳求道:"朋友们,你们已经杀了我,不要再对我进行棍击了。"多曼曾帮过"坐牛"一个大忙。现在,酋长出面进行了干预。

"不要杀他,他是我的一个朋友。""坐牛"一边下马给多曼水喝,一边对众人说。战士们停下了手,但女人们却不理会他。"坐牛"离开后,一个洪克帕帕女人将多曼射杀。为了让他来世继续痛苦,她和同伴用屠刀剁他的尸体,向他的尸体射箭,用铁尖刺穿他的睾丸,割掉他的阴茎并塞进他的嘴里。

"坐牛"加入向北边疾驰而去的队伍,以应对威胁村庄另一端的另一队白人士兵。作为高级酋长,他不是去打仗,而是去保卫非战斗人员。"坐牛"后来解释道:"这场战争的疑问太多,我去那儿就是为了告诉女人们,赶紧收拾行囊,准备搬走。"[11]

※

只有卡斯特明白,当告诉雷诺会支持他时,他的意思是什么。他本来打算跟着雷诺,就像雷诺期待的那样。但是,不可预见的事态发展决定了另一套行动方案。正当卡斯特的人在河边饮马以确认印第安人的村庄就在河谷下方时,瓦尔纳姆出现了。然后传来消息,印第安人在他们的地盘对抗雷诺。卡斯特显然认为,最好的战术是对印第安人进行侧翼攻击,以将其困在他的队伍和雷诺之间。他却想等本丁,但时间紧迫。似乎可以肯定取胜,卡斯特的热情极具感染力。当

第十四章 最后一搏

瓦尔纳姆中尉纵马重新加入侦察兵时,卡斯特向空中挥舞着帽子,大声喊道:"第一个割掉敌人头皮的,休假30天。"

下午3点,卡斯特率领两支各由五个连组成的纵队,越过小大角河,到达东岸上方的高地,寻找适合的浅滩。然后,他瞥见了任何白人都没看过的最大的印第安人村落。他或他的手下并不因眼前的景象而沮丧。一些士兵甚至欢呼起来,其他人则无法控制自己的坐骑。"把马拉住啦,孩子们!"卡斯特喊道。"那里的敌人够你们杀的。"

卡斯特可能会再次经历瓦希塔战役的经历,但印第安人村庄的规模确实也给战况带来了新的紧迫性。汤姆·卡斯特代表哥哥向中士丹尼尔·坎尼普(Daniel Kanipe)挥手,对这位老练却未获军衔的士官说:"快去麦克道格尔上尉那儿。告诉他带领整个车队直接过来。如果有东西松了,直接割掉绳子,快过来,一个很大的印第安营地。如果看到本丁上尉,告诉他快过来,这儿有一个很大的印第安人营地。"

卡斯特的纵队现在加速疾驰,冲向长着一排雪松的峡谷南缘。当士兵们收紧包围圈,缓了口气时,卡斯特兄弟俩爬上了一座小山。他们眼前的场面很清晰,但据他们判断仍对己有利。村里的战士很少。那些手边有马的人去与雷诺战斗了,而其他人则奔向马群找马。雷诺的小规模战线看似稳固(他20分钟后才会撤至树林,之后10分钟,才会为安全疯狂冲过河那边)。卡斯特回到他的队伍宣布:"我们将下去过河,占领村庄。"他告诉米奇·博耶,克罗侦察兵可以走了,他们已履行了职责。但本丁在哪里?对于号手乔凡尼·马蒂尼[Giovanni Martini,意大利移民,入伍时改名为约翰·马丁(John Martin)],卡斯特下达了命令:"我想让你给本丁上尉传个话。快马加鞭,告诉他快过来。这儿有一个大村庄,我希望他能快一点过来,带上弹药。"副官威廉·库克觉得马丁的英语不好,便写了张纸条,让号手带在身上——"本丁,快来。大村庄。快点。带上包。W. W. 库克。"马丁纵马向后面的小径冲去,回头长长地瞥了一眼正快速冲下雪松峡谷的队伍。时间大约是下午三点半。[12]

※

军方见证人对卡斯特最后一战的描述到此结束。三名克罗印第安人徘徊在村庄上方的山脊上,看了很长一会儿,但他们的描述混乱不堪,没什么价值。因此,号手马丁离开后,卡斯特的行动仅凭推测,各种说法不断变化:来自记录军官和士兵倒下的位置,地形地势,考古挖掘中回收的子弹,对卡斯特骨子里争强好胜的推测,以及印第安参战人员的证词。下面的描述来自印第安人的证词和最周全的当代战争研究。[13]

※

卡斯特的队伍从雪松峡谷下来后,一直向北行进,直到一个通向河流的被称为"魔尾峡"的宽阔山沟。卡斯特现在面临两个明显的选择:下到魔尾峡,希望能找到合适的浅滩过河,或者在俯瞰峡谷的高地上按兵不动,直到本丁和车队到达。

卡斯特手边的信息给他带来的既有希望也有警报。年轻的波士顿·卡斯特和车队一起离开了安全地带,向南边疾驰而去,加入行动。波士顿本可以告诉他的叔叔,后退的路很安全,而且本丁已在向卡斯特靠拢。米奇·博耶则带来了令人不安的消息。他和一个克罗侦察兵一直待在一处俯瞰小大角河的断崖上。在那儿,他们目睹了雷诺收回战线,退至树林的全过程。

为了将雷诺面对的印第安战士引开,卡斯特妥协了,率领耶茨上尉的两个连下至魔尾峡,佯攻村庄。他将剩下的三个连交给基奥上尉,将它们安置在俯瞰两个峡谷的山丘上,既保护他的后方,又充当了本丁的信号塔。这一安排几乎奏效。当卡斯特和耶茨靠近时,在魔尾河浅滩处的杨木丛中仅蹲伏着不到 50 个印第安战士。但是他们足以阻止进攻者。几名士兵冒险过河,或死或伤。其余约 80 人则向北到达一个叫作深峡的水道。与雷诺战斗后归来的数百名印第安战士聚在浅滩周围。因雷诺的进攻失去了五个家人的盖尔酋长报仇心切,带领战士越过了小大角河。从战线上撤下且下了马的士兵们向印第安人胡乱射击,效果不大。"坐牛"将士兵的糟糕表现归因于疲惫。"当他们下马时,站都站不稳。年轻人告诉我,他们来回摇晃,就像风中摆动的柏树枝。"

同时,基奥上尉退至了一个平缓的高处,后来被命名为卡尔洪丘,位于印第安村庄下缘以北一英里处。卡尔洪丘就是如今被称为战脊(Battle Ridge)的一段波浪形不毛山地的"主脊"。一片长满草丛的沟壑显示出一条从山脊到河流的路线。战脊向西北延伸一英里,在一个可俯瞰全景的小山丘处终结,正是"坐牛"前一个晚上祈祷的地方。

快到下午 5 点时,卡斯特和耶茨与基奥在卡尔洪丘会合。卡斯特考虑下一步行动时,基奥派出一半兵力组成战线,阻止沿深峡缓慢移动的印第安战士,并将其余的士兵藏在山峰后方,以备不时之需。卡斯特必须迅速行动。靠他这边的小大角河已聚集数百名印第安战士。然而,印第安人并不着急。这是可以随意杀人的日子,无须鲁莽地上马冲锋以证明自己勇猛。他们匍匐在鼠尾草中,站起来开火,然后快速卧倒。尽管如此,仍有几个战士中枪。"木腿"瞥见一个中枪的拉科塔人摇摇晃晃。"当他靠近我所在的地方时,我看到他的整个下颌都被打掉了。这一幕让我恶心得呕吐。"[14]

与敌人不同的是,身处卡尔洪丘的士兵是明显的目标。他们在荒芜的山顶上或跪或站。箭头如雨般落在他们身上。射出的子弹要么扬起尘土,要么射入人体,发出令人难受的闷响。受惊的马与拉住缰绳的人扭作一团。有人的枪卡壳了。而且仍然见不到本丁的影子。卡尔洪防线失守之前,卡斯特带着耶茨的两个连沿山脊冲了一次,希望在村庄以北两英里处的浅滩越过小大角河,抓捕从村庄逃离的女人和孩子。这是一个在绝望中作出的几近可笑的招数。卡斯特只有不到70名士兵,但他却想着强行攻入近5000个印第安非战斗人员之中,并带走足够的俘虏以迫使印第安战士结束战斗。

一个人都没能到达浅滩。夏延士兵们躲在河边的草丛中,以密集的箭头和子弹招呼了卡斯特的先头部队。另一队印第安战士则向北绕过女人和孩子,猛攻他的侧翼。士兵们手拉着马,向北边的小山丘撤退。此时,印第安人完全掌握了战场的主动权。"卡斯特的运气"迅速耗尽。

基奥的命运在"疯马"加入战局的那一刻就注定了。这位奥格拉拉战争首领绕过基奥的防线,在战脊以东的一条山沟里与"坐牛"的侄子"白牛"会合。"白牛"正以最快的速度用手里的温彻斯特步枪射击,看到"疯马"出现并不特别高兴,三年前在黄石河与卡斯特的那次英勇作战中,他几乎丧命。现在,"疯马"向他发起挑战,要求他再次勇猛表现。"白牛"不情愿地接受了。他哀嚎道:"只有天地永存。"他纵马与"疯马"一起穿过了白人士兵的空隙。毫发无损地返回后,两人又再次杀入敌阵。其他人纷纷效仿。当士兵们停下来装弹时,南坡上的印第安战士徒步向前猛冲。混乱中,有军马冲进了河里。印第安人说,被困的士兵"变得愚蠢",一些士兵开枪自杀或扔掉枪举手投降。据说还有人跪地屈膝求情。[15]

但这并不是展示仁慈的日子。"我的心情很糟。就像一个没有头脑的人。"拉科塔战争首领"面雨"这样说道。冲上山脊时,一名旗手的坐骑刚被打死,他正好将旗手抓住。他解开了将他绑在马身上的皮带,用战棍猛击旗手的头,然后冲下山坡。"旗手的鲜血和脑浆溅在我的脸上。我能感觉很热,他的血流进了我嘴里。我能尝到血的味道。我疯了。我随便抓了匹马,然后冲了回去,举枪就射,挥刀便砍。"一股发自心底的复仇情绪驱使着印第安参战人员。拉科塔战士"铁鹰"后来解释了为何他要将一个白人士兵的头砸得稀巴烂。"这些白人自找的,他们就想这样,而我只是遂了他们的愿。"[16]

当基奥的阵地瓦解时——20个聚在他周围的人都被打死——卡斯特正在战脊北缘的山丘上召集耶茨残部和基奥手下的幸存者,在那里他下令射杀马匹组成工事。也许现在山上聚在一起的只剩90人了。[17] 他们的恐惧无法想象。他们可以看到身后的人都死了,至少有1500个印第安人围着他们:他们怎么能不认为这就是他们最后的立足之地?士兵们的表现极不稳定,以至于印第安人认为他们喝醉了。"铁鹰"说:"他们像醉汉一样开枪,向天上开枪,向地上开枪,胡乱射击。"

没有人可以肯定地下结论,因为印第安人没有意识到自己正与"黄发人"作战,但卡斯特显然是最后战死的人之一。一颗子弹射中他的胸口;第二颗射入他右边的太阳穴。他倒在两三个士兵的尸体上,以至于他的后背几乎都没有触地。汤姆·卡斯特倒在距离他哥哥20英尺的地方。[18]

最后的挣扎中,40名士兵将印第安人的战线撕开一条窄缝,奔向河边,其中大多数滚下一条深沟,以为可以通向小大角河。他们的逃跑企图看起来实在可怜。拉科塔的一位年轻人看着他们"像跑动一样伸出手臂,但其实只是在走。我们可以看到一些印第安人就在他们上方盘旋。即便没有武器,我们似乎也可以把他们踏在脚下"。但是他们手里有充足的武器,山沟上的战士们有条不紊地从后面射杀了大多数士兵。波士顿·卡斯特和"奥蒂"·里德都在无果的突围中丧生。

到下午五点半,战斗结束。尘埃落定,硝烟散去。女人们从村庄里涌出,手里握着棍棒、石头、屠刀、斧头和锥子。她们大肆屠杀伤兵,从死者身上搜刮财物并将其肢解。战士们则并未久留。东南边三英里处的一个高处,一队白人士兵聚在一起。印第安战士们留下女人们血腥屠杀,当天第三次出发去战斗。"木腿"没和他们一起前往。在后来被命名为终结山的山丘上,他发现了一具引起其兴趣的尸体——身上穿着鹿皮上衣,脸上蓄着浓密的鬓角。"这是一种新头皮。"他告诉朋友。"木腿"切下尸体的半边脸和半个下巴,将奇怪的头皮绑在箭杆上。他对"坐牛"不得残害死者的禁令充耳不闻,洋洋得意地回到了村庄。"我搞到了士兵的外套和马裤,两个金属瓶装着威士忌酒和带着胡须的头皮。"真是美好的一天。[19]

※

当卡斯特手下孤军奋战,孤立无援,一片哀嚎之时,本丁上尉正慢悠悠地朝着小大角河走来。一路沉思,本丁确信卡斯特派他"无休止地追踪",只是为了将他排除在胜利时刻之外。在独屋(Lone Tipi)附近,上尉遇到了坎尼普中士。他的报告无助于改善本丁的心情。卡斯特找到了一个大型印第安人村庄,希望上尉赶快前往——也许是要他去捡卡斯特胜利的"残渣"?当然,坎尼普给他的印象就是战斗已胜利在望,他一边寻找车队,一边大喊:"我们找到了,孩子们!他们正在享受胜利果实。"本丁开始加快行军的步伐。[20]

本丁在河边遇到了约翰·马丁。号手交给他库克中尉草书的命令,要求他带着车队急行军,但随后他又用结结巴巴的英语说印第安人正"匆匆离去"。至此,本丁认为,这进一步证明卡斯特将独占鳌头。

上尉发了顿牢骚,加快了步伐,沿着一个小时前卡斯特走过的步道爬上了断崖。15 分钟后,他与雷诺碰面。士兵仍在奋力爬山或丧命途中。

"看在上帝的分上,本丁,让你的人停下来帮我!我已经损失了一半兵力。"雷诺结结巴巴地说道。

"卡斯特在哪儿?"本丁问道。

雷诺回答:"我不知道。他朝下游去了,我再没见着他,也没他的消息。"[21]

当印第安人出人意料打断他们的联系时,本丁——现在才想到卡斯特有可能已身陷困境——给雷诺看了"快点来"的纸条,并建议少校与他"联手"和卡斯特汇合。然而,雷诺拒绝让步,除非见着满载弹药的车队。本丁既没有强调对卡斯特施以援手,也没有让队伍继续推进。他"认为卡斯特将军能自己搞定"。

很明显,雷诺对任何人都没有用。根据许多官兵的说法,本丁到达后,这位嗜酒如命的少校又重拾他最关心的东西——威士忌。据说,他在下午 5 点 20 到达雷诺山时还在向本丁吹嘘(大约就是卡斯特阵亡的时间),"看,我还有半瓶酒"。

当雷诺独饮而本丁犹豫不决时,雷诺山上的士兵们听到持续不断的交火枪声,从远方向他们逼近,纳闷为何没下令前进。列兵泰勒后来写道:"确实,在山谷中交战的三支部队有些士气低落。但这并不是整个队伍保持不动的借口。"上尉托马斯·威尔(Thomas B. Weir)表示同意,在就枪声来源猜测了一个小时之后,他带领他的连队上到了雷诺山西北一英里的一个高处。其他连长也紧跟而来。从这个高处,后来被命名为"威尔点"的地方,可以清楚地看到西边一英里外的印第安村庄。北边三英里处,一团黑色的尘云笼罩在地平线上。当本丁和雷诺下午 6 点与威尔和其他人会合时,枪声已经平息。一些军官用望远镜看到印第安人正四处乱跑,向地上的东西射箭。他们对这奇怪的一幕困惑不解,猜测卡斯特的下落。他们从未想过,卡斯特的营会被全歼。[22]

那些胡思乱想的军官们自己还远未安全,一股尘云正向他们所在的方向滚滚而来。几分钟之内,印第安人的全部人马都涌向了威尔点。雷诺和本丁都未下达任何命令。连长们指挥各自的连队退至雷诺山。回到山上,雷诺抱着酒瓶蹲在地上。直到本丁接过指挥权,并在一块碟形凹坑中建立起防御圈,在此之前整个场面一片混乱。波特医生在空地中间建了一个临时医院。骡子成了抵挡印第安人的血肉屏障。

保卫雷诺山的队伍仍处于严重危险之中。整个队伍几乎没有自然掩护,只有三个炮架。人们用能找到的任何东西拼在一起,箱子、马鞍、草料袋、死掉的动物构筑防御工事。对于包围山丘的印第安战士来说,这样的保护等同虚设。印第安人从村庄来回轮番进攻,直到夜幕降临枪声才渐渐稀疏。[23]

※

6月26日拂晓,又一个大热天。日出时,印第安人通过远程狙击重启战斗。尽管持续不长,但很有效。当天,困守雷诺山的367名士兵中,7人阵亡,41人受伤。随着日上梢头,气温升高,水成了比印第安人的子弹更让人担心的事情。伤兵脱水的危险加剧,一名士兵因口渴而神志不清。人们咀嚼着被烈日暴晒的草叶,舔鹅卵石,或通过咬铅制子弹来增加口水。本丁正处于最佳状态。他发起了一次反击,干掉了距离最近的印第安战士,其中一些战士爬得近到足以将土块塞到士兵脸上,然后召唤志愿者从河里取水。前来的人超出了需要的人数,上尉仔细挑选了十几个人,下到峡谷,带着野战水壶和饭盒取水。所有人都活着回来了。

被困者的前景终于显现出了一片光明。印第安人开始离开自己的位置,到下午3点,射击停止了。四小时后,在一片着火的草丛掩护下,"坐牛"的村庄开始向南边的大角山移动。第七骑兵团的军官们都认为,要么是印第安人的弹药不足,要么是卡斯特率援兵赶来了。他们的这两个判断都错了。印第安人之所以离开,是因为有探子报信,一大批白人士兵正在向小大角河谷移动。"木腿"说,年轻人一致同意进行战斗,但酋长会议最后占了上风。"他们决定,我们应该继续我们的一贯做法——如果能不战而逃,就不要和任何白人士兵打仗。"

第二天早上,眼含泪水的特里上将在吉本上校纵队前面率先进入了雷诺的防线。困守者们响起三声欢呼。特里脱下帽子向他们示意。本丁提出了每个人脑海里都想问的问题:卡斯特在哪里?特里回答:"据我所知,我确信他躺在这条山脊下约四英里的地方,全军阵亡。"对卡斯特的憎恨充满了本丁的内心。"简直难以相信。我认为他在大角山的某个地方喂马。瓦希塔战役中,他离部下而去,我想他会再这么做一次。"特里打断了他。"我认为你错怪他了,你可以带着手下下山,自己去尸横遍野的地方看看。"本丁确实去了,回来时脸色苍白。他回来后结结巴巴地说:"我们找到了他们,我以为找不到。"

大多数幸存者都对死去的战友表示沉痛哀悼或高声咒骂印第安人——有时也包括卡斯特——灭亡。而列兵泰勒则对着一具拉科塔人的尸体进行了反省:

一个小小的洼地里,躺着一个坚韧的苏族战士,
除了马裤和软底鞋,上身赤裸。
当我站着凝视他时,不禁悲从中来。

> 他的家和家人就在几百码开外,
> 我们试图将之摧毁,他试图捍卫。
> 杀人者的家大概在千里之外。
> 再过几天野狼和秃鹰会将他的遗体撕碎,散落四处,
> 因为我们不会埋葬死去的印第安人。[24]

为期两天的小大角河战役中,双方人员的伤亡差距很大。已知有31名印第安战士、6个女人和4个孩子被杀;受伤的印第安人数量不确定,大概不超过100人。第七骑兵团损失了258人,60人受伤,还有3名平民和3名印第安侦察兵阵亡,极不对称的损失很大程度上是由于卡斯特面对更多的敌人,却分兵几路,同时也由于印第安人避免了不必要地暴露自己。[25]

"双方都死了这么多人,我感到遗憾。""坐牛"后来说。"但当印第安人必须战斗时,他们别无选择。"[26]

拉科塔-夏延联盟在这场强加给他们的战争中取得了巨大的胜利。但是,对印第安人来说,这一胜利有可能比失败更具破坏性。在经历了十年的暂时性和非现实性威胁之后,美国政府(总统、内阁、陆军部、内政部、军方和印第安中间人)为一个目标团结了起来:击溃"坐牛"和"疯马",一劳永逸地将拉科塔人和夏延人关进保留地。

第十四章 最后一搏

第十五章
总统之怒

特里将军在"远西号"汽船上来回踱步,满脸愁容,面带憔悴。他的痛苦无法掩饰。特里把船长叫到自己的船舱,恳求他确保航行安全。特里说:"船上载着有史以来最珍贵的货物。这里的每一个伤兵都是一个可怕错误的牺牲品,一个悲伤且可怕的错误。"

但谁的错呢?特里知道全国人民需要一个答案。1876年7月5日午夜时分,当"远西号"驶入俾斯麦准备登陆时,特里已恢复了镇定。对自身事业的关心胜过了悔恨,他没有承担小大角河之战的责任,反而进行了推诿。卡斯特开始他的亡命远征之前,特里告诉谢里丹,最好的希望就是卡斯特或吉本可以找到敌人并与之交战。现在他声称曾命令卡斯特只能和吉本一起攻击,且必须在6月26日之后。总之,都是卡斯特的错。为公务需要,谢里丹接受了特里的谎言。公开场合,他将小大角河的失败归咎于"误解和(卡斯特)过分的勇气",格兰特总统毫不费力地谴责卡斯特自己"完全不必要地牺牲了自己的生命"。官方的相互推诿指责开始了。[1]

这一切对公众来说可能是件大事,但与卡斯特在自己的失败中可能承担的罪责相比,国会从一开始就更关注是否有必要打这一仗。小大角河之战发生两周后,参议院要求总统解释战争的起因和政府的目标。格兰特政府在涉及拉科塔人的问题上早已驾轻就熟地使用骗术,这次更是无耻地混淆视听。陆军部长J. 唐纳德·卡梅隆(J. Donald Cameron)作证说,军事行动的目标并非针对苏族,而是针对蔑视政府的"某些敌对势力",换言之,就是那些根据1868年条约似乎获准生活在未经许可的印第安领地上的某些人。而且,黑山是"一坨肥肉"。"苏族保留地西部边界意外发现黄金,以及我们的人民进入该地区,并非导致这场战争的原因,"卡梅隆发誓说,"只是由于遭遇的人数不确定而使情形更趋复杂。"如果相信卡梅隆,那么印第安年轻战士天生的战争欲望直接导致了这场战争,简单明了。[2]

当然,许多国会议员识破了卡梅隆的诡辩。但随着举国上下要求迅速采取严厉报复行动的呼声日盛,他们不敢质疑政府的路线,也不敢否认军方的要求。谢里丹将军想要三样东西,在小大角河之战发生之前都难以想象:一支规模更大的军队,两座位于黄石河未许可的印第安领地核心区的永久性堡垒(谢里丹一再提出的要求),以及对印第安中间人机构的军事控制。

国会迅速行动答应了军方的要求,谢里丹得到了他想要的一切,甚至更多。7月8日,国会拨款20万美元用于建设黄石堡。两周后,内政部将"红云"和"斑尾"的中间人机构交由军方控制,并授权谢里丹将保留地以外的所有印第安人视为敌对分子。8月初,国会将边境骑兵连的兵力增加到100人,还将新增2500名志愿者(被称为卡斯特复仇者)投入战场。国会还将获准征募的印第安辅助人员的人数从300人提高到1000人。谢里丹现在几乎拥有绝对的权力来处理拉科塔人和夏延人——友好还是敌对——由他认定,不管条约或法律。[3]

谢里丹缺少的是愿意打仗的指挥官。特里和克鲁克似乎不想或在心理上还无法面对印第安人。没有卡斯特,特里就像少了主心骨。达科他纵队的剩余部队仍然坚守着他们的大本营,士气崩溃,疾病肆虐。谢里丹命令一位一直渴望战斗的人——纳尔逊·迈尔斯,当时正在南部平原——率第五步兵团向特里报到。但迈尔斯至少需要一个月的时间转移他的兵团。

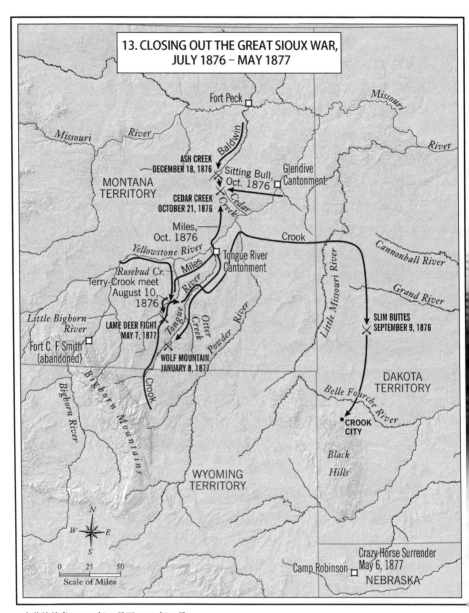

大苏族战争(1876年7月至1877年5月)

特里纵队以南80英里处的云峰营地,克鲁克的部队已恢复元气,随时可以重新展开行动。然而,其指挥官却并非如此,他在玫瑰蕾溪战役后事实上放弃了自己的职责。7月4日,克鲁克接到谢里丹的命令,要他"再打(拉科塔人)一次,狠狠地揍他们一顿"。结果他去钓鱼了。六天后,当信使们带着小大角河的消息和谢里丹的再次指示——"尽可能给印第安人最大的打击"到来时,克鲁克并未在营地接收命令,他独自一人去大角山打猎了。伯克大为恼怒。"将军树立了一个鲁莽的榜样,怎么谴责都不为过。此种鲁莽必须在今后消除。否则,总有一天,他将暴尸荒野,整个平定苏族的计划也会落空。"

克鲁克那天下午回来了。几小时后,在瓦沙基酋长的带领下,213名肖肖尼战士骑马进入营地。老酋长警告克鲁克,拉科塔人的数量比白人士兵多三倍。实际上,双方力量大致均等,但瓦沙基的估算对头脑混乱的克鲁克来说,似乎完全合理。谢里丹答应克鲁克,韦斯利·梅里特(Wesley Merritt)上校的第五骑兵团供他调遣,以此稳住了克鲁克。日子一天天过去,没有任何梅里特的消息,克鲁克又陷入一种"紧张的不快"之中。7月23日,他已几乎认输。由于梅里特迟迟不露面,克鲁克感到"无比尴尬",向谢里丹承认他对发动攻击的持续恐惧,并补充道:"我完全不知所措。"

克鲁克的畏战情绪让谢里丹失去了耐心。"梅里特将在8月1日或2日到达你部。"他在7月28日回复道。"如果你觉得自己不够强大,无法攻击和击败印第安人,最好立即和特里将军联合。我已向你和特里将军派遣了军区所有可以用上的人手,如果还不能使纵队足够强大,特里和你就应该合并兵力。"[4]

克鲁克的恐惧毫无根据。拉科塔和夏延酋长们最不想看到的就是再打一仗。他们不知道,他们在玫瑰蕾溪击退克鲁克,在油草地干掉"长发将军"时,已经自掘了坟墓。不过,他们确定,白人士兵们肯定

第十五章　总统之怒

会回来。印第安人采取行动时会考虑两个因素:尽量远离军队;一旦脱离危险,就开始已经迟了的夏季猎捕野牛的行动。在大角山举行了漫长的胜利庆祝之后,印第安人向东边移动,放火烧毁身后的草原,以阻止追捕。

这是一次艰苦的跋涉。猎物很少。人们忍饥挨饿,马儿也虚弱不堪。直到他们和克鲁克之间的距离达到 150 英里后,印第安人才感到足够安全,可以在某个地方扎营,停留几天。一次大会上,酋长们决定各部族应该分开,以提高他们找到足够猎物的机会。夏延人选择留在粉河地区。拉科塔人继续前往密苏里河,在那里再分头行动。"坐牛"带着洪克帕帕和大部分米尼孔朱人和桑萨雷人向东北方向而去,进入蒙大拿领地,而"疯马"则带着奥格拉拉人前往南边的黑山。不足为奇,往来于中间人机构的印第安人变得迷惑不解。一些非条约派拉科塔人失去了信心,同时,许多住在中间人机构的拉科塔人和夏延人,看到保留地不断增加的军事力量,纷纷前往未许可的印第安领地。到 8 月初,打赢了小大角河之战的拉科塔-夏延同盟不复存在了。[5]

※

一副生意人模样的韦斯利·梅里特,谢里丹看重的"精兵强将",终于到达了云峰营地,激起了克鲁克的行动欲望。8 月 5 日,他出发了,希望把印第安人困在他和特里之间。克鲁克把他的队伍称为大角河-黄石远征队。他有梅里特手下的 1500 名骑兵,450 名步兵,250 名印第安辅助人员,以及一些白人侦察兵。队伍在烧过的大草原上轻装上阵。一列精简的骡车队运送口粮和额外的弹药。

这次行动是一场小小的失败。持续两天的酷热高温和厚厚尘土之后,紧接着的是三天冷雨,完全抹去了印第安人的痕迹。由于没有雨衣或帐篷,这些人遭受了极大的痛苦。8月10日,太阳露脸,酷热返场。人们又脏又饿,马匹因缺乏草料而憔悴不堪。那天下午,特里和克鲁克在玫瑰蕾溪会合时,几乎错将对方认为是敌对的印第安人。当认出对面的纵队时,迷惑不解的特里对一名手下说:"嘿!上校,那是克鲁克。印第安人到底在哪儿?"刻薄的迈尔斯上校四天前向特里报到,也问了自己同样的问题。他总是对那些对他控制太严的上级不满,还在谢里丹的手下面前说特里的坏话。他说,将军已经失去信心。至于特里的队伍,迈尔斯从未见过"这样一个完全溃不成军的部队,不管是志愿军还是正规军"。他满怀真挚的感情,写信给他的妻子,"我对这里的动作了解越多,就越钦佩卡斯特,我很满意不会很快再次出现他这样的人"。[6]

克鲁克将军突然变得傲慢自大,他还告诉梅里特,他和特里的5000人兵力加在一起太多,无法发挥作用,对一个两周前还在为自己的生存担心的人,这真是一个奇怪的想法。但克鲁克的说法被证明具有先见之明。一周痛苦的行军中,他和特里只遇到无情的雷雨,彻底浇灭了士兵们的士气,让肖肖尼人和克罗人只想早点回家。克鲁克也受够了。特里的一名下属说,在领取了15天的野战口粮后,他"在一个晴朗的早晨(8月26日),没有留下任何礼貌性借口,踏着泥泞而去"。[7]

克鲁克离开特里是因为两人闹僵了。特里相信"坐牛"的战队,他称之为"印第安叛乱的核心和灵魂",已越过黄石河,向北运动。尽管他承认"疯马"可能会像克鲁克所说的那样南下,但他仍然认为两个队伍应该联合起来"摧毁"敌人的核心。另外,克鲁克认为,黑山定居点和采矿营地太过危险,无法让它们不受保护。作为普内特军分区指挥官,他有责任保护他们。特里认可了这一点,同意克鲁克离开,率自己的纵队北上。克鲁克则继续向东寻找"疯马"的踪迹。也许他还可以从行动中挽回一些东西,并以此来洗清遭玷污的名声。[8]

克鲁克对"疯马"动向的判断是正确的,但却没搞清楚他的意图。这位奥格拉拉战争首领在黑山以北50英里处停了下来。小规模战队在黑山实施了一些零星袭击,持续到8月下旬,但"疯马"和其他首领们没兴趣对白人发起总攻。他们只想和平地留在他们称之为家园的地方。[9]

边防军历史上也许最惨淡的一次进军开始了。突如其来的冷雨夹着鸡蛋大小的冰雹"痛击"着克鲁克的队伍。马匹陷入没过膝关节的泥泞之中。慢性腹泻、神经痛、风湿病和疟疾困扰着他们。10天之内,克鲁克的"落汤鼠大队"只前进了100英里。9月5日,将军面临一个至关重要的决定。他发现印第安人留下的路痕向南通向黑山。然而,山区在200英里以外,而他们的口粮已所剩无几。林肯堡在东边50英里外的地方,但没有印第安人朝这个方向运动的迹象。不管克鲁克走哪条路,食物都会在他到达目的地之前吃完。他选择前往黑山。他向一位友好的战地记者透露,只剩下两天半的口粮。克鲁克小声说:"我们至少要吃七天。矿工们必须得到保护,我们必须在南下的路上惩罚苏族人,否则这场战役就完全没有完成。如果需要,我们可以吃我们的马。"

他们确实这么做了。大雨倾盆而下,用伯克的话说,这片烧焦的草原变得"像海绵一样湿透,但却没有弹性"。骑兵的坐骑成群倒下。士兵们的情况也好不到哪儿去。与克鲁克用雨水浸透的压缩饼干和腐肉勉强维持的期望相反,饥饿让一些士兵一次坐下来就吃掉了他们所有的口粮,之后马肉就成了他们的主食。克鲁克的一位手下在家信中写道:"你完全无法体会这些人的痛苦。我看到有人筋疲力尽至精神错乱。我看到曾非常勇敢的人,像孩子一样坐下来哭泣,因为他们撑不住了。"走在无马骑兵们边上,梅里特听到他们变得难听的谈话。

关于"玫瑰蕾溪乔治"和他的"靠马肉行军"的笑话还算可以接受的军人之间的抱怨,但关于克鲁克遭受"精神失常"折磨和"应该被绞死"的说法就很严重了。梅里特与将军进行了坦诚的讨论。

克鲁克早在梅里特告诉他这些人脾气暴躁之前就知道他需要帮助。他已下令车队前往当时100英里外黑山上的戴德伍德(Deadwood),由可靠的安森·米尔斯上尉率150名士兵护送。车队指挥官说,克鲁克告诫米尔斯避免与印第安人接触。然而,米尔斯后来声称,克鲁克曾口头命令他攻击任何他可能遇到的村庄。不管哪种情况,克鲁克都打算在9月8日(正好是他46岁的生日)让手下休息一整天,这清楚地表明,如果米尔斯遭遇印第安人,他不能指望得到及时的支援。

尽管如此,米尔斯还是选择一搏。在克鲁克营地以南30英里处,他发现了一小群马。很明显,附近有一个印第安村庄,没人知道这个村子有多大。米尔斯没有冒着被发现的危险进行密切侦察,而是在一场大雨中把他的部队藏在峡谷里,打算在黎明时发动进攻。

米尔斯的攻击目标是48个小屋,首领是米尼孔朱酋长"美国马"和"红马"(Red Horse),约有250人,正前往他们的中间人机构投降。这个宁静的村庄坐落在一个宽阔的洼地里,下面是一条被称为"瘦屁股"的白色断崖。

米尔斯的骑兵穿过浓浓的晨雾飞奔进村,手枪劈啪作响。印第安人划开他们的小屋,四散逃窜,许多人赤身裸体。"红马"说:"我们在黑暗中抓起任何可当成武器的东西,女人们则带着孩子还躲在岩穴里。我们把几匹马聚在一起,让家人上马,往('疯马'的)主营地逃去,向他们报信。"

不是所有印第安人都仓皇逃命。一小群人,包括"美国马",聚在一个沟壑里。其他人在悬崖上辱骂士兵,这是他们期待增援的确切迹象。对米尔斯来说,幸运的是,克鲁克在中午到达,决定搞一次生日行军。尽管他斥责上尉贸然进攻,但他完全赞同从村里缴获5000磅干肉。手握如此多的战利品,克鲁克失去了对军队的一切控制。一个连部下都无法召集的军官从未见过这样的景象。"2000人在混乱中散开,抢夺野牛长袍和其他物品,然后点火烧掉小屋。"20名士兵自告奋勇要把"美国马"赶走。他们下定决心,大声咒骂,大喊大叫。被吓坏了的女人们用尖叫声回应了他们的责骂。克鲁克匆忙下令停火。对有些人来说,停火的命令已经下晚了,包括一群女人和孩子,伯克看到他们"浑身沾满泥土和鲜血,在极度恐怖的痛苦中尖叫,在自己的血泊中挣扎"。"美国马"从峡谷中走了出来,双手紧紧按着自己的肚子,子弹已让他的肠子流了出来。他死于次日早上。

下午4点,"疯马"带着400名战士出现在悬崖上。双方交火,直至黄昏,骑兵们冲进一片迷雾,将印第安人赶走。克鲁克声称在"瘦屁股"取得了胜利,但充其量只是一次小胜。他扰乱了拉科塔人猎捕野牛,还激怒了数百名本打算返回中间人机构的印第安人。这下他们将自己的命运与"疯马"或"坐牛"紧紧绑在了一起。

9月14日,克鲁克的苦难到头了。肮脏不堪、衣衫褴褛、饥肠辘辘的队伍迎来了满载着"感恩"的黑山人送来的补给车队,他们以高昂的价格购买了这些东西。然而,填饱肚子并未平息士兵们对克鲁克使他们遭受痛苦的愤怒。一名骑兵中尉断言,"靠马肉行军"代表了"最恶劣形式的指挥不当。当缺乏远见、嫉妒的性格或自私的野心执掌帅印时,这是一件可悲的事情"。一位有见地的列兵同意道:"这次远征就是一场灾难,消耗了公共资金。仍然未给卡斯特和他勇敢的士兵们报仇,印第安人的问题比以往任何时候都更难解决。"[10]

※

事实上,国会在解决苏族人问题上迈出了巨大的一步。1876年8

月15日,格兰特总统签署了年度《苏族拨款法案》(Sioux Appropriation Bill)的一项附加条款,如果该条款得以严格执行,且得到武力威胁的支持,将不可避免地破坏拉科塔文化。这项法案本身包括增加100万美元的口粮供应,以承认大多数拉科塔人已知的情况:他们不能再依靠狩猎来维持全年的粮食供应。当然,不会给敌对组织提供食物,至少表面如此。还有一个威胁性的附带条件:在拉科塔人放弃对未许可的印第安领地和位于103度子午线以西的大苏族保留地的所有权利之前,包括黑山,他们不会获得任何进一步的口粮拨款。他们还必须授予穿过保留地进入山区的三条道路的通行权,同意在密苏里河的新中间人机构接收补给,"以减少运费",并同意耕种土地和送孩子上学。实际上,拉科塔人要么放弃,要么挨饿。[11]

格兰特任命了一个基督教改革者委员会,将政府的最后通牒提交给保留地拉科塔人。在"红云"的中间人机构,酋长们发表了长篇大论,透露出他们对究竟该怎么做存在的困惑。在忍受了政府一贯的高谈阔论使其无话可说之后,酋长们签了字。被夹在机构附近大秀武力的军队和他们那些非条约同胞之间,酋长们对后者注定的失败心知肚明,他们确实别无选择。

整个过程中没人欢呼。一位酋长在签字前蒙上了眼睛。"红云",看起来"若有所思和闷闷不乐",告诉委员们,"你们带着伟大的父亲(总统)的话来这儿。因此,由于我是他的朋友,我答应了他对我说的话,我想这会让你们高兴"。然而,"红云"心里仍窝着火。会议结束后,他和布鲁莱酋长"红叶"(Red Leaf)要求将口粮送到他们的村庄。

从"红云"的机构,委员们去了"斑尾"的机构。"斑尾"看出这是勒索。削减配给、饥饿策略、军队粗暴处理和强迫迁移的威胁,甚至连最友好、最"进步"的拉科塔领导人都无法忍受。

我的朋友,你的话就像一个男人用棍子敲我的头。你的言语使我们甚为惧怕。无论白人要求我们做什么,无论我们走到哪里,我们都会说:"好,好,好!"只要我们在会上对我们的要求有所异议,你们就说:"什么食物都不给你们!什么食物都不给你们!"[12]

说完心里话,"斑尾"不情愿地"拿起了笔"。之后,多米诺骨牌轻松倒下。委员会迅速地在立石、夏延河、克罗溪、下布鲁莱和桑提等机构得到了签名。委员会主席郑重地报告道:"我们怀着对上帝的感激之情完成了我们的工作,上帝守卫并保护了我们,引领我们成功地解决了一个问题。"[13]

协议已签署完成,只待参议院批准,在这种情况下,批准很快通过。机构酋长们已放弃了未经许可的印第安领地。黑山已不属于印第安人,大苏族保留地也锐减了三分之一。还有一件事让机构的印第安人忍受不了,菲尔·谢里丹正准备加以实施。

※

9月22日,正当委员会结束在"红云"机构的工作时,谢里丹将军召集克鲁克和兰纳德·麦肯齐前往拉雷米堡,后者所辖的第四骑兵团已被谢里丹重新调至克鲁克旗下。其目的是:决定何时以及如何解除印第安人的武装并使其下马。这可能会是个紧张的会议。麦肯齐情绪波动剧烈,确信他的同僚都是他的秘密敌人。克鲁克也想象过敌人。在两次被拉科塔人羞辱之后,他渴望对那些机构酋长进行报复,这些酋长们除了对"坐牛"表示了适度同情,其实什么都没干。

谢里丹指派克鲁克全面负责这次行动。麦肯齐上校反对移师至

"红云"机构附近。韦斯利·梅里特会根据需要给予支援。从克鲁克对梅里特的指示中可以明显看出,当时他正在黑山地区进行侦察,他预计会发生暴力事件。"尽你所能避免冲突,"克鲁克对梅里特说,"但如果不得不作此选择,我们必须对他们造成与文明战争相符的所有伤害。"[14]

梅里特不用担心。可疑的线人四处散布不实谣言,发出"红云"和"红叶"打算加入敌对势力的警告,说服克鲁克在梅里特到达之前采取行动。麦肯齐在没有流血的情况下完成了任务,但这没有给他带来任何荣誉。他满怀在村子里找到隐藏武器库的希望,结果只发现了一把老旧步枪。当士兵们洗劫印第安人的小屋,波尼人对拉科塔人的马群下手时,他睁一只眼闭一只眼。抛开打砸行为不谈,克鲁克对结果很满意。"我觉得,"他对谢里丹说,"这是我们在这件事上看到的第一缕曙光。"然后克鲁克抛弃了"红云",任命他认为"无疑是最聪明和忠诚的""斑尾"为拉科塔人首领。克鲁克本打算遏制"红云"的影响,但酋长的退出却反而提高了他在保留地奥格拉拉人心目中的地位。

克鲁克的下一步行动很强悍。他公然违抗谢里丹打击机构印第安人的命令,允许除"红云"和"红叶"的直接追随者以外的所有人保留他们的武器和马匹。他对谢里丹说,对准"友好"的印第安人,"只是部署白人军队打击印第安人,并将其等同视之,不管是否友好"。克鲁克认为,这种实实在在的真诚行为比以往所有"伟大的父亲"(总统)作出的友谊保证加起来更能赢得印第安人的忠诚,他是对的。近500名保留地拉科塔人报名参加侦察兵部队。克鲁克解释说,让拉科塔人对付拉科塔人"在诱使敌人投降方面会产生决定性效果,而且是分化部族组织的切入点,为文明化和基督教化的影响扫清障碍"。谢里丹对他这位任性下属的理论不感兴趣,公开反对他的举动。但克鲁克给了他一个既成事实。谢里丹在芝加哥总部本该高兴的时候,会激动起来。[15]

边防军有了巨大的飞跃。八年前,当"红云"宣布和平时,拉科塔人已被无可挽回地分裂了。但是,非条约派印第安人和保留地拉科塔人(如果不是他们的首领的话)之间的关系通常密切且友好。事实上,如果小大角河没有大批保留地战士的话,卡斯特很可能会取得胜利。现在,仅仅两个月后,这些战士们便加入了帮助政府征服他们抵抗白人的亲属的行列。正如南部平原的情况一样,北方部族之间的不团结将极大地促进对他们的征服,并最终导致他们生活方式的消亡。具有讽刺意味的是,印第安人如此珍视的决定自己命运的绝对自由将被证明是他们无法维护自身命运的决定性因素。然而,"坐牛"和"疯马"对这一切还浑浑噩噩,他们仍在以顽强的毅力坚持着老旧的生活方式。

※

迈尔斯上校眼看着夏季行动无果而终,对妻子说:"特里的本意很好,但他几乎没有经验,而且受效率低下的吉本等人的影响太大,无法取得好的结果。这项事业要取得成功,首先要有健全的军事原则,然后需要极大的精力和毅力。"迈尔斯认为,特里两者都不具备。在沿黄石河以北冰冷的小径行军一个星期之后,1876年9月底特里解散了蒙大拿和达科他纵队。"由于苏族人找不到我们,"第七骑兵团的一位上尉开玩笑说,"我们可以回家了。"[16]

特里的军队正准备离开拉科塔领地,但这并不意味着菲尔·谢里丹打算把该地区留给印第安人。相反,他命令特里指挥迈尔斯和他的第五步兵团在舌河河口建立一个营地,固守在拉科塔人冬季家园的中心。除了通过补给车队维持迈尔斯的驻军,谢里丹没有计划挑战位于亚北极圈的北部平原寒冷的冬天。然而,他没有考虑到迈尔斯咄咄逼人的性格和不安的野心。迈尔斯立即请求允许他采取进攻行动,承诺在积雪融化前清除该地区的印第安人。特里拒绝了他的请求,理由是不可能在冬季采取行动。

"坐牛"无意中给了迈尔斯一个证明特里错了的机会。洪克帕帕人需要在下雪前大量储备野牛肉,而黄石以北地区野牛很多。"坐牛"不知道的是,黄石地区现在成了另一个与自己同样坚韧的白人军官的家园。

10月10日,当"坐牛"的村庄越过黄石河时,拉科塔探子报告说附近有一个军队补给车队。"坐牛"劝他们不要进攻,但年轻人置之不理。满载的马车是他们无法放过的巨大奖赏。第二天,一个大型战队发动了袭击。小规模的车队护卫驱散了印第安战士,但他们已抢走了足够多的骡子,使整个车队瘫痪,并使平民车夫们惊慌失措。四天后,一列经过重新整编、重装护卫的补给车队驶入印第安人的视野。"坐牛"和其他年长酋长们再次敦促克制。年轻的战士们再次无视他们的劝告。

其中就包括"坐牛"的侄儿"白牛"。他将野牛尾战袍披在右肩上,抓起温彻斯特步枪,冲向车队,开始棒击。以四年前他在黄石和"坐牛"一起抽烟,或者在小大角河和"疯马"一起冲锋陷阵相比,骑马飞奔向一列车队似乎并不特别危险。然而,"白牛"的"魔力"已耗尽。一颗点45口径的步枪子弹击中了他的左上臂,打碎了骨头。冲击力使他瞬间昏迷。两个朋友赶紧抓住马的缰绳,将"白牛"带至安全的地方。护送车队的士兵们对付印第安战队绰绰有余,他们重新加入"坐牛"的队伍,开始北上猎捕野牛。心怀敬意的拉科塔战士戏称这些步兵为"步行堆"。

迈尔斯上校在拉科塔人不知情的情况下,担心没有如期到达营地

第十五章 总统之怒

的补给车队遇到了麻烦,便出发寻找,现正与第五步兵团一起在印第安人小径上艰难前行。10月20日上午,他在蒙大拿南部地区雪松溪源头附近追上了印第安人,并在拉科塔营地以西一英里处的山脊上部署了500名士兵。300名印第安战士匆忙在一条平行的山脊上集合保护村庄。由于在毫不知情的情况下,易受攻击的家人们被白人士兵发现,"坐牛"和酋长们同意在双方战线中间举行一次会议。

天气晴朗,但非常寒冷。"坐牛"穿着鹿皮绑腿,裹着厚厚的野牛袍。迈尔斯戴着一顶皮帽,穿着一件饰有熊皮的长大衣,披着一件军斗篷,这使他赢得了拉科塔人给他取的绰号:"穿熊皮大衣的人"(Man with the Bear Coat),简称为"熊皮大衣"。

迈尔斯仔细观察着面前这位著名的"卡斯特征服者",发现他"彬彬有礼,但显然缺乏发自内心对白人的尊重"。尽管稍微掩饰了下心中的仇恨,"坐牛"还是遵循礼节,在地上摊开一件野牛袍,邀请迈尔斯坐下。上校拒绝了,立刻使会议气氛冷了起来,两人站在一起,隔着长袍唇枪舌剑地交谈。迈尔斯说,如果可能的话,他打算把拉科塔人和平地带到保留地,如果必要的话,将使用武力。"坐牛"对这一威胁感到怒不可遏,要求迈尔斯撤离,以便拉科塔人能够进行秋季捕猎野牛。

在阐述了战争与和平的宏大主题后,"坐牛"很快就触及了问题的核心。他告诉迈尔斯,不同种族之间不可能和解,因为"从未有过真正爱印第安人的白人,也没有不恨白人的印第安人"。他大胆地宣称:"全能的天神使他成为印第安人,但也没让他成为一个机构印第安人,他也没这个打算。"

迈尔斯在拉科塔村有间谍,面对"坐牛",他精确地列出了打击拉科塔人的计划,"激发("坐牛")野性凶猛的天性"。在第一次与"熊皮大衣"迈尔斯的言语交锋中遭受了心理上的挫败后,"坐牛"勉强同意第二天早上再次会面。

迈尔斯在第二次谈判中发挥了优势。这次他带来了野牛袍,邀请"坐牛"坐下。当他不出所料地拒绝后,迈尔斯邀请其他酋长坐在本该是"坐牛"的位子上,他们接受了。"坐牛"被他们的不分主次的举动吓坏了,他拿出烟斗供奉给"神灵",恳求他怜悯拉科塔人。除此以外,他很少说话。"虽然是我们说话,"一个发言的洪克帕帕人为明显忧郁的"坐牛"开脱,"但他还是我们的战斗首领。"迈尔斯并不买账。"我想他可能觉得自己体力不支,显得很沮丧,感到紧张兴奋,而且失去了权力。"那天晚上,会议陷入僵局后,上校在给妻子的信中这样写道。[17]

双方现在都摆好了架势,准备开战。迈尔斯率先采取了行动,命令步兵向前排成战斗队形。拉科塔人则放火烧了草原上的青草,并为掩护村庄逃跑,慢慢让步。不是所有人都想撤退。当白人军队靠近被拆除的印第安人营地时,吊着胳膊的"白牛"高喊:"上啊!把他们都干掉!"他刚想动身,"坐牛"就抓住他的缰绳,把这个受伤的侄儿送到了后面。

"白牛"没错过多少。雪松溪冲突中,只有一名印第安人丧生,两名白人士兵受伤,但步兵们对逃离的拉科塔人紧追不舍,抢走了宝贵的冬季物资,并破坏了"坐牛"的联盟。"坐牛"和盖尔继续带着400人向北朝密苏里河而去,大部分是洪克帕帕人。眼看面临一个饥饿的冬天,桑萨雷人和米尼孔朱人向迈尔斯投降。兴奋的上校认为,持久的和平取决于对投降的印第安人宽宏大量,他给了他们大量口粮,并让他们可以在无人看守的情况下向夏延河中间人机构报到。结果,许多人叛变,前往了"疯马"的营地,而非"白牛"。考虑到侄儿伤得太重,不能长途跋涉前往密苏里河打仗,"坐牛"让"白牛"去机构报到。他的战士生涯就此结束。[18]

与迈尔斯的冲突不仅破坏了"坐牛"联盟,也震惊了所有冬季迁徙的印第安人。以前,白人士兵们来了后,挑起战斗,偶尔谈判,打完就

走。但迈尔斯打算留下来。与"疯马"的村庄一起迁移的夏延战士"木腿",表达了冬季迁徙印第安人日益增长的绝望:

> 无论走到哪里,白人士兵们都会来杀我们,而且这还是我们自己的领地。(白人)与"红云"签订协议时,这片土地就已经是我们的了,协议还说只要草长水流,土地就是我们的。那只是八年之前,而现在他们四处驱赶我们,因为我们记忆犹新,而他们却忘得干干净净。我们再也高兴不起来了,因为我们许多人已解开马尾(离开了战场),投奔白人。我们只有回到我们领地深处。而野牛已没了,严冬来得更早了。[19]

※

乔治·克鲁克急于采取行动。在不到一个月的时间里,纳尔逊·迈尔斯对非条约拉科塔人造成的伤害比克鲁克八个月造成的还要多。"坐牛"已逃远,但"疯马"的营地大概就在攻击范围之内(尽管克鲁克也不知道具体位置)。他两次都没能找到"疯马",第一次是1876年3月令人羞耻的"粉河战役",第二次是9月那场无谓的行军,克鲁克决心在年底前了结"疯马"。因此,在大张旗鼓的气氛中,他于11月发起了第三次行动,对付这个难以捉摸的拉科塔战争首领。他称之为粉河远征。克鲁克再次集结了强大的军力。1500名正规军,包括麦肯齐的第四骑兵团;300名平民车夫;以及近400名印第安辅助人员浩浩荡荡从费特曼堡出发。

无论这次行动会带来什么,克鲁克已取得了一场外交胜利,这场胜利对非条约战队的长期影响比他期望赢得的任何战场胜利都更重要。在征募印第安人参与远征的过程中,克鲁克老谋深算的一面再次表现了出来。来自八个部落的战士,其中一些曾长期敌对,随克鲁克一同出征。波尼人和肖肖尼人占主导地位,但也有保留地拉科塔人、夏延人、阿拉帕霍人、犹特人(Ute)、班诺克人(Bannock)和内兹佩尔塞人(Nez Perce)。克鲁克征兵术的逻辑在酋长们身上起了作用。克鲁克提醒他们,野牛会越来越少,而白人聚居地正在扩大。他宣称,印第安人必须"像朋友一样团结在一起",否则就会灭亡。一位同意克鲁克观点的波尼酋长表达了一种以前难以想象的情绪。"兄弟们,"他说,"我们肤色相同,都是印第安人。"他还说,他们都站在了伟大的父亲(总统)的一边。克鲁克做到了最伟大的战争首领未曾做到的事:他唤醒了北方平原和太平洋西北部部族之间的"印第安感"和共同利益。而此种意识正被导向剥夺他们自己的自由。[20]

理查德·道奇中校,印第安人生活的敏锐观察者和30年军龄的边境老兵,统领克鲁克的步兵。粉河远征军是他所见过规模最大、装备最好的远征部队。尽管看起来令人生畏,但如果没有印第安盟友的帮助,克鲁克的纵队可能搜寻几个月,都不会遇到一个"敌对分子"。他的拉科塔和阿拉帕霍侦察兵策反了一名年轻的夏延战士,使其透露了位于玫瑰蕾溪的"疯马"村和位于大角山西南部的北部夏延人村庄的详址。克鲁克准备打击离他更近的"疯马"。然而,克鲁克刚准备下命令,就得知那个说个不停的夏延囚犯已逃向"疯马"的村庄。拉科塔人现在肯定会警惕克鲁克的到来。由于不愿承认失败,他派遣麦肯齐和骑兵以及印第安辅助人员前往大角山,在未遭挑衅的情况下,对夏延村发动攻击。虽然许多夏延人都曾目睹小大角河战役,但大多数人只是刚从"红云"的机构过来,"并未打扰任何白人,也不想见到任何白人",正如一位战士所说。但任何自由游荡的印第安人都是军队的合适"猎物"。如果克鲁克不能打败"疯马",他也不会去动北部夏延人。

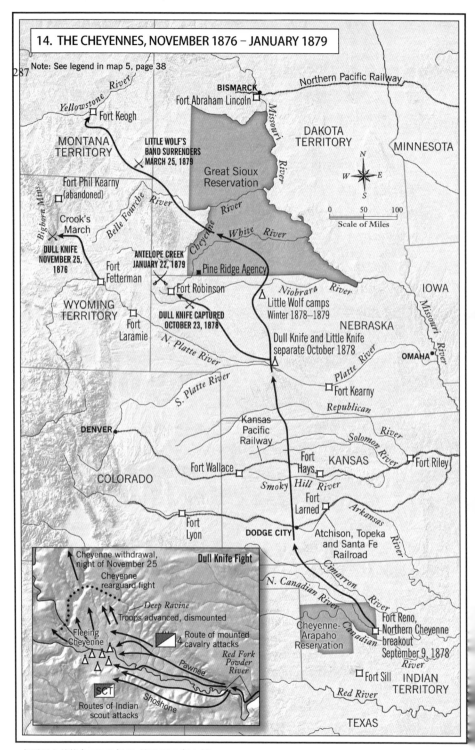

与夏延人的战争(1876年11月至1879年1月)

克鲁克给了麦肯齐一个艰巨的任务。夏延村由 173 个小屋组成,约有 1200 名住户,其中包括 300 名战士,坐落在粉河红岔口的一个半英里宽、几乎无法到达的峡谷尽头。村子充斥着"神灵能量"。部族里最受尊敬的两位"大佬"——66 岁的"钝刀"(Dull Knife),以及比他小 10 岁的"小狼"(Little Wolf)——都在那里。富有同情心和无私精神,还曾是英勇的战士和卓越的战术家,"小狼"这位"魔力酋长"堪称夏延信仰的化身。这个村子还供奉着夏延人最神圣的物品——"魔力神箭"和"野牛圣帽"(Sacred Buffalo Hat)——因而村子也是二者的守护者的家园。这是十多年来两件神器首次出现在同一个村落。不幸的是,这个村落还住着暴徒"最后公牛"(Last Bull)和他专横跋扈的"狐猫"(Kit Fox)战队。

出现了不祥的预兆。11 月 20 日,参加会议的酋长们派出的探子发现了克鲁克的营地。四天后,"盒老"(Box Elder)——一位受人尊敬的盲人,80 多岁的圣人——"看到"一幕幻象:白人士兵和敌对印第安人冲向村庄。仅此一点就让大多数夏延人相信,是时候采取行动了。但"最后公牛"正作为村警执勤。他史无前例地篡夺了酋长会议的权力,让手下鞭打任何试图离开的人,并杀掉他们的马匹。"狐猫"战队在最近的一次突袭中杀死了 20 个肖肖尼人,"最后公牛"强行让每个人都留下参加他们的胜利之舞。整晚,比小屋还高的庆祝篝火照亮了整个村庄。鼓声回荡在峡谷突出的岩壁上。大雪覆盖了整个村子。11 月 24 日晚上,月亮很早就看不见了,取而代之的是一股笼罩着峡谷的浓雾。[21]

当不情愿的庆祝者在"最后公牛"的庆祝活动上载歌载舞时,麦肯齐正穿过峡谷陡峭的白砂岩北墙的一个小缝隙。当黎明将至时的灰暗光线覆盖峡谷时,他已在离最近的印第安小屋以东一英里处部署好了他的部队。红岔两旁长满了茂密的柳树,浓密的灌木丛遮住了村庄。只见马群在长满草的坡上吃草,但已没时间实施侦察。就像五个月前的卡斯特,麦肯齐将盲目进村。然而,他有卡斯特缺乏的三个重要优势:一大批迫不及待手刃夏延人的友好印第安人,一件冬日黎明时用得上的保护斗篷,以及人数众多。"最后一搏"似乎离他很远。

袭击者们在一条小路上快跑起来,印第安辅助人员沿着红岔南岸,骑兵们则沿着北岸前进。当骑兵冲向马群的时候,大喊大叫的波尼人冲进了村子,不分青红皂白地快速射击。从峡谷的红砂岩南壁上,肖肖尼人向村庄开火。一个夏延战士把子弹击中小屋的声音比作冰雹;另一个遭子弹射穿的夏延人说,"就好像是在子弹上行走"。"狐猫"战队强迫人们参加的庆祝活动在袭击开始前刚刚结束。夏延女孩们用绳子将年轻男子们和她们绑在一起,以防止他们跳舞时滑倒,现在慌乱地挤在一起,直到战士们切断绳子。一松绑,她们就急忙向营地西边的一条断崖跑去。

早早退出舞会的夏延人赤身裸体或只裹着毯子或长袍从他们的住处跌跌撞撞地出来。那些武器还放在小屋的人们匆忙抓起武器,组成一条参差不齐的防线掩护人们逃跑。他们承受了密集的火力。"小狼"酋长身中六弹。血在冷风中很快凝结,但他仍继续战斗。"小狼"防线的左边,一条深沟里的九名战士倒在防线上,暂时削弱了骑兵的冲锋。在他们身后,夏延女人们在峡谷西边深处用石头砌起工事。整个战斗中,眼盲的圣人"盒老"坐在一个小丘上,吟唱着他的哀歌。他饱经磨难,就像"魔力神箭"和"野牛圣帽"一样。

北夏延人物质文化中的其他东西几乎很难不遭破坏。村子不到15分钟就被毁了,麦肯齐还放了把火。装饰精美的小屋、神圣的头皮缝制的上衣和战袍、色彩丰富的野牛皮、圣衣,以及作为传家宝的战盾永远失去了。士兵们把夏延人认为是造物主恩赐的神圣玉米穗扔进火里。支撑夏延人过冬的成吨干野牛肉和干肉饼在火焰中化为灰烬。

士兵们对他们的破坏工作津津乐道。他们发现了足够的证据,使他们相信他们对夏延人实施了报复。村里还发现了一个袋子,里面装着12个肖肖尼婴儿被割断的右手,用干手指装饰的珠子项链,一个白人女孩的头皮,一面第七骑兵团的军旗,还有一件被认为是汤姆·卡斯特的血迹斑斑的鹿皮大衣。[22]

这场战斗很快就成了远距离交火。麦肯齐认为没有必要再往前冲锋了。村子和马群都落入其手,夏延人显然遭受了重创,他们的首领们也四分五裂了。"钝刀"高举着停战的旗帜,告诉一名随军翻译,他已失去了两个儿子,只想投降,但其他酋长们阻止了他。看到为白人士兵服务的拉科塔人和夏延人让他很生气。"回家吧,这里没你什么事。""钝刀"喊道。"我们可以单独和白人作战,但不能同时和你们打仗。""小狼"似乎听天由命。"你已让我们很多人死伤。"他对翻译说。"你还是留下来杀了我们其他人吧。"

麦肯齐决定让饥饿和大自然继续发威。11月26日上午,他离开峡谷,重新加入克鲁克。麦肯齐失去了1名军官,5名士兵阵亡,21名士兵和1名肖肖尼侦察兵在这场后来被称为"钝刀之战"的战斗中受伤。夏延人这边约40人死亡,120人受伤,全部财产化为灰烬。[23]

从某种意义上说,麦肯齐可被算为军队的伤亡人员。天黑后,他无端开始心烦意乱。他的勤务兵偷听到了上校的诉苦。"我们就在医院附近,整夜都能听到伤者的呻吟声。每次我醒来,都能看到将军来回走动。我相信他那天整晚都没合眼。他一定是为什么事烦恼。我不知道是什么,因为他是我见过最勇敢的人。"一周后,当着道奇上校的面,麦肯齐精神崩溃。他怒斥自己把与夏延人的战斗搞砸了,称自己是一个堕落的懦夫,并发誓如果能鼓起勇气,他会把自己的脑袋轰掉。"他像个疯子一样说话,而不是一个神志清醒的优秀骑兵团指挥官。"道奇证实道。他"不断刺激并鼓励他",提醒他,大家都认为"钝刀之战"是一次"伟大的胜利"。这让麦肯齐平静下来,至少当时是这样,道奇赶紧将麦肯齐崩溃的消息通知了克鲁克。克鲁克也不知如何是好,只是用纸牌游戏分散麦肯齐的注意力,直到他的情绪缓解。[24]

除了一个有自杀倾向的下属,克鲁克自己也有问题。"钝刀之战"后,他带领纵队落魄地寻找"疯马"。在12月下旬结束行动前,他在暴风雪和零下50度的严寒中走了三周。克鲁克将其失败公开归咎于运输能力不足和谢里丹为购买饲料下拨的"微薄款项"。在经历了玫瑰蕾溪战役和"马肉行军"失败后,谢里丹对这位顽固下属的信心本已少得可怜,得知克鲁克的指责后,这份信心又下降了一大截。[25]

※

北方夏延人也迷失在了连他们自己都难以理解的苦难之中。11月25日晚,气温降至零下30度,白天的气温却升至足以让士兵们穿着衬衣作战。当晚,11名夏延婴儿在山中死亡;第二天晚上,又有3个死去。还有至少十几个成年人冻死。夏延人唯一的生存机会在于到达"疯马"的营地,但对他们不利的因素似乎很多。大雪无情地下个不停。第一天,战士们就遭遇一队波尼人侦察兵,抢回75匹马,如果没有这些马,这支队伍就会全部覆灭。夏延人宰杀了马匹,把昏迷不醒和冻得半死的孩子塞进马匹仍冒着热气的肚子里,让他们活了过来,然后靠马肉活了下来。由于没有软皮靴,他们把脚裹上一条条马皮或一小块布。许多人只披着一件野牛袍。

战后11天,夏延人来到了"疯马"村,却发现奥格拉拉人也一贫如洗。尽管一些夏延人认为奥格拉拉人很吝啬,但"疯马"的人尽其所能为他们提供小屋和生活用品,两个部族结合在一起。他们时而战斗,时而躲过迈尔斯的队伍,直到1877年2月,当夏延人向小大角河地区进发时,他们希望士兵们会给予他们和平。[26]

但迈尔斯一直紧随其后。一个月前他抓获了四个北方夏延女子。现在他释放了其中最年长的那个,向其部族带回最后通牒:举手投降,交出武器和马匹,我就不会伤害你们。拒绝我的条件,我就摧毁你们。酋长们让步了。

随后,克鲁克也介入了。他不愿看到迈尔斯因抓获了几个月来一直在追捕的印第安人而获得荣誉,于是他从内布拉斯加调集机构夏延人,并给予更大的优惠。他允许任何在罗宾逊营地向他投降的夏延人不仅可保留武器和马匹,而且还可以返回位于夏延人聚居区的白河中间人机构。这一新的政策打破了酋长们的共识,部族内部就像拉科塔人当年那样四分五裂了。大约300名由较低级别酋长领导的北方夏延人向迈尔斯投降,迈尔斯对他们很好,征募了一半的战士作为侦察兵。"小狼"和"钝刀"手下的近千名夏延人向克鲁克投降,克鲁克却立即食言。他给了他们足够的食物,一个饥饿的战士死于暴食,但作为交换条件,他要求他们交出武器和坐骑。而且他们不会回到白河地区。克鲁克告诉夏延人,他们必须在迁移到密苏里河的机构(酋长们立刻拒绝了这个选择)和在印第安领地加入南方夏延人之间作出选择。这是伟大的父亲(总统)的意愿。克鲁克自始至终都知道这一点,即使他公开吹嘘自己从未向印第安人许下他无法遵守的承诺。

夏延酋长们同意搬迁,只是因为克鲁克将军和麦肯齐上校向他们保证,如果他们不满意印第安领地的条件,可以返回北方。克鲁克和麦肯齐后来都对此否认。无论如何,北方夏延人手无寸铁,胯下无马,完全依赖政府配给食物,除了服从,别无选择。于是,1877年5月28日,"小狼"和"钝刀"带领972名北方夏延人在军队的护送下,沿着他们过去探望南方亲戚的小路,越过一个现在对他们来说已显陌生的地区。这里曾经遍布大型野牛群,而现在却成了牧场和农场。无数定居点就在这条路线的东边,三条铁路横穿了原本属于夏延人的平原。无论麦肯齐是否能保证北方夏延人的安全,他都真诚地相信在印第安领地上重新定居对他们的"最终繁荣"是最好的选择。他告诉酋长们,"作为一个部族,他们必须在环境的压力下改变他们的生活方式"。但是,他谨慎地补充道,"这样的改变,不管发生在哪里,都会伴随着巨大的痛苦"。[27]

8月5日,北方夏延人抵达印第安领地上的达灵顿机构。苦难如影随形。南方夏延人折磨着北方人,他们最不想看到的就是机构来了,更多的人消耗本已不够的政府口粮。他们不再同属一个部族。自从上一次举行部族太阳舞仪式后的13年里,北方和南方夏延人在风俗习惯、衣着甚至语言上都出现了分歧。一位南方首领蔑视北方夏延人和拉科塔人之间频繁的异族通婚,他问北方的亲戚:"你们苏族人在这里干什么?"

答案显而易见。他们快死了。一周一次发放的牛肉只能维持两天。疟疾像镰刀一样刺穿他们。1877—1878年冬天,一场麻疹导致50名本已因饥饿而虚弱的北方夏延孩子死亡。蚊子、酷热和思乡使那些幸免于难的人虚弱不堪。北方夏延人到达保留地的第一年中,印第安中间人约翰·迈尔斯(John D. Miles)报告道:"他们活了下来,就这些。"[28]

当麦肯齐上校1878年以地区指挥官的身份重回印第安领地时,达灵顿机构的北方夏延人的状况令他震惊。他向谢里丹抱怨道:"我希望看到正因政府而挨饿的印第安人举止得体,不仅如此,而且政府让他们挨饿还公然违反了协议。"麦肯齐还告诉雷诺堡的指挥官,如果夏延人离开保留地去狩猎,就睁一只眼闭一只眼。否则,他说,"部队将处于协助犯下大错的位置"。难的是,已没有野牛供他们狩猎了。

谢里丹将军和麦肯齐一样愤怒。随着他最终恍然大悟,他不仅谴

责达灵顿机构骇人听闻的条件,而且也对所有平原印第安机构大加挞伐。谢里丹在1878年的年度报告中宣称,

> 食物不足,而且随着猎物消失,饥饿在某些情况下已使印第安人绝望,任何人都会抗争而不是等着饿死。正义和权利问题对印第安人而言已属过眼云烟,再也不能恢复。我们已霸占了他们的领地,夺走了他们的圣域,摧毁了他们的猎物,将他们困在保留地里,坐视他们深陷贫困而不管不顾。看在同为人类的分上,让我们给他们足够的食物,给他们安排正直的中间人吧。[29]

大多数北方夏延人试图修复与南方夏延人的关系,尽其可能扭转不利的情况。但"小狼"却不这么想。他决定回家,而不是默然接受这个痛苦的生活,他恳求中间人要么允许他和他的追随者离开,要么同意酋长直接向印第安事务局请愿。两个请求中间人都未答应。"小狼"和他的副手们既震惊又愤怒,他们确信这一拒绝违背了他们所理解的克鲁克和麦肯齐对他们作出的承诺。"如果我们能回到原来的保留地,"酋长"野猪"(Wild Hog)后来说,"我们会愿意去种地,或者做任何政府要求我们做的事情。"[30]

但不是在瘟疫肆虐的南部平原。9月9日,"小狼"最后对印第安中间人和雷诺堡的指挥官说了一段客气但坚定的话:

> 朋友们,我现在要去我的营地了。我不希望这个机构会血流满地,但现在请听听我对你们说的话。我要离开这里了,我要北上回到我自己的领地。我不想看到这个机构血流成河。如果你打算派士兵追捕我,我希望你们能先让我到一

个距机构远点的地方。如果你们想打仗,我会奉陪,我们可以让那个地方血流成河。"[31]

当晚,"小狼""钝刀""野猪"和353人离开了机构,小屋仍立着,做饭的篝火仍燃着。大多数走的人是女人、孩子和老人。只有60人是经验丰富的战士。不祥的是,一直与北方夏延人居住在一起的"野牛圣帽"守护者不在其中,这意味着"小狼"的人将在没有神迹保护的情况下出行。"木腿"和他的父亲也留了下来。"我们对受骗受难的族人深表同情,"他解释道,"我们俩都对'小狼'钦佩有加。但我们下定决心留在这里,不惹麻烦。"[32]

正如"小狼"所料,麻烦始终与他形影不离,如影随形。首先,雷诺堡的一个骑兵营在堪萨斯边界南边赶上了夏延人。"小狼"尽力避免流血。当他正和指挥官交涉时,枪响了。夏延人轻而易举地打败了骑兵,第二天早晨又继续逃亡。

"小狼"确实不愿让白人流血,但不现实。北方夏延人的长途行进需要新鲜的马和牛。然而,堪萨斯的牧民不愿拱手相让。当夏延人穿过堪萨斯中部的阿肯色河时,他们的觅食队已杀死了10个牧场主。

军队的大网现已完全就位。谢里丹将军已构建了两条线来拦截夏延人,第一条沿着堪萨斯-太平洋铁路,第二条在沿联合太平洋铁路线更远的北边。士兵和牧民们追着他穿过堪萨斯。一次冲突中,夏延人损失了60匹马,连同他们的大部分干肉和其他物资。就在那时,这次远行变得丑陋不堪。由"野猪"酋长称为"更狂野的年轻人"组成的战队在堪萨斯西北的农场和牧场肆无忌惮,不加区分地屠杀牲畜和强暴白人女性。"小狼"徒劳地试图进行阻止。夏延人进入人口稀少的内布拉斯加西部之前,已造成40名平民丧生,其中大部分是从未见过印第安人的外国移民。最初对夏延人有利的舆论,现在果断地指责他们,士兵们也纷纷为即将发生的残酷战役摩拳擦掌。[33]

北方夏延人躲过了军队,结果成了内部不和的牺牲品。"小狼"想挺进猎物丰富的粉河地区。然而,"钝刀"却决定前往"红云"的机构,他认为夏延人可以获准在那里生活。"现在我们又回到了自己的地盘,"老酋长宣称,"从现在起,我们将不再打仗,不再伤害任何白人。"在"钝刀"不知道的情况下,政府已将"红云"的奥格拉拉人重新安置在了位于达科他的松岭机构。

在内布拉斯加中北部的沙丘地区,"小狼"和"钝刀"分道扬镳。"小狼"的人蛰伏在沙丘过冬,"钝刀"则带领149个北方夏延人朝着已解散的"红云"机构而去。他们没有找到避难之所,而是偶然发现了来自罗宾逊堡(以前的营地)的士兵。由于人数完全寡不敌众,"钝刀"缴械投降。这时,他自离开印第安领地后,已远行了800英里。[34]

起初,罗宾逊堡的生活很好。军队把夏延人作为战俘安置在一个兵营里,并可完全自由活动。但有股强大的力量正试图将他们送回印第安领地,甚至可能施加更坏的处理手段。谢里丹认为,虽然夏延人的情况可怜,但如不把他们送回去,将危及保留地制度的稳定。堪萨斯州州长想起诉并绞死被控在该州犯下暴行的人。陆军部和内政部都未对这一要求提出异议,12月中旬,谢里丹将军下令将夏延人送至利文沃思堡,在那里,通缉犯将被移交给堪萨斯法院,其余人则将被遣送回印第安领地。

"红云"敦促"钝刀"和平离开。"我们的心为你们感到难过。"他在罗宾逊堡的一次会谈中对夏延酋长说。"但是我们能做什么呢?伟大的父亲(总统)无所不能。他的子民到处都是。所以,听你老朋友的话吧,不要抱怨伟大的父亲,照他说的做。""钝刀"不为所动。北方夏延人曾屈从过"伟大的父亲",但却只给他们带来疾病和饥饿。他们不会再让步了。"钝刀"让哨所指挥官亨利·韦斯塞尔(Henry W. Wessells)上尉"告诉伟大的父亲,如果他让我们留在这里,我的族人不会伤害任何人。告诉他,如果他想送我们回去,我们就用自己的刀互相残杀"。

内布拉斯加的冬天日渐寒冷。1879年新年,韦斯塞尔上尉召集了另一次会议。"野猪"恳求道:"如果你允许我们留下来,我们会做任何伟大的父亲要求我们做的事。我们要像白人一样生活、劳作,穿他们的衣服。我们永远不会制造麻烦。""钝刀"已病入膏肓,但他拒绝重返印第安领地的意愿依然强烈。"唯一能让我们到那去的方法,"他说,"就是拿着棍棒进来,敲打我们的头,把我们拖出去,然后把我们的尸体带到那里。"他一点也不知道他们所谓的朋友乔治·克鲁克想采取严厉的措施摧毁他们。[35]

面对克鲁克所称的夏延人"不妥协"的态度,他最终决定"饿死或冻死"他们。因此,1879年1月3日,韦斯塞尔上尉扣留了食物和柴火,并合理地解释为"比用土块把建筑物打倒"更人道。夏延人仍顽强坚持。五天后,韦斯塞尔切断了兵营的供水。他敦促印第安人把孩子交给他照顾。军营里,年轻的战士们从"钝刀"手上夺走了控制权。"他们会吃掉这些孩子,"据说一个战士向窗外喊道,"吃掉孩子后,他们还会吃掉女人们,在他们返回南方前,他们都会死,因此试图说服他们完全没用。"韦斯塞尔下令用木板把营房的门钉上。第二天,他把"野猪"扣为人质。这是一个严重的误判。"野猪"的被捕不但没有打破他们反抗的意愿,反而使夏延人相信他们唯一的希望在于逃跑。[36]

1月9日日落时分,北方夏延人忧心忡忡地准备冲出营房。他们用毯子遮住窗户,揭开火炉下的一块地板,里面藏着十几支步枪和五把左轮手枪,这些枪由女人和孩子们作为珠宝佩戴或藏在衣服下面的部件组装而成。他们的子弹也不多。战士们在脸上涂上油彩,穿上留给他们的战服。兵营里共有125名夏延人,其中44人达到战斗年龄。

没人对能看到下一个日出抱有很大希望。他们彼此说:"我们必死无疑,但我们不会像狗一样死在这里,我们会死在大草原上,我们会战死疆场。"

屋外,气温已降至零度附近。6英寸厚的雪覆盖着地面,满月在无云的天空中发出寒光。晚上10点,夏延人打碎了兵营的窗户,射杀了最近的哨兵。由于处于半饥饿状态,又情绪狂野,他们的衣服冻得僵硬,蹒跚地走向附近白河上的一座桥。有几个人停下喝水,被枪杀在河岸上。一过桥,剩下的夏延人摇摇晃晃地走向一英里外的一片砂岩断崖。5名战士组成了一个后方卫队,以堵截一队匆匆醒来,只穿着冬季内衣的追兵。所有的战士都被杀死。一位夏延女人把这次屠杀比作杀牛,她的族人"在我们逃跑的时候一个接一个地倒下"。军官们从悬崖下向幸存者喊话,让他们投降。遭到拒绝后,士兵们开枪射击,打死26个夏延人,打伤30人。

6个装备精良的骑兵连花了12天时间,才追上最后一批孱弱不堪的"逃犯"。由于极度虚弱,无法继续前进,剩下的32个夏延人在罗宾逊堡西北的一个浅坑停下。他们在那里建起工事,准备抗争到底。1月22日,韦斯塞尔上尉和151名骑兵包围了印第安人。他们中只有18个战士。激烈的战斗随后近距离展开。短暂的停火中,一个年轻女孩将一把卡宾枪举过工事,示意投降。她母亲将女儿拽回,割断她的喉咙,然后刺死了自己。交火继续。3个战士从坑里跳出,被射成蜂窝。然后坑里安静了下来。工事里躺着23具尸体,3个受伤的夏延人次日死亡。只有6个夏延人毫发无损。

"钝刀"和他的家人没了踪影。韦斯塞尔推测他们死在了大草原上的某个地方。但其实他们还活着,不过也离死不远了。他们在一个山洞里躲了10天才敢露面。一个友善的白人农场主收留了他们。他的拉科塔妻子给他们食物,直到他们恢复体力足以到达松岭机构,在

第十五章 总统之怒

那里奥格拉拉人把他们送到一个物品充足的小屋,远离四处打听的官员。过了很久,"钝刀"才得知他的族人如何逃走、如何战斗,如何在没有首领的情况下战死。[37]

命运对"小狼"的族人更垂青。"小狼"躲在沙丘地区越冬,未被发现,他继续向粉河前进。指挥官特里将军希望说服他们投降,而非动用武力。2月下旬,他派遣威廉·菲洛·克拉克(William Philo Clark)中尉找到"小狼",与之商议,"小狼"和他手下的许多战士在被驱逐前曾在克拉克手下担任侦察兵。

特里的外交策略获得了成功。1879年3月25日,"小狼"和他的114名追随者向克拉克投降,结束了他们长达8个月、1200英里的逃亡。和平的结局让"小狼"很高兴。他对克拉克说:"你是唯一一个愿意在开战前和谈的人。看来,让我们的心怦怦直跳这么久的风,现在停下了。我很高兴我们没有打仗,我的人和你的人都完好无损。我们只剩下几个人了,我们只想要一小块地,可以活下去的地方。"[38]

他们会得到的。在克拉克中尉和特里将军的建议下,政府允许这群人留在基奥堡(之前的舌河营地)。由于克拉克的力荐,"小狼"在他的侦察连当了中士。

"小狼"从公众对军方对待"钝刀"的反感中获益。卢瑟福·海耶斯总统对罗宾逊堡发生的"不必要的残酷行为"感到不安,下令进行调查。内政部长卡尔·舒尔茨(Carl Schurz)说:"从各方面来说,善待囚犯总比严厉对待要好。让其冻死和饿死并不是使他们与命运和解的方法。"政府允许已遭摧毁的"钝刀"战队中的58名幸存者加入他们在松岭的首领,堪萨斯的一个陪审团宣告"野猪"和其他几个被告无罪。

韦斯塞尔上尉并未因他的行为而吃苦头,克鲁克也没有因为下令而遭罪。韦斯塞尔在美西战争中表现出色,以准将军衔退役。去世前五年,他在给一位朋友的信中重述了罗宾逊堡的悲剧。他承认,"印第安人是正确的一方"。

1879年1月9日之前,政府和军方中无人相信"钝刀"的北方夏延人会为他们与生俱来的权利战斗到底。一个月后,一个大为震惊的调查委员会得出结论,在罗宾逊堡那个明亮清冷的冬夜,北方夏延人确实"走了出去,走向死亡"。[39]

※

1876年11月,兰纳德·麦肯齐粉碎了北方夏延人,只剩下"坐牛"和"疯马"的非条约组织继续挑战政府对北部平原的控制。随着19世纪走向终结,围绕着平原印第安人的"白人"包围圈几近形成。只有位于蒙大拿北部黄石和密苏里河之间野牛遍地的洪克帕帕地区仍完全由印第安人控制。对于四处游荡的拉科塔人来说,那里代表着他们最后的避难所,是保留老旧生活方式的最后希望。然而,他们的堡垒即将被攻破。

第十六章
曾为战士

纳尔逊·迈尔斯从不虚张声势。在他们1876年10月无果而终的谈判中,上校曾警告"坐牛",整个冬天都要追捕他。他确实这么做了,上司很高兴。谢尔曼将军对迈尔斯"抓捕或杀死'坐牛'及其残存不法分子而大获成功"的前景津津乐道,他向媒体保证,军队"会一直追踪他们,直至他们屈服"。他和谢里丹希望印第安事务局同意将战败的印第安人——收缴武器和马匹——安置在密苏里河沿岸的保留地,在那里更方便对其控制。

但首先迈尔斯必须找到敌人,而这会是一个巨大的挑战。洪克帕帕地区的核心对白人而言是块"未知地域"。在军方的地图上,该地区似乎是一块很大的空白。迈尔斯所知的是,"坐牛"习惯性地在密苏里河的派克堡贸易站附近过冬,距舌河营地以北150英里。1876年11月5日,迈尔斯仅凭指南针指路,率部走出营地,一头扎进肆虐蒙大拿的暴雪中。能见度几乎为零,但士兵至少还穿得暖和。第五步兵团已经为北方平原冬季的极地式寒冷做足了准备,充分发挥了想象力和个人力量。军需品短缺的士兵们用手套、内衣和自己毛毯做成的面罩来弥补。几乎所有人都穿着又长又厚的野牛皮大衣,以抵御寒冷,但这身行头使他们的雪地行军成了一种苦难。[1]

两周后,迈尔斯和他全身裹得严严实实的队伍抵达了派克堡。"坐牛"却不见了踪影,似乎没人知道他在哪里。迈尔斯又在该地区进行了两周的搜寻,然后返回舌河营地休整和补充给养。他最喜欢的下属,弗兰克·鲍德温上尉,带领一个小分队留守。12月7日,鲍德温偶然遇到了行踪捉摸不定的洪克帕帕酋长,他已回派克堡购买弹药。"坐牛"冒着被发现的危险,不是为他自己,而是为了"疯马"。由于被"钝刀"手下潦倒的夏延人拖累,而且弹药不足,又害怕遭袭,"疯马"敦促"坐牛"与他会合,主要是为了能给他带来子弹。"坐牛"达到了目的,在与鲍德温发生短暂的小规模冲突后,他从派克堡撤退,沿红水河向南行进。天气太冷,雪也太深,"坐牛"无法不停歇地到达粉河,于是在红水河支流灰溪边林木茂密的一片断崖下扎营。

鲍德温上尉紧随其后,但在苦苦挣扎。气温降得如此之低,连士兵们的野牛皮大衣和厚手套都不足以保护他们,冻伤或疲劳使近三分之一的士兵不得不坐上马车。在被冻至麻木从马上摔下后,上尉明智地下令最强健的人将枪上刺刀,轻刺听到喊声却没有反应的人,包括他自己。12月18日下午,地平线上一片篝火烟形成的低云使大家兴奋起来。因生病和冻伤而坐上马车的士兵都爬了下来准备与连队一同作战,整个队伍缓慢地向洪克帕帕村进发。他们走得很慢,让留在村里为数不多的几个战士能掩护女人和孩子撤退,节省了弹药,其他多数人都在外打猎。但122个小屋和里面所有的东西,以及部分马群都落入了白人之手。鲍德温对结果很满意,他下令射杀马匹,开始向舌河营地挺进。这场遭遇让"坐牛"失去了他对非洪克帕帕人拥有的最后一点影响力,他们中的大多数都离他而去。现在,他自己的战队已和夏延人一样穷途末路,"坐牛"只有继续出发,去分享"疯马"的微薄资源。

几乎十年前的今天,拉科塔人、夏延人和阿拉帕霍人在大角山的阴影下歼灭了威廉·费特曼上尉和80名官兵。对笼罩在恐怖气氛中的菲尔·卡尼堡而言,北方部族似乎无法征服。现在他们已近绝境。冬季已不再是他们的天然"保护伞"。最后一个拉科塔人的避难处——洪克帕帕的地盘——已被攻破。一时间,和平似乎可以在无需进一步流血的情况下实现。鲍德温降服"坐牛"前两天,一个来自"疯马"的盟友,由五位有影响力的米尼孔朱酋长组成的代表团举着停战旗向舌河营地走来,想了解一下"熊皮大衣"(迈尔斯)可能开出的投降条件。遗憾的是,他们永远不会见到迈尔斯。他的克罗侦察兵杀死了他们。迈尔斯解除了克罗人的武装,收回了他们的坐骑,送到米尼孔朱人那里,为他们"残忍且懦弱的杀戮"表示道歉。但为时已晚,木已成舟。主和派丢尽了颜面,主战派拒绝谈判,战斗将继续下去。[2]

这实际上正合迈尔斯之意。克鲁克已不在战场,他有机会战胜躲过了他竞争对手的"疯马",从而使自己离准将之星更近一步。正如迈尔斯告诉谢尔曼将军的那样,他打算"和'疯马'痛快地打一仗"。迈尔斯12月29日离开了舌河营地,温度计显示的气温已降至零下30度左右,而且他的队伍还没从派克堡远征的劳累中恢复过来。"迈尔斯正在把他的手下活活累死。"一个留了下来的少校说道。"[他们]疲惫不堪,所有官兵似乎都心怀不满……我担心,如果遭遇大队印第安人马,他的手下可能体力不支,无法与其一战。"[3]

※

"疯马"和迈尔斯一样渴望一战。他利用忠诚的村警压制异见者,迫使联盟首领发动进攻。他保证道,他们会击败"熊皮大衣"(迈尔斯),夺回失去的拉科塔猎场。带着这一承诺,50个诱兵出发前往舌河营地,试图将迈尔斯诱至舌河上游狭窄蜿蜒的河谷里。那里是一个绝佳的伏击地。然而,在"疯马"设好陷阱之前,军队的侦察兵抓获了几个在崎岖的荒野中迷失方向的夏延女人和孩子。愤怒的战士冲向迈尔斯的营地前去营救。暴风雪接踵而至,他们空手而回。[4]

迈尔斯在荒芜山脊后零散的杨树林里扎营,结冰的舌河在他前面蜿蜒而去。1877年1月8日拂晓,一队印第安骑兵出现在他的营地对面。他们向士兵喊话,"再也吃不到肉了",意思是这是他们最后的早餐。随军翻译告诉他们别像女人一样大喊大叫,像男人一样开始战斗吧。

"疯马"全程指挥。全村600名战士中只有不到400人随他而战。大多数米尼孔朱人和桑萨雷人都远远地躲在后面,宁愿让士兵靠近他们,也不愿冒着被攻击的危险——这无疑是"疯马"对非奥格拉拉人的影响力减弱的迹象。他的战术也留下了许多不尽如人意的地方。"疯马"首先出击,直奔迈尔斯防线的中心,很容易就被击退。冲锋间隙,衣着单薄的印第安人挤在火堆旁,而裹着厚厚毛皮的白人士兵则在队伍中跺脚取暖。天空突然风雪大作,使战斗加快了节奏。"疯马"冲击迈尔斯防线中心失败后,带领250名战士逆流而上,到达迈尔斯左边的一个山头,停了下来。

雪下得越来越大。一个有"魔力"的夏延人认为子弹打不中他,沿着山脊来回走动,挑衅士兵向他开枪。没人模仿他的"英雄"举动,在"疯马"身边战斗的"木腿"承认,"我们所有人都留在岩石后面,只是时不时探出头开枪。白人的子弹都打在了岩石上,没有击中我们"。一颗子弹最终射中了有"魔力"的人。他扭动着身体发出呻吟,直到"木腿"和其他三人冒着生命危险把他拖到安全的地方。他的倒下预示着迈尔斯要进攻了。几乎打光子弹的战士们匆忙四散逃走。"疯马"召集了几个人殿后,但完全没有必要。一场暴风雪迎面袭来,阻止了士兵们的前进。

狼山之战在中午结束。5个小时的交战造成的伤亡极小。据悉,夏延"魔力"人和两个拉科塔人被打死,可能有24名战士受伤。迈尔斯手下死了5人,伤了8人。然而,战略上的后果却极为巨大。狼山纷飞的大雪中,拉科塔的进攻能力被永远打破,"疯马"军事天才的名

第十六章 曾为战士

声也遭受了毁灭性打击。

补给物品的减少迫使迈尔斯返回舌河营地。印第安人撤至上游很远的地方,在大角山地区寻找一个偏僻的避难所。但没有一个地方能远离白人士兵,真正安全。正如迈尔斯所言,"交战表明,我们可以在隆冬时节在印第安人所在地区的任何一个地方展开行动,不管他们躲到哪里,都能在他们的营地将其歼灭"。这是遭受重创的拉科塔抵抗力量覆灭的开始。⁵

※

"坐牛"在1877年1月15日抵达了"疯马"村。那是个阴暗的地方。米尼孔朱人和桑萨雷人已准备退出。"我已厌倦总提防着白人军队的日子,"一个米尼孔朱指挥官这样说道,他唯一的愿望就是让他的家人到一个能"安然睡觉,不用一直担心遭到袭击"的地方。奥格拉拉人想继续斗争。而北方夏延人则想"单飞"。

麦肯齐摧毁了"钝刀"的村子后,"疯马"使用强力将冬季游荡者们团结在一起。当米尼孔朱人试图离开时,奥格拉拉村警已拆了他们的小屋,杀了他们的马匹。然而,"疯马"却不敢对强大的"坐牛"采取同样的威胁手段。1月底,"坐牛"作出的北上,一直往北的决定,吓坏了"疯马"。许多洪克帕帕人都在"祖母之地"——加拿大——获得了庇护。"他们告诉我们这条路线被认为是非常神圣的,""坐牛"村的一个男孩回忆道,"他们称之为圣道。他们相信当你从这条路线的一边走到另一边的时候,情形大不相同。你们也会完全变样。在这条路线的一边,你完全可以随心所欲。但在另一边,则危机四伏。"⁶

"坐牛"对"疯马"说,他会在派克堡附近扎营,等着听听他的亲戚们在加拿大的情况,然后再作最后决定。实际上,他的族人已为他作了决定。大多数人已经走上了这条圣道,越过了边境。八个月前还统领数千人的"坐牛",现在身边只剩下十个小屋。"疯马"也看到了他的人也在溜走。米尼孔朱人和桑萨雷人受到"坐牛"离开的鼓舞,2月初离开了他们的营地。一些人跟随洪克帕帕人北上;大多数人漫无目的地流向中间人机构,希望能通过谈判获得些有利的投降条件。"坐牛"的叛变给非条约拉科塔人的团结带来了致命打击,小大角河之战后内部的团结已脆弱不堪。全面覆灭已为期不远了。

当"疯马"的训诫崩溃时,奥格拉拉人中的摇摆者们再次粉墨登场。村警们立马向支持和谈的首领们表示了他们的忠诚。又困惑又愤怒的"疯马"又恢复了他在会议上一贯的怯懦表现。他很少发言,也很少待在营地。最后,3月5日,他和妻子收拾好他们的小屋,向荒野走去。

"疯马"已开始寻求神谕。也许神灵会告诉他怎样才能拯救他的族人和他们的土地。一连几天,他禁食祈祷,冒着暴风雪,等待神的指引。什么都没出现,"疯马"落魄地回到村里。他不在的时候,首领们同意向罗宾逊堡的克鲁克投降;他们说,是时候向白人屈服了。"你看这里所有的人都衣衫褴褛,""铁鹰"酋长对"疯马"说,"他们都需要衣服,我们还是进去吧。""疯马"已精神崩溃,未提出异议。

"斑尾"酋长策划了投降。他已经同意承担一项和平任务,就凭克鲁克的话,即囚犯将得到自由待遇,任何首领都不会受到惩罚,"红云"和"斑尾"的机构搬迁到密苏里河的计划将被取消。"斑尾"给非条约首领的信息直截了当,言简意赅:要么投降,要么像狗一样被猎杀。拉科塔青年"黑鹿"发现酋长令人反感,吃着白人的食物而变得肥胖,而他们却因饥荒变得骨瘦如柴。他父亲告诉他,"斑尾"是来引诱"疯马"放弃的,"因为我们已视自己人为敌,到了春天,草长得够马吃的时候,许多士兵都会来和我们作战,许多肖肖尼人、克罗人,甚至拉科塔

第十六章　曾为战士

人也会和白人一起打我们"。话很难听,但却不假。[7]

"斑尾"在和冬季游荡者待了50天后,回到了罗宾逊堡。虽然没见到他的侄子,"斑尾"确定"疯马"会投降。不过,克鲁克将军想尽早抓住"疯马"。于是他转向了"红云",上一年秋天,"红云"被他罢免了机构拉科塔人首领的地位,转而支持"斑尾"。出于满足酋长的虚荣心,他默许,如果"红云"能加速其女婿"疯马"投降,将恢复他的地位。克鲁克授权"红云"在两个方面修改投降条件:一旦所有的"敌人"都投降,就允许"疯马"组织捕猎野牛。如果他愿意,还可以去拜访伟大的父亲(总统)。"红云"4月中旬出发。

"红云"的任务事后被证明纯属多余,因为"疯马"一心一意想着就范。他已"束起马尾",这是拉科塔人对和平的比喻。5月6日,"疯马"带着889名追随者和近2000匹马进入罗宾逊堡。促成夏延酋长"小狼"投降的菲洛·克拉克中尉迎接了他。"疯马"向中尉伸出左手,一个拉科塔人表达持久和平的手势。约翰·伯克中尉看着他和克拉克并驾齐驱进入罗宾逊堡。"'疯马'表现得很迟钝,就像一个不得不屈从于命运,但却会尽可能顽强地这样做的人。"[8]

就在"疯马"和克拉克中尉握手的第二天,"坐牛"越过神秘的界线进入了"祖母的土地"。还需组织一个针对拒绝了"斑尾"和平提议的米尼孔朱人的扫荡行动,迈尔斯在5月采取了该行动。但正是"疯马"的投降才真正降下了与苏族人这场大战的帷幕。[9]

※

罗宾逊堡的和平结局让克鲁克从迈尔斯身上抢走了风头。然而,军方高层都知道迈尔斯击败了非条约拉科塔人,居功至伟。正是他无情的冬季行动让他们筋疲力尽,远走加拿大躲藏或缴械投降成了他们唯一的选择。克鲁克的外交只是加速了不可避免的结局到来。对克鲁克和特里来说，最好的策略就是他们有足够的判断力让迈尔斯和麦肯齐自由决断。"事实是，特里将军和克鲁克将军的行动不会受到批评，"谢里丹将军在战争结束时提醒谢尔曼，"我唯一的想法就是让他们睡觉。我批准了他们已做的事是为了军队，但我这样做了后，却并不像你所熟知的那样，完全赞成他们的所作所为。"10

"疯马"自首时提了两个要求：一是给他的族人一个在黑山以西的中间人机构，二是克鲁克需兑现其允许他们捕猎野牛的诺言。"疯马"诚恳的请求充满了哀伤。他无法理解老旧生活方式的方方面面都已无可挽回地消失了，也无法理解克鲁克对他撒了谎。拉科塔人靠政府救济金生活。他们被要求从事农业，而非游荡在不再属于他们的土地上。克鲁克假装同意"疯马"向"伟大的父亲"（总统）转达其提出的机构请求，因为他很清楚，把所有拉科塔人转移到密苏里河地区的决定早已作出。几周后，疯马变得不耐烦了。军方鼓励他加入一个拉科塔代表团去拜访"伟大的父亲"（总统），但他拒绝了，说"在他和伟大的神灵之间不存在伟大的父亲"。他拒绝接受口粮供应，因为在发放口粮之前，酋长们必须这样做，他还谈到带领他的族人越过黑山——这纯属挑衅行为，推动了战争首领与奥格拉拉战士结盟，而"红云"需要奥格拉拉战士的支持来维持他的权威。而"红云"并不是一个纵容潜在竞争对手的人。

嫉妒和不信任在"红云"的机构引发一片谣言和指责。"疯马"的朋友警告他说，华盛顿之行是一个"陷阱"，将他引诱到遥远的地方，在那里他将被监禁或杀害。"红云"的朋友们对这个老头儿低声说道，克鲁克将军打算用"疯马"代替他担任奥格拉拉人机构的首领，这只会加深"红云"对这个女婿的敌意。"斑尾"也将"疯马"视作一个对既定秩序的威胁，与"红云"站在一起。然而，军方让"疯马"尝到了遭怀疑的好处。"疯马没事。"谢里丹营地的一位上尉向那里的军官们保证。克拉克中尉也表示同意,"如果他们让他一个人待着,不烦扰他,他会投降的"。他对克鲁克将军说,"'疯马'想做正确的事"。[11]

然而,克鲁克和"疯马"对"做正确的事"的含义有着截然不同的理解。克鲁克希望他能帮助政府战胜仅存的几股印第安敌对势力。8月1日,克拉克中尉要求"疯马"招募印第安战士参军,平息内兹佩尔塞印第安人暴乱,他得知,致力于和平的"疯马"认为这一想法令人反感。虽然"疯马"最初予以拒绝,但第二天他就改变了主意。"疯马"提醒克拉克,他已放弃战争,他惊讶地说道:"那些希望得到他不再打仗誓言的人却敦促他拿起武器,再去杀人。"然而,他"会带着他的战士北上"和"在白人士兵边上扎营,与他们一起战斗,直到杀光所有内兹佩尔塞人"。

然后发生了一个悲惨的错误。翻译弗兰克·格鲁亚德误将"疯马"的话译为"我们将北上作战,直到没有一个白人留下为止"。对通常可靠的格鲁亚德来说,这可能是他故意曲解。几年前他曾两度欺骗"疯马",很可能想借机除掉他。或者他可能确实误解了疯马。不管出于深思熟虑还是其他原因,格鲁亚德错误的渲染达到了预期的效果。克拉克暴怒了。当中尉斥责"疯马"时,格鲁亚德溜出了房间。在场的另一位翻译大吃一惊,试图正确地传达"疯马"的回复。但克拉克已无心倾听。"疯马"对误译全然不知,列举了他参加内兹佩尔塞战争的条件。克拉克的怒火让"疯马"感到莫名其妙,他也发了脾气,拂袖而去。局势开始失控。克拉克给克鲁克打电报说"疯马"有意逃跑。哨所指挥官路德·布拉德利中校提醒克鲁克"'疯马'举止不端。善意所能施加的影响都已对他耗尽"。接着,布拉德利请求增援,将罗宾逊堡的兵力扩大到700名士兵和300名印第安辅助人员。布拉德利还给谢里丹将军打了紧急电报。谢里丹让克鲁克亲自负责此事。[12]

克鲁克于9月2日抵达罗宾逊堡。为了化解危机,他让克拉克第二天早上召集"疯马"会面,但一直没有成功。克鲁克走向会面地点时,"红云"的一个侄子可能基于酋长下达的命令截住了他。这名战士警告道,"疯马"想杀死将军。克鲁克旋即取消了会面。

当晚,克鲁克会见了"红云"和他的首领们,决定如何以最好的方法消灭"疯马"。"红云"想直接杀了他。克鲁克觉得有点过激。他告诉"红云"让其手下第二天晚上秘密逮捕"疯马"。除非反抗,不得伤害这个战争领袖。确定了这个不体面的做法后,克鲁克离开了罗宾逊堡。

事情并未如克鲁克预料的那样发展。当布拉德利上校得知这项计划时,他私下采取行动制止这一他谴责为"私自执法"的行为。他给克鲁克发去电报,一个有着"疯马"威望的人,应该当众逮捕,"'疯马'的生命之于他就像我的生命之于我一样重要"。为了威慑"疯马"和他的手下,布拉德利命令八个骑兵连陪同"红云"的人行动。[13]

9月4日上午,近千名士兵和奥格拉拉战士离开罗宾逊堡,前往逮捕一个人。有人预先警告了他们的到来,"疯马"现在发现自己已沦为一名逃犯。当他的追随者们四散逃开时,他骑马首先去了"斑尾"机构一个米尼孔朱朋友的村庄。由于不想惹军队,这位朋友劝"疯马"去谢里丹营地,在那里,"斑尾"和指挥官约翰·伯克少校将等着他。"疯马"恳求他的叔叔"斑尾"在他的机构给他一块立足之地,但酋长并未表示欢迎。当着数百名围观印第安人的面,他责备他的侄子。"我们在这里从未遇到过麻烦!我是这里的头儿!我们维护和平!每一个来这里的印第安人都必须服从我!你说你想来这个机构过和平的生活。如果你留在这里,你必须听我的!就这样!"

"疯马"彻底蔫了。伯克少校和"斑尾"机构的负责人杰西·李(Jesse Lee)中尉诱使他到伯克的住处谈话。李同情"疯马",他"看起来像是一只受惊、颤抖的困兽,一会儿信心满满,下一刻又害怕背信弃义"。

"我不想惹麻烦。""疯马"对负责人说。"我来这里是因为这里很平静。我想避开在'红云'机构会遇到的麻烦。他们在那里误解我的意思,曲解我的话语。我想被转到这个机构。在'红云'的机构,他们不让我休息,没日没夜地与我谈,我脑子里一片混乱。我只想做正确的事。"14

伯克和李只能建议"疯马"返回罗宾逊营地,向布拉德利申辩。如果上校同意,他们会在布鲁莱人的地方给他一个家。"疯马"表示同意,第二天早上,1877年9月5日,他与李和几个机构负责人一同前往罗宾逊堡。李不喜欢他们到达时看到的场面。阅兵场上到处都是"红云"的战士和骑兵,他们中许多人都涂上了战斗油彩,手里拿着步枪。"疯马"的追随者也混在其中。布拉德利的副官告诉李把"疯马"交给当值军官詹姆斯·肯宁顿(James Kennington)上尉,他告诉李,上校不会与他们见面。李感到羞愧不已。他没有把肯宁顿的话告诉"疯马",而是让"疯马"在副官办公室等着,然后前去找布拉德利。上校和李一样心烦意乱。但他无能为力。"没用。太晚了,没法谈了。"布拉德利告诉李。谢里丹将军下令立即逮捕"疯马"。布拉德利将在警卫的护送下把他押送到芝加哥的军区总部。"疯马"将被转到佛罗里达海岸边干龟岛监狱的一间牢房,并在那里度过余生。

李对布拉德利在即将实施的计谋中可能会重新考虑其发挥的作用仍抱有一丝希望,他对"疯马"隐瞒了实情。"我告诉(他)晚上就会有结果,士兵首领说现在谈判已为时太晚;他说让他和白天的军官一起去,他会得到照顾,不会受到伤害。""疯马"对自己正一步步走向警卫室毫不知情,满怀希望地笑了笑,握了握肯宁顿的手。"疯马"的朋友"小大人"和上尉一人抓住"疯马"的一只手腕,把他带到外面。两名士兵紧随其后。一行人转向警卫室。那间有着一扇小窗的牢房映入眼帘。牢房里面,有人被铐在黑色的铁球上。"疯马"退缩了。"我不进去。这是关押犯人的地方!"¹⁵

一切都在很短的时间内结束。"疯马"挣脱了"小大人"和肯宁顿上尉的束缚,把两个守卫撞到了墙上。"小大人"抓住他的手腕。"疯马"拔出一把藏着的刀,砍向朋友的胳膊。当"疯马"蹒跚地走到空地上时,肯宁顿大叫道:"捅死这个狗娘养的!捅死他!"一个守卫的士兵用刺刀刺向"疯马"的背,刺穿了他的肾和肺。"疯马"尖叫着,士兵又再次刺向了他。伟大的奥格拉拉战争领袖倒下了。军医瓦伦丁·T.麦吉利库迪(Valentine T. McGillycuddy)从人群中挤过去,给他做了检查。他后来报告说:"'疯马'嘴吐泡沫,脉搏微弱,时断时续,[右]臀上缘有鲜血流淌。"当麦吉利库迪开始努力挽救他的生命时,"疯马"的手下从毯子下拿出了卡宾枪和步枪。"红云"的战士也举起了武器,但没人真正想开枪。人们的情绪慢慢缓解了下来,举起的步枪也放了下来,人群慢慢散去。士兵们用毯子把"疯马"抬进副官的办公室,按照他的意愿,把他放在地上。"疯马"在痛苦中挣扎了好几个小时。偶尔,他会说话。"我不知道他们为什么要刺我。"他告诉翻译路易斯·波尔多(Louis Bordeaux)。"这不怪白人。我责怪印第安人。""疯马"的父亲说得更具体。他声称,是"红云"和"斑尾"的嫉妒心杀死了他的儿子。

"疯马"在晚上11点40分咽气。之前曾一度昏迷,失去意识,他喃喃地说道:"我只想一个人待着。"麦吉利库迪医生直截了当地说:"背信弃义、嫉妒和不可靠的信息纠结一起,导致了这场事先预谋的陷害,他被草率处死。"

一位年老的米尼孔朱盟友在"疯马"死后说道:"这很好,他已在自寻死路,这下遂了心愿。"他把毯子盖在疯马的脸上,指着尸体说,"他的小屋就在那里",然后,他手指上天,说道,"酋长已升天了"。[16]

※

"坐牛"很想活下去。他在谈到前往"祖母的土地"寻求避难所的决定时说:"我一生都在朝北看。"有一段时间,那里的生活很美好。没有威胁他们的纵队士兵在这个地区扫荡,只有几十名西北骑警,都是善良诚实之人,他们承诺保护拉科塔人,只要他们保持在国境线以北,并遵守"祖母"维多利亚女王的法律。然而,任何回到美国偷窃或杀人的人都将丧失他享有的加拿大庇护。"坐牛"接受了这些明确的条款和执行这些条款的骑警。他认为,这里的白人值得信任。

1877年10月,美国政府派出特里将军率领的代表团前往"坐牛"村,半带诚意地试图说服拉科塔人越过边境,返回美国。"别再说了。""坐牛"在简短的会议上对特里吼道。"哪儿来,回哪儿去。"特里兴奋地向他提出要求。事实上,美国并不想要"坐牛"和他的族人。英国人也不想要,他们希望拉科塔人在某次越境突袭引发外交危机前,自愿离开。但是加拿大的拉科塔人只增不减。到1878年春,流亡村的人口已暴增至近5000人。

大规模涌入的时间没持续多久。不到一年,加拿大的野牛群就消失了。狩猎队向南迁移,进入蒙大拿境内,尽管"坐牛"尽了最大努力阻止他们,战队仍袭击了边境上的白人定居点。1879年7月,迈尔斯上校在蒙大拿北部与拉科塔狩猎营地发生了冲突,"坐牛"本人也在该营地。之后,加拿大的政策变得强硬起来。美国政府也担心边境事件可能会使双边关系紧张,因此改变了政策方向,派出特使劝说拉科塔难民进入保留地。数千个思乡心切,忍饥挨饿的人已准备接受保留地的生活。"坐牛"试图让村警阻止人们叛变,但即便对他最忠诚的酋长也弃他而去。到1881年岁初,"坐牛"身边只剩下老弱病残,靠鱼、小猎物和友好商人的施舍为生。他们衣衫褴褛,衣不蔽体。加拿大印第安人战队像秃鹫一样围着他们破败的村庄虎视眈眈。7月20日,"坐牛"在达科他的布福德堡投降。"除了赤身裸体和饥饿,没有什么能迫使这个人屈服,"一位富有同情心的军官总结道,"而且不是为了他自己,而是为了他非常喜欢的孩子们。"

五年前,小大角河战役前夜,"坐牛"喜得一对双胞胎儿子。现在,"坐牛"将他的温彻斯特步枪递给其中一个儿子,让他把它交给指挥官,他说:"我现在让我的小儿子把这把枪交给你,我想用这种方式教育他,让他成为美国人的朋友。我希望他学习白人的习惯,像白人的儿子一样接受教育。我把这个男孩交给你们,现在他想知道他将如何谋生。"

少校说,靠务农。"坐牛"和他的族人将被带到密苏里河下游的立石机构,在那里他们将得到与保留地印第安人一样的待遇。"坐牛"写了首简单的歌来悼念他放弃自由的那一刻:

> 我曾
> 身为战士
> 如今
> 曾经的
> 艰难岁月
> 皆已结束。

但往后的生活将会变得更加艰难。一艘汽船载着"坐牛"和他的手下沿密苏里河而下,经过了立石,却驶往了兰德尔堡,在那里他们被作为战俘按照陆军部的指令监禁。白人又一次撒了谎。[17]

※

对大平原的军事征服完成了。全国人民欢呼雀跃,准备开垦拉科塔人失去的土地,军队开始了卫戍生活,承担了警察职责。随后,随着未来发生印第安战争的阴影消退,自莫多克战败以来一直平静的太平洋西北部爆发了冲突。冲突的起因已耳熟能详。白人对一个和平印第安人的家园虎视眈眈,这些印第安人还未品尝过在中间人机构生活的滋味。旨在让他们迁移的谈判无果而终。白人的包围圈越来越紧,印第安人越来越害怕,种族问题成了引发战争的导火索。这次,受害者是白人在西部曾有过的最真诚的印第安朋友。

第三部分

第十七章
永不再战

内兹佩尔塞人是一个长相英俊、讲究尊严的种族,他们称自己为"真正的人"。他们是杰出的战士,但本质上却并不好战,他们思想开放,对白人很宽容。事实上,当梅里韦瑟·刘易斯(Meriwether Lewis)和威廉·克拉克(William Clark)的"发现军团"濒临饥饿时,内兹佩尔塞人救了他们的命,感动了克拉克,他兴奋地向上级报告了他们的"不朽荣誉"和"伟大的好客行为",其中还包括一个献给克拉克的女人,两人还可能生下了一个混血儿。

内兹佩尔塞人所在的地区美丽富饶,坐拥今天华盛顿州东南部、俄勒冈州东北部和爱达荷州中北部25000平方英里的自然美景。比特鲁特山脉标志着他们领地的东部边界,而蓝山和瓦洛瓦山则构成了其领地西部的大部分边界。内兹佩尔塞人家园的主要河流是流向北边的蛇河,以及从东边汇入蛇河的清水河和鲑鱼河。三条河都盛产鲑鱼这种内兹佩尔塞人的主食。

尽管他们称自己为"真正的人",但实际上内兹佩尔塞人是一个在身体和文化上分裂的部族。生活在清水河沿岸的北方内兹佩尔塞人喜欢冒险,擅长骑马。一年一度的野牛狩猎将他们的战士带到了大平原,并与克罗人联盟。北方内兹佩尔塞人将自己塑造为"世故者"。南方内兹佩尔塞人住在蛇河和鲑鱼河沿岸。因为这些固守传统者很少冒险离开内兹佩尔塞领地,他们的北方表亲称他们为"乡下人"。政府简单地把北方内兹佩尔塞人和南方内兹佩尔塞人称为上内兹佩尔塞和下内兹佩尔塞人。

内兹佩尔塞人没有最高酋长。酋长委员会可以任命一个人在与外人打交道时代表部族,但他除了作为中间人没有其他角色。与平原部落不同,内兹佩尔塞人占据他们的领地已有好几百年。他们与土地的精神联系极为密切。然而,为友好起见,他们在 1855 年放弃了边界。随后的条约将他们的领地定义为保留地。由于被割让的土地很少,政府也无意改变内兹佩尔塞人的生活方式,酋长们对此事也就没有过多地考虑。[1]

黄金的发现引来了印第安土地的掠夺者,成为贪婪白人的指路明灯,改变了一切。1860 年秋天,白人勘探者在清水河中发现了一些闪闪发光的亮片。两年间,将近 15000 名淘金者——整个内兹佩尔塞人口的五倍——涌入上内兹佩尔塞人所在的地区。紧随其后的是农民和牧民。军队建了一座堡垒,印第安事务局成立了一个机构。内兹佩尔塞人恳求"伟大的父亲"(总统)赶走白人入侵者;相反,华盛顿提出了一个新的条约,将内兹佩尔塞保留地减少 90%。剩下的 10%——沿清水河的一个棺材状的 12000 平方英里区域——将被称为拉普瓦保留地。

上内兹佩尔塞人在条约上签了字。因为提议的保留地包含了他们的整个家园,他们不会失去任何东西。此外,他们已习惯于待在该片区域,而不是四处游荡。许多人都从事农耕或饲养牛只。几乎没有年轻人猎杀野牛。基督教也已牢牢扎根。所有这一切都在没有强迫或流血的情况下发生。占该部族近四分之三人口的上内兹佩尔塞人成为政府眼中的模范印第安人。但图胡尔胡尔佐特(Toohoolhoolzote)酋长、"白鸟"(White Bird)酋长和"老约瑟夫"(Old Joseph)酋长领导的下内兹佩尔塞人则不是这样,他们的土地都在缩小的保留地之外。他们拒绝签署他们所称的"小偷条约"。尽管"窥镜"(Looking Glass)酋长的村庄位于保留地范围内,但由于事关原则问题,他也拒绝签字。

1863年的条约使上下内兹佩尔塞人彻底决裂。他们的世界摇摇欲坠,许多下内兹佩尔塞人求助于斯莫哈拉(Smohalla)的教导,斯莫哈拉是哥伦比亚盆地一个小部族的酋长和拥有"魔力"之人。斯莫哈拉声称造物主已教会他如何让人死而复生,让这片土地重新遍布猎物——简而言之,就是创造一个黄金时代,在这个时代里,白人的存在"将逐渐消失,变成人们的一个幽灵附体的朦胧而可怕的梦"。为了实现这一转变,他需要一个坚决拒绝接受白人道路,保留这片土地原样,并能表演仪式舞蹈的信徒先锋。"梦想者"宗教倡导和平,但政府——对其不理解的事物充满恐惧——认为任何信仰都会煽动暴力。除了接受"梦想者"们独特的蓬巴杜发型,几乎没有下内兹佩尔塞人在乎斯莫哈拉的信条,仅仅将其视为挂在嘴边的美好希望而已。他们继续从事农业和经营牧场,对物质利益的兴趣远高于虚无缥缈的新信仰。但在华盛顿看来,任何与"先知"斯莫哈拉教义有丝毫关联的印第安人都值得怀疑。

　　有一段时间,政府对不遵守1863年条约的行为采取了容忍态度。然而,对"老约瑟夫"来说,未来暗淡无光。他死于1871年,当时第一批白人自耕农进入了瓦洛瓦山谷。31岁的"小约瑟夫"(Young Joseph)是他的长子,也是瓦洛瓦部落首领的继承人,他发誓永远不会放弃这片土地,他的信条是"一个不爱他父亲葬身之地的人还不如一只野兽"。

　　瓦洛瓦山谷成了对非条约派内兹佩尔塞人是否接受联邦政策的试金石。由于无法阻止定居者涌入,政府试图达成妥协。1873年6月,格兰特总统签署了一项行政命令,承认"约瑟夫"的部落对瓦洛瓦山谷的一半拥有专属权利,但两年后在来自地方代表的政治压力下撤销了该项权利。瓦洛瓦山谷成为公共领地,白人占领了这片土地,无缘无故地杀害内兹佩尔塞男人并强奸他们的女人。报复将招致毁灭。

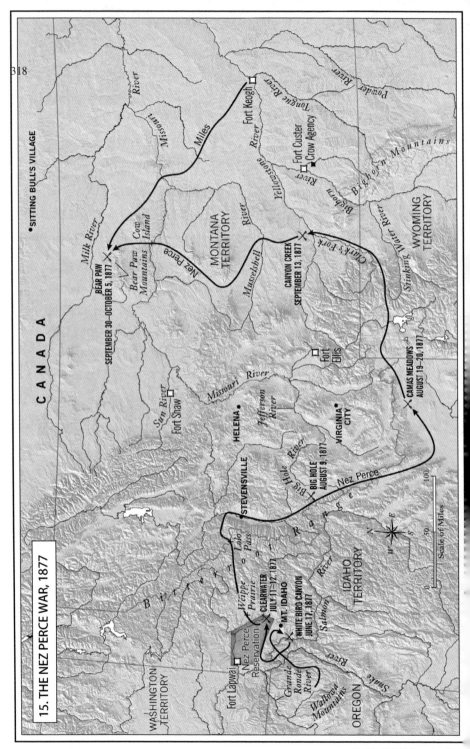

内兹佩尔塞战争(1877年)

"我们就像鹿,而他们就像灰熊。""小约瑟夫"后来说。"我们只有这一小片土地。而他们的土地却大得多。我们满足于让'伟大的神灵'创造的事物继续存在。他们则不是,只要不合适,就要改变河流和山脉。"²

※

直到1876年6月,两个白人农民杀死了一个被他们误认为偷马的战士之前,瓦洛瓦部落都未采取任何报复行动。当内兹佩尔塞中间人将有罪的白人绳之以法的承诺未兑现时,愤怒的战士们包围了瓦洛瓦的牧场。白人平民志愿者聚集起来将他们击退。只有在"小约瑟夫"和他的弟弟奥洛克特(Ollokot)介入后,才避免了一场战争。

"老约瑟夫"的儿子们各有所长。"小约瑟夫"是一名天生憎恶杀戮的外交高手,36岁便被称为"约瑟夫"酋长,负责处理部落的民事事务。小两三岁的奥洛克特是这个家族中的斗士。他擅长部落间的战争,并获得了瓦洛瓦部落年轻人的忠诚,他们也欣赏他和蔼可亲和开放的处事方式。两兄弟都不想和白人开战。

但华盛顿方面认为,只要白人和非保留地内兹佩尔塞人紧挨着住,暴力就不可避免。因此,1876年11月,内政部成立了一个委员会,成员中的少将奥利弗·霍华德,哥伦比亚军区指挥官和唯一具有和印第安人打交道经验的成员,成了事实上的负责人。尽管该委员会的设立表面上是为了听取内兹佩尔塞人的不满,但其真正目的是让非条约派部落进入拉普瓦保留地。

霍华德对接受这项任务五味杂陈。四年前,在与科奇斯的和平谈判中,他拥有全面自主权,而现在,这位笃信基督的将军必须在"积极的军事命令"下执行印第安事务局的政策。这并不是说他反对该项政策。尽管霍华德和他的委员们同情下内兹佩尔塞人,但他们和事务局一样,都认为有必要采取严厉措施打破"梦想者狂热"。他们建议军队占领瓦洛瓦山谷——除非居住在瓦洛瓦山谷的部落在"合理时间内"自愿搬迁——以及"约瑟夫"酋长的族人被强行安置到拉普瓦保留地。内政部很满意,但陆军部告诫霍华德慢慢来。5月3日,委员会会见了非条约派领导人,努力避免一场危机。

拉普瓦会面成了跨文化误解的引子。酋长们选举图胡尔胡尔佐特——一个虔诚的"梦想者"——为他们通过口头雄辩捍卫他们永远不会放弃的东西,他们的家园。这位70岁的老"梦想者"仍然精力充沛,他说话时的傲慢被霍华德误解为"对所有白人的强烈而坚定的仇恨"。图胡尔胡尔佐特滔滔不绝地讲了四天,直到霍华德失去耐心。将军对这位"梦想者"说:"我二十多次听你说大地是你的母亲,我不想再听了,谈正事吧。"图胡尔胡尔佐特会屈从吗?

"印第安人喜欢干什么就干什么,"图胡尔胡尔佐特回答道,"但我是个有种的男人,不会去保留地!"[3]

这是图胡尔胡尔佐特在会上的最后一句话。霍华德逮捕了他,然后拖着"约瑟夫"酋长和"白鸟"酋长在拉普瓦附近为他们的族人选择家园。将军和酋长们又一次相互交谈起来。一方面,霍华德认为他和酋长们已经找到了双方都满意的村庄地点。但另一方面,"约瑟夫"记得他骑了一整天的马,没有遇到任何高质量的未被占据的土地。不管发生了什么,霍华德的最后通牒没有被误解:酋长们有30天时间搬家;否则,士兵会强迫他们进入保留地。[4]

困惑不安的酋长们在拉普瓦以南八英里的卡马斯草原召开了会议。他们有600个追随者。离霍华德的最后期限只有24小时了。"约瑟夫"酋长已决定屈从。"窥镜"也建议服从。所有酋长都意识到这一时刻的重要性。绝不能草率决定。他们与白人长达70年的和平协议岌岌可危。年老的"白鸟",年轻时是一个强大的巫师和伟大的战士,他不喜欢那些侵占其领地的淘金者,但他也不愿意直接反对。即便是图胡尔胡尔佐特,尽管言辞激烈,但他更喜欢说而不是打。

酋长们谈话时,一个名叫瓦西里特(Wahlitits)的鲁莽战士和两个喝醉的同伴杀了四个因虐待内兹佩尔塞人而臭名昭著的白人,解决了这个问题。第二天,一个内兹佩尔塞战队横扫了卡马斯草原的白人定居点,烧毁了牧场,抢走了牲畜,杀死了18名男子,并在两天内至少强奸了一名妇女。

"约瑟夫"酋长憎恶暴力,但他明白驱使战士们这么做的是什么。

> 我知道这些年轻人犯了大错,但我想知道,首先该怪谁。他们被侮辱了一千次;他们的父亲和兄弟们被杀害;他们的母亲和妻子蒙受耻辱;他们喝着白人卖给他们的威士忌发疯……更糟的是,他们无家可归,走投无路。[5]

"约瑟夫"和奥洛克特认为所有下内兹佩尔塞人都将遭受同样的苦痛,将他们的命运交给了犯下罪过的战队。可"窥镜"却不想参与此事。他告诉约瑟夫和奥洛克特,他的手"没有白人的血,他们将永远留在这里"。

逃犯们逃到了鲑鱼河上方的白鸟峡谷。霍华德对此表示担忧,但并未警觉,他给总部高层发了电报,说"我们要抓紧时间"。他的这一预测将会被证明是对印第安人作战能力最惊人的低估,轻敌程度超过了任何一位边境部队的将军。

在白鸟峡谷,下内兹佩尔塞酋长们试图与霍华德派去将印第安人带回来的两个骑兵连指挥官谈判,但是与士兵们一同前往的一个当地恶棍向举着白旗的内兹佩尔塞人开火。回击的子弹打死了一名军号手,战斗就此开始。这是一个再熟悉不过的模式,内兹佩尔塞人愚弄了军队,追逐着吓坏了的士兵和他们的平民辅助人员,直到酋长下令:"让他们走!我们已把他们揍够了!"事实上,内兹佩尔塞人何止仅仅把白人"揍够了"。虽然双方人数是二比一,但他们杀死了 34 名士兵,打伤了另外两名士兵,却只有两名战士受伤。一名陆军中士说,印第安战士们后来夸口说这场战斗非常有趣,还没有猎杀野牛危险。[6]

白鸟峡谷战役震惊了军方。内兹佩尔塞人的战斗能力远远超过了小大角河战役中的拉科塔人和夏延人。就像那次灾难后的特里一样,霍华德现在也开始瞒报军情,说内兹佩尔塞人的数量远远超过了骑兵。这是掩饰指挥失误和糟糕的士兵表现最直接的方法,当然,也为让国家陷入事后证明是一场漫长而代价高昂的斗争埋下了伏笔。

当然,这不会是霍华德所设想的"短期工作"。当援军从各地向他汇聚时,霍华德没头脑地加强了敌人的力量。他接受了毫无根据的"窥镜"打算加入交战的谣言,派出两个新组建的骑兵连前往"突袭并抓获这位首领,没收他所拥有的一切"。

"窥镜"的村庄没有丝毫敌意。他的手下忙于蔬菜种植和养牛,从未惹过任何麻烦。酋长得知士兵正在逼近时,正在吃早饭。他和来抓他的骑兵指挥官都想先谈谈。但另一个乐于扣动扳机的平民志愿者引发了一场冲突。双方一句话都还没说,他就枪杀了一个上了年纪的内兹佩尔塞人,于是山坡上枪声大作。子弹将小屋和牛打成蜂窝。一个吓坏了的女人抱着孩子跳进清水河,两人都被淹死。内兹佩尔塞人没有还击,一心只想逃跑。由于没抓到人,士兵们把他们留下的村庄夷为平地,赶走了他们的牲畜。"当然,"霍华德在得知此事后写道,"我们因此又捅了一个新的马蜂窝。"[7]

白鸟峡谷之战后,其他的内兹佩尔塞部落已经越过了鲑鱼河。这是一个狡猾的举动。如果霍华德跟着他们,酋长们可以在他们选择的地方折回,溜到霍华德后面,向清水河前进,同时牵着士兵们的鼻子,让他们在身后追逐。

霍华德上钩了。内兹佩尔塞人轻而易举地避开了他,戏称他为"后天霍华德"(Day After Tomorrow Howard)。霍华德不仅失去了对手的尊重,而且也输掉了公众舆论。全国各地的报纸都将卡马斯草原谋杀案称为"肆意、蓄谋",是"梦想者"颠覆西北太平洋阴谋的一部分,但在白鸟峡谷事件后,报纸的调子变了。与"在战场上"的其他印第安人不同,内兹佩尔塞人既没剥头皮,也没有肢解被杀的士兵。他们善待白人定居者,甚至在当地商店偿还旧债。一言以蔽之,内兹佩尔塞人固守白人的战争准则,引导一家批评霍华德的地方报纸宣称:"'约瑟夫'酋长的宽宏大量也许能拯救我们,仅此而已。"[8]

7月2日,内兹佩尔塞人重新越过了鲑鱼河。五天后,他们在清水河南岔口与"窥镜"酋长会合。"敌人"现在有750人,包括200名战士。没人行使全面指挥权,霍华德远远落在后面,内兹佩尔塞人放松了警惕。他们营地的位置——对岸都是陡峭、布满巨石的断崖,村子后面只有一条狭窄的峡谷作为出口——表明他们不愿开战。他们在逃亡,如此而已。不幸的是,他们在清水河停留的时间太长了。

7月11日,霍华德率400名常规军、150名侦察兵和志愿者,包括几名上内兹佩尔塞人。那是一个闷热的下午,气温接近38度。印第安人毫无戒心。年轻人和男孩子们在赛马。奥洛克特的第二任妻子在清水河中涉水前行。战士"黄狼"(Yellow Wolf)呆坐着陷入沉思,直到东岸的一声炮响打断他的遐想。男人们匆忙脱下衣服准备战斗,将子弹带挂在肩上。"黄狼"加入了一个由二十多名战士组成的队伍,由图胡尔胡尔佐特召集在一起,涉水过河,进入一个树木繁茂的峡谷。到了山顶后,印第安人在一丛荆棘后面下马,堆起石头作为掩体,然后向小心翼翼靠近的士兵们开火。

图胡尔胡尔佐特愤怒的立场让霍华德困惑不已,他将手下置于了危险之中。下属们不知道他想让他们干什么,士兵们则四处随意开枪射击,甚至误伤自己人。另一边,内兹佩尔塞人射击的命中率则要高得多,每倒下一个印第安战士,必有十名白人士兵倒下。一个内兹佩尔塞神枪手在一发炮弹把他炸成碎片之前干掉了好几个人。

渐渐地,霍华德建立起一条椭圆形战线。由于树木不多,他在战线后面的空地上集合了车队和马匹作为掩体。战线后,他搭建了总部和一个简陋的野战医院。

图胡尔胡尔佐特三小时后退出了战斗。紧随其后的是两个突击队。根据内兹佩尔塞人的叙述,一支由奥洛克特率领,攻击霍华德的右翼,差点将他抓获。另一支队伍冲向霍华德的炮兵,在大炮瞄准他们之前,迅速分成小队进攻。战士们从马鞍上滑下,随意射击,然后重新骑上他们平静吃着草的坐骑。日落时分,霍华德发起了两次有限的反击。内兹佩尔塞人向后退,然后在突出的石头后面坚守。印第安人步枪的噼啪声和发出的闪光让官兵们整夜坐立不安。9

毫无疑问,那天的战斗让霍华德感到不安。他认为自己寡不敌众,而事实上只有不到100名战士几乎击败了五倍于他们的人数。"尽管我们的冲锋成功了,"霍华德后来报告说,"但夜间战况却并非一帆风顺。"7月12日黎明时分,他们似乎也没有更多的希望。但是内兹佩尔塞战士开始散去,直到中午只剩不到50人。看到士兵们没有进入村庄的企图,大多数人认为再冒生命危险已没什么意义。

中午时分,他们的策略突然变了。一名受够了僵局的军官决定自行结束战斗——或者想试着放弃指挥权。他本被派去护送一些驶近的马车到安全的地方,但他却带着手下直奔仍在战场上的几个印第安战士。内兹佩尔塞人进行了几轮射击后,四散逃跑。"大家都在跑,"一名战士后来承认,"有些跑在前面,有些落在后面。所有人都跑向营

地逃命。"¹⁰

村子里的情况更糟。炮声隆隆,加特林机枪嘎嘎作响,子弹如雨般射向四散逃亡的家庭。"黄狼"和一个同伴是最后离开断崖的人。他骑马冲进营地,瞥见"约瑟夫"酋长的妻子正拉着一匹受惊的马,而炮弹就在旁边爆炸。她的新生女儿裹在地上的摇篮里。"黄狼"抱起婴儿,递给她。他们一起奔向狭窄的峡谷安全地带。"约瑟夫"留了下来,直到最后一名非战斗人员脱离危险才撤离。¹¹

炮击只伤了一个内兹佩尔塞人,但仓促的撤退消耗了他们大部分财产。霍华德的骑兵姗姗来迟地涉水过河,进入了废弃的营地。指挥官正要下令追击时,霍华德命令他协助步兵渡河,他不知怎么断定印第安人会杀回来。当内兹佩尔塞人的村子被烧毁时——霍华德从未说过谁下的命令——将军又犯了一个严重的错误。还有四个小时天才黑,有足够的时间驱散和击败四散的战队,但霍华德却让内兹佩尔塞人走了,他相信第二天也能抓住他们。¹²

他错了。内兹佩尔塞人打发走骑兵,向韦普草原进发,72年前,这个部族在那里欢迎刘易斯和克拉克的到来。现在,酋长们聚集在一起讨论一个不可想象的未来,这个未来是由一个曾向内兹佩尔塞保证永远和平的民族强加给他们的。"约瑟夫"想回去,在故土做最后一战。"窥镜"提供了一个更有希望的选择。在与克罗人一同对抗拉科塔人的长期战斗中,他确信白人会在克罗人的保留地给内兹佩尔塞人划出一块保留地。"窥镜"提出了一种迫切的情况。没错,前往保留地生活会很艰难。通往克罗人领地的道路需沿着曲折的洛洛小道前行,越过比特鲁特山脉主峰,然后向南进入蒙大拿的比特鲁特山谷。但"窥镜"说住在比特鲁特地区的白人一直都很友好。只要内兹佩尔塞人规规矩矩,蒙大拿人肯定会让他们和平通过。毕竟,这场战争是爱达荷的事情。一旦人们忘了爱达荷的麻烦,"窥镜"承诺,政府将会允许内兹

第十七章 永不再战 349

佩尔塞人回家。酋长会议不仅同意了"窥镜"的提议("约瑟夫"和奥洛夫特勉强同意),而且还让他担任这次远行的指挥,这一决定让沮丧的"约瑟夫"听天由命,"按照部族的意愿"随波逐流。

事情的发展正如"窥镜"酋长所预测的那样——至少一开始是这样。在洛洛小道上,内兹佩尔塞人轻松地甩掉了霍华德,绕过了一小股试图阻挡的力量,然后毫无损失地进入了比特鲁特山谷。在穿越比特鲁特山谷期间,"窥镜"严密监视着内兹佩尔塞人,强迫战士们支付他们本可以不受惩罚偷来的补给品。[13]

蒙大拿人很友好,"窥镜"变得自满而专横。他自己的族人也变得越来越不耐烦。挑起战争的瓦西里特,一天早上飞奔而来,讲述着即将来临的灾难梦境。"白鸟"酋长催促"窥镜"加快脚步,但无济于事。"窥镜"再一次为他的行动路线提供了令人信服的论据:"后天霍华德"无疑已远远落在他们后面,蒙大拿人没有威胁,大陆边界近在眼前。边界的另一边是广阔宁静的大洞谷,这是内兹佩尔塞人猎捕野牛常来的老地方。克罗人的领地位于再往东300英里的地方,蜿蜒曲折,但却十分宜人。"窥镜"再次让酋长们折服。

8月8日,"窥镜"下令在大洞河北岔口东岸一个又长又高,陡升的小山背阳处停下来,山坡的一部分被松树覆盖。马群在半山坡放牧,没有守卫。"窥镜"拒绝让侦察队在来路上搜寻,他说道:"不会再打了!战争结束了!"

但险恶的"梦境"依然存在。一位受人尊敬的有"魔力"者认为有必要加快速度。"我睡觉时,"他告诉"窥镜","我的'魔力'告诉我继续前进,因为死亡正接近我们。如果你接受我的建议,我们可以避免死亡,这个建议就是加速穿越这一地区。否则,很快我们就会泪流满面。""窥镜"没有理他。大多数内兹佩尔塞人慢慢放松下来。许多家庭支起小屋,89个小屋组成了"V"形的村庄。孩子们在河边玩耍。战士们高唱歌曲或赌博至深夜。战士"黄狼"也参与了这场狂欢。"大家都感觉好极了。我们就要到达遍布野牛的地方了!"[14]

距内兹佩尔塞马群不远的山坡上,躲在毯子下面,不易被人察觉的士兵正等待黎明的到来。

※

陆军最高司令部一直很忙。随着近期平定了加拿大的"坐牛"和非条约派拉科塔人及其夏延盟友,谢尔曼将军最不想要的就是在他精心设计的外交和胁迫的微妙组合中加入一丝新的不稳定因素。他不同情内兹佩尔塞人。他对冲突的根源持有一种无可救药的扭曲观点,他希望"让内兹佩尔塞人为所犯下的谋杀负责,并因他们作为一个部落在没有任何正当理由或遭到挑衅的情况下发动战争,让他们接受惩罚"。人们期望下属们不顾部门界限,追捕内兹佩尔塞人。当内兹佩尔塞人进入比特鲁特山谷时,他们从霍华德将军的哥伦比亚军区到了约翰·吉本上校的蒙大拿军分区,而这里是特里将军的达科他军区的一部分。吉本只有几个散布各地、实力不足的连队,这给霍华德带来了压力。但是这位独臂将军远远落在了内兹佩尔塞人的后面,狂风暴雨和他决定等待增援部队来保护爱达荷的白人定居点,以防内兹佩尔塞人绕至身后进行偷袭,拖慢了他行军的速度。[15]

所以这场战斗,如果会发生的话,将由吉本来打。他在小大角河之战中的表现很难激发人们的信心。但是这位50岁的上校找到了全新的活力。7月28日,他带着第七步兵团的17名军官和146名士兵离开了肖堡。吉本的主力部队在比特鲁特山谷移动得如此之快,以至于到8月7日,他们仅落后内兹佩尔塞人一天的距离。吉本一路上都在补充力量——对内兹佩尔塞人的善举无动于衷的34名定居者。吉本把蒙大拿人分配给了詹姆斯·布拉德利上尉。8月8日晚,吉本算错了距内兹佩尔塞村的距离,差点失去了可靠的下级军官、多疑的蒙大拿人和一个步兵连,他派出小分队前去寻找并驱散内兹佩尔塞人的马群,并保证他很快就会出现。对布拉德利来说幸运的是,他的直觉告诉他要等待。午夜时分,吉本与布拉德利会合,上校在一棵松树下睡着了。两小时后,两股会合的力量开始了行动。

月亮落下了,天空一片漆黑——这很适合秘密行军。但漆黑的黑夜也很适合突袭。在山下附近,吉本偶然发现了内兹佩尔塞人的马群。受惊的马群大声嘶叫,马蹄踏地。营地的狗感觉到了警报,有那么一会儿,吉本害怕被发现。但狗的叫声平息了下来,马群也远离士兵向山上走去,营地现在就在几百码开外,隐约可见,没有任何骚动的迹象。吉本想让他的向导带一小队人驱赶马群,但是这个长期生活在印第安人中的人说服上校,内兹佩尔塞人绝不会允许他们的战马在无人看管的情况下四处游荡。事实并非如此,"窥镜"居然忽略了哪怕最基本的防范袭击的措施。[16]

黎明之前,无事可做,吉本沉思着他将要做之事是否道德。他后来对蒙大拿主教说了下面的话:

> 像你一样了解我们平和的性格,就能想象我们在黑暗中坐了两个小时,清晰地听到婴儿们的啼哭,他们父母的谈话,等待天光放亮,然后开始一场屠杀,我们从心底里知道将会是一片混乱。我们有充足的时间思考,我不禁想到这个有违人道的任务是由一个欺诈和不公的制度强加于我们身上,正是这个制度迫使这些可怜的人们对白人采取了敌视的态度。[17]

天将破晓,印第安女人们从她们的小屋里出来,点火做饭。吉本把他的士兵排成一条小规模战线。凌晨4点,他挥手示意他们前进。士兵和平民志愿者们艰难地穿过齐腰高的泥沼,小心翼翼地拨开灌木丛,慢慢穿过他们和村庄之间满是泥沼的溪流。山坡上,吉本眯着眼睛看着前方士兵前进的身影,"每根神经都为第一个被发现的迹象绷紧"。突然,最左边传来的一声枪响打破了寂静。一名士兵开枪打死了一个半瞎的内兹佩尔塞老人,他走得离马群太近了。

此后,行动失去了吉本的控制。"似乎是为了回应这声枪响,整个队伍都开火了,男人们大喊着向前冲,跳入河中,爬上对岸,大为震惊的印第安人从小屋里冲出,纷纷中弹倒下,有男人、女人,还有孩子们。"一颗流弹击中了布拉德利。随着他的死亡,中尉的手下纷纷向主力靠拢,当士兵袭击村庄时,内兹佩尔塞人营地的北端没有受到影响。[18]

内兹佩尔塞人不知道是谁袭击了他们。"大声喊叫、野蛮呼号、尖叫、诅咒和呻吟"混在一起的刺耳声音划破了早晨的安宁,村民们"茫然而震惊地"四散逃命。第一个死的人是瓦西里特,正是这个愤怒年轻人的复仇行为引发了战争。他带着怀孕的妻子从小屋里跑出来,扑向河边的一根木头后面,杀死了第一个从灌木丛中出来的士兵。下一个士兵一枪射穿了瓦西里特的下巴。瓦西里特向后倒下时,他的妻子抓起他的步枪,杀死了开枪的士兵。然后一颗子弹射中她的喉咙,她倒在了瓦西里特的尸体上。

战斗开始时的恐慌和惊惧永远铭刻在10岁的小"白鸟"的记忆中。枪声大作时,他的父亲已走出了他们家的小屋。男孩看到"子弹像冰雹一样落在小屋顶上,将墙打得稀烂",吓得缩在一角。小"白鸟"的妈妈拉着他的手,朝小溪的一个拐弯处跑去。一颗子弹将她的两根手指和小"白鸟"的右手拇指打掉。但她毫不迟疑地拖着他往前跑。

他们跑过冰冷的齐颈深的河水,藏在一片灌木丛后面。附近,一个女人正在小溪边的沙地上挖一个洞,子弹射穿了她的左胸。片刻之后,一名士兵发现了小"白鸟"和他的母亲。他向其他士兵示意,他们举起步枪瞄准两人。"妈妈把我的头埋在水下。当我探出头来时,看见她举起手,高声喊道:'女人,只有女人!'"一名军官明显下令士兵停止行动,因为他们放下了武器。一些士兵离开了;其他士兵涉入水中,与女人们握手安抚她们。

大多数女人和孩子们远离了小河,逃到了营地以东的一片开阔平原上,那里聚集了几十名手无寸铁的战士。"黄狼"在"约瑟夫"酋长的小屋里彻夜狂欢,至少还带着他的战棍。他看到一个士兵"像醉汉一样爬来爬去",一棍将士兵打死,拿走了他的枪和弹药带。"约瑟夫"酋长光着脚跑出小屋,只穿着一件上衣,披着一条毯子。他和另一个人骑上他们钟爱的战马,这些马就拴在他们的小屋旁,飞奔上斜坡,越过士兵们,带领马群脱离危险。

平原上,"白鸟"酋长努力向震惊的战士们灌输"约瑟夫"仍保持着清醒的头脑的想法。"我们为什么要撤退?"他喊道。"从古至今,勇敢的男人都会为他们的女人和孩子而战。我们要跑到山里,让白人在我们眼前杀害我们的女人和孩子吗?这些士兵不会比我们在白鸟峡谷打败的那些士兵更难打。打吧!干掉他们!"战士们重整旗鼓,跟着"白鸟"杀回营地。"黄狼"和他的同伴发现自己"和士兵们混在一起。我们很可能误伤自己人。他们像是喝了酒后打仗。我们认为有些白人被打死是因为喝醉了"。[19]

或许确实如此。但在内兹佩尔塞人的反击中倒下的大多数士兵的死是因为吉本作出了一个仓促的决定:烧毁村庄,而不是利用他的优势。蒙大拿志愿队的"队长"约翰·凯特林(John B. Caitlin)认为,浪费宝贵的时间烧毁因结霜太重而很难点燃的小屋是愚蠢的决定。

"如果我们打败了印第安人,我们会有更多的时间干这件事,烧毁小屋。"

吉本的命令确实被证明是一个惊人的错误。士兵们全神贯注于摧毁村庄,给了"白鸟"时间发起反击,击溃了小部分吉本的力量。战士们不仅与村子里的白人部队搏斗,还有几个内兹佩尔塞人悄悄溜到他们后面,爬上了小溪远处的高地。原本整齐的战线成了一个参差不齐的圆圈。一颗子弹伤了吉本的腿,他下令撤退。他的想法是在村子下端以西半英里的山脚下的一片小松林里固守。凯特林又一次找到了指责吉本的理由。"我早就知道,打仗时决不退缩,而是勇往直前,否则印第安人会认为你被打败了,给了他们重新反击的勇气。"

事情就是这样。内兹佩尔塞人的神枪手至少撂倒了二十几个正往山上爬的吉本的人。如果所有战士都有枪,可能不会有白人能活着到达松林。事实上,几十名战士先涌上了吉本选择的防御地点上方的斜坡。那些拿着步枪的人向受惊的士兵和平民猛烈开火,他们用刺刀或赤手空拳疯狂地挖枪坑。凯特林跟跟跄跄地进入防御圈,现在几乎已被内兹佩尔塞人包围,他想知道:"到底是谁让大家停在这里的?"有人回答说,是吉本上校。凯特林咆哮道:"我才不管呢。这绝不是个扎营的地方!"[20]

吉本曾希望他的山炮能起作用,在部队集结到松林后不久,他才看到山炮。但一个战队突然抢了这门炮,杀死一名炮手,伤了两人,将炮破坏掉。与此同时,山坡上的战士们放火焚烧干灌木丛,试图把士兵熏出来。当火焰扑面而来时,吉本喊道:"如果火烧到我们这里,就冲进河,带上伤员,然后以河岸为掩护,让印第安人'享用'他们为我们准备的火热地方。"上校的"表演"骗不了任何人。每个人都知道火会把他们逼入内兹佩尔塞人致命的步枪射程之内。但风向发生了变化,火灭了。

第十七章 永不再战

射击在黄昏时停止。那天晚上,所有战士都下了山,只有奥洛克特手下的12个战士留守,他的妻子受了重伤,躺在他们的小屋里。村子里的景象让"黄狼"感到难受。"看到女人和孩子或死或伤地躺在地上,很难过。一些士兵和印第安战士也躺在他们倒下的地方——有些人几乎躺在一起。受伤的孩子痛得大声尖叫。不管男女都哭声一片,为他们散布四处的死去亲人哭泣。空气中弥漫着悲伤。我不想听,我再也不想再看到(这一幕)。"

整个痛苦的夜晚,吉本沾满鲜血的帐篷里发出痛苦的诅咒和尖叫。白人伤亡惨重。参加战斗的182人中有74人不是死就是伤。唯一的食物是一匹死马,它的主人把马肉切成小块分发给每个活着的人。黎明时分内兹佩尔塞人一定会发动袭击。

然而,内兹佩尔塞的酋长们只想去找克罗人。60到90个内兹佩尔塞人死在大洞,其中多数是女人和孩子。"约瑟夫"酋长后来道出实情:"内兹佩尔塞人从不对女人和孩子开战。如果继续打仗,我们可以杀死许多女人和孩子,但我们会为这样怯懦的行为感到羞耻。"如果他们愿意的话,内兹佩尔塞人也可以消灭吉本大开杀戒的手下们。但是他们现在很忙,战士们妻儿的生命对他们来说意味着一切。为杀而杀——或为复仇而杀——并不在他们的计划中。[21]

内兹佩尔塞人带着伤员,继续逃亡。没脸见人的"窥镜"只带着他自己的人马。远行的控制权已交给了"扑克乔"(Poker Joe),他是比特鲁特山谷的混血居民,非常喜欢打牌。"扑克乔"无意与爱达荷的内兹佩尔塞人扯上关系。他和他的人数不多,爱好和平的内兹佩尔塞部落成员已在蒙大拿生活了几年。他们一直视自己为当地社区的一员,直到白人邻居指控他们曾参与爱达荷的战争,于是愤怒的"扑克乔"将自己的命运与穿过比特鲁特地区的逃亡的内兹佩尔塞人拴在了一起。

"扑克乔"的出现被证明是天赐良机。作为一个天生的领导者,他知道蒙大拿西部的每一条路。在"扑克乔"的带领下,悠闲的远行结束了。他设定每天将近50英里的精确行进速度,而且他也做到了。"后天霍华德"正在赶上。8月11日,他解除了吉本的职务,吉本感激地带着他支离破碎的队伍回到了肖堡。一个星期后,霍华德的骑兵追到了距内兹佩尔塞人不到15英里的地方。然而,霍华德没有意识到印第安人离他如此之近,于是在8月19日晚上,他在现今黄石国家公园以西40英里的卡马斯草场上建立了一个未设防的营地。"窥镜"看到了一个为自己赎罪的机会,他说服其他战队首领和他一起趁着夜色前去偷马。他们的出现完全出乎骑兵们的意料。内兹佩尔塞人兴高采烈地回营,带着他们认为是军马的马群。然后天光大亮,他们看清了得到的"奖赏"——一群吵嚷不休的驮骡。[22]

卡马斯草原的突袭一点儿也没帮上"窥镜",但确实阻碍了军队的车队。更重要的是,它击垮了霍华德手下本已受挫的脆弱士气。步兵们在26天内行进了500英里,已近崩溃。夏天的制服已破烂不堪,鞋子也磨穿了。有些士兵光着脚,有些士兵只有一条毯子来抵御高山的严寒。霍华德的首席军医要求他停下来,于是这位基督教将军在距黄石国家公园和怀俄明边界(太平洋军分区东部边界)一天行军距离的地方停下扎营。

事实上,霍华德将军和他的士兵一样对追捕感到厌倦,他打电报给谢尔曼将军,请求允许他把内兹佩尔塞人交给谢里丹将军的密苏里军分区的指挥官。不无道理的是,霍华德认为他所做的已超过了他的分内之事。虽然内兹佩尔塞人已经逃走,但这并非因为霍华德不够努力。可是谢尔曼还是责备了他。他提醒这位沮丧的将军,他的部队是唯一可以立即投入战斗的军队,他告诉霍华德"对内兹佩尔塞人穷追猛打,直至其灭亡,他们去哪里就追到哪里"。然后他突然直击要害:"如果你觉得累了,把指挥权交给一个精力充沛的军官,让他跟着他们,他们去哪里就追到哪里。"愤怒的霍华德回答道,他从未觉得困乏,是他的士兵被"这次非比寻常的行军"搞得筋疲力尽。在重新补给并休整一段时间后,霍华德在8月底继续开始追击。[23]

谢尔曼的愤怒与其说是由于霍华德的表现,不如说是由于公众舆论的反对。内兹佩尔塞人的逃亡已成为一场全国关注的"大戏",就像大卫和歌利亚的相遇,除了军方和政府,几乎所有人都支持如丧家之犬的印第安人。讽刺作家嘲笑军队并夸大其失败。内兹佩尔塞人甚至赢得了通常持灭绝主义态度的西部媒体的支持,后者承认他们制造的战争"几乎已符合了文明国家公认的最高特征"。人们的注意力都集中在了"约瑟夫"身上。因为他曾在战前与霍华德的会谈中代表内兹佩尔塞人,也被认为是他们的战争领袖。《哈珀周刊》上甚至出现了一幅酋长充满喜感,对其夸赞的版画像。

谢尔曼对这些都不满意。他希望通过法庭对被捕的内兹佩尔塞人及其首领进行判决。他告诉谢里丹:"剩下的应像莫多克人那样处理,送到其他地方。应该采取极端严厉的措施,否则其他类似的部落可能会效仿他们。"[24]

谢里丹发现自己很难满足他暴躁的上司。军区指挥官特里和克鲁克临时被派往东部平息铁路工人骚乱。基奥堡的迈尔斯上校(之前的舌河营地)距离内兹佩尔塞人的行进路线300英里。谢里丹所能做的就是命令迈尔斯派塞缪尔·德·斯特吉斯(Samuel D. Sturgis)上校——他在被冷落七年后不情愿地恢复了他作为第七骑兵团指挥官的职位——试图把内兹佩尔塞人困在错综复杂的阿布萨罗卡山脉,这是印第安人和北方平原之间的最后一道天然屏障。然而,这一努力失败了,9月10日,内兹佩尔塞人从他身边溜过,进入了克罗人的地盘。

※

原本应该大肆庆祝的内兹佩尔塞人,结果迎来了一场背叛的噩梦。克罗人在与拉科塔人和夏延人的战斗中乐于接受内兹佩尔塞人的帮助,只要不让他们承担任何义务就好。当然,他们从未想到会有近四分之一的内兹佩尔塞人出现在他们家门口。给予内兹佩尔塞人庇护将使克罗人与他们的大恩人——美国政府——发生冲突。因此,他们不仅让内兹佩尔塞人打包离开,而且,为了重申他们对"伟大的父亲"(总统)的忠诚,将他们最好的战士交给斯特吉斯指挥。

现在,即使最忠实的追随者也心知肚明,"窥镜"带着内兹佩尔塞人完成了一场长达1200英里的愚蠢逃亡。他们获得自由的唯一机会是先于军队到达加拿大——这是"扑克乔"一直倡导的行进路线——并希望他们的死敌,即"坐牛"麾下的洪克帕帕拉科塔人,会将他们同样视为白人侵略的受害者而张开怀抱。怀着这微弱的希望,他们向北越过蒙大拿东部的不毛之地。

内兹佩尔塞人从第七骑兵团眼皮底下溜过的第二天,霍华德将军就和斯特吉斯联系上了。尽管霍华德怀疑斯特吉斯能否追上他们,但还是允许他一试。斯特吉斯确实在黄石河以北的峡谷溪追上了内兹佩尔塞人,在那里斯特吉斯的拙劣战术和强大的内兹佩尔塞人后防线让他又经历了一次令人刺痛的逆转。内兹佩尔塞人再一次逃脱,只有三人受伤,但随行的马群却付出了沉重的代价。[25]

急于掠夺的克罗战士们对内兹佩尔塞人的侧翼和后方进行了夹击。随着希望愈发渺茫和"扑克乔"的步伐加快,老弱病残者开始掉队,许多人成了克罗人剥皮刀的受害者。当内兹佩尔塞人到达距离加拿大边境200英里的穆塞尔舍尔河时,他们的领导层已陷入混乱。主张放慢行进步伐的人——其中最重要的是"窥镜"——重申了他们自己的观点。他们认为,女人、孩子和老人都已近筋疲力尽,马匹也濒临崩溃。"后天霍华德"和第七骑兵团已远远落在后面,毫无疑问,已无需害怕军队了。[26]

※

迈尔斯上校尚未采取任何行动。他不知道斯特吉斯遇挫,也不知道内兹佩尔塞人的下落,他只知道如果"坐牛"从加拿大南下帮助内兹佩尔塞人的话,那么他12个月来打击拉科塔人的艰苦付出将付诸东流,他的晋升前景也将因此而变得暗淡。1877年9月17日晚,迈尔斯站在黄石河边,思忖着这一令人不快的前景,他看到西边地平线上出现了一个孤独的骑手。这是第七骑兵团的信使。"你们打仗了吗?"士兵勒马时,迈尔斯问道。"没有,"那人回答,递给上校一个信封,"但我们曾有一个很好的机会。"信封里有两张便条。一张来自斯特吉斯的坦白,印第安人已经把他"绝望地甩在身后"。另一张纸条是霍华德写的,他请求迈尔斯拦截内兹佩尔塞人,或者"至少拖住他们,直到我追上来"。[27]

迈尔斯不需要进一步催促。他从基奥堡出发,拥有一支520人的攻击部队,由斯特吉斯留下的三个第七骑兵团的连、三个第二骑兵团的连和三个第五步兵团的连组成,都骑上了被俘的拉科塔马匹。迈尔斯已到达最后一个已知的内兹佩尔塞人位置以东150英里处,而霍华德的要求已过了五天。陈腐无用的智慧指引着他走向了穆塞尔舍尔河和密苏里河的交汇处。但是内兹佩尔塞人,仍幸运地在"扑克乔"的控制下,先他一步渡过了密苏里河。酋长们举行了一次会议。加拿大近在眼前,距边界只有80英里——以"扑克乔"的速度最多三天就可到达。

然而,"扑克乔"遭到了弹劾。在这个极其关键的时刻,"窥镜"酋长说服大家放慢步伐,恢复他作为行军指挥官的地位。"好吧,'窥镜',你可以领头。""扑克乔"说。"我正在努力拯救族人,尽我所能在士兵发现我们之前进入加拿大。你可以指挥,但我想我们会被抓,然后被杀。"

四天来,内兹佩尔塞人一点一点地在单调贫瘠的草原上穿行。9月29日,他们进入熊掌山和小落基山脉之间的一片起伏不平的地区。那天下午早些时候,他们在熊掌山东北边缘扎营。加拿大边境就在40英里开外的地方。小酋长"黄牛"赞同继续前进的普遍愿望。"但是,'窥镜'又有了自己的想法,所以我们停了下来,开始晒野牛皮和野牛肉。"[28]

内兹佩尔塞人营地坐落在蛇溪东岸一个6英亩的肾形洼地内。河道蜿蜒向北,注入牛奶河,这是内兹佩尔塞和加拿大之间的最后一道天然屏障。几个内兹佩尔塞人支起了破旧的小屋,大多数仅用帆布作顶盖上干草,聊以遮蔽。内兹佩尔塞人在西岸的开阔高原上放牧他们的马群。日落时分,天空变得灰暗。下了一场刺骨的雨,夜里变成了雪。

9月30日上午,村子慢慢躁动起来。山谷里笼罩着一层寒气。孩子们在玩耍,女人们生火做饭。只有少数几个内兹佩尔塞人找回了他们的小马,开始打包。忽然两个探子从南边飞奔而来,大声喊着:"野牛来了!士兵来了!士兵来了!""窥镜"对他们的警告嗤之以鼻。霍华德至少落后他们两天。"别着急!"他下令道。"慢慢走!我们有很多,很多时间。让孩子们吃够!"

"因为'窥镜',""黄狼"后来承认,"我们被抓住了。"[29]

第十七章 永不再战

※

迈尔斯在内兹佩尔塞人东南 10 英里处扎营。9 月 30 日拂晓,他的夏延侦察兵发现了他们一天前的路痕。迈尔斯异常兴奋,下令骑兵小跑,然后疾驰。他的军医当时也高兴地说:"在开阔的草原上骑着一匹好马,手里握着枪,对大多数人来说都有一种令人振奋的效果。作为 400 名骑兵的一员,在一条小道上驰骋,会给身体带来一种从未有过的兴奋。"迈尔斯由衷地表示赞同。"这次冲锋之前的飞奔,是我在任何战场上见过的最辉煌、最鼓舞人心的场面之一。这是我们 12 天强行军的最高荣耀。"[30]

内兹佩尔塞营地以南两英里处,迈尔斯将他的队伍打散。夏延人侦察兵已经在前面很远的地方,直奔内兹佩尔塞人的马群。他们突然发起的冲锋迫使迈尔斯在飞奔中制订计划。他让第二骑兵团的三个连队驰援侦察兵,命令第七骑兵团的三个连队从南面向村子发起冲锋。

"窥镜"错误发出放慢速度的训令一个小时后,一名内兹佩尔塞侦察兵出现在村子东边陡峭的山脊上。他一边绕着马转圈,一边疯狂地挥舞着他的毯子,示意敌人就要来了。"人们发出一阵疯狂的骚动,""黄牛"说道,他抓起步枪,和一群战士在营地南面的一个较低的山脊上就位。远处传来一片隆隆声,一个战士把它比作奔跑的野牛发出的声音。一支由"扑克乔"和奥洛克特率领的队伍占据了东部山脊。离开村子前,"黄狼"瞥见他的叔叔"约瑟夫"酋长从小屋跳出来,喊道:"马!马!快救马匹!"就在夏延人和第二骑兵团到达马群前的一瞬间,"约瑟夫"带领 70 个人步行穿过了小溪。夏延人的冲锋驱散了战士们,马群也跑散了。"约瑟夫"无力阻止这场灾难,转身向营地走去。

"我向上天伟大的神灵祈祷,徒手冲过士兵的战线。在我看来,我前后左右都是枪。我的衣服被撕成碎片,我的马受了伤,但我毫发无伤。当我走到小屋门口时,妻子递给我一支步枪,说'拿上你的枪。战斗吧!'"[31]

内兹佩尔塞人确实投入了战斗。30 码外的毁灭性开火摧毁了第七骑兵团。许多士兵——所谓的"卡斯特复仇者"——要么被吓呆了,要么像无头苍蝇一样漫无目的地四处游荡。随着骑兵的溃败,迈尔斯命令一队骑着马的步兵向前推进。结果也遭受了同样的命运。沿蛇溪东岸冲锋的另一个步兵纵队也是如此。第七骑兵团下午又组织了一次冲锋。下马徒步前进的士兵沿东部山脊缓缓前行,直到密集的火力再次将他们打晕。总的来说,第七骑兵团的 116 名参战士兵中损失了 55 人,这一打击让人想起小大角河的雷诺灾难。这场溃败震惊了迈尔斯。一个浑身是血的年轻中尉走近他,用可以理解的夸张方式喊道:"我是第七骑兵团中唯一一个活着戴肩章的人。"一直以来,内兹佩尔塞人都在辱骂上校。在一段间歇中,迈尔斯对一群士兵大喊道:"冲啊!让他们见鬼去吧!"一个战士用英语反驳道:"冲锋?见鬼,你们这些该死的狗娘养的!你不是在和苏族人战斗!"迈尔斯的部队有 20% 或伤或亡,他放弃了冲锋。他包围了内兹佩尔塞人,然后开始围攻。

内兹佩尔塞人也受到了重创。"约瑟夫"酋长说,那天有 18 名战士和 3 名女人被杀。图胡尔胡尔佐特死了。"扑克乔"也死了,被一个内兹佩尔塞战士误杀。"约瑟夫"的弟弟奥洛克特,年轻战士们的精神领袖,也阵亡了。[32]

有两个想法同样困扰着迈尔斯:"坐牛"是否会营救内兹佩尔塞人;霍华德将军是否会来,并解除他的指挥权。"坐牛"在内兹佩尔塞人的想象中占据着突出的地位。天黑后,六名战士穿过包围圈,前往加拿大,寻找"坐牛"这位拉科塔酋长——他们最后的希望。

内兹佩尔塞营地内,严峻的生存问题仍在继续。女人们用钩子和屠刀挖掩体。战士们用缴获的军队刺刀临时挖出枪坑。一夜之间天气就变冷了,风刮得更大了,下了五英寸厚的雪。战场上尸体已僵硬。孩子们呜咽着,死亡的阴影在黑暗中徘徊。"黄狼"感觉到了末日的来临。"我们承受一切苦难保护的东西都没了!我想到这片土地只有印第安人的时候。我觉得我好像在做梦。"33

黑暗化为灰色的黎明。风越刮越大,飘落的雪打在战士们脸上。一阵偶然的枪响撕裂了刮得令人哀伤的大风。中午,风雪平息,天空部分放晴,每个人都往北看。地平线上,两条黑色物体形成的长线"以军人才有的规矩和精确"前进。迈尔斯认为是前来解围的拉科塔战士。他担心的"强大的(印第安)援军"结果是野牛,但短暂的恐慌促使上校决心与内兹佩尔塞人谈判。34

"窥镜"和"白鸟"拒绝谈判。然而,"约瑟夫"酋长举着白旗来到迈尔斯的帐篷,听取他的条件。没人知道他们之间谈了什么,但当迈尔斯坚持让内兹佩尔塞人交出武器时,谈判显然陷入了僵局。当"约瑟夫"准备离开时,上校把他"当成客人"留了一晚。迈尔斯可能想挟持酋长作为人质。不管他怎么想,第二天早上他被迫将他释放,因为内兹佩尔塞人抓到了一名中尉,他可能是在迈尔斯的指示下,溜近了他们的枪坑,想侦察他们的防御工事。即使现在,在极度绝望的情况下,内兹佩尔塞人仍保持着他们的荣誉感和体面。他们允许中尉带着他的佩枪,"白鸟"给了他两条毯子。内兹佩尔塞人偶尔会和军官开个玩笑,但大多数时候他们谈的都是希望"坐牛"会来救他们。

10月2日下午,狂风大作,迈尔斯不情愿地用"约瑟夫"换回了中尉。令双方都痛苦万分的包围又恢复了。天又开始飘雪了。零星的枪声让每个人都紧张不安。内兹佩尔塞女人和孩子们蜷缩在坑里,时断时续地睡觉。第二天,迈尔斯的车队到了,拖着一门大炮。一次随意的炮击使内兹佩尔塞人挖的一个掩身坑垮塌,活埋了四个女人和两个孩子。[35]

10月4日,当霍华德将军带着一小队护卫到来时,迈尔斯的两大担忧之一似乎消失了。但是将军免去了他的指挥权。"你应该接受投降。"霍华德向他保证。"在那之后,我才开始指挥。"

然而,内兹佩尔塞人的投降还远未确定。霍华德带来了两个年长的上内兹佩尔塞人代表他谈判。两人都有女儿在敌对阵营。10月5日,他们传达了霍华德和迈尔斯的条件:内兹佩尔塞人将被体面地当成战俘对待;没人会因为爱达荷的杀戮而受到惩罚;来年春天,军队会护送他们到拉普瓦保留地。酋长们举行了最后一次会议。"窥镜"用可怕的警告来谴责举棋不定的"约瑟夫"酋长:"我比你年长。我和一个双面双舌的人打过交道。如果你投降,你会后悔的;在你悲伤的时候,你宁愿去死,也不愿受这种欺骗。"相反,他和"白鸟"会带着他们的人前往加拿大。

"窥镜"不会有这样的机会了。当他和他的战士们在一个暴露的枪坑里抽烟时,他注意到一个从北方过来的骑着马的印第安人——这人肯定是个拉科塔人。"窥镜"跳了起来,想亲眼看清楚。一阵步枪的齐射声从士兵队伍中响起,一颗子弹击中他的前额,他滚下了山,死了。马上的人原来是夏延侦察兵。

"约瑟夫"已受够了。至少瓦洛瓦战队已停止战斗,跑了:"我再也不忍看到受伤的男人和女人痛苦不堪了;我们失去的够多了。迈尔斯上校答应过我们可以带着剩下人回到我们的领地。我想我们可以重新开始。我相信迈尔斯上校,否则我绝不会投降。"[36]

上内兹佩尔塞人的一位酋长向迈尔斯和霍华德转达了"约瑟夫"的降书,他们的副官把信息转录如下:

告诉霍华德将军我知道他的所思所想。他之前告诉我的话我已记在心里。我厌倦打仗。我们的首领被杀了;"窥镜"死了;图胡尔胡尔佐特也死了。年长的老人都死了。现在只有年轻人做主。年轻人的头儿也死了。天气寒冷,我们没有毯子;孩子们快冻死了。一些我的族人跑到山里,没有毯子,没有食物。没人知道他们在哪里——可能已经冻死了。我想有时间去找我的孩子们,看看还能找到几个。也许我只能在死人中找到他们。听我说,我的首领们!我累了,我的心充满着哀伤和悲凉。我对天发誓,永不再战。[37]

"约瑟夫"酋长骑着马慢慢从内兹佩尔塞人的阵地向霍华德和迈尔斯走去,双手交叉放在鞍上。他的温彻斯特步枪搁在膝盖上,双肩下垂。衬衫和绑腿上的弹孔表明他能活着是多么幸运。下马后,"约瑟夫"把他的温彻斯特步枪交给霍华德,霍华德示意他交给迈尔斯。"约瑟夫"悲伤地笑了笑,照做了。然后他和两位军官握手。

内兹佩尔塞人的逃亡就此结束。448个内兹佩尔塞人投降。除87人外,其余都是女人和孩子。内兹佩尔塞人已走了1700英里。他们杀死了180个白人,伤了150人,本方死了120人,受伤的也许和白人差不多。仅就男人间的对决来看,他们已证明自己远胜于派来阻止他们的白人士兵。"白鸟"逃到了加拿大。"黄狼"也溜了。大约233个内兹佩尔塞人到达了"坐牛"的村庄,他们受到热烈的欢迎,其中近一半是战士。由于抓到了内兹佩尔塞人——至少抓到了三分之二的内兹佩尔塞人——迈尔斯赢得了他渴望的荣耀。但他也带着对对手持久的钦佩离开了熊掌山。认识到"欺诈和不公"导致了这场冲突,他认为"政府方面的诚实和公正能在六个月内使内兹佩尔塞人成为忠诚的朋友"。[38]

迈尔斯是军方唯一的理性发声者。谢尔曼将军病态地坚持要惩罚内兹佩尔塞人。他让陆军部和内政部强行下达命令,将他们驱逐到堪萨斯的莱文沃思堡,数十人在那里死于疾病。在堪萨斯,他们被转送到印第安领地。几乎每个在那里出生的婴儿都没能活下来。

内兹佩尔塞人的苦难让迈尔斯最优秀的一面显露无遗。[39] 他冒着极大的职业风险支持他们的诉求,向总统卢瑟福·海斯呼吁允许"约瑟夫"和他的族人在爱达荷定居,但未获成功。有几次,"约瑟夫"亲自去华盛顿陈述自己的主张,成为全国名人。对"约瑟夫"酋长的支持来自除爱达荷之外的每个地方,在那里,瓦洛瓦战队仍因引发战争的报复性谋杀而被起诉,而他们是无辜的。1885年,内政部将"白鸟"和"窥镜"的人重新安置在拉普瓦。"约瑟夫"和他的人被分配到华盛顿州东部的科尔维尔保留地。20年来,在迈尔斯的帮助下,"约瑟夫"不断请愿,要求返回爱达荷。最终,在1900年,他获准前往他父亲的墓地。他试图在瓦洛瓦山谷购买一块土地,但当地的白人居民拒绝卖给他。

"约瑟夫"酋长于1904年9月21日去世。科尔维尔机构的医生说他死于伤心过度。[40]

第十七章 永不再战

第十八章
犹特人必须滚！

1876年8月1日,尤利西斯·格兰特总统宣布科罗拉多为第38个州。建州之路充满黑暗和血腥,满是在沙溪遭屠杀的无辜印第安人和被报复杀害的数十名矿工和定居者的鲜血。夏延人和阿拉帕霍人永远消失了。这个州只剩下一个印第安部族,落基山脉的犹特人。

联邦政府已经确保犹特人永久拥有一块保留地:位于该州西部的1200万英亩土地,相当于科罗拉多州可耕地的近三分之一。政客们将其谴责为"发展商业的障碍"。州长弗雷德里克·皮特金(Frederick W. Pitkin)和州议会发誓要在十年内将犹特人驱逐出该州。丹佛报界则希望立即完成这项工作。但科罗拉多州以外没有人听信。只要犹特人保持和平,联邦当局就无意将他们移至别处。[1]

※

犹特人是一个小部族,只有不到4000人,分成七个自治部落。他们没有最高犹特酋长,也没有部族会议。犹特人在海拔7000英尺以下隐蔽的河谷中过冬,那里雪下得不大,冬天的草长得很厚。春天,狩猎队向上进入森林深处和高山冻原,那里有大量的鹿、熊、麋鹿和羚羊,或者进入科罗拉多州中部被称为"北部公园、中部公园和南部公园"的那些由高大白杨树环绕的盆地去猎捕野牛。犹特人是拉科塔人和夏延人的宿敌,后者的战队很少能活着离开犹特人的落基山据点。

直到内战后白人定居者和淘金者涌入落基山脉,犹特人才开始在今天的犹他州东部、新墨西哥州北部和科罗拉多州的大部分地区游荡。他们偶尔会与入侵者发生零星冲突,但大多数时候会选择和解。1863年,犹特人的中间人派了一个由最大的犹特部落——昂卡格雷人组成的代表团前往华盛顿,代表整个部族签署了一项条约,让出了落基山脉东坡和圣路易斯山谷。昂卡格雷人交出的大部分土地都属于其他犹特部落,但印第安事务局却没搞清楚之间的区别。为表示感激,政府任命昂卡格雷人头目"箭头"[Ouray(Arrow)]为犹特人首领。

尽管除昂卡格雷人之外,没有几个犹特人承认"箭头"的地位,但他却具有非凡的优势,能亲自弥合印第安人和白人之间的文化鸿沟。"箭头"在新墨西哥的陶斯接受过天主教修士的教育,能说流利的西班牙语和还过得去的英语。凭借他与平原部落作战的英勇表现,"箭头"在部落中获得了昂卡格雷酋长的位置,但他认为与白人打仗没有前途。他笃信文化适应和从事农业。虽然"箭头"确实关心所有犹特人的命运,但在他的部落中却是个暴君。仅在一年之内,他的亲信就杀了他的四个对手,这使得一位白人朋友评论道,"箭头""简单粗暴地处置对手的方法在美洲印第安人史上可能无出其右"。

1868年,"箭头"与七个部落的酋长重返华盛顿,签订了一份新条约,确定了犹特人领地的边界。"箭头"精于谈判,迎合了东部亲印第安人的想法。当印第安事务局试图胁迫犹特人时,他就向新闻界求助。他对记者说:"一个印第安人与美国签订的协议就像一头被箭射中的野牛与猎人签订的协议一样。他所能做的就是躺下来投降。"之后,白人的欺凌就停止了。[2]

1868年的《犹特条约》(Ute Treaty)给予犹特人1600万英亩土地,从落基山脉西坡到犹他州边境,并授予他们在保留地外的北部公园和中部公园的狩猎权。条约还创建了两个永久性犹特人机构:一个设在洛斯皮诺斯,专为南部部落,另一个在保留地北部偏远地区的白河地

第十八章　犹特人必须滚!

343 区,为延帕和格兰德河部落而设,他们被白人称为白河犹特人。犹他州东部的尤恩塔部落早已习惯务农,生活富足,有自己的机构。就面积而言,《犹特条约》是有史以来印第安人获准拥有的最大块土地。但事后证明,1868 年的承诺转瞬即逝。非法探矿者在科罗拉多州西南部的圣胡安山脉发现了黄金,联邦政府无权驱逐他们。犹特人再次选择和解而非打仗,1873 年签下了条约,放弃保留地南部的大片地区,以换取政府遏制淘金者的承诺。业已屈服的"箭头"明白这只是政府的一个空洞姿态。未受条约影响的北方部落坚持传统生活方式。他们以和平的方式坚守传统,但意外冲突的风险却真实存在。"总有一天,""箭头"对一个白人朋友说,"这些麻烦的犹特人可能会做出些什么,引来军队镇压我们,然后,我们就会全被消灭。"3

※

白河机构以东 150 英里的地方,一个名叫内森·米克(Nathan C. Meeker)的精神不正常的老年社会改革家正在努力保护一个陷入困境的农业合作社,避免其破产。

米克一生致力于探索完美的社会。年轻时,他信奉农业社会主义。19 世纪 40 年代,他加入俄亥俄的一个农业公社,两年后散伙。后来,米克靠写农业论文过着简朴的生活。他还写了一本名为《雅各布·D. 阿姆斯特朗上尉的生活和冒险》(Life and Adventures of Capt. Jacob D. Armstrong)的小说,讲述了一个遭遇海难的海员——幻想中的另一个自我——将南太平洋的野蛮人塑造成现代乌托邦主义者的故事。米克把手稿寄给了《纽约论坛报》的前卫编辑霍勒斯·格里利(Horace Greeley),他很喜欢该书。这本书在商业上失败了,但它确实开始了米克与美国最有影响力的记者的联系,这位记者聘请他担任农业编辑。

1869年，米克在科罗拉多州东部出差时，被土地贩子迷住了。他们重新点燃了他的乌托邦梦想，充满希望地谈论着铁路建设和待耕种的大片肥沃土地。米克说服格里利，他自己其实也是一个信奉乌托邦的人，资助他在丹佛郊外一块希望之地搞了个"联合村"（Union Colony），米克任村长，也是该村报纸《格里利论坛报》（The Greeley Tribune）的编辑。结果他的无能表现令人吃惊，以从未有过的高价买了大片农地，后果可想而知。土地干旱贫瘠，随着村子深陷债务，米克变得郁郁寡欢和独断专横。1877年秋天，濒临破产且已年过60的米克请求科罗拉多州参议员亨利·泰勒（Henry M. Teller）提名他为白河犹特人的中间人，希望所得工资能帮他还债。米克曾支持泰勒连任。

泰勒乐于报恩。他说服印第安事务专员向内政部长卡尔·舒尔茨（Carl Schurz）推荐米克，舒尔茨是一位致力于改革的人，主张农业和个人拥有土地是新印第安政策的基石。据舒尔茨所知，米克似乎是让犹特人安心务农的合适人选。如果舒尔茨看到米克为马萨诸塞州斯普林菲尔德共和党人写的一篇社论，他可能不会支持这一重大选择。文中，米克嘲讽印第安人可以成为农民的观点，认为他们拥有"按照动物标准构造的小脑袋"。尽管如此，米克还是决定试一试。战胜这些困难不仅会恢复他乌托邦主义者的声望，还会拯救犹特人。"我怀疑他们是否明白，他们的命运将被探矿者和其他人彻底改变。"米克在出发前往白河荒野之前给参议员泰勒写道。"在我看来……这个机构……应该尽快被置于一个自给自足的位置，为应对邪恶做好准备。"

当然没人会去问白河犹特人有何想法，他们对现状相当满意。他们在山中要塞的生活从未如此美好，危险似乎遥不可及。最近的士兵在怀俄明的斯蒂尔堡，距白河机构以北100英里，要走上三天，而且他们从未踏足保留地。犹特人在北部公园盆地一带活动，与散居那里的白人定居者保持着友好关系,并在1868年条约允许的保留地范围内狩猎。他们的中间人没有提出反对他们的意见,作为回报,犹特人种些土豆和蔬菜——这足以让中间人向华盛顿报喜:犹特人在通往文明之路上取得了良好进展。双方都可从作假中获利。中间人把犹特人捕获的野牛皮藏在印第安事务局的货车里,经铁路拉到东部贩卖。犹特人用他们分得的利润购买马匹,壮大他们的马群,还买了新型步枪、左轮手枪和弹药。[4]

1878年5月,内森·米克带着妻子阿维拉(Arvilla Meeker)和女儿约瑟芬(Josephine Meeker)到达白河机构。"父亲"米克,他坚持犹特人这样叫他,立即命令机构搬迁到下游12英里,海拔较低的一片被称为鲍威尔公园的开阔山谷,那里很少下雪,土壤肥沃。鲍威尔公园碰巧也是最佳放牧地和犹特人最喜欢的消遣——赛马的地方。犹特人对这一举动的抗议毫无效果。米克要么让他们都成为农民,要么为此鞠躬尽瘁,死而后已。

他打造鲍威尔公园计划的最大利好因素就是长期不稳定的印第安人领导层。有两个人觊觎白河酋长的职位:道格拉斯(Douglass),一个顺从的老人,政府承认其为酋长;以及尼卡格特(Nicagaat),一个有魅力的年轻战争领袖,被白人称为"犹特杰克"(Ute Jack),有时简称为杰克(Jack)。米克利用道格拉斯和杰克之间的竞争,每天付给道格拉斯的手下15美元,并给他们额外的口粮,让他们在鲍威尔公园耕地和挖灌溉渠。杰克的追随者口头上把这些劳工说成是女人,但内心对他们受到的优待感到愤怒。然而,杰克对白人并无恶意。在与苏族人的战争期间,他曾率领一支犹特人辅助部队,并喜欢与白人士兵为伍;反过来,他们发现犹特侦察兵与沉默寡言的乔治·克鲁克的亲密关系很有趣,克鲁克也这么认为。杰克会说:"你好,克鲁克。你怎么样?你觉得'疯马'和'坐牛'这会儿在哪里,克鲁克?"杰克善战的能力为他赢得了200名战士的支持,而道格拉斯身后只有40个人,且大多已过壮年。杰克和他的手下没有反抗米克,也没有破坏他们与白人的友谊,而是弃这个机构而去,逃进了山区。米克因此恨他。

　　起初,米克小心翼翼地不过多插手印第安人的事情。杰克和道格拉斯的两个派系都尊重部落中身材魁梧的卡纳维什(Canavish)——有"魔力"之人[白人称他为约翰逊(Johnson)],他负责组织赛马。米克没有管约翰逊的赛马场,约翰逊在一块地上种土豆,以此表达他的感激之情后,他给了这个有"魔力"之人一个农场和一些牲畜。道格拉斯和他的追随者微不足道,约翰逊又站在他一边,米克相信他已将犹特人带上了"文明之路"。但是,他告诉印第安事务局,必须允许他不受干扰地完成他的"实验",特别不能受到军方的干扰。他能对付任何拒绝耕种土地的犹特人。米克对参议员泰勒说:"如果印第安人不劳作,我就要让他挨饿。"他终会实现他的农业乌托邦梦想,即便乌托邦里只有印第安人。⁵

※

　　冬天过去了。高海拔地区的积雪消融了,鲍威尔公园的铁丝网栅栏在无情的阳光照射下闪闪发光。道格拉斯和约翰逊在机构的土地上耕作。上了年纪的犹特人私下说,这些努力都是白搭:占卜预示夏天无雨。在北部公园,杰克和他的手下为一年一度的春季狩猎做着准备。他们不知道米克已开始沉迷于让他们回到保留地,他甚至提醒斯蒂尔堡的指挥官托马斯·索恩伯格(Thomas T. "Tip" Thornburgh)少校,杰克打算携带武器和弹药投奔400英里外的敌对印第安人。米克坚持要求索恩伯格逮捕杰克,并将他的手下押到机构。谢里丹将军和谢尔曼将军认为米克的报告荒谬不经,予以拒绝,确实也是这样。陆军部拒绝派遣部队。然而,没有一个当权者怀疑米克神志不清。⁶

第十八章　犹特人必须滚!

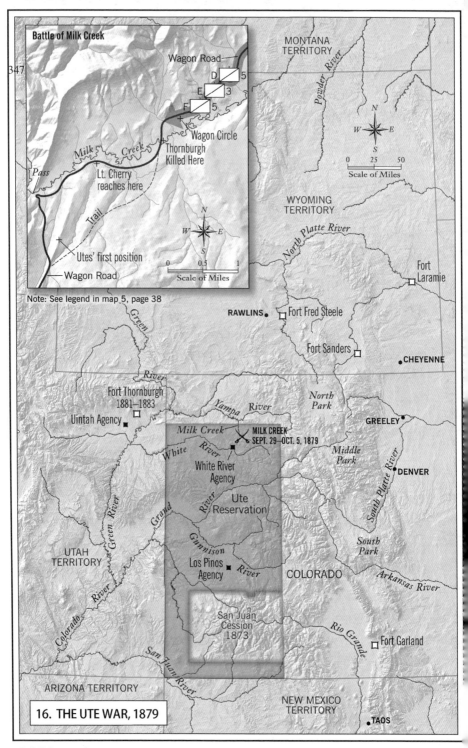

犹特战争(1879 年)

正如犹特长老所预言的,干旱来了。4月到7月间只下了一场雨。米克的庄稼苗全枯死了。闪电或粗心的铁路工人引发的野火肆虐整个科罗拉多州西北部。皮特金州长一直渴望能有借口把犹特人赶出科罗拉多州,他告诉华盛顿,大火说明"印第安人有组织地摧毁科罗拉多州的森林"。米克相信了这个谎言。他向印第安事务局保证,杰克的战士们不仅放火烧了北部公园,而且他们还威胁当地的白人。"我怀疑,斯蒂尔堡的司令官是否会关心我把他们赶出公园的要求,"米克咆哮道,"因为到目前为止,他对我的要求毫不关心。"陆军部打起官腔,让索恩伯格少校调查此项指控。虽然索恩伯格没有战斗经验,仅通过玩弄政治手段赢得军衔,但他是个公正的人,并非那种挑起事端的人。索恩伯格调查了北部公园的白人,发现他们对犹特人没有任何抱怨,于是他将此事搁置。[7]

与此同时,米克越来越不满犹特人拒绝服从,拒绝以他规定的速度耕地。他在印第安事务局贬低犹特人,抱怨他们是一个懦弱可鄙的种族,惯于偷马,用兽皮换枪,并与白人"恶棍和叛徒"沆瀣一气,合谋偷窃机构的牛。但这些指控没有一项属实。

到8月中旬,米克仅仅成功地赶走了700个保留地犹特人,他们受够了他疯狂的要求,纷纷离开,投奔杰克。只有道格拉斯、约翰逊和二三十个老人仍然不离不弃。

最终,米克发怒了。他下令将约翰逊的赛马道用于耕种。机构雇员和道格拉斯恳求米克留下赛马道,甚至杰克也回到机构,待了足够长的时间,向他求情,但这个现在已明显偏执的中间人谁的话都不听。1879年9月初,他向印第安事务局建议:"耕作将继续进行,但能否不受干扰我不得而知。这是一群糟糕的印第安人。他们领了这么长时间的免费口粮,一直受宠被捧,居然认为自己是主人。"约翰逊提出异议时,米克一笑置之。"问题是这样的,约翰逊。你的马太多了。最好杀掉一些。"愤怒的约翰逊把米克推出中间人办公室,撞在了一个挂钩上。不少犹特人聚在一起围观两人交手,一片笑声中,米克摔倒在栏杆上,伤了肩膀。离开前,约翰逊建议米克打包走人,让"另一个中间人来,他会是个好人,不会说这种话"。[8]

杰克劝米克别往心里去,称这是小事,不值得大惊小怪。但米克根本没想到会被约翰逊欺负,也不想听杰克的劝导。9月10日,他给印第安事务专员发了一份电报,夸大了这一事件。"我被一位首领——约翰逊——殴打,被赶出自己的家,受了重伤,但被员工救了出来……我的家人、员工和我的生命都不安全。需要立即保护"。

米克的紧急求救迫使军方出手。1879年9月16日,索恩伯格接到命令逮捕犯事者,"按米克的要求压服",并"根据情势所需,向他提供保护。"[9]

索恩伯格很快纠集了三个骑兵连,一个步兵连,也许还有二十几个平民车夫,总共约两百人。9月19日,索恩伯格将部队、军马和补给装上货车,乘坐短途火车前往怀俄明的罗林斯。因为米克与印第安事务局的通信缺少细节,少校的命令也含混不清。上级本想提供增援力量,但索恩伯格选择带着手头的部队前往。牧场主和淘金者在营地散布机构建筑被烧毁和犹特人已武装起来准备战斗的谣言。五天过去了,米克没有消息。9月25日,在罗林斯和白河中间,索恩伯格让一名向导带着给米克的一封信先行前往机构,信中假设他还活着,要求他提供更多细节信息。为了争取更好的时间,索恩伯格留下了他的步兵。第二天早上(9月26日),索恩伯格满怀希望地写信给军分区总部,"我不相信他们会与我们打仗"。[10]

某种程度上看,索恩伯格少校是对的。米克召唤士兵前来之前的行为,都未激怒白河犹特人。一种说法在印第安人中间传播开来,军队是奉中间人的请求而来,将把他们戴上镣铐,押到印第安人的领地。

道格拉斯和杰克两个派系联合起来应对共同的威胁,他们向米克大声疾呼,求他别这样做。然而,只有发生暴力行为,犹特人才会停下来。他们没有违反任何条约规定,只有在士兵进入保留地时才会战斗。

通往白河保留地的唯一道路是从罗林斯出发的 170 英里长、起伏不平的四轮马车路,索恩伯格和他的 150 名骑兵在这条路上盲目地跋涉着,穿过布满沙子的峡谷和满是岩石的山丘,他们的马车队在尘土中起伏颠簸。

9 月 26 日下午,索恩伯格少校在机构东北 50 英里处遇到杰克时,表现出了极度愤怒。杰克说他是来避免战争的,但是索恩伯格的军官认为他是来打探他们的实力的。事实上,杰克为了两个目的而来。索恩伯格允许杰克了解他的兵力,并说他是为和平和查明米克是否安全而来。据一名军官说,杰克"用最严厉的语言"咒骂了米克,但他向索恩伯格保证,他没有受到伤害,并建议少校和一个队护卫与他一同前往机构,这样他们就可以亲眼看看印第安人是否虐待了他们的中间人。索恩伯格予以拒绝,杰克离开了。第二天,索恩伯格前进到了离机构不到 20 英里的地方。那天晚上,第二个犹特代表团带来了一封来自受惊的米克的信,他显然后悔自己搬来救兵的举动。他赞同杰克的建议,即索恩伯格应该留下大部队,到机构来,"这样才能好好谈,增进理解",他补充说,犹特人"认为你的部队不断推进就是真正的宣战"。米克说:"在这一点上,我正在努力让他们明白。"

然而,犹特人没有心情听米克的话。为了避免误解他们的立场,科洛罗(Colorow)这位犹特人的伟大战争领袖还参观了索恩伯格的营地,显然是代表杰克。科洛罗当年在战场上叱咤风云,如今对从牧民和淘金者那里讨来的威士忌和饼干越来越依赖。杰克对所有的人都很友好,并且和他在克鲁克手下任职时认识的军官们很合群。与之相反,科洛罗则阴沉而多疑。他向索恩伯格发出了明确的最后通牒:要么将他的部队留在奶河(保留地东北边界)另一边,并按照杰克和米克的要求亲自到机构来谈,要么过河进入犹特人的地界,准备打仗。他还意味深长地补充道:"如为和平,你的士兵则太多;如要打仗,你的士兵则不够。"

犹特人的立场再清楚不过了。不幸的是,索恩伯格听信了他的二把手斯科特·佩恩(J. Scott Payne)上尉轻率的欺骗计划。佩恩相信来自不可靠的当地人的虚假谣言,即犹特人已走上了战争道路,并打算在索恩伯格及其随从到达机构前进行伏击,这些信息使少校犹豫不决,佩恩建议索恩伯格第二天早上在奶溪的另一边扎营,然后天黑后整个队伍行进至机构,在那里部队将随时待命营救米克,或者如发生最坏的情况(米克被杀),惩罚杀害他的人。

9月28日晚,在白河机构,米克小心翼翼地倾听着响至深夜的战鼓声。年轻的印第安战士们斗志高昂。[11]

※

9月29日,佩恩上尉兴致高昂地上了马。早晨晴朗和煦,狭窄的奶溪山谷两侧断崖和小山沐浴在晨光中,看起来似乎很平静。上午九点半,骑兵们步行进入山谷。除了他们自己,不见任何活物。[12]

也许是他们没看见,但西边三英里处,至少200名犹特战士潜伏在奶溪以南的山丘后面。杰克从他们上方的有利位置看着士兵们靠近。索恩伯格违背了将大部队留在后面,亲自前往机构会谈的诺言,但杰克仍希望部队会自行返回。

快到十点半时,索恩伯格抵达了奶溪。犹特人烧掉了西岸的草,小溪干涸了。由于附近没有地方可以扎营,索恩伯格面临着一个关键的决定。他可以像他对犹特人承诺的那样,带着一小队警卫前往机构,下令大部队返回他们前一天晚上水源充足的营地,或者带着他的全部人马穿过奶溪去寻找水源和草场。索恩伯格选择了后者。他把车队和一个骑兵连留在对岸,委派上尉萨缪尔·切里(Samuel Cherry)带着20个人过河侦察。然后索恩伯格下令剩下的两个连下马,以两个各约50人的参差不齐的"V"字队形向前推进。

山里年轻的犹特战士已为参战在脸上涂上了油彩。他们手里拿着从白人商贩处买来的新型连发步枪,或大笑或高歌来缓解自己的紧张。杰克等待着现在看来已不可避免的冲突。"前年,我和克鲁克将军一起与苏族人作战,一旦这位军官以此种方式部署他的士兵,我立马就知道,这意味着一场战斗,所以我也部署我的人。"曾有短暂的友好时刻。切里发现了犹特人,友好地挥了挥帽子。几个犹特人随意挥了挥手里的步枪以示回应。杰克走下斜坡和切里交谈。然后有人——切里说是个印第安人;杰克不知是谁——开了一枪,战斗就此开始。杰克派了一名信使回到机构,提醒道格拉斯,白人士兵们来了。他拿起步枪,最后看了一眼在蓝色枪林弹雨下翻滚沸腾的山谷,痛斥战士们愚蠢地挑起了战斗,然后骑马离开了。杰克曾试图维持和平,现在他要回家了。

科洛罗接管了指挥权。他估计了形势,认为最好的办法是把士兵和他们的补给分开。科洛罗召唤离他最近的战士,亲率一队骑兵冲向车队。当印第安人冲下山时,索恩伯格命令佩恩撤回骑兵,然后飞奔回车队组织防御。河床上,犹特枪手射出的子弹击中了索恩伯格的胸部,他从马鞍上滚了下来。他的尸体成了犹特发泄怒火的对象。从尸体边经过的战士对准索恩伯格的眼窝射击,在他的前额、手臂和腿上划开深深的口子。他们剥了他的头皮,剥光了他的衣服,把一张满脸怒容的犹特战士的照片塞进他的嘴里。[13]

与此同时,撤退的骑兵击退了科洛罗对围成一圈的车队发起的冲击。一进圈内,士兵们就躲在铺盖卷和玉米袋后面。他们用毯子裹住死者,并用尸体加固防御工事。犹特枪手射杀了挤在畜栏里的339匹马和骡子中的四分之三,士兵们把死去动物的尸体拖到外面,构筑工事。像往常一样,总有懦夫和逃兵。一等兵约翰·多兰(John Dolan),一个已在退役名单上的37岁老兵,粗暴地斥责了他们。"如果你们不出去帮忙,我就亲手杀了你。"当他说完这句话时,犹特人的一颗子弹击倒了他。

下午,犹特人用上了古老的印第安战术,放火烧草,在火焰后向前推进。6名士兵被杀,佩恩上尉在大火被扑灭和犹特人撤退前再次受伤。日落时,枪声平息了。佩恩一边清点损失,一边命令士兵们挖枪坑。伤亡惨重。13人死亡,43人受伤。佩恩在一份慎重的请求中写道:"我相信,如果援军能迅速赶来,我们可以撑到援军到达。"午夜时分,4个自告奋勇者带着佩恩的求救信悄悄穿过印第安人的防线,长途跋涉回到斯蒂尔堡。[14]

※

内森·米克在他生命的最后几个小时里,对奶溪发生的事情一无所知。道格拉斯那天早上请求他不要让士兵进入保留地,但米克随意地予以拒绝。后来,一个来自奶溪的犹特人把发生冲突的消息带给了道格拉斯。事情很清楚。士兵们杀了犹特人,米克又说谎了。道格拉斯集合了20个全副武装的犹特人,前往米克的家。

中午,米克一家吃了饭。下午一点,米克写信给索恩伯格,说他希望能和道格拉斯一起前去和少校见面,并补充说一切都很平静,道格拉斯已在他的小木屋顶上挂起了星条旗。一小时后,机构的男性雇员被杀,机构的房子也被人点燃。道格拉斯和他的人逃进了山里,战士们还掳走了阿维拉和约瑟芬以及一个机构雇员的妻子作为人质和发泄的对象。内森·米克面朝上躺在家门口的地上,腰部以下一丝不挂,头上有一个弹孔,脖子上缠着一条绑木头的链子。犹特人用棍棒打碎了他的头骨,并将一根金属条塞进他的喉咙。他再也不会说谎了。[15]

※

奶溪一天的战斗结果让科洛罗很满意。"不会太糟。"在他们射杀了最后一匹军马后,他向他的战士们保证。"臭味会引来又大又肥的蓝色苍蝇。这些苍蝇叮了这些死马后会变得更肥大,当士兵的食物吃完,苍蝇们就会叮他们了。"夜间,冰冷的风在山谷中呼啸而过,雨夹雪飘向地面。大多数战士都对这场战斗失去了兴趣,四散离去。三天后,只有科洛罗和60个人留在了战场上。犹特人已无心打仗,如果士兵们表现出离开的倾向,他们不会阻拦。

相反,更多的士兵来了。10月2日,一直在中园巡逻的第九骑兵团的D连快步进入了奶溪山谷。比起他们可能造成的任何威胁,犹特人更好奇的是他们的肤色,当野牛兵进入佩恩的工事时,犹特人没有开火。对于佩恩手下那些心存感激的幸存者来说,援军不管是什么肤色,都会受到欢迎,他们放下了自己的偏见。一名士兵说:"为什么,我们和那些黑人待在一个战壕里。我们让他们和我们睡在一起,他们拿起刀子,和我们一样切同一块熏肉吃。"[16]

韦斯利·梅里特(Wesley Merritt)上校在10月5日拂晓时率第五骑兵团的四个连队到达时,没有受到丝毫奉承,他在48小时内带着几乎和从罗林斯出发时一样鲜活的马匹走完了170英里。上校把他的成功归功于严格的纪律和对马匹和人的认真关心——马在人前。[17]

没几个犹特人见证了梅里特的到来,更没人向士兵们开枪。大多数人和杰克挤在山下,杰克已重返前线,仔细考虑"箭头"写来的一封信,信中恳求他们立即停止敌对行动。昂卡格雷酋长管不了白河犹特人。尽管如此,"箭头"的信给了杰克结束战斗所必需的影响力。10月5日,他提议停火,梅里特表示同意,条件是犹特人不反对他继续向机构挺进。梅里特不知道那里发生的血腥事件,也不知道米克的妻子和女儿已遭绑架,他没有试图阻止犹特人离开战场,这种宽宏大量会让他后悔。杰克和他的战士们骑马向南进入山区,与道格拉斯、约翰逊和他们掳走的白人俘虏会合,听天由命。[18]

※

如果科罗拉多的印第安人灭绝者和军队得逞,毁灭将是犹特人的宿命。丹佛的一家日报宣称:"要么(犹特人)走,要么我们走,可我们不会走。西方帝国是个不可阻挡的事实。挡路的必被碾碎。"皮特金州长错误地指控整个犹特部族都参与了媒体所称的"米克大屠杀"(Meeker Massacre),并威胁要召集25 000名志愿者大规模再现沙溪之战。然而,谢里丹和谢尔曼都不相信骚乱会扩展到白河保留地以外,他们也不同情米克,他们现在意识到,正是他的"管理不善和对印第安人性格的无知"导致了这场战争。但将军们一心想为索恩伯格的死报仇,谢尔曼认为索恩伯格死于"卑鄙而凶残的"背信弃义。白河犹特人要么无条件投降,要么面临毁灭。谢尔曼向谢里丹承诺:"这次不会有折中的办法。如有必要,我会派东部的所有兵力追捕犹特人。"10月11日,梅里特上校从白河机构出发,扫荡白河地区的犹特人,同时近3000人的部队从远至明尼苏达的地方向犹特人所在的地区集结。

幸运的是,冷静的头脑占了上风。"箭头"酋长向印第安事务局保证,他的昂卡格雷和南方部落不想惹麻烦,白河犹特人只有在受到挑衅时才会战斗。他建议成立一个和平委员会"查明事实,厘清责任"。卡尔·舒尔茨也更喜欢外交手段而非武力。舒尔茨担心大规模进攻会把所有犹特人拖入战争,并将被俘的女人们置于死地,他说服谢尔曼在就释放她们进行谈判时控制住军队。公正谨慎的前犹特中间人查尔斯·亚当斯(Charles Adams)同意担任舒尔茨的使者。[19]

谢里丹将军对召回令感到愤怒。他对谢尔曼抱怨道:"我们是应印第安事务局的要求去的,他们的中间人被杀,我们的人也有死有伤,现在我们被困在了群山之中,什么都不能干,还要冒着被大雪围困的危险。我并不轻易气馁,但看起来我们在此事中已被彻底出卖。"[20]

最后,被出卖的是犹特人。道格拉斯将女性人质交给亚当斯,天真地希望这样能平息事端。但他要的太多了。他强奸了阿维拉·米克,然后把她纳为第二个妻子,一个年轻的战士强奸了约瑟芬·米克,然后"娶"了她,约翰逊则要了第三个女人。得知这些暴行后,科罗拉多人要求灭绝犹特人。如果仅仅是为了他们的生存,舒尔茨部长得出结论,白河犹特人必须离开科罗拉多,在犹他州的小尤因塔犹特人保留地重新定居。他任命了一个由亚当斯、"箭头"和爱德华·哈奇(Edward Hatch)上校组成的和平委员会来安排此事。

然而,事情的进展并未完全如舒尔茨所料。委员们宣布杰克、科洛罗和参与奶溪之战的战士们无罪,理由是他们无意与索恩伯格作战。但杀机构的人是另一回事。米克家的女人们将12个犹特人指认为凶手,包括道格拉斯和约翰逊。哈奇上校希望把这些"懦弱的狗"绳之以法,并希望"箭头"酋长将被告交给委员会。"箭头"正当地提出,犹特人不可能在科罗拉多州得到公正审判,因此他拒绝合作,除非保证这些人在华盛顿接受审判,并且他和酋长们应获准与舒尔茨谈谈。[21]

舒尔茨已被逼到墙角。科罗拉多州立法机关以微弱优势否决了

第十八章 犹特人必须滚! 383

一项名为"消灭印第安人和臭鼬法案"的提案,该提案规定,任何人只要向当局出示一只死臭鼬或一块犹特人头皮,就可获得25美元赏金。代表采矿行业利益的科罗拉多州参议员给部长下了最后通牒:要么买下犹特人的土地,要么离开,让其他人采取"更极端的措施"。

时间已所剩不多。1880年1月7日,舒尔茨解散了和平委员会,并向内阁提出了犹特人的问题。卢瑟福·海斯总统批准了舒尔茨起草的一项不可谈判的条约,将白河犹特人从科罗拉多州驱逐出去,并在该州西南角重新安置和平的部落。1880年3月16日,"箭头"和一个酋长代表团接受了这些条款,放弃了1200万英亩土地以换取5万美元和过期年金。杀害机构人员的嫌疑人从未坐实,政府也未继续追究此事。[22]

在华盛顿签署条约时,"箭头"和舒尔茨见了面。部长离开时很高兴。舒尔茨称"箭头"是他见过的"最聪明的印第安人",他说,酋长理解"面对文明进步印第安人感到的彻底绝望,除了适应文明的生活方式,他们别无选择,否则只有灭绝"。

部长几乎不可能不注意到"箭头"已生命垂危。近一年来,他因急性肾炎而日渐消瘦。剧烈的背痛和严重的呕吐经常打断他在和平委员会的工作。他的脸变得浮肿,呼吸困难。随着生命走向终点,"箭头"脱下了他习惯穿的白人服装,转而青睐犹特人的皮衣,他还告诉他的追随者,很后悔经常与政府合作。"箭头"于1880年8月24日在他位于洛斯皮诺斯的农舍去世。一周后,纽约的一家报纸向全世界宣布,"有史以来最伟大的印第安人离世"。[23]

"箭头"离世也让他免于因目睹自己的部落遭受严重不公而带来的痛苦,科罗拉多州立法机构投票将昂卡格雷人从承诺给他们的科罗拉多州西南部新家园驱逐出去。由于无法抵抗年金的诱惑,大多数白河犹特人接受了在尤因塔保留地的生活。而无可指责的昂卡格雷人只在军方干预后才服软。

眨眼之间,犹特文化就消失了。一位陆军上尉对犹特地区的骤变感到惊讶。"当我们把印第安人赶走时,我们允许白人紧跟而来,三天之内,曾归昂卡格雷人所有的肥沃土地就被占,白人的城镇开始布局,许多土地被以高价出售。没过多久,原本是一片沙漠的昂卡格雷山谷变成了科罗拉多的花园,到处都是肥沃的农田和果园。"[24]

※

杰克从未适应保留地的生活。他鄙视信奉和平的尤因塔农民,反过来,他们对白河犹特人部落也没什么用处。1881年11月,杰克溜出了尤因塔保留地。印第安事务局命令军队将他押回。一个探子跟踪杰克到他在瓦沙基堡附近肖肖尼保留地的住处,1882年4月28日,一个骑兵连出动准备将他逮捕。杰克拒绝投降,开枪打死了一名靠得太近的中士。连队指挥官用一门山炮对准屋顶开火。烟雾散去后,士兵们捡起杰克被炸得七零八落的尸骸,放进一个盐袋。就像和他同名的莫多克酋长一样,杰克惨死于他试图阻止的一场战争的可怕余波。[25]

第十九章
重回阿帕奇里亚

随着犹特战争的结束，白人对落基山脉印第安人的征服彻底结束。19世纪70年代，以格兰特总统的和解和平政策满怀希望地开启，但却以对那些未能无条件满足美国对土地的无限需求，也未将自己限制在保留地范围内的印第安部族实施铁腕不容忍政策结束。

在阿帕奇里亚，19世纪70年代后期发生的事件有别于西部其他地方，尽管最终卷入其中的印第安人也经历了同样的痛苦。1876年，在亚利桑那，印第安中间人约翰·克鲁姆（John Clum）运用集中严厉的政策把亚瓦帕人、西阿帕奇人和所有奇里卡瓦阿帕奇人（除奇亨尼人）统统聚集到了白山保留地及其地狱般的中心——圣卡洛斯机构。

自从1863年曼加斯·科洛罗拉达斯被杀后，奇亨尼人就和其他奇里卡瓦人分开，住在他们位于新墨西哥西南阿拉莫萨——他们家园的核心地区——的一块"永久"保留地，就在格兰德河西边。奇亨尼人对自己的领地有一种其他奇里卡瓦人所没有的深刻认同感。而且他们有充分的理由。在阿拉莫萨，他们什么都不缺。遍地都是猎物，土地虽属半干旱，但气候温和。奇亨尼人生病时（少有发生），会沿着峡谷向奥霍卡连特（温泉）行进，寻求富含矿物质泉水神秘的治愈效果。正是远古时代的奥霍卡连特，让奇亨尼人相信他们的神灵创制了部落的仪式和信仰。

然而，奥霍卡连特保留地有一个令人讨厌的地方。生活在一个近乎田园诗般的家园里无法消磨阿帕奇人深入骨髓的袭击冲动，他们常在墨西哥北部大开杀戒。奇亨尼人需要一个安全的地方来卖掉他们的掠夺物,他们鼓励躲在幕后的墨西哥和美国商人在阿拉莫萨建立一个村庄。这种安排对双方都有利——也就是说,直至文森特·科尔耶介入之前。奥霍卡连特保留地是他1871年和平之旅的一站。这位刻板的印第安事务委员会秘书对奇亨尼人热爱家园的情感不屑一顾。和其他东部人道主义者一样,他认为"狂野"的印第安人需要学会农耕,单独居住,直至被"教化(文明化)"。据他估计,阿拉莫萨缺乏可耕土地,涌入了不少边境恶棍(为奇亨尼人销赃的商人们),因此他下令关闭保留地,让奇亨尼人搬到阿拉莫萨西北100英里的图拉罗萨山谷。不管怎样,他自欺欺人地认为那里是奇亨尼人的完美家园,"远离白人定居点,四面环山,不易穿越,(有)足够多的耕地,水源良好和木材丰富"。奇亨尼人吓呆了。科尔耶眼中的天堂对奇亨尼人而言就是地狱,一片被贫瘠的山脉和恶臭的沼泽摧残的土地,而且传说中是奇亨尼人死后恶灵的家园。军方也谴责科尔耶的决定既不公平又危险,因为图拉罗萨有数不清的峡谷,是敌对印第安人的绝佳藏身之处。

维多里奥(Victorio)酋长和洛克(Loco)酋长希望与美国人保持良好关系,他们在与科尔耶的交易中代表奇亨尼人。两人是堂兄弟,生于1820年至1825年之间,他们的墨西哥敌人把他们称为勇敢的战士和熟练的战争领袖,并据此给他们命名。维多里奥的字面意思是"胜利之人"。洛克并不像他的绰号所暗示的那样"疯狂",但墨西哥人之所以这样称呼他,是因为作为一名年轻战士,他无法控制自己的愤怒,其中包括与灰熊打斗。在一次这样的混战中,他失去了一只眼睛。然而,凶猛的战士,敢于和灰熊摔跤的人已随年龄增长成熟起来。到他与科尔耶会面时,洛克已成为部落公认的和平使者。就维多里奥而言,他一直是一个通情达理的人,他的行为不像他堂弟洛克那样让人猜不透。据人们所知,维多里奥从不参与阿帕奇人"精心琢磨"的折磨囚犯的做法,与大多数阿帕奇酋长不同的是,他既奉行一夫一妻制,又有节制。在与政府代表打交道时,维多里奥直率、诚实、随和。一位慕他之名前来的印第安事务局官员形容维多里奥"又矮又胖,下颌紧实,目光坚定,不像一个肤浅的政治家"。维多里奥和洛克强烈抗议科尔耶要求他们离开阿拉莫萨,但为了和平,他们最终让步了。[1]

酋长们几乎立刻就对他们的决定感到后悔。图拉罗萨正是他们害怕的去处,而且还更糟。冬天的风从山上呼啸而下,穿过他们用灌木搭架和粗糙的垫子盖顶的脆弱小篷。早霜会冻死庄稼。水源不干净。女人们都变得弱不禁风,孩子们也接二连三地死去。1872 年 9 月,在图拉罗萨堡的一次会议上,维多里奥和洛克恳求接替科尔耶成为印第安特别专员的霍华德将军为他们返回奥霍卡连特向"伟大的父亲"(总统)求情。暴躁不安的年轻奇亨尼战士——越来越郁闷的维多里奥已无法控制他们——成群结队地离开保留地,酋长们警告霍华德,这可能会引发与新墨西哥地区白人的战争。维多里奥说:"我实话实说,即便说错也无妨。我们对这里并不满意,我们想去阿拉莫萨,那里阳光普照,土地也是我们自己的,我们会感觉好些。"维多里奥的呼吁打动了霍华德,他答应尽己所能帮助奇亨尼人。政府花了两年时间才解决科尔耶留下的烂摊子,但最终,奇亨尼人于 1874 年 7 月获准回到重新开放的奥霍卡连特。[2]

回到他们的家园,奇亨尼人的日子愈发好了起来,直到亚利桑那圣卡洛斯机构的骚乱蔓延至奥霍卡连特。捣乱分子是他们的亲戚丘孔恩家族的一个人数不多但崇尚暴力的派系,他们在 1876 年中期反抗中间人约翰·克鲁姆关闭托马斯·杰福兹的奇里卡瓦保留地,实施了一系列血腥的袭击,期间跑到奥霍卡连特寻求避难所。洛克想要驱逐他们,但维多里奥出于尊重两个部落之间的紧密联系,允许他们留下来。尽管维多里奥拒绝参与他们的行径,但白人将宽容等同于共谋。一个呼声出现,即要求再次关闭奥霍卡连特,不仅要清除乔科恩叛乱分子,还要将维多里奥的人重新安置到圣卡洛斯。军方再次对此表示抗议。将军们认为,将奇亨尼人连根拔起是严重违背诚信,但是他们的反对意见被置若罔闻,印第安人事务局命令圣卡洛斯中间人约翰·克鲁姆将所有印第安人都集中到一起。³

1877年4月,维多里奥和洛克不情愿地带着343名奇亨尼人前往圣卡洛斯。维多里奥留了一手,建议他的战士们藏起武器以防圣卡洛斯的生活无法忍受,很快就证明果真如此:奇亨尼所在的地区是圣卡洛斯机构附近的一片遍布砾石的平地,一排排灰溜溜的杨树林使其看起来不那么单调。夏天,酷热难耐。河底满是苍蝇和蚊子。沙尘暴是唯一能减轻虫害的方法。口粮长期不足,但从来就对奇亨尼人不冷不热的克鲁姆却禁止他们打猎。白山阿帕奇人经常挑起与奇亨尼人的争斗,这至少为无尽的沉闷提供了插曲。

在这种情况下,维多里奥和洛克的权威迅速下滑。随着奇亨尼人的社会结构瓦解,他们的一些战士深受一个病态乔科恩袭击者的影响,四处逃窜,躲避军队追击。1877年9月1日,面对必须在领导大家和与己无关之间进行选择,维多里奥和洛克带领310名奇亨尼人出走阿拉莫萨。离开前,他们偷了一群白山阿帕奇人的马,更多的是出于需要而非怨恨。

奇亨尼人从未如此接近他们的家园。军队封锁了奥霍卡连特,圣卡洛斯机构的骑兵分队和印第安人警察(主要是白山阿帕奇人)穿过新墨西哥追击奇亨尼人。当他们的坐骑实在跑不动后,绝望的奇亨尼人偷马盗牛,杀死反抗的白人牧场主。由于无处可逃,维多里奥和洛克于10月11日投降。⁴

奇亨尼人现在是军队控制下的战俘,这对他们来说还算幸运。密苏里军区指挥官约翰·波普准将允许奇亨尼人返回奥霍卡连特,军分区指挥官爱德华·哈奇上校向维多里奥保证,如果他们"证明自己是印第安良民并种植庄稼",他将努力让他们能一直在那里生活。甚至菲尔·谢里丹也为维多里奥说话。当印第安事务局想着将奇亨尼人驱逐至印第安领地上的希尔堡保留地(对集中政策的一种反常曲解)时,陆军部长说服格兰特总统压制了这一计划。军方和奇亨尼人同样渴望和平。

维多里奥尽职尽责地耕种土地,严密地管控着他的战士们。哈奇则以额外口粮和多余的军装作为慷慨的礼物回报。他还从保留地撤军,实际上是让维多里奥的人自己监管自己。维多里奥和洛克告诉一名军方的督察,他们从未如此感到满意。就连厌恶阿帕奇的《亚利桑那星报》也承认维多里奥部落的行为堪称典范。

尽管用意良好,军队不可能无限期地养着奇亨尼人。1878年6月,谢里丹和谢尔曼要求印第安事务局恢复行使他们的职责。此举打破了官僚主义惰性,但结果却令将军们蒙羞。内政部长卡尔·舒尔茨对西南部地区事务的真实性质一无所知,以后会冒着丢掉位子的风险被犹特人纠正,现在要求陆军部将奇亨尼人转往圣卡洛斯。

洛克同意去,但维多里奥拒绝了。他对政府口是心非的容忍已到极限。1878年10月25日,洛克带着172名奇亨尼人出发前往圣卡洛斯,其中只有22名战士,而维多里奥带着90名追随者上山,包括44名战士。边境居民痛斥印第安事务局的鲁莽决定。《图森星报周刊》(*Tucson Weekly Star*)说:"格兰德河的整个社区都感到了安全。没人犯下暴行,突然转往圣卡洛斯纯属错误,对维多里奥不公,也让他的族人大为吃惊。"5

那年冬天,维多里奥事事不顺。凶猛的暴风雪袭击了他位于高山的避难所。猎物很少。一场缓慢生成但稳定发展的倒戈运动开始了。1879年2月,不想眼睁睁地看着他的部落分崩离析,维多里奥同意投降,条件是他的族人不被送回圣卡洛斯。印第安事务局同意将他们重新安置在奥霍卡连特以东80英里的梅斯卡莱罗阿帕奇人保留地。梅斯卡莱罗人是朋友,他们的保留地比圣卡洛斯要好得多。除了一心想着报复的银城居民,每个人都很满意。维多里奥在从圣卡洛斯逃跑时袭击了新墨西哥西南部的矿业城镇,7月,当地一个大陪审团以谋杀和盗马罪起诉了他。不安的维多里奥遵守了他的诺言,继续留在梅斯卡莱罗保留地,但当银城的法官和检察官在那个夏天晚些时候的一次狩猎之行中经过保留地时,奇亨尼人惊慌失措。面对梅斯卡莱罗中间人,维多里奥愤怒地捋着自己的胡子,向奇亨尼人的马群吹口哨,下令女人们收拾东西,向奥霍卡连特周围的山区进发。9月4日,维多里奥和60名战士驱散了驻扎在他们原机构的第九骑兵团马群,杀死了8个野牛兵。他们一路杀向南边,杀死了17个男女老少。

维多里奥向白人宣战了。[6]

※

军队发现维多里奥打仗时是个可怕的敌人,就像他在和平时期受到公平对待时是个坚定的朋友一样。事实上,他比科奇斯人更擅长游击战。在奥霍卡连特偷马两周后,维多里奥引诱两个追击的第九骑兵团两个连,在保留地以南40英里的拉斯阿尼玛斯峡谷进行了一次教科书式伏击。全靠两个连队被枪声吸引而来,以及维多里奥先向马射击,再向人射击的策略才救了野牛兵的命。事实上,有九名士兵死亡。维多里奥撤至崎岖的明布雷斯山脉,没有损失一个人。维多里奥的一名手下回忆当时的情景时夸口说:"我想可能是我们发明了壕沟战,而且我们更喜欢背后有座山。如果追兵紧追,我们就杀死我们的马,爬上敌人不可能上得来的悬崖。"令军方懊恼的是,所有这些都将一再被证明毫不夸张。[7]

维多里奥的成功让哈奇上校目瞪口呆。他向波普将军报告说:"印第安人全副武装,作为证据,他们有充足的弹药供应,他们在打仗时不断开火。像黑山山脉和圣马特奥这样的山脉的极度崎岖难以描述。众所周知的莫多克熔岩床与其相比,仿佛只是一片草坪而已。"他需要帮助,波普把他最好的"东西"送给了他——上尉查理斯·盖茨伍德(Charles B. Gatewood)率领的白山阿帕奇连。哈奇把他们分配到阿尔伯特·莫罗(Albert P. Morrow)少校的第九骑兵中队,任务是击败维多里奥。

白山阿帕奇人乐于接受杀死奇亨尼人的机会。9月28日,在一次与莫罗的野牛兵的联合行动中,他们发现了维多里奥的营地,并在黑山山脉中心的库齐罗内格罗溪附近的一场拉锯战中,第一次给奇亨尼人造成了伤亡。维多里奥在自己的地盘被打败,愤怒地大肆报复,闪电袭击了格兰德河河谷地区。莫罗紧追不舍,但维多里奥不会第二次稀里糊涂地被打败。他对这个日光毒辣地区及其分散各处的水源了如指掌,给养不够就去偷马,只按自己的方式打仗。到10月底,艰苦的行军使莫罗的力量减少至不到起初的一半。莫罗一心想着将维多里奥逼到绝境,跟着他进入了墨西哥——这是一个公然的非法之举,如被发现,可能会导致两国开战。而且这本身也是一个愚蠢至极的举动。一进入墨西哥,莫罗的手下就纷纷倒在沙漠的阳光下。马儿筋疲力尽,纷纷被射杀。有人为一口水情愿付一个月的工资。行进70英里都没发现水源,少校七零八落的手下终于偶然发现了一个凉爽和清澈的水坑,却发现奇亨尼人把一头已开膛破肚的土狼扔进了水中,"令人恶心地给水下了毒"。维多里奥正在实施"沙漠版"焦土政策。

在边境以南追踪奇亨尼人一个月后,莫罗宣布放弃。他在49天内让士兵们行进了1125英里。"我真的烦透了这份工作。"上尉蹒跚着回到巴亚尔堡后对一个朋友说。"我和维多里奥的人交锋八次,每

次都把他们赶走了,但都没得到什么好处。"⁸

莫罗没有把维多里奥赶到任何地方。奇亨尼酋长进入墨西哥不是为了引诱少校,而是为了让他的族人安顿在偏远、水源充足的坎德拉里亚山区,一个他们中意的避难地。维多里奥也需要新鲜的马匹,他可从最近的村庄卡里扎尔偷来。村长发现村里有15个人蠢到去跟踪奇亨尼袭击者,维多里奥把他们都杀了。得到想要的东西后,维多里奥于1880年1月离开了他的山区避难地,向北进发,他的队伍增加了五六十个厌倦了保留地生活的梅斯卡莱罗战士。新墨西哥人需要防备阿帕奇"地狱猎犬"的回归了。

令他们大为欣慰的是,维多里奥回来不是为了袭击,而是为了媾和。出走圣卡洛斯,四处逃亡11个月后,他并未找到一个永久的家园。为了避开重回战场的莫罗少校,维多里奥小心翼翼地靠近奥霍卡连特,请一名值得信赖的机构雇员向印第安事务局询问,接受维多里奥投降的条件。此人直接给舒尔茨部长打了电报,提醒他"印第安人没有得到公平的对待"。维多里奥撤至圣马特奥山脉等待答复。次日,莫罗追上了他,两个对手开始谈判。维多里奥告诉莫罗,如果政府遣返仍在圣卡洛斯的奇亨尼人,他将前往奥霍卡连特投降。这是一个结束流血的绝佳机会。莫罗所要做的就是答应转达维多里奥的请求,然后后退。相反,他坚持让维多里奥的战士首先放弃他们的马匹和武器,这是任何一个头脑清醒的阿帕奇酋长都不会接受的条件。谈判结束,子弹登场。莫罗损失了三个人;维多里奥成功逃脱,没有人员伤亡。值得称赞的是,莫罗认识到了自己的失误,并把维多里奥的建议转达给了哈奇上校,他对此表示强烈拥护,波普将军和谢尔曼将军也都表示支持。但是印第安事务局却顽固不化:维多里奥要么接受在圣卡洛斯的保留地生活,要么被军队歼灭。2月下旬,维多里奥再次伸出橄榄枝,这次是向梅斯卡莱罗的中间人,但他拒绝在未获印第安事务局批准的情况下进行谈判。维多里奥遭到了最后一次拒绝。自此以后,他只能通过步枪和白人"谈话"了。[9]

维多里奥会有很多这样的"谈话"机会。哈奇上校对他的部下连续五个月毫无结果的追逐和抵近伏击感到极度厌倦,召集他所在军分区的所有可用人员,亲自担任战地指挥官。波普将军命令佩科斯军分区指挥官本杰明·格里森(Benjamin H. Grierson)上校率领麾下第十骑兵团的野牛兵从得克萨斯康乔堡出发,与哈奇合作,阻止维多里奥进入梅斯卡莱罗阿帕奇保留地,奇亨尼人可随时进行补给和招募新兵的地方。但哈奇背离了波普的命令。他的侦察兵报告说,维多里奥躲藏在赫姆布里洛峡谷,这是格兰德河和梅斯卡莱罗保留地之间的圣安德烈斯山脉的一个大峡谷。在圣安德烈斯山袭击维多里奥只需绕道75英里。哈奇决定进攻,"因为它会对梅斯卡莱罗印第安人产生影响……还有可能派出足够的部队包围维多里奥,并将其抓获或歼灭"。

这是一个合理的风险,因此哈奇进行了小心的谋划。他把第九骑兵团和他的阿帕奇侦察连分成三个混编连队。格里森在得克萨斯边境待命,拦截任何逃脱哈奇包围网的敌对人员。如果当时的环境和简单的运气未对维多里奥有利的话,哈奇的计划还有可能会成功。当上校第一纵队的士兵和马匹喝了含有石膏的水后,全部急性腹泻。士兵们口渴难耐,蹒跚着来到下一个他们知道的水源,却发现此水源恰巧位于赫姆布里洛峡谷,就在维多里奥的枪口之下。六名野牛兵和他们的指挥官在疯狂地冲向水源时受伤。第二纵队的及时出现使他们免于几近被全歼的命运。像往常一样,奇亨尼人再一次消失在群山之中,盲目追击毫无意义。[10]

尽管取得了这些成功,维多里奥仍处于危险的境地。弹药不足,还带着女人和孩子,他不得不走出贫瘠的圣安德烈斯山脉。维多里奥部署他的战士作为后卫,沿着一条狭窄的小道向南行进,这条小道通向一个名叫"死亡之旅"的炎热的大片荒漠。酋长不知道的是,哈奇那天早上率领他的第三纵队沿同样的路线向北出发了。维多里奥目前的状态——女人和孩子们在印第安战士和白人士兵之间——很容易让奇亨尼人成为哈奇新的牺牲品。

维多里奥把女人和孩子托付给纳纳,一位70多岁的战争领袖,他的能力并未随年龄增长而减弱。本应是一场虽疲惫但却会平安无事的逃亡变成了一场屠杀。纳纳的孙子记忆犹新:"那条小路很崎岖,几乎没什么尘土提醒我们有敌人到来,直到他们出现在我们面前。当骑兵绕过长满牧豆树的岩石时,祖父让人们往东边跑,沿着一个岩石壁架,到一个旱地躲避。"纳纳叫几个男孩慢慢往回走,扫去留下的脚印和蹄印,直到距大家藏身处四分之一英里之外的地方,他们自己也找地方藏了起来。现在,大家的命运取决于奇亨尼人的勇气和运气。纳纳的孙子继续说:"利用每一丛植物,每一块岩石,我们的人站着,用手随时准备压住马的鼻孔,以防它们暴露我们的位置。母亲们把婴儿从摇篮抱出来交给祖母,以便拿起步枪参战。如果婴儿张嘴发声,就将其闷死。"

老妇人并未经历杀婴的恐怖。哈奇的阿帕奇侦察兵从她们身旁飞奔而过,甚至都没朝她们的方向看一眼。哈奇和骑兵们接着骑马经过,同样也无视奇亨尼人的存在。当最后一批士兵转过一个弯时,纳纳带着他的人沿小路向"死亡之旅"冲去。哈奇又一次放跑了奇亨尼人。维多里奥看到哈奇到来,在士兵们离开这座山之前,焦急地等了15分钟。由于改变了路线,哈奇失去了一个结束战争的极好机会。[11]

离开圣安德烈斯山后,战士们分道扬镳。维多里奥和纳纳向黑山山脉进发,而一些梅斯卡莱罗战士回家了,对战争的欲望已得到了满足。哈奇上校继续向梅斯卡莱罗保留地前进,并和格里森一起逮捕了他们能找到的每一个梅斯卡莱罗男性。一些战士重回维多里奥身边,但军队对梅斯卡莱罗保留地的隔离使酋长失去了他的避风港。

维多里奥重返重兵把守的黑山山脉的原因不明。也许他认为,宁愿为家园战死,也不愿像野兽一样在一个陌生荒凉的地区被追捕猎杀。或者说,七个月的逃亡使他的战术本能变得迟钝了。不管哪种情况,维多里奥的决定对奇亨尼人而言都是灾难性的,因为他犯了他的对手一再犯下的同样的错误:他让自己进入了圈套。5月23日,"上尉"亨利·帕克(Henry K. Parker)这位来自得克萨斯的强壮印第安战士,被哈奇雇为侦察兵首领,在黑山山脉基地的帕洛马斯河峡谷源头发现了维多里奥的营地。天黑后,他的70名印第安侦察兵悄悄包围了沉睡中的奇亨尼人,有几个人甚至悄悄潜入维多里奥营地50码以内,未被发现。

天亮时,帕克开火了,完全出乎奇亨尼人意料。一些战士在匆忙中寻找隐蔽处,把步枪都忘在了小屋里。其他人则用女人作为人盾,同时堆砌岩石工事。维多里奥在战斗中因腿部受伤而提前倒下。帕克的侦察兵向奇亨尼人喊道,让他们交出女人和孩子,保证她们不会受到伤害。女人们以恶毒的咒骂予以回应。一个人尖叫道,如果维多里奥死了,"他们会吃了他,这样就不会有白人能见到他的尸体"。

帕克对印第安人围困了两天,直到缺水和弹药迫使他撤退。30个奇亨尼人在这场遭遇战中丧生,而帕克这边却无任何损失。维多里奥的伤很轻,但帕克已对他不可战胜的光环进行了致命一击。奇亨尼人的士气因此受到了影响,将近一半的人弃他而去,消失在印第安保留地。维多里奥带着最忠实的随从们向墨西哥进发,一路杀戮掠夺,每走一英里,他们就距心爱的阿拉莫萨越来越远。[12]

※

奇亨尼人的血腥之旅使他们危险地靠近了西得克萨斯军分区的

本杰明·格里森上校,菲尔·谢里丹八年前解除了他在希尔堡的指挥权,因为他对印第安人过于宽容,不合谢里丹的口味。上校急于报复。"感谢上帝,"格里森在给妻子的信中写道,"我没被打垮,记住我告诉你的话,我迟早会报复这个人的。"[13] 一次辉煌的胜利当然会有所帮助,但在一个基本上没有印第安人和白人的地区取得胜利的机会似乎也很渺茫。也就是说,这样的状况持续到维多里奥出现之前。当奇亨尼酋长在被帕克痛打一顿后退至墨西哥时,波普将军首先命令格里森和他的第十骑兵团增援新墨西哥的哈奇。格里森建议改变策略。他没有像莫罗那样在漫长而毫无结果的追击中削弱自己的兵力,而是提议守卫格兰德河沿岸的水坑和山口,以便"拦截和惩罚劫掠者,以防他们试图越境进入得克萨斯"。波普对此表示同意。[14]

与此同时,维多里奥发现墨西哥不再是一个触手可及的地方。他对卡里扎尔公民志愿者的屠杀促使墨西哥政府采取了行动。500名墨西哥正规军一直跟着他,直到他无路可走,向西得克萨斯进发。1880年7月30日上午,维多里奥带着100名战士在埃尔帕索东南70英里处的基多曼峡谷附近越过格兰德河。他的直接目的地是一个叫提拿贾·德拉斯·帕尔马斯的水坑。为了到达目的地,他必须过格里森上校本人这一关,当时他正和六名士兵以及他19岁的儿子罗伯特在水坑附近巡逻,罗伯特刚刚从学校出来,渴望冒险,上校后来开玩笑说:"他突然发现了机会。"[15]

在一名信使带来维多里奥到来的消息后,格里森上校在提拿贾·德拉斯·帕尔马斯附近的高地上建造了一个岩石路障。一名中尉带着15名士兵从附近的前哨站前来报到,稍微增加了格里森和他儿子活着出来的机会。罗伯特那天晚上睡得很好,似乎并未意识到危险。他陶醉于清晨带来的一切。罗伯特刚吃完早饭,哨兵就大喊道:"印第安人来了。"罗伯特抓起他的步枪。"我们在离印第安人大约300码的地方让他们通过了我们的防御工事,天哪,你真该看看他们掉头向山上跑的样子。"格里森上校把维多里奥又拖了一个小时,直到两个野牛兵连队出现,把阿帕奇人赶到格兰德河另一边。这对格里尔森父子来说简直就是千钧一发。[16]

四天后,维多里奥又回来了。他现在绝望了。悄悄潜过格里森设置的骑兵屏障后,他向遥远的梅斯卡莱罗保留地走去。他当然知道到达那里的可能性很小。西得克萨斯对奇亨尼人来说就是一块未知的土地,这一次维多里奥不得不慢慢走。而格里森对这一带却熟门熟路,1880年8月6日,他在一个宝贵的水坑——一个名为"响尾蛇泉"的地方——猛击了维克多里奥手下干渴难耐、四处乱窜的战队。战士们被打得垂头丧气,后面还有士兵紧追不舍,维多里奥不得不改弦易辙,不再前往墨西哥。他失去了30名战士,或亡或伤,连同他的牛群和大部分补给。

格里森的胜利为他赢得的只是空洞的赞誉。他的军分区已因多余而被取消,格里森和第十骑兵团回到了炼狱般的康乔堡。然而,格里森知道自己给西得克萨斯带来了一种"前所未有的安全感",这让他颇感欣慰。定居点如雨后春笋般出现,一年之内,两条横贯大陆的铁路线穿过了这个地区。[17]

波普将军在其1880年9月发表的年度报告中,痛斥了逼迫维多里奥走向战争的政策。"我不知道内政部坚持将他们驱逐到圣卡洛斯的理由,但他们当然应该令人信服地证明试图强迫驱逐所造成的巨大麻烦和严重损失是合理的。"维多里奥决心战斗到底,而不是在圣卡洛斯等死,所以局势已不可扭转。军事行动必须继续,直到他的战队被杀或被俘。"被俘的可能性不大,"波普最后说,"但我想,歼灭——尽管很残忍——却可及时完成。"[18]

※

留给维多里奥的时间比波普预期的还要少。弹夹所剩无几加上饥饿难耐,和平的结局遥不可及,等待他们的只有惨死,维克多里奥仅存的几个梅斯卡莱罗盟友起了异心。为了凝聚人心,维多里奥杀死了他们的首领,这是一个孤注一掷但毫无效果的举动。10月14日,一支由300名墨西哥士兵和印第安侦察兵组成的联合纵队在华金·特拉萨斯(Joaquin Terrazas)上校的带领下,发现维多里奥躲藏在一个叫特雷斯·卡斯蒂略(Tres Castillos)[翻译成英文就是"三堡"(Three Castles)]的地方,这是由三座高出荒漠地面仅100英尺的荒丘组成的高地。接下来的战斗是整个漫无目的大逃亡的高潮,一年的战斗和对和平的渴望将维多里奥的人从一个违背承诺之地带到了一个希望破灭之地。随着墨西哥人在步枪射程之外盘踞,而自己的弹药行将耗尽,维多里奥的战队在岩石后停了下来,坐等灭顶之灾的到来。

天一亮,墨西哥人或步行或骑马爬上坡来。维多里奥的人射出最后一轮子弹,然后与敌人扭打在一起,"双方人员互相扭打,抓住对方的头。"至少这是特拉萨斯对当时情形的描述。因为上校只损失了三个人,更有可能是墨西哥人在战士们弹药耗尽后杀死了奇亨尼人。不管用什么方式,特拉萨斯完成了这一血腥的任务,他杀死了78个奇亨尼人和梅斯卡莱罗人,包括62个战士,他的手下还剥去死者的头皮以换取赏金。上校分得的战利品是68个女人和孩子作为俘虏,他把他们卖为奴隶。只有17名维多里奥的手下逃离了特雷斯·卡斯蒂略。战斗发生时,老纳纳和十几个战士一直在卡斯蒂略平原上,他带着幸存者向马德雷山脉走去。

没人知道维多里奥是怎么死的,也没人知道谁杀了他,但是奇瓦瓦州授予塔拉乌马拉印第安侦察兵队长杀死维多里奥的荣誉——以及一把精美步枪和一笔丰厚奖金。一位在维多里奥和他的一些手下倒下时就在附近的奇亨尼老妇人说墨西哥人没有杀死他们。"他们打完最后的子弹,维多里奥不想被俘,大家就用他们自己的刀子自杀。"[19]

对美国西南部的公民来说,维多里奥怎么死的无关紧要。他的死就足以值得庆祝。"感谢上帝!维多里奥被杀了!战争结束了!和平到来了!"成为新墨西哥日报的头条新闻。维多里奥死后两周,海斯总统经由最近竣工的圣达菲铁路穿越新墨西哥州。在一个小镇的短暂停留中,他谈到了该地区光明的未来。总统对兴高采烈的人群说:"健康的环境和适宜的气候优势,更不用说你们拥有的丰富矿产,将给你们带来奇迹。你们中的人能感受到,不仅生活在一片充满希望的土地上,而且我们共同国家的旗帜也在高高飘扬,确保自由和独立,唤醒只有美国才有的博爱和爱国主义。"[20]

※

美国西南部的居民终于成为了星条旗上的一排新星。总统不是这么说过吗?大农场的规划业已成形,银矿和煤矿蓬勃发展。1880年至1882年间,该地区的白人人口翻了一番,从4万增加到8万。新近移民几乎没人见过印第安人,更不用说充满敌意的印第安人了。尤马人、皮马人和帕帕戈斯人乖乖地生活在他们的保留地,至于"虎人",也就是克鲁克将军所说的阿帕奇人和亚瓦帕人,那些没被消灭的5000人已聚集在了白山印第安人保留地。阿帕奇里亚似乎已被降服。

然而,表面的宁静脆弱不堪。保留地已成为一个有多个导火索的火药桶。在西部,政府在将善意与开明的管理相匹配方面的失败,没什么可与白山保留地相比。在那里,奸商与狡猾贪婪的中间人沆瀣一气,骗取印第安人的配给品和年金,并在印第安人中间秘密散布不满情绪,希望引发战争,而一旦开战,政府利润丰厚的合同就会流入商人口袋。腐败不仅仅发生在地方。改革派内政部长卡尔·舒尔茨很快就解除了印第安事务专员的职务,理由是他参与了非法交易。独立的印第安事务专员委员会主席也哀叹道:"我们在圣卡洛斯的官员的可耻行径和个人行为,使我们的印第安人管理政策在正直之人看来臭不可闻。"[21]

1879年,亚瓦帕和阿帕奇部族的酋长们意识到白人以牺牲他们的利益为代价获取财富后,抛开个人恩怨,召开联合会议考虑退出保留地。他们选择科奇斯的小儿子奈切作为他们的领袖。长老们建议不要一下爆发,奈切也拒绝违抗他已故父亲保持和平的告诫,但不满显而易见。一位年轻中尉在视察完圣卡洛斯后说:"到处都是赤身裸体、饥肠辘辘、肮脏不堪、面带惧色的印第安孩子,他们一看到你就躲到灌木丛后面或者躲进小屋。到处都是老印第安人阴沉、冷漠、绝望、多疑的面孔对着你。你从心底感受到了挑战——这是一种不言而喻的挑战,证明自己只是一个骗子和小偷。"[22]

印第安人感到套在白山保留地的"绞索"越来越紧,这使他们无比恐惧。西部边界的采矿活动最终也蔓延到了保留地。在保留地东边,农民们从吉拉河引水,使上游阿帕奇农民的庄稼枯萎。在阿帕奇堡的西北部,摩门教徒定居在白山阿帕奇家园的边缘。在军队驱逐采矿者之前,保留地南边发现的煤炭将采矿者吸引到了距圣卡洛斯机构不到14英里的地方。不可避免的酒贩和枪贩像饥饿的秃鹰一样啄食着保留地边界。

1879年7月,阿德纳·查菲(Adna R. Chaffee)上尉被临时任命为中间人,使圣卡洛斯机构有了一年的诚实高效管理。他一心扑在工作上,查处腐败,尽他所能改善阿帕奇人的生活。查菲发放了数百张可重复使用的通行证,以缓解该机构周围的拥挤状况,并使愿意种地的阿帕奇人能够在肥沃的保留地北部种植作物。查菲还释放了约翰·克鲁姆押至圣卡洛斯的白山阿帕奇人。他们回到阿帕奇堡的家园后,很快就自给自足了。随着供养人口的减少和严格的会计账目,查菲能够给仍住在机构附近的印第安人足额发放配给品。

查菲的继任者约瑟夫·蒂芙尼(Joseph C. Tiffany)延续了他的做法。1881年5月,36岁的西贝奎阿帕奇酋长及有"魔力"之人"诺克代克林"(Nock-ay-det-klinne)申请了一张通行证,带着他的族人北上。蒂芙尼认为没有理由拒绝他的请求。军官和机构雇员这些白人都喜欢他,称他为"博比提克伦尼"(Bobby-ti-klen-ni)。他作为一个神医的名声没有引起人们警觉。一位官员形容他为"一位和蔼的草药医生"。他的肤色比许多白人还要白,看上去一点也不像阿帕奇人。"诺克代克林"身高5英尺6英寸,体重只有125磅,只是个小个子男人。但他身上有种神秘的光环和能催人入眠的双眼。[23]

手里拿着通行证,"诺克代克林"带着他的人去了阿帕奇营地西北45英里处的一个偏远地方。他们在那里种植玉米和大麦,打猎,放牧,跳舞。但蒂芙尼很快就会知道,"诺克代克林"的"舞姿"完全不同于阿帕奇历史上的任何人。

※

西贝奎和白山部落的人回到了家园,但能待多久呢?通行证可撤销,中间人经常出尔反尔。阿帕奇人觉得自己注定永远听命于白人。然后"诺克代克林"提供了一条出路。自从来到西贝奎溪,他的某些方面已发生了改变。也许他有一个强大的愿景;也许他只是变得贪婪了。无论如何,6月到来时,他声称有能力复活阿帕奇死者并恢复旧的生活方式——前提是信徒们首先给他马、牛、毯子和食物作为礼物,并表演一种他教的独特新舞。

白山和西贝奎部族的人们爆发出强烈的虔诚。"诺克代克林"因他们的"礼物"而变得富有。群舞持续到7月。数百名阿帕奇人带着期望参与了这场疯狂。但是死者并未复活。一些献礼者开始嗅到"被骗"的味道,要求归还他们的财产。其他人威胁说,如果"诺克代克林"未能实现他的预言,他将被杀死。面对可能的背叛者和潜在的刺客,"诺克代克林"修改了他的预言。他说,在白人消失之前,死者不会重生,这将发生在8月下旬的玉米收获季节。这个走投无路的巫师并不主张对白人使用暴力,但是他的少数追随者把他的话解释为杀人的禁令。他话中含糊不清的信息甚至让一些最忠实白人的阿帕奇朋友也感到不安,而平常快乐健谈的白山侦察兵变得阴沉和沉默寡言。盖茨伍德的继任者托马斯·克鲁斯上尉对他们的忠诚产生了怀疑,他在阿帕奇营担任印第安人侦察连的指挥官,建议他的手下退伍,由友好的尤马印第安人取代。阿帕奇营地的指挥官尤金·卡尔(Eugene Carr)上校表示同意。在等待军区总部批准解散克鲁斯的侦察兵时,卡尔没收了他们的步枪和弹药,一种恶意的举动,可能导致了克鲁斯和卡尔担心的不忠行为。一名侦察兵想知道是不是"他的脑袋出了问题",让卡尔这样做。[24]

与此同时,阿帕奇线人向蒂芙尼发出警告,"诺克代克林"正在西贝奎溪煽动骚乱,他把"巫师"召到圣卡洛斯来当面解释。"当诺克代克林"拒绝前来时,蒂芙尼勃然大怒,要求卡尔"要么逮捕,要么杀掉他,或先逮后杀"——而且越快越好。8月初,被蒂芙尼的极端解决方案吓了一跳的卡尔打电报给亚利桑那军区指挥官奥兰多·威尔科克斯(Orlando B. Willcox)上校,请求指示。可威尔科克斯却将此事交由卡尔决定。卡尔一收到威尔科克斯的回复,暴雨就切断了阿帕奇堡和外界之间唯一的电报线路。

卡尔烦躁不安,想敷衍了事。他邀请"诺克代克林"到阿帕奇堡面谈,但遭到拒绝。卡尔的大多数军官都预料到会有敌对行动。然而,一位友好的白山酋长向他保证,"诺克代克林"将面临他的追随者的惩罚,他们认为他欺骗了他们。上校不知道该相信谁,也不知道该信什么。[25]

两周过去了。玉米丰收季愈发临近,阿帕奇人会以长时间饮酒和频繁的枪击来庆祝。蒂芙尼下令杀死或逮捕"巫师"的命令仍然有效,由于电报线路仍然中断,卡尔别无选择,只能抓住"诺克代克林"。1881年8月29日,他带着两个骑兵连和克鲁斯的23名阿帕奇侦察兵出发前往"巫师"的村子,一路上他们闷闷不乐。上校带他们一起去的决定至少有一名军官想不通。"你是支持我们还是打算帮助西贝奎的印第安人?"行军途中他发出了这样的质问。侦察兵们保持沉默。[26]

8月30日炎热、晴朗的下午,卡尔的纵队进入了宽阔的西贝奎溪山谷,克鲁斯和侦察兵在前面开路。当他们接近"诺克代克林"的小屋时,身上装饰着老鹰羽毛,涂满各色油彩的"巫师"出现了。他严肃地与克鲁斯打了个招呼。[27]

卡尔和骑兵一路小跑上前。他和翻译一起下马走近"巫师"。79名士兵面对着他的小屋,排成一列纵队。卡尔听得见全副武装的战士、女人、孩子们和白山侦察兵。他们所听到的很难让印第安人放心。卡尔告诉"诺克代克林"和他一起回去谈一谈。如果一切顺利,"诺克代克林"将可以自由回家。他不会受到任何伤害,除非他试图逃跑——卡尔说,在这种情况下,他会杀了他。"巫师"笑着回答说他非常愿意去。上校似乎无法在占上风时后退。他告诉"诺克代克林",任何营救尝试都会以他的死亡告终。"巫师"又笑了。卡尔命令侦察连的军士长"切嘴"摩西(Cut-Mouth Moses)和军士约翰·麦克唐纳

（John F. McDonald）负责看管，然后和队长埃德蒙·亨提格（Edmund C. Hentig）以及他的骑兵连一起在下游两英里处扎营。卡尔和亨提格就出色地完成任务互相祝贺。卡尔承认，他"很惭愧，竟然用这么大的力量来逮捕一个可怜的小印第安人"。亨提格则认为这件事是"雷声大，雨点小"。[28]

上尉克鲁斯却不这么认为。如果卡尔抽出一点时间看看身后，他可能会注意到他的一半手下已下落不明。"诺克代克林"还没准备好出发。在卡尔已缩减的纵队在小溪的一个拐弯处消失后，他请求给他时间匆匆吃顿饭，召集家人告别，并把他的马牵过来，麦克唐纳批准了这个要求。在侦察兵和其余骑兵等待的时候，村子里的气氛变得糟糕起来。100名全副武装的战士聚集在邻近的一个山上。"巫师"的马来得很慢，随着时间流逝，气氛愈发紧张起来。克鲁斯觉得"好像正站在一罐装着一根快燃导火索的炸药上"。最后，马儿出现了，"诺克代克林"安静地被带走，但他身后，一群躁动的印第安人像愤怒的响尾蛇一样发出嗡嗡的叫声。[29]

卡尔在西贝奎溪旁的一个低矮平地上扎营。不久，克鲁斯带着犯人前来报到。紧随其后的是全副武装的阿帕奇人群。"那些印第安人不能进营地！"卡尔吃惊地厉声说道："命令指挥官把他们赶走！"亨提格上尉开始朝印第安人喊，"乌-卡-徐（U-ka-she）！乌-卡-徐！走开！走开！"印第安人停了下来，除了一个人，他被亨提格抓住了胳膊。"乌-卡-徐！"亨提格重复道。这个人告诉亨提格他是一名侦察兵，激动的上尉把他推向营地。一分钟后，克鲁斯上尉回忆道，"一切都乱了套。"永远没人知道谁先开了第一枪。然而有一点是肯定的，那就是第一个遇害者的身份——亨提格。据站在15英尺开外的一个骑兵铁匠说，在第一发枪响后，亨提格推搡的侦察兵转过身来，跪下，近距离射中了上尉的背部。他很可能在倒地前就已经死了。

第十九章　重回阿帕奇里亚

"杀了'巫师'！"卡尔喊道。卡尔下命令时,"切嘴"摩西正坐在"诺克代克林"旁边的一副鞍包上。麦克唐纳开了一枪,但没打中。他又开了一枪,脑袋中了一枪的"诺克代克林"安静地倒了下去。摩西跳到马鞍后面。"我只看到这些。我能听到他的呼吸声。"一个年轻的小号手看着他的胸部起伏,把手枪枪口对着"巫师"的脖子,扣动了扳机。[30]

枪杀"诺克代克林"激怒了阿帕奇侦察兵,他们在没有任何警告或预谋的情况下叛变了,胡乱向士兵们射了几枪,然后加入了灌木丛中的西贝奎战士。其他侦察兵被事态的发展吓了一跳,当士兵还击时,他们纷纷逃离了现场。[31]

克鲁斯上尉无法理解这场混战。"几乎所有的事情都在一瞬间爆发,而且几乎同时发生。"然而,卡尔上校的做法没有错。他骑着马平静地在卧倒的士兵中移动。军士长喊道:"看在上帝的分上,将军,快躲起来,不然你肯定会被打死的。"卡尔冷冷地回答:"哦,该死的这些小崽子们,他们打不中我。这群该死的家伙。"[32]

卡尔发现他的手下们"一致希望离开那里",黄昏后下令撤退。上校失去了一名军官(亨提格上尉),六名士兵死亡,两名士兵受伤。除了"切嘴"摩西,所有侦察兵都跑了。卡尔估计,不到60个印第安人,包括叛变的侦察兵,在事变开始时与他的手下战斗,全部加在一起也不超过200人。

唯一已知的被杀印第安人就是"诺克代克林",他被证明是一个很难杀死的人。离开战场前,卡尔告诉他的副官威廉·卡特(William H. Carter)上尉检查"巫师"的尸体。卡特发现他从头到脚都沾满了血,部分头骨塌陷。但"诺克代克林"居然还没死。只有一个选择——悄悄干掉他。卡尔的平民向导放下步枪,用斧头将"诺克代克林"的头劈成两半。"如果这个印第安人被他朋友救下,痊愈后,"一个下属为使这一残忍举动看似合法写道,"他就会对这些迷信的人产生巨大影响,从而导致无休止的战争。"[33]

※

"诺克代克林"的死并未使他成为"烈士"。相反,由于未能使自己复活,甚至连他的追随者们也大失所望。那些专程来西贝奎河跳舞和向他表示敬意的人匆匆返回了圣卡洛斯的家。失去了象征性的、代表统一的"诺克代克林",他的战士们也四分五裂。他们杀死了三名摩门教徒和三名士兵组成的一个小分队,然后在9月1日聚集一起,袭击了阿帕奇堡,点燃了几个建筑,赶走了一群牛,之后才被卡尔疲惫的手下和军营部队击退。这次短暂的攻击有一个区别,那就是它是印第安战争期间唯一一次有目的的对陆军哨所的攻击。与此同时,被正式列为逃兵的侦察兵已四散逃窜。一些人甚至躲到了最西边的盐河峡谷。[34]

由于通往阿帕奇堡的电报线路仍然中断,关于卡尔和他手下命运的谣言四处流传。报纸把西贝奎溪描绘成另一个卡斯特大屠杀,没有一个活着的人讲述实情。陆军最高统帅部惊慌失措。威尔科克斯将军打电报给他的上司——太平洋军区司令欧文·麦克道尔(Irvin McDowell)少将——报告说纳瓦霍人已离开他们在新墨西哥北部的保留地,在圣卡洛斯附近举行战争舞会。麦克道尔将军更是火上浇油。他打电报给谢尔曼将军,说整个亚利桑那一片火海,阿帕奇战队甚至还在拦截火车。9月8日,阿帕奇堡的电报员发出了近一个月来的第一条消息。这份电报本应让军方领导人放心。没有印第安人的大规模暴动。卡尔和他的大部分部队还活着,部分烧焦的阿帕奇堡仍飘扬着星条旗。尽管印第安人下落不明,但波普将军推测他们已藏了起来,

"就像亚利桑那的人们一样,对他们的所作所为大惊小怪"。

波普是正确的。威尔科克斯将军有四个强大纵队在保留地搜索敌人,而敌人们也在军队抓到他们之前匆忙赶往圣卡洛斯机构投降。他们想要的只是公平的审判和良好的法律顾问。甚至一些前侦察兵也重返威尔科克斯的队伍,继续参与军事行动,但由于行动太慢,无法让谢尔曼满意,他仍然认为要和印第安人打一场大战。他在9月16日致电麦克道尔将军说:"我希望这种一年一度的阿帕奇事件现在就结束,如有必要,可动用整个军队中所有可用的人。"当第一批援军到达时,最后一批西贝奎战士已经投降,从而结束了想象中的阿帕奇战争。[35]

三个月后,在较为平静的条件下,麦克道尔将军仔细研究了导致西贝奎事件的官方报告,并得出结论,逮捕"诺克代克林"不公。"这不是出于任何公开的行为,"麦克道尔写道,"而是因为他说了什么——或者据说他说了什么——不是因为他做了什么,而是因为害怕发生什么"而将他杀死。麦克道尔还认为,除了试图"拯救他们部落中的一个有影响力的人,不管这个人对他们来说是什么——煽动者、庸医、伪装者、算命师、骗子或者仅仅是狂热分子,没有对白人采取任何敌对行动,因此不存在任何过错。"威尔科克斯将军监禁了68名战士,并希望将他们流放到亚利桑那。麦克道尔表示反对,并呼吁陆军部长允许他们返回保留地,除了那些在西贝奎事件后犯下谋杀罪的少数人,他们应该受到民事法庭的审判。部长表示同意并下令立即释放。

然而,叛变的侦察兵是另一回事。对他们来说,麦克道尔没有同情心。他批准了对五人——他们都自愿投降——进行军事法庭审判,罪名是叛变、逃跑和谋杀。两人被不光彩地开除,并被判处在阿卡特兹长期监禁。三名侦察兵——包括被控煽动侦察兵向士兵开火的"神枪手"中士——被绞死。那天晚些时候,"神枪手"的妻子也上吊自杀。

克鲁斯上尉认为这一判决不公正。"我一直对'神枪手'的命运感到遗憾。[他]是连队里的传奇人物。我怀疑当时他是否有意向我们开枪。在我看来,他似乎是被兴奋和邪恶的环境力量卷入其中。"[36]

克鲁斯的判断可认为是所有西贝奎溪死者的恰当墓志铭。如果"诺克代克林"的死给阿帕奇里亚带来了持久的和平,那么可以说悲剧中出现了一些好的东西——也许人们终于学会了克制和相互理解。但是,1881年8月在西贝奎溪发生的混乱枪击事件,仅仅是阿帕奇里亚长达六年暴力冲突的开端。结束之前,阿帕奇袭击者们会在亚利桑那东南部杀出一条流血地带,美国军队会冲进墨西哥的马德雷山脉,经历暗杀和背叛,一个奇里卡瓦战队几乎被消灭,整个部落将被流放到一个遥远的地方。大部分的骚乱,都应由一个人承担责任。他的名字是杰罗尼莫(Geronimo)。

第二十章
如秃鹫般嗜血

阿帕奇战争结束许多年后,查托(Chatto)这位在19世纪80年代初崛起的丘孔恩人领袖,会说:"我认识杰罗尼莫一辈子,直到他去世,我从没听说过他好的话。"丘孔恩酋长奈切的女儿也表示同意。她说:"杰罗尼莫根本算不上伟人。我也从未听过有人说他好。人们从来不说他做得好。"一位可靠的翻译和持牌交易商与奇里卡瓦人相处了20年,他说他们不信任且害怕杰罗尼莫,尤其是当他喝醉的时候。一次,他喝得烂醉如泥,痛斥他的一个侄子,"完全没有任何理由",骂得年轻人自杀了。清醒过来后,羞愧的杰罗尼莫带着家人,从保留地逃跑了几个月。[1]

原本同情阿帕奇人的军官也讨厌杰罗尼莫。伯克上尉认为他是"一个堕落的流氓,我想扯断他脖子"。布里顿·戴维斯上尉同意这一说法,认为他是一个"极其恶毒、顽固、奸诈之人。他唯一可取之处是勇气和决心"。[2]

戴维斯可能会补充说,"还有神力",如果他理解这个概念的话。白人认为是迷信的东西对奇里卡瓦人来说却是真实的。杰罗尼莫拥有在袭击和战争中独一无二的神秘属性,少有阿帕奇人会对此怀疑。据说只要有枪瞄准他,就会卡壳或哑火。一些战士认为仅仅和杰罗尼莫一起骑行就能让他们不受子弹的影响,这个"捣蛋鬼"一直竭力鼓吹这一信念。许多奇里卡瓦人也把占卜的天赋归于其身。还有人认为他能够呼风唤雨或不让太阳升起。杰罗尼莫也享有大师级草药医生和治病圣人的声誉。尽管他被认为身怀"神力",但他太不遭人喜欢,连酋长也没当上。他邪恶的面容,总是紧锁着的眉头,都无济于事。总而言之,杰罗尼莫的铁杆追随者从未超过30名战士。[3]

杰罗尼莫这个颇具威胁性的"巫师"1829年生于阿帕奇部族的贝东科部落,出生时叫"Goyahkla",意为"打哈欠的人"。因为他背负着一个如此不可思议的名字,难怪他后来改名为墨西哥人给他取的"杰罗尼莫"。西班牙语为"Jerome",虽然这个名字没有"维多里奥"的气魄,但肯定是一个比"Goyahkla"更好的名字。与维多里奥不同,杰罗尼莫并不觉得自己与出生地有什么不得了的联系。他不是为了保卫家园而战,而是为了替被墨西哥士兵杀害的母亲、第一任妻子和孩子报仇,还有个原因就是他喜欢杀人。"我杀了很多墨西哥人,不计其数。其中有些都不值一提。"他死前不久曾这么说道。他补充道,如能重回年少时,"会沿着这条战争之路一路杀将下去,直捣墨西哥"。

杰罗尼莫对墨西哥的突袭常将他带到马德雷山区,那里是他为数不多的几个真正的朋友之一,内丹尼奇里卡瓦部落酋长朱赫(Juh)的所在地。尽管朱赫比杰罗尼莫更擅长打仗,但他缺乏杰罗尼莫的口才。只要一激动,尤其是在战斗中,朱赫就变得结巴起来,以至于他不得不使用手势进行交流,或者依靠杰罗尼莫来表达自己的意图。两人都对美国人心怀芥蒂。朱赫和他们几乎没什么交往,他天生就对每个人都怀疑。杰罗尼莫不轻信他人源于其个人经历——首先是1863年曼加斯·科拉达斯的背叛差点让他送命,然后是1877年他在奥霍卡连特被中间人约翰·克鲁姆羞辱性地逮捕并关押在圣卡洛斯。[4]

※

1880年1月,朱赫和杰罗尼莫主动前往奇里卡瓦分支机构安顿下来,此举让每个人都感到惊讶。他们半心半意的决定并非出于对美国人的突然喜爱。相反,他们遭受了一系列来自日益强大的墨西哥军队的沉重打击。(维多里奥也放弃了常去墨西哥的想法。)

圣卡洛斯已经成为不和和绝望的代名词。科奇斯死后没有出现能统一大家的人物,在不到十年的时间里,战争和疾病使奇里卡瓦人从1244人减少到800多人。奇亨尼人也分裂为在圣卡洛斯的洛可追随者和维多里奥即将被歼灭的手下。贝东科人不再是一个独立的部落。杰罗尼莫所属的大家族与内丹尼人合并了,但大多数贝东科人都与丘孔恩人共进退。杰罗尼莫在两个陷入困境的贝东科团体之间穿梭。丘孔恩人也有很多问题。在访问华盛顿时,科奇斯的大儿子,和平的塔查(Taza),死于肺炎。科奇斯的小儿子,23岁的奈切(Naiche),接替塔查成为丘孔恩酋长。[5]

奈切不是科奇斯,他对此心知肚明。他身高6英尺2英寸,强壮、修长,非常英俊,与他父亲有着惊人的相似之处。但仅此而已。奈切是个能干的战士。他和蔼可亲,公正无私,和平时期也是一个相当称职的酋长。然而,他既缺乏战争领袖的气质,又缺乏神秘的力量,后者是杰罗尼莫乐于利用的一个重要缺点,他为奈切制定战略并作出艰难的决定,而奈切杰出的血统反过来又让杰罗尼莫获得了些许尊重。两人之间可能是一种共生关系,但也很紧张。奈切有时讨厌杰罗尼莫,而且两人从来都不是朋友。[6]

不是所有奇里卡瓦人都屈从杰罗尼莫。查托和奇瓦瓦(Chihuahua),两个重要的丘孔恩领导人,完全不为他所动。与对杰罗尼莫的低评价相反,戴维斯上尉渐渐认为查托是他所认识的最优秀的人之一。只有当杰罗尼莫的所作所为符合查托的目的时,查托才会与其合作。奇瓦瓦比杰罗尼莫年长一岁。奇瓦瓦有着巨大的勇气和能力,高贵而有礼貌,很有主见。1879年,当朱赫和杰罗尼莫忙于掠夺墨西哥村庄时,奇瓦瓦在对抗维多里奥的行动中充当了军队的侦察兵。

这就是奇里卡瓦社会的脆弱和分裂状态。要将四分五裂的奇里卡瓦的领导人团结起来,需要军队的一次失误、酋长的一个谎言,以及一个偏执狂才能实现。[7]

※

1881年9月30日是圣卡洛斯分支机构的配给品发放日。按照规定,酋长们为他们的部落领取并分发配给品。在该分支机构领取配给品的酋长中有白山阿帕奇人博尼托(Bonito)和乔治(George),他们的家园位于奇里卡瓦人家园附近。博尼托和乔治碰巧也是西贝奎溪事件之后袭击阿帕奇堡的嫌疑人。两人同意在当天下午向一名陆军少校自首,该少校带着三支骑兵部队在分支机构等候。博尼托正要自首时,乔治食言了。苦恼的少校派他的侦察兵前往乔治的家园逮捕他,但他们把任务搞砸了,他们抓了除乔治外的几乎村子里的每一个人,乔治逃到了奇里卡瓦人的家园,散布了一个旨在唤醒他们的荒谬故事。他宣称,士兵们要来杀害他们的女人和孩子,逮捕并束缚酋长,然后将他们驱逐到某个遥远的地方。乔治没有解释军队为什么要抓奇里卡瓦人,但是他的谎言达到了预期的效果。那天晚上,酋长们举行了一次会议决定行动方案。杰罗尼莫和朱赫宣布他们打算逃掉,而不是冒曼加斯·科拉达斯的险。查托加入了他们。杰罗尼莫的说服力也征服了奈切,他也表示同意。可奇瓦瓦犹豫了,他只是在误以为看到军队向他的家园而来后,才决定逃跑的。

1881年9月30日晚,375名奇里卡瓦人,包括74名战士,悄悄地离开了圣卡洛斯。乔治酋长不在其中。他骗过了奇里卡瓦人,返回了他的家园。与之相反,博尼托酋长则加入了大逃亡的队伍。

奇里卡瓦人向朱赫在马德雷山区的据点进发。途中,他们杀死了所有阻止他们前往目的地的人。威尔科克斯将军无力阻止奇里卡瓦人,因为他的大部分部队正在追捕西贝奎的逃犯。经过四天畅通无阻的飞奔,他们越过了国际边界,与纳纳的特雷斯·卡斯蒂略幸存者战队会合,使墨西哥的奇里卡瓦人达到450人。一旦在马德雷山区安顿下来,他们就建立了一套行动套路,一会儿与墨西哥当局谈判,一会儿又大肆杀害墨西哥平民。两者交替进行。[8]

当奇里卡瓦人不忙着与墨西哥人打仗时,酋长们就对"解放"仍在圣卡洛斯的奇里卡瓦人进行了大量的思考。两个无关紧要的酋长泽勒和奇瓦手下的小部落可以很容易被诱导离开。然而,洛可酋长的奇亨尼人成了一个问题。大家都说,洛可的人很满足。圣卡洛斯的中间人可能已经腐败,但除了约翰·克鲁姆,所有人都表现出对奇亨尼人的真正兴趣,给予他们离开保留地在白人的牧场狩猎或工作的特权。其他奇亨尼人在机构警察部门找到了工作。大多数人饲养家畜,少数人务农。

奇亨尼人的繁荣激怒了杰罗尼莫。洛可总是引起他的反感,尤其是现在看来,他的和平方式得到了回报。把洛可的人拖进墨西哥,对拥有大把时间的奇里卡瓦战士来说具有一种强大的吸引力。因此,杰罗尼莫提议远征圣卡洛斯去解救那些不情愿离开的人,偷他们的牲畜,结果发现所有领导人(除了易受影响的奈切)都对此缺乏热情,而且他们有充分的理由:有2000多名美国士兵部署在亚利桑那州南部。只有在一个脾气暴躁、手持手枪的小头目妻子宣布她打算加入杰罗尼莫后,犹豫不决的领导人们才感到羞愧不已,加入了这一行动。

如果说杰罗尼莫对洛可的厌恶仅仅反映了他对和平繁荣普遍蔑视的态度,那么洛可也有充分的理由鄙视杰罗尼莫。1877年是贝东科"巫师"带领奥霍卡连特保留地的擅自占地者制造了麻烦,促使政府将奇亨尼人驱逐至圣卡洛斯。这才引发了部落的命运坠入深渊,并结束在特雷斯·卡斯蒂略。从真实的意义上看,杰罗尼莫就是导致维多里奥最终被歼灭的祸源。

杰罗尼莫没有试图掩饰他的意图。他派了三个不同的信使到洛可处,威胁要强行驱逐首领,并给出了他被绑架的日期,1882年4月。洛可将杰罗尼莫的意图告知了蒂芙尼,代理人将部落的牧场迁到了圣卡洛斯代理处一英里以内的地方,而军队则在杰罗尼莫可能经过的道路上布下了一张细密的伏击网。洛可还提供了一个万无一失的解决方案,来解决叛离的奇里卡瓦人对和平的奇亨尼人构成的威胁:为什么不把他的族人迁至遥远的新墨西哥北部的纳瓦霍保留地呢?

洛可的提议并非不着边际。他已经和一个纳瓦霍酋长讨论过此举的可能性,两人还有姻亲关系。纳瓦霍人和奇亨尼人都支持这一举措。亚利桑那的文职人员和军队指挥官几乎每个人都赞同这个想法,但军区指挥官却否决了这一提议,终结了洛可的命运。

4月19日,杰罗尼莫出手了。半个世纪后,当时还是少年的奇亨尼人杰森·贝茨涅斯(Jason Betzinez)——他几乎不能被称为战士,因为他和洛可手下的32个人都没有武器——回忆起了那个决定命运的时刻,日出时,"我们听到河边传来人们的叫喊声。从我们的[小屋]里跑出来后,我们看到一队阿帕奇战士手里拿着枪冲我们走来。杰罗尼莫反复喊着:'把他们全拿下!干掉任何拒绝和我们一起走的人!'"

洛可试着和杰罗尼莫理论,直到查托用枪指着他的脸。自那之后,"我们做了他们让我们做的一切,"贝茨涅斯说,他和其他179名奇亨尼人被赶出了村庄,身上"除了些许衣服和少许财物别无他物"。[9]

那天下午,抓捕洛可的人偶然发现了三辆满载900加仑酒的货车。在他们喝酒的时候,洛可把他最年长的老婆和其他25个亲戚带出营地,并告诉他们前往纳瓦霍保留地。杰罗尼莫和手下清醒后,将洛可和剩下的奇亨尼人赶到了墨西哥边境。一路上,杰罗尼莫与军队进行了一场难分胜负的小规模战斗,掠夺牧场,扫荡牲畜,任意杀戮,以各种想得到的方式折磨男人,活活烧死女人,把孩子扔进长满针冠仙人掌的坑中。

杰罗尼莫"上演"了阿帕奇人历史上最大的一次突袭,但在返回马德雷山区的过程中,他的领导能力表现出许多不足之处。4月28日,两支非法越境进入墨西哥的美国骑兵部队袭击了杰罗尼莫,当时他正在距离马德雷山据点40英里的沙漠绿洲举行为期两天的狂欢。12个男人和几个女人,大多数是无辜的奇亨尼人,被打死,数十人受伤。在那之后,杰罗尼莫重新下令前行,在他的指挥下,在洛可的人后面两英里处建立了一个强大的后防线,并指派奈切和查托在奇亨尼人前面进行侦察。

4月29日黎明时分,五英里外的马德雷山脉变得清晰可见。上山的路沿着干涸的阿利索斯溪穿过一个小沟壑。当奇亨尼人在小溪边艰难前行时,奈切、查托和他们的战士们飞奔到一英里半外的隐蔽的山麓小丘,在那里他们停下来抽烟,凝视着藏在奇亨尼人路上浅峡谷中的200名墨西哥士兵。令人费解的是,他们既没有警告奇亨尼人,也没有出手阻止随后的伏击。墨西哥人可能没有意识到奇亨尼人是这一行人中的俘虏。即便知道,也不会改变接下来发生的事情。对墨西哥人来说,所有阿帕奇人都一样,都该被处死。

手无寸铁的奇亨尼人鱼贯进入河床,阿利索斯溪淹没在密集的枪声中。杰森·贝茨涅斯几乎不相信自己的感觉。"整个家庭都被当场屠杀,无法自卫。这些人从未离开过保留地,从未惹任何麻烦,来自最热爱和平的阿帕奇部落。"杰罗尼莫和他的战士们击退了墨西哥人的几轮攻击,然后让奇亨尼人自己保护自己。杰罗尼莫退出之前,一些奇亨尼人声称他告诉女人们掐死她们的婴儿和孩子,以防止他们的哭泣会暴露他的行动。这个说法可能是虚构的诽谤。然而,可以肯定的是,杰罗尼莫一有机会就会抛弃奇亨尼人,而奈切和查托,出于他们自己所知的原因,仍然只是这场屠杀的旁观者。

阿利索斯溪大屠杀是奇亨尼人最大的灾难。78名奇里卡瓦人死亡,几乎都是奇亨尼人。33名奇亨尼女人和女孩被抓获并被卖为奴隶,其中包括洛可美丽的15岁女儿。在圣卡洛斯被绑架的180名奇亨尼人中,可能只有40人幸存。杰罗尼莫把他们聚集起来,带领他们来到朱赫的据点。看到内丹尼人——贝茨涅斯称朱赫的族人为"非法印第安人,当他们找不到其他人来虐待时,就会内斗"——奇亨尼人很难高兴起来,因为他们知道将会在这里停留很久。在美国政府看来,他们现在也是非法的亡命之徒。[10]

※

由于麻烦越来越多,越来越接近大本营,威尔科克斯将军对墨西哥的奇里卡瓦人没什么兴趣。西贝奎溪战役后,53名顽抗的战士和7名逃亡的侦察兵在西贝奎小头目纳提奥提什(Na-ti-o-tish)领导下联合起来。将近一年的时间里,他们躲在白山保留地最深处,威尔科克斯告诉美国陆军部,他们在那里构成了"一个长期的威胁……和叛离者的核心"。他请求允许对他们的被俘给予慷慨的奖励,不管是死是活,但陆军部予以拒绝,同时也提醒将军,禁止军队在保留地采取行动。威尔科克斯的双手被牢牢捆住了。

纳提奥提什无意中解开了他的双手。1882年7月6日,他伏击了圣卡洛斯机构的印第安人警察,然后前往通托盆地,领先追捕的士兵一步,大肆偷牛和杀害定居者。7月17日,纳提奥提什在莫戈隆山脊顶上向军队发起了挑战。纳提奥提什相信他面对的只有一队骑兵,于是在一个名为大干河的又深又窄的峡谷边缘部署他的战士进行伏击。

事实上,有五支骑兵部队——超过150人——向他的阵地靠拢。随后的冲突中,纳提奥提什和27名阿帕奇人被打死。其余的潜逃回保留地。威尔科克斯取得了一次决定性胜利,但为时已晚。西贝奎溪之战和杰罗尼莫对圣卡洛斯的袭击让他失去了谢尔曼将军的信任,激怒了亚利桑那人。阿帕奇人的动乱对开展商业活动不利,吓跑了大型矿业公司和富裕的养牛者,当地媒体也对他的下台推波助澜。8月,威尔科克斯前往纽约,他一直待在那里,直至四年后退休。

谢尔曼转向了一个他认识的有能力恢复亚利桑那秩序的人:乔治·克鲁克。[11]

※

1882年9月4日,克鲁克将军怀着复杂的心情接管了亚利桑那军区。31年外勤服役的"不断劳损"给他的身体造成了沉重的伤害。将军已劳累至极,想干一份案头工作。但这一安排助长了他的自负。诸多俗务影响了常出现在他脑海,也常被他忽视的某种预见,即霍华德-科奇斯协议只是推迟了与奇里卡瓦人算账的日子。政府认为他是唯一能够征服杰罗尼莫的人,这让克鲁克非常高兴。[12]

然而,就目前而言,杰罗尼莫不得不等待时机。亚利桑那的事务需要克鲁克全力投入。到任一周后,克鲁克给阿帕奇骡子套上鞍,穿上他熟悉的帆布西装,戴上木髓遮阳帽,从军区总部出去,听取保留地阿帕奇人的抱怨。自从西贝奎溪之战后,隐藏在山里的战士和前侦察兵们就蜂拥而至,而一直保持忠诚的阿帕奇人告诉克鲁克他们常遭无缘无故的惩罚。一名酋长甚至被关在警卫室长达六个月,因为他主动提出帮助追捕叛离者。[13]

克鲁克发现阿帕奇人的抱怨全都可信,他很感激阿帕奇人"在保持和平方面表现出的非凡忍耐力",他努力确保阿帕奇人继续保持下去。克鲁克告诫他的军官们为所有印第安人的冤屈平反,且只在万不得已的情况下才使用武力,他还赦免了阿帕奇人在西贝奎溪事件中的罪行,叛变的侦察兵除外。谈到"诺克代克林"的追随者,他说:"如果这些印第安人是认真的,没有一个我们的士兵可以活着离开那里。"[14]

克鲁克召集阿帕奇和雅瓦帕酋长以及圣卡洛斯的领头人来解释新的秩序。为了维持秩序,每个达到战斗年龄的男性(保留地大约有1500人)都会被发给一个编号标签。那些在保留地外被发现或者无标签的男性将被视为敌对分子。在保留地,印第安人可以在他们喜欢的任何地方定居;他们的首领将对他们的行为负责。为了换取选择家园的特权,他们必须种植庄稼和饲养牲畜。有了这一让步,克鲁克赢得了西贝奎人和白山阿帕奇人的支持,他们最终将圣卡洛斯永远抛在了身后。克鲁克说,他将只招募品德高尚、地位显赫的人作为侦察兵。当侦察兵没有执行任务时,他希望他们引导人民走向自治。军官们将执行克鲁克的政策:埃米特·克劳福德(Emmet Crawford)上尉担任白山保留地的军事指挥官;查理斯·盖茨伍德上尉担任阿帕奇侦察兵指挥官,总部设在阿帕奇堡;布里顿·戴维斯上尉是圣卡洛斯机构的印第安警察局长。这将被证明是克鲁克在其漫长职业生涯中最明智的人事安排,这三位将在未来的事件中扮演重要角色。[15]

38岁的克劳福德是理想军官的缩影。上级和下级都尊敬他,印第安人也尊敬他为人公道,为他们的最大利益不惜奉献。"勇敢""高贵""绅士""侠义"和"善良"是他军队同僚最常用来形容克劳福德的词汇。细长的头颅,万代克式的胡子,以及锐利的灰色眼睛,让六英尺一英寸身高的克劳福德看起来像中年的堂吉诃德。与传说中的游侠骑士一样,他最大的愿望是"为拯救他人而死"。阿帕奇人称他为"高个首领"(Tall Chief)。

作为和维多里奥打过仗的老兵,查尔斯·盖茨伍德和克劳福德上尉一样具有非凡的勇气和崇高的原则。然而,与克劳福德不同的是,他从未真正喜欢过阿帕奇人,阿帕奇人称他为"鸟嘴首领"(Beak Chief)。

22岁的布里顿·戴维斯刚从军校毕业,少年老成,军旅生涯高调启航。思维活跃、机智敏捷的戴维斯直面阿帕奇人,并开始喜欢上与他们在一起。他们称他为"矮胖子首领"(Stout Chief)。

如果没有印第安中间人菲利普·威尔科克斯的合作,克鲁克的计划不可能实现。威尔科克斯支持克鲁克对保留地实行军民共治的理念,部分原因是他想尽可能少地待在亚利桑那——他称之为"连狗都不适合待的地方"——以保住自己的工作。为了替他的缺席开脱,威尔科克斯宣称:"阿帕奇人大暴动的日子已经过去,不会再有了。他们战袍上的最后一条褶皱已消失不见,他们已像羔羊一样温顺听话。"克鲁克和不在位的中间人一样乐观,他告诉内政部长,他已经完善了圣卡洛斯的军事管理,"连一根针掉在"印第安人中间,他的军官都一清二楚。[16]

恢复白山保留地的秩序是一项不小的成就。然而,只要大量的奇里卡瓦人潜伏在马德雷山区,就不可能在亚利桑那地区实现持久和平。叛离者的越境袭击不可避免,但一旦他们溜进亚利桑那,就像风一样难以捉摸。克鲁克坚持认为击败敌对奇里卡瓦人的唯一方法就是在他们的马德雷山区避难所给他们来一次奇袭。克鲁克是对的,但进军墨西哥取决于四个因素:第一,必须有正当的理由跨越边境;第二,需要一个可靠的向导带领他到达奇里卡瓦人的藏身处;第三,需要墨西哥当局的合作,或者至少不干涉;第四,需要上级的许可。[17]

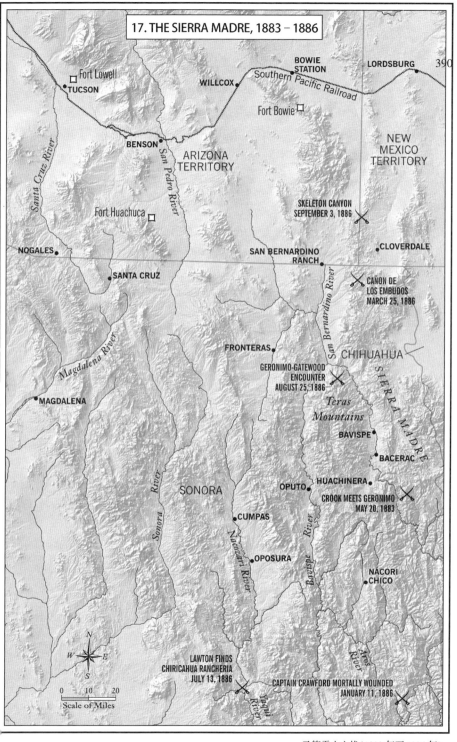

马德雷山之战(1883 年至 1886 年)

预料中的突袭发生在 1883 年 3 月 21 日,当时由查托领导的一个战队闯进了亚利桑那。事情并未像预料那样发展。袭击者赶跑了很多马,杀死了阻挡他们的白人,但当他们接近圣卡洛斯机构招募新手和偷窃物资时,不仅保留地阿帕奇人阻止了他们,而且一些人还自愿将他们击退。查托懊恼的战士们空手逃走,没人死亡却有一人叛变。叛徒是一个名叫帕纳约提什(Pah-na-yo-tishn)的西贝奎阿帕奇人,士兵们因为他肤色较浅、皮肤光滑而给他起了个绰号"桃子"(Peaches)。"桃子"主动提出带克鲁克去奇里卡华人的据点,克鲁克欣然接受。[18]

查托的突袭对克鲁克来说是天赐良机,既给了他一个进入墨西哥的有说服力的理由,也给了他一个向导。他急忙在奇瓦瓦和索诺拉与墨西哥当局会面,后者承诺不反对他计划的行动。但克鲁克仍面临两难境地,因为美国和墨西哥之间的现有协议只允许美国军队进入墨西哥"紧追"印第安掠夺者,而且克鲁克认为深入墨西哥 100 英里采取的军事行动很难被称为"紧追"。陆军部长提醒他,"未经[条约]授权,任何人不得进入墨西哥或在墨西哥境内进行任何军事行动",克鲁克认可这一命令,然后开始想着如何规避。克鲁克正在"走钢丝"。如果他的行动失败了,或者墨西哥人为他制造了困难,克鲁克可以认为他的职业生涯到此结束。这是一个他甘愿接受的风险。

※

1883 年 5 月 1 日,克鲁克将军率领西部边疆有史以来最不正统的与印第安人作战的部队越过了边境,该部队由盖特伍德上尉领导的 193 名西部阿帕奇辅助部队、2 名平民侦察兵、3 名口译员、79 名驮夫赶着的一大列骡队、克鲁克的总管约翰·伯克(现在已是上校),以及 45 名骑兵组成。克鲁克告诉上级总部,他会在两个月后回来。这是一个多月以来最后一次有人听到他的消息。[19]

骑兵连纯属摆设。成功取决于"桃子"和阿帕奇辅助部队的忠诚和追踪能力。而这却是一个很大的变数，但克鲁克不得不冒这个险。出发前，他对一名记者说："在与印第安人的战争中，我的政策是——也是唯一有效的政策——利用他们互相对抗。没有什么比让他们自己人互斗更能让他们崩溃了。"尽管他们是否真的愿意举枪射杀其他阿帕奇族人可能令人怀疑，但毫无疑问，克鲁克的印第安人希望找到他们，并终结导致圣卡洛斯陷入近乎持续混乱状态的事情。克鲁克即将发现，令他非常满意的是，在美国西部军队与之作战的所有印第安人当中，阿帕奇人将被证明是最不团结，也最愿意互相攻击的。

整整三天，克鲁克的纵队一直向南行进，没有看到一个人。几十年的阿帕奇突袭已使这片土地千疮百孔。曾经繁荣的庄园现在只剩下孤独的废墟。村子里，目光空洞的墨西哥人呆望着士兵，惊恐地注视着阿帕奇侦察兵。食物匮乏，不缺的只有梅斯卡尔酒。伯克能说一口流利的西班牙语，他说人们"生活在无法形容的肮脏和贫困之中……比现在的奇里卡瓦人的处境还要糟糕。甚至连侦察兵们也为他们感到难过。"[20]

5月8日，克鲁克开始登上马德雷山，海拔4600英尺的地方，在阿帕奇掠夺者踏过的碎石形成的错综复杂的路网中，主要的小径铺散开去。伯克发现在这种情况下行军令人难以忍受。他在日记中写道："我们牵着马和骡子上上下下，牲畜们汗流浃背，我们也大汗淋漓。远看这一地区气势宏伟，走在里面简直堪称地狱。然而，我们的阿帕奇侦察兵却跑得像鹿一样快。"

次日，"桃子"告诉克鲁克，敌对者的"家园"就在附近，是时候派出阿帕奇辅助部队了。5月10日下午，克鲁克召开了最后一次会议，发现阿帕奇人一致认为，如果发现杰罗尼莫和朱赫，就应立即枪决。

克鲁克告诫他们不要伤害女人和孩子,第二天早上他送走了克劳福德和他的阿帕奇手下。四天后,他们来到"家园"。除了奇瓦瓦以外的头目和大多数男人都外出抢劫墨西哥人了。几个留下来的战士震惊地发现他们的藏身处已遭入侵,只象征性地进行了抵抗。[21]

在笃信杰罗尼莫拥有"神力"的追随者声称远处的战斗唤醒了他的神秘力量时,杰罗尼莫在120英里之外。易受影响的杰森·贝茨涅斯现在也成了"巫师"的信徒,对杰罗尼莫的预言天赋感到惊讶。"我们坐在那里吃饭,杰罗尼莫一手拿着刀,一手拿着一大块牛肉。突然,他放下刀,说道:'伙计们,我们留在大本营的人现在都在美军手里了!我们该怎么办?'"每个人都同意立刻返回。对于杰罗尼莫的洞察力,贝茨涅斯除"我在那里看到了它"之外,无法提供任何解释。[22]

与此同时,一些士气低落的叛离者陆续回归了克鲁克的阵营。奇瓦瓦向他承认,奇里卡瓦人认为马德雷山坚不可摧。但现在美国士兵和他们的西阿帕奇盟友已经攻破了他们的藏身地,奇瓦瓦说投降的时候到了。5月20日上午,杰罗尼莫和他的手下出现在克鲁克营地上方的悬崖上。伯克说,他们看上去"像许多贪婪的秃鹫一样"。但杰罗尼莫已属强弩之末。显然,克鲁克拥有比他更强大的力量,因为没有其他美国人能找到奇里卡瓦人的偏远"家园"。

克鲁克充分利用了杰罗尼莫紧张的神经。当杰罗尼莫试图谈判时,克鲁克告诉他去死吧。他已烦透了出尔反尔。如果他们想打仗,他会让他遂意。克鲁克说,否则,墨西哥军队就会迅速逼近,而且"只需几天时间,最后一拨(奇里卡瓦人)就会葬身于此"。杰罗尼莫离开时明显有些动摇。第二天早餐时,克鲁克谦卑下来,软化了立场,告诉杰罗尼莫、奈切和查托,他不是来打仗的,而是来把他们作为朋友带回圣卡洛斯的。然后他作出了精明的让步。因为他不害怕奇里卡瓦人,所以他不会剥夺他们的武器。但是他们必须决定:打仗还是返回保留地？杰罗尼莫默许了。"我们放弃。随你便。"然而,他、奈切和一些小头目还未准备好离开墨西哥。首先,他们必须将他们的人聚集起来。由于配给品已少至危险的地步,又有几百个新生儿需要食物,克鲁克不能再待下去了。他听信了杰罗尼莫的话,开始准备班师回朝。[23]

有一位奇里卡瓦的领导人因缺席会议而引人注目——朱赫。1883年1月,墨西哥人做了可以想见的事情:他们在冬季营地中袭击了内丹尼酋长,杀死了14人,并抓走了34人,包括朱赫的妻子、查托的妻子和两个孩子,以及杰罗尼莫的两个妻子。剩下的内丹尼人抛弃了朱赫。他感到无比耻辱,独自进入马德雷山深处,沉迷于酒精和绝望之中。那年秋天,他骑马从悬崖上摔了下去。[24]

※

1883年6月10日,克鲁克带着325个奇里卡瓦人,包括心怀感激的洛可酋长,在人们的一片欢呼声中返回美国。谢尔曼将军预言,马德雷山战役预示着阿帕奇问题将永久解决。克鲁克沉浸在赞誉之中,等待着杰罗尼莫和奇里卡瓦酋长兑现他们的诺言——且一直在等着。几个月过去了,不见他们的踪影。随着墨西哥出现新的阿帕奇人犯下暴行的报道向北扩散,对克鲁克的奉承变成了尖刻嘲讽。亚利桑那的报纸曾称赞他为"征服英雄",现在则呼吁亚利桑那人对他谴责。国会讨论了毫无根据的指控——杰罗尼莫搞定了克鲁克,而非反之。

20年来军方最高统帅最重大的变化加剧了克鲁克的困境。1883年秋,谢尔曼将军退休,菲尔·谢里丹成为美国陆军总司令。随之而来的是军区司令部的改组。少将约翰·斯科菲尔德被派往芝加哥,担任密苏里军分区的新指挥官,约翰·波普被任命为少将,接替斯科菲尔德担任太平洋军分区指挥官。像斯科菲尔德一样,波普将军支持克鲁克的政策和他的军事行动。然而,谢里丹将军更倾向于强硬路线,而奇里卡瓦人的不现身削弱了他对克鲁克的信心,自克鲁克在苏族战争中令人遗憾的表现以来,谢里丹对他的信心跌至谷底。[25]

奇里卡瓦部落的酋长们本打算遵守诺言,但他们需要补充他们的马群,这意味着要进行最后一轮突袭。奇里卡瓦人也希望抓住人质来交换被墨西哥人俘虏的亲属。然而,谈判毫无进展。墨西哥当局一心要消灭奇里卡瓦人,而不是谈论交换囚犯,酋长们遂开始向北渗透。1883年11月,奈切到达圣卡洛斯。三个月后,查托和奇瓦瓦紧随其后。杰罗尼莫最后出现,他把儿子秘密送到圣卡洛斯,以确保没有"坏人"在那里等着逮捕他。杰罗尼莫的投降证明了克鲁克的非常策略是正确的。他赢得了马德雷山战役,不是因为消灭了奇里卡瓦人,而是因为他证明了他可以动员阿帕奇人对抗阿帕奇人,并深入渗透进叛离者们所谓坚不可摧的马德雷山堡垒内部。[26]

但克鲁克的麻烦还未结束。机构里的阿帕奇人不希望与奇里卡瓦人有任何瓜葛,发誓如果他们引起些微骚乱,就要杀死这些返回的叛离者。为防止大屠杀,克鲁克允许他们在保留地选择自己的家。除杰罗尼莫之外,其他人都选择了火鸡溪,一个离阿帕奇堡不远的地方,布里顿·戴维斯称之为"一个到处都是猎物的美丽天堂"。克鲁克任命戴维斯监督火鸡溪的500名奇里卡瓦人,其中包括极不情愿的杰罗尼莫。

他们的未来看起来很光明,尤其是当现在日子过得很好的白山阿帕奇人同意原谅奇里卡瓦人过去犯下的过错后。查托希望军队也能原谅他们以前的违法行为。查托对克劳福德上尉说,他"走了弯路",但现在他希望条约能"像太阳一样长久"。查托接受了戴维斯上尉的邀请,在一个新组建的侦察连担任上士,这个侦察连完全由以前敌对的奇里卡瓦战士组成,他对军队表现出了坚定不移的忠诚。奈切似乎已屈从于保留地的生活,几乎所有奇里卡瓦人都想维持和平。但尽管说得很好,杰罗尼莫却是一个不受欢迎的人。他告诉克劳福德上尉,他之所以来,是认为他的每一个愿望都会实现,克劳福德很快就打消了他的这个念头。杰罗尼莫闷闷不乐,满腹狐疑,冷漠待人。奇瓦瓦和曼加斯(曼加斯·科拉达斯爱好和平但容易被人利用的儿子)也保持着距离。他们的追随者纷纷效仿,这让戴维斯上尉很担心。"每个印第安人都只是在虚张声势地务农。他们大多满足于游手好闲和赌博,或用他们的马从白山阿帕奇人手里交换想要的东西。"男人们无所事事,而无所事事的战士们就会无事生非。

在这个微妙的关头,克鲁克将军犯了一个严重的判断错误。他禁止了三种传统的阿帕奇习俗:殴打妻子、切割通奸妇女的鼻子以及酿造和饮用玉米酒。克鲁克不无道理地认为禁令是"教化"奇里卡瓦人的必要步骤。然而,他低估了他们的反抗。酋长们提醒克鲁克,放弃屠鼻和虐待配偶并不是协议的一部分。玉米酒禁令几乎惹恼了每个人,尤其激怒了奇瓦瓦人。戴维斯一语中地认为,奇瓦瓦人"嗜酒如命"。这也威胁到了曼加斯妻子的生计,她经营着一家利润丰厚的玉米酒作坊,她鼓动她丈夫反对禁令。杰罗尼莫早已厌倦保留地的生活,并始终相信"坏人"——在这种情况下,就是戴维斯、查托和克鲁克——正密谋伤害他,也开始鼓动人们的不满情绪。

摊牌已不可避免。1885年5月15日上午,奇瓦瓦、曼加斯、洛可、纳纳、奈切和杰罗尼莫都摇摇晃晃地走进戴维斯的帐篷。他们整晚都在喝玉米酒。奇瓦瓦的酒还没醒,其他人则在照顾宿醉的人。他们要求知道中尉是否打算惩罚他们。戴维斯选择了最安全的方式:拖延了一段时间。戴维斯告诉他们,只有南丹·卢潘(即乔治·克鲁克)才能裁决如此重大的问题,他答应立刻给将军发电报。气氛稍微缓和了些后,印第安人同意等待。[27]

酒精产生的作用颠覆了戴维斯的计划。军方规定中尉必须通过他的顶头上司向上传达信息。克劳福德上尉本能理解问题的严重性,但他两个月前就离开了保留地。他的继任者只在圣卡洛斯待了两个月,就把戴维斯的电报交给了侦察兵指挥官艾尔·西伯(Al Sieber),征求他的意见。艾尔·西伯通常是最可靠的人,也是克鲁克最喜欢的人。不凑巧的是,那天晚上西伯自己也喝醉了。上尉摇醒了他,把消息递给目光呆滞的西伯。西伯挥手让他走开。"哦,只不过是有人玉米酒喝醉了,戴维斯可以处理。"这位军官随即将消息束之高阁。[28]

两天很快过去,没有任何回复。戴维斯上尉靠打扑克和给打棒球的人当裁判来打发时间。杰罗尼莫数着日子,计划捣乱。确信克鲁克打算逮捕他,杰罗尼莫决定逃跑。曼加斯经营玉米酒作坊的妻子强迫丈夫加入他的行列。然而,杰罗尼莫和曼加斯只能召集15名战士,他们需要奇瓦瓦和奈切。但头脑清醒和心怀忏悔的首领们对此反对。杰罗尼莫头脑中狂热的情绪向他低声"说"了一个强迫他们的方法:暗杀查托和戴维斯。杰罗尼莫让曼加斯也卷入了非理性的行为之中,并雇佣了他自己的两个表亲来完成此项工作。然后他告诉奇瓦瓦和奈切,查托和戴维斯已死,侦察兵们已鸟兽散,所有奇里卡瓦人都准备离开保留地。轻信的酋长们相信了杰罗尼莫和曼加斯,就像维多里奥不可救药的老奇亨尼下属纳纳一样。5月17日黄昏时分,总共34名男子、8名正值青春期的男孩、92名女人和孩子逃离火鸡溪。将近400名奇里卡瓦人——占部落的四分之三和大多数战士——留在了保留地。换句话说,在圣卡洛斯的5000名印第安人中,只有不到3%的人参与了暴乱。同情这些叛离者的人则更少。

杰罗尼莫不知道的是,戴维斯和查托还活着,派去暗杀他们的人失去了勇气。戴维斯报告了他们叛离的消息,召集了机构警察,进行追捕。当奇瓦瓦得知杰罗尼莫的欺骗行为后,在夜幕降临后溜进他的小屋准备杀了他,却发现他和曼加斯已经出发前往墨西哥。冷静下来后,奇瓦瓦打算返回保留地,但戴维斯已先行找到了他的藏身处,于是发生了一场小冲突。奇瓦瓦被错误地打上了敌对分子的标签,真的就变成了一个敌对分子。他对亚利桑那和新墨西哥的农场和矿场发动了一次又一次的疯狂袭击,在前往马德雷山区之前的一个月里,至少杀死了27名毫无防备的平民。[29]

※

克鲁克为另一场漫长而艰巨的战役做好了准备。然而这一次,他会留下来。大多数西南部地区的报纸认为他对流血事件负有部分责任,指责他1883年相对宽大的政策助长而非平息了奇里卡瓦人的情绪。政治格局也发生了变化。新总统格罗弗·克利夫兰和新任陆军部长都怀疑克鲁克的作战方法,尤其是他对阿帕奇侦察兵的过分依赖。他们相信来自当地报纸的每一个夸张的报道,包括在亚利桑那胡作非为的大型阿帕奇战队的虚假报道(奇瓦瓦已进入墨西哥)。谢里丹仍然支持克鲁克,但热情远不如谢尔曼。

克鲁克的策略简单直接。两个机动纵队,都由一个骑兵部队和两个阿帕奇侦察连组成,将挺进马德雷山区清除敌人。克劳福德上尉将领导一个纵队,沃特·戴维斯(Wirt Davis)上尉这位杰出的骑兵军官,将指挥另一个纵队。为了防止叛离者袭击北方,克鲁克在边境地区布下重兵。

戴维斯和克劳福德在马德雷山区扫荡了三个月,忍受着酷热、灰尘、干渴、疲劳和成群的昆虫。沃特·戴维斯的侦察兵发现了杰罗尼莫和曼加斯的藏身处,但受惊骡子的嘶叫声惊动了他们。第一轮枪战中,杰罗尼莫抓起他的小儿子逃跑了。然而,15个女人和孩子被俘,其中包括曼加斯酿造玉米酒的妻子和杰罗尼莫五个妻子中的三个。这场冲突使杰罗尼莫的权威扫地,曼加斯抛弃了他。曼加斯现在摆脱了专横的妻子,躲进了山里,不再惹麻烦,静待投降的时机。10月,克劳福德和沃特·戴维斯进入亚利桑那鲍伊堡休整,补充给养弹药,并为再次进攻马德雷山区做准备。布里顿·戴维斯不会加入他们。身心俱疲的年轻中尉大失所望,辞去了军职。[30]

克劳福德和戴维斯刚一离开,叛离者们就发起了反击。奇瓦瓦的弟弟乌尔扎纳(Ulzana)和11名战士溜过克鲁克的警戒线,前往阿帕奇堡,冒失地试图"解放"留在火鸡溪的家人,并刺杀查托。在不到八周的时间里,乌尔扎纳的手下行进了1200英里,杀死了38个白人,屠杀了保留地的21名白山阿帕奇人,并偷走了250匹马。骑兵和印第安侦察兵搜索了边境以北的山区,但他们只找到了空无一人的小径。尽管制造了这么多混乱,乌尔扎纳的人还是没能找到他们的家人或杀死查托。乌尔扎纳的功绩也没有让他获得更多追随者。没有一个阿帕奇人愿意伸出一根手指来帮助他。[31]

对当地媒体来说这并不重要。编辑们以前都是克鲁克的朋友,现在他们称克鲁克为"骗子、懦夫和杀人犯"。有人呼吁义警们对保留地阿帕奇人"斩草除根"。当地人也在大声呼吁,但菲尔·谢里丹没有。有了这位新统帅,与乌尔扎纳的突袭所造成的恐怖相比,保留地奇里卡瓦人的坚贞毫无意义。他视圣卡洛斯为未来敌人的孵化器。谢里丹的解决方案是什么呢?将西南地区的每一个奇里卡瓦人全部赶走。陆军部长支持谢里丹的计划,在格罗弗·克利夫兰(Grover Cleveland)总统的支持下,该计划成了官方政策。11月,谢里丹前往鲍伊堡,不是为了和克鲁克商量,而是为了讲明一个既定方针。克鲁克和克劳福德上尉都极力反对,因为他们刚刚招募了两个新的奇里卡瓦侦察连。克劳福德问指挥官,如果军队打算抛弃这些侦察兵,怎么可能指望他们忠诚服役?谢里丹明白了这一点,暂时搁置了计划。

即便没有谢里丹造成的复杂局面,军队对奇里卡瓦侦察兵的要求也已够高的了。没有一个侦察兵喜欢追踪他们的自己人,更不用说向他们开枪了。但有一个例外。几乎每个侦察兵都想获得杀死杰罗尼莫的荣誉。奇亨尼人渴望为阿利索斯溪发生的事报仇,其他人对他的活动让保留地印第安人遭人怀疑表示不满。

与此同时,克劳福德上尉迷失在自己的一场噩梦中。上尉私下里谈到了一个对杰罗尼莫有利的预兆。他很感激克鲁克对他的信任,让他领导提议中的行动,但他害怕这项任务。克劳福德对一位朋友说:"如果这次我去墨西哥,就回不来了。"[32]

第二十一章
我曾如风

克劳福德上尉于 1885 年 12 月 11 日率领 4 名军官和 100 名阿帕奇侦察兵进入墨西哥,其中将近一半是奇里卡瓦人。马里恩·莫斯(Marion P. Maus)中尉是可靠的,他曾是迈尔斯在内兹佩尔塞战争中的侦察兵头领,而威廉·希普(William E. Shipp)上尉从西点军校刚毕业两年就开始了他的第一次战役,指挥两个阿帕奇侦察连。远征队中的其他白人包括侦察兵汤姆·霍恩(Tom Horn)和威廉·哈里森(William H. Harrison),以及驮运工头亨利·戴利(Henry W. Daly)和他的 20 名手下。

经过几天追踪,戴利有了一个清晰的印象,那就是白山阿帕奇人,也许是出于恐惧,隐瞒了敌对分子的行踪。他与克劳福德分享了自己的印象,克劳福德反过来以异常激烈的言辞骂了侦察兵一顿。没人顶嘴,白山有"魔力"的人上前用一束神圣的蒲草(蒲草花粉)仪式来稳定他们的情绪,每个侦察兵都亲吻一个小鹿皮袋。亨利·戴利回忆道:"每个人都在他身后重复某种形式的誓言或义务。然后我开始相信他们的诚意,相信他们会找到敌对分子。"[1]

1886 年 1 月 9 日黄昏时分,克劳福德的侦察兵在偏远的"恶魔脊"找到了杰罗尼莫和奈切的冬季藏身处,边境以南约 200 英里处遍布锯齿山脉和深谷的一个不可思议的地方。这一消息使克劳福德十分为难。队伍已饿着肚子行军了一整天。就连奇里卡瓦人都快累垮了,而驮运队远远落在后面。克劳福德认为被发现的风险太大,不能停下来,下令继续前进。暗夜无光,推进速度极慢且危险重重。整整 12 个小时,侦察兵们在黑暗中缓慢前进。克劳福德上尉身体不适,筋疲力尽,挂着步枪当拐杖蹒跚而行。莫斯上尉确信克劳福德在靠"纯粹的意志力"熬过这场磨难。

天亮前克劳福德到达了杰罗尼莫的藏身地。没人发现他们,也没有哨兵站岗。克劳福德低声下令:莫斯中尉、希普和侦察兵汤姆·霍恩各带一个小分队,在敌人上方的山丘上就位。轻浮的希普认为这场战斗几乎就要结束了。毕竟,侦察兵们只需完成对此地的包围,坐等天亮,然后一鼓作气抓住这些叛离者。但希普没有考虑到崎岖不平的地形。黑暗中,一些侦察兵被绊倒。松动的石头顺着山坡往下滚,惊了叛离者的骡子和驴子——"印第安人营地的看门狗"。三名战士从他们的小屋出来查看情况。

与曾经上演过的桥段一样,过于心急的印第安侦察兵破坏了原本几乎可以确定的奇袭效果。这一次,罪魁祸首是白山阿帕奇人,他们在乌尔扎纳的袭击中失去了亲人。可以理解,出于报复心切,他们无视命令,一看到敌人就匆忙开火。现在他们的位置已经暴露,莫斯和希普催促他们手下的奇里卡瓦侦察兵发起冲锋。可他们也无视命令,寻找岩石作为掩护,来不及瞄准就胡乱开了几枪。希普理解奇里卡瓦侦察兵不愿意发挥他们的优势。对面或多或少都有他们的朋友或家人。"他们渴望和平,但不愿以太多的流血为代价。"对白山阿帕奇人来说,他们太害怕这些叛离者,根本不敢冒险近距离战斗。

侦察兵缺乏自信并未让克劳福德付出多少代价。敌对分子们四散逃开,留下了他们的食物和马匹。那天下午,一位老妇人现身,替奈切传了个话。叛离者们准备投降并返回保留地。回到保留地后在那里谈条件。不过,克劳福德的阿帕奇翻译已累得无法夜间行军。没有了可害怕的敌人,克劳福德的队伍夜间就在寒冷的山上倒在熊熊的篝火边呼呼大睡起来。[2]

※

1月11日黎明前,冷雾笼罩着群山。侦察兵们起来生活做早饭。希普和莫斯懒洋洋地裹着毯子聊天。此时不可思议的事情发生了。透过薄雾,一队衣衫褴褛但全副武装的人出现在克劳福德营地上方的山脊上,向他们开火。侦察兵们躲在岩石后面,并未还击。

袭击者越来越近。浓雾散后,天光揭示了他们的身份——200名出来劫掠,同时割阿帕奇头皮的墨西哥塔拉乌马拉印第安人。莫斯和克劳福德冲向前去。众目睽睽之下,克劳福德爬上一个双方阵线之间的大石头,挥舞着一块白手帕。汤姆·霍恩站在附近,用流利的西班牙语大声呼喊,告诉塔拉乌马拉人他们正在向美国士兵开火。枪击停止了,墨西哥指挥官带着军官走上前来。克劳福德让莫斯回去,让他告诉侦察兵们在双方谈判时别出声。

莫斯一转身,突然传来一声枪响。他转过身,发现克劳福德瘫倒在泥地里,脑浆从额头上的一个大洞里流了出来。愤怒的阿帕奇人把墨西哥军官打成了蜂窝。莫斯说:"没人能阻止他们射击。"塔拉乌马拉人和奇里卡瓦人是势不两立的对头,他们一边交火,还一边互相谩骂,塔拉乌马拉人吹嘘说他们用维多里奥的头皮换了2000美元。只是在塔拉乌马拉人意识到他们遇到的阿帕奇人比预想要多得多后,冲突才结束。[3]

杰罗尼莫和奈切在河对岸的断崖上观看了这场交火。他们小心翼翼地走进莫斯上尉的营地,给克鲁克带了个口信:他们想一个月后在边境附近与他会面,发誓在此之前停止袭击,可他们根本没想遵守这个承诺。但莫斯缺少食物和弹药,只能相信他们。第二天,他带着昏迷不醒的克劳福德出发了。克劳福德躺在一个简陋的担架上,挺了七天才咽气。[4]

当莫斯挣扎着回到边境附近时,杰罗尼莫和奈切穿过索诺拉北部的偏远地区,大肆掠夺以弥补他们的损失。但他们没忘记约定。1886年3月25日至27日,克鲁克将军在墨西哥和亚利桑那交界处的"漏斗峡谷"与他们会面。当时的情况很不利于冷静的谈判。奇里卡瓦敌对分子在离克鲁克营地半英里的一座熔岩小山上筑起了防御工事。一个名叫查尔斯·特里布莱特(Charles Tribolet)的盗牛贼和他的兄弟在他们据点附近的棚屋里分发大量的威士忌和麦斯卡尔酒。奇里卡瓦人已喝得酩酊大醉,杰罗尼莫也宿醉不醒。克鲁克将军带着一种怪异的感觉步入会议地点,就像是重温坎比将军和莫多克人在一起的最后时刻一样。[5]

克鲁克很好地掩饰了他的不安。杰罗尼莫一边说话一边发抖,大部分时间都是他在说。他喋喋不休地说如何被虚假的谣言所冤枉,并把这次叛离归咎于布里顿·戴维斯和查托,声称这两人是来要他命的。当充满妄想的"巫师"不停地说着一个又一个谎言时,克鲁克死死地盯着地面。他的沉默使杰罗尼莫坐立不安,他汗流浃背,与其说是因为炎热,不如说是因为他夜间狂饮的后遗症。"你怎么不跟我说话?"杰罗尼莫恳求道:"要是你能跟我说话,面带快意,那就更好了。我要你看着我,对我笑。"

克鲁克没有回答。杰罗尼莫否认知道任何关于刺杀查托和戴维斯的阴谋,继续自说自话,直到烦透了的将军称他为骗子。杰罗尼莫的战士们开始躁动不安,拿起了枪,但奈切挥手让他们安静下来。克鲁克以发出最后通牒结束了会议:要么无条件投降,要么战斗,任他们选择。如果他们选择战斗,克鲁克发誓,"即便花50年",也要将他们所有人斩尽杀绝。[6]

紧张的气氛持续到深夜。克鲁克派了两个奇里卡瓦侦察兵到敌对分子的藏身处宣扬投降的好处,以此来挑起他们内部的不和。这一策略的效果好坏参半。奇瓦瓦已和杰罗尼莫重修旧好,奈切决定放弃,但杰罗尼莫不这么想,他四处乱闯,大声咆哮并威胁要干掉侦察兵。到第二天早上,他平静了下来,与奇瓦瓦和奈切一起与克鲁克私下会谈,克鲁克拒绝了他们返回保留地的请求,但未告诉他们"伟大的父亲"(总统)已下令永久驱逐他们。杰罗尼莫和奈切改变了策略。他们接受两年的流放,条件是和他们的家人一起流放。否则,他们将返回马德雷山区。克鲁克知道他必须迅速采取行动,否则将面临战争"以及随之而来的所有恐怖",他接受了明知自己无法兑现的条件。他告诉杰罗尼莫和奈切,他们将被"暂时"流放至佛罗里达马里昂堡的军事监狱——一个对阿帕奇人来说毫无意义的名字和地方。

3月27日,奇里卡瓦人正式投降。让杰罗尼莫恼火的是,大多数时间都是奇瓦瓦在说。他表示相信克鲁克的诚意,并为自己过去的过失道歉了很长时间。奈切也表示了歉意。"奇瓦瓦说的,就是我要说的。我想投降现在是我们的最好选择,不要再像以前那样像傻子一样待在山里。"所有的目光都转向杰罗尼莫。意味深长的停顿后,他喃喃地说:"两三个字就够了。我投降。我曾如风般自由。现在我向你们投降,仅此而已。"

但这还不是全部。奇瓦瓦很清楚将会发生什么,那天晚上他召集了他的追随者,与克鲁克一起扎营,恳求将军让杰罗尼莫尽可能远离他的战队。杰罗尼莫和奈切回到他们的据点,狂饮了五加仑特里布莱特的劣质威士忌。当奈切的妻子和一个男人调情时,他拔枪射中了她的膝盖。在喝醉的战士向驮运工的营地乱开了几枪时,他昏了过去。尽管有这些反复,克鲁克第二天早上还是和伯克上尉一起出发前往鲍伊堡,把敌对分子留给莫斯看管。在"漏斗峡谷"以北几英里处,他遇到了杰罗尼莫和三个战士,晃晃悠悠地骑着两匹骡子,"大醉酩酊"。

杰罗尼莫上前抱着伯克,让他放心他对和平作出的承诺。伯克对他满脸的酒气感到厌恶不已,建议克鲁克"杀死特里布莱特这个人类公敌。如果不这样做的话",他警告说,"那将是你一生中最大的错误"。[7]

克鲁克拒绝了伯克的建议,继续前往鲍伊堡。杰罗尼莫和奈切不停地喝酒,他们一边喝,一边思考着自己的命运。克鲁克的唐突无礼和随意离开令他们感到困惑和害怕。在他们醉醺醺的想象中,他们瞥见鲍伊堡有两个刻有他们名字的绞架,咧着嘴笑的查托则是最高长官和行刑官。流亡可能带来的恐惧,如果他们没被绞死的话,也让他们不得安宁。这是他们无法忍受的。3月30日,杰罗尼莫和奈切带着18名战士和22名女人和孩子逃往马德雷山区。而奇瓦瓦和乌尔扎纳则信守了诺言。4月7日,他们和另外77名奇里卡瓦人,包括杰罗尼莫的两个妻子、三个孩子和奈切的家人,在亚利桑那的鲍伊车站登上了开往佛罗里达的火车。克鲁克从未告诉奇瓦瓦,他再也见不到自己的家乡了。

四天后,克鲁克自己也登上了开往内布拉斯加奥马哈的火车。与奇里卡瓦人一样,他也被逐出了亚利桑那。[8]

※

克鲁克违反政府政策的承诺——流放两年——激怒了谢里丹,杰罗尼莫和奈切的逃亡则断送了他们本已脆弱的友谊。谢里丹从来不在乎克鲁克对阿帕奇侦察兵的依赖,按照他的想法,杰罗尼莫的逃跑只能是侦察兵和敌对分子共谋的结果,气愤的克鲁克对这一推断断然拒绝。当谢里丹要求他违背承诺,允许奇瓦瓦的人在短期流放后返回亚利桑那时,克鲁克回答说,这将"导致他们四散逃到山区"。至于敌对分子,克鲁克认为再将他们围捕的可能性很小了。

谢里丹对克鲁克进行了指责。"除了将你的部队集中在最恰当的地方,给人民提供保护,我不知道你现在还能做什么。"谢里丹提醒克鲁克,他在亚利桑那和新墨西哥地区拥有46个步兵连和40个骑兵连,他希望这些力量在防御态势中能很好地利用起来——这几乎是对克鲁克依靠印第安侦察兵和对墨西哥的入侵性打击作出的微妙批评。

克鲁克已忍无可忍。4月1日,他提出辞职。令克利夫兰总统和陆军部长高兴的是,谢里丹立即接受了他的辞职。他安排克鲁克去指挥密苏里军分区,把这个梦寐以求的职位变成了一个退休岗位,并任命克鲁克的死对头纳尔逊·迈尔斯(现在是一名准将)指挥西南部地区。谢里丹确保迈尔斯不会有任何误解:他将用正规军实施的"强力行动"制服杰罗尼莫。阿帕奇侦察兵——没有一个是奇里卡瓦人,谢里丹认为他们都靠不住——被谨慎使用,只为发现敌人,士兵们则负责战斗。克利夫兰总统禁止任何外交尝试:无条件投降或全部歼灭是迈尔斯被授权提供的唯一条件。迈尔斯对此不以为然,他后来诚实地说,他"从未想过参与任何此种性质的行动"。

除少数例外,亚利桑那的报纸都对克鲁克的离开表示欢迎。《墓石文报》(Tombstone Epitaph)写道:"图森的每个人都在想,迈尔斯将军是否能比克鲁克将军做得更好。[我们]墓石镇的人则想知道他是否会做得比前任更糟。"一名在军分区总部采访的新墨西哥记者告诉克鲁克将军,他很遗憾看到他离开。"嗯,我没遗憾,"克鲁克厉声说道。"八年来,我不得不和这些阿帕奇人一起担惊受怕,已经受够了他们。现在不妨让其他人来试试。"9

克鲁克与印第安人的战斗岁月结束了。数十多年来,他殚精竭虑地帮助白人赢得西部。他可能违背了对印第安人许下的承诺,或者因令人不安的事实而困惑不堪,但他们的福祉始终是他的深切关注。从今以后,他将把职业生涯的剩余部分奉献给捍卫印第安人的权利。

※

纳尔逊·迈尔斯于4月11日抵达亚利桑那鲍伊堡。一周的实地考察使他相信克鲁克的方法是正确的。迈尔斯很有良心,尽管克利夫兰有所指示,他还是希望在开枪之前谈一谈。迈尔斯要求谢里丹从马里恩堡释放奇里卡瓦袭击者乌尔扎纳,将他视为和平使者。谢里丹断然拒绝了这一要求。总指挥不想谈判。他提醒迈尔斯,希望他能保护西南部地区的人民,用正规军把敌人从他们在马德雷山的据点中"挖"出来——这是一种策略,前中尉布里顿·戴维斯沉思着,类似于用"伦敦人对抗阿尔卑斯山的瑞士人"。[10]

迈尔斯尽职尽责地着手实施谢里丹花哨的计划。他将亚利桑那南部和新墨西哥划分为27个"观察区",部署步兵封锁具有战略意义的山口,部署骑兵打击奇里卡瓦袭击人员。迈尔斯最终沿美墨国境线集结了近5000人的部队,以防止杰罗尼莫和奈切手下的18名战士可能的入侵,成就了美国军事史上最大规模以多战少的例证之一。在每个观察区最高的山峰上,迈尔斯给观察者配备最先进的望远镜和野战眼镜观察阿帕奇人的活动,并用日光仪(安装在三脚架上的反射阳光的玻璃镜)通过闪烁传递信息。如果敌人白天出现,日光仪观测点就能派上用场。但他们常在日光仪不起作用的夜晚行动。迈尔斯的防御部署到位后,他立即集合了一支精锐正规军部队进入墨西哥。这将是多年来军方的第三次越界突袭。[11]

然而,杰罗尼莫和奈切在按照他们自己的节奏行动。当迈尔斯费心实施他的计划时,他们却在主动出击。4月27日,一个小规模战队进入亚利桑那的诺加莱斯附近,闪电般突袭了圣克鲁斯山谷,直到被追击的骑兵打断。双方进入了索诺拉北部。5月3日,第十骑兵团的野牛兵在边境以南20英里处与奇里卡瓦人发生了小规模冲突。两周后,袭击者抢来的财物被骑兵夺回。杰罗尼莫和奈切抢回马匹和牲畜,但两人士气大跌,他们从未遇到过如此熟练和执著的骑兵。但奈切还不甘心。奈切渴望见到他的家人,或许也想向克鲁克(他不知道克鲁克已经走了)伸出和平之手,于是他带着大部分战士向阿帕奇堡进发,而杰罗尼莫则深受绞索的阴影影响,留了下来。一路上,只要有人阻挡,奈切就大开杀戒。四年后,克鲁克问奈切,为什么他有意和平,却杀害平民。"因为我们害怕。这是战争。任何看到我们的人都会杀了我们,我们也会做同样的事情。如果我们想活下去,就必须这样。"

奈切的冒险举动给他带来的只有心痛。在夜幕的掩护下,他溜进了他母亲在火鸡溪奇里卡瓦营地的小屋,却发现克鲁克将军已经把他的家人和奇瓦瓦的人一起带走了。奈切在6月初重新回到杰罗尼莫身边,两人的战队重新汇合,逃入了索诺拉州深处。[12]

这条路现在也对迈尔斯开放。为了指挥他的攻击部队,他选择了第四骑兵团的亨利·劳顿(Henry Lawton)上尉。劳顿形似雄狮,身高6英尺5英寸,肌肉发达,体重230磅。他打起仗来不要命,喝起酒来也一样不要命。与劳顿一起指挥的是25岁的哈佛毕业生、陆军助理军医伦纳德·伍德(Leonard Wood)上尉。金发碧眼的伍德比劳顿优雅,但同样体格健壮。与劳顿和伍德同行的还有劳顿第四骑兵团的35名士兵、20名精挑细选的步兵、20名白山和圣卡洛斯阿帕奇侦察兵——迈尔斯已经认识到要靠阿帕奇人找到阿帕奇人——以及30名驮工和100匹驮骡。[13]

劳顿情绪低落地进入了墨西哥。他在给妻子的信中写道:"这是一个被上帝遗弃的国家,住在那里的人们都是上帝的弃儿。听到印第安人杀死了六个或更多的人时,我真的没有任何同情。我认为印第安人比墨西哥人好。"劳顿接受这项任务只是为了讨好迈尔斯。现在这位雄心勃勃的上尉怀疑自己作出了错误的决定。进入马德雷山区五天后,他给母亲的信中写道:"整个地区就是一大堆巨大的山脉,我们就在这些山中艰难穿行,追着那些在逃的印第安人跑,却从未与他们打仗。"气温飙升至40度,步枪枪管已烫得拿不住。军官和士兵们脱下制服,穿着内衣和皮靴行进。频繁而猛烈的暴雨将干涸的峡谷瞬间变成汹涌的洪流。劳顿上尉因吃了一罐腐烂的腌牛肉罐头而中毒。有几个小时,他差点丢了性命。被一只狼蛛咬了一口的伍德也差点送命。队伍里几乎每个人都腹泻不止。

7月13日,劳顿的侦察兵发现了杰罗尼莫和奈切的藏身处。劳顿急忙下令步兵向前推进,现在由伍德上尉率领(原来的指挥官已病入膏肓)。这是一个充满巨大可能性的时刻:对劳顿来说,这是一个一次出击就可结束长达一个月的磨难,并成为英雄的机会;对伍德来说,这是证明自己是战场指挥官的机会。

劳顿开始调兵遣将。他派侦察兵从侧翼向远处的断崖行进,而他和伍德则带着部队登上了附近的一处断崖。由侦察兵发动第一波进攻——这可不是谢里丹式的作战方法。

伍德凝视着山下远处宁静的杰罗尼莫藏身处。"篝火在燃烧,印第安人的马都拴在木桩上,不少人在到处活动……貌似没有出路,但我们知道肯定有一个,否则印度人不会在那里藏身。"确实有。一个外出打猎的战士偶然发现了一个侦察兵丢失的红色头带。他通知了营地,奇里卡瓦人在侦察兵封锁出口前逃走了。除了印第安人,劳顿捕获了那里的一切。"我大失所望,都快气病了,因为这是我们期待已久的机会,但却眼睁睁从身边溜走。"此后的三周里,他在阿洛斯河沿岸地区搜寻,而杰罗尼莫和奈切则向边境方向逃去。奈切病得很重,没有精神,突然在马德雷山区深处出现的美国士兵让他觉得像要"放弃了"。如果他知道遥远的阿帕奇堡将要发生什么,奈切很可能会当场投降。[14]

※

在亚利桑那执掌军权后不久,迈尔斯将军就产生了一个想法,这个想法将永远改变奇里卡瓦人。他认为,阿帕奇堡的奇里卡瓦村是"敌对分子的军火库、大本营、征兵站、医院和避难所"。没什么比这更偏离事实了。查托和其他几个前丘孔恩战队首领已经成为农民和牧羊人,对叛离者没有任何同情。保留地上的81名丘孔恩战士中有四分之三曾是侦察兵,自从三年前向克鲁克将军投降后,他们都安于现状。甚至谢里丹将军现在也认为奇里卡瓦人应该被"控制在他们所在的地方"。

不幸的是,当迈尔斯去阿帕奇堡调查那里的情况时,奇里卡瓦人正处于玉米酒的长醉之中。迈尔斯认为"靠近他们很危险。这些年轻人傲慢、暴力、不安……我得到可靠的消息说,他们正在策划另一次暴动"。所谓可靠的告密者就是白山阿帕奇人,他们已经厌倦了混在他们中间的奇里卡瓦人。再次证明,分裂的阿帕奇人才是他们自己最大的敌人。

迈尔斯向谢里丹陈述驱逐的理由:"现在住在阿帕奇堡的440名男女老少名义上是战俘,但他们从未被解除武装……而且过得比以往任何时候都好……今天的男孩几年后将成为杰罗尼莫。"迈尔斯荒谬的断言中提到的人包括洛可酋长和长期受苦的奇亨尼人。迈尔斯建议将所有奇里卡瓦人迁移到印第安领地内的威奇托山附近,那里"山中清泉流淌、气候宜人和土地肥沃,对他们来说适宜又有益"。[15]

与此同时,迈尔斯再次试图促成奈切和杰罗尼莫的投降,小心翼翼地向谢里丹隐藏他伸出的这根橄榄枝。迈尔斯想让"和杰罗尼莫一起出走的人"传话到敌对分子的营地,所以他派阿帕奇战士马丁(Martine)和凯伊塔(Kayitah)去,杰罗尼莫身边有两人的亲戚。迈尔斯给了他们每人 75000 美元,如果他们成功的话,他们还可以在阿帕奇堡拥有一个漂亮的农场,尽管他们承担这项任务的目的与其说是为了得到好处,不如说是为了保护他们的家人免遭进一步伤害。两人都不知道将军为奇里卡瓦人准备了什么。[16]

为了领导和平代表团,迈尔斯需要一位杰罗尼莫信任的军官。克劳福德上尉去世了,布里顿·戴维斯辞职了,只剩下当时在新墨西哥值守的盖特伍德上尉。"鸟嘴首领"健康状况不佳,不想参与他认为的"愚蠢差事",只是在迈尔斯给他提供了一份未来的文员工作后,才接受了这项任务。

7 月 18 日,盖特伍德、马丁和凯伊塔出发了。走了两周,行程 300 英里后,他们在阿洛斯河找到了劳顿。劳顿和盖特伍德本人都不看好迈尔斯的计划。盖特伍德患上了痢疾和膀胱炎,使骑马完全成了一种折磨,他想回家,请求伍德证明他不适合执行任务,并把他送回鲍伊堡,但这一请求被疲惫不堪的医生拒绝了。就劳顿而言,他想先打再谈。马丁和凯伊塔喝得酩酊大醉,以此表达他们对迈尔斯计划的看法。

由于不知道杰罗尼莫的下落,劳顿向北蜿蜒前行。配给品在高温下变质,每个人都形容枯槁(劳顿本人在行动中瘦了 40 磅)。由于手下疲惫不堪,劳顿变得更加顺从盖特伍德的和平使命。从路过的一个墨西哥骡队处得知,杰罗尼莫去过离边境仅 50 英里的弗龙特拉,劳顿下令盖特伍德赶紧上前,与他通话。当劳顿四天后到达,发现盖特伍德在弗龙特拉附近逗留时,他也一头栽入酒乡,而头脑清醒的伍德上尉则专横地命令盖特伍德去找杰罗尼莫并开始谈判。

第二十一章 我曾如风

※

在俯瞰巴维斯佩河的藏身处,投降情绪高涨。奇里卡瓦人已筋疲力尽。残酷而日益强大的墨西哥军队让他们夜不能寐。杰罗尼莫和奈切渴望见到他们的家人。8月24日,当凯伊塔和马丁遇到他们时,叛离者们正从迷醉中醒来。透过望远镜看到他们靠近,头晕脑涨的杰罗尼莫告诉手下当他们进入射程时就开枪。三个清醒的战士违抗杰罗尼莫的命令,这在他全盛时期完全不可想象。他们威胁要杀死第一个服从命令的人,信使们未受干扰地传递了他们的信息。

次日清晨,杰罗尼莫和盖特伍德在河边的一个拐弯处相遇。奈切站在一旁。全副武装的战士蹲在附近。在一起抽烟,一起吃了一顿饭之后,盖特伍德抛出了迈尔斯提出的条件:"投降吧,你将被送到佛罗里达和你的族人重聚,并在那里等待美国总统的决定。要么接受这些条件,要么战斗到底。"奇里卡瓦人以冰冷的目光回应了这一口信,盖特伍德也做好了最坏的打算。"杰罗尼莫坐在我旁边的圆木上,尽量靠近我。我能感觉到他的六发左轮手枪正抵着我的屁股。"

杰罗尼莫动了一下——不是掏他的手枪,而是伸出颤抖的双手,请求盖特伍德喝一杯。杰罗尼莫吞下一杯酒,然后,紧张的局势缓和了,他也提出了他的条件:他们会投降,但前提是把他们送回保留地并免除惩罚。接下来发生的事情一如既往,杰罗尼莫看不出为什么这次会有所不同。(他究竟凭什么希望军队信任他,只有杰罗尼莫自己知道。)盖特伍德毫不退让。愤怒的杰罗尼莫说,让奇里卡瓦人放弃他们所有的土地,"拱手交给入侵者"太过分了。除了保留地,他们愿意放弃所有土地。杰罗尼莫的最后通牒是:"要么带我们去保留地,要么就战斗到底。"盖特伍德不确定下一步该做什么,假装没听清。"我告诉

[他们],他们剩下的人——其中有奈切的母亲和女儿——已被转移到佛罗里达,与奇瓦瓦的部落汇合。"

杰罗尼莫垂头丧气。他向盖特伍德追问迈尔斯将军的想法。他是什么样的人?他说话的时候看你的眼睛了吗?他残忍还是善良?他会信守诺言吗?他的心大还是小?盖特伍德给杰罗尼莫描绘了一个"慈眉善目"的迈尔斯后,杰罗尼莫插话说:"他一定是个好人,因为伟大的父亲从华盛顿把他派来,而他又把你派到了这么偏远的地方。"还有一件事情。"我们需要你的建议。把你自己当成我们中的一员,而不是一个白人。记住今天所说的一切,作为一个阿帕奇人,在这种情况下你会建议我们怎么做?我们应该投降,还是应该战斗到底?"

盖特伍德答道:"我会相信迈尔斯将军,相信他的话。"说完后,当天的会面就此结束。

第二天早上,当双方重新会面时,杰罗尼莫提出在边境另一边鲍伊堡东南60英里处的骷髅峡与迈尔斯会面,并讨论条件——前提是盖特伍德和他的部队留下,劳顿随行前往,但需保持一定距离,以防止四处乱窜的墨西哥军队。盖特伍德和劳顿同意了,于是在8月28日,两队人马出发前往计划中的会面地点。[17]

8月的最后几天,迈尔斯正被比与杰罗尼莫的和平会面更紧迫的事烦扰着。克利夫兰总统接受了迈尔斯关于流放奇里卡瓦人的提议,但拒绝了他提出的流放目的地。七年前,国会通过了立法,禁止阿帕奇人在印第安人领地上重新定居,克利夫兰坚持认为,密苏里河以西的任何地方都不能安置阿帕奇人。谢里丹建议把成年男性送到佛罗里达马里恩堡,与奇瓦瓦的部落汇合,克利夫兰则扩大了这一提议,把所有奇里卡瓦人都包括在内。值得称赞的是,迈尔斯反对将他们驱逐到佛罗里达。他恳求谢里丹说服政府"在亚利桑那之外找一个安全的地方,这会让他们满意"。但总统固执己见。所有奇里卡瓦人——包括以前的侦察兵和他们的家人——都将作为战俘被立即送往马里恩堡。[18]

※

1886年8月29日是个星期日,是阿帕奇堡的配给品发放日。白山阿帕奇人前一天晚上喝了玉米酒,杀了他们中的一个人。奇里卡瓦人不知道的是,他们敌对的邻居把谋杀归咎于他们。但这一天的开始和其他配给品发放日没什么不同。奇里卡瓦人在中午排队领取他们的每周配给品券。五名奇里卡瓦侦察兵在维持秩序。驻扎在阿帕奇堡的一个步兵连严阵以待。这也没有什么不寻常。一群白山侦察兵在一旁看着,这很奇怪,但他们并未惹事。接下来发生的事情让奇里卡瓦人感到困惑。一名前奇里卡瓦侦察兵看到一支骑兵分遣队出现,"好像他们要去什么地方。但这支队伍转身加入了步兵和[白山]侦察兵,包围了我们。"士兵们解除了五名奇里卡瓦侦察兵的武装。然后一个接一个,其余奇里卡瓦人的步枪都被夺走。没人反抗。指挥官监督了整个缴械过程。他告诉奇里卡瓦人,他们要去一个好地方,那里会有更多更好的牛。

迈尔斯现在把注意力转向了杰罗尼莫。9月3日,双方曾在骷髅峡口会面。盖特伍德和劳顿紧挨着坐在他们后面。奈切在几英里外的山上,哀悼他的兄弟,他返回墨西哥找他最喜欢的马,可能已经死了。迈尔斯将军向杰罗尼莫重申了盖特伍德的承诺:他们将被送往佛罗里达,在那里等待美国总统的最后决定。杰罗尼莫转向盖特伍德,微笑着用阿帕奇语说:"很好,你说的是实话。"在他一生的谎言中,杰罗尼莫这次是真诚的。盖特伍德回忆说:"他和将军握了手,说不管其他人怎么做,自己都会跟他去。他形影不离地跟着我们的指挥官,好像害怕他可能会离开,把他的俘虏留下。"

相反,迈尔斯想的是尽快将杰罗尼莫和奈切从他的辖区内赶出去。9月6日清晨,迈尔斯、杰罗尼莫和奈切乘坐将军的车前往鲍伊堡,一天走了60英里。两天后,谢里丹将军通知迈尔斯,克利夫兰总统已下令将杰罗尼莫和奈切拘留在鲍伊堡,直到他们被移交给地方当局,大概会进行审判,然后绞死。迈尔斯把电报束之高阁。他与杰罗尼莫和奈切达成了协议,两人已以"勇者对勇者"的方式投降。[19]

9月8日上午,劳顿的手下押着其他叛离者进入鲍伊堡。士兵们在阅兵场让他们排成一列,并从他们身上——以及从马丁和凯伊塔身上——拿走了武器。迈尔斯可能曾答应给两人一个优良的农场和丰厚的奖金,但克利夫兰政府认为所有奇里卡瓦人都同样危险,所以以流放二人来"回报"他们的忠诚。对白人友好的那些奇里卡瓦人与杰罗尼莫、奈切和他们的追随者一起被押上马车,前往鲍伊车站,在那里有一列专列等着将他们带往东边。当马车驶入荒漠时,鲍伊堡的乐队奏起了《友谊地久天长》。下午2点55分,火车驶出了车站。奇里卡瓦人再也见不到他们的故土了。1861年肇始于一个愚蠢的年轻中尉背叛科奇斯的阿帕奇里亚之战,发生地距鲍伊堡仅400码,到此结束。在25年的冲突中,超过一半奇里卡瓦人死亡。[20]

深有同感的白人参战者认为结局可耻。"杰罗尼莫和他小战队的最后投降,是通过一直对政府友好的奇里卡瓦人才得以实现的。他们的忠诚并未得到什么不一样的回报——同样被囚禁在一个陌生的土地上。在我们和美洲印第安人的关系史上,没有比这更可耻的一页了,"克鲁克断言道,"这一页掩盖了对始终忠于我们人民的那些奇里卡瓦人的背信弃义。"[21]

第二十一章　我曾如风

※

杰罗尼莫投降后活了 23 年。1893 年,政府将仍是战俘的杰罗尼莫和奇里卡瓦人重新安置在俄克拉何马的希尔堡,基奥瓦-科曼奇保留地所在地。他们得到大片可以耕种的土地,男人们学会了在牧场养牛的技术。杰罗尼莫经历了一场蜕变,成为一名模范农民,并在他不断壮大的白人朋友圈中留下了"善良老人"的印象。他说,在被囚禁的漫长岁月里,他愈发了解白人,发现他们是"一个非常善良、和平的民族"。晚年,杰罗尼莫也享有盛名。他常常现身各类活动和节日庆典,包括 1904 年在圣路易斯举行的路易斯安那博览会,在那里,75 岁的他参加了套小牛比赛,并出售自己的签名照片。1905 年,杰罗尼莫参加了西奥多·罗斯福总统的就职游行,并口述了他的自传,尽管遭到军方反对,该自传还是在罗斯福的允许下得以出版发行。

尽管他从未对自己的个人力量失去信心,但杰罗尼莫信奉了基督教,更多的是为了补充而非取代传统的阿帕奇信仰。"自从我的囚犯生活开始以来,我聆听了白人宗教的教义,并且在许多方面认为它比我父亲的宗教更好。然而,我一直在祈祷,相信全能的上帝一直在保护着我。"

1909 年 2 月的一个寒冷的日子,杰罗尼莫失去了上帝的保护,他独自一人骑马去俄克拉何马劳顿市卖弓箭。交易完成后,老"巫师"买了威士忌,他从未失去对酒的喜爱,并在醉酒的情况下,摸黑返回。快到家时,在一条小溪边他从马上摔了下来。第二天早上,一个邻居发现了他,他半躺在冰冷的水中。四天后,这位不会被子弹射杀的老人在家中死于肺炎,终年 79 岁。[22]

第四部分

第二十二章
冲突的愿景

"坐牛"酋长在达科他兰德尔堡的两年监禁于1883年4月结束,在奇里卡瓦阿帕奇人流亡前三年。政府从未告诉"坐牛"为什么他会成为战犯。他也从未被审判或定罪。陆军部只是将他关起来,让他在军队的监视下煎熬,直到出于同样不详的原因,将他交还给内政部控制。1883年5月10日,"坐牛"从立石机构的一艘密苏里河汽船上下来。他现在成了自己长期鄙视的那个人——一个机构印第安人。

他别无选择。当他踏上通往"祖母之地"的神圣之路时,他留在身后的自由开放的拉科塔家园就已不复存在了,铁路加速了它的终结。"坐牛"认为,他成功地与黄石河沿岸的勘测队进行了斗争,但阻碍铁路发展的是1873年恐慌带来的萧条,而非拉科塔人的抵抗。六年后,当全国从萧条中走出,资本再次自由流动时,北太平洋铁路在达科他地区恢复了建设。拉科塔人要么在加拿大,要么在大苏族人保留地的政府控制之下,铁路建设畅通无阻,向西穿过蒙大拿,进入了落基山脉。专业野牛猎人和铁路工人齐头并进,他们渴望满足仍对牛皮有大量需求的东部市场。北方平原上对野牛的屠杀和南方平原一样迅速和惊人。1876年,超过200万头野牛遍布怀俄明和蒙大拿的河谷。六年后,一位穿越北部平原的牧场主说,他"一路上都能看到死去的野牛,从未见到一头活着的"。成千上万的圈养牛取代了野牛。到19世纪80年代中期,在牛肉需求的高峰期,拉科塔地区的圈养牛比当地曾有过的野牛还要多。

少有人比威廉·谢尔曼更满意拉科塔地区的变化。他把自己一半的军事生涯都奉献给了平定平原地区。1884年2月,他带着一种任务完成的感觉从军队退役。在作为总司令的最后一份报告中,他宣称,印第安人问题已经"基本上从军方的问题清单中消失了"。[1]

谢尔曼用所有手头的军方资源支持铁路建设者的战略已获成功。除了保留地,印第安人已无立足之地。斯托克曼统治着曾经的未许可印第安人领地。长角的牛在曾是科曼奇人难以逾越的要塞所在地——桩基平原上吃草。落基山脉四周因采矿出现的城镇曾是犹特人和内兹佩尔塞人的家园。就连墨西哥长久以来令人望而生畏的马德雷山也不再是阿帕奇人的可靠藏身之处。

如何对待被征服的印第安人现在成了最重要的问题。19世纪60年代后期和19世纪70年代,政府的目标是巩固远离陆路旅行路线和白人定居点的保留地上的部落。如果印第安人能被"教化",则更好。那些年,东部的人道主义改革者的努力时断时续,各自为政。但随着19世纪80年代的到来,一大批志向高远的改革派团体涌现出来,致力于将印第安人从"野蛮的暗夜带入基督教文明的黎明"。因此,这些改革者同时也是文化终结者。他们中少有人认为传统印第安生活方式值得保留。取而代之的是,他们强制推行土地的个人所有权和白人教育。谁利用"地球母亲",土地就是谁的合法财产。改革者们认为,印第安人越早了解这一点,他们生存的机会就越大。改革者还与生活在西部的人共有一个关键利益:他们希望保留地削减到最低限度,剩余印第安人的土地可向自耕农开放。因此,19世纪80年代的印第安改革运动对每个人——无论他们是人道主义者、慈善家、投资者、拓荒者、政治家还是土地掠夺者,也就是说,除了那些固守自己传统的印第安人——都有意义。[2]

改革者的提议当然没什么新意。自从美国建国以来,同样志向高远的提议——至少在白人看来——就一直在提出。改变的只是印第安人消解基督教化冲动的能力。他们已无力抵抗,也找不到任何可以躲避白人的地方。

现在印第安战争已大致结束,大多数改革者不会与军方来往,他们认为军队对印第安人不会有什么好的影响。这纯属卑鄙的势利行为。事实上,一些高级军官不仅认同改革者的理念,而且对实现这些理念的障碍有更现实的理解。军官们认为,最严重的限制是政府无法满足保留地印第安人的基本需求。"没有哪个种族的人,"波普将军提醒改革者们,"能够听得进那些脑满肠肥的使徒们所传授的仁慈和仁爱,而自己却饱受饥饿和匮乏之苦。"

许多颇有见地的将军们认为,改革者将印第安战士改造成农民的计划是他们文化适应的最大障碍。特里将军说:"你还不如把一个印第安人从平原带到埃尔金钟表厂,指望他成为一个好工人。解决印第安人问题的第一步是给印第安人牲畜,让他们过田园生活,这与他们本来的自然生活密切相关。"波普、迈尔斯和麦肯齐都同意他的观点。[3]

无论将印第安人融入白人社会的最佳途径是什么,他们的实际困境都困扰着高级官员。在博兹曼小径上遭"红云"羞辱的亨利·卡林顿上校,在把费特曼之战中被冻僵的尸体装上马车时,思绪游离到了印第安人的困境中。"在那个极端时刻,当我所珍视的一切都处在自毁的危险之中,或在'红人'(印第安人)的手里慢慢死去的时候,我知道,如果我是'红人',我也会像印第安人那样激烈战斗。"他们的苦难让卡林顿感到难受,就像看到他的手下死去一样。"我曾见过印第安老少男女,或衣不蔽体,或衣衫褴褛,在零度以下,快速跑过水面结冰的普内特[河],只是为了捡些屠宰场扔出来的弃肉和所有内脏,不管有多恶心,他们都会用来替代因我们的占领而愈发稀少的猎物。"一位老拉科塔酋长曾为反抗向淘金者开放博兹曼小径而战斗,他的话永远萦绕在卡林顿心头:"白人什么都想要,什么都会攫为己有,但'红人'

会在他父亲死去的地方死去。"[4]

夏延和阿拉帕霍文化在1868—1869年战役后遭到灭顶之灾。现在,在19世纪80年代,保留地生活给拉科塔人带来了突然而至且毁灭性的冲击。没有了野牛,传统拉科塔经济崩溃了。再也不能用兽皮换枪和弹药,连养活自己都很困难,拉科塔人变得完全依赖政府救济。扣留配给品成了中间人手中的一个强有力武器。

※

"坐牛"在1883年5月到达大苏族人保留地时,此地已沦为六片苦海,每个都围绕着一个独立的管理机构。五年前,政府关闭了"红云"和"斑尾"的机构,因为它们位于保留地边界之外。"红云"的7300名奥格拉拉人现居住在位于达科他地区黑山东南50英里的松岭机构。"斑尾"的4000名上布鲁莱人属于玫瑰蕾溪机构,位于松岭以东95英里处。约有1000名下布鲁莱人住在他们位于密苏里河西岸的机构处。大约3000名米尼孔朱人、"黑脚"人、萨克雷人和"双壶"人聚集在夏延河机构周边。在他们北面,1700名洪克帕帕人、"黑脚"人和上扬克顿人加入了立石机构(Standing Rock Agency)。拉科塔保留地的总人口接近17000人,其中近半在1876年至1881年间都被认为是敌对分子。

没有了战争和突袭,拉科塔人失去了通往声望和地位的途径。战队成员人数骤减,失去了存在的意义。印第安事务局用印第安人警察填补了空白。印第安警察身着制服,拿着薪水,对政府极其忠诚,而且大多都信奉了基督教,成了中间人的"村警"。即使拉科塔人有办法,他们也无处可去。五年后,达科他地区的白人人口已攀升至50万。装备精良的牛仔比骑兵巡逻队更能全面地保护自己。简而言之,大苏族人保留地已成为封闭的社会改造实验室。

印第安事务专员预见到了改革者的到来，1881年，他就制定了十年官方路线，他告诉国会，"教化狂野的印第安人是一项崇高的工作，对任何国家而言都属荣耀之冠。但是，当我们有能力提升他们的人性时，却仍放任他们继续沉迷于他们的旧迷信、懒惰和污秽的生活方式，这将会是我们政府的一个持久耻辱"。现在，印第安中间人的主要职责是"引导他管辖的印第安人从事文明活动"。中间人们被指示要铲除"道德沦丧的野蛮习俗"，其中包括一夫多妻的婚姻、异教徒式的"魔力养成"和其他一些传统仪式——尤其是太阳舞。将太阳舞从平原印第安人的宗教中去除，无异于将基督从基督教教堂中驱逐出去。随着它的取缔——最后一次太阳舞是在1883年——拉科塔人的社会和宗教结构土崩瓦解了。[5]

然而，政府政策只对负责执行的中间人有效。19世纪80年代，拉科塔人迎来了印第安事务局历史上最强的两名中间人，他们是立石机构的詹姆斯·麦克劳林（James McLaughlin）和松林（Pine Ridge）机构的瓦伦丁·麦吉里库迪（Valentine McGillycuddy）。麦克劳林，一个有着混血妻子的前铁匠，在性格坚韧、为人正直和坚定的远见方面与"坐牛"不相上下。他善于"管理"印第安人——也就是说，让一个派别对付另一个派别——他赢得了"坐牛"最有影响力的两位前副手——战队首领盖尔（Gall）和克劳金（Crow King）。两人现在都是"进步人士"，中间人将这一头衔专门给予与政府合作的酋长。至于"坐牛"，麦克劳林认为他是一个反动分子，或者说"非进步派"，必须打倒。

麦克劳林对这位拉科塔圣人做了不公正的事。"坐牛"对麦克劳林缺乏尊重的态度怀恨在心，他为族人争取利益，但他也并不明确地反对变革。从军队监管中获释后，"坐牛"大多数情况下都不想掺和这个令人困惑的时代。另一方面，在松岭，"红云"酋长与中间人麦吉里库迪激烈争吵,后者曾是军医,曾照顾过垂死的"疯马"。麦吉里库迪非常能干,但又善变,他尊敬"红云",认为他"如不是最伟大的战争领袖之一,也算族人中最伟大的领袖之一,人们永远不会忘记他对族人的爱"。但是,"这位老人在很大程度上是一个反动分子,七年来,这始终是我们之间的斗争"。受到伤害的自尊心起了作用,因为"红云"憎恨"伟大的父亲"(总统)给他安排一个"男孩"作为中间人。(麦吉里库迪来到松岭时才30岁。)

"斑尾"酋长觉得这一切都很有趣。1879年秋天,中间人上任后不久,他心情愉快地拜访了麦吉里库迪。"我们算老相识了,"麦吉里库迪回忆说,"他听说过我在松岭组织警察对付'红云'和战队的做法。临走时他说,'红云兄弟,你最好小心点,伟大的父亲给你派来的那个男孩会在你没搞清楚他之前就把你搞定了'。"

"红云"忍过了麦吉里库迪的任期,但是"斑尾"在提醒老酋长小心后两年死于刺客之手。杀害他的凶手是克罗狗,一个布鲁莱阴谋集团的成员,他们打算推一个自己的首领。自称是首领继承人的人喋喋不休,大使手段,但都无法企及被杀的"斑尾"的人格魅力。许多拉科塔人把"斑尾"视为白人的傀儡,但他显然不是。"斑尾"是一个实用主义者,他用了30年时间来尽其所能地保存拉科塔文化,同时以可实现的最优惠条件让他的族人适应不可避免的白人统治。随着他的死亡,布鲁莱部落也分崩离析了。[6]

※

布鲁莱人,事实上还有所有拉科塔人的日子会越来越糟。1887年2月8日,东部的改革者们和西部的土地开发者庆祝了一个分水岭式的胜利。那一天,格罗弗·克利夫兰总统签署了《土地分配基本法》——也被称为《道斯法》(Dawes Act)——将大片印第安保留地开放给自耕农。该法案是参议员亨利·道斯(Henry L. Dawes)的想法,他赞同改革者同化印第安人的想法。此项立法授权总统调查保留地,将适合耕种或放牧的保留地分割给印第安人,之后政府可以与印第安人谈判购买剩余的土地。简而言之,《道斯法》为废除条约提供了法律框架。

达科他地区的土地开发者在国会匆忙通过了一项法案,将《道斯法》应用于大苏族保留地——但有一个重要的限定条件。1888年《苏族法》(Sioux Bill)允许在进行调查和将土地分配给印第安人之前就剩余土地进行谈判。未来涌入达科他地区的人将获得900万英亩土地,大约相当于大苏族人保留地的一半。宾夕法尼亚卡莱尔印第安工业学校创始人理查德·普拉特(Richard Pratt)上尉带着一个代表团去西部洽谈购买事宜。普拉特是个糟糕的选择。他的寄宿学校是改革者将年轻印第安人美国化的最终体现。体罚在印第安家庭中不为人知,但普拉特并没有凌驾于学生的本土行为之上,在强行让平原印第安家庭把他们的孩子交给他遥远的学校方面,他也绝不手软。拉科塔人鄙视他是可以理解的,酋长们让他两手空空地回到了华盛顿。[7]

那显然不行。在保留地边缘,摇摇欲坠的"索赔窝棚"如雨后春笋般出现,有些已经蔓延到了拉科塔的土地上。1889年3月,本杰明·哈里森总统任命了一个新的委员会来加快多余土地的收购。政府增加了一些好处,比如将购买价格从每英亩50美分提高到1.25美元。此外,国会承认任何协议都必须得到四分之三成年男性的批准,这是1868年《拉雷米堡条约》的要求。计划很简单:现有机构将成为自治保留地,某些情况下,实际上被割让给政府的土地所分隔。因此,大苏族保留地的松岭机构将成为松岭保留地,玫瑰蕾机构将成为玫瑰蕾保留地,诸如此类。

克鲁克将军控制了三人委员会,但他面临着来自酋长们的坚决反对。"红云"对委员们的"甜言蜜语"深表不满,公开大声反对割让土地。就"坐牛"而言,他悄悄地通过中介挫败了这桩交易,理由是政府会违背自己的义务。然而,克鲁克对拉科塔的反对不感兴趣。他直截了当地告诉拉科塔人一个令人沮丧的事实,那就是他们永远不会得到比现在更好的条件。"我觉得,"他告诉酋长们,"你们现在处在这样一个境地:手头拥有一块干涸的土地,但马上就会有洪水来临,你们不应责问上帝为何给你们洪水,而应尽量留住手里的东西。当你无法得到你最爱的东西,最好接受对你最好的选择。"[8]

克鲁克希望救拉科塔人于水火,但是他使用的方法令人生疑。经过三个月的哄骗、贿赂和利用派系斗争,克鲁克获得了批准所需的四分之三多数。在 1889 年 6 月签署土地让与协议之前,拉科塔激进人士要求克鲁克承诺不会很快削减配给品;政府打算让印第安人自食其力,并最终取消配给品,这在保留地是公开的秘密。然而,委员会刚结束工作,玫瑰蕾机构和其他机构就接到命令,削减 200 万磅的牛肉配给量。配给品削减是不合时宜的国会削减开支的结果,克鲁克无力纠正这一错误。

对充足配给品的需求从未像现在这样大。三个月的谈判结束后,拉科塔人回到家,发现他们无人照料的庄稼或枯萎或遭人践踏。白人地痞流氓和盗马贼偷走了他们的大部分家畜和马匹。然后干旱来临,溪流干涸,仅存的庄稼也毁之殆尽。比政府背信弃义更糟糕的是,拉科塔人内部不再团结一致,而是陷入了更深的不和。固守传统者嘲笑那些签署协议的人是"傻瓜和笨蛋";孩子们把父母们的争执也带到机构的学校,争吵打斗变得司空见惯。[9]

※

1889—1890年的冬天过得很艰难。各家各户都在努力保持水壶满满的状态。麻疹、百日咳和流感席卷了保留地,许多营养不良的儿童、体弱者和老年人不治身亡。无所事事和焦虑不安使一度骄傲的战士变成了卑鄙的酒鬼。年轻的"黑鹿"(有"魔力"之人)凝视着低矮的灰色小屋和荒凉的田野的悲凉景象,悲痛欲绝。"在我看来,族人们似乎身负重物,沉重而黑暗;重到压得他们抬不起头;黑到他们目不视物。现在大家都在忍饥挨饿。蚊虫四起,但我们没法吃它们。"[10]

然后出现了最终的背信弃义,而且来自"伟大的父亲"本人。1890年2月,哈里森总统以苏族人土地委员会协议不具约束力这一站不住脚的借口,将割让的保留地开放给白人定居。没人进行任何测量来标明边界,居住在割让土地上的许多拉科塔人也未因保留地的减少而得到任何补偿。事实上,拉科塔人也不清楚哪些土地是他们的,哪些不是。一位传教士说:"他们脚下的土地似乎都正从他们脚下滑走。"然后,3月21日,乔治·克鲁克死于严重冠心病,终年59岁,拉科塔人又失去了一位强有力的拥护者。30年服役于艰苦的边疆对他身体的影响终于在那天早上将他吞噬,当时他正在芝加哥总部进行每天早晨的例行举重练习。拉科塔人听到这个消息后恸哭不已。"红云"对松岭的天主教传教士:"然后克鲁克将军来了……他保证会信守诺言。至少他从未对我们撒谎。他们满怀希望地在协议上签字。他却死了。他们的希望随着他的死破灭。绝望的情绪卷土重来了。"[11]

但是一些神秘的事情正在发生。早在1889年,语焉不详的谣言就传到了拉科塔人那里,说一位救世主将从落基山那边到来,会将所有印第安人从白人的枷锁中解放出来。在配给品遭削减后,奥格拉拉酋长派了一个代表团到西北太平洋沿岸去见这位救世主。"根本没有任何希望,""红云"悲叹道,"上帝似乎已经遗忘了我们。"也许有什么东西让伟大的神灵记起了他们。

1890年3月,拉科塔代表团带着令人吃惊的消息回来了。他们看到了从天而降的救世主。他是伟大神灵之子,被送到地球上来拯救印第安人脱离他们的罪恶,给他们带来一个没有白人的人间天堂,他要将白人从地球上抹去。这一切都将发生在1891年春天。

为了让这一伟大的千禧年事件发生,已获承诺的拉科塔信徒们必须履行救世主教导的某个神圣仪式——鬼舞。信念坚定者在仪式时"死去",并瞥见未来的世界。只要他们穿着被称为"鬼衫"的神圣服装,信奉者就会无所畏惧。一名信徒向人们保证:"如果大祭司为跳鬼舞的人(鬼魂)做好'鬼衫',并为他们祈祷,穿上'鬼衫'的人就不会受到伤害。"他还补充说:"任何想阻止仪式的白人只要开枪,子弹都会落在地上,不会伤到任何人,而开枪的人则会倒地死掉。"

这是一个令人兴奋的信仰。这是一场能跳进人间天堂的永生之舞,任何胆敢干涉的白人和其他白人会在某一时间暴毙。只有一个问题:不为保留地拉科塔人所知的是,救世主并未这么教过。[12]

※

救世主的世俗名字是沃沃卡(Wovoka),或他的许多白人朋友叫的杰克·威尔逊(Jack Wilson)。沃沃卡是个性情、脾气温和的35岁派犹特人,拥有"魔力"。他穿白人的服装,为内华达西部的一个牧场主工作,从他那里既学到了英语,又学到了内容混乱的基督教神学。1889年年初的一次日食中,沃沃卡看到了一个景象。他病得很厉害,在狂热的状态下,他觉得自己升上了天堂。在那里,上帝给他带来了好消息。被白人杀害的耶稣已回到世间,开启印第安人的新千年。白人会渐渐消失,但非通过暴力。到1891年春天,伟大的神灵只是会将他们送回来处。在那之前,沃沃卡告诉他的信徒们,他们必须虔诚地举行"鬼舞"仪式,并与白人保持良好的关系。阿拉帕霍人和肖肖尼人是最先把沃沃卡的话带到派犹特部族之外的人。不到几个月,也许几周,沃沃卡的话就传遍了美国西部的每个部落。如沃沃卡所愿般平和,"鬼舞"横扫了各个保留地。然而,对于拉科塔的使者们来说,对土地割让和配给品减少的愤怒对他们来说太现实了,以至于他们无法接受一个完全和平的说教。因此,他们加入了自己的好战色彩,创造了一个潜在的爆炸性异端邪说。[13]

这是一种产生自新千年幻象的异端邪说,即使以和平的方式呈现也不会给印第安人带来任何好处:只是带来某种虚假的希望,就像麻醉剂一样,暂时缓解了文化分裂带来的痛苦。对于饱受折磨的人们来说,先知的应许是一个令人信服的召唤。纵观历史,暂时的条件变得不可忍受,这就需要精神上的救赎。值得注意的是,从他们所处的环境来看,一开始少有拉科塔人笃信"鬼舞"教——或者政府称之为神智现象的"救世主狂热"。激进人士认为这种新信仰毫无意义。传统主义者乐于接受,但持怀疑态度。"红云"则闪烁其词。如果新的信仰确能成真,他告诉松岭的中间人,"它会四处蔓延"。如果是假的,"它会像日光下的雪一样融化殆尽"。[14]

然后夏天来了。热风让草原成为一片焦土。庄稼死了。连牧场的草都枯萎了。数百名居住在保留地附近的白人定居者弃家东去。但拉科塔人无处可去。所以他们只能忍受煎熬。龟裂的大地成了新信仰的沃土,饥饿则滋养了它的散布。三年前离开松岭的瓦伦丁·麦吉里库迪对拉科塔人的境遇表示同情:"这种舞蹈及其仪式就像渴人之浆,饥人之馔。如果这些人吃饱喝足的话,'鬼舞'根本就没人信……人们跳舞只是为了给自己祈祷食物,女人和孩子平安。他们只能向老天求助,没人能帮到他们了。"

或者如奥格拉拉激进酋长"大路"(Big Road)所说,"白人祈祷是因为他们想去天堂。印第安人也想去天堂,所以他们也祈祷,他们还祈祷食物足够让他们能撑到上天堂的时间"。[15]

在夏延河保留地,配给品时断时续,即便有也短斤少两。玫瑰蕾机构饥肠辘辘的布鲁莱人"向屠宰厂和公司厨房要垃圾"。激进的酋长们恳求他们的中间人"给我们你所承诺的",说如果他们这样做,"鬼舞"运动将不攻自破。邻近的白人表示赞同。内布拉斯加一位编辑说,"鬼舞"是"政府的不诚信,不合理的配给品,以及配给品不足"导致的结果。但国会却犹豫不决。如果没有新的资金支持,印第安事务局为印第安人提供食物只能维持到 1890 年 10 月 1 日。尽管如此,国会通过《1891 年印第安拨款法案》之时,已经是 8 月下旬,对于补充配给品和大部分年金商品来说,已来不及在冬天之前送达印第安人之手。

到秋天时,"鬼舞"已遍地开花。其精神中心是松岭保留地。松岭的北夏延人将其拒之门外,但将近百分之四十的奥格拉拉人皈依。在玫瑰蕾保留地,三分之一的布鲁莱人是虔诚的"舞者";在夏延河保留地,五分之一的拉科塔人笃信不疑。"鬼舞"教的主要拉科塔信徒是奥格拉拉战士"踢熊"(Kicking Bear,"疯马"的一个表亲)和布鲁莱人"矮牛"(Short Bull),后者是有"魔力"之人。两人都是 45 岁左右,曾作为代表见过沃沃卡。正是他们歪曲了救世主的教义。

所有拉科塔人都有充分理由信奉这一信仰,但大多数信奉者都是传统主义者——"疯马"和"坐牛"部落的所谓非激进派,最后皈依。在奥格拉拉酋长"美国马"和松岭的"惧马青年"(Young Man Afraid of His Horses)以及立石的洪克帕帕酋长盖尔的推动下,激进派基本上对

"鬼舞"避而远之。沃沃卡原本打算作为一个统一的泛印第安人宗教，结果却反而加深了拉科塔人的分裂。[16]

随着秋寒的降临，"鬼舞"继续趋于高潮。日复一日，各种年龄和性别的信徒热情地舞蹈歌唱，希望诱发某种恍惚状态，将他们的精神暂时渡到彼岸，在那里他们会遇见已故的朋友和亲人，也许还有救世主本人，并窥见即将到来的繁荣景象。

对外行人来说，观看"鬼舞"是一次可怕的经历。巨大的舞圈随着无拘无束的狂热而起伏。到处都是舞者，他们以虚假的僵硬瘫倒在尘土中；另一些人口吐白沫，或貌似精神错乱而尖叫不已。所有人都大汗淋漓。在白人看来，对拉科塔人苦难的同情被对血腥印第安人暴乱的恐惧所取代。人们开始纷纷从保留地附近的牧场和农场逃离，难民们在报纸的胡乱猜测下加速增加，"男性印第安人正举行他们野蛮的死亡之舞，温彻斯特步枪背在背上，[邪恶]的血液在心中流淌"。有传言称，拉科塔人正在买光当地五金店的所有弹药。头脑清醒的编辑试图恢复平静，指出舞者并未伤害任何人，除了偶尔偷一只羊或一头牛，他们一直在自娱自乐。但年轻的男性拉科塔舞者事实上变得愈发焦躁不安。当玫瑰蕾机构的中间人试图阻止他们屠杀保留地的牲畜时，这些人告诉他，他们宁愿战死也不愿饿死；此外，他们无所畏惧：当千禧年来临，他们会重生。[17]

如果"矮牛"也确信不疑的话，它会比预期来得更早。为了阻止白人干涉，他向"鬼舞者"保证，他将亲自把千禧年提前到一个未指明的日期，也许下一个满月之时。如果有士兵出现，舞者们也不用担心。"别理他们，"10月30日，他对松岭附近举行集会的人们说，"继续跳舞。若士兵把你们四面围住，三个被我穿上'鬼衫'的人将唱响我教你们的歌曲，然后有些士兵就会一个个倒地而亡，其余的人就会跑掉，但他们的马却会陷进地里。"一名军官进行了报道，当地报纸也发表了

"矮牛"的这番话。有些人把"矮牛"的话解读为号召打仗,但事实并非如此。但其敌对的语气加深了人们对达科他人的恐惧。

※

内森·米克和犹特人的悲剧毫无疑问证明了不合格的印第安中间人会对印第安人和军队造成的严重损害。但一切都未改变。奶河事件发生13年后,裙带关系继续支配着机构人员的任命。南达科他的一名参议员对松岭提出主张,接着他就策划任命36岁的丹尼尔·罗耶(Daniel F. Royer)为机构中间人。此人是医生、记者、银行家、两届地方代表、药剂师,很可能还是一个瘾君子。罗耶不仅缺乏相关经验,而且见到印第安人就会让他感到不安。奥格拉拉人很快就看清了他的真面目,称他为"害怕印第安人的年轻人"。10月12日,也就是就职后的第四天,罗耶告诉印第安事务局,可能需要军队来维持秩序。

密苏里军分区的新任指挥官对罗耶的危言耸听充耳不闻。克鲁克将军的去世给纳尔逊·迈尔斯带来了第二颗将星和西部的最高职位。10月下旬,对松岭的一次访问让迈尔斯相信,救世主狂热将稳步蔓延。尽管如此,他还是警告奥格拉拉人,如果他们制造麻烦,他会"把他们打得屁滚尿流"。"鬼舞者"对迈尔斯的威胁嗤之以鼻。"矮牛"不是承诺救世主很快就会来,把"熊皮"迈尔斯和他所有的士兵都干掉吗?他们更没把罗耶放在眼里。当这位胆怯的中间人后来要求"鬼舞"的领头者们停止时,"他们只是笑着说,只要高兴,他们就会一直跳下去"。[19]

11月10日是配给品发放日,当罗耶下令逮捕一名因违反机构政策杀死一头阉牛的"鬼舞者"时,他的最后一丝权威消失殆尽。当机构警察出手逮捕该名男子时,"鬼舞者"包围了他们。人群中发出杀死警察的呼声。"美国马"酋长指责暴徒威胁"自己的族人",防止了流血事件的发生。惊恐万状的罗耶回到自己的办公室,开始向印第安事务局发出一连串电报,要求派出士兵保护机构雇员免受"这些疯狂舞者"的伤害。至于他自己,罗耶想一走了之。他告诉印第安事务局,形势微妙,要求他亲自向华盛顿官员通报情况;代理专员告诉他坚守岗位,尽职尽责。

在印第安事务局不知情的情况下,罗耶公开了他的处境,告诉当地媒体"鬼舞者"正在储备弹药(其实他们没有)并计划使用。"只有流血,"他坚持认为,"才是现在能阻止他们的一切手段。"罗耶的危言耸听毫无根据。诚然,松岭和玫瑰蕾溪的局势紧张而不稳定,一些"鬼舞者"确实变得不服管束,但没有可信的证据表明有领导人考虑使用暴力。如果罗耶希望在官方圈子里灌输足够的恐惧来促使华盛顿采取行动,他做到了。11月13日,哈里森总统命令陆军部长"负责制止任何可能爆发的乱象,并为此采取必要的措施"。

两天后,罗耶发出了最后的疯狂呼吁。他说,印第安人"在雪地里跳舞,狂野而疯狂"。这迫使迈尔斯将军出手。他派遣了1200名士兵到松岭,另外300名士兵到玫瑰蕾溪机构。普内特军区指挥官约翰·布鲁克(John R. Brooke)准将——一位一丝不苟且长期以来怀有良好意图但缺乏与印第安人打交道经验的军官——担任行动指挥,总部设在罗耶的空办公室。罗耶已放弃了职位,带着家人去了最近的城镇。

迈尔斯将军打算谨慎行事。陆军总司令约翰·斯科菲尔德少将也是如此。根据斯科菲尔德的判断,"目前不宜打扰'鬼舞者',也不应该做任何可能引发危机的事情"。但如果迈尔斯发现有必要像他威胁的那样,"把'鬼舞者'打得屁滚尿流",在松岭有一个团非常熟悉拉科塔人的作战方式:第七骑兵团。[20]

第二十二章　冲突的愿景

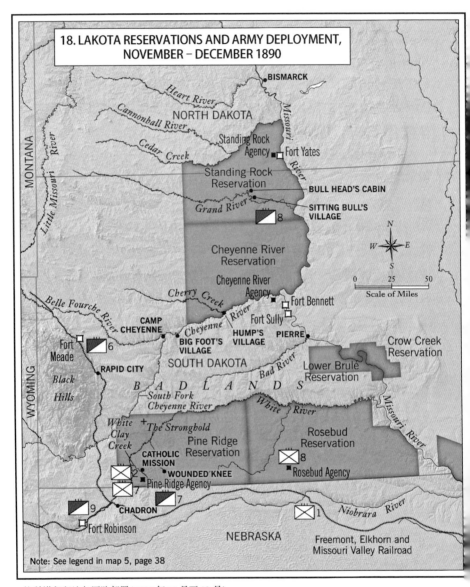

拉科塔保留地与军队部署(1890年11月至12月)

※

军队出现在松岭保留地迫使"红云"表明立场,他站在政府一边。"那些印第安人是傻瓜。"他谈到"鬼舞者"时说。"我想冬天的天气会让他们停下来。不管怎样,来年春天一切都会结束。我想不会有什么麻烦。"他没有亲眼见过"鬼舞";他的视力变得太弱,眼睛已看不太清了。他向来访的记者们保证:"等眼睛好了,我会去看的,并尽力阻止。""红云"会成功非常令人怀疑。他说服儿子杰克·"红云"不再参加"鬼舞"仪式,但这位68岁的酋长自己已太虚弱,甚至无法挑战军队的存在。他说:"当我们达成协议时,我们得到的承诺是保留地上不应有军队。但他们还是在这里,我想这也很好。"[21]

这可不太好。从未有士兵踏足过拉科塔保留地,他们的到来引起了恐慌。布鲁莱"鬼舞者",在"矮牛"和"踢熊"的带领下,放弃了玫瑰蕾保留地,以便不受干扰地举行仪式。未皈依者也逃离了。"双击"和克罗狗坚守传统的部落也加入了"鬼舞者",以避免被军队围捕。总共有将近2000布鲁莱人离开了保留地。只有几百名"进步人士"留了下来,占领军发现机构一片平静,乏味沉闷。

逃亡中的布鲁莱人曾希望在松岭避难。但当他们得知那里也有军队驻扎时,他们转向北边的巴德兰兹(西部的一片贫瘠地区)进发。一路上,他们大肆毁坏空置房屋,偷走进步拉科塔人遗弃的财产,这些人正涌向政府机构寻求保护。到大巴德兰兹后,布鲁莱人就把村子建在一片广阔的草地高原上一个几乎无法到达的角落里。军队将这个令人生畏的地方称为据点。11月下旬,数百名奥格拉拉"鬼舞者"和2000名拉科塔进步人士加入了布鲁莱人的行列,他们担心军队会解除他们的武装,没收他们的马匹。到12月1日,将近4000名拉科塔人聚

第二十二章 冲突的愿景

集到此处。这是自小大角河战役以来保留地外最大规模的北部平原印第安人聚集。[22]

松岭的布鲁克将军和芝加哥的迈尔斯将军都不想挑起对抗。当布鲁克派出和平使者去劝说拉科塔人离开巴德兰兹时,迈尔斯开始集结必要的力量包围保留地,并震慑那些拒不服从的印第安人。迈尔斯和布鲁克都同情拉科塔人。布鲁克将军斥责罗耶:"自从来到这里,我就睁大眼睛观察。太少,太少,简直太少啦。我不在乎他们是不是印第安人或他们是什么人。如果人们没有足够的食物,他们就不能得到满足,就会不满意,政府应该很快就能意识到这一点。"[23]

确实如此。11月28日,迈尔斯将军前往华盛顿特区,向哈里森政府和国会陈述了一个不折不扣的事实:印第安人急需食物;否则,战争不可避免。他迫使陆军部长用军队拨款购买额外的配给品,并促使内政部长启用备用资金将配给品标准暂时提高到1889年签订条约时的水平。他还带了一份个人购物清单。迈尔斯借鉴谢里丹在大苏族人战争中使用的策略,要求军队控制拉科塔机构的"警察和管理层",允许在需要时从全国各地调集军队,并有权逮捕和驱逐"鬼舞"的"主要领导人和组织者"。迈尔斯得到了他所要求的一切,并且在两周内动用八个团的近5000名士兵封锁了保留地,相当于美国作战力量的四分之一,有些人从远至旧金山的地方乘火车赶来。

迈尔斯的批评者发现他的行动奇怪地让人联想起杰罗尼莫之战,当时他集结了一支类似规模的庞大部队追捕人数不多的阿帕奇人。韦斯利·梅里特准将指责迈尔斯夸大了危险,以便升官加爵。梅里特的指控可能有一定真实性,但迈尔斯的策略是合理的。到12月中旬,外交手段、充足的配给品和含蓄的武力威胁,已诱使跑掉的进步奥格拉拉人及"双击"酋长和"克罗狗"酋长的部落返回了机构。敌对行动现在似乎不太可能发生。只有几百个死硬布鲁莱人和奥格拉拉"鬼舞者"仍坚守据点,他们深深陷入"鬼舞"之中,日夜祈祷,不会对他人构成威胁。如果时间允许,迈尔斯相信他们也可被劝降。夏延河保留地的 3000 拉科塔人中,只有"大脚"(Big Foot)酋长和"驼背"(Hump)酋长的部落——最多 600 个米尼孔朱人——是"鬼舞者"。在立石机构,不到 400 洪克帕帕人,占机构印第安人的近四分之一,接受了这一信仰。剩下的三个拉科塔保留地几乎没有皈依者。救世主狂热很大程度上已偃旗息鼓。然而,迈尔斯知道不能宣布胜利。他明白,只有国会能够通过履行"或恳求或强迫印第安人签署的条约义务",才能实现持久的解决方案。[24]

在孤立了"鬼舞者"之后,迈尔斯转向了计划的第二阶段:逮捕并驱逐领头者。"坐牛"的声望使他成为最大的威胁,所以迈尔斯首先在麦克劳克林的热切配合下对他采取了行动,与"坐牛"斗智斗勇的五年已使他陷入了一种不理智的紧张状态。1890 年 10 月,麦克劳克林告诉印第安事务局,"坐牛"是一个"没头脑的阻挠者",应该从立石带到军事监狱。麦克劳克林坚持认为,"坐牛"不仅满足了反动的标准,而且还是个懦夫,"一夫多妻的浪荡之徒,习惯性说谎者,低级狡猾之人,缺乏男子气概或令人可敬的性格特征,能够煽动他人就任何事情发泄不满。"

有一段时间,麦克劳克林和"坐牛"似乎有和解的可能。麦克劳克林希望"坐牛"理解白人权力,从而更加服从管束,于是他同意"坐牛"参加 1885 年在布法罗举行的"比尔·科迪狂野西部"表演。然而,麦克劳克林的计划适得其反。"坐牛"从东部回来后,他眼界大开,不仅使他更加独立于中间人,也加深了对白人生活方式的蔑视。首先,"坐牛"让他的族人直接面对"伟大的父亲"(总统)。中间人们撒了谎:白人并不认为"伟大的父亲"是神圣之人。相反,"坐牛"告诉他们,"旅馆里有一半的人总在取笑他,想把他从总统的位置上赶下来,让别人代替他。"至于国会议员,"他们爱妓女胜过爱他们的妻子"。像大多数白人一样,他们过于滥酒。事实上,"坐牛"告诉他的朋友们,"白人的灵魂都沾染上了威士忌的气味,以至于几百年气味都无法散去,只有大风和风暴才能将其净化,让来世的人可以忍受之后,才会让他们转世"。一回到立石机构的家,"坐牛"就时不时干些女人的活儿。当被问及原因时,他会说:"我正在努力学习成为白人征服我们后我们都会成为的样子。"

"坐牛"做得有点过了。他真心喜欢农业。他和大部分洪克帕帕人一起在格兰德河定居,格兰德河位于机构西南30英里处,距离耶茨堡40英里。"坐牛"和他的大家庭住在一片小木屋里,他种植蔬菜,收获燕麦,养牛和一大群鸡,还挖了一个地窖。这位"非进步人士"承诺要从土里谋生,在麦克劳克林的指导下,他做得比大多数印第安人都要好。[25]

除了公开出言反对1889年的土地割让,"坐牛"一直保持低调。然而,新兴宗教的事引起了他的兴趣。1890年10月,他邀请"踢熊"前往格兰德河教洪克帕帕人跳"鬼舞"。麦克劳克林的警察将"踢熊"驱逐出保留地,但在此之前,他已经向"坐牛"传授了信仰的基本知识。"坐牛"非常高兴,召集洪克帕帕人到他的聚居地,搞了一场"鬼舞"仪式。只有不到500人响应,但他们的热情弥补了数量上的不足。"坐牛"主持了仪式,并解释了造访了灵界的舞者感知到的启示。他从未说过他是否相信新的信仰。或许他认为这是一个重建权威的机会,他已把大部分权力让给了小大角河战役的英雄,战争首领盖尔(至少让给了拉科塔人),现在他变得进步起来。"坐牛"刚满59岁;与失败的"红云"不同,他仍然精力充沛,足以东山再起。[26]

麦克劳克林的解决方案得到了耶茨堡指挥官的赞同,即在12月20日配给发放日当天,在"坐牛"家中让机构警察将其逮捕,届时大部分洪克帕帕人都会在机构内,然后将他交给耶茨堡的一个等候在那里的骑兵中队。这将是一次艰难的行动,因为"坐牛"和麦克劳克林在对方的阵营中都安插有探子。中尉亨利·"牛头"(Henry Bull Head)这个曾在"坐牛"手下打过仗的拉科塔基督徒,是麦克劳克林安插在格兰德河的人。中间人悄悄让"牛头"在"坐牛"住处上方和下方布置了小分队以便增援。有警察盯着,耶茨堡的骑兵随叫随到,麦克劳克林除了等待配给发放日的到来,无所事事。

"坐牛"无意中改变了他们的计划。他接到了"矮牛"和"踢熊"的邀请,前去参观据点,他打算去。"牛头"中尉的两个线人偷听了"坐牛"的谈话,他们报告说,"坐牛"将于12月15日早上动身,并将射杀任何挡他道的警察。麦克劳克林同意"牛头"的建议,立即抓捕。12月14日晚,"牛头"下令警察在他的木屋集合。他收到了麦克劳克林的正式命令,实施和平逮捕。但命令包含了一个说明:"牛头"不得让"坐牛"在任何情况下逃跑。[27]

※

洪克帕帕警察约翰·"独人"(John Lone Man)是白人道路的忠诚追随者。从一个曾与卡斯特战斗过的熟练战士转变为一个虔诚的天主教农民,他成了麦克劳克林希望在任内灌输的"进步"精神典范;也就是说,他是"坐牛"所谴责的"白化"典范。当他的警察同伴查尔斯·"惧鹰"(Charles Afraid of Hawk)带来消息说"牛头"想让警察在其位于坐牛村西北三英里的小木屋里见他时,"独人"正在家里修理他的警用马鞍。对"独人"来说,这意味着在他休假的日子里要赶30英里的路。他和"惧鹰"推测他们被召回是为了逮捕"坐牛",这一想法让他们感到难过。当他们骑马去集合地点时,其他警察也加入了他们的行列。"当然,我们一路上有很多话要说,因为我们非常清楚,我们被要求采取最后的行动来镇压'鬼舞',它正在成为对部落的威胁。"[28]

晚上7点,"独人"和他的同伴到达了"牛头"狭窄的小木屋。还有四个志愿者也到了。其中一个是"坐牛"的妹夫;另一个是"坐牛"的侄子,他和酋长的继子合伙养牛,后来成为麦克劳克林的线人。曾经的忠诚正让位于拉科塔人的现实变化,而这正是"坐牛"的心病。[29]

晚饭后,"牛头"确认了召集大家来的原因:他们将根据中间人的命令逮捕"坐牛"。"牛头"派了两个人去抓"坐牛"最喜欢的马,给它套上马鞍,那是布法罗"比尔·科迪狂野西部"节目送给他的礼物,同时他和警察们进入了酋长的小木屋。其余人会在外面围成一圈。"独人",他的位置在门边,感觉到"即将有大麻烦"。

警察们有一搭没一搭地讲述着曾经的打仗经历,打发漫长的冬夜。黎明前,"牛头"带着大家进行基督教祈祷。1890年12月15日凌晨4点,冰冷的细雨中,骑着马的警察排成两列。"出发!"中尉下令,他们快步走进黑暗中。这趟旅程很诡异。"独人"完全被自己的想象左右。"当我们穿过格兰德河河床时,似乎猫头鹰在向我们吼叫,土狼们也在群嚎……就像在向我们发出警告。"[30]

离目的地一英里处,警察突然纵马飞奔起来。还差四分之一英里时,他们冲了过来。狗儿们狂吠起来,整个营地都被唤醒。警察在"坐牛"的小屋外下马。"牛头"和一个中士推开门,划燃火柴。闪烁的火光中,"坐牛"和他的一个妻子和年幼的孩子坐在床上,一丝不挂。14岁的儿子蹲在角落里。"坐牛"站了起来,警察们把他推向门口。"这真是个好办法,"他抗议道,"不让我冬天穿衣服。"他们留了足够长的时间,让"坐牛"的妻子从隔壁小屋里给他取衣服。酋长穿好衣服,三人走到门口。

屋外,警察们面对着越聚越多的"鬼舞者"。气氛紧张而不确定。

酋长年轻时的同伴"捕熊"(Catch the Bear)走上前来。"现在来了警察,"他啐了一口,"我们早就料到。你们以为能带走他。你们不该这么做。"他对人群喊道:"上啊!保护我们的首领。"警察队伍动摇了。小屋里,"坐牛"的儿子嘲笑起他的父亲。"嗯,你总说自己是一个勇敢的酋长。现在你却束手就擒。""坐牛"犹豫了。"那我就不去了。"他抓住门口说道。"牛头"恳求道:"走吧,就现在,别听他们的。""叔叔,没人会伤害你,""独人"插话道,"中间人想见你,然后就让你回来,所以请不要惹任何麻烦。"但"坐牛"拒绝让步。"牛头"抓住他的右臂,另一个警察抓住他的左臂,而第三个警察从后面把他推到院子里。人们挥舞着拳头大声咒骂。"警察想要维持秩序,""独人"说,但"毫无用处——就像试图扑灭一场诡异的草原大火"。

毫无任何征兆,"捕熊"掀掉披在身上的毯子,举起温彻斯特步枪,朝"牛头"侧面开枪。"牛头"仍然紧握着"坐牛"的手臂,从左轮手枪中射出一发子弹,击中了"坐牛"的胸骨,撕开了他的胸膛。警察和人群扭打在一起。又有三颗子弹射中"牛头",将他打死。"捕熊"瞄准了"独人",但枪却卡了壳。"独人"一把推开他的枪,用棍子敲向他的额头,夺过枪,重新上膛,然后开枪打死了这个煽动者。

"鬼舞者"撤到一片树林,一边撤退,一边开火,警察从棚子和畜栏后面还击。枪声平息后,"独人"注意到"坐牛"小木屋的窗帘后有动静。他拉开窗帘,看到"坐牛"的儿子和他面对面站着。"我的叔叔们,不要杀我。我不想死。"男孩恳求道。"独人"瞥了一眼"牛头"。受了致命伤的中尉呻吟着说:"随你怎么处置他吧。他是引起这场麻烦的人之一。""独人"和另一名男子开枪打死男孩,然后将他的尸体扔出门外。[31]

格兰德河对面的一座山脊上,一门大炮轰然响起,驱散了"坐牛"的追随者。尽管天已大亮,一片灰色的薄雾笼罩着整个村子。大炮不加瞄准地将炮弹射向"坐牛"小木屋。射击间歇,"独人"挥舞着白旗跑了出来,直到大炮不再射击,一个骑兵中队从高处冲了下来。伴随着"坐牛"妻子们的哀号,中队指挥官下马捡起一根树枝。他用树枝棍击"坐牛",说道:"坐牛——大酋长,你给你自己和你的族人带来了这场灾难。"死去警察的亲属对酋长的尸体发泄着他们的愤怒。几个人把左轮手枪的子弹通通射进尸体。一个人用斧头劈开他的脸;另一个人则用刀乱切一气。第三个人抓起一个牛车轭或棍棒——说法不一——把"坐牛"的头打得稀烂。"你们到底为什么要这么做?"一名士兵问道。"那个人已死。别动他。"为了防止"坐牛"尸体冻在地板上,一名陆军中士把它拖到了外面。

警察把伤者放在一辆骑兵救护车上,把死者放在一辆旧的农用马车上。当一名警官让他们把"坐牛"的尸体也扔进马车时,他们表示反对。他们说,把他放在同一辆马车里,会使他们死去的同伴蒙羞。中士坚持放在一起。人们口头上同意了。他们把"坐牛"不成形的尸体面朝下放在其他尸体的下面。

悲痛和恐惧中,"坐牛"手下的洪克帕帕人向南朝着夏延河保留地行进,希望能在米尼孔朱人处找到避难所。他们会把刚刚目睹的悲剧称为"黑战"。[32]

"坐牛"被杀两天后,"独人"带着他的家人去机构参加死去警察的葬礼。教堂里举行了天主教和新教的混合仪式,警察被以最高军事荣誉安葬在教堂墓地。一个连的士兵在墓地对空开了三枪,军号手吹响了乐曲。葬礼后,詹姆斯·麦克劳克林参加了另一个葬礼,这次是在耶茨堡。他和三名军官一起,看着一个粗糙的木制棺材,里面躺着"坐牛"的遗体,放进军营墓地角落的一个坑中,相当于乱坟岗。四名囚犯把泥土铲进坑里。没有举行任何仪式。也没有任何人讲话。

当天晚些时候,约翰·"独人"拜访了麦克劳克林。中间人搂着"独人"的肩膀,告诉他在与"鬼舞者"的斗争中,多么为他的行为感到骄傲。"当时我不是很勇敢"。"独人"后来坦白道。"他的评价差点让我泪流满面。"[33]

第二十三章
滥杀之地

除了"独人"和"坐牛"的一小群追随者,很少有人为这位伟大酋长的去世而哭泣。当然,西部人民对他的死拍手称快,而改革者们只对他死的方式感到悲伤。东部媒体嘲讽道,这个"凶残的老坏蛋""死得其所"。在拉科塔保留地,"坐牛"的死几乎没有引发一丝抗议。在立石机构,进步人士表达了麦克劳克林所说的"对战斗结果的满意"。在松岭机构,布鲁克将军说,友好的酋长们,大概包括"红云","承认处死'坐牛'是正义之举,并说他死得其所是件好事"。在据点,人们的反应也很平静。小型突袭队继续偷牛,主要在松岭保留地的范围内。但是没有白人遭到骚扰;事实上,唯一的杀戮发生在"矮牛"的手下与几个想回家的进步拉科塔人扭打的时候。颇具讽刺意味的是,刺杀"斑尾"的"克罗狗"不忍心看着拉科塔人自相残杀,收拾行装,带着他的战队和半个村子前往保留地,只留下不到200名战士和他们的家人在据点里。时间站在了迈尔斯将军一边。[1]

"坐牛"的死让夏延河保留地的米尼孔朱"驼背"和"大脚"成为据点外仅有的两个仍在坚持鬼舞仪式的拉科塔酋长。两人都没想过要挑起事端。"驼背"曾在小大角河战役带领过米尼孔朱小分队,但他反抗白人的决心一直都不坚定。大苏族战争期间,他一找到机会就向迈尔斯将军投降。当鬼舞仪式开始时,"驼背"被宗教热情所征服,带着他的村子去往上游朝拜,但他几乎立即就后悔作出了这个决定。不久后,他的朋友"大脚"酋长的部落加入了"驼背"的阵营,带着真诚的热情投入到鬼舞仪式之中。他们刚这么做,"驼背"就回到了保留地,应征成为他的老朋友"熊皮"迈尔斯麾下的一名陆军侦察兵。

"大脚"灰心丧气。本质上,这位65岁的米尼孔朱酋长是一个爱好和平的人,被拉科塔人尊为部落内部的"和事佬"。尽管恪守传统,但他提倡对拉科塔孩子进行教育,总在寻求新旧方式之间的平衡。"驼背"叛逃后,"大脚"带着他的部落回到了他们的村庄,并避开了鬼舞仪式。然而,部落中的年轻人仍保留着他们的鬼舞衫,坚守着信仰。小埃德温·萨姆纳(Edwin V. Sumner Jr.)中校的任务是在酋长村子附近的"观察营地"监视"大脚",他发现"大脚"很友好,而且"急于服从"命令,但中校也很担心。他相信"大脚"的本意很好,但他也看到酋长愈发控制不住手下的战士。

正如萨姆纳担心的那样,"大脚"并未如愿以偿。12月17日,这位伟大的"和事佬"启程回家,他收到了"红云"的呼吁,要他到松岭帮助恢复秩序,并许诺给他100匹马来解决他的麻烦。"大脚"本想不管这一请求,也就是说,直到他得知军队正从本内特堡——距夏延河机构最近的军事哨所——向他的村庄行进之前。第二天传来了更令人不安的消息。两个洪克帕帕年轻人带着"坐牛"的死讯和他们的人逃跑的消息走进了米尼孔朱人的营地。为了与拉科塔人做好事的传统保持一致,"大脚"派了十个人救济来自立石的难民。[2]

"大脚"派出的人发现洪克帕帕人处于一种可怜的状态。"驼背"也在那里,帮着军队围捕洪克帕帕人,并威胁说如果"大脚"的人出面干涉,就杀了他们。"大脚"带着一小群逃脱了"驼背"魔爪的洪克帕帕人出发回家。在与"驼背"遭遇的两天后,他找到萨姆纳上校,却发现来自军方高层的压力已经导致上校对他不满。因为"大脚"是最早信奉鬼舞教的人之一,迈尔斯将军认为他对拉科塔人的邪恶影响仅次于"坐牛"。迈尔斯从他在芝加哥的总部来到南达科他拉皮德城监督行动,他给萨姆纳发了电报,"务必拘捕'大脚'"。尽管这不是拘押

"大脚"的直接命令,但这份电报表明萨姆纳已经和他的上级不合拍了。[3]

突然冷若冰霜的萨姆纳要求"大脚"解释为何窝藏洪克帕帕人。因为他们是拉科塔兄弟,"衣不蔽体、饥寒交迫、脚底溃烂、疲惫不堪",酋长回答,"稍有爱心之人都不忍视而不见"。萨姆纳稍有缓和。"立石的印第安人完全符合他的描述,"他在后来的报告中写道,"事实上,看起来如此可怜,我立刻放弃了所有认为他们是敌对分子的想法,甚至都不值得抓捕。不过,我接到的指示是把他们拿下,我打算就这样做。"

这并不容易。"大脚"的下属拒绝交出洪克帕帕人。"大脚"说服萨姆纳不要强行行动,他会让他的人在第二天,即12月23日,交出这些洪克帕帕人。不幸的是,罹患肺炎的"大脚"再也无法兑现自己的承诺,他在与萨姆纳谈判后倒下了。随着他们酋长的倒下,米尼孔朱人和他们的洪克帕帕朋友们平静地在他们的小屋里度过了12月23日。那天晚上,萨姆纳回到"大脚"的村落。晚上睡觉前,他让米尼孔朱人信任的一个当地牧场主,先行骑马前去劝"大脚"至少同意前往本内特堡。

萨姆纳派错了人。气喘吁吁的牧场主飞奔到"大脚"的小木屋,把萨姆纳的话进行了可怕的曲解,或者说刻意歪曲,敦促米尼孔朱人"如果想保命的话",马上前往松岭保留地。米尼孔朱人们把他们病重的酋长放上一辆马车,和洪克帕帕人一道去往了南边50英里外的松岭机构。[4]

萨姆纳上校在空无一人的米尼孔朱村庄度过了一个惨淡的平安夜。一名信使从迈尔斯那里带来一份电报,告诉他"大脚"显然"既目中无人又充满敌意"。萨姆纳应立即逮捕他的部落并解除其武装。上校只能惊讶地耸耸肩。很明显,迈尔斯不了解实情。"如果'大脚'持

敌对或挑衅的态度,"萨姆纳后来写道,"直至接到命令我才意识到这一点。"⁵

"大脚"的逃跑——迈尔斯称之为米尼孔朱人迂回通往松岭之路——激怒了将军。一切都指向了和平解决鬼舞危机的方案。在据点,呼啸的冬风和流感暴发抑制了顽固分子的热情。友好的布鲁莱人与奥格拉拉酋长和头人们与"矮牛"和"踢熊"举行了会谈,他们似乎准备投降。但现在"大脚"已逃之夭夭。迈尔斯推断,如果"顽抗到底的"酋长到达据点,他可能会激起鬼舞者们打仗。新的命令向战场上的所有部队发出:找到逃亡的米尼孔朱人,用迈尔斯的话来说,他们会"将为避免印第安战争所做的一切努力化为泡影"。他不会容忍任何折中的办法。他打电报给在松岭的布鲁克将军:"我希望你能把他们全部包围起来,解除他们的武装,并将他们严密关押。'大脚'很狡猾,他手下的印第安人没一个好人。"⁶

※

迈尔斯说得太离谱了。"大脚"没有任何恶意。他穿着厚重的大衣、裤子、夹克和羊毛内衣前往松岭,看起来更像一个贫穷的农场工人,而不是拉科塔酋长。"大脚"头上围着一条大围巾,这让他看起来像个憔悴的老妇人。即便有心,"大脚"也病得根本没有能力煽动动乱了。躺在一辆冰冷、没有弹簧的农夫货车的床上被人推来推去,他已时日无多。

至于"大脚"手下的那些"印第安坏人",远非迈尔斯想象的那样,他的族人根本不知道其存在,也不知道松岭发生的事情。通往松岭的路上空荡荡的拉科塔小屋一直困扰着他们,直到他们的侦察兵遇到一个奥格拉拉人,此人告诉了他们机构发生的事情和士兵们的到来。奥格拉拉人补充说,一切都会好起来的,因为松岭的首领们已经去据点谈判投降了。(奥格拉拉人不知道,事实上,"矮牛"和"踢熊"已经在投降的路上了。)"大脚"很高兴。他嘶哑地低语着,一边说话一边吐血,告诉奥格拉拉人,他带着和平而来,将沿着主路前往该机构。

前提是他能活着到那儿。酋长岌岌可危的健康状况是米尼孔朱人的首要担心。圣诞节那天穿过冰冷的白河后,他们露营了两天。到机构的最后40英里并不好走。白河和松岭之间有五条小溪,天气变得愈发糟糕。草原上的强风将尘土搅成炫目的云。铅灰色的天空暗示着即将下雪。他们认为,最好让"大脚"歇一下,然后慢慢走。[7]

与此同时,军队正在四处搜寻米尼孔朱人。松岭机构藏不住秘密。印第安探子随时向布鲁克将军报告"大脚"的下落。12月26日下午,布鲁克命令塞缪尔·怀特赛德(Samuel M. Whitside)少校率第七骑兵团第一中队的200人进行拦截,让米尼孔朱人下马并解除其武装。布鲁克是个明智的人,他宁愿自己亲自前往,以免吓着米尼孔朱人,但命令就是命令。为了阻止反抗,他给了怀特赛德两挺霍奇基斯机关枪。小口径的霍奇基斯看起来更像是一把骑行枪,而不是一把军用野战枪,它可以维持精确而惊人的快速射击速度,这远远超过了它小巧的体积。[8]

"大脚"的部落既没躲藏也不想打仗。12月28日,当米尼孔朱人破营而去时,来自"矮牛"的探子警告他们有骑兵在伤膝溪一带巡逻,建议他们绕过士兵。"大脚"挥手让他们离开,告诉他的族人,他们必须直接去士兵的营地,表明他们的和平意图。

那天下午早些时候,第七骑兵团和米尼孔朱人相遇了。双方逐渐接近时,怀特赛德以霍奇基斯机关枪为中心摆开战线,准备行动。"大脚"的人向后退去,但酋长告诉他们要"冷静自信,不要害怕",慢慢走向士兵。28岁的战士杜威·比尔德(Dewey Beard)是服从命令的人之一。他希望为忠诚而死,但决心以某种荣耀的方式离开这个世界,他在一挺霍奇基斯机枪旁下马,把胳膊塞进了枪管。[9]

"大脚"的马车驶来的嘎吱声打断了杜威·比尔德即兴的死亡仪式。酋长的情况震惊了怀特赛德。他看到的不是人们告诉他的那种根深蒂固的敌意,而是一个饱受痛苦折磨的老人。怀特赛德盯着看了一会儿,然后把毯子拉了下来,以便更好地看清酋长那张憔悴的血淋淋的脸。"你能说话吗?还说得出来吗?"怀特赛德问。

"你好!"

"你好,朋友"(印第安语"How, Cola"),少校用印第安语问候时,"大脚"无力地握着少校的手。"我听说你带着敌意而来,但我现在看到你今天在这里,很高兴见到你。我要你和我一起去营地。"

"好的,""大脚"说,"我正要去那里。"

怀特赛德通过翻译约翰·尚劳(John Shangrau)与"大脚"交谈。"约翰,告诉他,我要他们的马和枪。"

"你看,少校,如果你这样做,这里肯定会有一场战斗;如果打起来,你会杀了所有这些女人和孩子,男人们则会离你而去。"

"但我得奉命行事。"

"好吧,"尚劳说道,"我们最好先把他们带到营地,然后再打马和枪的主意。"

"好的;你告诉'大脚',到伤膝溪的营地去。"

"大脚"同意了。怀特赛德为酋长提供了一辆军用救护车,以让他舒服点,这一举动得到了印第安人的赞赏。

会说英语的米尼孔朱战士约瑟夫·霍恩·克劳德(Joseph Horn Cloud)偷听了两人的谈话。他回忆道,怀特赛德要求"大脚"交出25支步枪作为善意的举动,但这一要求被酋长礼貌地拒绝了,他说他担心他的族人交出武器后可能会受到一些伤害,承诺一旦他们到达机构,就会交出所有的武器。[10]

两位领导人谈判时,士兵和印第安战士们已友好地打成一片。米尼孔朱人对霍奇基斯机枪产生了浓厚的兴趣。他们一边敲着枪管,一边说"好枪,大好枪"。[11]

※

日落时分,第七骑兵团和拉科塔人在伤膝溪西岸一片荒凉的600码宽的平地上停了下来,这里是奥格拉拉机构的一个小社区,他们被"鬼舞"吓到,跑到了这里。废弃的小木屋点缀其间,铁丝网围着一片休耕地。

对双方来说,这都是一个令人沮丧的宿营地。怀特赛德少校把印第安人领到一片两英亩的土地上,背靠一个宽而陡的25英尺深的峡谷。峡谷一些地方长着茂密的灌木丛,蜿蜒向东穿过一片没有树木的开阔地,流入伤膝溪。骑兵在印第安人东北300码处扎营。一小片田野把骑兵营和印第安村庄隔开。怀特赛德有一顶西布利圆锥帐篷,用炉子生火取暖,搭在骑兵营南边供酋长和他的妻子使用。士兵们则在印第安村庄又支起了五顶西布利帐篷,为那些没有小屋的人提供住处。少校给印第安人发放了些咖啡、糖和熏肉,并允许他们放马吃草。[12]

怀特赛德一边大发善心,一边也做好了战术准备。他把霍奇基斯机枪布置在骑兵营西面的一个转弯处,枪管正对着一排排破烂的印第安人小屋,并在米尼孔朱人村子周围布下了20个哨兵岗,只允许从小溪中取水的女人通过警戒线。怀特赛德确信"麻烦会接踵而至",于是请求增援力量来协助解除"大脚"手下的武装。布鲁克将军给迈尔斯发去了当天的进展。迈尔斯敷衍地回复道:"好吧。用足武力。恭喜你。"布鲁克下令第七骑兵团第二中队,携另外两挺霍奇基斯机枪和一个夏延和奥格拉拉侦察兵连增援怀特赛德。他还邀请了弗朗西斯·克拉夫特(Francis M. Craft)神父,一位精通拉科塔语的耶稣会传教士(印第安人对他有着深厚的感情),加入纵队一同前往,协助团长詹姆斯·福赛思(James W. Forsyth)上校赢得印第安人的信任。

福赛思可能也需要帮助。这位55岁的俄亥俄人满头白发,留着山羊胡子,战功卓著,包括内战期间的几次英勇事迹,以及1886年任第七骑兵团团长之前担任菲尔·谢里丹的副官和军事秘书20年的经历,那是在平原上的战斗结束很久以后。

布鲁克对福赛思的口头命令干脆而严厉。他要"解除'大脚'的武装,防止任何人逃跑,[以及]如果他们战斗就予以全歼"。米尼孔朱人不知道他们并不会前往松岭。一旦解除武装,他们将被押往最近的火车站,前往奥马哈,然后最终返回到夏延河保留地。迈尔斯和布鲁克想让他们离开奥格拉拉人的领地。[13]

晚上8点30分,福赛思到达了怀特赛德的宿营地。他发现"一切顺利",就拿起了一桶威士忌。一个当时和福赛思在一起的记者断言:"那天晚上第七骑兵团的军官们玩得很开心,庆祝'大脚'被抓。"午夜过后的某个时候,两人握手分别,"躺下进入梦乡"。

米尼孔朱人的营地没有发生任何令人愉快的事情。不安中,大多数拉科塔人度过了一个不眠之夜,想着黎明到来时会发生什么。杜威·比尔德只短暂地打了个盹。对孩子们可能遭遇的恐惧让杜威·比尔德夜不能寐,食不甘味。天亮前,杜威·比尔德的父亲从"大脚"的帐篷里出来给他的儿子们出主意。"他们说这是和平,但我肯定今天会有战斗。我一生都在打仗,我知道当我的心越来越苦的时候,必定会有一战……我亲爱的儿子们,团结起来,如果你们为保卫亲人战死,我会感到欣慰。"[14]

第二十三章 滥杀之地

※

起床号于 1890 年 12 月 29 日凌晨 5 点 15 分响起。两小时后太阳升起。印第安人从他们的小屋里走出来,沐浴在这个清冷的早晨的阳光下,亲眼看到自己最害怕的事情摆在眼前。八支骑兵部队包围了村庄。四挺霍奇基斯机枪子弹上膛,从一个小山丘顶上瞄准着村子。士兵和侦察兵的数量几乎是拉科塔战士的五倍。包括炮兵在内,共有 36 名军官、436 名士兵和 110 名印第安侦察兵,他们面对着 120 名达到战斗年龄的男子和 250 名女人、孩子、老年米尼孔朱人和洪克帕帕人。

双方都少有人见过打仗。小大角河战役时,大多数战士还是个孩子。第七骑兵团百分之二十的士兵是新兵,甚至从未开过枪。仅有几个曾在卡斯特手下服役的中士和六名指挥官有作战经验。武器装备也没怎么改进,士兵们仍携带单发卡宾枪和左轮手枪。"大脚"的战士们装备着更好的连发步枪。但如果福赛思上校缴械有方的话,印第安人很快就会放下他们的武器。[15]

早上 8 点,翻译把拉科塔人召集到怀特赛德营地和印第安人营地之间的空地上。一些印第安人在脸上涂了油彩,几乎所有人都穿着"鬼衫"。福赛思上校在约翰·尚劳的翻译下,对战士们发表了"亲切而愉悦"的讲话。福赛思说,他很后悔解除他们的武装,但拉科塔人是囚犯,因此必须交出所有武器——为此,上校承诺,他们会得到补偿。他恳求他们不要强迫他寻找枪支,"而是要对他有信心,主动把枪交出来"。克拉夫特神父对结局持谨慎乐观的态度,但福赛思的副官做好了最坏的打算。他从来就不相信印第安人会毫不犹豫地放弃步枪——其最珍贵、最昂贵的财产。在此种情况下,印第安人选择了消极抵抗,干脆不理福赛思。[16]

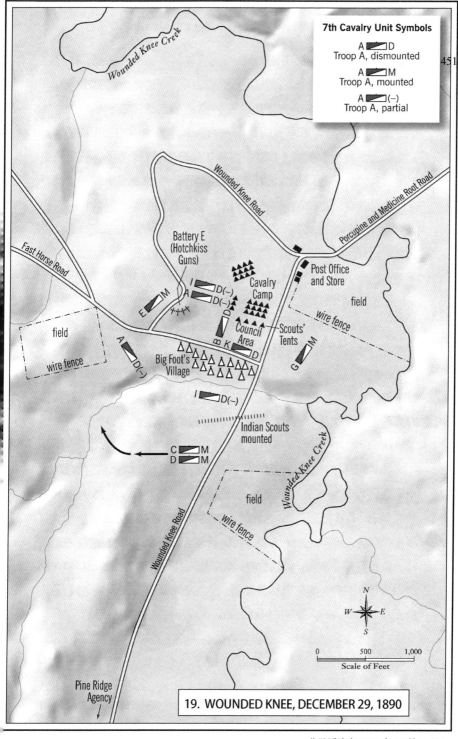

伤膝溪惨案(1890年12月29日)

一头雾水的福赛思不知如何是好,让怀特赛德少校负责。怀特赛德受够了印第安人的拖延,让尚劳召集战士。他想要他们的步枪——现在就要。翻译尽职尽责地把信息传递给了已卧床不起的"大脚"。然而,酋长也已忍无可忍。他试图与白人和平相处,听从印第安中间人反复无常的命令和军官专横的要求。他已向怀特赛德保证,他的族人一到机构就会交出武器,为什么少校不相信他的话呢?为什么迫切需要解除他们的自卫工具?他答应交出一些破旧步枪,但把好的留下直到他的人到达松岭。尚劳恳求"大脚"重新考虑,但垂死的酋长固执己见。

菲利普·威尔斯(Philip Wells)也是一个双语混血儿,他接手了翻译工作。尚劳走开了,显然没有告诉怀特赛德"大脚"说了什么,因为少校选了20个印第安人,命令他们去拿步枪。他们带着一堆破枪回来了。福赛思和怀特赛德并不开心。福赛思从短暂的沮丧中恢复了过来,他让医院工作人员用毯子把"大脚"抬出帐篷,也许酋长可以通情达理地说服他的手下。但没用。"大脚"坚称已没有枪了,萨姆纳的部队都把枪烧了。战士们关切地看着他们装聋作哑的首领。血从他的鼻孔里流了出来。他试图坐起来告诉他的追随者保持冷静,但又倒在了他的小床上,再也说不出话来。[17]

福赛思乱了阵脚。他厉声对垂死的酋长说:"我对你们这么好,你却骗我。"在怀特赛德的建议下,上校召集了人数大约各为55人的B队和K队,封锁了会议区。B队在战士的侧翼面朝东边徒步列队。K队部署在拉科塔人和他们的村庄之间,面朝北边。士兵和战士相隔五码对峙。新兵们坐立不安;年轻的拉科塔人抱怨不断。几个人试图挤过士兵的列队。菲利普·威尔斯指责印第安人"毫无诚信";团部副官说,他们的反应"就像罢工者在劳工纠纷中经常表现出的那种阴沉反抗"。[18]

气氛变得愈发凝重。福赛思告诉查理斯·瓦尔纳姆(Charles Varnum)上尉和乔治·华莱士(George Wallace)上尉各自带一个小队进村搜查武器。上校努力镇定下来,轻声对战士们说话,显然没有意识到局势已到一触即发的临界点。瓦尔纳姆上尉当然意识到了这种危险,尤其是在他瞥见会议区域几名战士毯子下藏着的步枪之后。

对村子的搜查如瓦尔纳姆所预料的那样进行着。女人们尖叫咒骂进村的士兵们。中尉发现所有的东西都藏得很好,他"几乎只能把它挖出来"。女人们用上了各种方法藏武器。"我发现的第一支步枪藏在一个女人身下,她在呻吟,极为反感搜查,我不得不把她移开,在她身下藏着一把漂亮的温彻斯特步枪。"瓦尔纳姆和华莱士试图维持秩序,但队伍已变得不耐烦了。他们掀翻横卧的女人,从坐着的女孩裙下抽出藏着的步枪,把小屋翻得乱七八糟,不放过任何类似武器的东西。

杜威·比尔德听着小屋里的动静。他一直在等待合适的时机爬上马车躲起来,避开双方的会面。他回忆道:"当我向外看时,我看到士兵们抱着枪、刀、斧、撬棍、战棍、弓箭走来。"他赶紧挖了一个洞,埋了他的卡宾枪,还没埋好,一个士兵就把他的头伸进了小屋,命令他趴在地上。他想起父亲的话,做好了最坏的打算。"我拿了一些子弹,埋在我的小屋外面,就在门前,用粪便盖住,这样,如果会面有麻烦的时候,我就知道在哪里可以找到弹药。"[19]

※

从米尼孔朱人的村子里搜出了 40 支老旧步枪,大多无法使用。福赛思上校再次要求"大脚"交出怀特赛德少校前一天看到的战士们挥舞的步枪。酋长又一次坚持说萨姆纳已把它们都拿走了。现在只剩下一个选择:对每个战士挨个搜身。菲利普·威尔斯宣布了做法——拉科塔人将一个接一个地通过 B 队和 K 队之间的一个缺口,怀特赛德、华莱士和瓦尔纳姆将在那里挨个搜身。年长的人同意了,但年轻战士们予以拒绝。身着黑色长袍的克拉夫特神父穿过人群分发香烟,试图安抚他们。[20]

很少有战士听他的。他们把注意力转向了一个名叫"直坐"(Sits Straight)的有"魔力"之人。他穿着一件精心制作的"鬼衫",戴着一顶飘逸的军帽,脸上涂成了绿色,在会面地边上一个人跳起了"鬼舞"。"直坐"扭曲着身体,不停旋转,提醒战士们,他们的"鬼衫"拥有神力。福赛思上校两次告诉他停下来,让他像他的名字那样,直直坐下。"大脚"的小舅子反驳道:"他绕圈的时候会坐下的。""直坐"绕完了圈,默默蹲了下来。至少到目前为止,危机已经避免。[21]但这时一个聋子战士——一些印第安人说他要么是精神错乱,要么"一无是处",或者两者兼而有之——接替了"直坐"。他把步枪举过头顶,宣称这花了他很多钱;如果有人想要,必须付钱给他。三名骑兵士官从后面走近他。两人抓住他的胳膊,第三人试图夺下步枪。然后枪走火了。仿佛是由于枪声的召唤,"直坐"一下跳了起来,抓起一把泥土,扔向空中。六名战士从毯子下面拿出温彻斯特步枪。对一个队列里吓坏了的中尉来说,他们似乎僵在了那里。"我想,真可惜!他们想干什么?"米尼孔朱人"长牛"(Long Bull)本可以回答他的。"印第安人很喜欢白人。只有在有人伤害他们,撕破他们的衣服,夺下他们的枪时,他们才会发火。这才会使我们战斗。"

"擦枪走火的一声枪响就像草原之火引发了快速反应。"K队陆军上士西奥多·拉格纳(Theodore Ragnar)哀叹道。克拉夫特神父清楚谁先开的枪:"印第安人被这一枪打得兴奋不已,密集地向B队和K队开火,他们射出的子弹像割草一样,使站在营地里从士兵后面观看的本村女人和孩子纷纷倒地。"[22]

混乱随之而来。战士们或抓起死去士兵的卡宾枪和弹带,或夺回已上缴的武器。拉科塔人以最快的速度用他们的15发温彻斯特步枪射击，摧毁了B队和K队。没人费心重装弹药。当子弹打空后，战士和士兵们用左轮手枪、步枪枪杆、刀子和战棍进行肉搏。华莱士上尉用他的左轮手枪射杀了四名战士，随后一颗子弹射中他头顶。显然无法透过烟雾认出神父的黑色长袍，一名战士用刀刺入神父的背部，刺穿他的右肺。倒下之前，神父还一直在为受伤的士兵祷告。一名战士冲向菲利普·威尔斯。翻译单膝跪下，用他的步枪枪杆抵挡印第安人举起的屠刀。印第安人的手腕砸向枪杆，但刀刃几乎割断了威尔斯的鼻子，被割下的鼻子吊在他的嘴上，仅连着一片皮肤。威尔斯射中了战士的侧面。一名下士冲了上来，用他的步枪近距离射中拉科塔人俯卧的身体。不一会儿，下士也中枪死了。

枪击开始时，"大脚"酋长试图从担架上起来观看血腥的战斗。就在他这么做的时候，一名军官和一名士兵从背后朝他开了枪。起初，没人注意到。一名战士回忆道："烟雾弥漫，我什么也看不见。所以我没有轻举妄动，只是站在那里。浓烟散去后，只见'大脚'躺在地上，额头上有血，头偏向右边。""大脚"的妻子在他身边扭动着，左腿骨折了。[23]

杜威·比尔德只带了一把刀，除了士兵闪光的纽扣，他在黑暗中看不到任何东西。一个骑兵的卡宾枪在他耳边射击。杜威·比尔德需要一把枪，他冲了上去，把刀插进士兵的身体。受伤的人卡住杜威·比尔德的脖子，杜威·比尔德又一次用刀扎进他的身体。士兵倒下了，杜威·比尔德骑在他身上，用一只手按住那个人的头，另一只手拿刀捅他的腰，直至他不再动弹。另一名士兵向杜威·比尔德开枪，但没打中，反而打死了一名士兵。杜威·比尔德已经经历了很多次近距离战斗。他冲过村庄，向峡谷跑去。他身后的烟雾下，躺着26名死伤的士兵，据福赛思上校统计，还有62名印第安战士被打死。整个过程持续了不到 10 分钟。[24]

冲突的第一阶段——会面地的混战——已经结束。第二阶段——贯穿村庄的追击——开始于拉科塔战士突破 B 队和 K 队的队列,士兵们转身向他们开火。印第安人慢慢撤退,面向前方,边跑边开枪。拉格纳中士把卡宾枪对准"一个倒着后退的红皮人,我一直冷静地瞄准,直到最后用一颗子弹射穿他的头"。

会面地的硝烟飘到了村子里。"太浓厚了,"一个米尼孔朱女人说,"浓得连士兵都分不清谁是战士,谁不是。"任何移动的东西都成了靶子。喧闹声中,军官们喊道:"停火!"一些士兵因过于激动而无视命令,继续射击。"在那种怪异的寂静中,四面八方都传来了尖叫声,"一个中尉坦白道,"让人们对所发生的一切感到恐惧——那些背上背着婴儿的女人也被杀了。"[25]

伤膝悲剧的第三阶段——屠杀拉科塔非战斗人员——才刚刚开始。双方会面地前的空地上空响起枪声后,村子里已惊慌失措的女人、孩子和老人向三个方向冲去。一些人挤进马车,沿一条通往西北的路跑去,离他们最近的士兵在印第安人经过时没开枪。其他人向东朝伤膝溪跑去。这些人就没么幸运了,因为另一个部队的士兵冷酷地枪杀了他们中的几个人,包括五个试图逃脱骑兵追赶的女孩。士兵追上她们之前,女孩们坐了下来,面对着杀害她们的凶手。士兵们举起步枪,女孩们用毯子蒙住脸,火光一闪,她们应声倒地。

到目前为止,最多的非战斗人员,与几十名战士混杂在一起,要么跑,要么驾着马车一头扎进村子南面的宽阔峡谷。峡谷成了伤膝的杀戮场,炮兵成了滥杀滥伤的刽子手。

霍奇基斯机枪手已将这场战斗的开始尽收眼底。只要士兵们和印第安人混在一起,他们就无能为力。但当 B 队和 K 队的幸存者撤至山丘下寻求掩蔽时,艾伦·卡隆(Allyn Capron)上尉命令他的炮兵连射击,开始了大屠杀的第四阶段——不加区分地炮击拉科塔战士和非战斗人员。几枚炮弹瞄准了2500码外的印第安人,他们对任何人都没有威胁。但大部分炮弹以每分钟30发的速度密集地飞向村子,就像在一个密闭的咖啡罐子里爆炸,罐子里覆盖着一层层用锯屑包裹的金属球。近距离射击时,会造成毁灭性影响,将小屋、人和动物炸得粉碎。一个女人身受14处伤,但活了下来。另一个女人将她满是伤痕的身体拖到最近的受伤士兵身边,并在他的战友开枪击中她头部之前将一把刀刺进了受伤士兵的胸口。

卡隆上尉后来为自己的行为辩护,理由是不可能区分战士和女人,"她们好像都在开火。"鉴于浓到几乎无法看透的烟雾和迅速展开的混乱局面,卡隆上尉可能说的是实话。克拉夫特神父,能找到的最不带偏见的参与者,赦免了卡隆的犯罪意图。这位神父间接指责战士们炮击了村庄,后来他作证说,当霍奇基斯机关枪开火时,几名拉科塔人正在他们的小屋内开枪。尽管如此,炮击还是在村子里持续了近30分钟,直到炮手将炮筒转向峡谷,村子里到处都是燃烧的小屋。[26]

开打后,福赛思上校跑上了小山丘。他不仅不反对卡隆的做法,而且除了在炮台旁潦草地写了一份简短报告给布鲁克将军,没做任何重要的事。上校似乎只是一个沉默的观察者,看着不可理喻的屠杀在眼前展开。怀特赛德少校后来对他的妻子声称,他自己"管理着整个行动"。事实上,没人行使全面管控,少有军官能够约束他们的手下。

在霍奇基斯机枪撕开村庄之后,足够多的战士继续抵抗,让第七骑兵团的愤怒——他们认为自己是印第安人背信弃义的受害者——处于狂热状态,这只会延长杀戮。一位卷入了这场战斗的新闻记者称之为"一场灭绝战争。唯一的策略是见到印第安人就杀"。拉格纳中士将大部分杀害女人和孩子的行为归咎于该团的新兵:他说,他们的行为举止"对不起这身军装"。[27]

第二十三章 滥杀之地

峡谷里,受伤的女人们用手刨洞藏她们的孩子。杜威·比尔德躺在她们中间。他身中两枪,先是手臂,然后是"膝盖"。杜威·比尔德因失血过多而晕倒,他看着峡谷顶端的士兵射杀眼前的每一个女人和孩子。"当我看到那些躺在血泊中死去的婴儿,我觉得即使让我生吃士兵也无法平息我的愤怒。"杜威·比尔德挣扎着站起来,沿峡谷向西走去。拐过一个弯时,他碰到了受了重伤的母亲。她恳求他不要停下来。另一颗子弹又击中了她,她瘫倒在地上,死了。

炮击和步枪射击渐渐平息了下来,峡谷变得寂静无声。拉格纳中士和他的士兵爬下河岸,命令他们清理战场,这是第五次暴力行动,也是最后一次。尸体成堆。一家人在翻倒的手推车下痛苦地扭动着,他们的腿被压断了。"昨天我还给了这个年轻漂亮女人一支烟,现在她躺在那里,奄奄一息,两条腿都被炸掉了。她躺在那里并未哭泣,苍白的嘴唇淡淡一笑,算是跟我打了个招呼。"

突然峡谷西端枪声大作。30个女人和包括杜威·比尔德在内的十几个战士躲在一个树木茂密的沟壑中,被一条狭窄的壕沟与峡谷分开。杜威·比尔德因失血过多,已无法用他的温彻斯特步枪开枪,但其他战士赶走了拉格纳中士和他的手下。卡隆上尉将一挺霍奇基斯机枪推到沟壑入口处。然后子弹如"雷雨风暴"般劈头盖脸地射过来。一枚子弹将杜威·比尔德身边一名男子的肚皮撕开一个6英寸宽的血洞。另一发子弹击中了一个女人的肩胛骨。杜威·比尔德说她笑了,根本没有意识到自己的伤口。"然后从我身边这些垂死的族人口里,传来一首死亡的哀歌,即便铁石心肠之人也难免潸然泪下。"继续待在沟壑中就意味着死亡。"即使不再射击,浓厚的硝烟也会让受伤的人窒息而死。"[28]

沟壑中的屠杀持续了20分钟。随着印第安人反击的减弱,士兵们小心翼翼地向前推进。混血儿菲利普·威尔斯,被割下来的鼻子还吊在嘴边,对着烟雾缭绕的坑洞大声喊道:"所有还活着的人都站起来走过来,不会有人再对你们开枪了。"几个印第安人走上前来。然而,不见杜威·比尔德。不知他怎么一路逃到了草原,在那里遇到了五个来自松岭机构的奥格拉拉战士,他们把他带到了一个安全的地方。

曾经的米尼孔朱小村现在成了一个硝烟弥漫的屠宰场。烧得焦黑的断裂帐篷杆、破损的马车、死伤的马匹,以及遭毁后印第安人营地的杂物散落四处。一名记者发现45个死去的战士"穿着他们牢不可破的'鬼衫'"倒在双方会面地;另一名记者在半英亩的平地上清点出了48具印第安人尸体。[29]

菲利普·韦尔斯震惊得跌跌撞撞,"血流如注,我已麻木。这些白人是来救你们的,而你们自己却自寻死路。尽管如此,如果受伤的敌人已无力造成伤害,白人还是会仁慈地施以援手;所以如果你们中有人还活着,请举手;一个和你有血缘关系的人在和你说话"。十几只手举了起来。一名受伤的战士用胳膊肘支撑着自己,问他是否知道一个军用帐篷残骸附近烧焦的拉科塔尸体的身份。威尔斯说,他认为这是"直坐"。这位战士指着尸体,伸出手指——拉科塔人的侮辱手势——咆哮道:"如果我在你面前,我会捅你一刀!"然后,他对威尔斯说:"他就是杀害我们的凶手!要不是他煽动我们的其他年轻人,我们都会快乐地活着!"

搜寻幸存者的工作开始了。一个尚存人性的士兵在搜寻战场时,发现了一个死去的女人和她的婴儿,孩子当时正在啃一块硬面。他抱起孩子,拥在怀里。接着,他发现另一个死去的女人,旁边还有一个还活着的婴儿。他把两个婴儿带到医院帐篷里,那里聚集了许多印第安女人。当士兵靠近帐篷时,他遇到了一个身材魁梧的中士,此人建议士兵把婴儿摔在树上弄死;否则,中士说,"总有一天他们会和我们打仗"。士兵感到厌恶不已,向后退缩,"我告诉他,我宁愿把他摔死,也不愿摔那些无辜的孩子。印第安女人们高兴万分,我救下了两个孩子,她们激动地几乎亲吻了我"。[30]

在清点死者和收治伤员的同时,一辆满载配给品和"大脚"部落草料的货车出现了。车夫们把东西卸在地上,把一袋袋燕麦放上车,然后在上面铺上一层厚厚的干草。这是受伤的士兵和幸存的印第安人(他们几乎都是女人和孩子)感受到的唯一安慰。日落时分,这队悲伤的人们开始向松岭进发。马车没有搭载拉科塔死者的空间,他们被留在了他们倒下的地方——就像冬日月光下的些许暗斑一样。拉格纳中士说:"他们的和平标志——白旗,在风中轻轻摇曳。"

福赛思在晚上九点半到达松岭机构。他失去了一名军官和24名士兵,另有4名军官、33名士兵和2名平民(威尔斯和克拉夫特神父)受伤。印第安人伤亡的详细数字还需等待,但很明显,数字惊人。福赛思对布鲁克将军说:"'大脚'团伙实际上已不复存在。"

松岭的拉科塔人也是如此。那天早上霍奇基斯机枪低沉的隆隆声远在机构都能听到。几个战士听出了那是什么声音,就向"车上枪响"的地方纵马而去。他们包括救助杜威·比尔德的人,以及有"魔力"的奥格拉拉人"黑鹿"。还是个孩子时,他就在小大角河战役中割了他的第一张白人头皮。正午时分,他和他的伙伴们来到一座俯瞰山谷的小山上,"然后我们看到了他们在那里所做的一切"。堆积如山、血肉模糊的尸体让"黑鹿"极度悲伤。"目睹这一切,我真希望我也死在那里,但我并不为女人和孩子们感到难过。对他们来说,在另一个世界活着更好,我也想去那里。但在我去之前,我要报仇。"[31]

"黑鹿"和他朋友们的归来引起了普遍的恐慌。前一晚,"矮牛"和"踢熊"的部落曾距机构不到4英里,现在他们又转向了离机构大约17英里的白泥溪。最近投降的"双击"和"克罗狗"的布鲁莱部落也拔营而去,之后"双击"带领200名战士来到了伤膝战场。他们与福赛思的部队进行了短暂的远距离冲突,然后折回,烧毁了几间小屋,并向机构开火作为报复,打伤了几名士兵。表明了自己的态度后,"双击"的人在日落前出发,也向白泥溪进发。

"红云"的人一直犹豫不决,直到下午 3 点左右才仓皇逃离。当"红云"拒绝离开时,激动的年轻人把他从小屋里架了出来。"我不得不跟他们走,跟着我的家人。有人会在我身边开枪,让我跑快点。"曾经如此强大的奥格拉拉酋长在晚年竟沦落至如此屈辱的地步。到 12 月 29 日傍晚,将近 4000 名拉科塔人聚集在了白泥溪。受伤的杜威·比尔德就是被他们带到了这个充满着愤怒的营地。[32]

※

12 月 29 日晚上非常冷。在松岭的圣十字架圣公会教堂内,灯火通明,营造出温暖的幻象。绿色的节日花环装饰着墙壁和窗户。讲坛上,一面巨大的旗帜上写着"太平盛世,善意人间",极具嘲讽意味。躺在被子和拆开的长凳上,受伤的拉科塔人默默地忍受着他们的痛苦。只听得见一个三岁的小女孩在说:"水,水,水……"一个记者给她端来一杯。水已对她没用。她刚吞下,血水就从她脖子上的一个洞里涌了出来。即使对那些习惯血腥的人来说,这个场面也令人不寒而栗。走进教堂,军医差点晕倒。他咕哝着说:"这是我第一次看到这么多伤得不成样的女人和孩子。我受不了。"军医稳住自己并开始工作后,一位年长的米尼孔朱女人随口问他士兵们打算什么时候杀他们。[33]

第二天早上,一场暴风雪袭击了保留地,预示着持续三天的白茫茫一片。1891 年 1 月 2 日天空放晴时,机构医生、波士顿大学医学院的达科他苏族毕业生查尔斯·伊斯曼(Charles Eastman)和几名印第安侦察兵前往伤膝寻找幸存者。他们不指望会找到。三天的零下温度

第二十三章　滥杀之地

和刺骨的寒风扭曲了尸体,令人毛骨悚然。伊斯曼回忆道:"面对这种场面,面对我的印第安同伴们的激情和哀痛,我鼓起全部勇气才能保持镇静,他们几乎每个人都在大声哭喊或吟唱着哀歌。对我来说,这一切都是一场严峻的考验,因为我才把自己的全部信念都寄托在了白人的基督教博爱和崇高理想之上。"

然而,他的仁慈任务大获成功。救下了 11 个受伤的拉科塔人,包括两个裹在母亲尸体旁的婴儿和一个蜷缩在马车下的老年盲人。冻僵的尸体仍留在原处。悲伤的拉科塔人将此处称为"滥杀之地"。[34]

三天后,一支小分队和一群受雇的平民埋葬了印第安死者。大批记者和摄影师随同前往。一名记者写道:"一具表情平静、模样姣好的印第安女孩尸体,双手紧握,脸朝上,盖在她身上的毯子被吹开,露出胸前的一个难看伤口,伤口流出的血使她的衣服和身体冻在了一起。"同样引人注目的是"一个刚到能玩捉迷藏游戏年龄的孩子半埋在雪里"。即便战死的印第安战士也能唤起他的同情。然而,一具尸体彻底吓坏了记者。"脸上涂了可怕的绿色油彩。鲜血已与油彩混在一起,在衣服上流成一段血印……他双手紧握,牙齿紧咬,一只手举在空中,手臂已冻僵。"一名军官告诉记者,这是"直坐"的尸体。与他的尸体对应的是"大脚","即便躺下,也带着一种孤独的尊严",一个四处乱转的摄影师支起僵硬的尸体拍了张照片。[35]

一个混血儿侦察兵以每具尸体挣两美元的价格埋葬了死者。他的手下们将尸体扔进一条长沟,这条沟由霍奇基斯机枪子弹在冰冻的山丘上形成。接下来是对印第安人伤亡人数的统计。军方报告说,146 名拉科塔人——82 名男子和 64 名女人和孩子——葬在万人冢。毫无疑问,肯定还有其他死者,要么被拉科塔人带走,要么被大雪掩盖在"滥杀之地",没人看见。圣公会教堂的 51 名受伤印第安人中,7 人死亡。另外白泥溪的拉科塔营地还有 33 名伤员。尽管还不可能得出一个准确的伤亡总数,但很明显,"大脚"部落中少有人能毫发无伤地从伤膝出来。[36]

※

迈尔斯将军非常愤怒,显然没有意识到正是他的错误命令导致了伤膝惨案。将军面对的不是他所期待的和平解决"鬼舞"问题,而是4000名报复心切的印第安人的真正爆发。新年前夕,迈尔斯急忙赶到松岭,试图促成和平。[37]

迈尔斯的首要任务是用战壕和炮兵阵地将机构围起来。除非绝对必要,他不打算进攻。可供迈尔斯调遣的军队有3500人,他打算包围印第安人,然后收缩阵线,希望逐渐将拉科塔人逼向机构。1891年元旦,迈尔斯一边指派布鲁克将军指挥作战,一边开始与拉科塔人谈判,他先向"红云"和其他酋长们发出了和解信号,向他们保证,他理解印第安人所蒙受的冤屈,只要他们服从他的命令,就不会受到进一步伤害。"红云"对迈尔斯的表态很满意,其他奥格拉拉酋长也很满意,他们对自己离开松岭的决定感到后悔。与米尼孔朱酋长"驼背"一样,他们中的许多人在大苏族人战争期间就向迈尔斯投降了。他们知道"熊皮"会说到做到。他兑现了当时作出的公正和人道待遇的承诺,他们毫不怀疑他现在也会这么做。奥格拉拉人准备谈条件了。

布鲁莱人却不这么想。他们对迈尔斯并不熟悉。此外,他们拒绝承认自己已处绝境。奥格拉拉和布鲁莱领导人每天都会就此争论不休。"矮牛"和"踢熊"威胁说没有人能活着离开营地。布鲁莱村警在村子里巡逻,至少有两个印第安人在部落间的冲突中被杀。1月4日,"红云"威胁要强行离开。但没人把他当回事,他哪儿也没去。

三天后,在布鲁莱年轻人"多马"(Plenty Horses)杀了爱德华·凯西(Edward W. Casey)后,"红云"再次决心离开。爱德华·凯西是一名前途无量的军官,对拉科塔人有着深厚的感情,在勘察奥格拉拉村时被杀。[38] 杀死凯西上尉的子弹由一个文化孤儿在绝望中射出——"多马"是卡莱尔印第安工业学校的毕业生,回到保留地后发现自己成了一个弃儿。这位颇有抱负的战士说,射杀凯西是为了在族人中为自己扬名立万。"他们会为我感到骄傲的。"他后来这样告诉联邦大陪审团。[39]

布鲁莱人可能会为这一行为感到骄傲,但奥格拉拉人对这起谋杀表示遗憾。对许多人来说,这是压死他们的最后一根稻草。1月7日天黑后,"红云"带着儿子杰克(玫瑰蕾之战的懦夫)和200名追随者偷偷离开了村子。他们在极地般的严寒中走了一整夜,第二天早上到达了奥格拉拉侦察连的营地。他"浑身发抖,又冷又湿,筋疲力尽,几乎不能说话……完全就是一个穷困潦倒的老头",指挥官把酋长带进他的帐篷,扶他到锥形火炉旁的一张长凳上坐下。迈尔斯加速扩大奥格拉拉人和布鲁莱人之间的分歧,派了一位受人尊敬的奥格拉拉进步领导人以和平之名施加影响。

奥格拉拉人不需要什么说服。许多人跟着"红云"回到了机构,其余人保证很快就会回来。奥格拉拉人倒戈的数量太多,无法阻止,布鲁莱人对此感到不安,不情愿地同意将村子迁到距机构更近的地方。迈尔斯指示布鲁克跟着印第安人,但不能太靠近,以免引发冲突或"仓促行事"。布鲁克明白"形势的微妙",他向迈尔斯保证说,他会"非常谨慎,同时也在密切注视着他们"。[40]

迈尔斯熟练地引着布鲁莱人前行,以至于他们发现自己正走向他们在白泥溪西岸指定的投降地点,就在机构对面军队的射程之内,甚至在他们争论是否应该继续前进的时候。作为投降的诱因,"熊皮"迈尔斯把解除战士武装的任务委托给了酋长们——将军现在可能意识

到他应该对"大脚"作出让步。迈尔斯还获得了用军官暂时取代拉科塔保留地中间人的权力。⁴¹

1月12日,布鲁莱人和奥格拉拉追随者到达了念珠教会,离松岭只有四英里的路程。在那里,耶稣会会士尽一切可能安抚战士,他们仍然不能安分下来,向空中射击,面带威胁地四处飞奔。一些狂乱分子对自己的马和狗下手,可悲地将它们大肆射杀。当布鲁克的纵队接近教会时,一个布鲁莱小头目"冲了过来,挥舞着一张白床单,激动地恳求士兵们不要来得这么快,因为这会让印第安人感到害怕和恼火"。一道残阳将士兵和印第安人的村庄分开,相距不到两英里。

那天晚上,松岭弥漫着明显的紧张气氛。迈尔斯在给斯科菲尔德将军的电报中说:"现在最大的困难是恢复信心。印第安人非常害怕缴械,担心缴械后会像伤膝印第安人那样被杀。"局势容不得半点差错。当布鲁莱人在他们的灵魂中寻找进行最后一次行军的勇气时,进步酋长"惧马青年"作为迈尔斯将军的代理人,在充满敌意的村子和机构之间来回穿梭。1月13日,印第安村子静止下来,军队完成了包围。五个团封锁了所有可能的逃跑路线。酋长们仍在拖延。老侦察兵弗兰克·格鲁德(Frank Grouard)在迈尔斯的命令下来到他们的营地,提醒他们"熊皮"迈尔斯的耐心是有限度的。

次日,酋长们就投降条件达成了一致:战士们将把步枪交给他们的首领,首领再把步枪装上货车,交给迈尔斯。将军会确保每个人都得到补偿。在解除了战士的武装后,酋长们会将他们的族人转移到机构指定的地点,并立即将他们的孩子送回学校,在那里他们会成为军队的潜在人质,以备不时之需。

那天晚上令人不安的谣言传到了迈尔斯耳朵里。据说,布鲁莱人打算在午夜时分与奥格拉拉人分道扬镳,强行突破军队的警戒线。探子们报告了敌对阵营中"恶毒而吵闹"的争论。尽管如此,迈尔斯还是充满希望。他的每日新闻简报承诺,"期望将会实现,印第安人不会再制造麻烦"。他在给斯科菲尔德将军的信中写道:"一切迹象表明,军队将拥有控制权。现在,除非出现失误或意外,什么也不能阻止最理想的结果发生。"然而,当晚总部也发出了一份给布鲁克将军的"绝密"情报。迈尔斯告诉布鲁克,包围圈不能留下任何缝隙。"敌对阵营有八九百人,如果他们试图逃跑,收网的命令应在同一时间生效。"换句话说,一旦出现闪失,印第安人将被压倒性的力量碾压。⁴²

※

1891年1月15日,星期四,天气寒冷而多雾。布鲁莱人和奥格拉拉人村子的742间小屋被一层薄霜覆盖。奥格拉拉女人们起得很早,拆除小屋,将每家的东西装上马车和雪橇。"敌对阵营里的奥格拉拉人没什么困难。"一名记者记录道。"他们明白该做什么——也就是说,他们鼓励他们的妻子们收拾,并准备在早上8点前搬走。"但是布鲁莱人犹豫了。"他们认为,一旦两个部落分开,士兵们就会攻击并彻底摧毁[他们],因为他们意识到,只有他们要对事态负责,他们对军队的承诺没有信心。"僵局没持续多久。为了和平,奥格拉拉人和布鲁莱人混在了一起。不一会儿,两个部落完全融合在了一起,布鲁莱人得到了他们认为必要的保护。⁴³

然而,布鲁莱酋长和奥格拉拉酋长都没有做任何冒险的举动。他们在由3500名印第安人组成的移动村庄侧翼部署了大批没骑马的战士。大队人马骑着他们最好的战马在前面行进,排成一长列,两人一组,穿过起伏的、没有树木的平原。在与白人打仗的日子里,大多数人还只是孩子,但他们在脸上涂上了战斗油彩,好像他们曾战功卓著。这是平原印第安人的最后力量展示,他们心里很清楚。

阳光灿烂。天气变得温和了,最后的积雪也融化了。布鲁克将军的队伍紧跟在拉科塔人后面,几乎是将他们赶着走出了营地。松岭周围的防御工事里,步兵和炮兵随时准备行动。迈尔斯和他的手下在印第安人经过的路边一块高地上聚在一起。自1877年他上一次接受拉科塔人投降以来,这位将军的头发变得更加灰白,体重也有所增加。失去的是那些早期行动中趾高气扬的冲刺、熊皮大衣、野牛皮斗篷和皮帽。迈尔斯现在只穿了一件简单的军大衣,戴了一顶作战帽。也许是为了显示祈望和平的姿态,他剃掉了自内战以来一直留着的八字胡。1891年1月15日,迈尔斯看起来更像一个严厉的中年教师,而不是军方人人皆知的野心外露的将军之一。

越过绵延数英里的山脊,拉科塔人走了过来,这是曾经无比强大的平原部族苍白的倒影。满载孩子和老人的马车和手推车从身边驶过。背着婴儿的年轻女人挨着马车行走。中年奥格拉拉人慢跑着,似乎对不再打仗感到开心。多疑的布鲁莱战士们守卫着队伍侧翼,对聚集在狭窄小溪对面的士兵怒目以对。

到下午3点左右,印第安人已在松岭机构附近的一个两英里长地带,重新安顿了他们的村落。咖啡、糖和面包等着他们。当布鲁克将军的部队到达时,迈尔斯把他们部署在三个坚固的营地里,用他的话说,占据"三角形的三个交点,印第安人营地位于中间,离每个部队占据的角都近"。布鲁莱人假装漠不关心。一位白人目击者说:"他们仍安排人放哨,就像对士兵视而不见一样。太阳落山前,他们营地的最后一个特征就是一个骑在马上的布鲁莱战士的轮廓,位于松岭地平线西部的一座小山山顶之上。"

接着,不明就里的白人听到了不祥的声音。村子里传来数百名女人的声音,伴随着快速而稳定的鼓声,她们重复着同一个咒语。但是没有危险。这不是"鬼舞"。拉科塔人只是试图用熟悉的奥马哈舞来减轻白天受到的创伤,这是一种让人想起快乐时光的社交活动。[44]

那些时光似乎只是遥远的记忆。事实上,拉科塔人和西部印第安人命运转变之快,仿若白驹过隙。从"红云"在博兹曼小径赢得战争,但随后逐渐失去和平算起,还不到一代人的时间。拉科塔人拥有他们征服了不到10年的克罗人土地。自印第安人在小大角河取得伟大但最终惨重的胜利以来,已经过去了15年。现在什么都没有了。拉科塔人、夏延人、阿拉帕霍人、内兹佩尔塞人、犹特人、莫多克人、阿帕奇人,甚至一些憎恨得克萨斯人的基奥瓦人和科曼奇人都曾试图与白人友好相处,但他不会被和平地遏制。各部族在是战是和的问题上意见严重分歧。与政府开战的印第安人通常都情非所愿,而且他们最终都失去了土地和生活方式。

妥协行不通,打仗打不赢。弹痕累累的"鬼衫"和穿着它们的人一起被埋在伤膝溪孤零零山丘上的万人冢里,充分说明印第安人的宗教也没用。西部已无印第安人的立足之地,只有待在经政府许可认为合适的地方。一位年长的拉科塔酋长目睹了从1851年的《拉雷米堡条约》到40年后的伤膝惨案这一系列事件,但他对所发生的一切不以为然。"政府给了我们很多承诺,"他对一个白人朋友说,"我已记不清有多少了,但他们只兑现了一个承诺:他们承诺要拿走我们的土地,他们做到了。"[45]

※

拉科塔人并未正式投降,1891年1月15日没有,后来也没有。到达松岭的战士们把他们的步枪交给他们的首领,由首领交给军方人员,后者将开具付款凭证。这只不过是个计划。然而,计划的执行令人不安地联想起伤膝。一个拥有大批追随者的进步奥格拉拉人首领只上缴了 9 把步枪。一天下来,只有不到 75 把枪上缴,其中许多都是过时或破损的。迈尔斯明智地拒绝下令搜查,他相信武器会随着时间的推移和对首领施加的适度压力主动上缴。他们做到了。[46]

"踢熊"拒绝把他的步枪交给军方人员。骄傲的奥格拉拉人只有他一个。但因为他既是拉科塔"鬼舞"的重要人物又是最高祭司,他的行为受到了所有人的密切关注。在战士交出武器之前,"踢熊"找到迈尔斯将军。下了马,他紧握着卡宾枪大步走向将军。有那么一瞬,两人互相盯着对方。然后,"踢熊"把他的武器放在了迈尔斯的脚下。[47]

美国西部的印第安战争就此结束。

致　谢

我要对历史学家S. C. 格温(S. C. Gwynne)、詹姆斯·多诺万(James Donovan)、埃德温·斯威尼(Edwin R. Sweeney)和马克·布拉德利(Mark Bradley)以及电影制片人丹尼尔·奥斯特罗夫(Daniel Ostroff)表示诚挚的谢意,感谢他们仔细阅读手稿,并为改进手稿提出了许多宝贵建议。

我还要感谢彼得·布朗(Peter Brown),"美国历史之旅"(History America Tours)的前老板,组织并带领我对得克萨斯州狭长地带和俄克拉何马州西南部的印第安战争遗址进行了为期五天的私人旅行。这是一次我会长久记住的经历。彼得还把我介绍给了肯·格雷夫斯(Ken Graves)和切丽·格雷夫斯(Cheri Graves),他们的红叉农场位于钝刀大战遗址上。切丽慷慨地分享了她对这场战斗的深刻了解,并带我参观了这片土地。我也要感谢美国骑兵学校(U. S. Cavalry School)的基思·赫林(Keith Herrin),他邀请我乘车去小大角河战场,极大地促进了我对这场战斗的理解。

我非常感激我的经纪人黛博拉·格罗夫纳(Deborah Grosvenor),感谢她从一开始就对这个项目的支持,以及一路上的想法和批评意见。我从她身上学到了很多。我在克诺夫出版社的编辑安德鲁·米勒(Andrew J. Miller)提供了无可估量的帮助。他让我心无旁骛,专注于写作,没有他,这本书不会像现在这么好。我也非常感谢英格丽德·斯特恩(Ingrid Sterner),一个了不起的文稿编辑,他的勤奋使我免于许多错误。我亏欠最多的是我的妻子安东尼娅。每当我怀疑自己时,她都相信我,在我写作本书的四年里,她始终如一地支持我。

注 释

引 文

1. 40th Cong., *Report of the Indian Peace Commissioners*, 28.
2. DeMallie, *Sixth Grandfather*, 106.
3. Britton Davis, *Truth About Geronimo*, 167.

序　如果我们的孩子们不那么循规蹈矩

1. *New York Times*, April 11, 1863.
2. *New York Times*, April 8 and 11, 1863; Hoig, *Peace Chiefs*, 74.
3. *Washington Evening Star*, March 27, 1863.
4. *Washington Daily Intelligencer*, March 27, 1863.
5. Basler, *Collected Works of Abraham Lincoln*, 6:151–53; *Washington Daily Intelligencer*, March 27, 1863: Powell, *People of the Sacred Mountain*, 1:244.
6. *New York Times*, April 7, 13, and 17, 1863.
7. Berthrong, *Southern Cheyennes*, 168–86; Powell, *People of the Sacred Mountain*, 1:257, 263; Hoig, *Sand Creek Massacre*, 47–50.
8. Powell, *People of the Sacred Mountain*, 1:263–64; Grinnell, *Fighting Cheyennes*, 145; Hoig, *Peace Chiefs*, 75–76; *War of the Rebellion: Official Records*, vol. 34, pt. 1, 931.
9. "Bannock Troubles," 756.
10. Quoted in Powers, *Killing of Crazy Horse*, 36.

第一章　燃烧的荒原

1. Prucha, *American Indian Treaties*, 18, 21, 22, 65, 72, 100–101.
2. Calculations of Indian populations in the West represent rough approximations at best. About 75,000 Indians ranged the Great Plains from Texas to British Canada. Texas was home to 25,000 Indians, the Mexican Cession (present-day California and New Mexico) contained 150,000 Indians, and the Oregon Country, comprising the future states of Washington, Oregon, and Idaho, had an Indian population of 25,000. Utley, *Indian Frontier*, 4.
3. 31st Cong., *Annual Report of the Commissioner of Indian Affairs* (1849), 7.
4. Koster, "Smallpox in the Blankets," 36; Powell, *People of the Sacred Mountain*, 1:93–97.
5. Hassrick, *Sioux*, 3–7, 65–67; Berthrong, *Fighting Cheyennes*, 15–18; 39th Cong., *Condition of the Indian Tribes*, app., 12; Ewers, "Intertribal Warfare," 397, 406; Richard White, "Winning of the West," 336–37.
6. Gwynne, *Empire of the Summer Moon*, 32, 35, 45, 49, 57, 59; Berthrong, *Southern Cheyennes*, 17–26; Mayhall, *Kiowas*, 170–72.

7. Prucha, *American Indian Treaties*, 239; 33rd Cong., *Annual Report of the Office of Indian Affairs* (1853), 368–70; Utley, *Indian Frontier*, 61.
8. Utley, *Frontiersmen in Blue*, 118–20; Hyde, *Spotted Tail's Folk*, 92–93.
9. Berthrong, *Southern Cheyennes*, 10–12; Utley, *Indian Frontier*, 53–55.
10. The classification of Apaches within the two divisions has been the subject of considerable difference of opinion. The Western Apaches occupied much of present-day eastern Arizona and are generally agreed to have consisted of the White Mountain, Cibecue, San Carlos, Southern Tonto, and Northern Tonto groups, each with its component bands.

    Ethnologists normally divide the Chiricahuas into three bands: the Central Chiricahuas, or Chokonens, who inhabited the Chiricahua and Dragoon Mountains of southeastern Arizona; the Southern Chiricahuas, or Nednhis, who roamed the northern reaches of Sonora and Chihuahua, Mexico, and made the Sierra Madre their stronghold; and the Eastern Chiricahuas, or Chihennes, who occupied the country from the Arizona–New Mexico border to the Rio Grande. A fourth and smaller band, the Bedonkohes, looked to Mangas Coloradas for leadership. After his death, the Bedonkohes were absorbed by the three larger bands. The Chihennes are sometimes divided further into the Mogollons, who dwelled near the mountains of the same name, and the Mimbres, also known as the Warm Springs or Ojo Caliente Apaches. The Western Apaches and Chiricahuas numbered approximately six thousand. Cozzens, *Struggle for Apacheria*, xvi–xvii.
11. Cremony, *Life Among the Apaches*, 172–73; Sweeney, *Cochise*, 142–45; Utley, *Frontiersmen in Blue*, 239–47.
12. Hoig, *Sand Creek Massacre*, 74–90; Grinnell, *Fighting Cheyennes*, 145–62, 151–59; 39th Cong., *Condition of the Indian Tribes*, app., 81. Colonel Chivington and the Third Colorado Cavalry mustered out of federal service before the army was able to bring charges against them. But the Sand Creek Massacre dashed Chivington's political aspirations. Coloradans cooled on him, and a congressional committee investigating the massacre found that Chivington had "deliberately planned and executed a foul and dastardly massacre which would have disgraced the veriest savage among those who were the victims of his cruelty." Utley, *Frontiersmen in Blue*, 297.
13. Cozzens, *General John Pope*, 252–67; 39th Cong., *Suppression of Indian Hostilities*, 1.
14. 39th Cong., *Annual Report of the Commissioner of Indian Affairs*, 701–2, 704; Prucha, *American Indian Treaties*, 271.
15. Sherman to Benjamin H. Grierson, Aug. 16, 1865, in Marszalek, *Sherman*, 378; Sherman to John A. Rawlins, Aug. 31, 1866, in 39th Cong., *Protection Across the Continent*, 10–11; *Addresses to the Graduating Class*, 36–37.
16. Athearn, *Sherman and the Settlement of the West*, 29, 37; Sherman to Rawlins, Aug. 17 and 31, 1866, in 40th Cong., *Protection Across the Continent*, 1–4, 6, 10; 39th Cong., *Military Posts*, 3; Crawford, *Kansas in the Sixties*, 226–27.

第二章 "红云"之战

1. Larson, *Red Cloud*, 34–73; Paul, *Autobiography of Red Cloud*, 68–69.
2. 40th Cong., *Indian Hostilities*, 62; Olson, *Red Cloud and the Sioux Problem*, 32–33.
3. McDermott, *Red Cloud's War*, 1:53; Olson, *Red Cloud and the Sioux Problem*, 34–39; Frances C. Carrington, *My Army Life*, 291–92.
4. Margaret I. Carrington, *Absaraka*, 39–40, 90; McDermott, *Red Cloud's War*, 1:48, 69, 72.
5. Murphy, "Forgotten Battalion," 4:65–67; Margaret I. Carrington, *Absaraka*, 101-110; McDermott, *Red Cloud's War*, 1:47, 88, 99–100, 116–17, 136–38, 184; 50th Cong., *Indian Operations*, 10; Bridger, "Indian Affairs"; 40th Cong., *Indian Hostilities*, 63; Powell, *People of the Sacred Mountain*, 1:443.
6. Murray, "Hazen Inspections," 28; 39th Cong., *Fort Phil Kearney* [sic] *Massacre*, 8; Murphy, "Forgotten Battalion," 4:73; Fetterman to Charles Terry, Nov. 26, 1866, Graff Collection, Newberry Library; Margaret I. Carrington, *Absaraka*, 198; Frances C. Carrington, *My Army Life*, 119.
7. McDermott, *Red Cloud's War*, 1:184–97; Monnett, *Where a Hundred Soldiers Were Killed*, 118.
8. Larson, *Red Cloud*, 99; Vestal, *Warpath*, 54; Stands in Timber and Liberty, *Cheyenne Memories*, 103.
9. McDermott, *Red Cloud's War*, 1:208–24; Monnett, *Where a Hundred Soldiers Were Killed*, 123–34, 280–81n; Frances C. Carrington, *My Army Life*, 144; *Army and Navy Journal*, March 9, 1867.
10. Belish, "American Horse," 56–57; Jensen, *Voices of the American West*, 1:280–81; Private Horace Vankirk to his father, Jan. 30, 1867, Fort Kearny, in *Cleveland Plain Dealer*, Feb. 5, 1867; Stands in Timber and Liberty, *Cheyenne Memories*, 103–4; Vestal, *Warpath*, 60, 64–65; McDermott, *Red Cloud's War*, 1:207n, 223–24.
11. Vankirk to his father, Jan. 30, 1867; 39th Cong., *Fort Phil Kearney* [sic] *Massacre*, 10; Murphy, "Forgotten Battalion," 4:71–72; Guthrie, "Detail of the Fetterman Massacre," 8; Vestal, *Warpath*, 68. The Indians suffered casualties of twenty warriors killed and an indeterminate number of warriors wounded.
12. 39th Cong., *Indian Hostilities*, 27; McDermott, *Red Cloud's War*, 2:317, 403; Larson, *Red Cloud*, 111.
13. McDermott, *Red Cloud's War*, 2:381–82, 391–401; Greene, "Hayfield Fight," 40; David, *Finn Burnett*, 166–67; J. B. Burrowes to George M. Templeton, Aug. 3, 1867, George M. Templeton Papers.
14. Vestal, *Warpath*, 71–73, 76; Gibson, "Wagon Box Fight," 2:52–54, 63–67; Littman, "Wagon Box Fight," 2:76, 79–80; McDermott, *Red Cloud's War*, 2:436.
15. Bradley to Ione Dewey, Sept. 5, 1867, Bradley Papers, U.S. Army Military History Institute; Grenville M. Dodge, *How We Built the Union Pacific*, 28–29.
16. Olson, *Red Cloud and the Sioux Problem*, 72–82, 341–49.

第三章 印第安战士与白人士兵

1. Richard I. Dodge, *Our Wild Indians*, 426–27.
2. Mails, *Mystic Warriors*, 520; Grinnell, *Story of the Indian*, 111.
3. Grinnell, "Coup and Scalp," 296–307; Marian W. Smith, "War Complex," 452; Linderman, *Plenty-Coups*, 106–8; Mails, *Mystic Warriors*, 43–44; Nabokov, *Two Leggings*, 49.

4. Linderman, *Plenty-Coups*, 49, 106–7.
5. Parker, *Old Army*, 273–76; Clark, *Indian Sign Language*, 77–78; Richard I. Dodge, *Our Wild Indians*, 416–20, 422; Powell, *People of the Sacred Mountain*, 1:120.
6. Marquis, *Wooden Leg*, 140; DeMallie, *Sixth Grandfather*, 107.
7. Richard I. Dodge, *Our Wild Indians*, 430; de Trobriand, *Military Life*, 62; Grinnell, *Story of the Indian*, 100–108; Linderman, *Plenty-Coups*, 104.
8. Richard I. Dodge, *Our Wild Indians*, 434; Stands in Timber and Liberty, *Cheyenne Memories*, 60–61.
9. Rickey, *Forty Miles a Day*, 18, 22–24; "Army Abuses," 80; Sherman, "We Do Our Duty," 85.
10. Rickey, *Forty Miles a Day*, 339–42; Rideing, "Life at a Frontier Post," 564–65; Kurz, "Reminiscences," 11; "Causes of Desertion," 322; 45th Cong., *Reorganization of the Army*, 122; Henry, "Cavalry Life in Arizona," 8; Brackett, "Our Cavalry," 384.
11. Sherman to Rawlins, Aug. 24, 1866, 39th Cong., *Protection Across the Continent*, 5–6, 9.
12. Rickey, *Forty Miles a Day*, 122–24; Forbes, "United States Army," 146; Harry L. Bailey to Lucullus V. McWhorter, Dec. 7, 1930, McWhorter Papers, Washington State Libraries.
13. Rickey, *Forty Miles a Day*, 116–21, 131, 141, 159, 168–69; "Life in Arizona," 223; Forsyth, *Story of the Soldier*, 140–41; Elizabeth B. Custer, "'Where the Heart Is,'" 309.
14. Forsyth, *Story of the Soldier*, 131–32; Rickey, *Forty Miles a Day*, 180–82, 190; Mazzanovich, "Life in Arizona," 1; Parker, *Old Army*, 18.
15. 40th Cong., *Army Organization*, 4; Utley, *Frontier Regulars*, 21.
16. Jacob, "Military Reminiscences," 34; Forsyth, *Story of the Soldier*, 140–41; *Montana Post*, Oct. 27, 1866; Sibbald, "Inebriates with Epaulets," 50–57.
17. "Army Abuses," 630–31; Godfrey, "Some Reminiscences," 417; Rickey, *Forty Miles a Day*, 143, 147, 152; Forbes, "United States Army," 133; Mulford, *Fighting Indians*, 56.
18. Schubert, *Voices of the Buffalo Soldier*, 47, 49, 85–86, 114–28; Parker, *Old Army*, 92–93; Leckie, *Buffalo Soldiers*, 26, 164; Theodore A. Davis, "Summer on the Plains," 304; lyrics quoted in Emmitt, *Last War Trail*, 220.
19. Utley, *Frontier Regulars*, 46; Baird, "Miles' Indian Campaigns," 351; de Trobriand, *Military Life*, 63.
20. 45th Cong., *Reorganization of the Army*, 237; Dunlay, *Wolves for the Blue Soldiers*, 36–38; Utley, *Frontier Regulars*, 49, 56.

第四章 汉考克之战

1. Crawford, *Kansas in the Sixties*, 226–27; 41st Cong., *Difficulties with Indian Tribes*, 18; Hancock, "Indians," 43; 39th Cong., *Protection Across the Continent*, 17; 40th Cong., *Expeditions Against the Indians*, 2.
2. Powell, *People of the Sacred Mountain*, 1:465–68; 41st Cong., *Difficulties with Indian Tribes*, 54–56, 80; *New York Herald*, April 28, 1867; Kennedy, "On the Plains with Custer and Hancock," 58.
3. 41st Cong., *Difficulties with Indian Tribes*, 27–28, 51–52, 82–83; Chalfant, *Hancock's War*, 156–60; Kenny, "Roman Nose," 10–20; Hyde, *Life of George Bent*,

259–61, 307–8; Powell, *People of the Sacred Mountain*, 1:468–73; Grinnell, *Fighting Cheyennes*, 253.
4. Utley, *Cavalier in Buckskin*, 19, 33; Wert, *Custer*, 200.
5. George A. Custer, *My Life on the Plains*, 78–85.
6. Chalfant, *Hancock's War*, 204; 41st Cong., *Difficulties with Indian Tribes*, 69–71, 75, 87.
7. Morris F. Taylor, "Kicking Bird," 295–309; Chalfant, *Hancock's War*, 245; 41st Cong., *Difficulties with Indian Tribes*, 101–7, 119–23; Stanley, *My Early Travels*, 1:61, 82–83.
8. Kennedy, *On the Plains*, 87; George A. Custer, *My Life on the Plains*, 109–11; Nye, *Plains Indian Raiders*, 79–80.
9. Powell, *People of the Sacred Mountain*, 1:479–84; Stanley, *My Early Travels*, 1:119–20.
10. Wert, *Custer*, 256–57; Utley, *Life in Custer's Cavalry*, 51, and *Cavalier in Buckskin*, 52; Nye, *Plains Indian Raiders*, 89–91.
11. Powell, *People of the Sacred Mountain*, 1:487; George A. Custer, *My Life on the Plains*, 198; Voigt, "Death of Lyman S. Kidder," 15, 21, 23.
12. Chalfant, *Hancock's War*, 409–10; Hedren, "Libbie Custer," 28.
13. Utley, *Life in Custer's Cavalry*, 87, 93; Wert, *Custer*, 259–64; Chalfant, *Hancock's War*, 409–21.
14. Danker, *Man of the Plains*, 58–59; Chalfant, *Hancock's War*, 450; Powell, *People of the Sacred Mountain*, 1:506.

第五章　最后的条约

1. Cong. Globe, July 16 and 18, 1867, 667–68, 701–15; 40th Cong., *Indian Peace Commissioners*, 1–2, and *Indian Hostilities*, 121.
2. Simon, *Papers of Grant*, 17:241–42; Athearn, *Sherman and the Settlement of the West*, 174, 178–83; 40th Cong., *Indian Peace Commissioners*, 4.
3. Hyde, *Life of George Bent*, 282; Jones, *Treaty of Medicine Lodge*, 51–53; Isern, "Stanley's Frontier Apprenticeship," 26–27; *Daily Missouri Democrat*, Oct. 19 and 23, 1867; *Cincinnati Daily Gazette*, Oct. 28, 1867.
4. Satanta quoted in Proceedings of the Indian Peace Commission, 1:98–101; Jones, *Treaty of Medicine Lodge*, 51–53; Isern, "Stanley's Frontier Apprenticeship," 26–27; Omen, "Beginning of the End," 38–39; *Daily Missouri Democrat*, Oct. 23 and 25, 1867.
5. Proceedings of the Indian Peace Commission, 1:105–12; *Daily Missouri Democrat*, Oct. 25 and 27, 1867; Kappler, *Indian Affairs*, 2:984–89; Gwynn, *Empire of the Summer Moon*, 230; Jones, *Treaty of Medicine Lodge*, 127–30, 134.
6. Powell, *People of the Sacred Mountain*, 1:521–22, 524–25; *Daily Missouri Democrat*, Oct. 28 and Nov. 2, 1867; Godfrey, "Medicine Lodge Treaty," 8; Jones, *Treaty of Medicine Lodge*, 164–67; Omen, "Beginning of the End," 40.
7. Proceedings of the Indian Peace Commission, 1:116–23; Powell, *People of the Sacred Mountain*, 1:527–29.
8. *Daily Missouri Democrat*, Nov. 2, 1867; Jones, *Treaty of Medicine Lodge*, 176–78; Powell, *People of the Sacred Mountain*, 1:530–31; *New York Evening Post*, Jan. 9, 1868; Utley, *Life in Custer's Cavalry*, 116–17; Hyde, *Life of George Bent*, 284.
9. Hutton, *Sheridan and His Army*, 2, 34.
10. Powell, *People of the Sacred Mountain*, 1:532–33; Nye, *Plains Indian Raiders*, 111–

15; *Annual Report of the Secretary of War, 1868*, 3; Sheridan to Sherman, Sept. 26, 1868, Sheridan Papers, Library of Congress.
11. Sheridan, *Personal Memoirs*, 2:286–88; Sheridan to Sherman, Sept. 26, 1868, and Beecher to Sheridan, May 22, June 5, 13, 21, and 22, 1868, Sheridan Papers.
12. *Annual Report of the Secretary of War, 1868*, 64; 40th Cong., *Report of the Commissioner of Indian Affairs*, 1868, 534; Sheridan to Sherman, Sept. 26, 1868.
13. Quoted in Athearn, *Sherman and the Settlement of the West*, 219.
14. Forsyth, "Frontier Fight," 42–44, and "Report of the Organization and Operations of a Body of Scouts, March 21, 1869," 45, Sheridan Papers; Whitney, "Beecher Island Diary," 297; Zigler, "Beecher Island Battle," 176; Schlesinger, "Scout Schlesinger's Story," 196; Monnett, *Beecher Island*, 126.
15. Grinnell, *Fighting Cheyennes*, 282–83; Hyde, *Life of George Bent*, 298–99; Forsyth, "Frontier Fight," 47–48; Walter M. Camp, interview with John Hurst, Camp Papers, Brigham Young University; Murphy, "Battle of the Arikaree"; Monnett, *Beecher Island*, 133.
16. Forsyth, "Report" and "Frontier Fight," 48–54; Whitney, "Beecher Island Diary," 297–98; Vilott, "Withstood the Siege"; Grinnell, *Fighting Cheyennes*, 161, 286–88.
17. Whitney, "Beecher Island Diary," 298–99; Louis A. Carpenter, "Story of a Rescue," 6–7; Schubert, *Voices of the Buffalo Soldier*, 25; Hyde, *Life of George Bent*, 305.
18. Sheridan, *Personal Memoirs*, 2:294, and "Annual Report," Oct. 15, 1868, Sheridan Papers; Godfrey, "Some Reminiscences," 419–22; Elliott to "My Dear Davis," Oct. 31, 1868, Miscellaneous Collection, Kansas State Historical Society.
19. Sherman quoted in Athearn, *Sherman and the Settlement of the West*, 223, 227.
20. 40th Cong., *Report of the Commissioner of Indian Affairs*, 1868, 536–39; Hazen, "Some Corrections," 303.
21. Powell, *People of the Sacred Mountain*, 1:573.

第六章 《加里温》军歌荣耀

1. Sheridan to Chauncey McKeever, Nov. 22, 1868, Sheridan Papers; Sheridan, *Personal Memoirs*, 2:308–10; 41st Cong., *Difficulties with Indian Tribes*, 169–70; Greene, *Washita*, 78–79.
2. Greene, *Washita*, 86; Hoig, *Battle of the Washita*, 82; Sheridan to McKeever, Nov. 22, 1868; George A. Custer, *My Life on the Plains*, 280–83.
3. Greene, *Washita*, 102–4; Berthrong, *Southern Cheyennes*, 323–24; 40th Cong., *Indian Battle*, 22–23. Two Lakota and two Arapaho lodges, whose occupants had family members in Black Kettle's band, were also present in the village.
4. Hardorff, *Washita Memories*, 133; 40th Cong., *Indian Battle*, 27; George A. Custer, *My Life on the Plains*, 285–87, 296–97, 319–20; Greene, *Washita*, 99–100.
5. 40th Cong., *Indian Battle*, 27; Utley, *Life in Custer's Cavalry*, 219; Hoig, *Battle of the Washita*, 124.
6. Powell, *People of the Sacred Mountain*, 1: 599–600; Hardorff, *Washita Memories*, 191, 207, 306, 325; 40th Cong., *Indian Battle*, 33.
7. Powell, *People of the Sacred Mountain*, 1:603; Hardorff, *Washita Memories*, 307, 309; Hoig, *Battle of the Washita*, 131–32, 198–99; *New-York Tribune*, Dec. 24, 1868.

8. Hardorff, *Washita Memories*, 21, 209, 309, 333, 338; Mathey, "Washita Campaign," Brigham Young University; 40th Cong., *Indian Battle*, 28.
9. Hardorff, *Washita Memories*, 140–42, 193, 208, 213, 326, 359; George A. Custer, *My Life on the Plains*, 346; Powell, *People of the Sacred Mountain*, 1:605, 608–10, 614–15; *Daily Missouri Democrat*, Feb. 3, 1869; Greene, *Washita*, 123.
10. George A. Custer, *My Life on the Plains*, 346–48; Gibson, "Our Washita Battle," 388; Hardorff, *Washita Memories*, 143–44, 210–12, 236; Greene, *Washita*, 127–28, 136; 40th Cong., *Indian Battle*, 28, 30.
11. George A. Custer, *My Life on the Plains*, 391–94; Utley, *Cavalier in Buckskin*, 70; Mathey, "Washita Campaign"; Hutton, *Sheridan and His Army*, 70, 72; *Daily Missouri Democrat*, Feb. 8, 1869; *New York Times*, Feb. 15, 1869. I agree with the historian James Donovan's conclusion that the tactical situation as Custer understood it was such that there was little he could have done to save Elliott without endangering the regiment. The surrounding hills swarmed with Indians in great numbers, darkness was approaching, and Elliott had been gone for several hours when Custer decided to leave the battlefield. There was certainly no malicious intent on Custer's part; he liked and respected the young major. Donovan, *Terrible Glory*, 67.
12. Captain Miles Keogh quoted in Hutton, *Sheridan and His Army*, 389–90; Powell, *People of the Sacred Mountain*, 2:696.
13. Samuel F. Tappan to Nathaniel G. Taylor, Dec. 4, 1868, Tappan Papers, History Colorado Center; Hutton, *Sheridan and His Army*, 95–96; 40th Cong., *Battle on the Washita*, 36, 26, 32, 38; 40th Cong., *Indians Killed*, 3; Greene, *Washita*, 164–65, 168.
14. Powell, *People of the Sacred Mountain*, 2:693–94; 40th Cong., *Indian Battle*, 35–39; Hazen, "Some Corrections," 296.
15. Hoig, *Battle of the Washita*, 149, 152; 40th Cong., *Battle on the Washita*, 39; George A. Custer, *My Life on the Plains*, 414–19.
16. Hardorff, *Washita Memories*, 41–43; Keim, *Sheridan's Troopers*, 150; *Lawrence Bulletin*, Dec. 22, 1868; Sheridan, *Personal Memoirs*, 331; Hutton, *Sheridan and His Army*, 81; 40th Cong., *Difficulties with Indian Tribes*, 160; 40th Cong., *Indian Affairs*, 1.
17. Hoig, *Battle of the Washita*, 163–64; Sheridan, *Personal Memoirs*, 2:334–35; 40th Cong., *Indian Battle*, 40; Sheridan to McKeever, Dec. 19, 1868, Sheridan Papers; Hazen, "Some Corrections," 302, 305–6, 309–10, 315, 318.
18. Moore, "Indian Campaign," 274–75; Sheridan, *Personal Memoirs*, 2:336.
19. Rister, "Evans' Fight," 292–98; Sheridan to McKeever, Jan. 20, 1869, Sheridan Papers; 40th Cong., *Further Information*, 1.
20. Powell, *People of the Sacred Mountain*, 2:701–2; Greene, *Washita*, 179; 40th Cong., *Further Information*, 1–2; Hoig, *Peace Chiefs*, 145–46.
21. Moore, "Indian Campaign," 275; Powell, *People of the Sacred Mountain*, 2:707–8; Custer to Sheridan, March 21, 1869, Sheridan Papers.
22. George A. Custer, *My Life on the Plains*, 557–60; Powell, *People of the Sacred Mountain*, 2:708–11, 720; Rodgers, "Few Years' Experience."
23. Custer to Sheridan, March 21, 1869; George A. Custer, *My Life on the Plains*, 560–65; Rodgers, "Few Years' Experience"; Broome, *Dog Soldier Justice*, 141–45; Powell, *People of the Sacred Mountain*, 2:711–21; Cheyenne chief quoted in Hoig, *Washita*, 180.
24. Grierson to John Kirk, April 6, 1869, Grierson Papers, Newberry Library;

Berthrong, *Southern Cheyennes*, 339–40; Utley, *Frontier Regulars*, 156; Henry Jackson to Chauncey McKeever, June 6, 1869, Sheridan Papers.

25. *Record of Engagements*, 22; Carr, "Reminiscences of Indian Wars," 12, Carr Papers, U.S. Army Education and Heritage Center.
26. Carr, "Reminiscences of Indian Wars," 3, 22, and Carr to Cody, July 2, 1906, Carr Papers; Lonnie J. White, "Indian Raids," 374–83; "Capture of a Cheyenne Village"; Hyde, *Life of George Bent*, 332–34; Grinnell, *Two Great Scouts*, 199; Broome, *Dog Soldier Justice*, 174–75, 181–82; *Record of Engagements*, 24.

第七章　血腥的和平政策

1. Sherman quoted in *Cincinnati Daily Gazette*, Jan. 3, 1868; Richard I. Dodge, *Plains of the Great West*, 436; "The Army and the Indian."
2. Slattery, *Felix Brunot*, 145; Board of Indian Commissioners, *Fourth Annual Report*, 4; 40th Cong., *Indian Tribes*, 1–2; *New York Evening Post*, Jan. 9, 1868; 40th Cong., *Department of Indian Affairs*, 1–3.
3. Prucha, *American Indian Policy*, 47–51; Utley, "Celebrated Peace Policy," 125–26; 41st Cong., *Report of the Commissioner of Indian Affairs 1869*, 5, 485–87; Simon, *Papers of Grant*, 20:38; Fritz, "Grant's Peace Policy," 430.
4. Dunn, *Massacres of the Mountains*, 522–24, 532; Hutton, "Sheridan's Pyrrhic Victory," 36–38; 41st Cong., *Piegan Indians*, 37–39, 45–46; *Philadelphia Inquirer*, March 13, 1870.
5. Hutton, "Sheridan's Pyrrhic Victory," 39–42; Sherman, *Memoirs*, 2:437; Prucha, *American Indian Policy*, 51–53.
6. 41st Cong., *Report of the Commissioner of Indian Affairs 1869*, 6.
7. *New York Herald*, June 8 and 9, 1870; *New York Times*, June 9, 1870.
8. Genetin-Pilawa, "Parker and the Peace Policy," 213–14; Armstrong, *Warrior in Two Camps*, 151–60; Prucha, *American Indian Policy*, 69–70; Grant quoted in *Philadelphia Inquirer*, June 9, 1871.
9. *Portland Daily Press*, March 6, 1871; *Philadelphia Post*, March 17, 1871; *New York Herald Tribune*, Aug. 6, 1871.
10. *Dallas Weekly Herald*, June 3, 1871; Richardson, *Comanche Barrier*, 158–61; *Outrages Committed by Indians*, 1–4; Tatum, *Our Red Brothers*, 29–30.
11. Hutton, *Sheridan and His Army*, 227–34; Nye, *Carbine and Lance*, 107–14, 124, 126; *Galveston Tri-weekly News*, Aug. 1, 1870; Morris F. Taylor, "Kicking Bird," 309–10.
12. Dorst, "Ranald Slidell Mackenzie," 367–75; Robert G. Carter, *On the Border with Mackenzie*, 81–82, 184, 255.
13. Robert G. Carter, *On the Border with Mackenzie*, 81–82.
14. Tatum, *Our Red Brothers*, 116–17; Nye, *Carbine and Lance*, 134–43; Marriott, *Ten Grandmothers*, 112–20; Sherman to Mackenzie, May 28, 1871, Records of Edmund Jackson Davis, Texas State Library and Archives Commission.
15. Robert G. Carter, *On the Border with Mackenzie*, 92–94; Nye, *Carbine and Lance*, 113–14, 144–45.
16. Tatum, *Our Red Brothers*, 122; Rister, "Jacksboro Indian Affair," 193–94.
17. Nye, *Carbine and Lance*, 148; Jacob, "Reminiscences," 27–28; Robert G. Carter, *On the Border with Mackenzie*, 125–47; Morris F. Taylor, "Kicking Bird," 313.
18. Gwynn, *Empire of the Summer Moon*, 7–8, 199–200; Neeley, *Last Comanche War Chief*, 208.

19. Gwynn, *Empire of the Summer Moon*, 9–10, 242–43, 247–48; Robert G. Carter, *On the Border with Mackenzie*, 165–67, 193–94; Wallace, *Mackenzie on the Texas Frontier*, 49–50.
20. Robinson, *Bad Hand*, 116; Mayhall, *Kiowas*, 277–78, 280; Tatum, *Our Red Brothers*, 126, 132–33. Tatum resigned effective March 31, 1873.
21. Robinson, *Bad Hand*, 53–54, 113–18, 192–96; Wallace, *Mackenzie on the Texas Frontier*, 64–69.
22. Wallace, *Mackenzie on the Texas Frontier*, 77–79, 80–83; Robert G. Carter, *Old Sergeant's Story*, 84–86; Thompson, "Scouting with Mackenzie," 162.
23. Richardson, *Comanche Barrier*, 186–87.
24. Quoted in Rister, "Jacksboro Indian Affair," 196.
25. Nye, *Carbine and Lance*, 170, 180, 181, 183; Mayhall, *Kiowas*, 285–86.

第八章　火山岩床悲剧

1. Meacham, *Wigwam and War-Path*, 355; 43rd Cong., *Modoc War*, 154–56; Riddle, *Indian History of the Modoc War*, 69–70; Dillon, *Burnt-Out Fires*, 213–14.
2. Murray, *Modocs and Their War*, 8–32; Bancroft, *History of Oregon*, 2:555–56; Powers, "California Indians," 542–43.
3. Riddle, *Indian History of the Modoc War*, 26, 35, 104, 130, 191, 235; Meacham, *Wigwam and War-Path*, 295, 302, 316–20, 326–27, 348, 425.
4. Riddle, *Indian History of the Modoc War*, 32, 36–37, 201–23; Meacham, *Wigwam and War-Path*, 297, 304–7, 312–23; 42nd Cong., *Modoc Indians*, 2; Murray, *Modocs and Their War*, 44–53.
5. Heyman, *Prudent Soldier*, 38, 349–50; Schofield, *Forty-Six Years in the Army*, 436.
6. Odeneal, *Modoc War*, 7–8, 23, 26, 32, 44; Schofield, *Forty-Six Years in the Army*, 435–36.
7. Boutelle, "Major Boutelle's Account," 264–65, 268–69; James Jackson, "Modoc War," 74–77; *Klamath Express*, Jan. 10, 1895; Riddle, *Indian History of the Modoc War*, 45, 47; *Report of Governor Grover*, 7–8; 43rd Cong., *Modoc War*, 177.
8. Fitzgerald, "Modoc War," 516; Murray, *Modocs and Their War*, 8–10, 97–99; 43rd Cong., *Modoc War*, 181.
9. Thompson, *Modoc War*, 28–29, 34; Boyle, "Personal Observations," Bancroft Collection, University of California; Trimble, "Reminiscences," 280–81.
10. Meacham, *Wigwam and War-Path*, 386–87, and *Wi-ne-ma*, 129–30; Thompson, *Modoc War*, 31.
11. Perry, "First and Second Battles," 295, 297; *New York Herald*, Feb. 16, 1873; Boyle, "Personal Observations."
12. 43rd Cong., *Modoc War*, 169–70; Murray, *Modocs and Their War*, 123; Boyle, "Personal Observations"; *Report of Governor Grover*, 38–39.
13. *New York Herald*, March 6, 8, 17, 20, 26, and April 7, 1873; Meacham, *Wigwam and War-Path*, 430–32; *Oregonian*, March 13 and 20, 1873; Riddle, *Indian History of the Modoc War*, 64, 231–34, 274–75.
14. Heyman, *Prudent Soldier*, 370–74; *Trenton Evening Times*, Nov. 2, 1887; Meacham, *Wigwam and War-Path*, 440–43, 464–65; *New York Herald*, March 2 and April 9, 1873; Riddle, *Indian History of the Modoc War*, 70–71.
15. Heyman, *Prudent Soldier*, 375–77; Meacham, *Wigwam and War-Path*, 470, 474–75, 478–90; *Oregonian*, April 14, 1873; 43rd Cong., *Modoc War*, 139, 142, 161–66; Annual Report, *Indian Affairs 1873*, 77–78.

注　释

16. Heyman, *Prudent Soldier*, 379.
17. Boyle, "Personal Observations"; Boutelle, "Disaster to Thomas' Command," 306–11; Thompson, *Modoc War*, 83–86.
18. Boyle, "Personal Observations"; Hardin, "'Gosh Dash It, Let's Charge,'" 4; Hasbrouck, "Last Fight," 320–22; Riddle, *Indian History of the Modoc War*, 124–25.
19. Thompson, *Modoc War*, 115; Perry, "First and Second Battles," 303–4.
20. *Army and Navy Journal*, June 21, 1873, 714; Riddle, *Indian History of the Modoc War*, 188–89.
21. Dunn, *Massacres of the Mountains*, 380–82; Murray, *Modocs and Their War*, 303; Landrum, *Guardhouse*, 76. Gathering Indian skulls for the Army Medical Museum was official policy, the stated purpose, as articulated by the Surgeon General, being to "aid in the progress of anthropological science by obtaining measurements of a large number of skulls of aboriginal races of North America." Quoted in Simpson, *Making Representations*, 175.

第九章　野牛之战

1. Kicking Bird quoted in Neeley, *Last Comanche Chief*, 81; Haley, *Buffalo War*, 21–22, 25; Mooar, "Buffalo Days," 470, 473; Hyde, *Life of George Bent*, 353–55.
2. Quoted in Haley, *Buffalo War*, 49; Hyde, *Life of George Bent*, 355; Berthrong, *Southern Cheyennes*, 380–82.
3. Haley, *Buffalo War*, 43; Powell, *People of the Sacred Mountain*, 2:862.
4. Gwynn, *Empire of the Summer Moon*, 263–67; Haley, *Buffalo War*, 52–54; Hyde, *Life of George Bent*, 358.
5. Neeley, *Last Comanche Chief*, 92–93; Nye, *Carbine and Lance*, 189–91; Mooar, "Buffalo Days," 476–77.
6. Quoted in Haley, *Buffalo War*, 75; Gwynn, *Empire of the Summer Moon*, 270–72.
7. Haley, *Buffalo War*, 76–77; Richardson, *Comanche Barrier*, 194, 246n; Morris F. Taylor, "Kicking Bird," 318–19; Nye, *Carbine and Lance*, 192–200.
8. Joe F. Taylor, *Indian Campaign*, 1:11–13.
9. Cozzens, *General John Pope*, 316–17; Hutton, *Soldiers West*, 212–16.
10. Miles, *Personal Recollections*, 1:164–65; 44th Cong., *Report of the Secretary of War* (1875), 78.
11. Joe F. Taylor, *Indian Campaign*, 1:21–23; Miles, *Personal Recollections*, 1:166–70; Frank D. Baldwin to his wife, Sept. 14, 1874, Brown Papers, University of Colorado; *Pampa Daily News*, Oct. 1, 1933.
12. Powell, *People of the Sacred Mountain*, 2:836–37; Meredith, *Girl Captives of the Cheyennes*, v–vi; Jauken, *Moccasin Speaks*, 97–98.
13. Haley, *Buffalo War*, 108–9, 111–23; Joe F. Taylor, *Indian Campaign*, 1:31–33.
14. Nye, *Bad Medicine and Good*, 192–94.
15. Brininstool, "Billy Dixon," 15–17; Joe F. Taylor, *Indian Campaign*, 1:34–35, 89–100; Nye, *Carbine and Lance*, 219; Powell, *People of the Sacred Mountain*, 2:874; Utley, *Frontier Regulars*, 225.
16. *New York Herald*, Oct. 16, 1874; Robert G. Carter, *On the Border with Mackenzie*, 485–89; Powell, *People of the Sacred Mountain*, 2:868; Charlton, "Battle at Palo Duro Canyon," 257–58.
17. Haley, *Buffalo War*, 187–88.
18. Joe F. Taylor, *Indian Campaign*, 1:105–6; Steinbach, *Long March*, 93; Meredith, *Girl Captives of the Cheyennes*, x–xi.

19. Henely, "Sappa Creek Fight," 6–7; West, "Battle of Sappa Creek," 160–72.
20. Joe F. Taylor, *Indian Campaign*, 91; Miles, *Personal Recollections*, 1:183; Hyde, *Life of George Bent*, 365; Haley, *Buffalo War*, 213–14; Morris F. Taylor, "Kicking Bird," 319.
21. Gwynn, *Empire of the Summer Moon*, 284–91; Haley, *Buffalo War*, 206, 208–9.
22. Quoted in Cozzens, *Conquering the Southern Plains*, xliii.

第十章　不休战，无和平

1. Whitman to J. G. C. Lee, May 17, 1871, in Colyer, *Peace with the Apaches*, 31; Eskiminzin quoted in Cargill, "Camp Grant Massacre," 74.
2. Hastings, "Tragedy at Camp Grant," 155–56, 78; Jacoby, *Shadows at Dawn*, 82–90, 185–88; Altshuler, *Chains of Command*, 191; *Tucson Daily Star*, July 1, 1879; *Prescott Weekly Journal*, May 13 and 27, 1871.
3. Crook, "Resume of Operations," 571; Bourke, *Apache Campaign*, 50–51.
4. Carr, "Days of Empire," 14; Gressley, "Soldier with Crook," 36–39; *Tucson Daily Citizen*, May 30, 1874; *Chicago Daily Inter Ocean*, July 10, 1874. Sweeney, *Cochise*, 261–305, 395, attributes Cochise's death to one of two causes—dyspepsia or stomach cancer. Because the former, unless it presages a peptic ulcer, is seldom fatal, I have elected to attribute his death to cancer.
5. Altshuler, *Chains of Command*, 188–96; *Chicago Daily Inter Ocean*, July 5, 1883; *Memorial and Affidavits Showing Outrages Perpetrated by the Apache Indians*, 10, 30.
6. Schmitt, *General George Crook*, 160–62; Robinson, *General Crook*, 106–7; Thrapp, *Conquest of Apacheria*, 92.
7. Schmitt, *General George Crook*, 144; Azor H. Nickerson, "Major General George Crook," 4, Crook-Kennon Papers, U.S. Army Heritage and Education Center. The interminable succession of small clashes that characterized what became known as the Snake War is exhaustively described in the only serious study of the conflict, Michno's *Deadliest Indian War in the West*.
8. James T. King, "George Crook," 334–35; Bourke, *On the Border with Crook*, 112–13; Nickerson, "Major General Crook," 4; Goldin, "Terry and Crook," 38.
9. Bourke, *On the Border with Crook*, 108–9; Schmitt, *General George Crook*, 170–71. John G. Bourke (1846–1896) enlisted in the Union army at age sixteen, winning a Medal of Honor at the Battle of Stones River. After the Civil War, he attended West Point and was commissioned in the Third U.S. Cavalry. A dedicated ethnologist, meticulous observer, and superb writer, Bourke published widely on the Indian tribes that he came to know. He also kept a remarkably full diary, 124 volumes of which are preserved in the U.S. Military Academy Library. Bourke's diary entries from 1872 to 1881 have been published in five volumes as Robinson, *Diaries of Bourke*.
10. Crook to Adjutant General, U.S. Army, July 10, 1871, Crook Letter Book 1, Hayes Library Center. Unless otherwise noted, all Crook correspondence cited here is from the Crook Letter Book; Schmitt, *General George Crook*, 163–66.
11. Crook to Adjutant General, Sept. 8, 1871; *Chicago Daily Inter Ocean*, July 5, 1885.
12. The White Mountain Indian Reservation encompassed some six thousand square miles in east-central Arizona. It was bounded on the north by the Mogollon Rim and stretched south below the Gila River. The southern half of the reservation was commonly and erroneously called the San Carlos Res-

ervation. The San Carlos Agency at the conjunction of the San Carlos and the Gila Rivers administrated the White Mountain Indian Reservation. In 1896, the reservation was divided into the Fort Apache and the San Carlos Reservations. See explanatory notes to the White Mountain Indian Reservation map in Utley, *Geronimo*.
13. Crook to Rutherford B. Hayes, Nov. 28, 1871; Crook to Schofield, Sept. 1, 1871, quoted in James T. King, "George Crook," 339.
14. Schmitt, *General George Crook*, 169–70; Howard, "Major General George Crook," 326–27.
15. "General Howard's Treaties," 622–24; Sweeney, *Cochise*, 342, 352, 356–66; *Tucson Arizona Citizen*, Dec. 7, 1872; Safford to Howard, Nov. 16, 1872, Howard Papers, Bowdoin College; Crook to Henry M. Teller, March 27, 1883.
16. Crook to the Assistant Adjutant General, Military Division of the Pacific, Sept. 21, 1872, and Jan. 24, 1873, to the Adjutant General of the Army, Dec. 13, 1872; Bourke, *On the Border with Crook*, 182; Schmitt, *General George Crook*, 175.
17. Robinson, *Diaries of Bourke*, 1:44–49; "Early Days in Arizona," 3.
18. Schmitt, *General George Crook*, 178; Thrapp, *Conquest of Apacheria*, 136–38; the Yavapai chief Cha-lipun quoted in Nickerson, "Major General Crook," 233; Bourke, *On the Border with Crook*, 212–14.
19. Robinson, *General Crook*, 141; Thrapp, *Conquest of Apacheria*, 143, 146–54; Crook to Assistant Adjutant General, Military Division of the Pacific, July 3, 1873.
20. Nickerson, "Major General Crook," 233; Thrapp, *Conquest of Apacheria*, 156–61; Schmidt, *General George Crook*, 156–57.
21. Crook to Assistant Adjutant General, Military Division of the Pacific, Feb. 11, 1873; Bourke, "Conference with Cochise," 152–54.
22. Account of an unidentified army officer at Fort Bowie printed in the *Chicago Daily Inter Ocean*, July 10, 1874; Sweeney, *Cochise*, 395; *Arizona Republic*, April 10, 1935.
23. Thrapp, *Conquest of Apacheria*, 165–71; Sweeney, *From Cochise to Geronimo*, 37–66; Schmitt, *General George Crook*, 184; Daklugie quoted in Ball, *Indeh*, 37.

第十一章 "坐牛"和"疯马"

1. Sitting Bull quoted in *New York Herald*, Nov. 22, 1877.
2. LaPointe, *Sitting Bull*, 19–31, 46–47; Higheagle, "Memories of Sitting Bull"; Valentine McGillycuddy to Walter S. Campbell, April 16, 1929, Aaron M. Beede to Campbell, Sept. 27 and Dec. 23, 1929, and One Bull interview, all in Campbell Collection, Western History Collection, University of Oklahoma; Utley, *Lance and Shield*, 31–37.
3. McGillycuddy to Campbell, April 16, 1929; *Annual Report of the Secretary of War, 1867*, 32, 51–52; *New York Post*, April 11 and May 15, 1867; Larpenteur, *Forty Years*, 358–60; White Bull interview, Campbell Collection.
4. Lakota numbers cited here are drawn from Bray, "Teton Sioux." Cheyenne and Northern Arapaho numbers are extrapolated from inflated figures given by Red Cloud Agency officials in 44th Cong., *Report of the Commissioner of Indian Affairs* (1875), 608.
5. Proceedings of the Indian Peace Commission, 2:151–52, Record Group 48, National Archives; *St. Paul Daily Press*, Sept. 12, 1868; *Helena Weekly Herald*, Oct. 1, 1868; Utley, *Lance and Shield*, 91.

6. Utley, *Lance and Shield*, 85–86; Higheagle, "How Sitting Bull Was Made a Chief," and One Bull, "Information in Sioux and English with Regard to Sitting Bull," both in Campbell Collection.
7. McMurtry, *Crazy Horse*, 7–8, 16–17; Bray, *Crazy Horse*, 71; Chips interview in Jensen, *Voices of the American West*, 1:73; Powers, *Killing of Crazy Horse*, 32–34; He Dog interview in Paul, *Nebraska Reader*, 186–92; John M. Marshall, *Journey of Crazy Horse*, 77–162.
8. White Bull interview, 29, Campbell Collection; McGinnis, *Counting Coups*, 119–25.
9. *Daily Nebraska Press*, Aug. 13, 1873; *Sioux City Journal*, Aug. 12, 1873; Hyde, *Red Cloud's Folk*, 208; McGinnis, *Counting Coups*, 125–26; *Dakota Republican*, Aug. 21, 1873.
10. Cox quoted in 41st Cong., *Report of the Secretary of War*, *1869*, 7.
11. One Bull and White Bull interviews, Campbell Collection; 41st Cong., *Report of the Secretary of War, 1869*, 7; Lubetkin, "Forgotten Yellowstone Surveying Expeditions," 34–35, and *Jay Cooke's Gamble*, 53; Robertson, "Big Sioux War," 4.
12. Lubetkin, "No Fighting," 30, and *Custer and the 1873 Yellowstone Survey*, 33; Howe, "Expedition to the Yellowstone," 526.
13. Spotted Eagle quoted in Powers, *Killing of Crazy Horse*, 64; *Sioux City Journal*, April 23, 1872; Lubetkin, *Jay Cooke's Gamble*, 135–39; Vestal, *Warpath*, 136–38.
14. LaPointe, *Sitting Bull*, 55–57; Vestal, *Warpath*, 139–43; Lubetkin, "No Fighting," 38, and *Custer and the 1873 Yellowstone Survey*, 33.
15. Sherman to Sheridan, Oct. 7, 1872, quoted in Athearn, *Sherman and the Settlement of the West*, 327; Utley, *Lance and Shield*, 111; 42nd Cong., *Report of the Secretary of War*, 40.
16. Utley, *Cavalier in Buckskin*, 103–10; Howe, "Expedition to the Yellowstone River," 523–24, 526; *Sioux City Daily Journal*, Aug. 9, 1873; Wert, *Custer*, 304; Colonel Stanley's report of the Yellowstone Expedition in *Rockford Daily Register*, Sept. 3, 1873; Lubetkin, *Custer and the 1873 Yellowstone Survey*, 219–20.
17. Utley, *Lance and Shield*, 112.
18. George A. Custer, "Battling with the Sioux," 95; Howe, "Expedition to the Yellowstone River," 532; Lubetkin, *Jay Cooke's Gamble*, 245–46.
19. Lubetkin, *Jay Cooke's Gamble*, 246–47; George A. Custer, "Battling with the Sioux," 101–2; Howe, "Expedition to the Yellowstone River," 532–33; Utley, *Cavalier in Buckskin*, 121–22, and *Lance and Shield*, 112–13.
20. *Annual Report of the Commissioner of Indian Affairs, 1873*, 5; Hutton, *Sheridan and His Army*, 287.
21. Utley, *Cavalier in Buckskin*, 123; Lubetkin, *Custer and the 1873 Yellowstone Survey*, 247–48; Stanley's Report in *Rockford Daily Register*, Sept. 3, 1873.
22. *New York Times*, Sept. 11, 1873.

第十二章 窃贼之路

1. Olson, *Red Cloud and the Sioux Problem*, 145–65.
2. 43rd Cong., *Report of the Secretary of War*, 23–24; Hutton, *Sheridan and His Army*, 290–91; Powers, *Killing of Crazy Horse*, 78–79; Utley, *Lance and Shield*, 115.
3. Custer quoted in Calhoun, *With Custer in '74*, 103, and Danker, *Man of the Plains*, 187–88; Headquarters Black Hills Expedition, June 30, 1874, General Order No. 3, quoted in Krause, *Custer's Prelude to Glory*, 165; Ewert quoted in Donald Jackson, *Custer's Gold*, 28.

4. DeMallie, *Sixth Grandfather*, 158–60; John M. Marshall, *Journey of Crazy Horse*, 167–68; McMurtry, *Crazy Horse*, 79.
5. Wert, *Custer*, 315–16; Custer to Assistant Adjutant General, Department of Dakota, Aug. 2, 1874, in *New York World*, Aug. 16, 1874; Krause, *Custer's Prelude to Glory*, 268; Donald Jackson, *Custer's Gold*, 87.
6. *Chicago Daily Inter Ocean*, Aug. 27, 1874; *Boston Journal*, Aug. 10, 1874; *Virginia City Territorial Enterprise*, Sept. 2, 1874; *Yankton Press and Dakotan*, Sept. 3, 1874; Donald Jackson, *Custer's Gold*, 102–3.
7. Stiles, *Custer's Trials*, 402–3; *Bismarck Tribune*, Sept. 10, 1874; 43rd Cong., *Report of the Secretary of War*, 24; *Cincinnati Enquirer*, Sept. 18, 1874; Sheridan to Terry, Sept. 3 and 4, 1874, in 44th Cong., *Black Hills*; *Chicago Daily Tribune*, Sept. 4 and 25, 1874; Sheridan to Sherman, March 25, 1875, in *Washington Reporter*, March 31, 1875; 44th Cong., *Report of the Commissioner of Indian Affairs*, 683.
8. Billy Garnett interview in Jensen, *Voices of the American West*, 2:83–84; Olson, *Red Cloud and the Sioux Problem*, 175–85.
9. *New-York Tribune*, June 6, 1875; Gray, *Centennial Campaign*, 20; Crook to Assistant Adjutant General, Military Division of the Missouri, Aug. 16 and Sept. 15, 1875; Crook quoted in *New York Herald*, Aug. 16, 1875.
10. Powell, *People of the Sacred Mountain*, 1:xvii–xviii and 2:928–29; Hebard, *Washakie*, 209; Utley, *Lance and Shield*, 122–23.
11. "Report of the Commission Appointed to Treat with the Sioux Indians for the Relinquishment of the Black Hills," in 44th Cong., *Report of the Commissioner of Indian Affairs*, 686–701; DeBarthe, *Life and Adventures of Frank Grouard*, 174–75; Powers, *Killing of Crazy Horse*, 93.
12. "Report of the Commission," 686–701; *Cincinnati Daily Enquirer*, Nov. 18, 1875; Gray, *Centennial Campaign*, 20–21, 23–27; *Cheyenne Leader*, Jan. 15, 1876; *Omaha Republican*, Jan. 16, 1876; Hutton, *Sheridan and His Army*, 298–99; Sheridan to Terry, Nov. 9, 1875, Sheridan Papers, Library of Congress.
13. E. C. Watkins to Edward P. Smith, Nov. 9, 1875, in 44th Cong., *Military Expedition*, 8–9; *Chicago Daily Inter Ocean*, Nov. 17, 1875; Sheridan quoted in Gray, *Centennial Campaign*, 33.

第十三章　护佑我们免遭一切不幸

1. Gibbon, "Indian Department," 388.
2. Gray, *Centennial Campaign*, 36–37, 41–42; 44th Cong., *Military Expedition*, 17, 22, 26, and *Report of the Secretary of War, 1876*, 443.
3. Crook to Assistant Adjutant General, Military Division of the Missouri, Dec. 22, 1875, and Crook to Hayes, March 1, 1876, Hayes Papers, both in Hayes Library; *Rocky Mountain News*, March 23, April 4 and 6, 1876.
4. DeBarthe, *Life and Adventures of Frank Grouard*, 188; Robinson, *Diaries of Bourke*, 1:246–47; *Rocky Mountain News*, April 7, 1876.
5. Powell, *People of the Sacred Mountain*, 2:938–45; Robinson, *Diaries of Bourke*, 1:249–58, and *General Crook*, 169–70.
6. Two Moons interview in Hardorff, *Lakota Recollections*, 133; Utley, *Lance and Shield*, 134–36; Marquis, *Wooden Leg*, 173.
7. Terry to Sheridan, Feb. 21, 1876; Sheridan to Sherman, May 29, 1876; and Sherman to Sheridan, April 1, 1876; all in Sheridan Papers, Library of Congress.

8. For excellent treatments of Custer's flirtation with ruin, see Utley, *Cavalier in Buckskin*, 156–64, and Hutton, *Sheridan and His Army*, 305–11.
9. Mangum, *Battle of the Rosebud*, 23–27.
10. Marquis, *Wooden Leg*, 177–79, 185; Utley, *Lance and Shield*, 134–35; Powell, *People of the Sacred Mountain*, 2:950. Rounding out the village in early June 1876, according to methodical calculations in Gray, *Centennial Campaign*, 324, were 70 Oglala lodges, 55 Miniconjou lodges, 55 Sans Arc lodges, 12 Blackfoot Lakota lodges, and 15 lodges of Yanktonai exiles, who had come down from Canada to join the great assemblage. Forcibly displaced from Minnesota after the 1862 uprising and hounded by the army in the Dakota Territory in 1863–1864, the Yanktonais were poor in material possessions but strong in their hatred of the whites.
11. One Bull, "Prophecy of Sitting Bull of Complete Annihilation of Custer and His Soldiers" and "Sitting Bull's Sun Dance Vision," and White Bull, "Sitting Bull and the Sundance," all in Campbell Collection; Utley, *Lance and Shield*, 137–38.
12. *Chicago Tribune*, July 5, 1876; Robinson, *Diaries of Bourke*, 1:306–12; Hebard, *Washakie*, 199.
13. Mills, "Battle of the Rosebud," 7; Robinson, *Diaries of Bourke*, 1:325.
14. Marquis, *Wooden Leg*, 197–99; Powell, *People of the Sacred Mountain*, 2:955–57; Eastman, "Indian Version of Custer's Last Battle," 354.
15. Mills, "Battle of the Rosebud," 7–8; *Chicago Tribune*, July 5, 1876; *New York Herald*, July 6, 1876; Lemly, "Fight on the Rosebud," 14; Marquis, *Wooden Leg*, 198–200.
16. Grinnell, *Fighting Cheyennes*, 336; Powell, *People of the Sacred Mountain*, 2:336.
17. Lemly, "Fight on the Rosebud," 14; Mills, "Battle of the Rosebud," 8–9; Daniel C. Pearson, "Military Notes," 301; Crook quoted in Mangum, *Battle of the Rosebud*, 75.
18. *Chicago Tribune*, July 5, 1876; *New York Herald*, July 6, 1876; Lemly, "Fight on the Rosebud," 15.
19. Quoted in Utley, *Lance and Shield*, 141; Grinnell, *Fighting Cheyennes*, 343; Eastman, "Indian Version of Custer's Last Battle," 357.
20. Mills, *My Story*, 398, 408; Mangum, *Battle of the Rosebud*, 85–87; Lemly, "Fight on the Rosebud," 16–17; "Report of Killed, Wounded, and Missing ... on Rosebud River," Crook Letter Book 1:393; Linderman, *Plenty-Coups*, 170; *Helena Daily Independent*, June 30, 1876.
21. Crook to Sheridan, June 19, 1876, Crook Letter Book 1:390–91, Hayes Library; Robinson, *Diaries of Bourke* 1:356.
22. Utley, *Cavalier in Buckskin*, 165; Wert, *Custer*, 247–48; Donovan, *Terrible Glory*, 56, 93, 120–25, 139–40, 365; Graham, *Custer Myth*, 189; Charles A. Varnum interview in Hammer, *Custer in '76*, 63.
23. William O. Taylor, *With Custer on the Little Bighorn*, 18; Elizabeth B. Custer, *Boots and Saddles*, 217.
24. Gaff, *Adventures on the Western Frontier*, 121–23; Bradley, "Sioux Campaign," 184, 189–94, 203–6.
25. Godfrey, "Custer's Last Battle," 362; Custer quoted in Gray, *Centennial Campaign*, 127.
26. Quoted in Donovan, *Terrible Glory*, 168.
27. Quoted in Gray, *Centennial Campaign*, 140.

28. Donovan, *Terrible Glory*, 175–76; Godfrey, "Custer's Last Battle," 364–65; Gibbon, "Last Summer's Campaign," 130; Gray, *Centennial Campaign*, 141–43; James S. Brisbin to Edward S. Godfrey, Jan. 1, 1892, Ayer Manuscript Collection, Newberry Library.
29. Bradley, "Sioux Campaign," 215.
30. Merington, *Custer Story*, 307–8; Gibbon, "Last Summer's Expedition," 131.
31. Donovan, *Terrible Glory*, 190–91.
32. Godfrey, "Custer's Last Battle," 365.
33. Marquis, *Wooden Leg*, 214–15; Graham, *Custer Myth*, 102; Sitting Bull quoted in Utley, *Lance and Shield*, 144.

第十四章 最后一搏

1. William O. Taylor, *With Custer on the Little Bighorn*, 27, 30; Donovan, *Terrible Glory*, 196–98, 201; Godfrey, "Custer's Last Battle," 366.
2. Myles Moylan to Edward S. Godfrey, Jan. 17, 1892, Godfrey Papers, Library of Congress; Marquis, *Wooden Leg*, 250; Luther Hare interview in Hammer, *Custer in '76*, 64; Frederick W. Benteen to Theodore Goldin, Feb. 24, 1892, in Graham, *Custer Myth*, 194.
3. Donovan, *Terrible Glory*, 212–13; Godfrey, "Custer's Last Battle," 368; Linderman, *Plenty-Coups*, 175.
4. Donovan, *Terrible Glory*, 215; Wert, *Custer*, 343.
5. Lieutenant Charles DeRudio and Private Thomas F. O'Neill interviews, both in Hammer, *Custer in '76*, 84, 106–7; William O. Taylor, *With Custer on the Little Bighorn*, 36–37; Donovan, *Terrible Glory*, 230; Stewart, *Custer's Luck*, 349–52.
6. Marquis, *Wooden Leg*, 218–19; DeMallie, *Sixth Grandfather*, 180–81; Moving Robe Woman interview in Hardorff, *Lakota Recollections*, 93; Gall quoted in Graham, *Custer Myth*, 89; White Bull interview, Campbell Collection.
7. Iron Hawk interview in Hardorff, *Lakota Recollections*, 64; Marquis, *Wooden Leg*, 220; Donovan, *Terrible Glory*, 443–44n; Silverstein, "Reminiscences of the Reno Fight," 579.
8. Stewart, *Custer's Luck*, 363; Donovan, *Terrible Glory*, 240–41; *Hardin Tribune*, June 22, 1923; Greene, *Lakota and Cheyenne*, 49; Marquis, *Wooden Leg*, 220–21.
9. Standing Bear interview in Hammer, *Custer in '76*, 215; Hardorff, *Lakota Recollections*, 64–65, and *Indian Views*, 166; Graham, *Custer Myth*, 102; DeMallie, *Sixth Grandfather*, 183.
10. Gray, *Centennial Campaign*, 294–95; William O. Taylor, *With Custer on the Little Bighorn*, 44–47; Brininstool, *Troopers with Custer*, 53; Graham, *Custer Myth*, 27; *Hardin Tribune*, June 22, 1923.
11. Utley, *Lance and Shield*, 153; Hardorff, *Lakota Recollections*, 199; Sitting Bull interview in *New York Herald*, Nov. 22, 1877.
12. Custer quoted in Stewart, *Custer's Luck*, 330; Kanipe, "New Story of Custer's Last Battle," 280; Graham, *Custer Myth*, 290; John Martin interview in Hammer, *Custer in '76*, 101.
13. See especially Donovan, *Terrible Glory*; Gray, *Custer's Last Campaign*; Hutton, "Could Custer Have Won?"; and Hardorff, *Lakota Recollections* and *Cheyenne Memories*.
14. Donovan, *Terrible Glory*, 266–67; Utley, *Cavalier in Buckskin*, 187; Sitting Bull interview in *New York Herald*, Nov. 22, 1877; Marquis, *Wooden Leg*, 231, 234.

15. Hutton, "Could Custer Have Won?," 36–37; Graham, *Custer Myth*, 77; Donovan, *Terrible Glory*, 272; Hardorff, *Indian Views*, 166; He Dog interview in Hammer, *Custer in '76*, 207; Greene, *Lakota and Cheyenne*, 37.
16. "Personal Story of Rain-in-the-Face," in Brady, *Indian Fights*, 288; DeMallie, *Sixth Grandfather*, 192.
17. Donovan, *Terrible Glory*, 275, and Hutton, "Could Custer Have Won?," 39, estimate the number of troopers on Last Stand Hill as fifty. I have added forty to that total to account for a group that broke down the hill in the last moments of the battle.
18. Hardorff, *Lakota Recollections*, 66, 86; Marquis, *Wooden Leg*, 237; Donovan, *Terrible Glory*, 276; Kanipe, "New Story of Custer's Last Battle," 95; Brininstool, *Troopers with Custer*, 61.
19. DeMallie, *Sixth Grandfather*, 193; Hardorff, *Lakota Recollections*, 32; Donovan, *Terrible Glory*, 276; Marquis, *Wooden Leg*, 247. The man whom Wooden Leg scalped was Lieutenant William W. Cooke.
20. Donovan, *Terrible Glory*, 253; Godfrey, "Custer's Last Battle," 372.
21. John Martin quoted in Graham, *Custer Myth*, 291. In an interview with Walter Camp, Martin gave Reno's words as "Well, I have lost about half of my men, and I could do no better than I have done." Hammer, *Custer in '76*, 105.
22. Stewart, *Custer's Luck*, 179, 180; Brininstool, *Troopers with Custer*, 81, 102, 121; Donovan, *Terrible Glory*, 460–62n.
23. Donovan, *Terrible Glory*, 280–86, 462n; Godfrey, "Custer's Last Battle," 375; Marquis, *Wooden Leg*, 256.
24. Gray, *Centennial Campaign*, 181, 294–96; William O. Taylor, *With Custer on the Little Bighorn*, 57, 59, 63; Stanislas Roy interview in Graham, *Custer Myth*, 182; Godfrey, *Field Diary*, 17; Marquis, *Wooden Leg*, 269–70.
25. Thomas, "Indian Casualties," http://www.littlebighorn.info/articles/indiancasualties.pdf; Garland, "Custer's Last Fight"; Gray, *Centennial Campaign*, 296.
26. Quoted in Utley, *Lance and Shield*, 161.

第十五章 总统之怒

1. Hanson, *Conquest of the Missouri*, 298; *Philadelphia Inquirer*, July 7, 1876; *Cleveland Plain Dealer*, July 8, 1876; Hutton, *Sheridan and His Army*, 316.
2. 44th Cong., *Hostile Demonstrations*, 1–4.
3. Sheridan to Sherman, July 7, 1876, in *Cleveland Plain Dealer*, July 8, 1876; Gray, *Centennial Campaign*, 255–59; Robinson, *Good Year to Die*, 224–25.
4. Robinson, *Diaries of Bourke*, 1:362–63, 369; Crook to Sheridan, July 23, 1876, Crook Letter Book 1:395, Hayes Library.
5. Robinson, *Good Year to Die*, 232–33; Powell, *People of the Sacred Mountain*, 2:1049.
6. Robinson, *Diaries of Bourke*, 2:35, and *Good Year to Die*, 238–39; Goldin, "Terry and Crook," 73; Finerty, *War-Path and Bivouac*, 223; Miles quoted in Hutton, *Sheridan and His Army*, 320.
7. *Chicago Times*, Sept. 22, 1876; Daniel C. Pearson, "Military Notes," 300.
8. Terry to Crook, Aug. 25, 1876, in Robinson, *Diaries of Bourke* 2: 88–89; Crook to Terry, Aug. 25, 1876, Crook Letter Book 1:399–400, Hayes Library.
9. *Cincinnati Daily Tribune*, Sept. 1, 1876; Powell, *People of the Sacred Mountain*, 2:1047; Neihardt, *Black Elk Speaks*, 137.

10. Bourke, *On the Border with Crook*, 367–68, 372–73; Finerty, *War-Path and Bivouac*, 244–46; Greene, *Slim Buttes*, 77, 115, and *Lakota and Cheyenne*, 86–88; Eugene A. Carr to his wife, Sept. 8, 1876, Carr Papers; Robinson, "Horse Meat March," 47, and *General Crook*, 194–95; Daniel C. Pearson, "Military Notes," 312.
11. Olson, *Red Cloud and the Sioux Problem*, 224.
12. Quoted in Hyde, *Spotted Tail's Folk*, 255.
13. Quoted in Olson, *Red Cloud and the Sioux Problem*, 322.
14. Robinson, *Bad Hand*, 322–23, and *Good Year to Die*, 264; *New York Herald*, Sept. 23, 1876; Crook to Merritt, Sept. 25, 1876, Crook Letter Book 1:424–25, Hayes Library.
15. Olson, *Red Cloud and the Sioux Problem*, 231–33; William Garnett interview in Jensen, *Voices of the American West*, 1:13; Crook to Sheridan, Oct. 23 and 27, 1876, Crook Letter Book 1:403–6, Hayes Library; Manypenny, *Our Indian Wards*, 300; Robinson, *Good Year to Die*, 266; Hutton, *Sheridan and His Army*, 325.
16. Miles quoted in Robinson, *Good Year to Die*, 268; Sheridan to Crook, Sept. 8, 1876, in Robinson, *Diaries of Bourke* 2:124–25; *Chicago Times*, Sept. 16, 1876.
17. Robinson, *Good Year to Die*, 270–71; Miles, *Personal Recollections*, 2:217–18, 225–26; Greene, *Battles and Skirmishes*, 134–35, and *Lakota and Cheyenne*, 106–7; Utley, *Lance and Shield*, 172.
18. Vestal, *Warpath*, 222–23; Greene, *Battles and Skirmishes*, 138–42.
19. Marquis, *Wooden Leg*, 281–82.
20. Robinson, *Diaries of Bourke*, 2:172.
21. *New York Herald*, Dec. 11, 1876; Greene, *Morning Star Dawn*, 40; Greene, *Lakota and Cheyenne*, 113–14; Powell, *People of the Sacred Mountain*, 2:1054–56.
22. Danker, *Man of the Plains*, 211–12; Powell, *People of the Sacred Mountain*, 2:1058–64, 1069; Greene, *Morning Star Dawn*, 122–23, 135–36, and *Battles and Skirmishes*, 180; *New York Herald*, Dec. 11, 1876.
23. Greene, *Morning Star Dawn*, 139–40; Robinson, *Diaries of Bourke*, 2:187.
24. Sherry L. Smith, *Sagebrush Soldier*, 88; Kime, *Powder River Journals*, 98.
25. Crook to Assistant Adjutant General, Military Division of the Missouri, Jan. 8, 1877, with endorsement by Sheridan to Sherman dated Jan. 27, 1877, Hayes Papers, Hayes Library; Crook interview with the *Chicago Tribune*, reprinted in *Army and Navy Journal*, Dec. 30, 1876.
26. Powell, *People of the Sacred Mountain*, 2:1069–78; Greene, *Lakota and Cheyenne*, 119–21; Stands in Timber and Liberty, *Cheyenne Memories*, 216–18; Robinson, *Diaries of Bourke*, 2:275, 278.
27. Marquis, *Wooden Leg*, 308–9; 46th Cong., *Removal of the Northern Cheyenne Indians*, 9, 14, 111, 224–25.
28. Miles quoted in Grinnell, *Fighting Cheyennes*, 398; Wild Hog Testimony in 46th Cong., *Removal of the Northern Cheyenne Indians*, 5–6.
29. 46th Cong., *Removal of the Northern Cheyenne Indians*, 267–68, 271–72; Bronson, "Little Wolf's Escape," 208.
30. Grinnell, *Fighting Cheyennes*, 401–2; Wild Hog Testimony in 46th Cong., *Removal of the Northern Cheyenne Indians*, 7.
31. Quoted in Grinnell, *Fighting Cheyennes*, 403.
32. Monnett, *Tell Them We Are Going Home*, 43, 52; Marquis, *Wooden Leg*, 321.
33. Little Wolf quoted in Grinnell, *Fighting Cheyennes*, 413; Jordan, "Soldier's

Life," 148; Monnett, *Tell Them We Are Going Home*, 53–57, 66–72, 74; Wild Hog Testimony in 46th Cong., *Removal of the Northern Cheyenne Indians*, 21.
34. Dull Knife quoted in Grinnell, *Fighting Cheyennes*, 414; Monnett, *Tell Them We Are Going Home*, 109–11.
35. 46th Cong., *Removal of the Northern Cheyenne Indians*, 214; Red Cloud quoted in Powell, *People of the Sacred Mountain*, 2:1189; Wild Hog quoted in Monnett, *Tell Them We Are Going Home*, 118; Dull Knife quoted in Powell, *People of the Sacred Mountain*, 2:1191.
36. 46th Cong., *Removal of the Northern Cheyenne Indians*, 244; Monnett, *Tell Them We Are Going Home*, 118–22.
37. Powell, *People of the Sacred Mountain*, 2:1197–98, 1225–27; Grinnell, *Fighting Cheyennes*, 421–22; Monnett, *Tell Them We Are Going Home*, 123–34, 143–61.
38. Quoted in 46th Cong., *Removal of the Northern Cheyenne Indians*, 249.
39. Monnett, *Tell Them We Are Going Home*, 147, 159, 161, 202, and "Little Wolf," 54–55.

第十六章 曾为战士

1. Greene, *Yellowstone Command*, 115; Miles, *Personal Recollections*, 1:217–19, 231; Baldwin, "Winter Campaigning," 2.
2. Baldwin, "Winter Campaigning," 2–3; Utley, *Lance and Shield*, 176–77; Greene, *Yellowstone Command*, 150–52.
3. Major Alfred L. Hough quoted in Greene, *Yellowstone Command*, 158.
4. Bray, "Crazy Horse and the End of the Sioux War," 97; Greene, *Battles and Skirmishes*, 196.
5. Greene, *Lakota and Cheyenne*, 130–31, 133; Power, *Killing of Crazy Horse*, 249; Neihardt, *Black Elk Speaks*; Miles, *Personal Recollections*, 1:238–39.
6. Quoted in Utley, *Lance and Shield*, 181–82.
7. DeMallie, *Sixth Grandfather*, 202; Bray, "Crazy Horse and the End of the Sioux War," 101–6, 108–9; Neihardt, *Black Elk Speaks*, 142; Hyde, *Spotted Tail's Folk*, 266–68.
8. Olson, *Red Cloud and the Sioux Problem*, 237–39; Jeffrey V. Pearson, "Tragedy at Red Cloud Agency," 16; Bray, "Crazy Horse and the End of the Sioux War," 112; Robinson, *Diaries of Bourke*, 2:297, 299; Powers, *Killing of Crazy Horse*, 262.
9. On May 7, 1877, Miles defeated the band of Chief Lame Deer near the present-day Montana town of the same name. Lame Deer had had no particular vision for the future; he had wavered between defiance and a nostalgic desire for one last buffalo hunt before coming in. He was inadvertently killed when a white scout interrupted a parley between the chief and Colonel Miles. See Miles, "Rounding Up the Red Men," 113–14.
10. Quoted in Hutton, *Phil Sheridan and His Army*, 320.
11. Jeffrey V. Pearson, "Tragedy at Red Cloud Agency," 17–18; Powers, *Killing of Crazy Horse*, 331; Lee, "Capture and Death," 327.
12. Jeffrey V. Pearson, "Tragedy at Red Cloud Agency," 20; Powers, *Killing of Crazy Horse*, 361–62; Hardorff, *Surrender and Death of Crazy Horse*, 104–5, 173.
13. Jeffrey V. Pearson, "Tragedy at Red Cloud Agency," 21–22; Hardorff, *Surrender and Death of Crazy Horse*, 183–84.
14. Crazy Horse quoted in Lee, "Capture and Death," 333, and Powers, *Killing of Crazy Horse*, 395.

15. Jeffrey V. Pearson, "Tragedy at Red Cloud Agency," 24–25; Lee, "Capture and Death," 337–38; Lemly, "Murder of Chief Crazy Horse," 7; Sheridan to James Gillis, Sept. 5, 1877, in Robinson, *Diaries of Bourke*, 3:508.
16. Powers, *Killing of Crazy Horse*, 411–12, 424, 426; Valentine T. McGillycuddy to Elmo S. Watson, April 13, 1922, Watson Papers, Newberry Library; Lemly, "Murder of Crazy Horse," 10.
17. My accounts of Sitting Bull's time in Canada and his subsequent surrender are drawn largely from Utley, *Lance and Shield*, 164–233. See also Neihardt, *Black Elk Speaks*, 150–59.

第十七章　永不再战

1. West, *Last Indian War*, 21, 23, 35–74.
2. Joseph, "Indian's View of Indian Affairs," 417–20; McWhorter, *Yellow Wolf*, 35, 125–29; West, *Last Indian War*, 81–84.
3. Howard, "True Story of the Wallowa Campaign," 318–20; Joseph and commissioners quoted in Greene, *Nez Perce Summer*, 16–18; Josephy, *Nez Perce*, 483–92; West, *Last Indian War*, 117–19; McWhorter, *Yellow Wolf*, 40.
4. Howard, *Nez Perce Joseph*, 69–70; Joseph, "Indian's View of Indian Affairs," 306–7.
5. Josephy, *Nez Perce*, 499; Beall, "I Will Fight No More Forever," 280–82; McWhorter, *Yellow Wolf*, 36–45; Joseph, "Indian's View of Indian Affairs," 424–25.
6. McDonald, "Nez Perce War," 466–67; Joseph, "Indian's View of Indian Affairs," 309; McWhorter, *Hear Me, My Chiefs!*, 246–47; Greene, *Nez Perce Summer*, 40, 130, 359–60, 372.
7. 45th Cong., *Report of the Secretary of War*, 120; McWhorter, *Hear Me, My Chiefs!*, 264–70; Howard, *Nez Perce Joseph*, 149.
8. *New York Herald*, July 2, 1877; *Indianapolis Sentinel*, July 3, 1877; *New York Herald*, July 5, 1877; Josephy, *Nez Perce*, 528, 542; 45th Cong., *Report of the Secretary of War*, 120–21.
9. McCarthy Journal, 24, Library of Congress; McWhorter, *Hear Me, My Chiefs!*, 298, 306, and *Yellow Wolf*, 85–88; Bailey to McWhorter, Dec. 7, 1930, McWhorter Papers; Greene, *Nez Perce Summer*, 86; 45th Cong., *Report of the Secretary of War*, 11–23.
10. Trimble, "Battle of the Clearwater," 145; McWhorter, *Hear Me, My Chiefs!*, 314; 45th Cong., *Report of the Secretary of War*, 123.
11. McWhorter, *Hear Me, My Chiefs!*, 316–20, and *Yellow Wolf*, 96–97.
12. Army casualties during the two-day Battle of the Clearwater were thirteen killed, two mortally wounded, and twenty-five wounded. Nine of the casualties were officers or noncommissioned officers. The Nez Perces lost four warriors killed and six wounded. Greene, *Nez Perce Summer*, 361–62, 373.
13. McWhorter, *Hear Me, My Chiefs!*, 334–35, 349–56; Josephy, *Nez Perce*, 568–73; Buck, "Nez Perce Campaign," 508–10.
14. Josephy, *Nez Perce*, 576–77; McDonald, "Nez Perce War," 484–85; McWhorter, *Yellow Wolf*, 108–10, 134; Woodruff, "Battle of the Big Hole," 427.
15. Sherman quoted in Greene, *Nez Perce Summer*, 124; John A. Carpenter, "General Howard," 135.

16. Gaff, *Adventures on the Western Frontier*, 207–11; Woodruff, "Battle of the Big Hole," 326; Caitlin, "Battle of the Big Hole," 444; Greene, *Nez Perce Summer*, 128–29.
17. Gibbon to Daniel S. Tuttle, Sept. 7, 1877, Ayer Manuscript Collection, Newberry Library.
18. Coon, "Outbreak," Coon Collection, Yale University; Gaff, *Adventures on the Western Frontier*, 212; Woodruff, "Battle of the Big Hole," 427–28; Greene, *Nez Perce Summer*, 131.
19. McWhorter, *Hear Me, My Chiefs!*, 375–77, and *Yellow Wolf*, 117, 120, 133, 135, 145; Woodruff, "Battle of the Big Hole," 428.
20. Gaff, *Adventures on the Western Frontier*, 212–14; Caitlin, "Battle of the Big Hole," 12–13.
21. McDonald, "Nez Perce War," 486–87; Greene, *Nez Perce Summer*, 136–37, 164–65; Joseph, "Indian's View of Indian Affairs," 427.
22. Josephy, *Nez Perce*, 575, 590; Greene, *Nez Perce Summer*, 153; Sutherland, "Howard's Campaign," 393; McWhorter, *Yellow Wolf*, 168.
23. 45th Cong., *Report of the Secretary of War*, 13.
24. *Harper's Weekly*, Sept. 1, 1877; Sherman to Sheridan, Aug. 31, 1877, quoted in Greene, *Nez Perce Summer*, 168.
25. Greene, *Nez Perce Summer*, 201–5, 229; Goldin, "A Bit of the Nez Perce Campaign," Special Collections, Newberry Library; McWhorter, *Hear Me, My Chiefs!*, 460–65.
26. McWhorter, *Yellow Wolf*, 187; Josephy, *Nez Perce*, 611–12; Greene, *Nez Perce Summer*, 242.
27. Miles, *Personal Recollections*, 261–62; Sturgis and Howard quoted in Wooster, *Miles*, 100–101.
28. McDonald, "Nez Perce War," 490; Yellow Bull interview, Camp Collection, Little Bighorn National Monument.
29. Luther S. Kelly account of Bear Paw Mountain, Camp Collection; Romeyn, "Capture of Chief Joseph," 563; McWhorter, *Hear Me, My Chiefs!*, 479, and *Yellow Wolf*, 205.
30. Tilton, "After the Nez Perces," 403; Myles Moylan's report of the Battle of Bear Paw Mountain, transcript in Ayer Manuscript Collection; Miles, *Personal Recollections*, 1:268.
31. Young Two Moon interview, Camp Collection; Josephy, *Nez Perce*, 617–19; McWhorter, *Yellow Wolf*, 205; Joseph, "Indian's View of Indian Affairs," 428–29.
32. Moylan report; Tilton, "After the Nez Perce," 403; Josephy, *Nez Perce*, 619; Joseph, "Indian's View of Indian Affairs," 429; *New York Herald*, Oct. 11 and 30, 1877; Noyes, *In the Land of Chinook*, 77; McWhorter, *Yellow Bull*, 209. For the definitive account of the first day's fighting, see Greene, *Nez Perce Summer*, 271–91.
33. Miles, *Personal Recollections*, 1:273; Wooster, *Miles*, 104; McWhorter, *Hear Me, My Chiefs!*, 485.
34. Tilton, "After the Nez Perce," 404; Miles, *Personal Recollections*, 1:273–75. Sitting Bull knew of the Nez Perce predicament. He and his subchiefs held at least one council on the question of going to their aid. But Sitting Bull's friend and protector, Major James M. Walsh of the North-West Mounted Police, made it clear that the Lakotas would lose their Canadian sanctuary if they staged an armed foray south of the international border. Utley, *Lance and Shield*, 193.

35. Josephy, *Nez Perce*, 623–25; Tilton, "After the Nez Perce," 404; Greene, *Nez Perce Summer*, 297; *New York Herald*, Oct. 11, 1877.
36. McWhorter, *Hear Me, My Chiefs!*, 494–95; Joseph, "Indian's View of Indian Affairs," 312.
37. Wood's account as published in *Harper's Weekly*, Nov. 17, 1877; Greene, *Nez Perce Summer*, 309; Hampton, *Children of Grace*, 307.
38. *Harper's Weekly*, Nov. 17, 1877; Greene, *Nez Perce Summer*, 310–13; McWhorter, *Hear Me, My Chiefs!*, 498–99; Miles to Alfred H. Terry, Oct. 17, 1877, Godfrey Papers.
39. The conclusion of the Nez Perce War did not bring a permanent peace to the Pacific Northwest. While the nation fixed its gaze on the Nez Perce bid for freedom in 1877, the familiar combination of Indian Bureau mismanagement and white encroachment on Indian hunting grounds was driving two other friendly Rocky Mountain tribes, the Northern Paiutes and the Bannocks, toward war. The Northern Paiutes had fought a decade-long guerrilla conflict called the Snake War against Oregonians until George Crook crushed them in 1868. Since their defeat, they had progressed rapidly as farmers at the Malheur Reservation. But in 1876, a sadistic, politically connected local bootlegger became agent. As punishment for petty infractions, he withheld rations, beat children, and shot Indian ponies. Remarkably, the Paiutes refrained from dealing him a well-merited death. Instead, when the hunger and the humiliation became more than they could bear, the Paiutes fled to their southeastern Oregon homeland and fell under the influence of an incendiary shaman.

On the Fort Hall Reservation two hundred miles to the east, the Bannocks also were hungry. They had signed a treaty during the Civil War according them "absolute and undisturbed use" of their beloved Camas Prairie in southern Idaho, but a clerical error omitted the Camas Prairie guarantee from the ratified treaty, and whites overran the land. A fragile peace obtained until May 1878, when a Bannock shot two cowboys in a quarrel over a buffalo robe. Concluding that all would suffer for the crime, the Bannocks went on the warpath, burning ranches and ambushing stagecoaches. Thundering into the Northern Paiute village, by threats and cajolery they compelled their erstwhile allies to join them. The Bannocks had carried their war into General Howard's department; the distasteful duty of subduing them fell upon him. Howard was still recovering from the public abuse he had endured during the Nez Perce Campaign. It was with great reluctance, therefore, that he took the field in June 1878 for what he feared would be "another summer amid the horrors of savage warfare" over terrain even more rugged than the Nez Perce country.

Fortunately, the horrors proved minimal, largely because Howard conducted the campaign expertly. He pursued the hostiles relentlessly until the coalition collapsed. The Paiutes scattered throughout southeastern Oregon, and the Bannocks dispersed into mountainous central Idaho. Howard left the Indians nowhere to hide, and in mid-August the Paiutes surrendered. The last Bannocks were rounded up a month later, ending what the army called the Bannock War. It had not been a particularly sanguinary contest. The Indians had killed nine soldiers and thirty-one civilians (mostly settlers slain by the Bannocks in the opening days of their breakout). The army reported seventy-eight Indians killed, most certainly an exaggerated body count. Perhaps half of the surviving Bannocks surrendered or were captured.

General Howard's victory over the Bannock-Paiute alliance partially redeemed his reputation. He took small satisfaction from the campaign, however. "There is little doubt," the Christian General reflected, "but that many frontier people who have suffered extremely from Indian outrages entertain a feeling of soreness toward us army officers, who seem so much to sympathize with the Indians. We would judge them to be wholly right, did we not know from long experience that primarily nine-tenths of our Indian outbreaks had been occasioned by the misconduct of wicked white men." So it was with the Bannock War.

The Bannock War did not quite draw the curtain on Indian conflict in the Pacific Northwest. There remained a final, largely forgotten campaign. The victims were the Sheepeaters, a small band of pitiable outcasts from the Bannock and Shoshone tribes who eked out a subsistence living by hunting mountain sheep and fishing deep in the Salmon River Mountains, a forbidding country of precipitous cliffs, profound ravines, and towering peaks. Trails were few, and snow fell year-round.

The Sheepeaters bothered no one. They got along well with neighboring gold prospectors, bartering hides for food and gratefully accepting gifts of old clothing and camp refuse. When the diggings were exhausted in the late 1870s, Chinese prospectors replaced the whites. They spurned the Sheepeaters, who accepted the rebuke until Bannock fugitives joined them in the winter of 1877–1878. Several weeks later, a group of Chinese miners were murdered and their camp plundered, probably by renegade Bannocks or marauding white horse thieves. White miners had been poised to return to the Salmon River Mountains, but the killings dissuaded them.

It took three months for the news to reach General Howard, who sent a seasoned Indian-fighting subordinate to find the perpetrators. His army detachment spent 101 days in the field without seeing a single Indian, and Howard recalled him in favor of a company of Umatilla Indians, who, braving frigid high-mountain nights and pounding snowstorms, located an abandoned Sheepeater camp and seized the band's winter cache of meat. As the weather worsened, the woebegone Sheepeaters straggled into the Umatilla camp and surrendered.

With the sorry culmination of the 1878 Sheepeater Campaign, the wars for the Pacific Northwest were over, and the "troublesome" Indians were tucked safely away on reservations for good. New and larger mines were carved out of the Idaho wilderness, and farms and ranches soon blanketed the fertile Salmon River valley and Camas Prairie. Brimlow, *Bannock Indian War*, 150–52, 189–99; Howard, "Close of the Paiute and Bannock War," 106, and "Results of the Paiute and Bannock War," 197; Quinn, "Mountain Charade," 21, 26; Reuben F. Bernard to Commanding Officer, Boise Barracks, June 14, 1878, Brown Collection, University of Colorado; Hardin, "Sheepeater Campaign," 32–40.
40. Josephy, *Nez Perce*, 636–43.

第十八章 犹特人必须滚!

1. Emmitt, *Last War Trail*, 21; Dunn, *Massacres of the Mountains*, 675.
2. Decker, *Utes Must Go!*, 58; Sprague, *Massacre*, 92.
3. Quoted in Decker, *Utes Must Go!*, 59.
4. Sprague, *Massacre*, 39–50; Decker, *Utes Must Go!*, 59, 61–62, 68, 82–92; 45th

注　释

Cong., *Report of the Secretary of Interior, 1877*, x–xi; *Springfield Republican*, Nov. 22, 1877.
5. *Springfield Republican*, Nov. 22, 1877; Josephine Meeker Testimony in 46th Cong., *Ute Outbreak*, 75; Vickers, *History of Denver*, 129; Nathan C. Meeker to Teller, May 27, 1878, Teller Letters, Colorado Historical Museum.
6. Meeker to Thornburgh, March 17, 1879; George McCrary to Schurz, April 9, 1879; E. A. Pratt to Edward Hatch, May 2, 1879, with endorsements by Sheridan, May 9, 1879, Sherman, May 14, 1879, E. J. Brooks to George McCrary, Sept. 1, 1879, all in "Ute War," Record Group 98, Records of the Office of the Adjutant General, National Archives.
7. Pitkin quoted in Emmitt, *Last War Trail*, 87; Meeker to Edward A. Hayt, July 7, 1879; Thornburgh to the Assistant Adjutant General, Department of the Platte, July 27, 1879, both in "Ute War."
8. Meeker to Edward A. Hayt, Aug. 11, 1879, "Ute War"; Meeker to Hayt, Sept. 8, 1879, and Jack, Johnson, Douglass, and Josephine Meeker testimony in 46th Cong., *White River Commission*, 3, 53–54, 83; Sprague, *Massacre*, 175, 176.
9. Jack's testimony in 45th Cong., *White River Commission*, 69, and in *Ute Outbreak*, 199; Meeker to Hayt, Sept. 10, 1879; Crook to Commanding Officer, Fort Fred Steele, Wyoming, Sept. 16, 1879, both in "Ute War."
10. Payne, "Incidents of the Recent Campaign," 116; Miller, *Hollow Victory*, 16–32; Thornburgh to Meeker, Sept. 25, 1879, in 45th Cong., *White River Commission*, 37; Thornburgh to Adjutant General, Department of the Platte, Sept. 26, 1879, in "Ute War."
11. Testimony of Jack, Payne, and Samuel A. Cherry in 45th Cong., *Ute Outbreak*, 63, 171, 172–73, 194–95; Meeker to Thornburgh, Sept. 27, 1879, in 45th Cong., *White River Commission*, 38; Green, "White River Campaign," 3, Order of Indian Wars Collection, U.S. Army Educational and Heritage Center.
12. Payne, "Incidents of the Recent Campaign," 119.
13. Jack quoted in Utley, *Frontier Regulars*, 356; Colorow testimony in 45th Cong., *White River Commission*, 64; Robinson, *Diaries of Bourke*, 3:314–15.
14. Payne, "Incidents of the Recent Campaign," 123–24; Miller, *Hollow Victory*, 66–84; Payne and Cherry testimony, in 45th Cong., *Ute Outbreak*, 65–66, 174, 196–97; Colorow testimony in 45th Cong., *White River Commission*, 64.
15. Arvilla Meeker, Josephine Meeker, and Mrs. S. F. Price statements in 45th Cong., *White River Commission*, 21–23.
16. Colorow quoted in Emmitt, *Last War Trail*, 218; Payne, "Incidents of the Recent Campaign," 127.
17. Sumner, "Besieged by the Utes," 843; Kimball, *Soldier-Doctor*, 99, 101–2; Merritt to Adjutant General, Department of the Platte, Oct. 5, 1879, in *Rocky Mountain News*, Oct. 11, 1879; Merritt, "Marching Cavalry."
18. 45th Cong., *White River Commission*, 28; Cherry testimony in 45th Cong., *Ute Outbreak*, 67.
19. Decker, *Utes Must Go!*, 146–48, 149; Sheridan to Sherman, Oct. 3, 8, and 15, 1879, Sherman to Sheridan, Oct. 8, 1879, and Sherman to Schurz, Oct. 17, 1879, all in "Ute War"; Sherman's "Atlantic coast" remark quoted in Decker, *Utes Must Go!*, 149.
20. Wilson Stanley and Ouray to the Interior Department, Oct. 12, 1879, Sherman to Schurz, Oct. 17, 1879, Sheridan to Sherman, Oct. 17, 1879, Schurz to Sherman, Oct. 18, 1879, all in "Ute War."

21. 45th Cong, *White River Commission*, 17, 20, 26, 44, 51, 76, 82.
22. Decker, *Utes Must Go!*, 158, 162; 46th Cong., *Agreement with Ute Indians*, 6–8. Congress appropriated an additional $350,000 to purchase homes, mills, schoolhouses, wagons, cattle, and other trappings of white civilization for the Utes.
23. P. David Smith, *Ouray*, 175–82.
24. Quoted in Emmitt, *Last War Trail*, 295.
25. Miller, *Hollow Victory*, 198.

第十九章　重回阿帕奇里亚

1. Chamberlain, *Victorio*, 6–10; Sweeney, *Making Peace with Cochise*, 114–15; Kemble, "Victorio and His Young Men," 209; Ball, *In the Days of Victorio*, 57.
2. Thrapp, *Victorio*, 148–49; Sweeney, *Making Peace with Cochise*, 114–18.
3. Thrapp, *Conquest of Apacheria*, 172–75, and *Victorio*, 186.
4. Thrapp, *Victorio*, 187–200; Betzinez, *I Fought with Geronimo*, 50, 54; *Tucson Weekly Citizen*, April 1, 1880; Sweeney, *From Cochise to Geronimo*, 47–48.
5. Thrapp, *Victorio*, 206–11; Betzinez, *I Fought with Geronimo*, 50; Cozzens, *Struggle for Apacheria*, xxv; *Tucson Weekly Star*, April 8, 1880; Sweeney, *Cochise to Geronimo*, 125–26.
6. Thrapp, *Conquest of Apacheria*, 180–81; *Report of the Secretary of War, 1880*, 86; *Las Cruces Thirty-Four*, April 28, 1880; Leckie, *Buffalo Soldiers*, 211–12. Leckie places the number of civilians killed at nine.
7. Leckie, *Buffalo Soldiers*, 212; Ball, *In the Days of Victorio*, 72. The Mimbres Mountains, located fifty miles southwest of Ojo Caliente, were one range in a chain of ranges—the others being the Black Range, the Sierra Negretta, and the San Mateo Mountains—that constituted the sixty-mile-long Chihenne stronghold.
8. Gatewood, "Campaigning Against Victorio," 102–3; *Annual Report of the Secretary of War, 1880*, 89, 105–6; Thrapp, *Victorio*, 248–50; Morrow quoted in Thrapp, *Encyclopedia*, 2:1019.
9. Rockwell, *Indian Affairs*, 250; Grossman, *Political Corruption*, 158; Sweeney, *From Cochise to Geronimo*, 149–50; Thrapp, *Victorio*, 261–62.
10. *Annual Report of the Secretary of War, 1880*, 86, 89, 94; Thrapp, *Victorio*, 267–71; Cruse, *Apache Days*, 76–77.
11. Ball, *In the Days of Victorio*, 84–85; Cruse, *Apache Days*, 76–77.
12. Thrapp, *Conquest of Apacheria*, 196, 202–3, and *Victorio*, 277–78; Robinson, *Apache Voices*, 145.
13. Quoted in Hutton, *Soldiers West*, 164.
14. *Annual Report of the Secretary of War, 1880*, 159.
15. Ibid., 159–60.
16. Leckie, *Buffalo Soldiers*, 203–4; Thrapp, *Victorio*, 286–87; Grierson, "Journal," 14–17, Fort Davis National Historic Site. Colonel Grierson reported seven Apaches killed at a loss of one man killed and one man wounded. *Annual Report of the Secretary of War, 1880*, 160.
17. *Annual Report of the Secretary of War, 1880*, 160–63; Trapp, *Victorio*, 288–89; Hutton, *Soldiers West*, 166.
18. *Annual Report of the Secretary of War, 1880*, 88.
19. Thrapp, *Conquest of Apacheria*, 209, and *Victorio*, 301–5, 308–11; Chamberlain,

Victorio, 200; Sweeney, *From Cochise to Geronimo*, 165–66; Robinson, *Apache Voices*, 18.
20. *Las Cruces Thirty-Four*, Oct. 20, 1880; President Hayes quoted in *Las Vegas Weekly Optic*, Oct. 30, 1880.
21. Ogle, *Federal Control*, 179–96; 45th Cong., *Report of the Secretary of War*, 144.
22. Sweeney, *From Cochise to Geronimo*, 132; Britton Davis, *Truth About Geronimo*, 49.
23. Ogle, *Federal Control*, 189–90, 201–3; Elliott, "Indian Reservation," 98; Carr, "Report of Operations," 3, Record Group 94, National Archives; Thrapp, *Conquest of Apacheria*, 217; Cruse, *Apache Days*, 93–94; Loring, "Report on Coyotero Apaches," 200.
24. Charles Collins, *Apache Nightmare*, 18; Statement of Thomas Cruse in the Trial of Dead Shot, 23, Court-Martial Case Files, QQ2821, Record Group 153, National Archives; Carr, "Report of Operations," 5–6; Cruse to My Dear Abbott, May 25, 1883, Gatewood Papers, Arizona Historical Society; "Apache Story of the Cibecue," 300–301.
25. Charles Collins, *Apache Nightmare*, 21–23, 27–28; Carr, "Report of Operations," 3; Cruse to My Dear Abbott, May 25, 1883.
26. Carr, "Report of Operations," 6; "Apache Story of the Cibecue," 298–99; Thrapp, *Conquest of Apacheria*, 221. Including civilian personnel, Carr's force numbered 117 men.
27. Cruse, *Apache Days*, 106; Farish, *History of Arizona*, 3:337.
28. Carr, "Report of Operations," 11–12.
29. Cruse, *Apache Days*, 107–8.
30. William H. Carter, *Yorktown to Santiago*, 215; "Apache Story of the Cibecue," 298, 300, 301; Cruse, *Apache Days*, 110–11; Carr, "Report of Operations," 14; Charles Collins, *Apache Nightmare*, 56, 240n.
31. Statement of Sergeant No. 4, alias Dead Shot, "Trial of Dead Shot," 112; "Apache Story of the Cibecue," 298, 300–301; Charles Collins, *Apache Nightmare*, 52; Cruse, *Apache Days*, 139.
32. Finerty, "On Campaign," 248.
33. Charles Collins, *Apache Nightmare*, 54; Carr, "Report of Operations," 14–16; William H. Carter, *Yorktown to Santiago*, 219.
34. Charles Collins, *Apache Nightmare*, 70–81; "Apache Story of the Cibecue," 297; Finerty, "On Campaign," 245.
35. Charles Collins, *Apache Nightmare*, 88–134.
36. McDowell to Robert Todd Lincoln, Dec. 26, 1881, quoted in ibid., 192; Cruse, *Apache Days*, 139.

第二十章　如秃鹫般嗜血

1. Utley, *Geronimo*, 105; Betzinez, *I Fought with Geronimo*, 47; Robinson, *Apache Voices*, 57.
2. 51st Cong., *Apache Indians*, 52; Britton Davis, *Truth About Geronimo*, 206.
3. Utley, *Geronimo*, 21; Sweeney, "Geronimo, Apache Shaman," 30–32.
4. Barrett, *Geronimo, His Own Story*, 110; Utley, *Geronimo*, 15–16.
5. Sweeney, *From Cochise to Geronimo*, 16.
6. Debo, *Geronimo*, 101–2; Opler, "Chiricahua Apache's Account," 369; Robinson, *Apache Voices*, 57–58; Miles, *Personal Recollections*, 525.

7. Hugh L. Scott, *Some Memories*, 347, 374; Sweeney, *From Cochise to Geronimo*, 183.
8. Sweeney, *From Cochise to Geronimo*, 181–95.
9. Shapard, *Chief Loco*, 139–46; Robinson, *Apache Voices*, 39, 146–50; Forsyth, *Thrilling Days in Army Life*, 79; Betzinez, *I Fought with Geronimo*, 56; Sweeney, *From Cochise to Geronimo*, 211.
10. Rafferty, "Rafferty's Trail," 286–87; Sieber, "Military and Indians," 292–94; Betzinez, *I Fought with Geronimo*, 67–76; Shapard, *Chief Loco*, 166, 179, 181.
11. Thrapp, *Crook and the Sierra Madre*, 97–101; Cruse, *Apache Days*, 159.
12. Crook to Henry M. Teller, March 27, 1883, Hayes Papers, Hayes Library.
13. Bourke, *On the Border*, 433–34; "Apache Story of the Cibecue," 295.
14. Crook's 1883 Annual Report, 2, Hayes Papers; Crook, "Resume of Operations Against Apache Indians," 570; "Apache Troubles," 311.
15. Crook's 1883 Annual Report, 2–3, 21–23; Masterson, "General Crook's Return," 316; Britton Davis, *Truth About Geronimo*, 63.
16. Davis, *Truth About Geronimo*, 48; Sweeney, *From Cochise to Geronimo*, 320–21; Opler, "Chiricahua's Account of Geronimo"; *Denver Tribune*, Nov. 2, 1882; Crook to Teller, March 27, 1883, Hayes Papers.
17. Crook's 1883 Annual Report, 4; Bourke, *Apache Campaign*, 31; Sweeney, *From Cochise to Geronimo*, 300.
18. Sweeney, *From Cochise to Geronimo*, 290–98; Britton Davis, *Truth About Geronimo*, 87–90. Jason Betzinez said Peaches left for San Carlos with the permission of the war party, which respected his right to rejoin his remaining family members. Betzinez, *I Fought with Geronimo*, 116–18.
19. Bourke, "With Crook in the Sierra Madre," 346; *Chicago Times*, May 24, 1883.
20. *El Paso Times*, May 20, 1883; Bourke, "With Crook in the Sierra Madre," 347, 353, 356; Account of White Mountain scout John Rope in Basso, *Western Apache Warfare and Raiding*, 154–56.
21. Bourke, "With Crook in the Sierra Madre," 358–61, 362, 368–69; Sweeney, *From Cochise to Geronimo*, 306; John Rope's account in Basso, *Western Apache Warfare and Raiding*, 162.
22. Betzinez, *I Fought with Geronimo*, 113.
23. Bourke, "With Crook in the Sierra Madre," 377–78; Fiebeger, "General Crook's Campaign," 200; Sherman Curley interview, Goodwin Papers, Arizona State Museum; Utley, *Geronimo*, 140.
24. Sweeney, *From Cochise to Geronimo*, 288–89, 331–32.
25. Sweeney, *From Cochise to Geronimo*, 317, 325; Thrapp, *Conquest of Apacheria*, 295–302.
26. Utley, *Frontier Regulars*, 381, and *Geronimo*, 143–47; Sweeney, *From Cochise to Geronimo*, 329–60.
27. *San Francisco Bulletin*, June 26, 1886; Sweeney, *From Cochise to Geronimo*, 414–15; Britton Davis, *Truth About Geronimo*, 155–56, 202–14, and "Difficulties of Indian Warfare," 488–90.
28. Unbeknownst to Davis, Crook did not learn of the telegram's existence until two months later. Had he been aware of the difficulties, Crook believed that he could have prevented a breakout. Crook, "Resume of Operations," 572.
29. Davis, "Difficulty of Indian Warfare," 489–90, and *Truth About Geronimo*, 215–17; Sweeney, *From Cochise to Geronimo*, 423; *Resolution Regarding Outbreak of Indians*, 20–21.

30. Sweeney, *From Cochise to Geronimo*, 444–45; Crook, "Resume of Operations," 573; Britton Davis, *Truth About Geronimo*, 218.
31. 49th Cong., *Report of the Secretary of War*, 151; Sweeney, *From Cochise to Geronimo*, 479–83, 507–11.
32. Sweeney, *From Cochise to Geronimo*, 489–91; Utley, *Geronimo*, 175–76.

第二十一章　我曾如风

1. Shipp, "Crawford's Last Expedition," 348; Daly, "Geronimo Campaign," 458.
2. Shipp, "Crawford's Last Expedition," 353–55; Sweeney, *From Cochise to Geronimo*, 496–99.
3. Shipp, "Crawford's Last Expedition," 355–59; Thrapp, *Dateline Fort Bowie*, 181–82; Opler, "Chiricahua's Account," 373–74.
4. Daly, "Geronimo Campaign," 460; Utley, *Geronimo*, 180–82.
5. 49th Cong., *Report of the Secretary of War, 1886*, 153; Sweeney, *From Cochise to Geronimo*, 515–21.
6. Britton Davis, *Truth About Geronimo*, 287–88; Sweeney, *From Cochise to Geronimo*, 522; Crook, "Resume of Operations," 576.
7. Thrapp, *Dateline Fort Bowie*, 61–62.
8. Sweeney, *From Cochise to Geronimo*, 525–27; 51st Cong., *Apache Indians*, 33; Crook, "Resume of Operations," 583–84.
9. *Tombstone Daily Epitaph*, April 4 and 6, 1886; Thrapp, *Dateline Fort Bowie*, 60; Miles, *Personal Recollections*, 2:476.
10. Miles, *Personal Recollections*, 2:476; Britton Davis, *Truth About Geronimo*, 313.
11. Miles, *Personal Recollections*, 2:481–85; Neifert, "Trailing Geronimo by Heliograph," 1.
12. Sweeney, *From Cochise to Geronimo*, 535–44; 51st Cong., *Apache Indians*, 33.
13. Daly, "Geronimo Campaign," 479; Miles, *Personal Recollections*, 2:487; Lane, *Chasing Geronimo*, 25.
14. Lane, *Chasing Geronimo*, 69–78; Miles, *Personal Recollections*, 2:509, 517; Vinton, "Geronimo Campaign," 28.
15. Miles, *Personal Recollections*, 2:497, 504; 51st Cong., *Apache Indians*, 3–4, 34; Sweeney, *From Cochise to Geronimo*, 566.
16. Sweeney, *From Cochise to Geronimo*, 556–57; Robinson, *Apache Voices*, 49; Ball, *Indeh*, 107.
17. Kraft, *Gatewood*, 121–52; Lane, *Chasing Geronimo*, 87–88, 92, 96–100; Ball, *Indeh*, 110.
18. 51st Cong., *Apache Indians*, 83, 7–10, 18–19.
19. 51st Cong., *Apache Indians*, 83, 7–10, 18–19, 35; Kraft, *Gatewood*, 152–53; 49th Cong., *Surrender of Geronimo*, 10–11.
20. Sweeney, *From Cochise to Geronimo*, 573–74. On October 18, Mangas surrendered his small band of three men and eight women and children at Fort Apache. He and his people were also exiled to Florida.
21. 51st Cong., *Apache Indians*, 32.
22. Debo, *Geronimo*, 366–440.

第二十二章　冲突的愿景

1. Hedren, *After Little Bighorn*, 46, 101.
2. Prucha, *American Indian Policy in Crisis*, 139, 149, 169, 180.

3. Pope, *Indian Question*, 5, 12; Terry, "Indian Management," 214; Miles, "Indian Problem," 307.
4. Henry B. Carrington, *Indian Question*, 4–6.
5. Utley, *Last Days of the Sioux Nation*, 20–33, and *Indian Frontier*, 241–43.
6. Utley, *Lance and Shield*, 249–50; McGillycuddy to Walter S. Campbell, Dec. 15, 1928, and April 16, 1929, Campbell Collection; Hyde, *Sioux Chronicle*, 63–65, and *Spotted Tail's Folk*, 335.
7. Prucha, *American Indian Policy in Crisis*, 254–55.
8. Red Cloud quoted in Greene, "Sioux Land Commission," 53–54; Lone Man, "Sitting Bull's Address to the Silent Eaters Protesting the Treaty of 1889," Campbell Collection; Crook quoted in Utley, *Last Days of the Sioux Nation*, 68.
9. McLaughlin, *My Friend the Indian*, 281–93; Neihardt, *Black Elk Speaks*, 235; "General Crook on Indians," 179; Mooney, *Ghost Dance*, 201–2; *Washington Evening Star*, Jan. 20, 1891.
10. Aaron M. Beede to Walter S. Campbell, n.d., 1929, Campbell Collection; Neihardt, *Black Elk Speaks*, 217–18.
11. Mooney, *Ghost Dance*, 203; Greene, "Sioux Commission," 66; Craft, "Indian Troubles," *Roman Catholic Weekly*, Jan. 4, 1891.
12. Boyd, *Recent Indian Wars*, 190–91; Mooney, *Ghost Dance*, 149–50; Sword, "Story of the Ghost Dance," 28–30.
13. Mooney, *Ghost Dance*, 126–43, 181–82; Utley, *Last Days of the Sioux Nation*, 72–73.
14. Quoted in Utley, *Last Days of the Sioux Nation*, 84.
15. McGillycuddy quoted in *Omaha Bee*, Jan. 19, 1891; Big Road interview in *Washington Evening Star*, Jan. 28, 1891.
16. Greene, *American Carnage*, 88–89; Hump interview in *Washington Evening Star*, Jan. 28, 1891; Utley, *Last Days of the Sioux Nation*, 112; Moody, *Ghost Dance*, 207–8.
17. Sword, "Story of the Ghost Dance," 30–31; *Omaha World Herald*, Nov. 17 and 21, 1890; *Grand Forks Daily Herald*, Nov. 29, 1890; *Aberdeen Daily News*, Nov. 30, 1890; Utley, *Last Days of the Sioux Nation*, 95.
18. *Aberdeen Daily News*, Nov. 22, 1890; Moody, *Ghost Dance*, 211.
19. Utley, *Last Days of the Sioux Nation*, 104–5; Coleman, *Voices of Wounded Knee*, 63; McGillycuddy to Campbell, n.d., Campbell Collection.
20. Greene, *American Carnage*, 97–99, 133–34; Utley, *Last Days of the Sioux Nation*, 108, 110–11; Coleman, *Voices of Wounded Knee*, 85–87; *Omaha World Herald*, Nov. 21, 1890; Tibbles, *Buckskin and Blanket Days*, 393–94.
21. *Chicago Tribune*, Nov. 22, 1890; Olson, *Red Cloud and the Sioux Problem*, 329.
22. Utley, *Last Days of the Sioux Nation*, 112; Greene, *American Carnage*, 135, 149–56; 52nd Cong., *Report of the Commissioner of Indian Affairs, 1891*, 33; Kelley, "Indian Troubles," 583.
23. Quoted in Greene, *American Carnage*, 143.
24. 52nd Cong., *Report of the Secretary of War*, 149; Greene, *American Carnage*, 195.
25. McLaughlin to T. J. Morgan, Oct. 17, 1890, Campbell Collection; Utley, *Lance and Shield*, 264–65; Aaron McGaffey Beede to Walter S. Campbell, n.d. [1929], Campbell Collection.
26. Utley, *Lance and Shield*, 254–55; One Bull interview in Carroll, *Arrest and Killing of Sitting Bull*, 71; McLaughlin to Morgan, Oct. 17, 1890, and Feb. 16, 1891, Campbell Collection.

27. Fechet, "True Story of the Death of Sitting Bull," 599–600; Utley, *Lance and Shield*, 297–98; McLaughlin, *My Friend the Indian*, 215–18.
28. John Lone Man, "Arrest and Killing of Sitting Bull," 1–2, Campbell Collection.
29. McLaughlin to Morgan, Dec. 16, 1890, in Carroll, *Arrest and Killing of Sitting Bull*, 114–15; Little Eagle to McLaughlin, Dec. 31, 1890, and John M. Carignan to McLaughlin, Jan. 6, 1891, Campbell Collection; LaPointe, *Sitting Bull*, 94–95.
30. John Lone Man, "Arrest and Killing of Sitting Bull," 3, and A. L. Bloome to Walter S. Campbell, Dec. 26, 1929, Campbell Collection.
31. John Lone Man, "Arrest and Killing of Sitting Bull," 6–7; Shoots Walking interview in Carroll, *Arrest and Death of Sitting Bull*, 89; Utley, *Lance and Shield*, 300–301.
32. John Lone Man, "Arrest and Killing of Sitting Bull," 7; Fechet, "True Story of the Death of Sitting Bull," 603; Shoots Walking interview in Carroll, *Arrest and Death of Sitting Bull*, 88; Utley, *Lance and Shield*, 165, 304–5; Greene, *Indian War Veterans*, 177.
33. Lone Man, "Arrest and Killing of Sitting Bull," 8; McLaughlin, *My Friend the Indian*, 21–22; Greene, *American Carnage*, 187.

第二十三章 滥杀之地

1. *Philadelphia Inquirer*, Dec. 17, 1890; McLaughlin to Morgan, Dec. 16, 1890; McLaughlin to Herbert Welsh, Jan. 19, 1891, Campbell Collection; *Omaha World Herald*, Dec. 21, 1890; Boyd, *Recent Indian Wars*, 207–9.
2. Greene, *American Carnage*, 169–70; Sumner to the Assistant Adjutant General, Feb. 3, 1891, in 52nd Cong., *Report of the Secretary of War*, 223–24; McLaughlin to William F. Drum, Feb. 10, 1891, box 114, folder 6, Campbell Collection; Joseph Horn Cloud interview in Jensen, *Voices of the American West*, 1:192–93.
3. Dewey Beard interview in Jensen, *Voices of the American West*, 1:210; Utley, *Last Days of the Sioux Nation*, 177–78; Sumner to the Assistant Adjutant General, Feb. 3, 1891, 224, 229.
4. Joseph Horn Cloud and Dewey Beard interviews in Jensen, *Voices of the American West*, 1:194–95, 213; Utley, *Last Days of the Sioux Nation*, 180–81; Long Bull interview in *Washington Evening Star*, Jan. 28, 1891.
5. Sumner to the Assistant Adjutant General, Feb. 3, 1891, 226–27; Marion Maus to Sumner, Dec. 23, 1890, in Utley, *Last Days of the Sioux Nation*, 185.
6. Greene, *American Carnage*, 193, 201; *Omaha World Herald*, Dec. 13, 1890.
7. Big Foot quoted in Greene, *American Carnage*, 206; *Chicago Daily Inter Ocean*, Jan. 7, 1891; Dewey Beard interview, 1:215.
8. Greene, *American Carnage*, 207; Tibbles, *Buckskin and Blanket Days*, 405–6; Utley, *Last Days of the Sioux Nation*, 193.
9. Lindberg, "Foreigners in Action," 171, 174; Dewey Beard interview, 1:215–16.
10. Shangrau, Dewey Beard, and Joseph Horn Cloud interviews in Jensen, *Voices of the American West*, 1:197, 216, 259–60.
11. Lindberg, "Foreigners in Action," 174.
12. Utley, *Last Days of the Sioux Nation*, 197; Dewey Beard interview, 1:216.
13. Greene, *American Carnage*, 212–15; Utley, *Last Days of the Sioux Nation*, 197–98; 52nd Cong., *Report of the Secretary of War*, 150.
14. Utley, *Last Days of the Sioux Nation*, 199; Allen, *From Fort Laramie to Wounded Knee*, 190; Dewey Beard interview, 1:217.

15. Greene, *American Carnage*, 221; Charles W. Taylor, "Surrender of Red Cloud," 4.
16. Foley, *At Standing Rock and Wounded Knee*, 300; McCormick, "Wounded Knee and Drexel Mission Fights," 566; Russell, "Major Whitside's Campaign Letters," Army at Wounded Knee, http://armyatwoundedknee.com/2014/08/01/major-samuel-marmaduke-whitsides-campaign-letters; John Shangrau interview in Jensen, *Voices of the American West*, 1:261–62.
17. Lindberg, "Foreigners in Action," 175; McCormick, "Wounded Knee and Drexel Mission Fights," 567; Joseph Horn Cloud and John Shangrau interview, 1:200–201, 261–62.
18. McCormick, "Wounded Knee and Drexel Mission Fights," 567; Greene, *American Carnage*, 225.
19. Varnum quoted in Utley, *Last Days of the Sioux Nation*, 209; Foley, *At Standing Rock and Wounded Knee*, 330; Allen interview, 2:13; Greene, *American Carnage*, 225–26; Dewey Beard interview, 1:218.
20. McCormick, "Wounded Knee and Drexel Mission Fights," 568.
21. Jensen, *Eyewitnesses at Wounded Knee*, 110, 201; Long Bull interview in *Washington Evening Star*, Jan. 28, 1891; Lindberg, "Foreigners in Action," 175–76; Wells, "Ninety-Six Years Among the Indians," 285–86.
22. Joseph Horn Cloud interview, 1:200; McCormick, "Wounded Knee and Drexel Mission Fights," 568–69; Utley, *Last Days of the Sioux Nation*, 212; Lindberg, "Foreigners in Action," 176.
23. Joseph Horn Cloud interview, 1:201; Lindberg, "Foreigners in Action," 272, 281; *Omaha Weekly Herald*, Jan. 6, 1891; Foley, *At Standing Rock and Wounded Knee*, 310; Neihardt, *Black Elk Speaks*, 252; Wells interview, 2:157; Greene, *American Carnage*, 232, 280. Father Craft not only survived his wound but also enjoyed a remarkably quick recovery.
24. Dewey Beard and Joseph Horn Cloud interviews, 1:197, 220; Greene, *American Carnage*, 232, 243.
25. Medicine Woman Statement in McGregor, *Wounded Knee Massacre*, 105; Lindberg, "Foreigners in Action," 176; Officer quoted in Greene, *American Carnage*, 234.
26. Utley, *Last Days of the Sioux Nation*, 216; George A. Bartlett interview in Jensen, *Voices of the American West*, 2:33.
27. Foley, *At Standing Rock and Wounded Knee*, 302, 235; Whitside to his wife, Jan. 5, 1891, in Sam Russell, "Army at Wounded Knee"; *Omaha Bee*, Dec. 30, 1890; Lindberg, "Foreigners in Action," 181.
28. Dewey Beard interview, 1:221–23; Lindberg, "Foreigners in Action," 176–77.
29. Lindberg, "Foreigners in Action," 177; Rough Feather statement in McGregor, *Wounded Knee Massacre*, 100; *Chadron Democrat*, Jan. 1, 1891; *Chicago Daily Inter Ocean*, Jan. 7, 1891.
30. Wells, "Ninety-Six Years Among the Indians," 276; Flynn, "Looking Back," 6.
31. Lindberg, "Foreigners in Action," 178; Greene, *American Carnage*, 243; Neihardt, *Black Elk Speaks*, 266.
32. Red Cloud quoted in Utley, *Last Days of the Sioux Nation*, 233; Miles's 1891 Annual Report in Pohanka, *Miles*, 220.
33. Tibbles, *Buckskin and Blanket Days*, 424–29; Elaine Goodale Eastman, *Sister to the Sioux*, 161–62; Charles Eastman, *From Deep Woods to Civilization*, 233–34.
34. Eastman, *From Deep Woods to Civilization*, 237–39; Greene, *American Carnage*, 288.

35. *Omaha World Herald*, Jan. 4, 1891.
36. Greene, *American Carnage*, 288, 301–2; Utley, *Last Days of the Sioux Nation*, 227–28.
37. Miles's 1891 Annual Report, 219.
38. Utley, *Last Days of the Sioux Nation*, 255–56; Greene, *American Carnage*, 326, 512.
39. Quoted in McGillycuddy, *McGillycuddy, Agent*, 272. Plenty Horses was arraigned before a federal grand jury in Deadwood, South Dakota, in March 1891. Valentine T. McGillycuddy served as foreman. Plenty Horses's poignant confession left the grand jury no alternative but to indict him. Despite his confession, Plenty Horses's trial in federal district court in Sioux Falls resulted in a hung jury, because jurors were unable to agree on whether the offense constituted manslaughter or murder. In a subsequent trial, the judge ruled that Plenty Horses had acted as a wartime combatant and was therefore not subject to criminal penalty. Plenty Horses returned to Rosebud a free man.
    Plenty Horses did not come home a hero as he had expected. He lived for four decades in a one-room log cabin, "quite unloved" by his neighbors and acquaintances. Plenty Horses died on June 15, 1933, a year after the deaths of his wife and son. Utley, "Ordeal of Plenty Horses," 1–13.
40. Charles W. Taylor, "Surrender of Red Cloud," [undated typescript], Order of the Indian Wars Collection; Brooke quoted in Utley, *Last Days of the Sioux Nation*, 259.
41. Miles's 1891 Annual Report, 219; *Omaha World Herald*, Jan. 12, 1891.
42. Greene, *American Carnage*, 328–31; Northrop, *Indian Horrors*, 599–600; *Aberdeen Weekly News*, Jan. 12 and 16, 1891; *Omaha Weekly Herald*, Jan. 14 and 15, 1891; *Washington Evening Star*, Jan. 20, 1891.
43. *Washington Evening Star*, Jan. 20, 1891; Green, *After Wounded Knee*, 67.
44. *Omaha World Herald*, Jan. 16, 1891; Greene, *American Carnage*, 331; *Washington Evening Star*, Jan. 20, 1891; Thiel, "Omaha Dance," 5.
45. Lakota chief quoted in Utley, *Last Days of the Sioux Nation*, 59.
46. Green, *After Wounded Knee*, 67–68; *Washington Evening Star*, Jan. 16, 1891; *Omaha World Herald*, Jan. 17, 1891.
47. Kelley, "Indian Troubles," 594; Boyd, *Recent Indian Wars*, 276; "As Narrated by Short Bull," 19, Buffalo Bill Museum and Grave Archives; *Omaha Weekly Herald*, Jan. 16, 1891.

参考文献

图 书

Allred, B. W. *Great Western Indian Fights*. Garden City, N.Y.: Doubleday, 1960.
Altshuler, Constance W. *Chains of Command: Arizona and the Army, 1856–1875*. Tucson: Arizona Historical Society, 1981.
Armstrong, William H. *Warrior in Two Camps: Ely S. Parker, Union General and Seneca Indian Chief.* Syracuse, N.Y.: Syracuse University Press, 1978.
Athearn, Robert G. *William Tecumseh Sherman and the Settlement of the West*. Norman: University of Oklahoma Press, 1956.
Ball, Eve. *In the Days of Victorio: Recollections of a Warm Springs Apache*. Tucson: University of Arizona Press, 1972.
———. *Indeh: An Apache Odyssey*. Provo, Utah: Brigham Young University Press, 1980.
Barrett, S. M., ed. *Geronimo's Story of His Life*. New York: Duffield, 1906. Reprint, 1999.
Basler, Roy. *The Collected Works of Abraham Lincoln*. 10 vols. New Brunswick, N.J.: Rutgers University Press, 1953.
Basso, Keith H., ed. *Western Apache Warfare and Raiding*. Tucson: University of Arizona Press, 1973.
Battey, Thomas C. *The Life and Adventures of a Quaker Among the Indians*. Boston: Lee and Shepard, 1875.
Beall, Merrill D. *"I Will Fight No More Forever": Chief Joseph and the Nez Perce War*. Seattle: University of Washington Press, 1963.
Berthrong, Donald J. *The Southern Cheyennes*. Norman: University of Oklahoma Press, 1963.
Betzinez, Jason. *I Fought with Geronimo*. Harrisburg, Pa.: Stackpole Books, 1960.
Bland, T. A. *The Life of Albert B. Meacham*. Washington, D.C.: T. A. & M. C. Bland, 1883.
Bourke, John G. *An Apache Campaign in the Sierra Madre*. New York: Charles Scribner's Sons, 1886. Reprint, 1958.
———. *On the Border with Crook*. New York: Charles Scribner's Sons, 1891.
Boyd, James P. *Recent Indian Wars, Under the Lead of Sitting Bull, and Other Chiefs*. Publishers Union, 1891.
Bray, Kingsley M. *Crazy Horse: A Lakota Life*. Norman: University of Oklahoma Press, 2006.
Brimlow, George F. *The Bannock War of 1878*. Caldwell, Idaho: Caxton Printers, 1938.
Brininstool, E. A. *Troopers with Custer*. Harrisburg, Pa.: Stackpole, 1952.
Broome, Jeff. *Dog Soldier Justice: The Ordeal of Susan Alerdice in the Kansas Indian War*. Lincoln, Kans.: Lincoln County Historical Society, 2003.

Calhoun, James. *With Custer in '74: James Calhoun's Diary of the Black Hills Expedition.* Provo, Utah: Brigham Young University Press, 1979.
Canfield, Gale W. *Sarah Winnemucca of the Northern Paiutes.* Norman: University of Oklahoma Press, 1983.
Carrington, Frances C. *My Army Life and the Fort Phil. Kearney Massacre.* Philadelphia: J. B. Lippincott, 1910.
Carrington, Margaret I. *Absaraka, Home of the Crows.* Chicago: Lakeside Press, 1950.
Carter, Robert G. *The Old Sergeant's Story, Winning the West from Indians and Bad Men, 1870–1876.* New York: Frederick H. Hitchkock, 1926.
———. *On the Border with Mackenzie; or, Winning West Texas from the Comanches.* Washington, D.C.: Eynon Printing, 1933. Reprint, 2013.
Carter, William H. *From Yorktown to Santiago with the 6th U.S. Cavalry.* Baltimore: Lord Baltimore Press, 1900. Reprint, 1989.
Chalfant, William Y. *Hancock's War: Conflict on the Southern Plains.* Norman, Okla.: Arthur H. Clark, 2010.
Chamberlain, Kathleen P. *Victorio, Apache Warrior and Chief.* Norman: University of Oklahoma Press, 2010.
Clark, Philo. *Indian Sign Language.* Philadelphia: L. R. Hamersly, 1885.
Clavin, Tom, and Bob Drury. *The Heart of Everything That Is: The Untold Story of Red Cloud, an American Legend.* New York: Simon and Schuster, 2013.
Collins, Charles. *Apache Nightmare: The Battle of Cibecue Creek.* Norman: University of Oklahoma Press, 1999.
Collins, Charles D., Jr. *Atlas of the Sioux Wars.* Fort Leavenworth, Kans.: Combat Studies Institute, 2006.
Cozzens, Peter. *The Army and the Indian.* Vol. 5 of *Eyewitnesses to the Indian Wars, 1865–1890.* Mechanicsburg, Pa.: Stackpole Books, 2005.
———. *Conquering the Southern Plains.* Vol. 3 of *Eyewitnesses to the Indian Wars, 1865–1890.* Mechanicsburg, Pa.: Stackpole Books, 2003.
———. *General John Pope: A Life for the Nation.* Urbana: University of Illinois Press, 2000.
———. *The Long War for the Northern Plains.* Vol. 4 of *Eyewitnesses to the Indian Wars, 1865–1890.* Mechanicsburg, Pa.: Stackpole Books, 2004.
———. *The Shipwreck of Their Hopes: The Battles for Chattanooga.* Urbana: University of Illinois Press, 1994.
———. *The Struggle for Apacheria.* Vol. 1 of *Eyewitnesses to the Indian Wars, 1865–1890.* Mechanicsburg, Pa.: Stackpole Books, 2000.
———. *The Wars for the Pacific Northwest.* Vol. 2 of *Eyewitnesses to the Indian Wars, 1865–1890.* Mechanicsburg, Pa.: Stackpole Books. 2002.
Crawford, Samuel J. *Kansas in the Sixties.* Chicago: A. C. McClurg, 1911.
Cremony, John C. *Life Among the Apaches.* San Francisco: A. Roman, 1868.
Cruse, Thomas A. *Apache Days and After.* Caldwell, Idaho: Caxton Printers, 1941.
Custer, Elizabeth B. *Boots and Saddles, or Life in Dakota with General Custer.* New York: Harper & Brothers, 1885.
———. *Following the Guidon.* New York: Harper & Brothers, 1890.
Custer, George A. *My Life on the Plains; or, Personal Experiences with the Indians.* New York: Sheldon, 1874. Reprint, 1952.
Danker, Donald. *Man of the Plains: Recollections of Luther North, 1856–1882.* Lincoln: University of Nebraska Press, 1961.

David, Robert B. *Finn Burnett Frontiersman*. Glendale, Calif.: Arthur H. Clarke, 1937.
Davis, Britton. *The Truth About Geronimo*. New Haven, Conn.: Yale University Press, 1929. Reprint, 1932.
De Trobriand, Phillipe Regis. *Military Life in Dakota: The Journal of Phillipe Regis de Trobriand*. St. Paul: Alvord Memorial Commission, 1951.
DeBarthe, Joe. *The Life and Adventures of Frank Grouard, Indian Scout*. Norman: University of Oklahoma Press, 1958.
Debo, Angie. *Geronimo: The Man, His Time, His Place*. Norman: University of Oklahoma Press, 1982.
Decker, Peter R. *The Utes Must Go! American Expansion and the Removal of a People*. Golden, Colo.: Fulcrum, 2004.
DeMallie, Raymond J., ed. *The Sixth Grandfather: Black Elk's Teachings Given to John G. Neihardt*. Lincoln: University of Nebraska Press, 1984.
Dillon, Richard. *Burnt-Out Fires: California's Modoc Indian War*. New York: Prentice-Hall, 1973.
Dodge, Grenville M. *How We Built the Union Pacific Railway*. Council Bluffs, Iowa: Monarch, n.d.
Dodge, Richard I. *Our Wild Indians: Thirty-Three Years' Experience Among the Red Men of the Great West*. Hartford: A. D. Worthington, 1883.
———. *The Plains of the Great West and Their Inhabitants*. New York: Putnam, 1877.
Donovan, James. *A Terrible Glory: Custer and the Little Bighorn, the Last Great Battle of the American West*. New York: Little, Brown, 2008.
Dunlay, Thomas W. *Wolves for the Blue Soldiers: Indian Scouts and Auxiliaries with the United States Army, 1860-1890*. Lincoln: University of Nebraska Press, 1982.
Eastman, Charles A. *From Deep Woods to Civilization: Chapters in the Autobiography of an Indian*. Boston: Little, Brown, 1917. Reprint, 2001.
Eastman, Elaine Goodale. *Sister to the Sioux: The Memoirs of Elaine Goodale Eastman*. Lincoln: University of Nebraska Press, 1985.
Ege, Robert J. *"Tell Baker to Strike Them Hard!": Incident on the Marias, 23 Jan. 1870*. Bellevue, Neb.: Old Army Press, 1970.
Emmitt, Robert. *The Last War Trail: The Utes and the Settlement of Colorado*. Norman: University of Oklahoma Press, 1954.
Farish, Thomas E. *History of Arizona*. 8 vols. Phoenix: State of Arizona, 1915.
Finerty, John F. *War-Path and Bivouac; or, The Conquest of the Sioux*. Chicago: Donohue and Henneberry, 1890.
Forsyth, George A. *The Story of the Soldier*. New York: D. Appleton, 1900.
———. *Thrilling Days in Army Life*. New York: Harper & Brothers, 1900.
Gaff, Alan D., and Maureen Gaff, eds. *Adventures on the Western Frontier: Major General John Gibbon*. Bloomington: Indiana University Press, 1994.
Graham, W. A. *The Custer Myth: A Source Book of Custeriana*. Harrisburg, Pa.: Stackpole, 1953.
Grant, Ulysses S. *Personal Memoirs of U. S. Grant*. 2 vols. New York: Charles L. Webster, 1885 and 1886.
Gray, John S. *Centennial Campaign: The Sioux War of 1876*. Fort Collins, Colo.: Old Army Press, 1976.
———. *Custer's Last Campaign: Mitch Boyer and the Little Bighorn Reconstructed*. Lincoln: University of Nebraska Press, 1991.
Green, Jerry, ed. *After Wounded Knee: Correspondence of Major and Surgeon John Vance*

Lauderdale While Serving with the Army Occupying the Pine Ridge Indian Reservation, 1890–1891. East Lansing: Michigan State University Press, 1996.

Greene, Jerome A. *American Carnage: Wounded Knee, 1890*. Norman: University of Oklahoma Press, 2014.

———, ed. *Battles and Skirmishes of the Great Sioux War, 1876–1877: The Military View*. Norman: University of Oklahoma Press, 1996.

———. *Indian War Veterans: Memories of Army Life and Campaigns in the West, 1864–1898*. El Dorado Hills, Calif.: Savas Beattie, 2007.

———. *Lakota and Cheyenne: Indian Views of the Great Sioux War, 1876–1877*. Norman: University of Oklahoma Press, 1998.

———. *Morning Star Dawn: The Powder River Expedition and the Northern Cheyennes, 1876*. Norman: University of Oklahoma Press, 2003.

———. *Nez Perce Summer, 1877: The U.S. Army and the Nee-Me-Poo Crisis*. Helena: Montana Historical Society Press, 2000.

———. *Slim Buttes, 1876: An Episode of the Great Sioux War*. Norman: University of Oklahoma Press, 1982.

———. *Washita: The U.S. Army and the Southern Cheyennes, 1867–1869*. Norman: University of Oklahoma Press, 1999.

———. *Yellowstone Command: Colonel Nelson A. Miles and the Great Sioux War, 1876–1877*. Norman: University of Oklahoma Press, 1994.

Grinnell, George B. *The Fighting Cheyennes*. New York: Charles Scribner's Sons, 1915.

———. *The Story of the Indian*. New York: D. Appleton, 1895.

———. *Two Great Scouts and Their Pawnee Battalion: The Experiences of Frank J. and Luther H. North, Pioneers of the Great West, 1856–1862, and Their Defence of the Building of the Union Pacific Railroad*. Cleveland: Arthur H. Clark, 1928.

Grossman, Mark. *Political Corruption in America: An Encyclopedia of Scandals, Power, and Greed*. Santa Barbara, Calif.: ABC-CLIO, 2003.

Gwynne, S. C. *Empire of the Summer Moon: Quanah Parker and the Rise and Fall of the Comanche Nation, the Most Powerful Indian Tribe in American History*. New York: Scribner, 2011.

Hagan, Barry J. *"Exactly in the Right Place": A History of Fort C. F. Smith, Montana Territory, 1866–1868*. El Segundo, Calif.: Upton and Sons, 1999.

Haley, James L. *The Buffalo War*. Garden City, N.Y.: Doubleday, 1976.

Hammer, Kenneth, ed. *Custer in '76: Walter Camp's Notes on the Custer Fight*. Provo, Utah: Brigham Young University Press, 1976.

Hampton, Bruce. *Children of Grace: The Nez Perce War of 1877*. New York: Henry Holt, 1994.

Hanson, Joseph M. *The Conquest of the Missouri*. Chicago: A. C. McClurg, 1909.

Hardorff, Richard G. *Hokahey! A Good Day to Die! The Indian Casualties of the Custer Fight*. Spokane: Arthur H. Clark, 1993.

———. *Indian Views of the Custer Fight*. Spokane: Arthur H. Clark, 2004.

———. *Lakota Recollections of the Custer Fight*. Spokane: Arthur H. Clark, 1991.

———. *The Surrender and Death of Crazy Horse*. Spokane: Arthur H. Clark, 1998.

———. *Washita Memories: Eyewitness Accounts of Custer's Attack on Black Kettle's Village*. Norman: University of Oklahoma Press, 2008.

Hassrick, Royal B. *The Sioux*. Norman: University of Oklahoma Press, 1964.

Hebard, Grace R. *Washakie: An Account of Indian Resistance*. Cleveland: Arthur H. Clark, 1930.

Hebard, Grace R., and E. A. Brininstool. *The Bozeman Trail*. 2 vols. Cleveland: Arthur H. Clark, 1922.

Hedren, Paul L. *After Custer: Loss and Transformation in Sioux Country*. Norman: University of Oklahoma Press, 2011.
Heyman, Max L., Jr. *Prudent Soldier: A Biography of Major General E. R. S. Canby*. Glendale, Calif.: Arthur H. Clark, 1959.
Hoig, Stan. *The Battle of the Washita: The Sheridan-Custer Indian Campaign of 1867–1869*. Garden City, N.Y.: Doubleday, 1976.
———. *The Peace Chiefs of the Cheyennes*. Norman: University of Oklahoma Press, 1980.
———. *The Sand Creek Massacre*. Norman: University of Oklahoma Press, 1961.
Howard, Oliver O. *Famous Indian Chiefs I Have Known*. New York: Century, 1908.
———. *My Life and Experiences Among Our Hostile Indians*. Hartford: A. D. Worthington, 1907.
———. *Nez Perce Joseph*. Boston: Lee and Shepard, 1881.
Hutton, Paul A. *Phil Sheridan and His Army*. Norman: University of Oklahoma Press, 1999.
———, ed. *Soldiers West: Biographies from the Military Frontier*. Lincoln: University of Nebraska Press, 1987.
Hyde, George E. *Life of George Bent, Written from His Letters*. Norman: University of Oklahoma Press, 1968.
———. *Red Cloud's Folk: A History of the Oglala Sioux Indians*. Norman: University of Oklahoma Press, 1937.
———. *Spotted Tail's Folk: A History of the Brulé Sioux*. Norman: University of Oklahoma Press, 1961.
Jackson, Donald. *Custer's Gold: The United States Cavalry Expedition of 1874*. New Haven, Conn.: Yale University Press, 1966.
Jacoby, Karl. *Shadows at Dawn: A Borderlands Massacre and the Violence of History*. New York: Penguin, 2008.
Jauken, Arlene F. *The Moccasin Speaks: Living as Captives of the Dog Soldier Warriors*. Lincoln, Neb.: Dageford, 1998.
Jensen, Richard E., ed. *The Indian Interviews of Eli S. Ricker, 1903–1919*. Vol. 1 of *Voices of the American West*. Lincoln: University of Nebraska Press, 2005.
———. *The Settler and Soldier Interviews of Eli S. Ricker, 1903–1919*. Vol. 2 of *Voices of the American West*. Lincoln: University of Nebraska Press, 2005.
Jones, Douglas C. *The Treaty of Medicine Lodge: The Story of the Great Treaty Council as Told by Eyewitnesses*. Norman: University of Oklahoma Press, 1966.
Josephy, Alvin M., Jr. *The Nez Perce Indians and the Opening of the Northwest*. New Haven, Conn.: Yale University Press, 1965. Reprint, 1979.
Kappler, Charles J., ed. *Indian Affairs: Laws and Treaties*. 5 vols. Washington D.C.: Government Printing Office, 1904–1941.
Keenan, Jerry. *The Wagon Box Fight*. Boulder, Colo.: Lightning Tree Press, 1992.
Keim, De B. Randolph. *Sheridan's Troopers on the Borders: A Winter Campaign on the Plains*. Philadelphia: Claxton, Remsen, and Haffelfinger, 1870.
Kennedy, William J., ed. *On the Plains with Custer and Hancock: The Journal of Isaac Coates, Army Surgeon*. Boulder, Colo.: Johnson Books, 1997.
Kimball, Maria B. *A Soldier-Doctor of Our Army, James P. Kimball*. Boston: Houghton Mifflin, 1917.
Kime, Wayne R., ed. *The Powder River Journals of Colonel Richard Irving Dodge*. Norman: University of Oklahoma Press, 1989.
Kraft, Louis. *Lt. Charles Gatewood and His Apache War Memoir*. Lincoln: University of Nebraska Press, 2005.

Krause, Herbert, and Harry D. Olson, eds. *Custer's Prelude to Glory: A Newspaper Accounting of Custer's 1874 Expedition to the Black Hills.* Sioux Falls, S.D.: Brevet Press, 1974.
Lane, Jack C., ed. *Chasing Geronimo: The Journal of Leonard Wood, May–September 1886.* Lincoln: University of Nebraska Press, 1970.
LaPointe, Ernie. *Sitting Bull: His Life and Legacy.* Layton, Utah: Gibbs Smith, 2009.
Larpenteur, Charles. *Forty Years a Fur Trader on the Upper Missouri: The Personal Narrative of Charles Larpenteur.* New York: Francis P. Harper, 1898.
Larson, Robert W. *Red Cloud: Warrior Statesman of the Lakota Sioux.* Norman: University of Oklahoma Press, 1973.
Leckie, William H. *The Buffalo Soldiers: A Narrative of the Negro Cavalry in the West.* Norman: University of Oklahoma Press, 1967.
———. *The Military Conquest of the Southern Plains.* Norman: University of Oklahoma Press, 1963.
Leonard, Elizabeth D. *Men of Color to Arms! Black Soldiers, Indian Wars, and the Quest for Equality.* New York: W. W. Norton, 2010.
Linderman, Frank B. *Plenty-Coups, Chief of the Crows.* Lincoln: University of Nebraska Press, 1962.
Lockwood, Frank C. *The Apache Indians.* New York: Macmillan, 1938. Reprint, 1987.
Lubetkin, M. John. *Custer and the 1873 Yellowstone Survey: A Documentary History.* Norman: Arthur H. Clark, 2013.
———. *Jay Cooke's Gamble: The Northern Pacific Railroad, the Sioux, and the Panic of 1873.* Norman: University of Oklahoma Press, 2006.
McConnell, William J. *Early History of Idaho.* Caldwell, Idaho: Caxton Printers, 1913.
McGillycuddy, Julia B. *McGillycuddy, Indian Agent.* Palo Alto, Calif.: Stanford University Press, 1941.
McGinnis, Anthony. *Counting Coup and Cutting Horses: Intertribal Warfare on the Northern Plains, 1738–1889.* Lincoln: University of Nebraska Press, 2010.
McGregor, James H. *The Wounded Knee Massacre from the Viewpoint of the Sioux.* Minneapolis: Lund Press, 1950.
McMurtry, Larry. *Crazy Horse.* New York: Viking, 1999.
McWhorter, Lucullus V. *Hear Me, My Chiefs! Nez Perce Legend and History.* Caldwell, Idaho: Caxton Press, 1952. Reprint, 2001.
———. *Yellow Wolf: His Own Story.* Caldwell, Idaho: Caxton Printers, 1940. Reprint, 1984.
Madsen, Brigham D. *The Bannock of Idaho.* Caldwell, Idaho: Caxton Printers, 1958.
Mails, Thomas E. *The Mystic Warriors of the Plains.* Garden City, N.Y.: Doubleday, 1972.
Malone, Dumas, ed. *The Dictionary of American Biography.* 21 vols. New York: Charles Scribner's Sons, 1937.
Marquis, Thomas B. *Wooden Leg: A Warrior Who Fought Custer.* Minneapolis: Midwest Company, 1931. Reprint, 1962.
Marriott, Alice. *The Ten Grandmothers.* Norman: University of Oklahoma Press, 1957.
Marshall, John M. *The Journey of Crazy Horse: A Lakota History.* New York: Viking Press, 2004.
Marshall, J. T. *The Miles Expedition of 1874–1875: An Eyewitness Account of the Red River War.* Austin, Tex.: Encino Press, 1971.

Marszalek, John F. *Sherman: A Soldier's Passion for Order*. New York: Free Press, 1993.
Mayhall, Mildred P. *The Kiowas*. Norman: University of Oklahoma Press, 1962. Reprint, 1971.
Meacham, Alfred B. *Wigwam and War-Path*. Boston: John P. Dale, 1875.
Meredith, Grace E. *Girl Captives of the Cheyennes*. Los Angeles: Gem, 1927. Reprint, 2004.
Merington, Marguerite. *The Custer Story: The Intimate Letters of General George A. Custer and His Wife Elizabeth*. New York: Devon-Adair, 1950.
Michno, Gregory F. *The Deadliest Indian War in the West: The Snake Conflict, 1864–1868*. Caldwell, Idaho: Caxton Press, 2007.
———. *Encyclopedia of Indian Wars: Western Battles and Skirmishes, 1850–1890*. Missoula, Mont.: Mountain Press, 2003.
Michno, Gregory F., and Susan Michno. *A Fate Worse Than Death: Indian Captivities in the West, 1830–1895*. Caldwell, Idaho: Caxton Press, 2007.
Miles, Nelson A. *Personal Recollections and Observations of General Nelson A. Miles*. Chicago: Werner, 1896. Reprint, 2 vols., 1992.
Miller, Mark E. *Hollow Victory: The White River Expedition of 1879 and the Battle of Milk Creek*. Niwot: University of Colorado Press, 1997.
Mills, Anson. *My Story*. Washington, D.C.: Press of Byron S. Adams, 1918.
Monnett, John H. *The Battle of Beecher Island and the Indian War of 1867–1869*. Niwot: University of Colorado Press, 1992.
———. *Red Cloud's War: The Bozeman Trail*. 2 vols. Norman: Arthur H. Clark, 2010.
———. *Tell Them We Are Going Home: The Odyssey of the Northern Cheyennes*. Norman: University of Oklahoma Press, 2001.
———. *Where a Hundred Soldiers Were Killed: The Struggle for the Powder River Country in 1866 and the Making of the Fetterman Myth*. Albuquerque: University of New Mexico Press, 2006.
Mooney, James. *The Ghost Dance Religion and the Sioux Outbreak of 1890*. Chicago: University of Chicago Press, 1965.
Murray, Keith A. *The Modocs and Their War*. Norman: University of Oklahoma Press, 1959.
Nabokov, Peter. *Two Leggings: The Making of a Crow Warrior*. New York: Thomas Y. Crowell, 1967.
Neeley, Bill. *The Last Comanche Chief: The Life and Times of Quanah Parker*. New York: Wiley, 1995.
Neihardt, John G. *Black Elk Speaks: Being the Life Story of a Holy Man of the Oglala Sioux*. New York: William Morrow, 1932. Reprint, 1988.
Northrop, Henry D. *Indian Horrors; or, Massacres by the Red Men*. Chicago: L. P. Miller, 1891.
Noyes, Alva. *In the Land of Chinook; or, The Story of Blaine County*. Helena, Mont.: State Publishing, 1917.
Nye, Wilbur S. *Bad Medicine and Good: Tales of the Kiowa*. Norman: University of Oklahoma Press, 1962.
———. *Carbine and Lance: The Story of Old Fort Sill*. Norman: University of Oklahoma Press, 1937.
———. *Plains Indian Raiders: The Final Phases of Warfare from the Arkansas to the Red River*. Norman: University of Oklahoma Press, 1968.
Odeneal, Thomas B. *The Modoc War: Statement of Its Origin and Causes*. Portland, Ore.: "Bulletin" Steam Book and Job Print Office, 1873.

Ogle, Ralph H. *Federal Control of the Western Apaches, 1848–1886*. Albuquerque: University of New Mexico Press, 1970.
Olson, James C. *Red Cloud and the Sioux Problem*. Lincoln: University of Nebraska Press, 1965.
Parker, James. *The Old Army: Memories, 1872–1918*. Philadelphia: Dorrance, 1929. Reprint, 2003.
Paul, R. Eli, ed. *Autobiography of Red Cloud, War Leader of the Oglalas*. Helena: Montana Historical Society Press, 1997.
———. *The Nebraska Indian Wars Reader*. Lincoln: University of Nebraska Press, 1998.
Philbrick, Nathaniel. *The Last Stand: Custer, Sitting Bull, and the Battle of the Little Bighorn*. New York: Viking Penguin, 2010.
Pohanka, Brian, ed. *Nelson A. Miles: A Documentary Biography of His Military Career*. Glendale, Calif.: Arthur H. Clark, 1985.
Powell, Peter J. *People of the Sacred Mountain: A History of the Northern Cheyenne Chiefs and Warrior Societies, 1830–1879*. 2 vols. New York: Harper & Row, 1981.
Powers, Thomas. *The Killing of Crazy Horse*. New York: Alfred A. Knopf, 2011.
Prucha, Francis P. *American Indian Policy in Crisis: Christian Reformers and the Indian, 1865–1890*. Norman: University of Oklahoma Press, 1964.
———. *American Indian Treaties: The History of a Political Anomaly*. Berkeley: University of California Press, 1994.
Record of Engagements with Hostile Indians Within the Military Division of the Missouri from 1868 to 1882, Lieutenant General P. H. Sheridan, Commanding. Chicago: Headquarters Military District of the Missouri, 1882.
Richardson, Rupert N. *The Comanche Barrier to South Plains Settlement*. Cleveland: Arthur H. Clark, 1933. Reprint, 1991.
Rickey, Don. *Forty Miles a Day on Beans and Hay: The Enlisted Soldier Fighting the Indian Wars*. Norman: University of Oklahoma Press, 1963.
Riddle, Jeff C. *The Indian History of the Modoc War*. San Francisco: privately printed, 1914.
Robinson, Charles M., III. *Bad Hand: A Biography of General Ranald S. Mackenzie*. Austin, Tex.: State House Press, 1993.
———, ed. *The Diaries of John Gregory Bourke*. 5 vols. Denton: University of North Texas Press, 2003–2013.
———. *General Crook and the Western Frontier*. Norman: University of Oklahoma Press, 2001.
———. *A Good Year to Die: The Story of the Great Sioux War*. New York: Random House, 1995.
Rockwell, Stephen J. *Indian Affairs and the Administrative State in the Nineteenth Century*. Cambridge, U.K.: Cambridge University Press, 2010.
Roe, Francis M. A. *Army Letters from an Officer's Wife, 1871–1888*. New York: Appleton, 1909.
Russell, Don. *One Hundred and Three Fights and Scrimmages: The Story of General Reuben F. Bernard*. Washington, D.C.: United States Cavalry Association, 1936. Reprint, 2003.
Sandoz, Mari. *Crazy Horse, the Strange Man of the Oglalas*. New York: Alfred A. Knopf, 1942.
Schmitt, Martin F., ed. *General George Crook, His Autobiography*. Norman: University of Oklahoma Press, 1946.

Schofield, John M. *Forty-Six Years in the Army*. New York: Century, 1897.
Schubert, Frank N. *Voices of the Buffalo Soldiers: Records, Reports, and Recollections of Military Service in the West*. Albuquerque: University of New Mexico Press, 2003.
Schultz, James W. *Blackfeet and Buffalo: Memories of Life Among the Indians*. Norman: University of Oklahoma Press, 1962.
Scott, Hugh L. *Some Memories of a Soldier*. New York: Century, 1928.
Scott, Kim A. *Yellowstone Denied: The Life of Gustave Cheyney Doane*. Norman: University of Oklahoma Press, 2007.
Shapard, Bud. *Chief Loco: Apache Peacemaker*. Norman: University of Oklahoma Press, 2010.
Sheridan, Philip H. *Personal Memoirs of General P. H. Sheridan*. 2 vols. New York: Charles L. Webster, 1888.
Simon, John Y., ed. *The Papers of Ulysses S. Grant*. 31 vols. Carbondale: Southern Illinois University Press, 1967–2009.
Simpson, Moira G. *Making Representations: Museums in the Post-Colonial Era*. London: Taylor and Francis, 2001.
Slattery, Charles L. *Felix Reville Brunot, 1820–1898*. New York: Longmans, Green, 1901.
Smith, P. David. *Ouray: Chief of the Utes*. Ridgeway, Colo.: Wayfinder Press, 1980.
Smith, Sherry L. *Sagebrush Soldier: Private William Earl Smith's View of the Sioux War of 1876*. Norman: University of Oklahoma Press, 1989.
Sprague, Marshall. *Massacre: The Tragedy at White River*. Boston: Little, Brown, 1957.
Stands in Timber, John, and Margot Liberty. *Cheyenne Memories*. New Haven, Conn.: Yale University Press, 1967.
Stanley, Henry M. *My Early Travels and Adventures in America and Asia*. 2 vols. London: Sampson Low, Marston, 1895.
Steinbach, Robert H. *A Long March: The Lives of Frank A. and Alice Baldwin*. Austin: University of Texas Press, 1990.
Stewart, Edgar I. *Custer's Luck*. Norman: University of Oklahoma Press, 1955.
Stiles, T. J. *Custer's Trials: A Life on the Frontier of a New America*. New York: Alfred A. Knopf, 2015.
Sweeney, Edwin R. *Cochise, Chiricahua Apache Chief*. Norman: University of Oklahoma Press, 1991.
———. *From Cochise to Geronimo: The Chiricahua Apaches, 1874–1886*. Norman: University of Oklahoma Press, 2010.
———. *Making Peace with Cochise: The 1872 Journal of Captain Joseph Alton Sladen*. Norman: University of Oklahoma Press, 1997.
Tatum, Lawrie. *Our Red Brothers and the Peace Policy of President Ulysses S. Grant*. Philadelphia: John C. Winston, 1899. Reprint, 1970.
Taylor, Joe F., ed. *The Indian Campaign on the Staked Plains, 1874–1875*. 2 vols. Canyon, Tex.: Panhandle-Plains Historical Society, 1961–1962.
Taylor, William O. *With Custer on the Little Bighorn*. New York: Viking, 1996.
Thompson, Erwin N. *Modoc War, Its Military History and Topography*. Sacramento, Calif.: Argus Books, 1971.
Thrapp, Dan L. *The Conquest of Apacheria*. Norman: University of Oklahoma Press, 1967.
———. *Dateline Fort Bowie: Charles Fletcher Lummis Reports on an Apache War*. Norman: University of Oklahoma Press, 1979.

———. *Encyclopedia of Frontier Biography.* 4 vols. Spokane: Arthur H. Clark, 1988, 1994.
———. *Victorio and the Mimbres Apaches.* Norman: University of Oklahoma Press, 1974.
Tibbles, Thomas Henry. *Buckskin and Blanket Days: Memoirs of a Friend of the Indians.* Garden City, N.Y.: Doubleday, 1957.
Utley, Robert M. *Cavalier in Buckskin: George Armstrong Custer and the Western Military Frontier.* Norman: University of Oklahoma Press, 1988.
———. *Frontier Regulars: The United States Army and the Indian, 1866–1891.* New York: Macmillan, 1973.
———. *Frontiersmen in Blue: The United States Army and the Indian, 1848–1865.* New York: Macmillan, 1967.
———. *Geronimo.* New Haven, Conn.: Yale University Press, 2013.
———. *The Indian Frontier of the American West.* Albuquerque: University of New Mexico Press, 1984.
———. *Indian Wars.* Boston: Houghton Mifflin, 2002.
———. *The Lance and the Shield: The Life and Times of Sitting Bull.* New York: Henry Holt, 1993.
———. *The Last Days of the Sioux Nation.* New Haven, Conn.: Yale University Press, 1963.
———, ed. *Life in Custer's Cavalry: Diaries and Letters of Albert and Jennie Barnitz, 1867–1869.* New Haven, Conn.: Yale University Press, 1977.
Vestal, Stanley. *Warpath: The True Story of the Fighting Sioux Told in the Biography of Chief White Bull.* Boston: Houghton Mifflin, 1932.
Vickers, W. B. *The History of Denver, Arapahoe County, and Colorado.* Chicago: O. L. Baskin, 1880.
Wallace, Ernest. *Ranald S. Mackenzie on the Texas Frontier.* Lubbock: West Texas Museum Association, 1965. Reprint, 1993.
Webb, William P. *The Great Plains.* Boston: Ginn, 1931.
Wert, Jeffry D. *Custer: The Controversial Life of George Armstrong Custer.* New York: Simon and Schuster, 1996.
West, Elliott. *The Last Indian War: The Nez Perce Story.* Oxford: Oxford University Press, 2000.
Wharfield, H. B. *Cooley: Army Scout, Arizona Pioneer, Wayside Host, Apache Friend.* El Cajon, Calif.: H. B. Wharfield, 1966.
White, Lonnie J., ed. *Hostiles and Horse Soldiers.* Boulder, Colo.: Pruett, 1972.
Wooster, Robert. *Nelson A. Miles and the Twilight of the Frontier.* Lincoln: University of Nebraska Press, 1993.

文 章

Addresses to the Graduating Class of the U.S. Military Academy at West Point, N.Y., June 14th, 1876. New York: D. Van Nostrand, 1876.
"The Apache Story of the Cibecue." In Cozzens, *Struggle for Apacheria.*
"Army Abuses—Our Recruiting System." *Army and Navy Journal*, April 29, 1876.
"The Army and the Indian." *Army and Navy Journal*, March 14, 1874.
Army Officer's Wife. "The Beauties of Indian Frontier Life." *Army and Navy Journal*, Aug. 24, 1867.

"The Bannock Troubles." *Army and Navy Journal*, June 29, 1878.
Belish, Elbert D. "American Horse (Wasechun-Tashunka): The Man Who Killed Fetterman." *Annals of Wyoming* 33, no. 1 (Spring 1961).
Bourke, John G. "With Crook in the Sierra Madre." In Cozzens, *Struggle for Apacheria*.
Boutelle, Frazier A. "The Disaster to Thomas' Command." In *Northwestern Fights and Fighters*, by Cyrus T. Brady. New York: McClure, 1907.
———. "Major Boutelle's Account of His Duel with Scar-Faced Charley in the First Engagement." In *Northwestern Fights and Fighters*, by Cyrus T. Brady. New York: McClure, 1907.
Braden, Charles G. "The Yellowstone Expedition of 1873." In Cozzens, *Long War for the Northern Plains*.
Bradley, James H. "The Sioux Campaign of 1876 Under General John Gibbon." *Contributions to the Historical Society of Montana* 2 (1896).
Bray, Kingsley M. "Crazy Horse and the End of the Great Sioux War." *Nebraska History* 79 (1998).
———. "Teton Sioux: Population History, 1655–1881." *Nebraska History* 75 (1994).
Brewster, Charles. "Battle of Washita." *National Tribune*, Sept. 18, 1899.
Bridger, James. "Indian Affairs in the Powder River Country." *Army and Navy Journal*, June 29, 1867.
Bronson, Edgar B. "Little Wolf's Escape and Dull Knife's Capture." *Pearson's Magazine*, Feb. 1909.
———. "Soldier Creek Ambuscades." *Pearson's Magazine*, March 1909.
Buck, Henry. "The Story of the Nez Perce Campaign During the Summer of 1877." In Cozzens, *Wars for the Pacific Northwest*.
Caitlin, John B. "The Battle of the Big Hole." In *Society of Montana Pioneers, Forty-Fourth Annual Convention, Missoula, Montana, August 4, 5, and 6, 1927, Historian's Annual Report*. Missoula: Montana Bureau of Printing, 1927.
"Capture of a Cheyenne Village." *Army and Navy Journal*, July 31, 1869.
Cargill, Andrew H. "The Camp Grant Massacre." *Arizona Historical Review* 7, no. 3 (July 1936).
Carpenter, John A. "General Howard and the Nez Perce War of 1877." *Pacific Northwest Quarterly* 49, no. 4 (Oct. 1958).
Carpenter, Louis A. "The Story of a Rescue." *Winners of the West*, Feb. 1925.
Carr, Camilo C. C. "The Days of Empire—Arizona, 1865–1890." *Journal of the United States Cavalry Association* 2, no. 4 (March 1889).
Carrington, Henry B. *The Indian Question: An Address Before the Geographical and Biological Sections of the British Association for the Advancement of Science, at Their Forty-Fifth Meeting, at Bristol, 1875*. Boston: Charles H. Whiting, 1884.
"Causes of Desertion." *Army and Navy Journal*, Jan. 14, 1871.
[Chief Joseph]. "An Indian's Views of Indian Affairs." *North American Review* 128 (April 1879).
Clum, John P. "Apache Misrule." *New Mexico Historical Review* 5 (1930).
Craft, Francis M. J. "Indian Troubles." *Roman Catholic Weekly*, Jan. 4, 1891.
Cremony, John C. "Some Savages." *Overland Monthly* 8, no. 3 (March 1871).
Crook, George. "The Apache Troubles." In Cozzens, *Struggle for Apacheria*.
———. "The Bannock Troubles." *Army and Navy Journal*, June 29, 1878.
———. "Resume of Operations Against Apache Indians, 1882–1886." In Cozzens, *Struggle for Apacheria*.

Custer, Elizabeth B. "'Where the Heart Is': A Sketch of Woman's Life on the Frontier." *Lippincott's Magazine*, Feb. 1900.
Custer, George A. "Battling with the Sioux on the Yellowstone." *Galaxy* 22, no. 1 (July 1876).
Daly, Henry W. "The Capture of Geronimo." *Winners of the West*, Dec. 1933.
———. "The Geronimo Campaign." In Cozzens, *Struggle for Apacheria*.
Davis, Britton. "The Difficulty of Indian Warfare." In Cozzens, *Struggle for Apacheria*.
Davis, Theodore R. "A Summer on the Plains." *Harper's New Monthly Magazine*, Feb. 1868.
Dorst, Joseph H. "Ranald Slidell Mackenzie." In Cozzens, *Army and the Indian*.
Dougherty, William E. "Personal Experiences Among the Indians of North America and the Wounded Knee Fight." *Overland Monthly*, April 1892.
Eastman, Charles A. "The Indian Version of Custer's Last Battle." *Chautauquan* 31 (July 1900).
Ewers, James C. "Intertribal Warfare as the Precursor of Indian-White Warfare on the Northern Great Plains." *Western Historical Quarterly* 6, no. 4 (Oct. 1973).
Fechet, Edmond G. "The True Story of the Death of Sitting Bull." *Cosmopolitan*, March 1896.
Fiebeger, Gustav J. "General Crook's Campaign in the Sierra Madre." In *The Papers of the Order of Indian Wars*, by John M. Carroll. Fort Collins, Colo.: Old Army Press, 1975.
Finerty, John F. "On Campaign After Cibecue Creek." In Cozzens, *Struggle for Apacheria*.
Fitzgerald, Maurice. "The Modoc War." *Americana Illustrated*, Oct. 1927.
Flynn, Andrew M. "Looking Back over Forty-Nine Years: A 7th Cavalryman Remembers." *Winners of the West*, Nov. 1939 and Dec. 1939.
Forbes, Archibald. "The United States Army." *North American Review* 135, no. 309 (Aug. 1882).
Forsyth, George A. "A Frontier Fight." *Harper's New Monthly Magazine*, June 1895.
Fritz, Henry E. "The Making of Grant's Peace Policy." *Chronicles of Oklahoma* 37 (1959).
Garfield, James A. "The Army of the United States." *North American Review* 126, no. 261 (March–April 1878).
Garfield, Marvin H. "Defense of the Kansas Frontier, 1866–1867." *Kansas Historical Quarterly* 1, no. 4 (Aug. 1932).
Garland, Hamlin. "Custer's Last Fight as Seen by Two Moon." *McClure's Magazine*, Sept. 1898.
"Garryowen, Regimental Battle Song of the Seventh U.S. Cavalry." *Cavalry Journal*, July–Aug. 1942.
Gashuntz. "Candid Opinion of Arizona." *Army and Navy Journal*, March 25, 1871.
Gatewood, Charles B. "Campaigning Against Geronimo in 1879." *Great Divide*, April 1894.
"General Crook on Indians." *Council Fire* 2, no. 12 (Dec. 1889).
"General Howard's Treaties." *Old and New* 6 (Nov. 1872).
Genetin-Pilawa, C. Joseph. "Ely Parker and the Contentious Peace Policy." *Montana: The Magazine of Western History* 41, no. 2 (Summer 2010).
Gibbon, John. "The Indian Department." *Army and Navy Journal*, Jan. 1, 1876.
———. "Last Summer's Expedition against the Sioux and Its Great Catastrophe." *American Catholic Quarterly* 2 (October 1877).
Gibson, Frank M. "Our Washita Battle." In Cozzens, *Conquering the Southern Plains*.

Godfrey, Edward S. "Custer's Last Battle." *Century Magazine*, Jan. 1892.
———. "The Medicine Lodge Treaty, Sixty Years Ago." *Winners of the West*, March 1929.
———. "Some Reminiscences, Including an Account of General Sully's Campaign Against the Southern Plains Indians, 1868." *Cavalry Journal* 36 (July 1927).
Goldin, Theodore W. "Terry and Crook." *Ours, a Military Magazine*, March 1888.
Greene, Jerome A. "The Hayfield Fight: A Reappraisal of a Neglected Action." *Montana: The Magazine of History* 22, no. 4 (Autumn 1972).
Gressley, Gene M. "A Soldier with Crook: The Letters of Henry R. Porter." *Montana: The Magazine of Western History* 8 (July 1958).
Grinnell, George B. "Coup and Scalp Among the Plains Indians." *American Anthropologist* 12, no. 2 (April–June 1910).
———. "An Indian Perspective on the Wagon Box Fight." *Midwest Review* 9, no. 3 (March 1926).
Guthrie, John. "A Detail of the Fetterman Massacre." *Winners of the West*, Sept. 1939.
Hamalainemn, Pekka. *The Comanche Empire*. New Haven, Conn.: Yale University Press.
Hancock, Winfield S. "The Indians." *Army and Navy Journal*, Sept. 7, 1867.
Hardin, Charles B. "The Sheepeater Campaign." *Journal of the Military Service Institution of the United States* 47 (1910).
Hasbrouck, H. C. "The Last Fight of the Campaign." In *Northwestern Fights and Fighters*, by Cyrus T. Brady. New York: McClure, 1907.
Hastings, James H. "The Tragedy at Camp Grant in 1871." *Arizona and the West* 1, no. 2 (Summer 1959).
Hazen, William B. "Some Corrections of 'Life on the Plains.'" *Chronicles of Oklahoma* 3, no. 4 (Dec. 1935).
Hedren, Paul A. "Libbie Custer." *Wild West* 25, no. 1 (June 2012).
Henely, Austin. "The Sappa Creek Fight." *Winners of the West*, Dec. 20, 1929.
[Henry, Guy V.]. "Cavalry Life in Arizona." *Army and Navy Journal*, June 10, 1871.
Howard, Oliver Otis. "Close of the Paiute and Bannock War." *Overland Monthly*, Jan. 1888.
———. "Major General George A. Crook." *Chautauquan* 11 (June 1890).
———. "Results of the Paiute and Bannock War." *Overland Monthly*, Feb. 1888.
———. "The True History of the Wallowa Campaign." *North American Review* 128 (July 1879).
Howe, George F. "Expedition to the Yellowstone River in 1873: Letters of a Young Cavalry Officer." *Mississippi Valley Historical Review* 39, no. 3 (Dec. 1952).
Hutton, Paul A. "Could Custer Have Won?" *MHQ: The Quarterly Journal of Military History* 25, no. 2 (Winter 2013).
———. "Phil Sheridan's Pyrrhic Victory: The Piegan Massacre, Army Politics, and the Transfer Debate." *Montana: The Magazine of Western History* 32, no. 2 (Spring 1982).
Isern, Thomas D. "Henry M. Stanley's Frontier Apprenticeship." *Montana: The Magazine of Western History* 28, no. 4 (Autumn 1978).
Jackson, James. "The Modoc War: A Personal Reminiscence." *Public Service Review* 1, no. 5 (June 1887).
Jacob, Richard T. "Military Reminiscences of Captain Richard T. Jacob." *Chronicles of Oklahoma* 2, no. 1 (March 1924).
Jenness, George B. "The Battle on Beaver Creek." *Collections of the Kansas State Historical Society* 9 (1904–6).

Jordan, Weymouth T., Jr. "A Soldier's Life on the Frontier, 1876–1878: Letters of 2Lt. C. D. Cowles." *Kansas Historical Quarterly* 38, no. 2 (Summer 1972).
Kanipe, Daniel A. "A New Story of Custer's Last Battle; Told by a Messenger Boy Who Survived." *Contributions to the Historical Society of Montana* 4 (1903).
Keenan, Jerry. "The Wagon Box Fight: Its Meaning and Place in History." *Montana: The Magazine of Western History* 42, no. 2 (Spring 1992).
Kelley, William F. "The Indian Troubles and the Battle of Wounded Knee." In Cozzens, *Long War for the Northern Plains*.
Kemble, E. C. "Victorio and His Young Men." In Cozzens, *Struggle for Apacheria*.
Kenny, Maurice. "Roman Nose, Cheyenne: A Brief Biography." *Wicazo Sa Review* 5, no. 1 (Spring 1989).
King, Charles. "My Friend, Buffalo Bill." *Winners of the West*, Dec. 1932.
King, James T. "George Crook, Indian Fighter and Humanitarian." *Arizona and the West* 9, no. 4 (Winter 1967).
Koster, John. "Smallpox in the Blankets." *Wild West* 25, no. 3 (Aug. 2012).
Kurz, Frederick C. "Reminiscences of an Old 8th U.S. Cavalryman." *Winners of the West*, March and April 1931.
Lee, Jesse M. "The Capture and Death of an Indian Chieftain." *Journal of the Military Service Institution of the United States* 54, no. 189 (May–June 1914).
Lemly, Henry R. "The Fight on the Rosebud." In *The Papers of the Order of the Indian Wars*, by John M. Carroll. Fort Collins, Colo.: Old Army Press, 1975.
———. "The Murder of Chief Crazy Horse." *Hunter-Trader-Trapper*, May 1933.
"Life in Arizona." *Army and Navy Journal*, Jan. 14, 1871.
Lindberg, Christer, ed. "Foreigners in Action at Wounded Knee." *Nebraska History* 71 (Fall 1990).
Littman, Max. "The Wagon Box Fight as I Saw It." In *The Bozeman Trail*, by Grace R. Hebard and E. A. Brininstool.
Loring, L. Y. "Report on [the] Coyotero Apaches." In Cozzens, *Struggle for Apacheria*.
Lubetkin, M. John. "The Forgotten Yellowstone Surveying Expeditions of 1871: W. Milnor Roberts and the Northern Pacific Railroad in Montana." *Montana: The Magazine of Western History* 52, no. 4 (Winter 2002).
———. "'No Fighting Is to Be Apprehended': Major Eugene Baker, Sitting Bull, and the Northern Railroad's 1872 Western Yellowstone Surveying Expedition." *Montana: The Magazine of Western History* 56, no. 2 (Summer 2006).
McCormick, Lloyd S. "The Wounded Knee and Drexel Mission Fights." In Cozzens, *Wars for the Northern Plains*.
McDonald, Duncan. "The Nez Perce War of 1877—the Inside History from Indian Sources." In Cozzens, *Wars for the Pacific Northwest*.
Masterson, Murat. "General Crook's Return." In Cozzens, *Struggle for Apacheria*.
Mazzanovich, Anton. "Life in Arizona Army Posts During the 1880s." *Arizona Daily Star, Fiftieth Anniversary Edition*, 1927.
Merritt, Wesley. "Marching Cavalry." *Journal of the United States Cavalry Association* 1, no. 1 (March 1888).
Miles, Nelson A. "The Indian Problem." *North American Review* 128, no. 268 (March 1879).
———. "Rounding Up the Red Men." *Cosmopolitan*, June 1911.
Mills, Anson. "The Battle of the Rosebud." In *The Papers of the Order of the Indian Wars*, by John M. Carroll. Fort Collins, Colo.: Old Army Press, 1975.
Monnett, John H. "Indian Wars Letter Resurfaces." *Wild West* 27, no. 5 (Feb. 2015).
———. "Little Wolf: Sweet Medicine Chief." *Wild West* 25, no. 3 (Aug. 2012).

Mooar, J. Wright. "Buffalo Days." In Cozzens, *Conquering the Southern Plains*.
Moore, Horace L. "An Indian Campaign." In Cozzens, *Conquering the Southern Plains*.
Murphy, William. "The Forgotten Battalion." In Cozzens, *Long War for the Northern Plains*.
Murray, Robert A. "The Hazen Inspections." *Montana: The Magazine of History* 18, no. 1 (Winter 1968).
Myres, Sandra L. "Romance and Reality on the American Frontier: Views of Army Wives." *Western Historical Quarterly* 13, no. 4 (Oct. 1982).
Neifert, William W. "Trailing Geronimo by Heliograph." *Winners of the West*, Oct. 1935.
Omen, Kerry R. "The Beginning of the End: The Indian Peace Commission of 1867–1868." *Great Plains Quarterly* 22 (Winter 2002).
Opler, Morris E. "A Chiricahua Apache's Account of the Geronimo Outbreak of 1886." *New Mexico Historical Review* 13, no. 4 (Oct. 1938).
Payne, J. Scott. "Incidents of the Recent Campaign Against the Utes." *United Service* 2, no. 1 (1880).
Pearson, Daniel C. "Military Notes, 1876." *Journal of the United States Cavalry Association* 12, no. 63 (Sept. 1899).
Pearson, Jeffrey V. "Tragedy at Red Cloud Agency: The Surrender, Confinement, and Death of Crazy Horse." *Montana: The Magazine of Western History* 55, no. 2 (Summer 2005).
Perry, David. "The First and Second Battles in the Lava-Beds and the Capture of Captain Jack." In *Northwestern Fights and Fighters*, by Cyrus T. Brady. New York: McClure, 1907.
"Personal Story of Rain-in-the-Face." In *Indian Fights and Fighters*, by Cyrus T. Brady. Garden City, N.Y.: Doubleday, Page, 1904.
Peters, S. S. "A Military Tragedy." *National Tribune*, Oct. 4, 1894.
Pope, John. *The Indian Question: Address by General Pope, Before the Social Science Association, at Cincinnati, Ohio, May 24, 1878*. Cincinnati, n.p., 1878.
Powers, Stephan. "The California Indians: The Modocs." *Overland Monthly*, June 1873.
Quinn, Joan C. "A Mountain Charade: The Sheepeater Campaign, 1879." *Montana: The Magazine of Western History* 28, no. 1 (Winter 1978).
Rafferty, William A. "Rafferty's Trail." In Cozzens, *Struggle for Apacheria*.
Rideing, William H. "Life at a Frontier Post." *Appleton's Journal*, April 29, 1876.
Rister, C. C. "Colonel A. W. Evans' Christmas Day Indian Fight (1868)." *Chronicles of Oklahoma* 16, no. 3 (Sept. 1938).
———. "The Significance of the Jacksboro Indian Affairs in 1871." *Southwestern Historical Quarterly* 29, no. 3 (Jan. 1926).
Robertson, Francis B. "'We Are Going to Have a Big Sioux War': David S. Stanley's Yellowstone Expedition." *Montana: The Magazine of History* 34, no. 4 (Autumn 1984).
Romeyn, Henry. "The Capture of Chief Joseph and the Nez Perce Indians." In Cozzens, *Wars for the Pacific Northwest*.
Schlesinger, Sigmund. "Scout Schlesinger's Story." In Cozzens, *Conquering the Southern Plains*.
Sheridan, Philip H. "The Black Hills." *Army and Navy Journal*, April 3, 1875.
Sherman, William T. "We Do Our Duty According to Our Means." *Army and Navy Journal*, Sept. 26, 1868.

Shipp, William E. "Captain Crawford's Last Expedition." In Cozzens, *Struggle for Apacheria*.
Sibbald, John R. "Inebriates with Epaulets." *Montana: The Magazine of Western History* 19, no. 3 (Summer 1969).
Sieber, Al. "Military and Indians." In Cozzens, *Struggle for Apacheria*.
Silverstein, John. "Reminiscences of the Reno Fight." *Teepee Book* 2, no. 6 (June 1916).
Smith, Marian W. "The War Complex of the Plains Indians." *Proceedings of the American Philosophical Society* 78, no. 3 (Jan. 31, 1938).
Sumner, Edwin V. "Besieged by the Utes." *Century Illustrated Monthly*, Oct. 1891.
Sutherland, Thomas A. "Howard's Campaign Against the Nez Perce Indians, 1877." In Cozzens, *Wars for the Pacific Northwest*.
Taylor, Morris F. "Kicking Bird." *Kansas Historical Quarterly* 38, no. 3 (Autumn 1972).
Terry, Alfred H. "Indian Management." *Army and Navy Journal*, Nov. 11, 1876.
Thiel, Mark G. "The Omaha Dance in Oglala and Sicangu Sioux History." *Whispering Wind* 23, no. 5 (Fall/Winter 1990).
Thompson, William A. "Scouting with Mackenzie." *Journal of the United States Cavalry Association* 10 (1897).
Tilton, Henry R. "After the Nez Perces." *Forest and Stream and Rod and Gun*, Dec. 1877.
Trimble, Joel G. "Battle of the Clearwater." In *Northwestern Fights and Fighters*, by Cyrus T. Brady. New York: McClure, 1907.
———. "Reminiscences of Major J. G. Trimble." In *Northwestern Fights and Fighters*, by Cyrus T. Brady. New York: McClure, 1907.
Upham, Frank K. "Incidents of Regular Army Life in Time of Peace." *Overland Monthly*, April 1885.
Utley, Robert M. "The Celebrated Peace Policy of General Grant." *North Dakota History* 20, no. 3 (July 1953).
———. "The Ordeal of Plenty Horses." *American Heritage* 26, no. 1 (Dec. 1974).
Vilott, Fletcher. "Withstood the Siege: The Story of Col. George A. Forsyth's Brave Defense at Arikaree Fork." *National Tribune*, Nov. 5 and 12, 1896.
Vinton, Lawrence. "The Geronimo Campaign." In *Hostiles and Horse Soldiers*, edited by Lonnie J. White.
Voigt, Barton R. "The Death of Lyman S. Kidder." *South Dakota History* 6, no. 1 (Spring 1975).
Wells, Philip F. "Ninety-Six Years Among the Indians of the North West." *North Dakota History* 15 (Oct. 1948).
West, G. Derk. "The Battle of Sappa Creek." *Kansas Historical Quarterly* 34, no. 2 (Summer 1968).
White, Lonnie J. "Indian Raids on the Kansas Frontier, 1869." *Kansas Historical Quarterly* 38, no. 4 (1972).
White, Richard. "The Winning of the West: The Expansion of the Western Sioux in the Eighteenth and Nineteenth Centuries." *Journal of American History* 65, no. 2 (Sept. 1978).
Whitney, Chauncey B. "Beecher Island Diary." *Collections of the Kansas State Historical Society* 12 (1911–1912).
Wilkinson, Melville C. "Origins of the Difficulties with the Nez Perces." *Army and Navy Journal*, Aug. 18, 1877.

Wilmot, Luther P. "Narratives of the Nez Perce War." In Cozzens, *Wars for the Pacific Northwest*.
Woodruff, Charles A. "The Battle of the Big Hole." In Cozzens, *Wars for the Pacific Northwest*.
Zigler, Eli. "The Story of the Beecher Island Battle." In Cozzens, *Conquering the Southern Plains*.

官方档案

Annual Report of the Board of Indian Commissioners to the President of the United States. Washington, D.C.: Government Printing Office, 1873.
Annual Report of the Commissioner of Indian Affairs, 1873. Washington, D.C.: Government Printing Office, 1874.
Annual Report of the Secretary of the Interior, 1873. Washington, D.C.: Government Printing Office, 1874.
Annual Report of the Secretary of War, 1867. Washington, D.C.: Government Printing Office, 1868.
Annual Report of the Secretary of War, 1868. Washington, D.C.: Government Printing Office, 1869.
Annual Report of the Secretary of War, 1873. Washington, D.C.: Government Printing Office, 1874.
Annual Report of the Secretary of War, 1876. Washington D.C.: Government Printing Office, 1877.
Annual Report of the Secretary of War, 1880. Washington, D.C.: Government Printing Office, 1881.
31st Cong., 2nd sess. House Executive Doc. 1, Pt. 5. *Report of the Commissioner of Indian Affairs, 1850.*
33rd Cong., 1st sess. Senate Executive Doc. 1, Pt. 5. *Report of the Commissioner of Indian Affairs, 1853.*
39th Cong., 1st sess. House Executive Doc. 1, Pt. 5. *Report of the Commissioner of Indian Affairs, 1865.*
39th Cong., 1st sess. House Executive Doc. 23. *Protection Across the Continent.*
39th Cong., 2nd sess. House Executive Doc. 15. *Fort Phil Kearney* [sic] *Massacre.*
39th Cong., 2nd sess. House Executive Doc. 20. *Inspection of Military Posts.*
39th Cong., 2nd sess. Senate Executive Doc. 13. *Suppression of Indian Hostilities on the Frontier.*
39th Cong., 2nd sess. Senate Report 156. *Condition of the Indian Tribes.*
40th Cong., 1st sess. Senate Executive Doc. 2. *Protection of Trains on the Overland Route.*
40th Cong., 1st sess. Senate Executive Doc. 7. *Expeditions Against the Indians.*
40th Cong., 1st sess. House Executive Doc. 13. *Origin and Progress of Indian Hostilities on the Frontier.*
40th Cong., 2nd sess. House Executive Doc. 1, Pt. 1. *Report of the Commissioner of Indian Affairs, 1867.*
40th Cong., 1st sess. House Executive Doc. 1, Pt. 7. *Report of the Commissioner of Indian Affairs, 1868.*
40th Cong., 2nd sess. House Executive Doc. 97. *Department of Indian Affairs.*
40th Cong., 2nd sess. House Executive Doc. 97. *Report of the Indian Peace Commissioners.*

40th Cong., 2nd sess. House Miscellaneous Doc. 165. *Indian Tribes: Memorial on Behalf of the Indians, by the United States Indian Commission.*
40th Cong., 3rd sess. House Report 33. *Army Organization.*
40th Cong., 3rd sess. Senate Executive Doc. 13. *Battle of the Washita River.*
40th Cong., 3rd sess. Senate Executive Doc. 18. *Indian Battle on the Washita River.*
40th Cong., 3rd sess. Senate Executive Doc. 18, Pt. 2. *Further Information in Relation to the Late Indian Battle on the Washita River.*
40th Cong., 3rd sess. Senate Executive Doc. 36. *Indians Killed by General Custer.*
41st Cong., 2nd sess. House Executive Doc. 1, Pt. 1. *Report of the Secretary of the Interior, 1869.*
41st Cong., 2nd sess. House Executive Doc. 195. *Expedition Against Piegan Indians.*
41st Cong., 2nd sess. House Executive Doc. 246. *Difficulties with Indian Tribes.*
42nd Cong., 3rd sess. House Executive Doc. 1, Pt. 2. *Report of the Secretary of War, 1872.*
42nd Cong., 3rd sess. House Executive Doc. 201. *Modoc Indians.*
43rd Cong., 2nd sess. House Executive Doc. 1, Pt. 2. *Report of the Secretary of War, 1874.*
44th Cong., 1st sess. House Executive Doc. 1, Pt. 2. *Report of the Secretary of War, 1875.*
44th Cong., 1st sess. House Executive Doc. 1, Pt. 16. *Report of the Commissioner of Indian Affairs, 1875.*
44th Cong., 1st sess. House Executive Doc. 184. *Military Expedition Against the Sioux Indians.*
44th Cong., 1st sess. Senate Executive Doc. 81. *Hostile Demonstrations of Sioux Indians.*
44th Cong., special sess. Senate Executive Doc. 2. *Information in Relation to the Black Hills Country in the Sioux Reservation.*
45th Cong. 1st sess. House Executive Doc. 1, Pt. 5. *Report of the Secretary of the Interior, 1877.*
45th Cong., 2nd sess. House Miscellaneous Doc. 56. *Reorganization of the Army.*
45th Cong., 3rd sess. House Executive Doc. 1, Pt. 2. *Report of the Secretary of War, 1877.*
45th Cong., 3rd sess. House Executive Doc. 1, Pt. 5. *Report of the Secretary of the Interior, 1878.*
46th Cong., 2nd sess. House Executive Doc. 1, Pt. 2. *Report of the Secretary of War, 1879.*
46th Cong., 2nd sess. House Executive Doc. 38. *Ute Indian Outbreak.*
46th Cong., 2nd sess. House Executive Doc. 83. *White River Utes Investigation.*
46th Cong., 2nd sess. Senate Report 708. *Removal of the Northern Cheyenne Indians.*
49th Cong., 2nd sess. House Executive Doc. 1, Pt. 2. *Report of the Secretary of War, 1886.*
49th Cong., 2nd sess. Senate Executive Doc. 117. *Correspondence with General Miles Relative to the Surrender of Geronimo.*
50th Cong. 1st sess. Senate Executive Doc. 33. *Indian Operations.*
51st Cong., 1st sess. Senate Executive Doc. 83. *Treatment of Certain Apache Indians.*
52nd Cong., 1st sess. House Executive Doc. 1, Pt. 2. *Report of the Secretary of War, 1891.*
52nd Cong., 1st sess. House Executive Doc. 1, Pt. 15. *Report of the Commissioner of Indian Affairs, 1891.*
Memorial and Affidavits Showing Outrages Perpetrated by the Apache Indians in the Ter-

ritory of Arizona During the Years 1869 and 1870. San Francisco: Francis & Valentine Printers, 1871.
Report of Governor Grover to General Schofield on the Modoc War. Salem, Ore., n.p., 1874.
War of the Rebellion, A Compilation of the Official Records of the Union and Confederate Armies. Washington, D.C.: Government Printing Office, 1880–1901.

手 稿

Arizona Historical Society, Tucson
　　Charles B. Gatewood Papers

Arizona State Museum, Tucson
　　Charles E. Goodwin Papers

Bowdoin College, Brunswick, Maine
　　Oliver Otis Howard Papers

Brigham Young University, Harold B. Lee Library, Provost, Utah
　　Walter M. Camp Papers
　　Edward G. Mathey, "The Washita Campaign and the Battle of the Washita"

Buffalo Bill Museum and Grave Archives, Golden, Colo.
　　"As Narrated by Short Bull"

Fort Davis National Historic Site, Fort Davis, Tex.
　　Robert K. Grierson Journal

History Colorado Center, Denver
　　Samuel F. Tappan Papers
　　Henry M. Teller Papers

Kansas Historical Society, Topeka
　　Kansas History Collection: Thomas B. Murphy, "The Battle of the Arikaree"
　　Miscellaneous Collections:
　　　　Joel H. Elliott Letter, Oct. 31, 1868
　　　　Joseph P. Rodgers, "A Few Years' Experience on the Western Frontier"

Library of Congress, Washington, D.C.
　　Edward S. Godfrey Papers
　　Michael McCarthy Journal
　　Philip H. Sheridan Papers

Little Bighorn National Monument, Crow Agency, Mont.
　　Walter M. Camp Collection:
　　　　Luther S. Kelly Account
　　　　Young Two Moon Interview

National Archives and Records Administration, Washington, D.C.
　　Record Group 48: Records of the Office of the Secretary of the Interior, Indian Division

General Records Entry 665: Proceedings of the Indian Peace Commission, 1867–1868
Record Group 94: Adjutant General's Office, Letters Received, 1805–1889
  Eugene A. Carr, "Report of Operations August to September 3, 1881"
Record Group 94: Records of the Office of the Adjutant General
Record Group 98: Records of the Office of the Adjutant General
  Correspondence Pertaining to the Ute War
Record Group 153, Records of the Judge Advocate General's Office
  Court-Martial Case Files, QQ2821 (Noch-ay-det-klinne Affair)

Newberry Library, Chicago
Edward E. Ayer Manuscript Collection:
  James S. Brisbin to Edward S. Godfrey, Jan. 1, 1892
  Myles Moylan, "Report of the Battle of Bear Paw Mountain"
Edward D. Graff Collection:
  William J. Fetterman Letter, Nov. 26, 1866
Benjamin H. Grierson Papers
Special Collections: Theodore W. Goldin, "A Bit of the Nez Perce Campaign"
George M. Templeton Papers

Rutherford B. Hayes Presidential Center Library, Spiegel Grove, Fremont, Ohio
George Crook Letter Book
Rutherford B. Hayes Papers

Texas State Library and Archives, Austin
Records of Edmund Jackson Davis, Texas Office of the Governor

U.S. Army Heritage and Education Center, Carlisle, Pa.
Eugene A. Carr Papers
Crook-Kennon Papers
Azor H. Nickerson, "Major General George Crook and the Indians"
Order of the Indian Wars Collection:
  Lewis D. Greene, "The White River Campaign"
  Edward E. Hardin, "Early Service in the Army"
  Charles W. Taylor, "The Surrender of Red Cloud"

University of California, Bancroft Library, Berkeley
Hubert Howes Bancroft Collection
  William H. Boyle, "Personal Observations on the Conduct of the Modoc War"

University of Colorado, Boulder
William Carey Brown Papers

University of Oklahoma, Walter S. Campbell Collection Western History Collection, Norman
Aaron M. Beede Correspondence
Robert P. Higheagle, "How Sitting Bull Was Made a Chief"
———. "Memories of Sitting Bull"

Valentine T. McGillycuddy Correspondence
One Bull, "Information in Sioux and English with Regard to Sitting Bull"
───. "Prophecy of Sitting Bull of Complete Annihilation of Custer and His Soldiers"
───. "Sitting Bull's Sun Dance Vision"
White Bull, "Sitting Bull and the Sun Dance"

Washington State Libraries, Pullman
Lucullus V. McWhorter Papers

报　纸

Aberdeen (S.D.) Daily News
Aberdeen (S.D.) Weekly News
Arizona Republic (Phoenix)
Bismarck Tribune
Boston Journal
Chadron (Neb.) Democrat
Cheyenne Leader
Chicago Daily Inter Ocean
Chicago Times
Chicago Tribune
Cincinnati Daily Enquirer
Cincinnati Daily Gazette
Cincinnati Enquirer
Cleveland Plain Dealer
Daily Missouri Democrat (St. Louis)
Daily Nebraska Press (Nebraska City)
Dakota Republican (Vermillion, S.D.)
Dallas Weekly Herald
Denver Tribune
Galveston Tri-weekly News
Grand Forks (N.D.) Daily Herald
Greeley Tribune
Hardin (Mont.) Tribune
Harper's Weekly
Helena Daily Independent
Helena Weekly Herald
Idaho Statesman (Boise)
Indianapolis Sentinel
Kansas Weekly Champion and Press (Atchison)
Klamath (Ore.) Express
Las Cruces (N.M.) Thirty-Four
Las Vegas (N.M.) Weekly Optic
Lawrence (Kans.) Bulletin
Leavenworth Bulletin
Missouri Democrat (St. Louis)
Montana Post (Virginia City)
New York Evening Post

New York Herald
New York Herald Tribune
New York Post
New York Times
New-York Tribune
New York World
Omaha Republican
Omaha Weekly Herald
Oregonian (Portland, Ore.)
Owyhee Avalanche (Silver City, Idaho)
Pampa (Tex.) Daily News
Philadelphia Inquirer
Philadelphia Post
Portland (Ore.) Daily Press
Prescott (Ariz.) Weekly Journal
Rockford Daily Register
Rocky Mountain News (Denver)
San Francisco Bulletin
Sioux City (Iowa) Journal
Springfield (Mass.) Republican
St. Paul Daily Press
Topeka State Record
Trenton Evening Times
Tucson Arizona Citizen
Tucson Daily Star
Tucson Weekly Star
Virginia City Territorial Enterprise
Washington (D.C.) Daily Intelligencer
Washington (D.C.) Evening Star
Washington (Pa.) Reporter
Yankton (S.D.) Press and Dakotan

互联网资源

Russell, Samuel L. "Major Samuel Marmaduke Whitside's Campaign Letters," Army at Wounded Knee. http://armyatwoundedknee.com/2014/08/01/major-samuel-marmaduke-whitsides-campaign-letters/.

Taylor, Rodney G. "Indian Casualties of the Little Bighorn." http://www.littlebighorn.info/.

索 引[*]

Absaroka Range, 332
Adams, Charles, 354
Adobe Walls, 157
Adobe Walls, Battle of, 160–1
Afraid of Hawk, Charles (Lakota), 438
akicitas (tribal police), 88, 199, 288, 301, 304, 310–11, 462
Alcatraz, 378
alcohol use:
  in army, 35, 57, 59, 74, 115, 170, 198–9, 200, 202, 207, 253, 257, 266, 396, 407, 410, 448
  by Indians, 32, 79, 84, 86, 143, 157, 380, 385, 395–6, 403–4, 410–12, 415
Alisos Creek Massacre, 385–6
Allison, William B., 216–18
Allison Commission, 216–17
American Horse (Miniconjou Lakota), 277
American Horse (Oglala Lakota), 39, 429, 431
American Indians (Western tribes):
  absence of shared identity, 16, 281, 285
  army opinion of, 47, 64
  diseases among, 17, 138–9, 292, 426, 445
  emigration patterns of, 17–18
  horse culture of, 17, 172
  hunger and starvation among, 33, 158, 274, 292, 295, 300–301, 310–11, 421–2, 426, 429, 434–5, 444
  intertribal conflict, 16–17, 19, 20–21, 23, 84–5, 110–1, 127, 129, 138, 151, 191, 193, 195, 210, 285, 288, 342
  marksmanship of warriors, 88
  mutilation of dead by, 40, 49, 73, 99, 104, 260, 264, 265, 351
  perception of white emigration, 16
  population, 15, 471n2
  raiding by, 26, 84, 86, 91–2, 100, 104, 110, 121–2, 123–4, 138, 140, 144, 177, 331, 359–62, 364, 367, 377, 383, 389–90, 390–1, 397–8, 402, 404, 407
  sexuality, 49–50
  treatment of captives, 104, 124–5, 138, 164, 169, 322
  vulnerability of in winter, 93–6
  war honors among, 48–9
  war-making practices and tactics of, 36, 43–4, 52–3, 67–8, 72, 87, 88, 100, 110–11, 128, 151, 160, 167, 175, 204, 236–7, 238, 263, 267, 282, 321
  warrior culture of, 47–8, 51, 165, 232
  warrior societies, 49, 51, 81, 126, 195, 288, 422
  weaponry of, 17, 50–1, 86, 176, 329, 449–50, 452–3
  wolves (scouts), 98, 202, 225, 268, 282
  women
    army treatment of, 102–103, 116, 170, 226, 328, 452, 455
    in war, 89, 99, 100, 104, 117, 236, 256, 260, 289, 297, 328, 367, 455, 457
    and warrior culture, 50–1
  see also alcohol use; Indian scouts and auxiliaries
Apacheria, 23, 359
Apaches, 174–5, 176
  antipathy of Arizonans toward, 174–5, 362
  as army scouts, 184, 363, 373–6, 378–9, 382, 388, 398–9, 400–3, 405–14

---

[*] 索引中的页码为原著页码，即本书边码。

composition and population of, 23, 382, 472*n*10
guerrilla tactics of, 175, 363, 364–6
and Mexicans, 23, 359, 364, 368–70, 381, 383, 385–6, 392, 394, 402, 410
raids by, 177, 359–62, 364, 367, 377, 383, 389–90, 390–1, 394, 397, 398, 402, 404, 407
see also specific bands, divisions, and groups
Applegate, Ivan, 142
Applegate, Jesse, 138
Applegate, Lindsay, 138
Applegate Trail, 139
Arapahos, 84, 159, 285
alliance with Cheyennes, 18–19, 32, 47, 81, 95–6, 100, 103–4, 106, 112, 120
factionalism among, 76
Northern, 120, 193, 215
Southern, 19, 76, 95–6, 106, 108, 157
Aravaipa Creek, 175
Aravaipas (Western Apaches), 174–5
Arikara Fork of Republic River, 87
Arikaras, 210, 240, 249, 252–4, 256, 259
Arizona Star, 361
Arizona Territory, 176, 377, 389, 398
Arkansas River, 19, 78, 156, 294
Army, U.S., Regular, 24, 30
African Americans in, *see* Buffalo Soldiers
civilian scouts and volunteers and, 87, 98, 99, 100, 110, 144, 145–6, 224, 244, 250–3, 326–9, 400–2, 461, 463
command structure of, 61–2, 394
desertion in, 59–60, 72, 176
discipline in, 57–9, 72, 74
and Indian policy, 7, 112, 180, 221, 327, 369, 406, 414, 421–22, 493*n*39
living conditions in, 55, 176
marksmanship, 55–6
mobility difficulties of, 62, 71, 87, 91, 96, 177, 183, 223, 275–6, 299, 331, 408
noncommissioned officers, 57–9
officer corps, 58, 102, 162, 226
public attitude toward, 51, 102–3, 150, 271
quality of soldiers in, 54, 151, 240–1
rations, 56, 72, 91, 176, 276, 408, 410
recruiting, 55, 271
strategies of Indian warfare, 62; *see also* Sheridan, Philip H.: Indian Wars strategies of; Sherman, William T.: Indian Wars strategies of
tactics of Indian warfare, 61, 169, 224, 256
training, 55
vices in, 57
weaknesses of, 22
weaponry, 56, 449
winter campaigning, 93–94, 223–4, 299–300
See also Artillery, U.S.; Cavalry, U.S.; Infantry, U.S.; Indian scouts and auxiliaries; *and specific camps, departments, districts, forts, geographical divisions, and regiments*
Army, U.S., Volunteer, 6, 24, 28
Army and Navy Journal, 221
Army Medical Museum, 154, 480*n*20
Aros River, 409–10
Arrow (Pryor) Creek, Battle of, 199–200
Artillery, U.S., 206, 323, 330, 440; *see also* Hotchkiss gun
Ash Creek, Battle of, 300
Assiniboins, 192
atrocities
by army, 27, 99, 116–17, 130, 170, 277, 455–6
by civilians, 174–5, 320
by Indians, 26, 91, 99, 104, 111, 123–4, 126, 164, 170, 294, 320, 355, 385
Augur, Christopher C., 41, 110,130, 162

562   大地之泣：印第安战争始末

Badlands, 434
Baker, Eugene M., 115–6, 198–200
Baldwin, Frank D., 169, 300
Bannock War, 492–3*n*39
Bannocks, 285
Barnum, Phineas Taylor "P. T.," 3
Battle in the Dark, *see* Sitting Bull: death of
Battle Ridge, 263–4
Bavispe River, 410
Bear Paw, Battle and Siege of, 335–39, 491*n*34
Bear Paw Mountains, 334
Beaver Creek, Battle of, 110
Bedonkohe (Chiricahua) Apaches, 380–2
Beecher, Frederick H., 85, 88
Beecher Island, Battle of, 88–90
Belknap, William, 218–9, 229
Bennett, James Gordon, 229
Benteen, Frederick, 102, 241, 251–2, 266–8
"Benzine Board," 178
Bernard, Reuben F., 145–6
Betzinez, Jason (Apache), 386, 392
Big Dry Wash, Battle of, 387
Big Foot (Lakota), 435, 442–8, 450, 452, 454, 460
Big Hole, Battle of the, 327–30
Bighorn and Yellowstone Expedition, 274
Bighorn Mountains, 33, 34, 119–20, 218, 273
Bighorn River, 243
Big Road (Oglala), 429
Big Tree (Kiowa), 123, 125, 130, 159, 161, 165
Bingham, Horatio S., 36
Bismarck, 197, 270
Bitterroot Mountains, 315, 324, 325–6
Black Buffalo Woman (Lakota), 195, 211
Black Elk (Lakota), 256, 258, 426, 459
Blackfeet Lakotas, 120, 422
Black Hills, 19, 27, 109, 120, 209, 211, 212–13, 216–18, 227, 276–9
Black Hills Expedition (1874), 209–12
Black Jim (Modoc), 152, 154
Black Kettle (Southern Cheyenne), 6, 22, 27, 103, 64, 81, 92, 96–8

Black Range, 363, 367
Blanco Canyon, Battle of, 128–9
Blinn, Clara, 104
Bloody Knife (Arikara–Lakota), 249, 257
Blue Water Creek, Battle of, 21
Board of Indian Commissioners, 114, 117, 121, 180, 189
Bogus Charley (Modoc), 148–9, 152
Bonitio (Apache), 383
Bordeaux, Louis, 309
Boston Charley (Modoc), 148–50, 152, 154
Botalye (Kiowa), 165
Bourke, John G., 179–80, 184–5, 224, 234, 239–40, 273, 380, 391–2, 404, 413, 481*n*9
Boutelle, Frazier A., 142–3
bow and arrow, 38–9, 51
Box Elder (Northern Cheyenne), 286, 289
Boyer, Mitch, 244, 250–3, 261–2
Bozeman, John, 33
Bozeman Trail, 33–4, 45
Braden, Charles, 205
Bradley, James H., 242, 245, 326–7
Bradley, Luther P., 41–2, 44, 307–8
Brooke, John R., 432, 434, 442, 445–6, 448, 458, 462, 464–5
Brown, Dee, 7–8
Brown, William H., 184–5
Brulé Lakotas, 119–20, 193, 208, 422, 424, 429, 434, 459, 461–66
Buell, George P., 162, 166, 169
buffalo, 17, 88, 155–7, 282, 284, 298, 337, 419–20
Buffalo Chip (Cheyenne), 82
buffalo hunters, 155–7, 160
buffalo rifle (Sharps .50 caliber), 155, 160
Buffalo Soldiers, 60–1, 90, 160, 353, 363, 407; *see also* Ninth Cavalry; Tenth Cavalry
Buffalo War, *see* Red River War
Bull Bear (Dog Soldier), 67–8, 88
Bull Head, Henry (Lakota), 437–9
Bureau of Indian Affairs, 86, 112–13, 170, 188, 196, 215, 219, 319, 342, 362, 365, 422–3, 492*n*39
Burke, John, 308

Bury My Heart at Wounded Knee (Brown), 7–8

Caitlin, John B., 329–30
Calhoun, James, 252, 263
Calhoun Hill, 263
California, 15
California Gold Rush, 16
Cameron, J. Donald, 271
Camp (Fort) Apache, 189, 373–4, 377, 383, 394–5, 398, 407, 409, 412
Camp Cloud Peak, 239, 272, 274
Camp Grant Massacre, 174–5, 178
Camp (Fort) Robinson, 209, 291, 295, 297–8, 303–5, 307–10
Camp Sheridan, 209, 306
Camp Supply, 95, 104, 163
Canada, 303, 310, 334
Cañada Alamosa Reservation, 177, 182–3, 359–61, 367
Canadian River, 96, 156–7
Canavish, *see* Johnson (Ute)
Canby, Edward R. S., 137, 141–2, 147–50
Candelaria Mountains, 364
Cañon des los Embudos, 402–403
Canyon Creek, Battle of, 333
Caprock Escarpment, 128–9, 163
Capron, Allyn, 455–7
Captain Jack (Modoc), 137–9, 142–4, 146–51, 152–4
Captain Jack's Stronghold, 143, 144–45
Carleton, James H., 25
Carlisle Indian Industrial School, 425, 462
Carpenter, Louis H., 90
Carr, Eugene, 94, 105, 109–11, 373–5, 377
Carrington, Henry B., 33–7, 40, 421
"Carrington's Overland Circus," 34
Carrizal, Mex., 364, 368
Carson, Christopher H. "Kit," 25
Carter, William H., 376
Casey, Edward W., 462
Catch the Bear (Lakota), 439
Cavalry, U.S., 62, 200–1, 271; *see also specific regiments*
Cedar Coulee, 262
Cedar Creek, Battle of, 284

ceska maza, *see* Lakotas: as agency police
Chaffee, Adna R., 372
Chambers, Alexander, 231, 237–8
Chandler, Zachariah, 219–20, 222
chanku wakan, 303
Chatto (Apache), 381–2, 385–6, 389–91, 394–6, 403, 409
Cherry, Samuel, 351
Cheyenne-Arapaho Reservation, 82, 92, 157–8, 164, 292
Cheyenne River Agency, 284
Cheyenne River Reservation, 429, 435, 442–3, 448
Cheyennes:
 alliance with Arapahos, 18–19, 32, 35, 47, 76, 81, 95–6, 103, 106, 112
 Council of Forty-Four, 4
 intratribal factionalism, 76, 109–10, 112
 peace chiefs of, 4, 35, 81, 91, 224
 religion of, 75, 215
 warfare with Crows, 9, 18, 32–3, 195–6
 warfare with Pawnees, 75, 84
 see also Dog Soldiers; Northern Cheyennes; Southern Cheyennes
Chief Joseph (Nez Perce), 317, 319–20, 324–5, 328, 332, 336, 337, 340
 surrender of, 338–9
Chihenne (Eastern Chiricahua) Apaches, 177, 183, 359–69, 382–6, 409
Chihuahua (Apache), 382, 392–7, 396, 403–4
Chiricahua Apaches, 23, 180, 189, 382, 398
 Florida exile of, 405, 409, 412–14, 498n20
 see also specific bands
Chiricahua Reservation, 183, 189, 360
Chiva (Apache), 383
Chivington, John, 6, 26, 27, 472n12
Chokonen (Western Chiricahua) Apaches, 183, 380–2, 409
Cibicue (Western) Apaches, 372–3, 388
Cibicue Creek, 372–5
Cibicue Creek, Battle of, 375–6, 378–9, 388
Clark, Ben, 98–100

Clark, William, 315
Clark, William Philo, 297–8, 305–6
Clearwater River, 315
Clearwater River, Battle of the, 322–4, 490n12
Cleveland, Grover, 398, 405, 412–13, 424
Clum, John P., 189, 359–60, 281, 383
Cobell, Joe, 116
Cochise, 24, 177, 182–3, 187–8, 481n4
Cochise Stronghold, 177, 182
Cody, William F. "Buffalo Bill," 110, 436–7
Colley, Samuel G., 4
Colorado, 4, 25, 341; public exterminationist sentiment in, 5, 22, 341, 346, 354–5
Colorow (Ute), 350, 352–3, 355
Colt .45 revolver (Peacemaker), 56
Colville Agency, 340
Colyer, Vincent, 117, 180–1, 359
Comancheros, 128, 130–1
Comanches:
  alliance with Kiowas, 19, 47, 80, 159–60, 164–5, 170–1
  characteristics of, 19
  defeat of at Soldier Spring, 105–6
  in Red River War, 156–7, 159–61, 165–7, 171
  warfare with Texans, 19, 22, 85, 112, 121–2
  at Washita, 96, 100
  see also specific bands
concentration policy, 23, 189, 361
Congress, U.S., 41–2, 121, 156, 196–7, 200, 394, 423, 435
  and the army, 25, 28, 30, 44, 54, 58, 65, 117–18, 228, 270–1
  and Indian policy, 85, 91, 112–14, 218, 278, 382, 412, 424–5, 427, 434
Connor, Patrick E., 25, 28
Conquering Bear (Lakota), 21
Cooke, Jay, 196, 207
Cooke, Philip St. George, 33, 36, 40
Cooke, William W., 252, 261, 266
counting coups, 48, 191, 195, 238, 440
Cox, Jacob D., 119–20, 197
Craft, Francis M., 448, 450, 454, 456, 458, 501n23

Crawford, Emmett, 388, 392, 396–9, 400–402
Crawford, Samuel J., 65
Crazy Horse (Lakota), 36, 120, 195, 211, 224, 226, 247, 258, 285
  background and appearance of, 194–5
  defeat of, 301–304
  defensive policy of, 197–8, 222, 227, 232
  in Great Sioux War, 258–65, 274–5, 277, 281, 291
  and Red Cloud, 195, 306–7
  and Sitting Bull, 197, 215, 226–7, 274, 300, 303
  surrender and death of, 305–10
  as war leader, 195, 235, 301
Crook George, 58, 181, 183, 186, 219, 223, 239, 332, 345, 371, 497n28
  background and appearance of, 179
  commands Department of Arizona, 178, 180, 183–4, 187, 387–91, 391–4, 402–4, 405
  death of, 427
  service on Northern Plains, 214, 223–7, 231, 233–40, 273–8, 285–91, 293, 304, 425–6
  and Sheridan, 179, 239–40, 273, 280–1, 290, 394, 397–8, 405
  treatment of defeated Indians by, 186, 296, 388, 395
  use of Indian auxiliaries by, 179, 180, 280–1, 285, 388, 397
  views on Indian policy of, 7, 112, 180, 221, 327, 369, 406, 414
Crow Dog (Lakota), 424, 434, 442, 459
Crows
  alliance with U.S. government, 196, 200, 315, 324
  as army scouts and auxiliaries, 205–6, 231, 234–6, 244, 250–2, 261, 275, 301, 391–4
  betrayal of Nez Perces by, 332–3
  intertribal wars of, 9, 33, 191–2, 193, 195–6, 210
Crow's Nest, 250–1
Cruse, Thomas, 373, 376, 378
Cuchillo Negro Creek, Battle of, 363
Curly-Headed Doctor (Modoc), 137, 144–7, 150, 152

索 引   565

Custer, Boston, 245, 262, 265
Custer, Elizabeth Bacon "Libbie," 69, 72, 73, 93, 201, 241, 245
Custer, George A., 58, 93, 102, 201, 212, 240, 243, 270–1, 275
　background and appearance of, 68–9
　character of, 70, 72, 95, 97, 231, 244, 246
　court-martial of, 74
　and factionalism in Seventh Cavalry, 102, 201, 241
　Indian names for, 212, 253, 265
　leads Black Hills Expedition, 209–12
　Little Bighorn and, 243–53, 257, 260–5
　marital life of, 69, 72, 73–74, 201, 245
　political naiveté of, 228–9
　on Southern Plains, 69–71, 73, 95–102, 104–8, 201
　in Yellowstone Expedition, 202–7
Custer, Thomas W., 202, 261, 265, 289
Custer Avengers, 271, 336
Custer's Last Stand, *see* Little Bighorn, Battle of the
"Custer's Luck," 69–70, 106–7, 205, 264
Cut-Mouth Moses (Apache), 375–6

Dakota Sioux, 18, 26, 460
Dakota Territory, 422
Dakota Uprising (1862), 26
Daly, Henry E., 400
Darlington Agency, *see* Cheyenne-Arapaho Reservation
Davidson, John W., 162, 166
Davis, Britton, 380, 382, 388–9, 395–7, 403, 406, 497n28
Davis, Jefferson C., 150, 151, 152
Davis, Wirt, 397–8
Dawes, Henry L., 424
Dawes Act, 424–5
Dead Shot (Apache), 378
Deadwood, 276, 502n39
Deer Medicine Rocks, 232
Delshay (Apache), 187
Denver, Colo., 22, 25, 27, 86, 354
Department of Arizona, 178, 374, 387, 404
Department of California, 177

Department of Dakota, 201, 207, 216, 326
Department of Texas, 130, 162
Department of the Columbia, 142, 319, 326
Department of the Missouri, 64, 84, 130, 161–2, 177, 361
Department of the Platte, 41, 109, 188, 214, 219, 275, 432
Dewey Beard (Miniconjou), 446, 449, 452, 454, 456–7
"Digger Indians," 138
District of Boise, 179
District of Montana, 221, 326
District of West Texas, 368
Dodge, Richard I., 47, 157, 285–6, 290
Dodge City, 157
Dog Soldiers (Cheyenne), 27, 84, 86, 91, 107, 110
　at Beecher Island, 88–89
　break with Southern Cheyennes, 109
　destruction of, 109–11
　in Hancock's War, 64–8, 72–3
Dolan, John, 352
Donovan, James, 477n11
Doolittle, James R., 41
Doolittle Committee, 41
Dorman, Isaiah, 260
Douglass (Ute), 345, 348–9 352, 355
Dreamer religion, 216–7, 322
Dry Tortugas, 309
Dull Knife (Cheyenne), 286, 289, 291–2, 294–8
Dull Knife Fight, 288–9
Dyar, Leroy S., 147–50

Eastman, Charles, 460
Edmunds, Newton, 28
Egan, James, 225
Ellen's Man (Modoc), 149
Elliott, Joel H., 73, 91, 96, 97, 100, 104, 477n11
emigrants, 19–20, 22–3, 30–1, 138, 140, 164
Episcopal Church of the Holy Cross, Pine Ridge, 459–60
Eskiminzin (Apache), 174–5, 180
Espina del Diablo, Mex., 400–1
Evans, Andrew W., 94, 105

Evans, John, 5, 27
Ewert, Theodore, 210–1

Fairchild, John, 144, 152
Far West (steamboat), 242, 270
Fetterman, William Judd, 36, 233
Fetterman Fight, 37–40, 473*n*11
Fifth Cavalry, 109–11, 273, 353
Fifth Infantry, 162, 281–5, 299–301, 334
Fire Thunder (Cheyenne), 40
First Cavalry, 59
Fitzpatrick, Thomas, 20
Five Civilized Tribes, 14
Forsyth, George A. "Sandy," 87, 88, 90
Forsyth, James W., 448–51, 456, 458
Fort Abraham Lincoln, 201, 207, 212, 222, 240–1, 245
Fort Apache, *see* Camp (Fort) Apache
Fort Atkinson, 20
Fort Atkinson Treaty, 20, 76
Fort Bayard, 364
Fort Bennett, 443–4
Fort Bowie, 398, 405, 412
Fort Buford, 192, 311
Fort C. F. Smith, 33, 35, 42, 44, 46, 59
Fort Cobb, 96, 103, 105–6, 122
Fort Concho, 162, 369
Fort Dodge, 70–1, 91, 95, 156, 161
Fort Duncan, 55
Fort Ellis, 223, 242
Fort Fetterman, 118, 120, 223, 226–7, 231, 241, 285
Fort Garland, 55
Fort Hall Reservation, 492*n*39
Fort Harker, 73–4
Fort Hays, 71–2, 155
Fort Kearney, 30
Fort Keogh, 298, 334
Fort Klamath, 142
Fort Laramie, 20, 33, 56, 120, 209, 280
Fort Laramie Treaty (1851), 20, 466
Fort Laramie Treaty (1868), 45, 119–20, 196, 210, 425
Fort Larned, 6, 65, 78
Fort Leavenworth, 21, 84, 118, 169
Fort Lyon, 81, 105
Fort Marion, 170, 404, 406, 412
Fort McDowell, 176

Fort Peck, 299–300, 303
Fort Peck Expedition, 299–301
Fort Phil Kearny, 33–4, 36–7, 39, 46, 63, 233
Fort Randall, 311, 419
Fort Reno, Indian Territory, 292–4
Fort Reno, Wyo., 231–2
Fort Rice, 198, 202
Fort Richardson, 123
Fort Riley, 74
Fort Robinson, *see* Camp (Fort) Robinson
Fort Sedgwick, 56, 73
Fort Shaw, 222, 331
Fort Sill, 105, 109, 122–4, 127, 130, 164, 229, 368, 414
Fort Steele, 344, 346, 352
Fort Sully, 199, 207
For Tularosa, 182, 359
Fort Vancouver, 144
Fort Wallace, 73, 89, 164
Fort Washakie, 234, 357
Fort Wise Treaty, 22, 76
Fort Yates, 437, 440
Four Horns (Lakota), 193, 195–8
Fourth Cavalry, 124, 127, 162, 167–8, 280, 407–8
Frontreras, Mex., 410

Gall (Lakota), 200, 202–4, 235, 256, 264, 284, 430, 437
"Garryowen," 97, 241
Gatewood, Charles B., 381, 388–9, 410–13
gatling gun, 240
General Allotment Act, *see* Dawes Act
George (Apache), 383
German, Adelaide, 164, 169
German, Catherine, 164, 170
German, John, 164
German, Julia, 164, 169
German, Rebecca, 164
German, Sophia, 164, 170
Geronimo (Apache), 379, 381–3, 392, 394, 395–8, 400–2, 406–12
  background and appearance of, 190, 380–1
  and Crook, 393, 402–4
  kidnaps Chihennes, 384–6

索 引 567

Geronimo (Apache) *(continued)*
  old age and death of, 414–15
  surrenders to Miles, 413–14
Geronimo Campaign (1885–86), 397–415
Ghost Dance religion, 427–37, 442–3, 453, 466
Ghost Shirt, 427, 430, 443, 453, 457
Gibbon, John, 221, 227, 242–3, 250, 268, 326–9, 331
Gillem, Alvan, 146, 150–1, 153
Gillem Bluff, 145, 147
Glendive Creek, 198
Godfrey, Edward S., 100, 246, 249
gold, 16, 26, 139
  in Black Hills, 210–14, 271
  in Colorado, 22, 24, 343
  as despoiler of Indian lands, 316
  in Montana Territory, 33, 45, 59–60
Goyahkla, *see* Geronimo
Grand River, 436–7
Grant, Frederick Dent, 210
Grant, Orvil, 229
Grant, Ulysses S., 40, 106, 124, 170, 175, 217, 317, 361
  abandons Peace Policy, 161, 213
  hostility toward Custer, 93, 229, 270
  inaugurates Peace Policy, 113–4
  secret war plan of, 218–20, 222
Grattan, John L., 21
Gray Beard (Cheyenne), 169, 172
Greasy Grass River, *see* Little Bighorn River
Great Dry Time, 163, 166
Great Plains, 14, 17–18
Great Sioux Reservation, 45, 133, 210, 278, 422, 424–7
Great Sioux War (1876–77), 218–312
  abortive beginnings of, 222–3
  government provokes, 218–20, 222
  see also specific battles and campaigns
Greeley, Horace, 343
Greeley Tribune, 344
Green, John, 142, 144, 145–6, 150–1, 177
Grierson, Benjamin H., 109, 122–3, 125, 365–6, 368–9
Grierson, Robert, 368
Grouard, Frank, 224, 233–4, 306–7, 463
Grummond, George W., 39

Hamilton, Louis H., 98
Hancock, Winfield S., 64, 66–68, 70–1
Hancock's War, 65–74
Harney, William S., 21–2, 77, 81, 103
Harper's Weekly, 124, 332
Harrison, Benjamin, 425–6, 432, 434
Harrison, William H., 400
Hasbrouck, Henry C., 151, 152
Hatch, Edward P., 355, 361, 363, 365–7
Hayes, Rutherford B., 223, 298, 339, 355, 370
Hayfield Fight, 42–3
Hazen, William B., 96, 98, 104–5
Heavy Runner (Piegan), 115–6
heliograph, 407
Hembrillo Canyon, Battle of, 365–6
Henderson, John B., 76, 80, 81–3
Henderson bill, 76–7
Henely, Austin, 170
Henry, Guy, 237–8
Hentig, Edmund C., 375
hoddentin ceremony, 400
Holy Rosary Mission, Pine Ridge, 463
Homestead Act, 25, 30, 140
Hooker Jim (Modoc), 137, 143–4, 149, 152
Horn, Tom, 400–2
Horn Cloud, Joseph (Lakota), 447
Horse Meat March, 275–6, 278
Hotchkiss gun, 446, 448–9, 455–7, 461
Howard, Oliver Otis, 360, 492–3*n*39
  background and character of, 181–2
  and Crook, 181–2
  at Lapwai council, 319–20
  makes peace with Cochise, 182–3, 188
  Nez Perce disdain for, 322, 325
  in Nez Perce War, 321–4, 331–2, 334, 338–9
Hump (Lakota), 435, 442–3, 461
Hunkpapa Lakotas, 35, 120, 191, 193, 198, 227, 231, 282, 284, 298, 299–300, 422, 437, 443–4

Indian agents, 158–9, 172, 292, 293, 317, 340, 354, 383, 431
  army officers as, 113, 117
  corrupt, 41, 187, 229, 344, 371, 492*n*39
  duties of, 20, 114–15
  see also specific agents

Indian policy
  army views on, 7, 112, 180, 221, 327, 369, 406, 414, 421–22, 493*n*39
  and eastern humanitarians, 103, 210
  and Indian reform movement (1880s), 420–21, 424
  objectives of, 13, 19, 23, 41, 344, 421, 423
"Indian Ring," 113, 180, 371
Indian scouts and auxiliaries, 9, 63, 112, 179, 271, 285, 345, 493*n*39
  Apaches as, 180, 184, 388, 391–4, 398–9, 405–14
  Arapahos as, 285–6
  Arikaras as, 210, 240, 249, 252–4, 256, 259
  Cheyennes as, 285, 289, 298, 335–6, 338, 448
  Crows as, 205–6, 212, 231, 234–6, 238, 244, 250–2, 261, 275, 301, 332
  Lakotas as, 280–1, 285–6, 289, 448
  Osage as, 95, 99, 107
  Pawnees as, 63, 84, 196, 280, 285, 290
  Shoshones as, 231, 234–6, 238, 273, 275, 285, 288
  Tonkawas as, 127, 168
  Warm Springs as, 151–2
Indian Territory (Oklahoma), 14, 92, 109, 156, 339, 349, 409, 412
Indian Wars
  myths surrounding, 7–9
  see also specific wars and conflicts
Infantry, U.S., 62–3, 282, 331
interpreters, 4, 66, 80, 83, 120, 140, 142, 260, 289, 302, 306–7, 309, 374, 380, 391, 401, 447, 449–50
intertribal conflict, 9, 32–3
Iron Hawk (Lakota), 257, 264–5, 304
Isa-Tai (Kiowa), 159, 161, 171

Jack (Ute), 345–6, 348–51, 353–7
Jack Red Cloud (Lakota) 236, 433
Jacksboro, 123, 126
Jackson, Andrew, 14
Jackson, James, 142–3
Jeffords, Thomas, 177, 182–3, 188, 189, 362
Johnson (Ute), 345, 348, 355
Johnson, Andrew, 41, 77, 78, 146

John Stands in Timber (Cheyenne), 50
Jornada del Muerto, 366
Juh (Apache), 381, 383, 393

Kanipe, Daniel, 261, 266
Kansas, 30, 64, 90
Kansas Pacific Railway, 294
Kautz, August V. "Dutch," 188
Kaws, 84, 85
Kayitah (Apache), 410–13
Kennington, James, 308–9
Keogh, Myles, 252, 262–4
Kicking Bear (Lakota), 429, 434, 436–7, 445, 459, 462, 466
Kicking Bird (Kiowa),
  background and character of, 71
  leads war party, 123
  at Medicine Lodge council, 79–80
  murder of, 171
  as peace chief, 71, 127, 132, 158, 161, 164–5, 170–1
  predicts Indian apocalypse, 156
Kidder, Lyman, 73
Kidder Massacre, 73
Kinney, Nathaniel C., 35, 59
Kintpuash, *see* Captain Jack (Modoc)
Kiowa-Apaches, 78, 96
Kiowa-Comanche Reservation, 80, 92, 127, 157–8, 166, 170
Kiowas, 70, 127
  alliance with Comanches, 19, 47, 80, 159–60, 164–5, 170–1
  in 1868–69 Southern Plains campaign, 96, 103–5
  in Red River War, 165–6
  war on Texans, 22, 85, 105, 112, 121–2, 126, 129–32, 161
Klamath Reservation, 141, 144
Klamaths, 140
Kotsoteka Comanches, 131

Lakota Sioux
  as agency police (*ceska maza*), 422, 431, 437–41
  allies and enemies of, 18, 191, 193, 210, 269, 273, 280, 341
  as army scouts, 280–1, 285
  cardinal virtues of, 192
  non-treaty bands, 196, 284–5, 326
  population of, 193, 422

Lakota Sioux *(continued)*
  on reservation, 133, 422–7
  see also individual Lakota tribes
Lame Deer (Lakota), 489*n*9
Lame Deer Fight, 489*n*9
Lapwai council, 319–20
Lapwai Reservation, 316, 319, 338
Las Animas Canyon, Battle of, 363
Last Bull (Cheyenne), 288
Last Stand Hill, 265, 487*n*17
Lava Beds, 137, 143
Lawton, Henry, 407–8, 410–11, 413
Lawton, Okla., 415
Lean Bear (Cheyenne), 3–7, 22
Lee, Jesse, 308–9
Lewis, Meriwether, 315
Life and Adventures of Capt. Jacob D. Armstrong (Meeker), 343
Lincoln, Abraham, 3–5
Little Bighorn, Battle of the
  Benteen-Reno defense at, 266–8
  casualties at, 268–9
  Custer divides regiment at, 251–2
  Custer's attempted flank attack at, 260–2
  Custer's battle plan at, 252–3
  Custer's last stand at, 264–5
  Indian tactics at, 257, 263, 267
  Indian village at, 247, 251, 256, 268, 485*n*10
  Keogh's stand at, 263–4
  Reno's fight at, 253–9
Little Bighorn Campaign, 240–50
Little Bighorn River, 247, 259
Little Big Man (Lakota), 309
Little Bull (Southern Cheyenne), 170
Little Missouri River, 274, 298
Little Raven (Arapaho), 81, 91, 106
Little Robe (Southern Cheyenne), 81, 109, 157
Little Rockies, 334
Little Wolf (Southern Cheyenne), 286, 288–9, 291–8
Loco (Apache), 359–62, 383–6, 393, 395, 409
Lolo Trail, 324
Lone Man, John (Lakota), 437–41
Lone Wolf (Kiowa), 105, 127, 132, 161, 165–7, 170–1

Long Bull (Lakota), 453
Long Holy (Lakota), 199
Looking Glass (Nez Perce), 320–2, 324–5, 327, 330, 333, 334–5, 337, 339
Los Pinos Agency, 342, 356
Lost River, 140, 142–3, 146
Lyman, Wyllys, 165
Lyman's Wagon Train, Battle of, 165–6

Mackenzie, Ranald S., 126–7, 129, 132, 162, 172, 279–80, 292–3, 421
  background and character of, 124
  at Battle of the North Fork of the Red River, 131
  at Blanco Canyon, 128–9
  at Dull Knife Fight, 288–9
  friendship with Quanah, 171
  mental illness of, 280, 289–90
  at Palo Duro Canyon, 167–9
  policy of killing Indian pony herds, 131, 168
Maman-ti (Kiowa), 125–6, 161, 165–8, 170–1
Mangas (Apache), 395–8, 498*n*20
Mangas Coloradas (Apache), 24, 359, 381
Manifest Destiny, 15
Marias Massacre, 115–17
Martin, John (Giovanni Martini), 261–2, 266, 487*n*21
Martine (Apache), 410–13
Mason, E. C., 147, 150–1
Maus, Marion P., 400–2, 404
Mazatzal Mountains, 184–5
McClellan Creek, 128
McClellan Creek, Battle of, 169
McDonald, John F., 375–6
McDowell, Irvin, 377–8
McDougall, Thomas M., 252, 261
McGillycuddy, Valentine T., 309–10, 423–4, 429, 502*n*39
McLaughlin, James, 423, 435–7, 439–42
Meacham, Alfred B., 140, 148–50, 153–4
medicine (supernatural power), 50, 89, 125, 137, 145, 146, 150, 159–61, 168, 209, 227, 232, 247–8, 249, 258, 325, 372–3, 380–1, 424, 453
Medicine Lodge Creek, 78
Medicine Lodge Council, 79–83

Medicine Lodge Treaty, 83, 85, 122, 156
Medicine Tail Coulee, 262
Medicine Water (Southern Cheyenne), 164
Meeker, Arvilla, 345, 352–3, 355
Meeker, Josephine, 345, 352–3, 355
Meeker, Nathan C., 343–5, 348–50, 352–3
Meeker Massacre, 352–4
Merritt, Wesley, 273, 274, 276, 353–4, 435
Mescalero Apaches, 25, 362, 367, 370
Mescalero Reservation, 362, 365, 367–8
"Messiah Craze," *see* Ghost Dance religion
Middle Park (Colo.), 342, 353
Miles, John D., 292
Miles, Nelson A.
  admiration of Custer, 275
  ambition of, 163, 171–2, 186, 282, 299, 333, 339, 435
  background and character of, 162–3
  critical of superiors, 163, 274, 281
  and Geronimo Campaign, 405–7, 410–14
  and Ghost Dance crisis, 431, 434–5, 443–5
  in Great Sioux War, 272, 274, 281, 284–5, 299–305, 489*n*9
  magnanimity of toward defeated Indians, 284, 334, 339–40, 412–13, 421
  in Nez Perce War, 333–40
  personal appearance of, 465
  in Red River War, 163–4, 166, 169
  and Sherman, 163
  and Sitting Bull, 283–4, 299–300, 310, 333, 336
  Wounded Knee and after, 448, 461–6
Military Division of the Missouri, 28, 55, 61, 106, 394, 405, 431
Military Division of the Pacific, 61, 331, 377, 394
Milk Creek, Battle of, 350–3
Milk River, 334
Mills, Anson, 226, 236–8, 276–7
Miniconjou Lakotas, 32, 35, 37, 120, 227, 277–8, 284, 301, 303, 305, 422, 435, 442, 444, 446–61

Minimic (Southern Cheyenne), 172
Missouri River, 15, 45, 77, 119, 278, 284, 304, 334, 419
Modocs, 138–9, 144, 151–3
Modoc War, 140–54
  Canby murdered, 147–50
  causes of, 140–1
  cost of, 153
  fights for Stronghold, 145–6, 150–1
  Sorass (Dry) Lake fight, 151–2
  Thomas patrol, 151
Monroe, James, 14
Montana Territory, 115, 274, 282, 420
Mooar, John, 155–6
Mooar, Josiah Wright, 155–7
Moore, Alexander, 225
Mormons, 372, 377
Morrow, Albert P., 363–5
Mountain Chief (Piegan), 115–6
Myers, A. C. "Charlie," 157
Myers, Edward, 97, 99, 100

Naiche (Apache), 371, 380, 382, 385–6, 393–6, 400–4, 406–9, 411–14
Nakota Sioux, 18, 26
Nana (Apache), 366–7, 383, 395–6
Nantan Lupan, *see* George Crook
Na-ti-otish (Apache), 386–7
Navajo Reservation, 384–5
Navajos, 25, 384
Nebraska, 30, 110–11, 294
Nednhi (Chiricahua) Apaches, 381–2, 386, 393
New York Herald, 229, 243
New York Times, The, 3, 207
New-York Tribune, 121, 343
Nez Perces
  Dreamer religion and, 316–17, 322
  failed negotiations with, 319–20
  fighting skills of, 321
  public sympathy for, 322, 332
  Upper and Lower bands of, 315–16, 338
Nez Perce War, 320–39
  causes of, 320–2
  see also specific battles and Nez Perce leaders
Nicagaat, *see* Jack (Ute)
Ni-mii-puu, *see* Nez Perces

索　引

571

Nineteenth Kansas Cavalry, 95, 104, 107–8
Ninth Cavalry, 353, 363
Noahvose (Sacred Mountain), 215
Nock-ay-det-klinne (Apache), 372–8
Nonintercourse Act, 13
North, Frank, 74–5, 110–11
Northern Cheyennes, 35, 42, 65, 75, 335–6
 alliance with Lakotas crumbles, 274
 breakout from Fort Robinson, 295–8
 destruction of material culture (Dull Knife Fight) and surrender of, 288–9, 290–1
 escape from Indian Territory, 294–5
 in Great Sioux War, 224–7, 231, 234–8, 247, 273, 285
 in Indian Territory, 292–3
 at Little Bighorn, 256–8, 263–4
 non-treaty bands of, 196, 215
 reject Ghost Dance religion, 429
 reservation life of, 120, 133, 193
Northern Pacific Railway, 196–7, 200, 207, 419
North Fork of the Red River, Battle of the, 131
North Park (Colo.), 342, 346
North-West Mounted Police, 310, 491n24
Noyes, Henry E., 225

Odeneal, Thomas B., 142, 144
Oglala Lakotas (Northern), 32, 193, 429
 Crazy Horse's band, 120, 194, 198, 247, 258, 274, 286, 303–4, 309, 429
 Red Cloud's band, 119–20, 280–1, 295, 309, 422, 459, 461–6
Oglala Lakotas (Southern), 109
 at Beecher Island, 88–9
 in Hancock's War, 66–7, 72–3
Ojo Caliente (Warm Springs), 359
Old Joseph (Nez Perce), 316–17
Old Smoke (Lakota), 32
Ollokot (Nez Perce), 319, 320, 323, 325, 330, 336
Omaha Dance, 465
Oregon, 15

Osage Indians, 79, 95, 99, 102, 107
Ouray (Ute), 342–3, 353–6

Pacific Northwest, 22, 312, 493n39
Paha Sapa, *see* Black Hills
Pah-na-yo-tishn (Apache), *see* Peaches
Paiutes, 179, 180, 492n39
Palo Duro Canyon, 128, 166
Palo Duro Canyon, Battle of, 167–9
Palomas River, Battle of the, 367
Panic of 1873, 207, 211
Papagos, 175, 182, 371
Parker, Cynthia, 128
Parker, Eli S., 114–15, 118–21
Parker, Henry K., 367
Pawnee Battalion, 63, 74–5, 110–11
Pawnee Killer (Southern Oglala), 67, 88
Pawnees, 9, 63, 84, 196, 280, 285, 290
Payne, J. Scott, 350, 352–3
Peace Commission (1867–68), 77–8
Peace Policy (Grant's), 114–15, 117–18, 121–2, 127, 132–3, 146, 154, 161, 180, 218–20, 222, 361
Peaches (Apache), 389–90, 497n18
Permanent Indian Frontier, 15
Philadelphia Post, 121
Piegans, 115–17
Pimas, 182, 184, 371
Pine Ridge Agency, 295, 297, 422–3, 446, 458, 459, 461, 463–6
Pine Ridge Reservation, 429–32, 442, 443–4
Pitkin, Frederick W., 341, 346, 354
"Place of the Big Killings, The," 460–1
Platte Bridge Station, Battle of, 27–8
Platte River, 78
Platte River Road, 27, 72
Plenty Horses (Lakota), 462, 502n39
Poker Joe (Nez Perce), 331, 333, 334, 336
Pope, John, 28, 29, 64, 161–2, 361, 363, 369, 377, 394, 421
Porter, Henry, 259, 267
Powder River, 32, 193, 198–9, 215, 222, 224–5, 294–5, 297
 Red Fork of, 286–8
Powder River, Battle of, 225–6
Powder River Campaign, 223–4, 226
Powder River Expedition, 285–90

Powell, James, 43
Powell Park, 345–6
power, *see* medicine
Prairie Dog Town Fork of the Red
  River, 163
Pratt, Richard, 425
Price, William R., 162, 166

Quahadi Comanches, 127–8, 171
Quaker Policy, 114, 121
Quanah (Comanche), 128, 131, 159,
  160–1, 171
Quitman Canyon, 368

Ragnar, Theodore, 453–4, 456–8
railroads, 30, 77, 84, 410
  see also individual lines
Rain-in-the-Face (Lakota), 202–4
Rapid City (S.D.), 444
Rath, Charlie, 155, 157
Rattlesnake Springs, Battle of, 369
Rawlins, 348
Reconstruction, 228
Red Cloud, 31, 196, 208, 422, 427, 443
  background and character of, 32–3
  and Crazy Horse, 195, 304–6, 309
  deposed by Crook, 280–1
  and Ghost Dance religion, 428, 432–4
  kidnapped after Wounded Knee, 459,
    461–2
  on loss of Black Hills, 279
  in negotiations with government,
    33–4, 45–6, 78, 118–20, 213–14,
    217, 425
  and Spotted Tail, 119–20, 424
  urges Northern Cheyenne
    capitulation, 295
  as war leader, 41, 43, 423–4
Red Cloud Agency, 120, 193, 208, 209,
  217, 278, 295, 304, 306
Red Horse (Miniconjou), 277
Red Leaf (Brulé), 279–80
Red River War, 159–72
  army strategy in, 162
  causes of, 157–9
  conclusion of, 170
  consequences of, 172
  see also specific battles and skirmishes
Redwater River, 300

Reed, Harry Armstrong "Autie," 245,
  262, 265
Removal Act of 1830, 14
Reno, Marcus A., 241, 243, 251–9
Reno Creek, 252
Reno Hill, 259, 266–8
Republican River, 85, 109
Reynolds, Joseph J., 223–6
Riddle, Frank, 139–40, 148–50, 153–4
Riddle, Toby (Nan-ook-to-wa), 139–40,
  147–50, 153–4
Rocky Mountains, 342, 358, 419
Roman Nose (Cheyenne), 67–8, 78, 83,
  88–9
Roosevelt, Theodore, 414
Rosebud, Battle of the, 235–9
Rosebud Agency, 422, 429, 432
Rosebud Creek, 214, 249
Ross, John E., 144
Royall, William B., 231, 237–8
Royer, Daniel F., 431–2

Sacred Buffalo Hat, 215, 286, 289
Sacred Medicine Arrows, 81, 88, 107,
  170, 215, 286, 289
Safford, Anson P. K., 178, 183
Saline River, 92
Salmon River, 315, 322
Salt River Canyon, Battle of, 185
San Andres Mountains, 365–6
Sanborn, John B., 77
San Carlos Agency, 189–90, 360–1,
  369, 371–2, 381–2, 382–3, 387–9,
  482*n*12
Sand Creek Massacre, 27, 68, 77, 96,
  354, 472*n*12
San Juan Concession, 343
San Luis Valley, 342
San Mateo Mountains, 363–4
Sans Arc Lakotas, 35, 120, 215, 274, 284,
  303, 422
Santa Fe Railroad, 371
Sappa Creek, Battle of, 170
Satank (Kiowa), 125, 126
Satanta (Kiowa), 122, 125, 126–7, 132,
  159, 165
  character of, 71–2
  at Medicine Lodge council, 79–80, 81
  near hanging of, 103–5

Satanta (Kiowa) *(continued)*
　paroled, 130, 132
　presumptions of to Kiowa leadership, 78
　suicide of, 166
　surrenders chieftainship, 161
scalping, 48–9, 73, 102, 104, 149, 258–9, 261, 265, 402
Scarfaced Charley (Modoc), 143, 151, 153–4
Schofield, John M., 181, 394, 432, 463–4
Schonchin John (Modoc), 137, 146, 152
Schurz, Carl, 298, 344, 354–6, 362, 364, 371
Second Battalion, Eighteenth U.S. Infantry, 33
Second Cavalry, 334–6
Seventh Cavalry, 281, 432
　on Black Hills Expedition, 209–12
　campaigning with Sully, 91, 95
　desertion in, 59–60, 72
　in 1868–69 Southern Plains campaign, 95–101, 106–8
　factionalism among officers in, 102, 201, 241
　in Hancock's War, 66, 69–71, 73, 74
　at Little Bighorn, 245–68
　at Medicine Lodge council, 79
　in Nez Perce War, 332, 334, 336
　questionable combat readiness of, 240–1, 449
　at Wounded Knee, 446–58
　on Yellowstone Expedition, 201–7
Seventh Infantry, 326
Shacknasty Jim (Modoc), 144, 152–3
Shangrau, John, 447, 449
Sheepeater Campaign, 493*n*39
Sheridan, Philip H., 58, 85, 96, 106, 220, 295, 308, 332, 346, 361–2
　as army commanding general, 394
　assumes field command on Southern Plains, 104–6
　background and character of, 84, 94
　Black Hills and, 212–14
　and Crook, 179, 239, 270, 280–1, 290, 305, 394, 397, 398
　and Custer, 69, 93, 95, 103

decries reservation conditions, 293
defends Marias Massacre, 117
and Geronimo Campaign, 406, 409, 412
and Great Sioux War, 222, 227–8, 239, 271, 280–1
Indian Wars strategies of, 85, 86, 90, 92, 93–5, 106, 112, 114, 156, 200, 209, 219, 271, 285, 406
opinion of Indians, 84, 293
and Red River War, 162, 169, 170
and Sherman, 94, 103
and Ute War, 354–5
Sherman, John, 91
Sherman, William T., 117, 142, 210, 218, 220, 331, 346, 393
　antagonism toward Nez Perces, 326, 332, 339
　background and character of, 29
　brushes with death in Texas, 123–6, 132
　as commanding general of the army, 106, 130, 163, 228, 377–8
　and Hancock's War, 65, 72
　on Indian policy, 112, 208–9, 362
　Indian Wars strategies of, 30, 54, 62, 77, 83–4, 86, 92, 93, 103, 161, 197, 200, 207, 354, 420
　opinion of Indians, 29–30, 91
　as Peace Commissioner, 77–8, 92
　and Red Cloud's War, 34, 40, 171
　retires, 394, 420
　and Sheridan, 94, 103
Shipp, William E., 400–1
Short Bull (Lakota), 429–30, 434, 437, 445–6, 459, 462
Shoshones, 9, 231, 233–6, 238, 273, 275, 285, 288
Sieber, Al, 396
Sierra Madre, 381, 383, 385, 389, 408, 419
Sierra Madre campaign, 391–4
Silver City, 362
Sioux Bill of 1888, 425
Sioux Nation, 18
　see also Dakota Sioux; Lakota Sioux; Nakota Sioux
Sits Straight (Miniconjou), 453, 458, 460

Sitting Bull (Lakota), 120, 281, 333
  on Black Hills, 209
  Canadian exile of, 303–5, 310–11,
    326, 339, 491*n*24
  characterized, 191–2
  and Cheyenne-Lakota alliance, 214,
    231, 247, 269, 274, 284
  courage of at Arrow (Pryor) Creek,
    199–200
  and Crazy Horse, 197, 274, 300, 303
  dances Sun Dance, 232–3
  death of, 438–42
  defensive policy of, 197–8, 222, 227,
    232
  elected supreme chief of non-treaty
    Lakotas, 193–4
  Ghost Dance religion and, 435–7
  incarceration of, 311, 419
  at Little Bighorn, 256, 260
  parleys with Nelson A. Miles, 283–4,
    299–300
  personal creeds of, 192, 283
  reservation life of, 419, 425, 436
  as spiritual leader, 232
  visions of, 215–16, 232–3, 240, 247–8,
    260
  war on Crows, 193, 195, 210, 301
  as war leader, 192, 202, 205, 235
Skeleton Canyon, 412–13
Slim Buttes, Battle of, 276–8
Smith, John E., 42
Smohalla (Wanapum), 316–7
Smoky Hill River, 85
Smoky Hill Trail, 25, 64, 72, 74, 75
Snake Creek, 334, 336
Snake River, 315
Snake War (1866), 179, 481*n*7
Soldier Spring, Battle of, 105–6
Solomon Avengers, 87
Son of the Morning Star, *see* Custer,
    George A.
Sorass (Dry) Lake fight, 151–2
Spotted Eagle (Lakota), 198, 215
Spotted Tail (Lakota), 21, 77, 119–20,
    196, 217–18, 279, 280, 304, 309,
    422, 424
Spotted Tail Agency, 120, 196, 208, 209,
    279, 304
Springfield Republican (Mass.), 344

Staked Plain, 127, 129, 131, 163, 420
Standing Rock Agency, 311, 419
Standing Rock Reservation, 435
Stanley, David S., 198, 200, 202, 204
Stanley, Henry Morton, 78–9
Steele, Elijah, 139, 146–7
Stone Forehead (Cheyenne), 75, 78, 83,
    107, 109, 179
Stoneman, George, 174, 178
Strahorn, Robert, 224
Sturgis, Samuel D., 332, 334
suicide warriors, 53, 89
Summit Springs, Battle of, 110–11
Sumner, Edwin V., Jr., 443–4
Sun Dance, 78, 159, 194, 214, 423
Sweetwater Creek, 103–4, 107

Tall Bull (Dog Soldier), 66, 109–11
Tappan, Samuel F., 77
Tarahumaras, 402
Tatum, Lawrie, 122–3, 125, 130, 479*n*20
Taylor, Edward B., 33–4
Taylor, Nathaniel G., 77, 79, 81
Taylor, William O., 250, 253, 259, 267,
    268–9
Taza (Apache), 190, 382
Teller, Henry M., 344–5
Ten Bears (Comanche), 79–80
Tenth Cavalry, 60, 90, 123, 125–6, 162,
    365–6, 368–9, 407
Terrazas, Joaquin, 369
Terry, Alfred H., 77, 201, 210, 216, 217,
    219, 227, 229, 241–5, 250, 268,
    270–1, 273–4, 297, 305, 310, 332,
    421
Texas, 19, 121–2, 126, 162
Third Cavalry, 223–6
Third Colorado Cavalry, 27, 472*n*12
Thieves' Road, 212
Thomas, Eleazer, 147–50
Thomas, Evan, 151
Thompson, William, 97, 99
Thornburgh, Thomas T., 346, 348–52
Tiffany, Joseph C., 372–4
Tinaja de las Palmas, Battle of, 368–9,
    495*n*26
tiswin (corn liquor), 395–6, 409, 412
Tombstone Epitaph, 406
Tongue River, 242, 301

索　引　　　　　　　　　　　　　　　　　575

Tongue River Cantonment, 281–2, 289, 299, 301–2
Tonkawas, 127, 128, 131, 168
Tonto Basin Campaign, 184–6
Tonto (Western) Apaches, 187
Toohoolhoolzote (Nez Perce), 316, 319–20, 323, 336, 338
treaties, 76
   Indian lack of understanding of, 20–1, 80, 120
   purpose of, 14, 20, 118
   see also specific treaties
Treaty of the Little Arkansas River, 29, 65, 77–8, 172
Tres Castillos, Battle of, 369–70
Tribolet, Charles, 403–4
Tucson, 174, 406
Tucson Weekly Star, 362
Tule Canyon, 163
Tule Lake, 143
Turkey Creek, 394–6, 407
Turret Mountain, Battle of, 186
Two Kettle Lakotas, 120, 422
Two Strike (Lakota), 434, 459

Uintah Ute Agency, 343, 355–6
Ulzana (Apache), 398, 404, 406
Umatillas, 493*n*39
Unceded Indian Territory, 45–6, 119, 193, 196, 222, 227, 271, 278, 291, 419
Uncompahgre Valley, 356
Union Colony, 343
Union Pacific Railroad, 30, 63, 75, 77, 111
Union Pacific Railroad Eastern Division, 64, 66, 72, 74
Ute Jack, *see* Jack (Ute)
Utes, 285, 341–57
   banishment from Colorado of, 355–6
   constituent bands of, 342–3
Ute Treaty of 1868, 342–3
Ute War, 350–7
   causes of, 348–50
   see also Milk Creek, Battle of

Varnum, Charles A., 250, 260–1, 452
Victorio (Apache), 359–70, 382, 384, 402

Victorio's War, 363–70
   see also specific battles
vision quest, 50, 304

Wagon Box Fight, 43–4
Wahlitis (Nez Perce), 320, 328
Wakan Tanka, 191, 232–3, 247–8
"walk-a-heaps," 282
Wallace, George, 452, 454
Wallowa valley, 317
War Department, 229, 419
Warm Springs Indians, 151–2
Warren, Henry, 123
Warren wagon-train raid, 123–4, 125
Washakie (Shoshone), 9, 234, 273
Washington, George, 14
Washita, Battle of the, 95–101, 102–3, 268, 476*n*3
Washita River, 95
Weippe Prairie, 324
Weir, Thomas B., 74, 267
Weir Point, 267
Wells, Philip, 450, 452, 454, 457–8
Wessels, Henry W., 295–8
Western Apaches, 23, 180, 189, 359, 393
   see also specific bands
Wheaton, Frank, 142, 144–6
Where the Young Girl Saved Her Brother Fight, *see* Rosebud, Battle of the
Whipple Barracks, 179
whiskey, *see* alcohol use
whiskey peddlers, 115, 128, 157, 372, 403
White Bird (Nez Perce), 316, 320, 325, 329, 337
White Bird Canyon, Battle of, 321
White Bull (Lakota), 199–200, 238, 264, 282, 284
White Clay Creek, 459, 461–2
White Mountain (Western) Apaches, 180, 361, 363, 373–4, 383, 388, 395, 400–2, 409, 412
White Mountain Indian Reservation, 181, 187, 189, 371–2, 386, 388–9, 481–2*n*12
White River, 296, 445
White River Agency, 291, 342–5, 350
White River Reservation, 349
Whitman, Royal E., 174, 182

Whitside, Samuel M., 446–8, 450, 452, 456
Wichasha Wakan, 191–2, 232
Wichita Mountains, 105
Wickinburg Massacre, 181
Wilcox, Philip P., 389
Wild Hog (Cheyenne), 293, 295–6
Willcox, Orlando B., 374, 377, 383, 386
Winchester rifle, 452–3
Wolf Mountain, Battle of, 301–2
Wood, Leonard, 407–8, 410
Wooden Leg (Cheyenne), 227, 235, 246–7, 258, 263, 265, 268, 294
Wounded Knee campaign (post-battle), 459–66
Wounded Knee Creek, 446–7
Wounded Knee Creek, tragedy at, 447–59, 461
Wovoka (Paiute), 428
Wrinkled Hand Chase, 169

Wynkoop, Edward W., 66–7, 70, 111
Wyoming Territory, 420

Yanktonais (Nakota) Sioux, 422, 485n10
Yates, George, 252, 262–3
Yavapais, 175, 181, 185, 189, 359, 388
Yellowstone Expedition (1873), 202–7
Yellowstone National Park, 331
Yellowstone River, 45, 200, 205, 227, 243, 271, 282, 298
Yellow Bull (Nez Perce), 334, 335
Yellow Wolf (Nez Perce), 322–4, 325, 328, 330, 335, 337
Young Joseph (Nez Perce), *see* Chief Joseph (Nez Perce)
Young Man Afraid of His Horses (Lakota), 429, 463
Young White Bird (Nez Perce), 328

Zele (Apache), 383

著作权合同登记号　图字：01-2017-4776

图书在版编目(CIP)数据

大地之泣：印第安战争始末／（美）彼得·科曾斯著；朱元庆译．—北京：北京大学出版社，2021.8

ISBN 978-7-301-32356-4

Ⅰ．①大⋯　Ⅱ．①彼⋯　②朱⋯　Ⅲ．①北美洲—历史—通俗读物　Ⅳ．①K71-49

中国版本图书馆 CIP 数据核字（2021）第 251196 号

书　　　名	大地之泣：印第安战争始末 DADIZHIQI：YINDI'AN ZHANZHENG SHIMO
著作责任者	〔美〕彼得·科曾斯　著　朱元庆　译
责任编辑	柯　恒
标准书号	ISBN 978-7-301-32356-4
出版发行	北京大学出版社
地　　　址	北京市海淀区成府路 205 号　100871
网　　　址	http://www.pup.cn　http://www.yandayuanzhao.com
电子信箱	yandayuanzhao@163.com
新浪微博	@北京大学出版社　@北大出版社燕大元照法律图书
电　　　话	邮购部 010-62752015　发行部 010-62750672 编辑部 010-62117788
印　刷　者	涿州市星河印刷有限公司
经　销　者	新华书店 880 毫米×1230 毫米　A5　18.75 印张　452 千字 2021 年 8 月第 1 版　2021 年 8 月第 1 次印刷
定　　　价	108.00 元

未经许可，不得以任何方式复制或抄袭本书之部分或全部内容。
版权所有，侵权必究
举报电话：010-62752024　电子信箱：fd@pup.pku.edu.cn
图书如有印装质量问题，请与出版部联系，电话：010-62756370